甘肃省文化资源名录

（第四十四卷）

文化人才 I

社科人才

总 主 编：陈 青 王福生
副总主编：马廷旭
总 校 对：刘玉顺
本卷主编：马东平

中国书籍出版社
China Book Press

图书在版编目（CIP）数据

甘肃省文化资源名录. 第四十四卷 / 陈青, 王福生总主编; 甘肃省社会科学院编. — 北京: 中国书籍出版社, 2018.1
ISBN 978-7-5068-6728-3

Ⅰ. ①甘… Ⅱ. ①陈… ②王… ③甘… Ⅲ. ①文化遗产—甘肃—名录 Ⅳ. ①K294.2-62

中国版本图书馆CIP数据核字（2018）第027851号

甘肃省文化资源名录　第四十四卷
陈　青　王福生　　总主编
甘肃省社会科学院　　编

责任编辑	吴化强
责任印制	孙马飞　马　芝
封面设计	东方美迪
出版发行	中国书籍出版社
地　　址	北京市丰台区三路居路97号（邮编：100073）
电　　话	（010）52257143（总编室）　　（010）52257140（发行部）
电子邮箱	eo@chinabp.com.cn
经　　销	全国新华书店
印　　刷	三河市顺兴印务有限公司
开　　本	787毫米×1092毫米　1/16
字　　数	706千字
印　　张	31.5
版　　次	2018年1月第1版　2018年1月第1次印刷
书　　号	ISBN 978-7-5068-6728-3
定　　价	366.00元

版权所有　翻印必究

甘肃省文化资源普查和分类分级评估工作领导小组

组　长　　连　辑

副组长　　张广智

成　员　　俞建宁　张建昌　范　鹏　武来银　伏晓春　赵海林
　　　　　　王智平　周继尧　史志明　李宗锋　阿　布　李　堋
　　　　　　曹玉龙　陈　汉　梁文钊　陈德兴　妥建福　樊　辉
　　　　　　肖立群　王兰玲　肖学智　宋金圣　拜真忠　卢旺存
　　　　　　石生泰　柳　民　吴国生　火玉龙　车安宁　马少青
　　　　　　王福生　张智若

甘肃省文化资源普查和分类分级评估工作领导小组办公室及下设机构

主　　任　　范　鹏

常务副主任　　王福生

副 主 任　　李　埖　王兰玲　柳　民

执行副主任　　侯拓野　马廷旭　陈月芳　廖士俊

成　　员　　杨文福　丁　禄　田锡如　李含荣　路晓峰　刘效明
　　　　　　张建胜　徐麟辉　马志强　张春锋　梁朝阳　方剑平
　　　　　　黄国明　王银军　刘志忠　李拾良　王登渤　赵艳超
　　　　　　席浩林　王　钢　刘　晋　李军林　王景辉　邵　斌
　　　　　　杨彦斌　李素芬　李才仁加　王　旭　王治纲

综合协调组

组　长　　王灵凤

成　员　　庞　巍　马争朝　吴绍珍　巨　虹　王彦翔　唐莉萍
　　　　　段翠清

普查业务组

组　长　　谢增虎

成　员　　马东平　侯宗辉　马亚萍　戚晓萍　魏学宏　李　骅
　　　　　买小英　梁仲靖　王　屹　海　敬

技术保障组

组　长　　刘玉顺

成　员　　胡圣方　王　荟　谢宏斌　张博文　宋晓琴

专家联络组

组　长　　郝树声　马步升

成　员　　金　蓉　赵　敏

甘肃省文化资源名录编纂委员会

主　　任	陈　青	郝　远		
副 主 任	范　鹏	彭鸿嘉	俞建宁	王福生
委　　员	朱智文	安文华	刘进军	马廷旭
	王俊莲	王　琦	陈双梅	

总 主 编	陈　青	王福生		
副总主编	马廷旭			
总 校 对	刘玉顺			
成　　员	谢增虎	马东平	侯宗辉	马亚萍	戚晓萍
	魏学宏	赵国军	谢　羽	金　蓉	买小英
	巨　虹	吴绍珍	胡圣方	李　骅	鲁雪峰
	梁仲靖	王　荟	王　屹	海　敬	段翠清
	李志鹏	尹小娟	姜　江		

前　言

丝绸之路三千里，华夏文明八千年。甘肃是华夏文明的重要发祥地之一，是中华民族重要的文化资源宝库，是国务院认定的"华夏文明传承创新区"。为了保护和传承甘肃恢宏的历史与当代文化资源，使之能够汇总展示给世界，并永久流传，甘肃省从2013年4月启动了全省文化资源普查工作。在甘肃省文化资源普查和分类分级评估工作领导小组组织下，动员全省各市（州）县（区）、31个厅局及省直单位的专业人员，数十位专家学者，历时两年，完成了普查和数据录入工作。对于全省文化资源普查成果，甘肃省社会科学院又经过两年时间整理完善、分类编辑、拾遗补阙、校对编排，现在终于有了《甘肃省文化资源名录》的付梓出版。

《甘肃省文化资源名录》集中展现了甘肃历史悠久、丰富多样的文化资源。甘肃历史文化遗存位列全国前茅，民族民俗文化特色鲜明，现代文化颇具实力。伏羲文化、大地湾文化、马家窑文化、齐家文化、寺洼文化、彩陶文化、周秦早期文化、长城文化、汉简文化、三国文化、五凉文化、敦煌文化、石窟文化、黄河文化等历史文化资源积淀深厚；道教文化、西夏文化、伊斯兰文化、藏传佛教文化等民族宗教文化资源星罗棋布；大革命文化、根据地文化、长征文化、抗日文化、解放区文化等红色文化资源耀眼夺目；工业文化、科技文化、歌舞文化、大众文化等现代文化资源特色鲜明。可以说，文化资源是历代生活在甘肃的华夏儿女留给这块大地的永不磨灭的最辉煌印记。

就甘肃省文化资源的精华而言，截至2017年初，全省馆藏可移动文物为195.84万件，各类不可移动文物16895处。有世界文化遗产7处，全国重点文物保护单位131处，省级文物保护单位556处，国家级非物质文化遗产代表性项目68项。有国家级历史文化名城4座，国家级历史文化名镇7座，中国历史文化名村2座，中国传统村落36个。莫高窟、嘉峪关、伏羲庙、麦积山、炳灵寺、阳关、玉门关、锁阳城、崆峒山、拉卜楞寺、中山桥……，都是甘肃文化的历史见证；敦煌汉简、悬泉汉简、铜奔马、牛肉面、剪纸、花儿、皮影、羊皮筏子、黄河水车……，都是甘肃永恒的文化名片；腊子口、哈达铺、会师楼、南梁……，都是甘肃代表性红色文化遗产；酒泉卫星发射中心、刘家峡水电站、玉门油田、《读者》《丝路花雨》《大梦敦煌》……，都是甘肃之所以为甘肃的鲜明标志；祁连山、雪山冰川、河西走廊、大漠戈壁、高原草原、天池梅园……，都是如意甘肃的生动写照。众多的历史、自然和现代文化资源犹如满天繁星，镶嵌在广袤的甘肃大地上熠熠生辉。

　　《甘肃省文化资源名录》汇总甘肃省文化资源的精华，完成了打造华夏文明传承创新区的基础工作。《名录》将文化资源分为二十大类，分别是：文物；红色文化；重要历史事件与人物；重要历史文献；民族语言文字；非物质文化遗产；自然景观文化；宗教文化；文学艺术；饮食文化；建筑文化；节庆、赛事文化；文化之乡；地名文化；文化传媒；社科研究；文化类高等教育；文化艺术机构团体；文化产业；文化人才。每类文化资源按属性又分若干子分类，每个子分类都有严格的界定。同时，将文化资源级别分为省级和市州级。省级文化资源是指国务院、国家有关部委、甘肃省政府和省直部门已经明确命名、认定、管理（或委托管理）的国家级和省级文化资源，以及甘肃省文化资源普查办公室评估认定并核定公布、报送备案的文化资源。市州级文化资源是指甘肃省各市州、县级政府及其管理部门已经明确命名、认定、管理的市县文化资源，以及甘肃省文化资源普查办公室评估认定并核定公布、报送备案的市县文化资源。甘肃省内世界级文化资源（遗产）纳入省级文化资源管理范围，暂未认定级别和不需认定级别的文化资源统一纳入市州级文化资源范围。

　　推出《甘肃省文化资源名录》，对于推进华夏文明传承创新区建设、甘肃文化大省建设、丝绸之路黄金段建设意义深远。《名录》不仅仅记录了甘肃文化资源的种类和数量，也使甘肃文化资源的资源类别、品相级别、蕴藏情况、流布地域、传承范围和衍变情况得以准确和清晰化。通过编辑出版《甘肃省文化资源名录》，形成一个科学完整的文化资源数据库、文化资源研究的学术平台、文化资源传承保护和开发利用的指南，有助于更好地挖掘那些具有世界影响、国家价值、显著特点、唯一仅存、开发潜力巨大的代表性文化资源，为文化资源的有效保护提供科学依据，为重点文化资源找到开发的机遇并重塑生长的价值，为文化产业项目的开发利用提供可靠的参考。所以，《名录》的推出，是甘肃省文化资源普查成果面向世界迈出的第一步，是文化实力助推甘肃转型发展的坚实步伐，它为甘肃省今后对文化资源进行保护传承、专题研究、数字展示、市场开发奠定了基础。

甘肃省社会科学院
2017 年 7 月

目 录

前　言	001

社科人才	001

后　记	490

甘肃省文化资源名录
第四十四卷 文化人才 I

社科人才

0001 郭莲

性　　别：女
出生年月：1968-03-01
民　　族：汉族
政治面貌：党员
职　　称：正高
学　　历：大学本科
所在单位：兰州文理学院经管学院
通讯地址：兰州市城关区北面滩 400 号
成　　就：主持参与省级科研课题多项，发表论文多篇。一、科研课题：1）2011 年 1 月甘肃省软科学项目"基于企业可持续发展的环境成本研究"——2012 年 4 月（本人任第一主持，甘肃省科技厅已鉴定）；2）2010 年 5 月 省第二次全国经济普查"甘肃省非公有制经济发展问题研究"——2011 年 7 月（本人任第二主持，甘肃省政府已鉴定）；3）2009 年 11 月 河南省横向课题"上市公司社会责任报告信息的披露和分析"——2010 年 11 月（本人参与，河南省财政厅已鉴定）等。二、已发论文：1）低碳经济时代中欧气候与能源合作前景《对外经贸实务》2011 年第 12 期；2）公允价值在我国的运用启示《生产力研究》2010 年第 8 期；等等。
简　　介：兰州文理学院经济管理学院教授。

0002 杨三正

性　　别：男
出生年月：1962-05-03
民　　族：汉族
政治面貌：党员
职　　称：正高
学　　历：博士研究生
所在单位：兰州大学法学院
通讯地址：兰州大学盘旋路校区齐云楼 1708 室
成　　就：先后发表学术论文 30 余篇；1994 年获甘肃省教师世家奖；1996 年获甘肃省"园丁奖"；1997 年《法律逻辑学》，获甘肃省第五届社会科学"兴陇奖"二等奖。
简　　介：1984 年 7 月毕业于西北师范学院政治系，获法学学士学位；1997 年 7 月结业于兰州大学法律系经济法学研究生班；2006 年 7 月毕业于西南政法大学经济法学专业，获法学博士学位。

0003 马有

性　　别：男
出生年月：1965-01-07
民　　族：汉族
政治面貌：党员
职　　称：正高
学　　历：大学本科

所在单位：兰州文理学院文学院
通讯地址：兰州市城关区北面滩 400 号
成　　就：主持完成中国高等教育学会"十一五"教育科学研究规划课题《大学生学习策略研究》（项目批准号：06AIS0670078）项目一项，出版著作 1 部，主编教材 1 部，发表论文 16 篇，其中 CSSCI 论文 2 篇。
简　　介：主要从事教学和文化研究。

0004 陈航

性　　别：男
出生年月：1962-10-15
民　　族：汉族
政治面貌：党员
职　　称：正高
学　　历：博士研究生
所在单位：兰州大学法学院
通讯地址：兰州大学盘旋路校区齐云楼 1706 室
成　　就：发表 41 篇学术论文。
简　　介：武汉大学刑法学博士，德国慕尼黑大学访问学者。1980 年 9 月至 1984 年 6 月：在西北师范大学政治系读本科，获法学学士学位；1984 年 7 月至 1994 年 1 月，在甘肃庆阳高等专科学校（现陇东学院）任教，其中，1988 年 9 月至 1991 年 7 月在武汉大学法学院攻读刑法硕士，获法学硕士；1994 年 2 月至 2002 年 5 月，在兰州商学院法政学院（现法学院）任教，副教授职称。2002 年 6 月至今在兰州大学法学院任教，教授职称；其中，2004 年 9 月至 2007 年 6 月在武汉大学法学院攻读刑法专业博士，获法学博士学位；2009 年 9 月至 2010 年 7 月在北京语言大学出国留学培训部参加德语强化培训，获中级结业证书；从 2010 年 12 月起，赴德国慕尼黑大学从事为期一年的学术访问。

0005 王源

性　　别：女
出生年月：1963-07-11
民　　族：汉族
政治面貌：民主党派
职　　称：正高
学　　历：大学本科
所在单位：兰州文理学院文学院
通讯地址：兰州市城关区北面滩 400 号
成　　就：主持甘肃省社科项目 1 项，参与教育部社科基金项目 1 项，主持完成 2 项教育厅导师项目。出版著作 2 部，发表论文 20 余篇，其中 CSSCI 论文 4 篇，获甘肃省社会科学优秀成果三等奖 1 项，甘肃省高校社科奖三等奖 1 项，教学成果教育厅奖 1 项，主持的教学团队获省级教学团队。
简　　介：研究方向现当代文学研究。

0006 陈金生

性　　别：男
出生年月：1964-03-28
民　　族：汉族
政治面貌：群众
职　　称：正高
学　　历：博士研究生
所在单位：兰州文理学院旅游学院
通讯地址：兰州市城关区北面滩 400 号
成　　就：先后在《中国边疆史地研究》等刊物发表论文 20 余篇，出版《中国古代民族关系中的质子研究》《特殊使者的特殊使命——质子在民族关系中的作用研究》等专著，主编《西北少数民族文化》（合作）等教材 1 部。近几年，主持完成了省教育厅研究生导师科研项目 1 项，主持教育部人文社会科学项目 1 项，国家社科项目 1 项。
简　　介：甘肃联合大学旅游学院教授。主要从事西北少数民族历史、文化研究。

0007 赵明霄

性　　别：男
出生年月：1965-06-21
民　　族：汉族
政治面貌：党员
职　　称：正高
学　　历：硕士研究生
所在单位：兰州财经大学
通讯地址：兰州财经大学11号信箱
成　　就：自2001年至今先后承担了《国际金融》《国际结算》《金融学》《货币银行学》等课程的教学与研究工作。主持和参与省级、校级课题4项，获校级教学成果奖和科研成果奖各1项，在一级和省级学术刊物发表论文10余篇。研究方向：金融理论与实务。

0008 杨玲

性　　别：女
出生年月：1971-09-25
民　　族：汉族
政治面貌：群众
职　　称：正高
学　　历：博士研究生
所在单位：兰州大学文学院
通讯地址：兰州大学文学院
成　　就：长期从事中国古典文学与文化研究。获奖：2008年甘肃省高等学校社会科学优秀成果一等奖；2009年甘肃省第十一届社会科学优秀成果三等奖；2009年甘肃省第十六届青年教师成才奖；2011年入选陇原青年创新人才扶持计划；2013年主持的中国古代文学获甘肃省精品课程奖；2014年论文获甘肃省委宣传部征文比赛一等奖。出版专著：1.《中和与绝对的抗衡——先秦法家思想比较研究》（独著），中国社会科学出版社2007年出版；2.《汉赋评注》（参编10余万字），巴蜀书社2010年出版；3. 主编《中国古代小说戏剧研究丛刊》第七辑，甘肃教育出版社2010年出版；4.《楚辞语言词典》（参编30余万字），上海辞书出版社2013年出版。主持科研项目：1. 先秦法家在秦汉时期的发展与流变，国家社会科学基金项目（11XZX008）；2. 中国古典文学中的医者叙写，甘肃省2011陇原青年创新人才扶持计划项目；3.《商君书集校》，山东大学2010年国家社科重大项目《子海》工程子项目；4. 先秦法家在秦汉时期的传播与接受，甘肃省教育厅项目（1011-08）；5. 秦文化与甘肃，中央高校基本科研经费项目。论文：在《兰州大学学报》《甘肃社会科学》《华夏文化论坛》等刊物发表论文60余篇。

0009 苏孝林

性　　别：男
出生年月：1958-03-25
民　　族：汉族
政治面貌：党员
职　　称：正高
学　　历：大学专科
所在单位：兰州大剧院
通讯地址：兰州市城关区大众市场26号
成　　就：2005年兰州市"劳动模范"荣誉称号。2005年全国文化系统先进工作者。2005年舞剧《大梦敦煌》获国家舞台艺术（2003年—2004年度）"十大精品剧目"。2005年甘肃省宣传文化系统拔尖创新人才。2006年授予"2006年度优秀专家"。2006年舞剧《大梦敦煌》获全省新创剧目调演暨第二届甘肃戏剧红梅大奖赛"新创剧目特等奖"。2007—2008年度国家文化出口重点项目兰州歌舞剧院《大梦敦煌》。2008年授予甘肃省第一届音乐"黄钟奖"音乐艺术组织奖。2008年评为"第五批专业技术拔尖人才"。

2009年全国宣传文化系统"四个一批"人才。2009年舞剧《大梦敦煌》获文化部"优秀保留剧目大奖"。2009年兰州大剧院获人力资源和社会保障部、文化部授予"全国文化系统先进集体"称号。2009年授予"甘肃省文艺突出贡献奖"。2010年3月"甘肃省领军人才"第一层次人选。2011年评为"全国中青年德艺双馨文艺工作者"。

简　　　介：1974年12月—1991年8月任兰州市歌舞团演员；1991年9月—1996年12月担任兰州市歌舞团副团长；1996年12月—1999年12月兰州市歌舞团团长；2000年1月—2007年12月任兰州歌舞剧院院长；2008年1月至今任甘肃省文联副主席，党组成员：兰州大剧院院长。甘肃省政协委员、甘肃省青年联合会副主席、中国音乐家协会会员、省音乐家协会副主席、兰州市音乐家协会副主席。

0010　刘敏

性　　　别：男
出生年月：1946—07—15
民　　　族：汉族
政治面貌：党员
职　　　称：研究员
学　　　历：大学本科
所在单位：甘肃省社会科学院
通讯地址：兰州市安宁区健康路143号
成　　　就：1979年进入甘肃省社会科学院，主要从事农村社会学、民族社会学、社会问题与社会发展、城乡关系和毒品问题等领域的研究。30多年来，共主持和合作完成国家社会科学基金项目12项，国内外合作项目8项，省级项目16项。出版专著和合著20多部。发表论文和调研报告100多篇，其中有多篇在国外刊物、国际会议文集发表和被《新华文摘》《中国人民大学报刊复印资料》等权威刊物转载。其中《民族地区特殊的社会关系及其战略调整》，北京工业大学学报2008年第1期，《新华文摘》同年14期转载。《西部社会学：实践基础、理论建构和研究内容》，西北师大学报2015年第1期，《新华文摘》同年10期转载。主要著作有《社会学词典》（山东人民出版社1988年5月），《被害者学》（中国矿业大学出版社1989年11月），《中国不发达地区农村社会发展》（中国经济出版社1990年7月），《日趋严重的毒品问题》（甘肃人民出版社1992年3月），《西北民族地区社会稳定与社会发展》（甘肃民族出版社1994年6月），《中国国情丛书：百县市经济社会调查·永昌卷》（中国大百科全书出版社1995年4月），《山村社会》和《灾害社会学》（甘肃人民出版社2000年4月），《社会发展论》（中国社会科学出版社2012年4月）。有11项研究成果先后获省部级以上社会科学优秀成果奖。

简　　　介：1965年—1969年在西北师大政教系上学；1970—1979年在甘肃省永昌县朱王堡公社和永昌县委办公室工作，先后任公社团委副书记、县委办公室副主任；1979年3月至今在甘肃省社会科学院办公室、社会学法学研究所工作，先后任副所长、所长，1992年破格晋升为研究员，1996年被评为享受国务院特殊津贴专家；2000年8月任副院长、党委委员；曾经和现在兼任中国社会学学会副会长、甘肃省社会学学会会长、名誉会长、甘肃省综合治理委员会委员、甘肃省住房基金管理委员会委员、甘肃省社会科学高级职称评委会委员、甘肃省社会科学优秀成果评奖委员会委员。兰州大学、西北民族大学、兰州理工大学、甘肃政法大学和兰州城市学院兼职教授。从1986年至今任国家哲学社会科学基金会社会学学科评审委员。

0011 王步贵

性　　别：男
出生年月：1937-12
民　　族：汉族
政治面貌：党员
职　　称：研究员
学　　历：大学
所在单位：甘肃省社会科学院
通讯地址：甘肃省安宁区健康路143号
成　　就：主要研究领域为中国哲学史、中国思想史、宗教。主要研究成果：在国家级、省级刊物发表论文数十篇，主要有：《王符的唯物主义认识论》发表于《中国哲学史研究》1985（3）。《王符的伦理道德思想管窥》发表于《中国哲学史研究》1986（3）。《王符的"元气一元论"探析》发表于《人文杂志》1987（1）。《王符——东汉后期社会批判思潮的杰出代表》发表于《中国哲学史研究》1988（4）。《王符美学》发表于台湾《中国文化月刊》1994（174）。《历史的思想和思想的历史——兼论儒家演变的客观规定性》发表于《甘肃社会科学》1996（1）。《新华文摘》，1996（5）全文转载。出版的专著有：《王符思想研究》，甘肃人民出版社，1987.4《甘肃历代著名哲学家》(排名第三)，甘肃人民出版社，1988.3。普及读物《趣味哲理故事集锦》（三人合著，排名第一），甘肃少年儿童出版社，1988.6。专著《王符评传》，陕西人民教育出版社，1993.2。专著《神秘文化——谶纬文化新探》，中国社会科学出版社，1993.1。编译《控制论的哲学原理》（三人合译，俄译汉）上海译文出版社，1981.4。荣获的奖项有：专著《王符思想研究》，荣获甘肃省第一届社科优秀成果三等奖。专著《王符评传》，荣获甘肃省第四届社科优秀成果二等奖。论文《历史的思想和思想的历史——兼论儒家演变的客观规定性》，荣获甘肃省第五届社科优秀成果三等奖）。
简　　介：曾任《甘肃社会科学》主编、中国少数名族哲学及社会思想史学会常务理事、甘肃省期刊学会副主席、甘肃省逻辑学会顾问、甘肃出版工作协会常务理事、副秘书长、《甘肃出版》杂志副主编。主要的学习工作简历：1959年毕业于西安外国语学院俄罗斯语言文学系本科。1959年至1962年在甘肃工业大学外语教研室工作，任副主任。1960年至1961年在北京外语学院研究生班进修一年。1962年后季至1980年先后在平凉一中、平凉二中及平凉县委党校工作。1980年参加中国社科院受国务院委托在全国招考社会科学研究工作者考试，以名列前茅的优异成绩被录取。于1981年调入甘肃省社会科学院哲学研究所，1983年调任《甘肃社会科学》主编至1997年5月。

0012 杨忠

性　　别：男
出生年月：1942-07-13
民　　族：汉族
政治面貌：党员
学　　历：大学本科
职　　称：副研究员
所在单位：甘肃省社会科学院文学所
通讯地址：甘肃省兰州市安宁区健康路143号
成　　就：主要研究甘肃民国文学、延安文学。主要成果有：在全国刊物和甘肃地区刊物发表多篇论文。《创新要有闯劲和韧劲》（《文艺短评三集》1974年辽宁人民出版社）、《人物性格的描写技巧》（《甘肃青年》1984年第5期）、《理想在文学创作中的地位》（《社会科学》1984年第5期）、《陇东根据地文学概观》（1987年第6期）、

《陇东根据地诗歌漫评》、(《社会科学》1992年第1期)、《抗战文艺运动在甘肃》(《社会科学》1995年第6期)、《中国文学的现代化和世界化与先进文化的前进方向》(《社会科学》2002年第3期)、《现代甘肃文学概述》(《甘肃文史》1997年第1期)、《解放的武器翻身的赞歌——陇东根据地文学史略》(《甘肃文史》1988年第3期)、《占山的秘密》(甘肃人民出版社1966年1月出版)、《地质报告》(《登高望远》甘肃人民出版社1972年7月出版)、《补充材料》(人民文学出版社《新人新作选第一集》1965年9月出版)、《占山猛擒"黑老虎"》(《甘肃文艺》1966年第4期)、《雪梅》(《中国文学》英文版1971年第9期)。报告文学有：《并非杨柳是青年》《飞天是怎样飞起来的》(《甘肃青年》1981年第1期)，中央广播电台"青年节目"同月播出。

简　　介：1967年西北师大毕业，分配至阿干镇煤矿工作。1972年入党，同年10月调至甘肃文艺编辑部，任理论组组长。1976年4月调至团省委《甘肃青年》编辑部负责人。1981年8月调至甘肃省社会科学院文学所研究陇东解放区文学和甘肃民国文学。

0013　岳青

性　　别：女
出生年月：1944-06-03
民　　族：汉
政治面貌：党员
职　　称：研究员
学　　历：本科
所在单位：甘肃省社会科学院社会学研究所
通讯地址：甘肃省兰州市大教梁5号1506室
成　　就：长期从事人口社会学研究工作，发表社会学专业论文40余篇，合作出版学术著作5部。

简　　介：1969年9月于西北师范大学政教系毕业；1969.9—1975.9，在酒泉市东方红中学任教；1979.9—2002.5，在甘肃省社会科学院社会学研究所从事人口社会学研究工作。1997年12月取得研究员任职资格。2002年4月退休。

0014　李树基

性　　别：男
出生年月：1944—02
民　　族：汉
政治面貌：党员
职　　称：研究员（二级）
学　　历：大学本科
所在单位：甘肃省社会科学院农村发展研究所（退休）
通讯地址：甘肃省兰州市安宁区健宁路143号
成　　就：主要从事农村经济理论研究，主要成果有：（一）出版的论著，在工作期间共出版著作22部。其中主要是：《中国国情丛书——百县市经济社会调查（静宁卷）》《甘肃省农村经济区划》《甘肃农村能源研究》《甘肃省农业技术政策要点》《2006~2007年甘肃省经济社会发展分析与预测（蓝皮书）》等。发表论文56篇，其中主要是：《甘肃黄土高原农业生产的生态问题》《反贫困的基本对策：区域化》《甘肃老困地区贫困的基本特征》《甘肃农产品加工业的经济评价》等并主持参与了多项国际、国家级、国家部委和省级课题。研究成果多次获得各类级别奖项。

简　　介：1967年9月毕业于甘肃农业大学农学系农学专业，大学本科；1968年9月至1970年2月，在甘肃省靖远县寺儿湾中国人民解放军 8110 部队农场锻炼；1970 年 2 月至 1971 年 7 月，在甘肃省毛泽东思想宣传队景泰县分队工作；1971 年 7 月至 1980 年 12 月，分别在甘肃省武威县校尉公社、县"五七"干部学校政治教研组、县农业技术推广站、县委农村工作部工作；1976 年 7 月 1 日加入中国共产党组织。1980 年 12 月至 2010 年 3 月，甘肃省社会科学院农村发展研究所从事农村经济理论研究；1983 年至 2004 年担任甘肃省社会科学院农业经济研究所副所长、所长。2006 年至 2009 年担任县域经济研究首席专家，2010 年 3 月退休。1992 年至 2007 年，担任甘肃省农业经济学会副理事长。甘肃省人民政府"十一五"规划专家咨询委员会成员、省人民政府农村经济发展智囊团成员、国家科学技术委员会第一批公布的软科学专家库专家。政协兰州市安宁区四、五、六、七届委员会委员。1990 年 12 月甘肃省农业区划委员会授予"甘肃省农业区划先进工作者"荣誉称号。1990 年 12 月农业部农业区划委员会授予"全国农业区划先进工作者"荣誉称号。

0015 陈双梅

性　　别：女
出生年月：1956-05-24
民　　族：汉族
政治面貌：党员
职　　称：研究员
学　　历：大学本科
所在单位：甘肃省社会科学院
通讯地址：甘肃省兰州市安宁区健康路 143 号
成　　就：一直从事党的宣传工作、党刊编辑工作、反腐倡廉研究工作。主要进行党建方面的研究。主要研究成果：《坚持解放思想 推动科学发展 解决突出问题——在学习实践活动中的几点思考》被中央党校《理论动态》编辑部入编到《求是先锋——共和国 60 年发展的理论与实践》丛书；《在智库建设中强化文化安全研究》在《甘肃社会科学》2009 年第 5 期发表。《对规范当前消费市场的一点思考》在《甘肃日报》2010 年 5 月 18 日理论版刊出；《加快建设生态环境补偿机制：以三峡库区为例》在 2010 年 8 月 20 日中央党校《理论动态》刊出；《林业发展方式要统筹人与自然和谐发展——林业系统转变发展方式的路径探讨》在 2010 年《中国林业》第 9 期刊出。《智库建设的困境摆脱与国家软实力提升》在 2012 年《重庆社会科学》第 5 期刊出。承担省纪委、省社科规划项目、庆阳市纪委等单位委托课题多项。

0016 周小华

性　　别：女
出生年月：1959-03
民　　族：汉族
政治面貌：党员
职　　称：研究员
学　　历：大专
所在单位：甘肃省社会科学院
通讯地址：甘肃省兰州市安宁区健康路 143 号
成　　就：出版个人专著和编著 18 部，其中独著 6 部。课题：主持完成省、部级及院、厅级课题 20 多项。其中主持完成省社科规划办课题 3 项。主持完成文化产业扶贫规划 2 项。论文：在国家级、省级刊物发表论文 40 篇。获奖：获省、部级研究成果奖 10 多项。规划：主持完成文化规划 10 部。从 2007 年以来连续主持省委宣传部重点委托课题《甘肃省文化产业发展报告》5 项。该成果已连续出版专著 5 部。发表文章多篇。主持完成省社科规划办 2 项文化产业课题。多项成果在省、部级党政部门决策发挥重要作用。

简　　介：大专学历（后在中国人民大学文艺学硕士研究生班学习2年）。研究员职称。已退休。为2级专业作家。2002年调入省社科院文化研究所。社会兼职：水利部水文化专家委员会特聘研究员、国家水利风景区评审专家、甘肃省政府决策咨询（专家库）专家、省委宣传部（文化）信息专家、省财政厅（公共文化）特聘专家、甘肃敦煌哲学学会理事等。

0017　王旭东

性　　别：男
出生年月：1964-11
民　　族：汉族
政治面貌：党员
职　　称：研究员
学　　历：大学本科
所在单位：甘肃省社会科学院杂志社
通讯地址：甘肃省安宁区健康路143号
成　　就：主要研究领域为社会保障、公共政策、编辑学，主要研究成果：在中国社会科学报、社会科学报、甘肃日报（理论版）、残疾人研究、云梦学刊、甘肃社会科学等报刊发表了几十篇论文，多篇被中国人民大学报刊复印资料转载（摘）、为新华文摘、中国社会科学文摘转摘多篇。主持各级各类项目10项：如主持国家社会科学基金西部项目1项，《欠发达地区农家书屋管理、使用及发展问题研究》；甘肃省社科规划项目"农村公共产品供给机制创新与社会事业转型"，2013年3月结项；主持中国残联招标课题"欠发达地区残疾人社会政策效果研究"，2011年结项（省部级）；主持省社会科学联合会课题"社会科学人才生态环境与培养机制"，2002年结项。主持甘肃省社会科学院"西部经济研究论著及中国主流经济学者影响力报告""甘肃残疾人舆情调查"等课题5项。专著及副主编以上的编著合计3本。

简　　介：现任甘肃省社会科学院社会政策与救助研究中心主任，甘肃社会科学院杂志社副总编、研究员，主要研究弱势群体社会保障、西部文化史、编辑生态学等。主要学习工作经历：1983年8月—1987年6月，西北师范大学历史学专业，获得大学本科历史学学位；1987年7月—1991年5月，西北师范大学团委，助教、先后任西北师大学生会专职秘书长、大学生艺术团团长、文体部长等职务（副科级）；1991年6月，调甘肃省社会科学院，先后任党委办公室、院务办办公室秘书（正科级）、研究实习员；1996年5月—1998年6月任院办公室副主任职务（副处级），分管人事、外事、职称评审工作；2001年5月—2005年7月，在甘肃省社会科学院《开发研究》任编辑，副处级调研员。2005年8月任甘肃社会科学院杂志社《甘肃社会科学》副主编、编辑历史学栏目，2007年兼院社会政策与社会救助研究中心主任。2009年12月晋升为副研究员；2013年12月破格晋升研究员职务。2014年8月，任《开发研究》主编、研究员；2016年7月起，任甘肃社会科学院杂志社副总编、研究员。社会兼职：甘肃省亚欧大陆桥研究会副秘书长、2010年任中国残疾人事业发展研究会理事、第六届甘肃省残联主席团委员。2016年1月17日，当选为中国残疾人事业发展研究会第二届理事会常务理事。多年以来，曾获得"甘肃省社会实践先进指导者"奖励；"甘肃省职称改革工作先进个人"奖；甘肃省社会科学院优秀党员、先进工作者等；2014年获得"全国自强模范"荣誉称号；2014年获得"甘肃最美人物"称号。

0018 史云虎

性　　别：男

出生年月：1946—10—26

民　　族：汉族

政治面貌：党员

职　　称：副高

学　　历：大学

所在单位：先后撰写发表过《图书馆工作应适应市场经济》《国际图联与我国图书馆事业》《对图书馆实现现代化的两点思考》等6篇文章。参加过国家社科基金课题《甘肃省武威市双城镇调查》科研项目，担任该书副主编。曾任甘肃省行政管理学会理事、甘肃省图书馆学会理事、常务理事、中国社会科学信息学会常务理事。

简　　介：1969年毕业于西北师范大学并留校在教务处，人事处工作。1985年调甘肃省社会科学院在党委办公室。

0019 尚乐林

性　　别：男

出生年月：1936-2-22

民　　族：汉族

政治面貌：党员

职　　称：正高

学　　历：大学本科毕业

所在单位：甘肃省社会科学院哲学所

通讯地址：甘肃省安宁区健康路143号

成　　就：在国家级刊物、论文集及省级刊物发表多篇论文，分别有《思维内回馈刍议》《毛泽东关于"质的安定性"的辩证探索》《社会意识具有相对独立性吗？》《主体及其双重实践特性的意义》《矛盾运动的楔型结构刍议》《思维太极图和非逻辑之谜》《思维太极图中的直觉和内反馈》《试论理智信息创新的辩证途径》《〈易经〉六十四卦、遗传密码及信息关系辨析》《大而化之——儒道传统思维方式的基本特点》《分与合是辩证的统一》等。

0020 冯翠珍

性　　别：女

出生年月：1953—05—18

民　　族：汉族

政治面貌：群众

职　　称：副研究馆员

学　　历：大专

所在单位：甘肃省社会科学院图书馆

通讯地址：浙江省宁波市海曙区高塘路129弄6-405

成　　就：主要研究领域为图书馆学。主要研究成果：1.参与完成甘肃省社会科学规划课题1项——《全面小康与甘肃省农村人才配置机制创新研究》。2.在省部级刊物发表了多篇论文，分别为：《有限权力的法治定位》(《甘肃社会科学》2000年第01期)、《贫困县政府机构改革研究简介——对甘肃宁县的调查分析》(《甘肃行政学院学报》2000年04期)、《转型期图书馆员的心理问题与心理调适》(《甘肃行政学院院报》2002年第02期)、《政治文明与法治发展》(《甘肃社会科学》2004年第03期)等。3.获得全国社会科学院图书馆系统优秀论文三等奖。

简　　介：主要从事图书馆工作。

0021 司俊

性　　别：男

出生年月：1942-01-14

民　　族：汉族

政治面貌：民主党派

职　　称：副研究员

学　　历：本科

所在单位：甘肃省社会科学院农经研究所

通讯地址：甘肃省安宁区健康路143号

成　　就：1999年被聘任为《甘肃大辞典》的审稿人。1998年撰写的《强化财政监督职能的基本思路和建议》荣获甘肃省财政系统第五次科研成果二等奖。主编的《财源探索与研究——甘肃财源氧蓄与开发》于1998年11月由中国财政经济出版社出版，本书在2001年荣获甘肃省社会科学优秀成果一等奖。与崔振华、萧绍良合著的《转轨时期财政运行机制研究》由中国财政经济出版社出版，并荣获甘肃省财政系统优秀成果一等奖，甘肃省社会科学优秀成果三等奖。《公共财政覆盖城乡的制度建设》在2008年由中国经济出版社出版；《中国历代政府理财之道》在2010年中国财政经济出版社出版。编著《陕甘宁革命根据地财政史》于2015年在中国财政经济出版社出版。

简　　介：1962—1967年，在兰州大学经济系政治经济学专业就读。1968—1970年，到4587部队农场锻炼。1970—1975年，到山西省河曲县阴山林场工作。1975—1979年，甘肃省临潭县水电局工作。1979—1980年，在甘肃临潭县文化馆工作。1980—1985年，在甘南州卫生学校工作。1985—1992年，合作民族专科学校工作。1993—2002年，在甘肃省社会科学院工作。2002年3月退休。

0022　邓慧君

性　　别：女
出生年月：1964-03-09
民　　族：汉族
政治面貌：无党派人士
职　　称：研究员
学　　历：硕士研究生
所在单位：甘肃省社会科学院马克思主义研究所
通讯地址：甘肃省安宁区健康路143号

成　　就：主要研究领域为西北史、区域社会史、党史党建、改革与发展等。参加工作以来，发表学术论文及各类文章70余篇，参加集体项目30余项，独立完成专著3部。其中参与的《青海通史》获青海省第五次哲学社会科学优秀成果一等奖。专著《青海近代社会史》，1998年青海省社科规划办立项，2001年青海人民出版社出版，2003年10月获青海省第六次哲学社会科学优秀成果三等奖。论文《论近代玉树纷争》发表在《青海社会科学》1997年第1期，获青海省第五次哲学社会科学优秀成果三等奖。专著《甘肃近代社会史》，2003年甘肃省社科规划办立项，2007年甘肃人民出版社出版，同时遴选为甘肃省农家书屋优秀推荐书目。论文《社会史研究存在问题之我见》发表在《甘肃社会科学》2003年第6期，被人大复印资料《历史学》2004年第3期全文转载。参加的甘肃省文化建设重点工程《甘肃通史》，2009年甘肃人民出版社出版，2010年获甘肃省第十二次哲学社会科学优秀成果一等奖。主持撰写的研究报告《提升陇人品格　树立社会主义荣辱观问题研究》，主编的《论陇人品格》文集，撰写的《甘肃精神》宣传册一并于2010年获甘肃省第十二届哲学社会科学优秀成果三等奖。主持撰写的研究报告《甘青民族走廊多元宗教文化及其现代适应问题研究》，2014年9月甘肃省社科规划办立项，2017年10月结项。

简　　介：现为甘肃省社会科学院马克思主义研究所研究员。为甘肃省政治学会常务理事、甘肃省委统战部无党派人士联谊会理事。1981—1988年在西北师范大学历史系学习；1985—1988年在陕西师范大学古籍所学习；1988—2002年在青海省社会科学院历史所工作；2002至今在甘肃省社会科学院工作。2000年7月晋升副研究员，2007年12月晋升研究员。2006年获甘肃省555创新人才工程第二层次人选殊荣；2009年获甘肃省首届领军人才第二层次人选殊荣。

0023 马东平

性　　别：女
出生年月：1973-10-08
民　　族：回族
政治面貌：无党派
职　　称：研究员
学　　历：博士研究生
所在单位：甘肃省社会科学院社会学所
通讯地址：甘肃省安宁区健康路143号
成　　就：主要研究领域为民族社会学、民俗学。主要研究成果：在国家级刊物发表了多篇论文，分别为《从历史文化探究汉藏的渊源关系》（《中国藏学》2012年第3期）、《社会转型时期的"花儿"现状》（《民间文化论坛》2011年第5期）、《甘肃的灾区重建户贷款难度大》（刊登于《人民日报内参》2010年2月3日第154期）和人民日报2016年11月23日第七版发表《倡导共同团结奋斗、共同繁荣发展：积极培育中华民族共同体意识》文章；主持完成国家社会科学项目《甘肃民族地区小康社会建设中的社会稳定问题研究》和国家社科基金青年项目《新时期甘宁青新型民族关系调查研究》，主持完成甘肃省"十二五"民族地区经济和社会发展规划等多项应用研究；出版专著《边缘与关注——西北民族历史文化论集》《传统与嬗变——河州八坊回族人的生活世界》和《走进八坊——文化边界中的回族民俗研究》；作为首席专家，主持完成了《甘肃民族地区发展形势分析与预测》（2015）（2016）（2017）三部蓝皮书。2013年入选省宣传文化系统"四个一批"人才。2016年被聘为国家民委首批重点联系的"民族问题研究优秀中青年专家"。中国回族学会理事、甘肃民俗学会常务理事、敦煌哲学学会理事。
简　　介：现为甘肃省社会科学院社会学所所长，兼任西北民族与宗教研究中心主任，中国统一战线研究会甘肃研究基地研究员，任第八、第九届兰州市安宁区政协常委，十三届全国政协委员，甘肃民族师范学院河洮岷研究中心副主任，特约研究员。1991.09—1995.06中央民族大学民族学与社会学学院本科学习；1995.06至今，甘肃省社会科学院科研工作；1998.09—2001.06西北民族大学社会人类学·民俗学学院攻读硕士研究生；2005.09—2008.06西北民族大学社会人类学·民俗学学院攻读博士研究生；2007年12月破格取得副研究员资格。2013年12月破格取得研究员资格。

0024 陈小丽

性　　别：女
出生年月：1971-02-04
民　　族：汉族
政治面貌：群众
职　　称：副研究员
学　　历：硕士
所在单位：甘肃省社会科学院丝路所
通讯地址：甘肃省安宁区健康路143号
成　　就：著作类：《大变法——中国改革的历史思考》第二作者，完成了其中的第一、二、四章约10万字。完成论文《拉什迪〈午夜的孩子〉中文化的相融意识研究》《拉什迪〈午夜的孩子〉中文化的冲突意识研究》《以一种"大改革观"透视当代中国改革》《改革的世界视野与比较》《中国历史上的两次社会转型式改革》《近现代俄、中、土、日改革相互影响中的启示》《试论改革与革命的关系》《改革中的民族性格与民族精神差异探析》《简析现实主义文学的历史演变》

《兰州牛肉面品牌的文化拓展问题探析》《国际文化产业发展趋势研究》《甘肃各市州文化产业发展平台建设研究》《基于全国比较视域中的甘肃文化产业发展探析》《在汲取优秀传统文化营养中弘扬社会主义核心价值观》《关于在"十三五"加快甘肃体育产业发展以做大文化支柱产业的研究报告》《甘肃体育产业发展现状调查》《关于"十三五"加强甘肃红色文化资源的传承与开发研究》等；完成项目《2008年甘肃省文化产业发展报告》《"十一五"甘肃工业发展战略研究》《民族地区党建工作的现实困境与路径选择》《2009年甘肃省文化发展分析报告》《2010-2011年甘肃省文化分析与预测》《2011-2012年甘肃省文化分析与预测》《2011-2012年甘肃省文化产业发展报告》《2012-2013年甘肃省文化发展分析与预测》等。

简　　介：1995年6月毕业于西北师范大学外语系英语教育专业；2007年6月毕业于兰州大学外国语学院英语语言文学专业，硕士学位；1995年6月27日—2007年12月在西北民族学院外语系从事英语教学工作（2001年12月19日西北民族学院中评会评审通过任讲师）；2008年1月调入甘肃省社会科学院从事科研工作至今，2008年11月14日省社科院中评会转为助理研究员任职资格，2012年3月甘肃省社科院高评会评审通过任职副研究员。

0025 胡圣方

性　　别：男
出生年月：1979-11-28
民　　族：汉族
政治面貌：党员
职　　称：副研究员
学　　历：本科
所在单位：甘肃省社会科学院公共政策研究所
通讯地址：甘肃省安宁区健康路143号
成　　就：主要研究领域为网络社会学、电子商务、图书情报学，主要研究成果：在省级刊物发表《国内网络群体性事件理论研究述评》《网络舆情管理的问题与对策》《群体性事件网络助燃的逻辑分析》等数十篇论文。主持多项国家、省级社科规划项目：主持国家社科规划项目《西北地区民族宗教问题网络舆情危险辨识与引导机制研究》，主持和完成省社科规划项目《网络群体性事件的社会学研究》和《群体性事件的网络助燃作用研究》，参与完成《西北地区信息资源开发与阅读文化构建》等多项国家社科规划项目。出版专著《群体性事件的网络助燃作用研究》《西北地区信息资源开发与阅读文化构建》（第二作者，获省社科三等奖）。《推动以人民为中心的公共图书馆服务工作的思考》等多篇论文获中国情报学会、甘肃省图书馆学会二、三等奖。

简　　介：甘肃省社会科学院公共政策研究所副研究员。2004年9月兰州大学经济管理学院毕业后进入甘肃省社会科学院工作至今。2009年取得助理研究员资格，2014年取得副研究员资格。

0026 侯宗辉

性　　别：男
出生年月：1980-03-09
民　　族：汉族
政治面貌：党员
职　　称：研究员
学　　历：博士研究生
所在单位：甘肃省社会科学院丝绸之路研究所
通讯地址：兰州市安宁区建宁路143号

成　　就：主要从事秦汉史与甘肃地方历史文化研究。近年来先后在《中国边疆史地研究》《中国经济史研究》《甘肃社会科学》《敦煌研究》《简帛研究》《古今农业》《甘肃日报》等各类刊物发表学术论文 20 余篇。出版专著《两汉之际窦融集团研究》。主持并完成国家社科项目《人口流入与汉代西北边疆社会变迁研究》、甘肃省社科规划项目《东汉初年窦融经略河西边塞研究》，以及其他省厅级项目 20 多项。

简　　介：现为甘肃省社会科学院丝绸之路研究所所长。主要学习与工作经历是：2000.09—2007.07 西北师范大学就读本科、硕士；2007.09 至今 在甘肃省社会科学院工作；2008.09—2011.06 西北师范大学攻读博士研究生；2011 年 7 月获得副研究员任职资格，2017 年 4 月获得研究员任职资格。

0027 张永明

性　　别：男

出生年月：1937-09

民　　族：汉族

政治面貌：无党派

职　　称：副研究员

学　　历：大学本科

所在单位：甘肃省社会科学院文学所

通讯地址：甘肃省安宁区健康路 143 号

成　　就：主要研究领域为中国文学史（重点是甘肃文史考古等）。主要研究成果：在国家级刊物发表的论文为《鲁迅的辑佚校勘与张澍》（《鲁迅研究》1984 年第 4 期），《武威雷台东汉铜马命名问题探讨》（《考古》1987 年第 4 期）。另外较有学术功力和理论深度的文章主要有以下几篇：《张澍生平著述简介》（《红柳》1984 年第 1 期）、《敦煌学的先驱者——张澍》（《甘肃社会科学》1989 年第 6 期）、《清代甘肃文学概述》（《甘肃社会科学》1988 年第 6 期）、《简论武威雷台出土东汉铜马的名称问题》（《甘肃社会科学》1984 年第 1 期）、《所谓"铁证"及"石证"——也谈武威雷台东汉铜奔马的主人问题》（《甘肃社会科学》1994 年第 5 期）、《武威雷台汉墓及铜奔马与张江无关》（《甘肃社会科学》1995 年第 5 期）。

简　　介：1958.09—1962.07 西北师范大学中文系本科学习；1962.07—1981.12 兰州第二中学任高中语文教员，并担任过语文教研组组长；1980 年参加了中国社会科学院招考研究人员考试，1981 年 12 月调入甘肃省社会科学院文学研究所工作，1996 年因病提前退休。

0028 胡雯君

性　　别：女

出生年月：1964-12-04

民　　族：汉族

政治面貌：党员

职　　称：副编审

学　　历：本科

所在单位：甘肃省社会科学院杂志社

通讯地址：兰州市安宁区健康路 143 号

成　　就：1995 年获甘肃省首届"五四新闻奖"优秀记者称号。论文《浅议报纸版面革新》，1996 年在甘肃省新闻理论研讨会上获三等奖；《也谈学术期刊编辑规范化》发表在《甘肃社会科学》2005 年第 5 期；《新形式下学术期刊采稿方法探讨——以〈甘肃社会科学〉为例》发表在《出版发行研究》2009 年第 7 期；《学术期刊评价指标及相关问题分析》发表在《卫生职业教育》2009 年第 17 期；《如何做好期刊执行编辑》发表在《甘肃新闻出版》2008 年第 5 期上；《综合类学术期刊存在的问题与创新》（发表在《甘肃新闻出版》2009 年第 3 期。

简　　介：1985 年 7 月毕业于兰州化工学校化工机械专业；1993 年 6 月取得兰州大学新闻专业大专文凭；1996 年 12 月取得中央党校党政管理本科文凭。2000 年 12 月取得新闻专业中级职称；2003 年 11 月考取中华人民共和国出版专业技术人员职业资格（中级）；2010 年 9 月取得出版专业副编审职称。1985—1987 年，中国石化总公司湖北化肥厂技术员。1987—2003 年，武威日报社编辑、记者。2003 年至今，《甘肃社会科学》编辑部编辑。

0029 胡政平

性　　别：男
出生年月：1961-09-09
民　　族：汉族
政治面貌：党员
职　　称：二级编审
学　　历：大学本科
所在单位：甘肃省社会科学院杂志社
通讯地址：甘肃省安宁区建宁路 143 号
成　　就：主要研究领域为编辑出版、地方文化。主要成果：在《人民日报》《光明日报》《新华文摘》《中国社会科学文摘》《人大复印资料》《出版发行研究》《兰州大学学报》等重要报刊发表地方文化、编辑出版方面的论文 60 多篇，主编出版等方面的专著 8 部。《新华文摘》全文转载了《学术期刊数字化的本质及其相关问题》《综合类学刊何以承担重要的社会职责》《学术期刊编辑中几个规范性问题探析》等 3 篇；《新华文摘》摘编了《文化自觉与国民幸福》《伏羲文化精神的的现代意义》《伏羲画八卦，中国根文化的产生到文化形态的定型》《初始评价：学术评价视域的关键性拓展》《传统期刊网络化存在的问题及应对策略》《学术期刊同质化及影响力探究》《学术期刊应有更高远的追求》等 7 篇。《综合类学刊的现状与前景》等 2 篇在《中国社会科学文摘》全文转载。《伏羲文化留给我们的精神财富》《国民幸福及其实现条件》《伏羲文化精神的的现代意义》《秦安旅游资源及其开发利用》《试论秦安古文化资源的价值和地位》《亟待建立科学合理的社会科学管理制度》《学术期刊同质化及影响力探究》《人文社科期刊应注重特色的体现》《浓墨重彩述时代，殚心竭力写春秋——兼谈《秦安县志》的编修》《简论中国古今方志与编修》等 15 篇在《人大复印资料》转载。主编的《学林华章——甘肃社会科学创刊 30 周年纪念文集》《甘肃社会科学创刊 30 周年论文选集》《秦安县志》《秦安县财政志》《秦安县城乡建设志》均正式出版发行。2015 年获甘肃省委、省政府授予的"甘肃省领军人才（第一层次人选）"称号，2014 年个人获中国出版政府最高奖——优秀出版人物奖，2013 年获甘肃省"四个一批"人才称号，2009 年获建国 60 年"甘肃新闻出版模范人物"称号，2008 年获甘肃省"十佳优秀出版工作者"称号，2013 年获第四届中华优秀出版物奖出版科研论文奖，2013 年获甘肃省第十三届哲学社会科学优秀成果一等奖，2011 年获第三届中华优秀出版物奖论文奖，2008 获甘肃省出版界纪念改革开放 30 周年理论研讨会优秀论文一等奖，2 项成果获甘肃省地方史志学会一等奖。

简　　介：二级编审，现任甘肃省社会科学院杂志社总编、《开发研究》主编。兼任甘肃省出版协会常务理事、副秘书长，甘肃省丝绸之路文化研究会常务理事、甘肃省黄河文化研究会常务理事、甘肃省地方史志学会常务理事。2001 年 11 月，破格晋升为编审（正高），2008 年 9 月，晋升为二级编审。

0030 李振东

性　　别：男
出生年月：1978-01-05
民　　族：汉族
政治面貌：群众
职　　称：副研究员
学　　历：博士研究生
所在单位：甘肃省社会科学院农村发展研究所
通讯地址：甘肃省安宁区健康路143号
成　　就：近年来主要从事农业农村农民问题的研究工作，先后开展了西部连片特困区农村土地承包经营权流转问题、甘肃省新型农业经营主体的培育、甘肃省草食畜牧业发展、甘肃省农业竞争力、甘肃现代农业发展、甘肃省农村贫困户生存现状、甘肃省农民市民化意愿调查、酒泉特色农业产业化发展、水利对甘肃经济社会的影响以及甘肃藏区基本公共服务均等化问题和甘肃民族地区商务发展等多个三农领域的10多项国家级、省级、地厅级课题的研究。参与制订了省、市（县）经济社会发展规划10多项，一些重要的理论观点和政策建议进入了各级政府决策。2010年起参与《甘肃县域蓝皮书》的编写工作，参与编写的《河西走廊生态城市建设研究》2014年9月获甘肃省高校社科成果二等奖。近年来，在省级以上报刊发表文章10余篇，主要有：《发展农业保险为"三农"保驾护航》《新型农业经营主体的培育与发展——以甘肃省为例》《咬定预期目标不放松 促进经济增速稳回升》《甘肃省农业生产与农民收入的协整分析与误差修正模型研究》《甘肃省水资源利用生态风险评估》《欠发达地区农村居民消费结构的影响因素分析——以甘肃省为例》等。
简　　介：副研究员，工程咨询师，现为甘肃省社会科学院农村发展研究所副所长，兼任甘肃县域发展数据库执行主编，全国社科农经协作网络大会理事会理事。主要的学习工作简历：1996.09—2000.07 西北师范大学生物教育专业本科学习；2000.07—2006.09 甘肃省临夏回民中学 生物教研组 中学二级教师；（其间：2002.01—2005.01 西北师范大学生物教育硕士研究生学习）；2006.09—2010.06 甘肃农业大学草地生物多样性专业博士研究生学习，2010.06—至今在甘肃省社会科学院农村发展研究所工作。2010.10 取得副研究员任职资格，并被聘任，2014.09 被任命为农村发展研究所副所长。

0031 贾琼

性　　别：女
出生年月：1979-07
民　　族：汉族
政治面貌：党员
职　　称：副研究员
学　　历：博士研究生
所在单位：甘肃省社会科学院农村发展研究所
通讯地址：甘肃省安宁区健康路143号
成　　就：主要从事农业生态、农村区域发展问题研究。近五年在国家级、省级期刊发表论文10余篇，编著1部，主持甘肃省社科规划办项目2项，甘肃省社科院一般项目8项。作为主要参加人完成过国家社科基金项目《"整村推进"与贫困地区新农村建设》，国家开发银行甘肃省分行项目"开发性金融支持区域发展——开发性金融支持文县区域科学发展规划"，主要撰写完成过省发改委委托项目，市、区"十二五"农业农村经济发展规划，科技发展规划以及"十三五"科技发展规划项目，等。参与荷兰国际合作项目"农村能源——沼气项目"农户问卷调查，加拿大PEP研究网络资助项目"大龄女童生殖健康培训与能力发展"问卷调查等项目。研究成果在不同级别多次获奖。2010 年 11 月，参加中国社会科学青年学者赴日学术交流活动。

简　　介：2002.7 至今 甘肃省社会科学院农村发展研究所工作；2010.9—2013.6 兰州大学草地农业科技学院攻读硕士学位；2016.9 至今 甘肃农业大学农学院攻读博士学位；2013 年 12 月取得副研究员资格。

0032 王丹宇

性　　别：女
出生年月：1970-09-09
民　　族：汉族
政治面貌：中共党员
职　　称：副研究员
学　　历：硕士研究生
所在单位：甘肃省社会科学院区域经济所
通讯地址：甘肃省安宁区健康路 143 号
成　　就：主要研究领域为区域经济学、财政学，主要研究成果：发表论文《基于构建和谐社会的公共财政思考》《地方财政资金支出的绩效评估研究》《绩效预算的国际比较与借鉴》《政府支出与经济增长：一个文献述评》《产业转移作用机制的理论阐释》《甘肃省区域创新体系建设实证分析》《PPP—公共服务供给效率提升新路径》《对PPP 项目物有所值评估的理性思考》《甘肃省基本公共服务均等化测度分析》等。主持国家社会科学项目《"一带一路"战略与西部民族地区国土开发格局优化研究》（2017 年）。主持完成甘肃省软科学项目《甘肃省资源型区域破解经济发展与环境约束难题对策研究》（2012 年）。主持完成甘肃省社科规划项目《地方财政资金支出的绩效评估研究》（2013 年）。主持完成甘肃省软科学重大项目《甘肃省科技体制改革与区域创新体系建设研究》（2014 年）。主持完成兰州市社科规划重大项目《丝绸之路经济带中兰州定位与战略作用研究》（2015 年）。主持完成兰州市社科规划项目《兰州创新公共服务供给模式研究》（2016 年）。主持完成多项甘肃省蓝皮书专题；参与完成地区经济和社会发展规划等多项应用研究。

简　　介：1990 年 6 月毕业于兰州财经大学会计专业；1990.08—2004.12 甘肃省商务厅工作；2010.09-2013.06 兰州大学攻读硕士研究生。2005 年至今甘肃省社会科学院经济研究所工作。

0033 王军锋

性　　别：男
出生年月：1965-04-03
民　　族：汉族
政治面貌：中共党员
职　　称：副研究员
学　　历：本科
所在单位：甘肃省社会科学院杂志社
通讯地址：甘肃省安宁区健康路 143 号
成　　就：主要研究领域为区域经济学、民营经济、农村金融学。在国家级刊物发表了多篇论文，分别为《农民对惠农政策落实状况的反映——甘肃省的调查分析》《新农村建设与农村救助困境及消解对策——甘肃省实证分析》《农民增收的主要模式和增收趋势判断》《甘肃小额贷款公司发展态势、问题及对策建议》等；主持完成甘肃省软科学项目《兰州市"十一五"循环经济发展问题研究》等多项应用研究；出版专著《西部欠发达地区县域经济研究》《与农民朋友谈专业合作组织》《全面小康社会解读》。

简　　介：现为甘肃省社会科学院杂志社编辑。1984.09—1988.06 兰州大学经济系国民经济管理专业学习，获学士学位；

1988.07—2003.11 甘肃省乡镇企业管理局工作；2003.12—至今 甘肃省社会科学院工作；2007年12月破格取得副研究员资格。

0034 霍晋涛

性　　别：男
出生年月：1981-03-14
民　　族：汉族
政治面貌：党员
职　　称：副研究员
学　　历：硕士研究生
所在单位：甘肃省社会科学院马克思主义研究所
通讯地址：甘肃省安宁区建宁路143号
成　　就：长期从事哲学、政治学、党建、公共政策等方面的研究，主持并参与多个课题项目的撰写和调研。数次担任甘肃电视台《陇原党建》节目的讲座嘉宾。主持完成中宣部"马克思主义理论研究和建设工程"专项课题《微传播语境下中国梦共识的凝聚》，已结项，（第一主持）。主持2015年度国家社科基金项目《新媒体背景下中国梦的哲学基础、共识凝聚与价值传播研究》，（第一主持）。出版学术专著《协商民主和政治共识》（国家二级出版社）。在国家权威报刊《光明日报》理论版发表文章《在微传播语境下凝聚中国梦共识》（2014年9月）。
简　　介：2000年至2004年就读于兰州大学哲学系，哲学专业，获哲学学士学位。2007年至2010年于西北师范大学在职学习，哲学专业，获哲学硕士学位。2004年7月本科毕业分配至甘肃省社会科学院从事科研工作。2004年7月—2006年10月甘肃省社会科学院研究室；2006年10月—2016年10月甘肃省社会科学院政治研究所；2016年10月至今甘肃省社会科学院马克思主义研究所。

0035 巨虹

性　　别：女
出生年月：1984-02-17
民　　族：汉族
政治面貌：党员
职　　称：副研究员
学　　历：博士研究生
所在单位：甘肃省社会科学院杂志社
通讯地址：甘肃省安宁区建宁路143号
成　　就：主要研究领域为敦煌历史文化、古代文学。主要研究成果：发表的论文主要有《从敦煌词看征妇的生活与情感世界》（《湖南工程学院学报》社科版2009年第2期），《敦煌词〈谒金门〉"开于阗"创作年代考辨》(《转型期的敦煌语言文学——纪念周绍良先生仙逝三周年学术研讨会论文集》，甘肃人民出版社2010年1月)，《敦煌学郎诗内容考略》(《晋中学院学报》2013年第1期)，《五凉时期河西地区部分文学作品研究》(《牡丹江师范学院学报》2013年第5期)，《颜廷亮：金针度人 后学津梁》(《甘肃日报》2014年9月26日理论版),《王梵志诗的生命意识及哲学思考》(《甘肃理论学刊》2015年第1期)，《初始评价：学术评价视域的关键性拓展》(《甘肃社会科学》2015年第5期，第二作者)，《丝路黄金段文化资源在中华文化格局中的地位及前景》(《淮海工学院学报》2015年第11期)，《秋风独倚书斋立遥想真晖对暮山读汪泛舟〈敦煌诗解读〉有感》(《敦煌研究》2016年第2期，第二作者）。著作类有编选《陇上学人文存》之《颜廷亮卷》，并撰写编选前言，甘肃人民出版社，2011年；专著《冯梦龙》（共22万字），第二作者，共完成15万字的写作，国家出版总署 江苏省委宣传部，2015年；撰写《敦煌文学总论》一书第六章《敦煌的白话诗》，完成6万字，甘肃教育出版社 2013 年 12 月出版。参与穆纪光研究员主持的国家社会科学基金西部项目"敦煌艺术史论"（08XZX016），为第一参加人。

简　　介：现为甘肃省社会科学院杂志社《甘肃社会科学》副主编。2000.09—2004.06 西北师范大学文学院汉语言文学专业本科学习；2004.09—2007.06 西北师范大学文学院中国古典文献学专业攻读文学硕士学位；2007 年 9 月—2014 年 8 月，在甘肃省社会科学院文化研究所从事科研工作；2014 年 9 月至今，在甘肃省社会科学院杂志社工作，担任《甘肃社会科学》编辑部历史学栏目编辑。2016 年 8 月起在西北师范大学历史文化学院攻读中国史专业敦煌学方向的历史学博士学位。2017 年 5 月取得副研究员资格。

0036　张进

性　　别：男

出生年月：1966-02-06

民　　族：汉族

政治面貌：党员

职　　称：正高

学　　历：博士研究生

所在单位：兰州大学文学院

通讯地址：兰州大学文学院

成　　就：主持完成国家社科基金项目、教育部新世纪优秀人才支持计划项目、中国博士后科学基金项目、中央高校基本科研业务项目、甘肃省社科规划项目等 10 余项。出版《新历史主义与历史诗学》《中国 20 世纪翻译文论史纲》《新历史主义文艺思潮通论》《历史诗学通论》《活态文化与物性的诗学》等专著 5 部，《漂亮者生存》译著 1 部，参编著作 6 部，发表论文 60 余篇，被《新华文摘》《文艺理论》《美学》《文艺报》《中国学术年鉴》等刊物部分或全文转载 20 余篇次。论著获甘肃省社会科学优秀成果奖、甘肃省高等学校社科成果奖、中国人民大学优秀博士论文奖、中国中外文艺理论学会优秀论文奖等奖励多项。

简　　介：兰州大学文艺学研究所所长，美国康奈尔大学访问学者，从事美学、文艺学和比较诗学研究。入选教育部"新世纪优秀人才支持计划"和甘肃省"555 创新人才工程"，主持"国家精品课程"（文学概论），获"兰州大学隆基教学骨干"和"兰州大学师德标兵"称号。兼任中外文艺理论学会理事、中国文艺理论学会理事、全国马列文论著研究会理事、外国文论与比较诗学研究会常务理事、《兰州大学学报》编委等。

0037　汪振江

性　　别：男

出生年月：1967-02-02

民　　族：汉族

政治面貌：党员

职　　称：正高

学　　历：博士研究生

所在单位：兰州大学法学院

通讯地址：兰州大学盘旋路校区 1732 室

成　　就：参与国家社科基金项目 1 项，教育部社科基金项目 1 项，甘肃省社科项目 1 项，横向课题 1 项；出版专著 1 部，参编教材 2 部，编著 1 部，发表 20 余篇学术论文。

简　　介：经济学博士，教授，英国伦敦大学国王学院（King's College London）法学院访问学者。研究方向和研究领域：民商法（公司法）、民事诉讼法、英美判例制度。主要讲授课程：商法、民事诉讼法、公司法。

0038　宗喀·漾正冈布

性　　别：男

出生年月：1963-09-02

民　　族：藏族
政治面貌：群众
职　　称：正高
学　　历：博士研究生
所在单位：兰州大学西北少数民族研究中心
通讯地址：兰州市嘉峪关西路9号兰州大学民族学研究院
成　　就：2005年创立兰州大学藏缅－阿尔泰研究所，兼任印第安纳大学欧亚腹地研究系助（副）教授和人类学系研究员等。在应用人类学、地名学、藏蒙医学、藏区考古、吐蕃古代史、汉藏印欧语词、藏区生态文化、文化遗产保护等领域进行了开拓性工作，有一定国际影响。近五年被特邀到包括哈佛、哥伦比亚、国会图书馆、乔治华盛顿、弗吉尼亚、多伦多、牛津、早稻田等在内的近60家世界各地的大学和学术机构去学术演讲和做国际会议主旨发言。先后支持国家社科基金、省部级及各类横向科研项目近10项；以汉藏英三种文字发表论文近百篇，出版专著5部；获冈朵器材（外观和实用）国家专利2项。先后获得甘肃省地名研究特别奖（最高奖）等。他主持拍摄的文献纪录片Choni在中国、美国和加拿大等地的多家电视台、著名影院和大学、国际会议、政府文化机构等放映并获2009年"金熊猫"奖国际纪录片长篇入围奖、2008年加拿大"NAFF"重点放映奖等。他的一些学术论文被中外广泛引用，一些应用人类学项目被引进到大学课堂，被一些学者作为应用人类学和文化保护的典型教学案例，并被有的学者誉之为是当今文化遗产保护的三大模式之一"宗喀模式"。
简　　介：先后获文学学士（1985）、历史学硕士（1988）、医学博士（1995）。

0039　徐黎丽

性　　别：女
出生年月：1966-09-22
民　　族：汉族
政治面貌：党员
职　　称：正高
学　　历：博士研究生
所在单位：兰州大学西北少数民族研究中心
通讯地址：兰州市嘉峪关西路9号兰州大学一分部民族学研究院
成　　就：主要研究方向为民族学理论、边疆民族问题与治理、少数民族女性研究。出版专著6部，咨询报告4部，发表论文60余篇。主持国际合作、国家级、省部级各类项目15项。代表性的著作有：《走西口——汉族移民西北边疆及其文化变迁研究》《突厥人变迁史研究》《论民族关系与民族关系问题》。多篇论文发表于《民族研究》及国外学术刊物，多篇论文被《新华文摘》、人大复印资料《民族问题研究》《高等学校社科文摘》转载。
简　　介：现任兰州大学民族学研究院副院长、民族学研究所所长、中国边疆安全与发展研究中心主任。2007年入选教育部新世纪人才计划，2009年入选教育部新世纪百千万人才国家级人才工程，甘肃省领军人才，享受国务院政府特殊津贴。主要学术兼职有：国务院学位办第六届学科（民族学）评议组成员、全国博士后管委会第七届评议组成员、全国青联第十届中央委员、牛津大学访问学者、中国影视人类学学会副会长、中国民族学常务理事、中国人类学民族学研究会常务理事、世界民族学会常务理事等。

0040　王建新

性　　别：男
出生年月：1956-10-07

民　　　族：汉族
政治面貌：群众
职　　　称：正高
学　　　历：博士研究生
所在单位：兰州大学西北少数民族研究中心
通讯地址：兰州市嘉峪关西路9号兰州大学民族学研究院
成　　　就：现任兰州大学西北少数民族研究中心副主任，教授，博士生导师。兼任中国民族学学会理事，英文期刊"Asia Pacific World"国际编委等。主要从事中国西北、西南少数民族宗教文化研究，曾主持省部级课题2项，国内外横向课题4项，参与社科基金及教育部重大攻关项目2项。2002年回国后共出版英文、日文和中文专著、编著11部，专业论文及学术评论70余篇，政府咨询报告1部。
简　　　介：1980年毕业于新疆政法干部管理学院，1988年至1996年在日本琦玉大学、东京大学攻读文化人类学，获硕士博士学位。1996年至2001年在东京都立大学、立正大学任外国人讲师，客座副教授，民族学振兴会研究员。2002年4月至2012年5月，任中山大学人类学系副教授、教授、博士生导师。现任兰州大学西北少数民族研究中心副主任。

0041 陈声柏

性　　　别：男
出生年月：1972-11-01
民　　　族：汉族
政治面貌：党员
职　　　称：正高
学　　　历：硕士研究生
所在单位：兰州大学哲学社会学院
通讯地址：兰州市城关区天水南路222号兰大哲学社会学院
成　　　就：研究领域：中国思想史、中西哲学比较、中国宗教研究、科学思想史。部分论文为《近代以来甘宁青地区的基督宗教传播及其研究——以2009年之前的中文文献为中心》，载《宗教对话与和谐社会（第三辑）》（陈声柏主编），北京：宗教文化出版社，2012年7月；《"天"与中国古代的民本思想——民本思想得以成立的一种结构分析》发表于《甘肃社会科学》2012年第2期；《兰州市基督教现状的调查和分析》载《对话：中国传统文化与和谐社会》（陈声柏主编），北京：中国社会科学出版社，2011年2月；《一位外国传教士眼中的甘南族群关系——埃克瓦尔（甘肃藏区边境文化关系）评述》发表于《兰州大学学报（社会科学版）》2010年第1期；《福音，还是利润？——当前中国基督徒企业家商业伦理与管理的个案简析》载《基督宗教研究（第十二辑）》（卓新平、许志伟主编），北京：宗教文化出版社，2009年11月。

0042 武沐

性　　　别：男
出生年月：1958-01-24
民　　　族：汉族
政治面貌：党员
职　　　称：正高
学　　　历：博士研究生
所在单位：兰州大学西北少数民族研究中心
通讯地址：兰州市嘉峪关西路9号兰州大学民族学研究院
成　　　就：著有《匈奴史研究》《中国西北少数民族通史秦西汉卷》《甘肃通史明清卷》等。先后在《民族研究》《中国边疆史地研究》《世界宗教研究》《中国经济史研究》《回族研究》《西藏研究》《西域研究》等，学术刊物上发表论文40余篇，主持并完成国家社科基金等科研项目6项。目前以教育部基地重大项目《明清河湟岷洮地区少数民族之中华民族认同研究》为平台，正在对明清时期河、湟、岷、洮地区的政治、军事、经济、文化、民族、宗教、民俗等方面进行深入细致的研究。

简　　介：1983年毕业于西北师范大学历史系，获历史学学士学位；1988年西北师范大学历史系研究生毕业，获中国古代史硕士学位；2003年兰州大学民族学研究生毕业，获民族学博士学位。主要从事匈奴史研究。

0043 俞树毅

性　　别：男

出生年月：1962-10-10

民　　族：汉族

政治面貌：民主党派

职　　称：正高

学　　历：硕士研究生

所在单位：兰州大学法学院

通讯地址：兰州大学盘旋路校区齐云楼1704室

成　　就：自1984年在兰州大学法律系（法学院）任教以来，主要从事刑事法学与环境资源法学的教学科研工作，主讲过《刑法学》《刑事诉讼法学》《刑事侦查学》《环境资源保护法学》等本科生、研究生课程，在学术期刊上发表学术论文40余篇，出版专著5部、教材3部。近五年来，完成国家社科基金项目2项（中国西部少数民族地区法制现代化研究、西部干旱半干旱地区流域生态环境法律制度创新研究）、教育部人文社科项目1项（黄河中上游地区生态环境建设与可持续发展立法问题研究），甘肃省人大立法课题1项（黄河甘肃段水污染防治立法草案），横向科研课题3项（法治环境下鉴定机构及鉴定人管理研究、西部生态环境保护的问题与方法研究），累计科研经费33万元。

简　　介：中国农工民主党党员。现为兰州大学法学院教授、博士生导师，兼职律师。为甘肃省法学会理事、甘肃省反邪教协会常务理事、甘肃省行政法学会副会长、甘肃省职务犯罪预防学会常务理事、甘肃省法医学会副会长兼秘书长、中共甘肃省委统战部、甘肃省教育厅特约督导员、兰州市人民政府专家咨询团成员等。

0044 陈春文

性　　别：男

出生年月：1961-03-01

民　　族：汉族

政治面貌：群众

职　　称：正高

学　　历：大学本科

所在单位：兰州大学哲学社会学院

通讯地址：兰州市城关区天水南路222号兰大哲学社会学院

成　　就：部分著作：《栖居在思想的密林中——哲学寻思录》，兰州大学出版社，1999年7月；《回到思的事情》，武汉大学出版社，2007年12月；译作：《哲学生涯》伽达默尔著，商务印书馆，2003年8月；《索拉里斯星》，[波兰]斯坦尼斯拉夫·莱姆 著，商务印书馆，2005年10月；《回答——马丁·海德格尔说话了》，[德]贡特·奈斯克，埃米尔·克特琳 编著，江苏教育出版社，2005年10月；《思的经验》，人民出版社，2008年11月；《汉娜·阿伦特和马丁·海德格尔》，商务印书馆；《阿伦特与海德格尔》，商务印书馆，2009年12月。发表论文：《回到思与思物世界的恋人》《"成功"：人性的牢狱》等。

0045 倪国良

性　　别：男
出生年月：1962-10-24
民　　族：汉族
政治面貌：党员
职　　称：正高
学　　历：博士研究生
所在单位：兰州大学
通讯地址：兰州大学马克思主义学院
成　　就：曾承担国家社科基金两项、教育部社科基金1项、省部级项目多项。1998年获中国宝钢教育基金优秀教师奖；2001年《中国西北地区现代化中的经济与文化关系研究》获甘肃社科成果二等奖；1997年《科学社会主义理论与实践》获甘肃省社科成果二等奖；2002年获甘肃省高校青年教师优秀成才奖；2005年获甘肃省宣传教育系统拔尖创新人才奖。《委内瑞拉"21世纪社会主义"及其发展前景》刊于《当代世界与社会主义》《改革开放是甘肃少数民族地区跨越式发展的必由之路》刊于《中共中央纪念改革开放三十周年文集》《"争常"失败后日本对非战略新态势》刊于《中国社会科学文摘》《马克思主义科学发展思想与全面建设小康社会》刊于《中共中央文献研究室理论研讨文集》；另外著有《甘肃少数民族地区脱贫致富奔小康中的社会主义文化研究》《科学社会主义理论与实践》《中国西北地区现代化中的经济与文化关系研究》《中国西部地区经济对外开放研究》。
简　　介：自1985年毕业至今从事教学与科研工作近30年，承担全校研究生政治理论公共课和本专业研究生专业课、本科生专业基础课和主干课，本科生政治理论公共课。

0046 周传斌

性　　别：男
出生年月：1972-11-30
民　　族：回族
政治面貌：群众
职　　称：正高
学　　历：博士研究生
所在单位：兰州大学西北少数民族研究中心
通讯地址：兰州市嘉峪关西路9号，兰州大学民族学研究院
成　　就：兰州大学西北少数民族研究中心教授，博士生导师。兼任兰州大学宗教文化研究中心兼职研究员、西北民族大学伊斯兰文化研究所兼职研究员、宁夏社会科学院兼职研究员、《北方民族大学学报》特邀编委、中国—伊朗友好协会学术文化委员会委员等。主持国家社科基金项目2项、教育部人文社科重点研究基地重大项目1项。曾赴美国、泰国、马来西亚、卡塔尔、香港等地进行学术交流。在《民族研究》《回族研究》《西北民族研究》等期刊发表论文逾70篇，其中16篇被中国人民大学报刊复印资料转载。出版中文著作5部、英文合著1部，代表作有《概念与范式——中国民族理论一百年》（2008）、《神圣与传统：纳塞尔哲学思想引介》（2010）、"世界屋脊上的伊斯兰文化"（《西北民族研究》2002）等。参编著作10部，其中包括《回族简史》（修订本）。
简　　介：1991年考入中央民族大学民族学系马克思主义民族理论与政策专业，跟随金炳镐教授学习民族理论，同时在丁宏、马启成教授指导下学习回族历史与文化。分别于1999年、2005年在金炳镐教授门下获硕士、博士学位。曾任宁夏大学政法学院教授，2010年调入兰州大学西北少数民族研究中心工作，任教授，博士生导师。

0047 杨文炯

性　　别：男

出生年月：1967-06-12

民　　族：回族

政治面貌：党员

职　　称：正高

学　　历：博士研究生

所在单位：兰州大学西北少数民族研究中心

通讯地址：兰州市嘉峪关西路9号，兰州大学民族学研究院

成　　就：应邀参加国内外学术研讨会40余次。主要从事人类学、民族学、历史学研究。承担、参与国家工程项目、国家社科项目、省部级项目等10余项。出版学术著作《传统与现代性的殊相》《互动调适与重构》《保安族服饰文化解读》等多部，发表学术论文百余篇。先后荣获甘肃省第十届（2003年）、第十四届高校青年教师成才奖（2007年）和兰州大学"隆基奖"（2009年）；其中《传统与现代性的殊相》荣获甘肃省高校社会科学二等奖（2004年）和国家民委社会科学研究成果三等奖（2006年）；《互动调适与重构》荣获甘肃省社会科学优秀成果二等奖（2008年）和教育部高等学校人文社科优秀成果奖三等奖（2009年）。

简　　介：英国伦敦政治经济学院人类学系高级访问学者（A Visiting Senior Fellow），入选教育部"新世纪优秀人才库"（2008年）与首批甘肃省"民族学领军人才"（2009年）。学术观点是"学必以道为先，著必以文载道"，学术志趣在于以人类学之心钟情大西北的"天地人"。

0048　吴建祖

性　　别：男

出生年月：1970-03-20

民　　族：汉族

政治面貌：群众

职　　称：正高

学　　历：博士研究生

所在单位：兰州大学管理学院

通讯地址：兰州市天水南路222号，兰州大学管理学院

成　　就：主要研究方向为战略管理、创新创业和国际商务，在国内外学术期刊上发表中、英文论文60余篇，其中CSSCI论文20篇，SCI论文1篇，EI论文6篇；主持了自然科学基金项目2项，教育部人文社科项目1项，企事业单位委托横向课题项目6项。

简　　介：硕士生导师。本科和博士毕业于西安交通大学管理学院，硕士毕业于兰州大学管理学院。现任兰州大学管理学院院长助理、学术委员会委员、服务管理研究所所长和工商管理研究中心主任。

0049　赵利生

性　　别：男

出生年月：1966-12-15

民　　族：汉族

政治面貌：党员

职　　称：正高

学　　历：博士研究生

所在单位：兰州大学西北少数民族研究中心

通讯地址：兰州市嘉峪关西路9号，兰州大学民族学研究院

成　　就：主要从事民族社会学的教学与研究。主持国家社科基金项目、教育部项目与甘肃省社科规划项目多项，出版《社会学的新视野—社会学与现实社会研究》《民族社会学》《民族与社会之间—中国民族社会学基本理论问题研究文集》等著作，发表论文50余篇，多篇论文被人大复印资料《民族问题研究》《高等学校文科学术文摘》《新华文摘》转载或转摘。入选甘肃省领军人才与教育部新世纪人才支持计划，并先后获甘肃省"园丁奖"、青年教师成才奖。著作《民

族社会学》获甘肃省社会科学优秀成果一等奖。

简　　介：兰州大学民族学研究院副院长，民族社会学研究所所长，并兼任中国社会学会理事、中国民族学会理事、甘肃省社会学会副会长。

0050 高树棠

性　　别：男
出生年月：1966-01-13
民　　族：汉族
政治面貌：党员
职　　称：正高
学　　历：大学本科
所在单位：兰州财经大学
通讯地址：兰州财经大学11号信箱
成　　就：甘肃省保险学会理事，金融学院副院长。长期以来，从事本专科及硕士研究生的多层次教学科研工作。主要研究方向：保险经营与风险管理、金融理论与政策。承担课程主要有：《货币银行学》《金融经济学》《保险学》《财政与金融》。主要著作有：《货币银行学》《新编保险学》《证券投资导论》《家庭保险投资》等教材与专著，发表论文40余篇，多次荣获省级教学与科研奖励。

0051 史正保

性　　别：男
出生年月：1964-08
民　　族：汉族
政治面貌：党员
职　　称：正高
学　　历：硕士研究生
所在单位：兰州财经大学法学院
通讯地址：兰州市城关区段家滩496号
成　　就：目前正在主持国家级课题《我国慈善事业税收激励制度研究》和甘肃省教育厅课题《甘肃省非公有制经济法律环境研究》的研究，已经完成《我国商事制度研究》等省（部）级和厅（局）级课题6项。在经济科学出版社和兰州大学出版社出版《经济法概论》《税法原理与实务》《商法总论》《企业与公司法》等教材与专著6部。在《税务研究》《兰州大学学报》《中国商法年刊》》等刊物发表学术论文50余篇。获甘肃省社科成果三等奖2次，获甘肃省高校社科成果二等奖2次，获甘肃省教学成果三等奖1次，获兰州商学院科研成果一等奖2次，获兰州商学院教学成果二等奖1次、三等奖1次，先后获得兰州商学院教书育人奖、十佳教学奖、青年成才奖、校级精品课——商法课负责人。

简　　介：中国商法学研究会理事、中国保险法学研究会理事、中国财税法学研究会理事、中国税法学研究会教育委员会委员、甘肃省人大立法研究会研究员、甘肃省法学会民商法学会常务理事、甘肃省注册会计师协会维权委员会委员、甘肃省资产评估协会维权委员会委员、兰州市仲裁委员会仲裁员、甘肃合睿律师事务所兼职律师。

0052 郎全发

性　　别：男
出生年月：1966-03-12
民　　族：汉族
政治面貌：党员
职　　称：正高
学　　历：大学本科
所在单位：兰州财经大学马克思主义学院
通讯地址：甘肃兰州城关区段家滩496号，兰州财经大学37号信箱
成　　就：从事"青少年思想政治教育""应用法学及法律实务"研究。近年来主持"甘肃省少数民族地区社会稳定和发展问

题——良性社会运行机制的建立研究""民营中小企业职工思想道德素质问题研究""高校预防职务犯罪问题研究"等课题16项；出版《西部地区青年思想政治教育》《新媒体技术在高校思想政治理论课教学实践中的应用与创新》等著作8部；发表学术论文40余篇。荣获"全国多媒体课件大赛三等奖"（2011.11）、"甘肃省社会科学优秀成果三等奖"（2011.1）、"甘肃省高校思想政治工作优秀成果三等奖"（2013.1）、"甘肃省高校思想政治理论课'精彩一课'"（2012.10）、"甘肃省社会科学兴陇奖二等奖""甘肃省教学成果二等奖"等省部级以上奖励9项。

0053 唐正彬

性　　别：女

出生年月：1964-05

民　　族：汉族

政治面貌：党员

职　　称：正高

学　　历：硕士研究生

所在单位：兰州财经大学法学院

通讯地址：兰州市城关区段家滩496号

成　　就：主要从事经济法学、环境资源法、劳动法、税法等课程的教学和研究。先后主持、参与了省部级课题5项，校级重点课题5项。2007年获得甘肃省第十届社科优秀成果三等奖、2004年获得甘肃省高校社科成果二等奖、2005年获得甘肃省教学成果二等奖，为2007年省级精品课程——《经济法学》的主讲教师之一。2009年荣获兰州商学院教学成果二等奖。参编《经济法学》《金融法原理》《环境与资源保护法学》等教材。曾在《人大复印资料》《商业研究》《兰大学报》等刊物发表论文40余篇。曾获2008年甘肃省青年教师成才奖，2006年荣获兰州商学院"十佳"优秀教学奖，2004年荣获兰州商学院青年教师优秀教学奖，2002年度荣获兰州商学院"教书育人"先进个人，2006年荣获兰州商学院优秀女教工称号。2011年荣获兰州商学院师德建设先进个人称号。

简　　介：任甘肃省人大立法研究员、中国环境资源法研究会理事、甘肃省法学会会员、甘肃省经济法学会理事、兰州市仲裁委员会仲裁员。

0054 常向东

性　　别：男

出生年月：1965-10-01

民　　族：汉族

政治面貌：党员

职　　称：正高

学　　历：硕士研究生

所在单位：兰州财经大学财税与公共管理学院

通讯地址：兰州财经大学

成　　就：出版的代表性专著、编著：《财政学》，主编，西南财经大学出版社，2012年7月；《财政学》第二主编，经济科学出版社，2011年2月；《纳税人必读：新税法详解》主编，中国财经出版社，1994年1月。公开发表的代表性论文：地方政府非税收入管理的实证分析与完善对策，《财政研究》2010年第06期；论积极财政政策的绩效与风险，《兰州大学学报》2000年第03期。

0055 康力平

性　　别：男

出生年月：1955-03-25

民　　族：汉族

政治面貌：党员

职　　称：正高

学　　历：大学本科

所在单位：读者传媒股份有限公司
通讯地址：甘肃省兰州市城关区读者大道568号
成　　就：1996年获"甘肃新闻出版局系统优秀党员"；2007年获"甘肃省宣传文化系统创新拔尖人才"；2008年获"中国报刊广告30年杰出贡献奖"；2009年获"甘肃新闻出版模范人物"。
简　　介：1973.10—1975.10 甘肃天水漳县插队；1975.11—1979.8 甘肃天水漳县水电局干部；1979.8—1986.12 兰州新华印刷厂工人；1986.12—1998.9 甘肃人民出版社出版处工作，1995年3月任副处长；1998.10—2005.3《读者》杂志社经营部副部长；2005.4—2008.1《读者》杂志社副社长；2008.12—2010.2《读者》杂志社常务副社长（主持工作）；2008.12—2010.2 读者集团期刊英营销部正科级调研员；2010.3至今《读者》杂志社调研员。

0056　马军

性　　别：男
出生年月：1972-09-01
民　　族：汉族
政治面貌：党员
职　　称：正高
学　　历：硕士研究生
所在单位：兰州财经大学
通讯地址：兰州财经大学
成　　就：发表《低碳经济与甘肃经济发展模式转变》《甘肃省承接东部地区产业转移问题研究》《产业融合下我国制造业发展》等30余篇论文，主编（参与）出版《管理学基础》等教材4部，出版《区域工业结构升级理论与实证研究》等专著2部，主持（参与）国家课题1项，省级课题10余项。主持研究项目先后获得全国商业科技进步一等奖1项，甘肃省社会科学优秀成果三等奖3项，甘肃省高校社科成果三等奖1项。

0057　雷恩海

性　　别：男
出生年月：1969-01-06
民　　族：汉族
政治面貌：群众
职　　称：正高
学　　历：博士研究生
所在单位：兰州大学文学院
通讯地址：兰州大学文学院
成　　就：近年来主持、参加项目7项，其中主持国家社科基金项目2项，省部级项目1项，参加国务院重大项目《中华大典》1项，主持兰州大学中央高校项目3项。发表近80篇学术文章，出版专著、参编著作约17部。本人学术研究立足于文献，将文献与理论相结合，主要致力于中国文学批评史、中国古典诗学研究，着重从思想文化层面上融会贯通，探讨文论命题、范畴的内涵暨意义，研究文献原典的历史内涵及现代意蕴，从而建构学术的体系。而且，致力于中国传统文化与文化共同体建设研究。

0058　桑保军

性　　别：男
出生年月：1971-08
民　　族：汉族
政治面貌：群众
职　　称：正高
学　　历：硕士研究生
所在单位：兰州财经大学法学院
通讯地址：兰州市城关区段家滩496号
成　　就：发表学术论文《法教育学的思考》《法律科学：从人治走向法治》《法教育学要义》《人文主义法哲学的中国探索》等多篇。

0059 傅涛

性　　别：女
出生年月：1969-07-22
民　　族：汉族
政治面貌：党员
职　　称：正高
学　　历：硕士研究生
所在单位：兰州文理学院师范学院
通讯地址：兰州市城关区北面滩400号
成　　就：出版多部教材，发表论文12篇，参与科研项目多项。
简　　介：国家二级心理咨询师，兰州文理学院师范学院心理系主任。1993年7月毕业于西北师范大学学前教育专业，获学士学位；2001年9月毕业于西北师范大学教育学院"发展与教育心理学"专业，获硕士学位；2010年5月获"青年教师成才奖"荣誉称号，2012年9月—2013年6月华东师范大学"高等学校青年骨干教师"国内访问学者。任中国幼儿教育研究会会员、甘肃心理卫生协会会员、兰州慧邦心理援助中心咨询顾问、甘肃职业与成人教育协会特聘教授。

0060 丁士仁

性　　别：男
出生年月：1966-10-01
民　　族：回族
政治面貌：群众
职　　称：正高
学　　历：博士研究生
所在单位：兰州大学哲学社会学院
通讯地址：兰州市城关区天水南路222号，兰大哲学社会学院
成　　就：研究领域为宗教学、伊斯兰文化研究、穆斯林哲学。主要科研项目：圣训研究，国家社科项目，2006—2008；主持伊斯兰文化与和谐社会，省社科规划项目，2006—2008；出版专著《简明圣训学》《穆斯林美名荟萃》《伊斯兰文化》第一、第二、第三辑（主编）。发表论文《伊斯兰的宗旨》《二十世纪河州经堂教育的两次重大突破》《经堂语的关键语气和基本特征》等多篇论文。

0061 巩英洲

性　　别：男
出生年月：1962-02-25
民　　族：汉族
政治面貌：党员
职　　称：正高
学　　历：大学本科
所在单位：兰州文理学院社会管理学院
通讯地址：兰州市城关区北面滩400号
成　　就：主持完成和正在主持甘肃省社科规划办项目2项。出版专著2部，发表文章18篇，其中中文核心期刊3篇，1篇被人大复印资料全文复印，1篇被新华文摘和哲学动态分别辑览。成果获甘肃省哲学社会科学优秀成果三等奖2项。
简　　介：理学学士、哲学研究生，研究方向为马克思主义哲学、生态哲学与生态文明建设。任甘肃省哲学学会常务理事、中国自然辩证法研究会会员、甘肃省农村环境保护指导专家、兰州市和白银市农村环境保护指导专家、白银市政协委员。

0062 何立慧

性　　别：男
出生年月：1971-01
民　　族：汉族
政治面貌：党员
职　　称：正高
学　　历：博士研究生
所在单位：兰州财经大学法学院
通讯地址：兰州市城关区段家滩496号

成　　就：主要著作有《金融法原理》《行政法学》《经济法问题研究》《环境与资源保护法学》《金融法》。主持和参与省部级项目、地厅级项目共7项。先后在《会计研究》《民族研究》《中国边疆史地研究》《河北法学》《兰州大学学报》《广西民族研究》等权威、CSSCI核心期刊等发表学术论文60余篇。先后获甘肃省哲学社会科学优秀成果三等奖（2007）、甘肃省主校哲学社会科学优秀成果二等奖（2010）、甘肃省法学会首届法学优秀成果奖（2007）、第六届西域法学高峰论坛论文评比一等奖（2009）、第四届西部法治论坛论文评比优秀奖（2009）、第一届甘肃法治论坛论文二等奖（2009）、甘肃省法学会优秀论文二等奖（2009）、兰州商学院教改课题二等奖（2009）、兰州商学院青年教师成才奖（2010）等奖励10余项。

简　　介：任甘肃省企业法律顾问协会副会长、甘肃省国有资产管理委员会政策咨询专家委员会委员、甘肃天马律师事务所律师、兰州仲裁委员会仲裁员、甘肃行政学院客座教授、甘肃省经济法学研究会常务理事、甘肃省房地产法学研究会常务理事等。2008年在斯洛文尼亚卢布尔雅娜大学经济学院作为期1年的访问学者。

0063　宁俊红

性　　别：女
出生年月：1973-12-11
民　　族：汉族
政治面貌：群众
职　　称：正高
学　　历：博士研究生
所在单位：兰州大学文学院
通讯地址：兰州大学文学院

成　　就：本人长期关注中国古代文学与文学批评史的研究，主要围绕各类科研项目，完成了一系列较有影响的科研成果。2000年起参与国家社科重点项目"二十世纪中国文学研究史"的研究工作，独立完成专著1部《20世纪中国古代文学研究史：散文卷》，并在《文学遗产》《兰州大学学报》等期刊发表论文若干篇，全面系统地梳理了20世纪以来中国古代散文的研究成果和研究范式的演进轨迹，尤其从学科建设的高度思考了中国古代散文研究中的重要理论问题，这些问题都引起了学界认可或热烈探讨。2006—2007年独立负责甘肃省社科项目"中国古典戏剧审美理论的当代阐释"，在《戏剧文学》等期刊发表论文若干篇，着重思考了古典戏曲理论与当代文艺理论和实践的脱节等难题，通过中西、古今比较，提出了较新的研究思路，使古典曲论显示出当代意义和价值。2009年独立负责的"五四前后的文话研究"获得国家社科西部项目立项，项目对"五四"前后出版的30多种文话著作进行研究，揭示它们在文学观念、批评话语转型时期的重大意义，从中寻绎古代文章学向现代演变的理路，此研究还在进行，《甘肃社会科学》等期刊发表论文若干篇。

0064　周诚

性　　别：男
出生年月：1963-06-25
民　　族：汉族
政治面貌：党员
职　　称：正高
学　　历：大学本科
所在单位：甘肃日报报业集团公司
通讯地址：兰州市白银路123号

成　　就：2012年《甘肃日报》在报纸印刷质量检测中获得"精品级报纸"称号。2006年被评为省宣传文化系统拔尖创新经营管理人才。2009年《天地感应共祥云》摄影作品在省第六届敦煌文艺奖评选中获二等奖。2005年获省报业先进经营管理工作者称号。2007年获2006年度"中国媒企广告领军人"称号。2009年获中国报刊广告30年"历史贡献奖"。2003年获"中国当代杰出广告人"称号，入选《广告人·中国》大型系列丛书。2005年获"20年奉献奖"广告人，中国报业奖。2007年被评为省广告行业先进个人。2006年聘任为"诚信广告中国行"活动"第十三届中国广告节全国值得信赖的广告主"评审委员会荣誉评委。2005年被评为公益广告活动先进个人。2005年在省公益广告活动中被评为先进个人。2001年在"争创"活动中被评为全国广告行业文明单位。2004年编辑的《今年猴娃多》在第十二届全国省/市/区党报新闻奖评选中获三等奖。2007年作品《扁都口的雾》被评为全国农民报好副刊作品奖。2010年作品《天地感应共祥云》获省第二届摄影"奔马奖"三等奖。2012年作品《冬季接羔忙》获2011年甘肃新闻奖新闻摄影三等奖。

简　　介：1984年7月至2010年11月在甘肃日报广告处工作，任副科长、科长、副处长、处长。2010年11月至2011年8月在甘肃日报摄影部工作，任主任。2011年8月至今在甘肃日报报业集团公司印务分公司工作，任经理。2008年1月12日，当选为中国广告协会第五届理事会理事。2003年在桂林会议当选为中国广告协会报刊委员会常委。2007年，当选为甘肃省广告协会理事、副会长。2006年11月7日，当选为甘肃报业协会广告委员会主任。

0065　李静

性　　别：女
出生年月：1963-12-07
民　　族：汉族
政治面貌：党员
职　　称：正高
学　　历：博士研究生
所在单位：兰州大学西北少数民族研究中心
通讯地址：兰州市嘉峪关西路9号，兰州大学民族学研究院
成　　就：主要从事民族心理、民族文化研究工作。主持国家社科基金《甘肃特有民族妇女宗教心理研究》（07XZJ008）、《游牧民族生计方式变迁与心理适应研究》（11BMZ030）；教育部重点研究基地重大项目《西北少数民族交往心理研究》（05JJD850141）等多项。先后在《光明日报》《民族研究》《教育研究》等权威刊物发表论文数篇。出版的专著有《民族心理学教程》《民族交往心理的跨文化研究》等。

简　　介：1985年毕业于西北师范大学教育系，获学士学位，1997年获教学论专业硕士学位。2005年毕业于兰州大学西北少数民族研究中心，获博士学位，同年赴加拿大渥太华大学古典学与宗教学研究系访问研究。兼任台湾清华大学客座研究员、加拿大渥太华大学文化交流中心客座教授。2007入选教育部"新世纪优秀人才支持计划"，2009年入选甘肃省领军人才。

0066　王希隆

性　　别：男
出生年月：1950-12-26
民　　族：汉族
政治面貌：党员
职　　称：正高
学　　历：博士研究生
所在单位：兰州大学西北少数民族研究中心
通讯地址：兰州市嘉峪关西路9号，兰州大学民族学研究院
成　　就：主持完成国家级精品课程《中国

少数民族史》项目，担任教育部马工程《中国民族史》教材首席科学家，被评为第五届国家级教学名师。先后承担与完成国家重大文化工程子项目1项，国家社科项目2项，教育部社科项目及教育部研究基地项目各1项，出版著作、译作等12部，参编的著作、文集等10部，在《民族研究》《中国史研究》《中国藏学》《世界宗教研究》《中央民族大学学报》《兰州大学学报》《台湾政治大学民族学报》《法国汉学》等多种学术刊物上发表论文120余篇。著作、论文先后获得甘肃省优秀图书奖、甘肃省社科成果二等奖、三等奖等多项。

简　　介：1976年至1982年在兰州大学历史系读本科及专门史研究生，获历史学硕士学位。1997年获兰州大学民族学博士学位。兼任教育部历史学科教学指导委员会委员、中国民族学学会副会长、中国民族史学会副会长、甘肃省历史学会常务副会长、甘肃省民族宗教学会副会长和《中国边疆史地研究》《西域研究》《欧亚研究》等杂志编委。

0067　赵伟

性　　别：男

出生年月：1960-03-30

民　　族：汉族

政治面貌：民主党派

职　　称：正高

学　　历：大学本科

所在单位：兰州职业技术学院

通讯地址：兰州市城关区雁儿湾191号

成　　就：编写出版教材1部，发表论文30余篇。主持2010年兰州市社科规划项目"兰州市教育机会分配的公平性研究"。2003年全国教育科学"十五规划重点课题""甘青藏族女性教育现状及其社会化发展的调查研究"。2002年教育部人文社会科学项目"西北民族地区应用型人才培养模式的调查"。2005年教育部人文社会科学重点研究基地重大项目"西北少数民族交往心理研究"。2007年国家社科基金"甘肃特有民族妇女宗教心理研究"。2004年被兰州市人民政府授予优秀教师光荣称号。2009年被评为兰州市优秀教师。"教师应重视中小学生的性教育"一文获兰州市第六次社会科学成果三等奖（2007）。

简　　介：1977.4在甘肃省高台县正远公社插队，并当民办教师；1981.9—1985.7西北师范大学教育系学习（本科）；1988.7在兰州大学医学院参加心理咨询培训；1999.9参加西北师范大学大学研究生课程进修班；1985.7至今 兰州职业技术学院（原兰州教育学院）助教、讲师、副教授、教授。

0068　王卫平

性　　别：男

出生年月：1966-12-27

民　　族：汉族

政治面貌：党员

职　　称：正高

学　　历：大学本科

所在单位：读者出版传媒股份有限公司

通讯地址：甘肃省兰州市城关区读者大道568号

成　　就：1991年被共青团甘肃省省直机关团委评为甘肃省省直机关优秀共青团员；1993年被甘肃省石油总公司评为先进工作者；1994年被甘肃省石油总公司评为先进工作者；2003年被甘肃省注册会计师协会党委评为甘肃省注册会计师行业优秀共产党员；2007年被中国石油甘肃销售总公司评为2006年度优秀经营管理者；2010年被甘肃省财政厅评为2010年度甘肃省先进会计工作者。

简　　介：1994.09—1988.06 兰州商学院财政金融系金融专业本科毕业，获经济学学士学位；1988.07—1996.12 甘肃省石油总公司财务处工作，先后担任会计、综合会计、主任科员、副处长等职；1997.01—1999.02 发起组建了兰州正邦会计师事务所，任事务所所长 1999.03—2001.12 发起设立甘肃励致会计师事务有限公司，任公司法定代表人、总经理、主任会计师；2002.01—2005.06 甘肃弘信会计师事务有限公司总经理，事务所高级合伙人；2005.07—2008.06 中国石油天然气股份有限公司甘肃销售公司审计监察处处长；2008.07—2009.12 读者出版集团有限公司副总会计师；2009.12—至今 读者出版传媒股份有限公司财务总监兼财务部部长。2009 年入选集团"全国宣传文化系统'四个一批'人才推荐候选人"，2010 年被甘肃省财政厅评为"2010 年度甘肃省先进会计工作者"，2004 年起至今，一直担任甘肃省高级会计师任职资格评审委员会委员、甘肃省高级审计师任职资格评审委员会委员。

0069 高云虹

性　　别：女
出生年月：1972-03-20
民　　族：汉族
政治面貌：民主党派
职　　称：正高
学　　历：博士研究生
所在单位：兰州财经大学
通讯地址：兰州市段家滩 496 号
成　　就：主持国家社会科学基金项目（11CJL059）《基于空间优化的产业转移与区域协调发展研究》；独著《中国转型时期城市贫困问题研究》由人民出版社 2009 年 9 月出版；代表性论文"贫困概念的演进"发表于《改革》2006 年第 6 期（人大复印资料《社会主义经济理论与实践》2006 年第 9 期全文转载）；入选 2010 年度教育部"新世纪优秀人才支持计划"和 2008 年度首批"陇原青年创新人才扶持计划"，2013 年当选为第十届民建中央科教委员会委员；主持和参加国家级、省部级课题 20 余项，独立或以第一作者发表论文 40 余篇，其中 CSSCI 期刊论文 30 篇，近 10 篇被人大复印资料和国研网转载，多篇被多次引用；荣获甘肃省社科优秀成果奖、甘肃省青年教师成才奖等 20 余项奖励，并获甘肃省三八红旗手、甘肃青年五四奖章等荣誉称号。

简　　介：经济学博士，硕士生导师，教育部"新世纪优秀人才支持计划"及"陇原青年创新人才扶持计划"入选者。现任兰州商学院学位管理与研究生工作处副处长、民建兰州商学院总支副主委、兼任中国城市经济学会理事、甘肃区域经济与社会发展研究会理事、专家组成员、甘肃省监察厅第六届特邀监察员、甘肃省监察学会第四届理事会理事、甘肃省青年联合会第九届委员会委员。主要研究方向：区域经济学、人口、资源与环境经济学、发展经济学。主要讲授课程：微观经济学、宏观经济学、发展经济学、区域经济理论与方法、城市经济学、人口资源与环境经济学。

0070 任洁

性　　别：女
出生年月：1971-09-12
民　　族：汉族
政治面貌：民主党派
职　　称：正高
学　　历：硕士研究生
所在单位：兰州财经大学
通讯地址：兰州财经大学
成　　就：目前研究方向为证券投资理论与

实务、金融投资与资本运营，主要担任《证券投资学》《投资基金管理》等课程的教学工作，曾获"兰州商学院青年教师优秀教学奖"。在科研方面曾多次主持和参与省级课题及校级课题，先后在省级刊物发表专业论文20余篇，并获得省级和校级的多次科研奖励。主讲课程：《公司金融》《投资基金管理》。

0071 史亚荣

性　　别：女
出生年月：1975-06-05
民　　族：汉族
政治面貌：党员
职　　称：正高
学　　历：博士研究生
所在单位：兰州财经大学
通讯地址：兰州财经大学11号信箱
成　　就：主要研究方向为保险理论与实务、国际金融理论与实务，主要担任《国际金融》《货币银行学》《国际结算》《外汇交易》等课程的教学科研工作。

0072 马锁生

性　　别：男
出生年月：1975-11-13
民　　族：汉族
政治面貌：党员
职　　称：正高
学　　历：硕士研究生
所在单位：兰州职业技术学院
通讯地址：兰州市城关区雁儿湾路191号
成　　就：长期从事产业经济与工商管理方向的教学与研究工作，发表省级以上专业论文10余篇，主编及参编教材5部，主持及参与市级以上项目2项。主持完成《财务管理》省级精品课程的建设。多次荣获学院教学优秀奖、优秀党员、优秀党务工作者、优秀班主任等荣誉称号。
简　　介：兰州职业技术学院副教授，会计教研室主任，兰州教育学院学报编委。1998年毕业于西北师范大学经济系，获经济学学士学位；2005年毕业于兰州大学经济管理学院，获工商管理硕士学位。

0073 焦满金

性　　别：男
出生年月：1967-02-01
民　　族：汉族
政治面貌：党员
职　　称：正高
学　　历：大学本科
所在单位：兰州财经大学财税与公共管理学院
通讯地址：兰州财经大学
成　　就：主持参与的代表性课题有《小康社会进程中家庭体育社会化目标研究》《甘肃与江苏企业合作研究》《思想政治理论课教学改革与学生管理工作契合研究》《学术创新与校园文化建设研究》《甘肃省大学生消费状况调查》等。出版的代表性专著、编著有《大学生社会实践研究》《大学生成才之路》《大学军事理论教程》《和谐视域下的高校学生工作》等。
简　　介：1974年12月—1991年8月任兰州市歌舞团演员；1991年9月—1996年12月担任兰州市歌舞团副团长；1996年12月—1999年12月兰州市歌舞团团长；2000年1月—2007年12月任兰州歌舞剧院院长；2008年1月—至今任甘肃省文联副主席，党组成员，兰州大剧院院长。

0074 狄瑞鸿

性　　别：女

出生年月：1971-07-13
民　　族：汉族
政治面貌：群众
职　　称：正高
学　　历：硕士研究生
所在单位：兰州财经大学
通讯地址：兰州财经大学11号信箱
成　　就：金融学院金融工程系主任。目前研究方向为证券投资理论与实务，主要担任《证券投资学》《投资银行学》等课程的教学工作，曾获"兰州商学院青年教师优秀教学奖"。在科研方面曾多次主持和参与省级课题及校级课题，先后在省级刊物发表专业论文10余篇，并获得省级和校级的多次科研奖励。

0075　陆金龙

性　　别：男
出生年月：1954-09-27
民　　族：汉族
政治面貌：党员
职　　称：正高
学　　历：硕士研究生
所在单位：甘肃省演艺集团有限公司，甘肃省歌舞剧院
通讯地址：兰州市东岗东路2634号
成　　就：2012年被评为全国文化文物系统创先争优活动"优秀党务工作者"；2009年被授予"甘肃省文艺突出贡献奖"；2012年被评为"甘肃省优秀专家"；2009年被评为第十五届中国兰洽会"先进个人"；2011年被评为首届敦煌行 丝绸之路国际旅游节"先进个人"；2006年在全省保持共产党员先进性教育活动中获"表现突出奖"；2006年被评为省直文化系统"优秀党务工作者"；2011年被评为上海世博会甘肃活动周"先进个人"。2004年《努力促进地域文化的转化创新》一文在"西部文化论坛"发表，获"优秀论文奖"；在《中国文化报》《甘肃日报》《甘肃文艺出版社》《甘肃风采》多次发表文章。
简　　介：1978—1986年 甘肃省歌舞团 声乐演员；1986—1991年 甘肃省文化厅办公室 主任科员；1991—1994年 甘肃省文化厅艺术处 副处长；1994—1998年 省文化厅演出处 处长，省演出公司总经理、党支部书记省对外文化交流公司总经理、党支部书记；1998—2002年 甘肃省演出管理办公室主任；2002—2012年 甘肃省歌舞剧院院长、党总支副书记；2012年3月至今 甘肃省演艺集团公司 副总经理兼省歌舞剧院院长。

0076　王刚

性　　别：男
出生年月：1957-10-10
民　　族：汉族
政治面貌：党员
职　　称：正高
学　　历：硕士研究生
所在单位：甘肃日报社
通讯地址：兰州市白银路123号
成　　就：2005年至2009年，在中共平凉市委工作期间，平凉市在全省思想政治工作考核评估中位居全省前列，受到省委表彰；平凉市典型宣传取得突出成绩，受到省市党委充分肯定；平凉市理论对谈工作获省委宣传部和中宣部的肯定和推广；平凉市新闻外宣上稿数量和层次创历史最好水平，精神文明创建工作取得新成果，平凉市先后获中国优秀旅游城市、全国双拥模范城市、全国科技进步先进市、全省卫生城市、全省文明城市等称号。2009年至今，在甘肃日报社工作，2010年7月起负责报社工程建设工作，参与甘肃日报报业大厦及经适房工程实施方案的

制定和实施，2013 年 10 月报社经适房工程于竣工交付使用，2015 年 1 月报业大厦工程竣工。

简　　介：兰州大学硕士研究生结业。现任甘肃日报社社务委员、副总编辑，高级编辑职称。1975 年 3 月至 1977 年 12 月，庆阳地区肖金公社插队；1977 年 12 月至 1983 年 8 月，先后在庆阳地区长庆桥化肥厂、庆阳地区广电局工作；1983 年 9 月至 1986 年 5 月，庆阳师专物理系物理专业学习，取得大专学历；1986 年 5 月至 1990 年 12 月，省广电学校办公室干事、专职团委书记；1986 年 11 月至 2005 年 6 月，在省广电厅工作，历任干事、副主任科员、主任科员、计划科科长、计划财务处副处长、社会管理（电影管理）处处长、办公室主任（1991 年 12 月，获中央党校函授学院党政管理专业本科学历；2001 年 7 月，兰州大学当代世界政治经济与国际关系专业硕士研究生结业）；2005 年 6 月至 2009 年 5 月，任中共平凉市委常委、宣传部部长；2009 年 5 月起，任甘肃日报社社务委员、副总编辑。

0077 柏正杰

性　　别：男
出生年月：1963-10-01
民　　族：汉族
政治面貌：党员
职　　称：正高
学　　历：硕士研究生
所在单位：兰州财经大学财税与公共管理学院
通讯地址：兰州财经大学
成　　就：公开发表论文 37 篇，其中在《经济管理》《经济日报》（理论周刊）《当代经济研究》《西北大学学报》（哲学社会科学版）《兰州大学学报》（社会科学版）《甘肃社会科学》等报刊发表的 CSSCI 类文章 13 篇；主持国家社科基金一般项目 1 项、省部级项目 4 项；主编教材 1 部，合作出版专著 1 部。

简　　介：一直从事教学和研究工作。

0078 王嘉瑞

性　　别：男
出生年月：1963-08-25
民　　族：汉族
政治面貌：群众
职　　称：正高
学　　历：大学本科
所在单位：长青学院经济贸易系
通讯地址：长青学院经济贸易系
成　　就：在《齐鲁学刊》《广东社会科学》《兰州大学学报》（社科版）《理论前沿》等刊物上发表论文 40 余篇。出版专著、教材 5 部。获省级、校级教学成果奖 6 次，参与并承担国家社会科学规划基金资助项目 2 项、主持并参与甘肃省哲学社会科学规划项目 4 项、甘肃省教育厅科研项目 2 项、学校人文社会科学规划项目 4 项等。2005 年获甘肃省教学成果省教育厅级奖，2007 年获甘肃省社会科学优秀成果二等奖、三等奖各 1 次，2007 年 11 月获甘肃省第七届优秀图书二等奖 1 项，2010 年获甘肃省优秀教学成果奖二等奖，2011 年甘肃省第十二届社会科学优秀成果三等奖，2013 年甘肃省第十三届社会科学优秀成果二等奖。

0079 马润平

性　　别：男
出生年月：1963-10-15
民　　族：汉族
政治面貌：党员
职　　称：正高

学　　历：大学本科
所在单位：兰州财经大学
通讯地址：兰州财经大学11号信箱
成　　就：硕士研究生导师，金融学院院长。任中国金融工程学会常务理事、甘肃省金融学会常务理事。被评为甘肃省第一层次"领军人才"、甘肃省"555"人才工程第二层次人才。近年来，出版专著3部、主编教材6部，主持完成省部级课题13项，发表论文40余篇，先后获甘肃省优秀社科成果及教学成果等省级奖励11项。研究方向：国际金融理论与实务、区域金融政策。
简　　介：1984年中师毕业参加工作，一直从事教学工作。

0080 黄萍

性　　别：女
出生年月：1972-09-25
民　　族：汉族
政治面貌：党员
职　　称：正高
学　　历：硕士研究生
所在单位：兰州财经大学
通讯地址：兰州财经大学11号信箱
成　　就：甘肃省金融学会理事，金融学院信用管理系主任。长期以来，从事本科及硕士研究生的多层次教学科研工作。主要研究方向：金融理论与政策。主要承担课程：《中央银行学》《货币银行学》《信用管理实务》等。近年来，主持和参与完成了《甘肃省打造西北区域金融中心视角下的城市金融竞争力问题研究》《高校精品课程建设与实践研究——基于金融专业课程建设视角》《甘肃企业融资环境与融资策略研究》等甘肃省社科规划项目、甘肃省教育厅项目、甘肃省科技厅项目、甘肃省教育科学研究所规划项目及校级科研与教改项目20余项。在《生产力研究》《教育探索》等期刊发表专业论文30余篇。编著《中央银行理论与实务》《国际结算》《中央银行学》及《财政与金融》等教材4部。多次荣获省校级教学与科研奖励。

0081 徐宁

性　　别：女
出生年月：1969-04-18
民　　族：汉族
政治面貌：党员
职　　称：正高
学　　历：硕士研究生
所在单位：兰州市委党校
通讯地址：兰州市委党校文史教研部
成　　就：多年来一直从事经济理论的教学工作，理论功底扎实，善于理论联系实际，积极探索创新教学方法，善用启发式、引导式，有个人独特的教学风格，主导课堂能力强，教学效果良好。2013年在全省党校系统优秀教学比赛中获得1等奖，2012年在兰州市委党校教学比武中获得一等奖。具有较强的科研能力，善于思考，潜心钻研，主持国家社科基金1项，科研成果多次获奖。2014年被评为兰州市领军人才。2011、2012、2014年被评为甘肃省党校系统优秀教师。2012年被评为兰州市直机关优秀党员。2013年被评为兰州市委党校名师，连续多年在年终考核中被评为优秀教师和先进工作者。
简　　介：1992年自兰州大学毕业后进入兰州市委党校工作，现任中共兰州市委党校文史教研部负责人、教授。承担教研室管理工作。

0082 黄少华

性　　别：男
出生年月：1963-03-01

民　　族：汉族
政治面貌：群众
职　　称：正高
学　　历：博士研究生
所在单位：兰州大学哲学社会学院
通讯地址：兰州市城关区天水南路 222 号兰大哲学社会学院
成　　就：研究领域为网络社会学、网络传播学。代表成果有《网络空间的社会行为：青少年网络行为研究》，人民出版社，2008年（获甘肃省第十二次社科成果三等奖）；《网络社会学：学科定位与议题》（与翟本瑞合著），中国社会科学出版社，2006年（获甘肃省第十一次社科成果三等奖）；《虚拟世界中的道德实践》，中国社会科学出版社，2010年（获甘肃省第十三次社科成果二等奖）；网络游戏意识对网络游戏行为的影响：以青少年网民为例，《新闻与传播研究》2009年第2期（人大复印报刊资料《新闻与传播》2009年第8期转载）；网络空间的族群化，《兰州大学学报》2013年第1期（人大复印报刊资料《社会学》2013年第5期转载）。

0083　陈文江

性　　别：男
出生年月：1960-08-01
民　　族：汉族
政治面貌：党员
职　　称：正高
学　　历：大学本科
所在单位：兰州大学哲学社会学院
通讯地址：兰州市城关区天水南路 222 号兰大哲学社会学院
成　　就：研究领域：古希腊哲学、现代德国哲学、科学技术伦理、海德格尔哲学。著作有《互联网与社会学》，兰州大学出版社，2001年7月；《城市流动人口的婚姻与家庭》，甘肃人民出版社，2004年8月。论文有《少数民族道德生活的内涵与特征》发表于《道德与文明》，2013年第3期；《西部社会转型与发展社会学范式转换》发表于《探索与争鸣》，2013年第1期；《西部欠发达地区的社区建设与制度创新》发表于《甘肃社会科学》，2009年第1期；《现代性视角的文化转向》发表于《社会科学家》，2009年第3期；《繁荣和发展社会主义文化，切实增强国家软实力》发表于《兰州大学学报》，2008年第1期。

0084　张桂芝

性　　别：女
出生年月：1966-06
民　　族：汉族
政治面貌：党员
职　　称：正高
学　　历：硕士研究生
所在单位：兰州财经大学法学院
通讯地址：兰州市城关区段家滩 496 号
成　　就：甘肃省第六届法学会理事、甘肃省人大常委会特邀立法研究员、兰州市人大和兰州市人民政府立法咨询专家、甘肃省行政审批制度改革咨询专家、甘肃庆阳市中级人民法院和宁夏中卫市中级人民法院审判咨询专家、多次参加甘肃省人大和人民政府、兰州市人大和人民政府地方性法规、规章和规范性文件制定的立法论证会，为甘肃省和兰州市地方立法建言献策。近年来主持或参加的省部级及校级课题16项，在兰州大学学报、甘肃社会科学、商业时代、兰州学刊、甘肃政法学院学报、兰州商学院学报等省级以上刊物公开发表科研论文30余篇，编著教材2部，获得科研奖励多项，并荣获兰州商学院"十佳"优秀教学奖、"优秀青年教师成才奖"和甘肃省"师德标兵"等荣誉称号。

0085 牛海桢

性　　别：男
出生年月：1971-11-16
民　　族：汉族
政治面貌：党员
职　　称：正高
学　　历：博士研究生
所在单位：兰州文理学院旅游学院
通讯地址：兰州市城关区北面滩 400 号
成　　就：2001 年破格副教授。2005 至 2006 年在北京大学社会学系任"西部之光"访问学者。主要从事历史学、民族社会学与旅游文化教学与研究工作。
简　　介：曾任甘肃联合大学历史文物馆副馆长、馆长、文学院副院长、学报编辑部主任、科技处处长。系甘肃省高等学校学术期刊编辑研究会副理事长、甘肃省历史学会副秘书长、甘肃省期刊协会常务理事、甘肃省旅游景区质量等级评定委员会委员、兰州市旅游发展专家咨询委员会委员。现任甘肃联合大学旅游学院院长、旅游学院教授、旅游学科带头人。

0086 陈英

性　　别：女
出生年月：1963-12-09
民　　族：汉族
政治面貌：党员
职　　称：正高
学　　历：博士研究生
所在单位：兰州文理学院旅游学院
通讯地址：兰州市城关区北面滩 400 号
成　　就：独立或参与编著多部教材，发表代表性论文 24 篇。在校任教期间，除完成正常教学任务外，先后独立承担了甘肃省教育厅"甘肃生态环境变迁系列论文"、"甘肃生态环境变迁史专题研究"两个课题的立项。
简　　介：1983 年 9 月考入西北师范大学历史系历史专业，修业四年，1987 年 7 月本科毕业，获历史学学士学位。同年被分配到兰州碳素厂中学任教。1994 年 9 月再次考入西北师范大学历史系中国古代史专业攻读硕士研究生，修业三年，1996 年 5 月加入中国共产党，1997 年 7 月毕业，取得硕士学位后来到甘肃教育学院，被分配到政教系任教。1998 年经中评会评选，取得讲师任职资格，同年被聘。2001 年原甘肃教育学院与甘肃联合大学两校合并为甘肃联合大学，历史与文化旅游系归入文学院，从事历史与文化旅游专业的教学工作。2003 年 9 月考取厦门大学历史学专门史中国经济史方向的博士研究生，2004 年 5 月被省高评会评为副教授。2006 年 6 月博士修业三年圆满毕业。

0087 张淑敏

性　　别：女
出生年月：1947-10-17
民　　族：汉族
政治面貌：民主党派
职　　称：正高
学　　历：大学本科
所在单位：兰州文理学院文学院
通讯地址：兰州市城关区北面滩 400 号
成　　就：发表论文 33 篇，编著及参编论著教材 5 部。获甘肃省社科三等奖 1 项，甘肃高校社科成果奖 3 项，省教育厅教学成果奖 1 项，甘肃省高校教学名师奖 1 项，甘肃省园丁奖 1 项。
简　　介：1982 年来兰州文理学院任现代汉语教师，2001 年评为教授，甘肃省第九届政协委员，现任省政府参事。

0088 李晓春

性　　别：男

出生年月：1966-04-01

民　　族：汉族

政治面貌：群众

职　　称：正高

学　　历：博士研究生

所在单位：兰州大学哲学社会学院

通讯地址：兰州市城关区天水南路222号兰大哲学社会学院

成　　就：主要成就：在宋明理学、儒家形而上学和中国古代思维方式研究中形成了自己的解释系统。代表成果：《宋代性二元论研究》，中国社会科学出版社，2006年11月；《张载哲学与中国古代思维方式研究》，中华书局，2012年12月。论文：《再论李翱的人性论》发表于《甘肃理论学刊》2001年第3期；《试论荀子对告子人性论的继承与扬弃》发表于《孔子研究》2002年第4期；《从天理与善恶关系的角度看程颢与程颐天理的异同》发表于《兰州大学学报》（被人大复印资料《中国哲学》2004年第9期全文转载，并收入《中国儒学年鉴》2005儒学论文选介）2004年第4期；《试论理气相分对程颐的性二元论的影响》发表于《甘肃理论学刊》2004年第3期；《"糟粕"概念在张载哲学中的重要意义》发表于《兰州大学学报》2006年第3期；《王弼"体用论"述真》发表于《兰州大学学报》2010年第4期；《试论"即"在中国古代思想中的意义》发表于《华东师范大学学报》2012年第3期。

0089 何丽红

性　　别：女

出生年月：1967-07-08

民　　族：汉族

政治面貌：党员

职　　称：正高

学　　历：博士研究生

所在单位：兰州大学管理学院

通讯地址：甘肃省兰州市天水南路222号兰州大学管理学院

成　　就：主要从事供应链管理、复杂管理系统的建模与优化分析、荒漠化的治理与预警机制研究，研究兴趣涉及人力资源管理、金融与投资管理和教育经济管理。在多家企业担任咨询顾问。

0090 李菁

性　　别：男

出生年月：1981-08-01

民　　族：汉族

政治面貌：党员

职　　称：正高

学　　历：博士研究生

所在单位：兰州大学哲学社会学院

通讯地址：兰州市城关区天水南路222号兰大哲学社会学院

成　　就：作为独立作者在《外国哲学》《哲学研究》《世界哲学》（3篇）《自然辩证法研究》（2篇）《现代哲学》《教学与研究》《德意志思想评论》《浙江社会科学》《上海交通大学学报》（哲社版）和《同济大学学报》（哲社版）等CSSCI期刊发表研究性论文10余篇。另发表译文2篇。个人专著《海德格尔与维特根斯坦存在思想比较研究》即将出版。独立主持完成浙江省社科规划、中国博士后基金面上资助和浙江省博士后择优资助等3项省部级课题，目前独立主持中国国家社科基金青年项目 海德格尔和维特根斯坦存在思想比较：翻译与研究（12CZX045）和教育部人文社科基金青年项目 马克思主义、现象学和分析哲学比较研究的一种新视域——后存在学的存在之思

（11YJCZH083）。入选上海市晨光学者、同济大学文科卓越青年学者和同济大学青年英才（优秀青年教师）等人才计划。

0091 张革新

性　　别：男

出生年月：1964-11

民　　族：汉族

政治面貌：党员

职　　称：正高

学　　历：硕士研究生

所在单位：兰州财经大学法学院

通讯地址：兰州市城关区段家滩 496 号

成　　就：国家"百千万知识产权人才工程"百名高层次培养人选，甘肃省工商领域评标专家，甘肃重光律师事务所兼职律师。主要从事民法学、知识产权法的教学与研究。出版著作 1 部：《现代著作权法》（中国法制出版社 2006 年），在《公安研究》《知识产权》《法学杂志》《电子知识产权》《著作权》等期刊发表论文 30 篇。论文《论改编权的行使》获甘肃省第七次哲学社会科学优秀成果三等奖，论文《也谈民间文学艺术作品的法律保护》获中国知识产权研究会 2003 年学术年会论文三等奖，《民间文学艺术作品法律保护研究》获 2006 年甘肃省高校社会科学成果三等奖，《现代著作权法》获 2008 年甘肃省高校社会科学成果三等奖，获甘肃省"挑战杯"竞赛优秀指导教师、甘肃省"三下乡"优秀指导教师等荣誉称号。

0092 孙绿江

性　　别：男

出生年月：1951-12-23

民　　族：汉族

政治面貌：党员

职　　称：正高

学　　历：大学本科

所在单位：兰州文理学院文学院

通讯地址：兰州市城关区北面滩 400 号

成　　就：在国家级、省级出版社出版学术专著 4 部（其中一部为两人合著），国家级、省级学术刊物发表论文 40 余篇，先后获第十三届甘肃省社会成果二等奖 1 项，甘肃省教育厅教学成果奖 1 项，教育厅社会科学成果奖二等奖 1 项，三等奖 2 项，甘肃省社会科学最高奖三等奖 1 项。获甘肃省园丁奖 1 项，曾宪梓教学奖 1 项。

简　　介：研究方向为中国古代文学，古代文化，中日文化比较研究等。曾先后两次在日本进修与访学，共计三年。先后完成省教育厅科研项目多项。

0093 王金娥

性　　别：女

出生年月：1970-01-20

民　　族：汉族

政治面貌：群众

职　　称：正高

学　　历：博士研究生

所在单位：兰州文理学院文学院

通讯地址：兰州市城关区北面滩 400 号

成　　就：近年来主持完成教育部人文社科项目 1 项、甘肃省社科项目 1 项、甘肃省高等学校研究生导师科研项目 1 项、校级科学研究及教学研究项目 3 项，参与国家社科项目等各级项目 3 项；出版专著、教辅用书 2 部，参编专著 2 部，参编教材 1 部；发表学术论文 20 余篇，其中 CSSCI 论文 4 篇，北大核心期刊论文 2 篇；获 2014 年甘肃省高校社科成果奖三等奖，获 2011 年兰州文理学院教学成果一等奖，2013 年兰州文理学院教学成果奖一等奖。

0094 包哲钰

性　　别：男
出生年月：1963-04-26
民　　族：汉族
政治面貌：党员
职　　称：正高
学　　历：硕士研究生
所在单位：兰州财经大学法学院
通讯地址：兰州市城关区段家滩496号
成　　就：硕士生导师，甘肃省人大立法顾问、人大立法研究会特邀研究员、甘肃省法学会理事、民商法学会副会长、兰州市法学会常务理事、兰州仲裁委员会专家委员会委员、仲裁员、甘肃天马律师事务所兼职律师。先后获得兰州商学院优秀教学奖、教学成果奖、教学十佳、教书育人奖、甘肃省第十届社会科学优秀成果三等奖等教学成果奖励。主要成果有：发表《论合同的范围及其法律适用》《论违约责任形式的确立》《合同相对性原则在现代法律中的突破》《论仲裁的民间性》《契约自由——从思想到法律原则》《契约正义的另一种解释——现代法律对契约自由的限制》等学术论文30余篇，出版《民法学》《经济法学》《现代公司法学》《中国经济审判》《农村合同法律实务》等著作和教材7部，主持甘肃省社科基金《西部大开发与执法环境论》《甘肃省消费者权益保护条例评价报告》和参加司法部《会计信息失真与会计信用体系的法律构建》，国家社科基金《中超公司治理研究》等科研项目10余项。

0095 王金寿

性　　别：男
出生年月：1963-01-01
民　　族：汉族
政治面貌：党员
职　　称：正高
学　　历：大学本科
所在单位：兰州文理学院图书馆
通讯地址：兰州市城关区北面滩400号
成　　就：参与完成国务院"八五"文化项目《中华大典·文学典·隋唐五代文学分典》等项目，出版专著教材2部，在省级以上刊物发表学术论文40多篇，获第十五届甘肃省高等学校青年教师成才奖，甘肃省高校社科评奖三等奖，全省语言文字先进工作者等。
简　　介：研究方向中国古代文学小说戏曲、中国古代文学传播研究、甘肃古代文学及地方文化。现任甘肃省教育学会中学语文教学专业委员会理事长、甘肃省唐代文学学会常务理事、中国教育学会中学语文教学专业委员会理事、甘肃省轩辕文化研究会副会长等。

0096 魏贤玲

性　　别：女
出生年月：1965-05-05
民　　族：汉族
政治面貌：党员
职　　称：正高
学　　历：博士研究生
所在单位：兰州财经大学马克思主义学院
通讯地址：兰州城关区段家滩路496号兰州财经大学37号信箱
成　　就：现从事研究领域和方向为中国现当代社会历史与现状问题研究。主持（参与）的代表性课题《城乡社区建设研究》《甘肃民族地区教育发展政策研究——甘肃民族地区义务教育质量保障研究》《西部文化资源产业可持续发展》；已出版代表性专著、译著和编著有《卓尼藏族研究》，民族出版社2010年2月版，独著，此书荣获甘肃省高校社科成果三等奖、甘肃省第十三届社会科学优秀成果三等奖。《中国特色社会主义理论与实践研究》，甘肃民族出版社 2010 年 9 月版，合著，《西部文化资源产业可持续发展研究》，甘肃民族出版社 2010 年 6 月版，合著。已公开发表的代表性论文：《唃厮啰及其政权考述》刊于《中国边疆史地研究》，2006 年第 4 期，此篇荣获甘肃省第十一届社会科学优秀成果三等奖。《卓尼土司制度及其与中央王朝的关系》刊于《西藏大学学报》2011 年第 6 期。《高校思想政治理论课的改革与实践——以兰州商学院中国近现代史纲要课为例》刊于《兰州学刊》2010 年第 7 期。《略论曾济宽西北经济开发思想》刊于《开发与研究》2011 年第 7 期。《依托传统文化，促进甘南旅游经济发展》刊于《甘肃民族研究》2007 年第 1 期。

0097 陈其斌

性　　别：男
出生年月：1972-03-02
民　　族：汉族
政治面貌：党员
职　　称：正高
学　　历：博士研究生
所在单位：兰州文理学院旅游学院
通讯地址：兰州市城关区北面滩 400 号
成　　就：出版专著 3 部；发表代表性论文 15 篇；主持并参与科研课题多项。
简　　介：1995 年 7 月毕业于吉林大学法学院，获法学学士学位。2001 年 7 月毕业于兰州大学法学系，获法学硕士学位。2005 年 7 月毕业于兰州大学西北少数民族研究中心，获法学博士学位。1995 年 7 月至 2006 年 10 月在兰州商学院法学院任教，副教授。2006 年 10 月至 2013 年 10 月在青海民族大学工作，教授，人类学硕士生导师。2005 年 7 月—2006 年 10 月，兰州商学院民族法治研究所副所长。2009 年 3 月—2011 年 3 月，青海民族大学法学院院长。2011 年 3 月—2012 年 5 月，青海民族大学民族学与社会学学院副院长。2011 年 8 月至今，中国伦理学会民族伦理学研究会理事。（首届）2011 年 10 月至今，中国民族学人类学研究会法律人类学专业委员会副主任委员。

0098 洲塔

性　　别：男
出生年月：1949-10-05
民　　族：藏族
政治面貌：党员
职　　称：正高
学　　历：博士研究生
所在单位：兰州大学西北少数民族研究中心
通讯地址：兰州市嘉峪关西路 9 号，兰州大学民族学研究院
成　　就：兼任国家社科基金评审委员会专家、甘肃省藏学研究会副会长等职务。2000 年，被英国皇家联盟科学院授予荣誉博士学位，获得由中、美、英、德、法五国颁发了金制《世界名人证书》。出版《甘肃藏族通史》《甘肃藏族部落的社会与历史研究》《黄河上游藏区社会经济发展研究》《甘肃宕昌藏族家藏古藏文苯教文献》（全 30 册）、《甘青川民间古藏文本教文献》（全 60 册）等学术专著 20 余部，在权威和核心期刊上发表学术论文 60 余篇。主持教育部重大课题《黄河藏区社会经济发展与现代化转型问题研究》、国家社科基金一般项目《甘青川藏区家藏苯教古藏文写本的抢救、编目与出版》、校内重大课题《甘肃宕昌家藏古藏文苯教文献整理研究》、省部级课题《藏族对伟大祖国的贡献》《达玉部落史研究》《祁连史话》等多项。2007 年专著《甘肃藏族通史》获得甘肃省第十届优秀社科成果奖一等奖。
简　　介：曾先后就读于西北民族大学少语

系和中央民族大学藏学系，获硕士学位。师从著名藏学专家东噶·洛桑赤列教授，系统学习了藏族历史、宗教、哲学的重要课程。

0099 古世仓

性　　别：男
出生年月：1964-11-29
民　　族：汉族
政治面貌：民主党派
职　　称：正高
学　　历：博士研究生
所在单位：兰州大学文学院
通讯地址：兰州大学文学院

成　　就：古世仓在《文学评论》《文艺研究》《中国现代文学研究丛刊》和《新华文摘》、人大复印资料《中国现代当代文学研究》等权威学术期刊发表老舍研究、鲁迅研究和中国现当代文学史论研究的论文10余篇，在权威出版社出版《老舍与中国革命》《老舍与中国新文化建设》等学术著作。在人文学与社会政治、文化的变革关系中研究中国现代主要作家文学创作的形成机制、文学内容与艺术特性的构成方式，揭示和阐释中国新文学发展的基本规律。

简　　介：兰州大学文学院教授，文学博士，博士生导师。甘肃省"555"创新人才、甘肃省领军人才。任中国现代文学研究会理事、中国老舍研究会理事、甘肃省文化发展学会副会长、教育部高等学校中国语言文学类专业教学指导委员会委员。

0100 朱廷珺

性　　别：男
出生年月：1965-11-01
民　　族：汉族
政治面貌：党员
职　　称：正高
学　　历：博士研究生
所在单位：长青学院
通讯地址：长青学院（甸子街45号）

成　　就：主持（参与）的代表性课题有《西部地区承接国内外产业转移的动力机制及效率研究》（2009年度国家社科基金一般项目）、《加快劳动力要素自由流动的对外贸易战略转型研究》（2014年度国家社科基金重大项目）。已出版代表性著作有《外国直接投资的贸易效应研究》（人民出版社，2006）、《甘肃省开放型经济发展战略研究》（甘肃人民出版社，2009）、《国际贸易前沿问题》（北京大学出版社，2012）等。发表论文90余篇。获国内贸易部高等教育优秀成果二等奖（1995）、甘肃省第十届社科成果二等奖（2007），其它奖项有甘肃省第六、九、十一、十二、十三届社科成果三等奖，甘肃省高校社科成果一等奖（2006、2010），甘肃省青年教师成才奖（2006）。

0101 刘斌斌

性　　别：男
出生年月：1970-03-22
民　　族：汉族
政治面貌：群众
职　　称：正高
学　　历：博士研究生
所在单位：兰州大学法学院
通讯地址：兰州大学法学院（盘旋路校区齐云楼1720室）

成　　就：近年来主持完成《甘肃省知识产权战略调查研究——甘肃自主产业专利战略问题研究》等来自甘肃省科技厅、知识产权局、甘肃省知识产权事务中心等委托的研究课题8项，主持完成2006年度甘肃省社科规划项目1项，主持完成2011年度甘肃省科技计划项目1项，主持兰州大学教学研究项目2项。

简　　介：1997年4月赴日，在日留学11年。经日本大学法学部法律学科、日本大学大学院法学研究科博士前期课程（法学专攻）毕业后，日本大学大学院法学研究科博士后期课程（法学专攻）毕业，博士（法学）学位。研究方向：知识产权、国际经济法、科技进步法等科技相关法律。

0102 刘志坚

性　　别：男

出生年月：1962-05-29

民　　族：汉族

政治面貌：党员

职　　称：正高

学　　历：硕士研究生

所在单位：兰州大学法学院

通讯地址：兰州大学法学院（盘旋路校区齐云楼1726室）

成　　就：从事行政法、环境资源法及法律史学教学研究工作。先后出版《行政法原理》《行政法与行政诉讼法学》《环境行政法论》等著作12部；主持省部级以上科研项目6项、国际协作项目2项、地方立法委托项目等项目10项，到账科研经费240余万元；发表学术论文52篇；获省部级科研成果二等奖2项，三等奖1项。给本科生主讲行政法与行政诉讼法学、中国法律思想史等课程，给研究生主讲行政法专题、环境行政法专题。应邀赴美国乔治敦大学法学院、日本大学法学院、法国埃克斯-马赛大学法学院等国外法学教学研究机构讲学交流。兼任中国法学会理事、中国环境资源法学研究会副会长、甘肃省法学会副会长、省行政法制研究会执行会长。2005年入选"甘肃省555创新人才工程"第二层次人选；2009年被评为兰州大学"师德标兵"，并入选甘肃省第一层次领军人；2010年获甘肃省"园丁奖"，被评为甘肃省"师德标兵"并获甘肃省"园丁奖"奖励；2011年被评为兰州大学"隆基教学名师"。

简　　介：1987年6月参加工作，吉林大学法律系毕业，研究生学历，法学硕士学位。1980年9月—1984年6月，在西北师范大学政治系学习；1980年9月—1987年6月，在吉林大学法律系攻读硕士研究生；1987年6月—1990年6月，任兰州大学法律系助教、讲师、副教授等职；1998年6月—2005年5月，任兰州大学法律系副主任、副院长、聘任教授等职；2005年5月—2009年10月，任兰州大学法学院院长、教授；2009年10月至今，任兰州大学学术委员会、学位委员会、教学指导委员会委员，法学院院长，宪法与行政法学研究所所长，教授，博士生导师。

0103 管新帅

性　　别：男

出生年月：1975-10-04

民　　族：汉族

政治面貌：党员

职　　称：正高

学　　历：博士研究生

所在单位：兰州财经大学

通讯地址：兰州市城关区段家滩496号

成　　就：主持教育部人文社科规划项目1项，主持完成省部级课题3项，参与完成多项省部级科研项目，参编教材2部，在国家核心期刊发表论文数篇。2013年荣获甘肃省社会科学优秀成果二等奖；2011年"第二届全国百篇优秀案例"获得者；2010年荣获兰州商学院"青年教师成才奖"；2009年荣获甘肃省"优秀教学成果"三等奖；2009年荣获兰州商学院"优秀教学成果"一等奖；2006年被评为甘肃第六届大学生"挑战杯"

优秀指导教师；2004年荣获兰州商学院青年教师"十佳优秀教学奖"；2003年荣获甘肃省社会科学优秀成果三等奖。

简　　介：硕士生导师，甘肃省省级精品课程《微观经济学》《宏观经济学》主讲教师。曾先后任理论经济学教研室主任、经贸学院副院长，现任兰州商学院MBA中心副主任。讲授课程：中级微观经济学（研究生）、中级宏观经济学（研究生）、管理经济学（MBA）、微观经济学（本科）、宏观经济学（本科）。

0104　吴红骏

性　　别：女

出生年月：1963-12-02

民　　族：汉族

政治面貌：群众

职　　称：正高

学　　历：大学本科

所在单位：兰州文理学院师范学院

通讯地址：兰州市城关区北面滩400号

成　　就：主持完成甘肃省教育厅科研项目、校级科研项目各1项，出版著作2部，发表论文20余篇，其中CSSCI论文2篇，获甘肃省社会科学优秀成果奖（三等1项）、甘肃省高校教学成果奖（三等奖1项）。

简　　介：研究方向为基础心理学、学校心理咨询、健康心理学、心理卫生学、幼儿卫生学。被聘为兰州市图书馆"读者报告会"常年主讲嘉宾。

0105　赵俊

性　　别：女

出生年月：1964-08-06

民　　族：汉族

政治面貌：民主党派

职　　称：正高

学　　历：硕士研究生

所在单位：兰州财经大学教务处

通讯地址：兰州城关区段家滩路496号兰州财经大学37号信箱

成　　就：发表论文《我国农村集体土地征收中的利益博弈及其法律规制》于《科学·经济·社会》，2012年2期。

0106　丹增金巴

性　　别：男

出生年月：1974-09-01

民　　族：藏族

政治面貌：群众

职　　称：正高

学　　历：博士研究生

所在单位：兰州大学哲学社会学院

通讯地址：兰州市城关区天水南路222号兰大哲学社会学院

成　　就：研究领域：文化人类学、历史人类学、政治社会学、文化社会学、民族学。主持科研项目转型期藏区基层政治的重构——以川甘藏区为例，兰州大学"中央高校基本科研业务费专项资金"资助项目，2012—2013。嘉绒藏区藏文历史文献资料的收集、整理和编译，国家社科基金西部项目，2012 — 2013。2012"东女国之争"与边界和边缘化问题——来自川藏边界的个案研究发表于《开放时代》2012年第11期。

0107　李利芳

性　　别：女

出生年月：1973-12-06

民　　族：汉族

政治面貌：党员

职　　称：正高

学　　历：博士研究生

所在单位：兰州大学文学院

通讯地址：兰州大学文学院

成　　就：从事儿童文学理论批评研究近二十年，为中国儿童文学研究会理事、国际儿童文学研究会（IRSCL）会员、国际儿童文学研究会（IRSCL）会刊 IRCL 咨询委员会委员。主持2008年度国家社科基金项目"中国西部儿童文学研究"，出版学术著作3部，在国内外学术期刊发表儿童文学方面的学术论文50余篇。2009年获"第十六届甘肃省高校青年教师成才奖"。专著《中国发生期儿童文学理论本土化进程研究》获"甘肃省第十一届社会科学优秀成果二等奖"。2013年入选首届"甘肃儿童文学八骏"。

0108 张焱

性　　别：男
出生年月：1965-09-03
民　　族：汉族
政治面貌：党员
职　　称：正高
学　　历：大学本科
所在单位：兰州文理学院师范学院
通讯地址：兰州市城关区北面滩400号
成　　就：主持完成教育部重点课题子项目1项，甘肃省教育厅项目4项，出版第一主编教材1部，参编教材6部，发表论文20余篇，其中 CSSCI 论文1篇，获甘肃省教育厅级教学成果奖3项、甘肃省高校社科奖（三等奖1项），第七届甘肃省高校青年教师成才奖1项。
简　　介：研究方向为教育管理及教育法制研究。

0109 陈新民

性　　别：男
出生年月：1955-05-05
民　　族：汉族
政治面貌：党员
职　　称：正高
学　　历：大学本科
所在单位：兰州文理学院图书馆
通讯地址：兰州市城关区北面滩400号
成　　就：主持甘肃省教育厅社科项目1项、参与省、部级项目2项，出版著作1部，发表论文近30篇，获甘肃省哲学社会科学优秀学术成果三等奖、甘肃省教学成果奖（教育厅级）、甘肃省高校社科评奖三等奖。
简　　介：研究方向为语文教育。

0110 郭吉军

性　　别：男
出生年月：1971-10-01
民　　族：汉族
政治面貌：群众
职　　称：正高
学　　历：博士研究生
所在单位：兰州大学哲学社会学院
通讯地址：兰州市城关区天水南路222号兰大哲学社会学院
成　　就：研究领域：古希腊哲学、德国古典哲学。著作有《自然的信仰》，中国社会科学出版社，2003年6月；《生命原情与精神还乡》，中国社会科学出版社，2009年7月出版；《理性与自在》，敦煌文艺出版社，2001年9月。论文有《论法权制度的传统缺陷及其现实基础》发表于《甘肃理论学刊》2002第1期；《从传统文化对人的道德解释中进一步看法权文化的本质》发表于《甘肃教育学院学报》2002年第4期；《文化的理性与自由的失落—立足于法权理性的文化评价》发表于《甘肃理论学刊》2004年第1期；《法权理性的意义及困境》发表于《甘肃教育学院学报》2004年第1期；《先秦时期儒法经济伦理观略论》发表于《光明日报·理论周刊》，2004 年 7 月 6 日。

0111 王肃元

性　　别：男
出生年月：1955-11-16
民　　族：汉族
政治面貌：党员
职　　称：正高
学　　历：硕士研究生
所在单位：兰州财经大学法学院
通讯地址：兰州市城关区段家滩 496 号
成　　就：出版《市场机制与政府干预》《公司法基本制度概论》等学术著作、教材 19 部，发表论文 100 余篇，其中有多篇论文发表在《中国法学》《法学家》《政法论坛》《现代法学》等国家级权威刊物和核心刊物上。主持国家哲学社会科学规划项目《西北少数民族地区政府行为与公民权利保障研究》、中国法学会项目《合同法新问题研究》、全国教育科学"十五"规划项目《当代中国农村教育发展研究》等国家级、省部级项目 12 项，获省部级各类科研奖 8 项。
简　　介：教授、硕士生导师，享受国务院政府特殊津贴专家，全国"五一劳动奖章"获得者，甘肃省重点学科民商法学学科带头人，甘肃省"555"创新人才工程第一层次人才，政协甘肃省委员会委员。兼任甘肃省人大常委会立法顾问、兰州市人大常委会立法顾问、白银市政府立法顾问、中国法学会理事、中国法学会经济法研究会常务理事、全国政法院校经济法研究会会长、西北高教管理研究会副理事长、甘肃省法学会副会长、经济法学研究会会长等。同时兼任兰州大学、西北民族大学法律系教授、经济法专业硕士研究生导师。

0112 赵晓珊

性　　别：女
出生年月：1971-06-27
民　　族：汉族
政治面貌：群众
职　　称：正高
学　　历：博士研究生
所在单位：兰州大学文学院
通讯地址：兰州大学文学院
成　　就：本人从事中文及影视专业教学工作已 20 年，具有丰富的教学经验，目前为本科生开设"戏剧影视文学批评""戏剧影视文学创作""影视泛读"等课程，为研究生开设"电影理论与批评""电影史专题"等课程，取得了良好的教学效果。本人研究方向为电影理论、影视批评、西方文艺理论，自 1999 年以来发表多篇有关西方文艺理论方面的研究文章，涉及原型批评、女性主义和小说叙事学等领域。自 2006 年以来主要研究文艺理论和现代电影理论的交叉学科——电影符号学。相关研究课题于 2011 年获得国家社科基金立项，至今在 CSSCI 期刊发表相关文章 3 篇：《电影可能是什么？——德勒兹电影美学初探》发表于《国外理论动态》2007/10；《麦茨的电影符号学及其意义》发表于《文艺研究》2008/10；《认同机制与观众心理——麦茨的精神分析电影理论述评》发表于《文艺研究》2011/6。

0113 宿光平

性　　别：男
出生年月：1962-12-27
民　　族：汉族
政治面貌：党员
职　　称：正高
学　　历：硕士研究生

所在单位：兰州文理学院社会管理学院
通讯地址：兰州市城关区北面滩400号
成　　就：主持完成甘肃省高等学校研究生导师项目2项，出版教材2部，发表论文10余篇，其中CSSCI论文3篇。
简　　介：研究方向为哲学和中国哲学、甘肃非物质文化遗产研究。

0114 丁志刚

性　　别：男
出生年月：1966-09-25
民　　族：汉族
政治面貌：党员
职　　称：正高
学　　历：硕士研究生
所在单位：兰州大学管理学院
通讯地址：兰州大学管理学院
成　　就：主要从事政治学、公共管理学的教学与研究工作。主持完成2项国家社科基金项目，1项教育部项目，1项省重大招标项目；发表70多篇学术论文，出版4部学术专著，获得省级社科优秀成果一等奖1项，三等奖2项；甘肃省宣传文化系统"四个一批"人才、甘肃省社科领军人才（二层次）；中国政治学会理事、高校国际政治学会理事。

0115 马晖

性　　别：女
出生年月：1963-06-04
民　　族：汉族
政治面貌：党员
职　　称：正高
学　　历：博士研究生
所在单位：兰州文理学院文学院
通讯地址：兰州市城关区北面滩400号
成　　就：自1984年以来，长期在高校从事教学、教学管理和科学研究工作，《外国文学经典作品赏析》省级精品课程带头人，本人主持的《跨越与汇通——高校外国文学教学改革的探索与实践》获教育厅教学成果奖，主持《汉语言文化类课程》校级教学团队。同时在专业建设、人才培养模式改革、课程建设、教学改革、师资队伍建设、实验实训条件建设、校企合作等方面取得较好成绩。科研方面，先后在《文艺研究》《湘潭大学学学报》《兰州大学学学报》《甘肃社会科学》等国内外期刊发表科研论文30余篇，发表教研论文5篇。作为主要成员参加国家社科项目1项。主持省社科及教育厅科研基金课题4项，校级教改课题2项，学术专著1部，参编多部。先后获甘肃省第十二届高校青年教师成才奖，甘肃省社会科学优秀成果三等奖，"甘肃省师德标兵称号"、获甘肃省教学成果教育厅级奖，甘肃省省级精品课程，全国语文教师读书竞赛、"优秀组织奖"等。
简　　介：兰州文理学院人文学院院长。中国老舍研究会常务理事、甘肃省外国文学研究会理事、中国比较文学学会、全国高师外国文学教学研究会会员、《兰州文理学院学报》社会科学版第三届编辑委员会委员、兰州文理学院教学指导委员会委员、兰州文理学院专业建设委员会委员。

0116 孙冠臣

性　　别：男
出生年月：1970-12-01
民　　族：汉族
政治面貌：党员
职　　称：正高
学　　历：博士研究生
所在单位：兰州大学哲学社会学院
通讯地址：兰州市城关区天水南路222号兰大哲学社会学院

成　　就：研究方向为希腊哲学、德国哲学、形而上学、知识论。学术论文有《"解构""克服""经受"——评海德格尔的形而上学之思》，发表于《南京社会科学》（2011.08），人大复印资料《外国哲学》2011年第10期全文转载。《论〈存在与时间〉中此在的先验性》发表于《上海交通大学（哲学社会科学版）》（2010.01），人大复印资料《外国哲学》2010年第6期全文转载。《形而上学的蜕变与思想的开端——论海德格尔对形而上学的克服》发表于《天津社会科学》（2009.03）。《卡西尔与海德格尔的达沃斯之辨》《中国社会科学研究生院学报》（2008.03），人大复印资料《外国哲学》2008年第9期全文转载。《海德格尔与新康德主义》发表于《世界哲学》（2007/3），人大复印资料《外国哲学》2007年第7期全文转载。学术著作有《海德格尔形而上学问题简论》：中国社会科学博士后文库，中国社会科学院创新工程学术出版资助项目，社会科学文献出版社2013年7月出版。《海德格尔的康德解释研究》：中国社会科学出版社2008年9月出版。

0117　张梦涛

性　　别：男

出生年月：1970-10-03

民　　族：汉族

政治面貌：党员

职　　称：正高

学　　历：博士研究生

所在单位：兰州财经大学学工部

通讯地址：甘肃兰州城关区段家滩496号兰州财经大学37号信箱

成　　就：现从事研究领域和方向为高教管理和思想政治教育。参与完成的代表性课题有：基于新媒体技术的马克思主义传播研究（教育部）。已公开发表的代表性论文有：《马克思人的解放理论及其对思想政治教育的牵引作用》（《兰州大学学报》（社会科学版）2010年第38卷），《政治上的坚定源自理论上的清醒——关于划清马克思主义同反马克思主义界限的几点认识》（《思想理论教育导刊》2011年第7期），《当前马克思主义中国化研究过程中存在的主要问题分析》（《内蒙古社会科学》2013年第1期）等。

0118　雷兴长

性　　别：男

出生年月：1959-11-20

民　　族：汉族

政治面貌：党员

职　　称：正高

学　　历：大学本科

所在单位：兰州财经大学财税与公共管理学院

通讯地址：兰州财经大学

成　　就：曾获甘肃省社会科学优秀科研成果一等奖1项、二等奖2项。

0119　焦克源

性　　别：男

出生年月：2014-09-01

民　　族：汉族

政治面貌：党员

职　　称：正高

学　　历：博士研究生

所在单位：兰州大学管理学院

通讯地址：兰州市天水南路222号

成　　就：主要研究方向为欠发达地区社会保障政策分析、地方政府管理以及国有企业改制等领域。为本科生和MBA、MPA学员分别讲授社会保障、经济法、企业法律实务和税收实务等课程。在《经济管理》《软科学》《理论前沿》等 CSSCI 刊物上发表论文 30 余篇，中国社会科学出版社出版专著《西部新型农村社会救助制度研究》一部，主编出版《税收理论与实务》和《经济法原理与实务》教材两部。主持并完成省级社科规划项目、世界银行咨询项目和地方政府委托项目 6 项。

0120 敏春芳

性　　别：女

出生年月：1969-07-24

民　　族：回族

政治面貌：群众

职　　称：正高

学　　历：博士研究生

所在单位：兰州大学文学院

通讯地址：兰州大学文学院

成　　就：五年本人学术成就主要集中在文字训诂、汉语方言及敦煌文献语言研究。代表著作有：《文明的关键词——伊斯兰文化常用术语疏证》《文献字词考略》《敦煌愿文词汇研究》《古代语言文字学》；并先后在《方言》《敦煌研究》《兰州大学学报》《敦煌学辑刊》等刊物发表学术论文 30 余篇。博士论文《敦煌愿文词汇研究》首次对敦煌愿文词汇进行较为全面的系统研究。博士后报告《语言接触与语言演变—东乡语变异研究》，以甘肃临夏州东乡语为对象，重点搜集整理了东乡语语音、语法、词汇系统受汉语影响所发生的变异，是目前关于西北民族地区语言接触研究方面的最新研究成果。

0121 切排

性　　别：男

出生年月：1968-05-01

民　　族：藏族

政治面貌：党员

职　　称：正高

学　　历：博士研究生

所在单位：兰州大学西北少数民族研究中心

通讯地址：兰州市嘉峪关西路 9 号兰州大学民族学研究院

成　　就：2008 年在四川大学历史文化学院专门史博士后科研流动站出站。2010 年入选教育部新世纪优秀人才。精通藏文，了解梵文，主要从事民族学及藏学研究工作。先后用汉、藏两文在在权威和核心期刊上发表《人类学视野中的西藏文化》《夏尔巴人的历史与现状》《河西走廊多民族杂居区民族关系问题》等 50 余篇。出版《藏语组词法研究》《河西走廊多民族杂居和平杂剧与发展态势研究》等专著 4 部。主持国家社科基金《河西走廊多民族杂居势态与发展趋势研究》《藏传佛教高层僧人在藏区基层权利组织中的地位与作用研究》；教育部研究基地重大项目《河西走廊多民族文化整合与互动研究》《中国藏学概论》等，完成多项省级和校级重点和一般项目。先后获得甘肃省会科学优秀成果一等奖和三等奖各 1 项。

简　　介：博士生导师。1991 年获西北民族学院藏语系藏语言文学学士学位；1995 年获西北民族学院藏语系藏语言文学硕士学位；2004 年获兰州大学西北少数民族研究中心民族学博士学位。

0122 吴双全

性　　别：男

出生年月：1965-09-19

民　　族：汉族

政治面貌：党员

职　　称：正高

学　　历：博士研究生

所在单位：兰州大学法学院

通讯地址：兰州大学盘旋路校区齐云楼1710室

成　　就：出版著作（含译著）7部，发表学术论文21篇。主持教育部人文社会科学研究规划基金项目1项，企业资助项目7项，兰州大学教学研究项目1项，兰州大学社科基金项目1项，兰州大学教学研究项目1项，笹川良一基金资助项目1项。

简　　介：兰州大学历史学学士（1988），北京外国语大学法学学士（1992），兰州大学法学硕士（1999），中国政法大学法学博士（2009），英国牛津布鲁克斯大学社会科学与法学院访问学者（2006.01—2007.12），还曾先后赴武汉大学、西安外国语大学、英国牛津大学和剑桥大学、荷兰莱顿大学和马斯特里赫特大学、德国海德堡大学及位于荷兰海牙的国际法院学习、交流和访问。

0123 庆振轩

性　　别：男

出生年月：1955-02-13

民　　族：汉族

政治面貌：群众

职　　称：正高

学　　历：大学本科

所在单位：兰州大学文学院

通讯地址：兰州大学文学院

成　　就：长期从事古代文学、传统文化、地域文化与文学的教学研究工作。先后在《文学遗产》《南京大学学报》《兰州大学学报》《陕西师大学报》《西北大学学报》等刊物发表学术论文50余篇；出版专著《两宋党争与文学》等数部；主编《中国文学史发展纲要》《丝路文化与五凉文学研究》《河西宝卷与敦煌文学研究》《丝路文化与敦煌文学研究》等多部；参编有《古代文学与传统文化》《唐代文学与西北民族文化研究》《唐代文学与陇右文化》等多部。

0124 胡颖

性　　别：女

出生年月：1968-11-10

民　　族：汉族

政治面貌：群众

职　　称：正高

学　　历：博士研究生

所在单位：兰州大学文学院

通讯地址：兰州大学文学院

成　　就：主持国家社科项目"失传元杂剧研究"（2009），教育部中央高校基本科研业务费专项资金重点项目"丝路文化与西部当代戏剧研究"（2011）。参与国家211重点项目《丝路文化与敦煌文学》。出版《失传元杂剧本事考说》（甘肃文化出版社2002）、《甘肃傩文化研究》（人民出版社，2012）、《王了望墨迹选辑校注》（线装书局，2012）、《中国文学史发展纲要》（合著，兰州大学出版社2010）等5部。近年主要致力于元杂剧、傩文化及戏曲田野调研等领域，先后在权威及核心期刊发表《失传元杂剧〈秋夜蕊珠宫〉本事新考》（文艺研究，2005）、《论"西部京剧"创作的得与失》（戏曲艺术，2014第2期）等多篇论文。

0125 赵清梅

性　　别：女

出生年月：1968-05-04

民　　族：汉族

政治面貌：党员

职　　称：正高

学　　历：大学本科

所在单位：兰州文理学院社会管理学院

通讯地址：兰州市城关区北面滩400号

成　　就：参与完成教育部人文社会科学研究项目，证书编号：2012JXZ1411。出版著作2部，发表论文11余篇，其中CSSCI论文4篇。《当代大学生对思想政治教育的接受心理研究》荣获2013年全省思想政治工作课题研究二等奖。

简　　介：兰州文理学院社会管理学院教授，研究方向教育管理及思想政治教育研究。

0126　刘光华

性　　别：男

出生年月：1970-01-07

民　　族：汉族

政治面貌：党员

职　　称：正高

学　　历：博士研究生

所在单位：兰州大学法学院

通讯地址：兰州大学法学院（盘旋路校区齐云楼1722室）

成　　就：自1995年留校任教至今，在包括《中国法学》《法学家》《中国乡村研究》《兰州大学学报》《经济法论丛》《经济法评论》《经济法研究》《经济法论坛》和《欧洲法律与经济评论》（Renue Juridque et Ecomonique Europe-Chine）等在内的中外文权威、核心专业刊物以及中国人民大学出版社和兰州大学出版社等权威、核心出版社出版发表学术论著近100篇（部），并参编普通高等教育"十五"国家级规划教材《经济法》（总论部分）。主持或参与完成了包括国家社科基金重点项目、教育部规划项目在内的10余项科研项目；获得省部级教学科研奖励10余项。

简　　介：兰州大学法学院教授（2009），副教授（2000），经济法硕士生导师（2000），兰州大学法律系经济法硕士（1992-1995），中国人民大学经济法博士（2002-2006），美国University of California, Hastings College of the Law的访问学者（2004-2005）；法国Aix-Marseilles Paul Cezanne University访问交流（2007.11-12）；美国Georgetown University的访问学习（2010.1）；泰国Mahidol University International College交流学习（2010.1）；意大利International University College of Turin访问副教授（2008-）。主要专业研究方向是转型中国经济法、社会法、商法。目前任中国法学会会员、中国法学会经济法学研究会、中国法学会社会法学研究会、中国法学会环境资源法学研究会、中国法学会银行法学研究会、中国商业法治研究会在内的多家全国性专业学术团体的理事以及包括西南政法大学在内的多家高校兼职教授。

0127　苏强

性　　别：男

出生年月：1978-12-05

民　　族：汉族

政治面貌：党员

职　　称：正高

学　　历：硕士研究生

所在单位：兰州财经大学长青学院会计系

通讯地址：长青学院会计系

成　　就：发表论文100余篇，发表核心期刊30余篇；主编、参编8部教材；出版专著2部；完成省地厅级项目8项；获省社科成果奖4项，省高校社科成果奖5项。代表性课题：甘肃省自主创新中的金融工程与金融创新对策研究，省社科规划项目；新税制下甘肃省企业税收筹划的方法和风险研究，省教育厅项目。代表性专著和编著：《会计信息产权论纲》，哈尔滨工程大学出版社，

2007.11；《企业会计准则与现行税法处理差异及纳税调整实务》，广东省出版集团，2010.8；《高级财务会计》，经济科学出版社，2013年8月。

0128 贾登勋

性　　别：男
出生年月：1954-12-23
民　　族：汉族
政治面貌：党员
职　　称：正高
学　　历：大学本科
所在单位：兰州大学法学院
通讯地址：兰州大学盘旋路校区齐云楼1702室
成　　就：已出版《物权法论》《债权法论》《民法学》《新编房地产法学》等10余部著作，发表学术论文80余篇，承担国家级、省部级课题7项，获得省部级科研奖励6项。
简　　介：毕业于兰州大学。现任兰州大学教授、博士生导师。任中国民事诉讼法学会理事、甘肃省民商法学会副会长、甘肃省房地产法学会副会长。主要从事物权法学和自然资源法学的教学研究工作。

0129 郭北辰

性　　别：男
出生年月：1960-01-01
民　　族：汉族
政治面貌：党员
职　　称：正高
学　　历：大学本科
所在单位：兰州财经大学财税与公共管理学院
通讯地址：兰州财经大学
成　　就：长期以来，主要从事财政税收理论和财政货币政策研究，先后在《经济研究参考》《兰州大学学报》《东北财经大学学报》等刊物发表论文30余篇，其中数篇被相关刊物全文转载，有一定的影响。主编出版《财政学》《现代财政学》2部。主持或参与省级课题3项，获得省级科研奖两项，地厅级科研奖多项。近年以来先后担任《财政学》《国家税收》《金融学》等课程的本科教学工作和研究生教学任务，数次获得省教育厅优秀教学成果奖。

0130 高永久

性　　别：男
出生年月：1964-04-06
民　　族：汉族
政治面貌：党员
职　　称：正高
学　　历：博士研究生
所在单位：兰州大学西北少数民族研究中心
通讯地址：兰州市嘉峪关西路9号兰州大学民族学研究院
成　　就：先后入选国家教委"优秀青年教师资助计划"、"甘肃省高校跨世纪学科（民族学学科）带头人"、教育部"跨世纪优秀人才培养计划"、教育部"霍英东教育基金会第七届高等院校青年教师奖"、"甘肃省'555'创新人才工程第一层次人选"、首批"新世纪百千万人才工程"国家级人选、天津市"131"创新型人才培养工程第一层次人选，国家社科基金学科评审组专家，教育部高等学校民族学科教学指导委员会委员，享受国务院政府特殊津贴。完成和在研国家社科基金重大项目1项，国家社科基金项目3项，教育部重大攻关项目1项，教育部社科项目2项，司法部项目1项，先后在《人民日报》《光明日报》《民族研究》和《世界宗教研究》等报刊杂志上发表学术论文100余篇，出版《西域古代民族宗教综论》等专著、编著和译著 16 部。成果先后获得省部级奖励 14 项。

简　　介：主要从事民族学、民族政治学、民族社会学方向研究，教授，博士生导师，现任教育部人文社会科学重点研究基地兰州大学西北少数民族研究中心主任，兰州大学民族学研究院院长。

0131 苏义林

性　　别：男

出生年月：1966-03-11

民　　族：回族

政治面貌：党员

职　　称：正高

学　　历：大学本科

所在单位：兰州文理学院经管学院

通讯地址：兰州市城关区北面滩 400 号

成　　就：主编教材 2 部，主审管理学教材 1 部，参编教育类、心理类、管理类教材 8 部，字数累计近 125 万字；在《中国高等教育》《清华大学教育研究》《学术探索》《教育探索》《扬州大学学报》等中文核心期刊发表教育类、心理类、管理类学术论文 20 余篇；2007 年《物流管理教学改革方案》获甘肃联合大学教学成果一等奖；2008 年《高职高专大学生就业指导与创业教育的理论与实践研究》课题获甘肃省高等学校社科成果三等奖；2008 年《管理学原理》获校级精品课程；2009 年《教育学》获省级精品课程。

简　　介：1990 年至今任教于兰州文理学院。主要从事管理学、人力资源管理学等基础及相关学科的教学及研究工作。

0132 焦宪庆

性　　别：男

出生年月：1957-02-10

民　　族：汉族

政治面貌：党员

职　　称：正高

学　　历：大学本科

所在单位：兰州市第二十七中学

通讯地址：兰州市城关区火车站西路 615 号

成　　就：获第六届甘肃省基础教育科研优秀成果二等奖；获第八届甘肃省基础教育科研优秀成果二等奖（甘肃省教育厅）；被评为省级骨干、全国师德先进个人、省园丁、省特级教师、兰州市杰出校长、省优秀思想政治工作者、兰州市金城名校长、兰州市金城名师、中学正高级教师。课题《"以读促写，以写助读"提高学生的语文素质研究》获第七届甘肃省基础教育科研优秀成果三等奖（甘肃省教育厅）。担任省级以上评委 6 次；市级评委 18 次。2013 年 7 月被评为中学正高级教师。近年来在国家及省、市学术刊物发表教育教学论文 35 篇，多次荣获省、市基础教育科研优秀成果奖。

简　　介：毕业于西北师大中文系，本科学历。1981 年 9 月参加工作，现任兰州二十七中校长、书记。中学正高级教师、特级教师、省级骨干教师、市中学语文中心教研组成员。他长期深入教育教学一线，潜心教育教学管理和研究。

0133 闫丽娟

性　　别：女

出生年月：1962-10-09

民　　族：汉族

政治面貌：群众

职　　称：正高

学　　历：博士研究生

所在单位：兰州大学西北少数民族研究中心

通讯地址：兰州市嘉峪关西路 9 号兰州大学民族学研究院

成　　就：主持国家社科基金重点项目《新型城镇化进程中甘青人口较少民族村庄的成长、转型及前景问题研究》、国家社科基金项目《甘青人口较少民族聚居地区全面建设小康社会面临的问题及其对策研究》、教育部重点研究基地重大课题《民国时期西北少数民族社会变迁研究》和《现代化与小民族生活方式变迁研究——以甘青地区人口较少民族为例》等。出版著作《中国西北少数民族通史（民国卷）》《民国时期西北少数民族社会变迁及其问题研究》等，发表学术论文40余篇。《民国时期西北少数民族社会变迁及其问题研究》入选2011《国家哲学社会科学成果文库》，并获得甘肃省哲学社会科学优秀成果一等奖。

简　　介：1984年毕业于兰州大学历史系，获史学学士学位，同年留校任教。2003年获兰州大学民族学博士学位。主要从事近现代西北边疆民族、民族理论与民族问题、民族社会文化变迁的研究。

0134 王嘉瑞

性　　别：男

出生年月：1963-08-25

民　　族：汉族

政治面貌：党员

职　　称：正高

学　　历：大学本科

所在单位：兰州财经大学

通讯地址：兰州市段家滩496号

成　　就：主持（参与）的代表性课题《西部少数民族地区创新创业人才队伍建设研究》，国家社科基金，参与，在研，2013；《深入推进西部大开发研究——甘肃与毗邻地区协同发展的机制设计》，甘肃社科基金，在研，2010.9；《基于公关理论纵横延伸下甘肃品牌形象塑造方略研究》，甘肃社科基金，参与，2007.8 — 2009.4。已出版代表性专著、译著和编著有《新编公共关系学》，兰州大学出版社，2006年7月；《中国西部地区形象设计与塑造的应用研究》，甘肃人民出版社，2005年9月；《公共关系学》，经济科学出版社，2012年8月。获得的代表性奖励有公共危机管理协调联动机制与优化政府形象方略研究，甘肃省第十三届社会科学优秀成果二等奖，2013年3月；基于公关理论纵横延伸下甘肃品牌形象塑造方略研究，甘肃省第十二届社会科学优秀成果三等奖，2011年1月；促进甘肃非公有制经济健康发展的战略研究，甘肃省第十届社会科学优秀成果三等奖 2007年3月。

简　　介：现为兰州商学院长青学院经济贸易系主任，教授，硕士生导师。1988年毕业于西北农林科技大学农业经济管理专业，取得经济学学士学位。兼任甘肃省国土经济学会会员、甘肃省商业经济学会会员、甘肃省市场营销协会理事等社会职务。现从事的领域和方向为：产业经济学、西方经济学。

0135 马明贤

性　　别：男

出生年月：1965-12-02

民　　族：回族

政治面貌：群众

职　　称：正高

学　　历：博士研究生

所在单位：兰州大学法学院

通讯地址：兰州大学盘旋路校区齐云楼1709室

成　　就：近些年主持过教育部和国家社科基金项目，参与若干项省部级社科项目的研究工作，出版学术专著及参编教材4部，在国家权威和核心等学术期刊发表学术论文40余篇。长期以来，为法学院本科生讲授《法理学》及《外国法制史》等课程。为法学院硕士研究生开设《法理学专题》《比较法专题》等课程。

简　　介：硕士研究生导师，主要从事理论法学的教学与研究工作。就职至今，先后任法学院助教、讲师、副教授、教授。社会兼职：中国外国法制史学会理事、中国民族法学会理事、中国中东学会理事、教育部区域和国别研究培育基地宁夏大学阿拉伯研究中心兼职教授等。

0136　蒋俊生

性　　别：男

出生年月：1958-09-07

民　　族：汉族

政治面貌：党员

职　　称：正高

学　　历：大学本科

所在单位：兰州财经大学

通讯地址：兰州财经大学

成　　就：主持和参与省厅级课题7项。主编和参编教材4部。近年来在《兰州大学学报》《财会研究》《甘肃金融》《社科纵横》等刊物经表文论30余篇。获得甘肃省发改委、甘肃省财政系统、兰州商学院科研成果二等奖各1项。

0137　于金凤

性　　别：女

出生年月：1965-02-06

民　　族：汉族

政治面貌：党员

职　　称：正高

学　　历：硕士研究生

所在单位：中共兰州市委党校

通讯地址：甘肃省兰州市城关区火车站西路722号

成　　就：承担全国软科学成果应用转化1项；获得立项的国家社会科学基金项目1项；在国家级及国家权威级刊物上发表论文10余篇；省级刊物上发表论文20余篇；甘肃省哲学社会科学规划项目1项，甘肃省党校系统课题3项，市级项目5项；专著2本，合著3本；获全国党校系统优秀论文奖1项；甘肃省优秀社会科学成果三等奖1项；甘肃省党校系统优秀科研成果一等奖5项、二等奖2项；中国农业资源与区划学会论文二等奖1项；甘肃省行政学院系统教学成果一等奖和科研成果一等奖各1项，其他奖项多项。

简　　介：1985年7月参加工作至今一直在党校从事科研工作。

0138　刘志军

性　　别：女

出生年月：1972-09-27

民　　族：汉族

政治面貌：群众

职　　称：正高

学　　历：博士研究生

所在单位：兰州财经大学

通讯地址：兰州财经大学11号信箱

成　　就：金融学硕士研究生导师，主要研究方向为公司金融、证券投资。主要担任《公司金融》《证券投资学》《投资银行学》等课程的教学科研工作，近年来主持和参与省部级课题6项，公开发表学术论文10余篇，获得省级科研奖励多项。

0139　沙勇忠

性　　别：男

出生年月：1968-07-09

民　　族：汉族

政治面貌：党员
职　　称：正高
学　　历：博士研究生
所在单位：兰州大学管理学院
通讯地址：兰州市天水南路 222 号
成　　就：主要从事公共危机管理、信息管理、政府绩效管理的教学和科研工作，作为公共管理一级学科博士点和博士后流动站的学科带头人，在学科建设、科学研究、人才培养和服务社会等方面做了创新性的工作。从管理科学与信息科学交叉结合的角度研究公共危机管理，建立了梯队合理、与宾夕法尼亚州立大学有稳定学术合作的研究团队。2007 年以来连续主持 4 项国家自然科学基金项目，出版国内第一部学术专著《公共危机信息管理》，在国内外学术期刊发表论文 40 余篇，著作《应急管理实务：理念与策略指导》被甘肃省政府指定为"甘肃省应急管理从业人员培训教材"，《信息分析》入选"十二五"普通高等教育本科国家级规划教材。
简　　介：兰州大学管理学院教授，博士生导师（公共信息管理、政府绩效管理方向）。兼任公共危机信息管理研究所所长、兰州大学中国地方政府绩效评价中心（CCLGPE）副主任、兰州大学社会科学学术委员会委员和兰州大学图书馆馆长。

0140　王晓岚

性　　别：女
出生年月：1962-08-07
民　　族：汉族
政治面貌：党员
职　　称：正高
学　　历：大学本科
所在单位：甘肃省广播电影电视总台（集团）
通讯地址：甘肃省广播电影电视总台（集团）
成　　就：2010 年获"2009 中国创意 50 强"，中国创意传播国际论坛；2010 年获"2009 年度经典传播代理机构入围奖"，第五届中国品牌传播趋势论坛；2010 年 5 月电视公益广告《关爱孩子希望篇》获全国首届宣传片评比最佳作品奖，中国广播电视协会（国家级）；2011 年获"2010—2011 年度创新卫视推荐品牌贡献奖"，第三届（2011）中国品牌与传播大会；2012 年获"2011 中国责任传媒年度省级卫视"奖，首届中国传媒（北京）论坛；2012 年，公益片"小鸟篇"获甘肃广播影视奖，甘肃省广播电视协会（省级）；2011 年，获"全球广告周中国广告创新人物"；《国家经济发展战略与中国广告产业创新发展研究》：电视频道品牌化包装初探由厦门大学出版社出版。
简　　介：被评为甘肃省领军人才至今，分别在两个单位工作。2010 年 5 月前在甘肃日报社副总编辑岗位工作，分管总编室、机动新闻部，负责日常采访工作，也负责对每日报纸版面、稿件进行考评打分。按照要求组织一系列新闻战役，组建社会新闻部，较好地完成工作任务。自 2010 年 6 月起，被调至甘肃省广播电影电视总台副台长岗位工作，分管总台 6 套广播及 6 套电视频率的广告经营工作，分管甘肃广播电视报、甘肃音像出版社、甘肃省广电器材供应站、甘肃东方电视购物公司以及总台的产业发展工作。

0141　张永梅

性　　别：女
出生年月：1964-09-01
民　　族：汉族
政治面貌：党员
职　　称：正高
学　　历：硕士研究生
所在单位：兰州大学哲学社会学院

通讯地址：兰州市城关区天水南路 222 号兰大哲学社会学院

成　　就：研究领域：为社会政策、人口社会学。发表著作或论文：《城市流动人口的婚姻与家庭》，专著，甘肃人民出版社，2004 年 8 月；《社会学概论》，教材，兰州大学出版社，2007 年 11 月；《农民工身份的自我认同——以兰州市为例》发表于《南京人口干部管理学院学报》2008 年第六期；《论西部女性教育》发表于《南方人口》，2009 年 2 月；《地方政府间的竞赛：激励理论及其在改善环境卫生中的实践》发表于《公共管理评论》2010 年第 4 期；《中国西部女性教育问题》发表于《南方人口》2009 年第 2 期；《半工半农是农民家庭的最优选择吗？——对当代中国农民家庭生计的实证研究》发表于《兰州大学学报》2011 年第 2 期。

0142　高天宏

性　　别：男

出生年月：1968-10-07

民　　族：汉族

政治面貌：党员

职　　称：正高

学　　历：硕士研究生

所在单位：兰州财经大学长青学院会计系

通讯地址：兰州财经大学长青学院会计系

成　　就：第七届甘肃省社科类优秀成果二等奖；曾获新长征突击手和甘肃省优秀团干部称号；主持、参与省级项目 2 项；发表省级以上论文 30 余篇，C 刊 4 篇；主持、参与编写教材 7 部。

0143　朱福胜

性　　别：男

出生年月：1962-04-01

民　　族：汉族

政治面貌：党员

职　　称：正高

学　　历：大学本科

所在单位：兰州理工中专

通讯地址：兰州市小西湖东街 4 号

成　　就：所教育学生语文成绩总体提升。曾在全校组织主讲"《弟子规》的主旨与要义""《论语》的智慧""小'说'《红楼梦》"等讲座。曾参加编纂校本教材《润》《守望家园》。曾撰写并出版诗词歌赋作品集《藕心集》。

简　　介：1979.8 至 1981.7 在兰州师专中文系就读；1981.7 至 1993.1 在临夏州东乡师范任教；1993.1 至 2000.8 在兰州第十三中学任教；2000.8 迄今在兰州理工中专任教。

0144　周兰萍

性　　别：女

出生年月：1962-02-12

民　　族：汉族

政治面貌：党员

职　　称：正高

学　　历：大学本科

所在单位：兰州市七里河区教研室

通讯地址：兰州市七里河区西津东路 422 号

成　　就：曾获甘肃省"园丁"奖优秀教师、甘肃省骨干教师。

0145　陈秀花

性　　别：女

出生年月：1963-04-24

民　　族：汉族

政治面貌：党员

职　　称：正高

学　　历：大学本科

所在单位：兰州理工中专

通讯地址：兰州市小西湖东街4号

成　　就：1999年在《西北师大学报》社会科学版发表《女婢探析》；2000年在《跨世纪教育论丛（第五卷）》发表《扩充信息传承文明——信息时代教师自身充电的必要性》；2002年在中华教育书库系列丛书《二十一世纪教育文献》第七卷中发表《职业学校学生实习指导工作初探》；2014年编写完成《中职生礼仪案例集》校本教材。曾被评为兰州市教育局系统优秀共产党员荣誉称号；被评为学校优秀教师、师德标兵、优秀科研工作者荣誉称号。

简　　介：1984—1988年在西北师范大学历史系学习。1988年7月进入兰州文科职业学校工作至今。担任公共关系、服务礼仪、汽车销售礼仪、服务语言等公共课程。担任过办公自动化、商业经营、广告设计、旅游、等专业班主任工作15年。

0146 马志云

性　　别：男

出生年月：1963-03-05

民　　族：回族

政治面貌：群众

职　　称：正高

学　　历：大学本科

所在单位：兰州理工中专

通讯地址：兰州市小西湖东街4号

成　　就：1987年被青海果洛州教育局授予"支边"优秀青年称号；1988年获87—88年度优秀班主任；1989年担任的高二年级获"先进班集体"称号；1991年获90—91"优秀班主任"；1999年5月指导的学生参加全国青少年"世纪杯"征文获三等奖；1999年12月参加中国教育学会论文大赛，论文《素质教育的桥梁——教师》，获二等奖；2000年6月在《西北师大学报》社会科学版，发表《教学中要巧妙地渗透素质教育》的论文。2000年7月《浅谈作文实践》获兰州市教科所一等奖；2000年9月《浅谈作文实践——改进课堂作文教学的几点感受》获甘肃省教科所三等奖；2001年6月被兰州市职称改革小组聘请为第六届兰州市中学教师中级职务任职资格评审委员会委员，聘期两年。2010年12月甘肃省职业与成人教育协会授予"产教结合，校企合作"先进个人称号。

简　　介：自1985年参加工作，前后供职于青海省果洛州大武中学，1992年调入兰州市第十三中学，2000年并入兰州理工中专任教。并在2000年获得中学高级教师任职资格。

0147 王芳

性　　别：女

出生年月：1973-11-20

民　　族：汉族

政治面貌：党员

职　　称：正高

学　　历：大学本科

所在单位：兰州市西固区兰炼一中

通讯地址：兰州市西固区兰炼一中

成　　就：从教17年来，获得的荣誉有：兰州石化公司优秀教师、兰炼总校优秀共产党员、兰炼总校优秀教师、兰炼总校优秀班主任、优秀兰炼总校先进女工。在全国中学生语文能力竞赛中，指导的李爽、刘钘等同学获全国二、三等奖。被评为"中国梦·我心目中的好老师"征文大赛优秀指导教师。参加了兰州市教育科研"十一五"市级重点课题：《新课程背景下的文学社团研究》，参与市级课题《甘肃省非物质文化遗产》研究。论文《浅谈素质教育中如何做好后进生的转化提高工作》《浅谈高三阶段散文阅读备考》等发表于《中学课程资源》等。撰写的德育论文在校德育工作研讨会上获三等奖。

简　　介：1990年8月—1994年7月在成县师范就读；1994年8月—1998年6月在西北师大中文系汉语言文学专业就读；1998年7月至今在兰州市58中工作；1996年11月加入中国共产党。2009年12月被评为中学高级教师。

0148　李益军

性　　别：男

出生年月：1970-01-31

民　　族：汉族

政治面貌：党员

职　　称：正高

学　　历：大学本科

所在单位：兰州市第六十四中学

通讯地址：兰州市西固区合水北路299号

成　　就：所带班级成绩优秀，曾获高考兰州市所有学校第一名，本人曾被评为兰化公司十杰青年、标兵和多次先进、兰州市师德先进。

简　　介：1993年大学毕业，就业执教于兰化四中（后更名为兰州市第六十四中学）至今。2006年任校办副主任，2009年任校办主任，2013年任教务主任。

0149　辛奋

性　　别：男

出生年月：1963-06-24

民　　族：汉族

政治面貌：群众

职　　称：正高

学　　历：大学专科

所在单位：兰州市第五十九中学

通讯地址：兰州市第五十九中学

成　　就：高级教师，发表论文数篇。

0150　梁延红

性　　别：女

出生年月：1968-05-04

民　　族：汉族

政治面貌：群众

职　　称：正高

学　　历：大学本科

所在单位：兰州市第六十四中学

通讯地址：兰州市西固区合水北路299号

成　　就：参加工作23年，一直坚守在教育教学工作第一线，并长期担任班主任工作。由于自己的刻苦努力，工作成绩突出，赢得了学校、家长和社会的一致好评。本人所带英语学科成绩突出，所带毕业班在2003年、2004年和2005年三年中中考成绩优异，连续获得兰州市市级示范性中学第一或第二的好成绩。在2010届高考中，本人所带文科班获兰州市市级示范性中学文科第四，英语第二的好成绩。多次被评为石化公司优秀教师和优秀班主任。2013年被评为兰州市优秀教师。

简　　介：于1991年6月毕业于西北师范大学外语系英语专业。现为兰州六十四中英语教师。

0151　马晓晴

性　　别：女

出生年月：1968-07-29

民　　族：汉族

政治面貌：群众

职　　称：正高

学　　历：大学本科

所在单位：兰州五十八中

通讯地址：兰州市西固区兰炼一中

成　　就：1999年兰州市第六届教学新秀；1999年兰炼教培中心优秀班主任；2003年兰州市优质课评选一等奖；2003年《浅谈地

理教学中的漫画》获兰州市优秀教育论文二等奖；2004年《浅谈地理教学中的漫画》获兰州市优秀教育论文一等奖；2004—2006年编辑《名校精讲精练》（七年级、八年级上下册）甘肃教育出版社出版；2006年课题《初中地理新教材学习评价探索》获甘肃教育厅二等奖；2006年度兰炼中小学总校优秀班主任；2008—2010年编辑《集优方案》（七年级、八年级上下册）甘肃教育出版社出版 2009—2010年兰炼总校优秀教师；第一届、第五届"地球小博士"全国地理科技大赛获全国优秀指导教师一等奖及全国优秀科技辅导员。

简　　介：1991年毕业于西北师范大学地理系，理学学士，本科。现任兰炼一中地理教师，地理教研组长。1987—1991西北师范大学学习；1991—2002年兰炼一中初中地理教学、班主任；2002—2006年兰炼一中高中地理教学、班主任；2006年至今兰炼一中高中地理教学；2010年至今兰炼一中地理教研组长。

0152 胡仁房

性　　别：男
出生年月：1964-01-01
民　　族：汉族
政治面貌：党员
职　　称：正高
学　　历：大学本科
所在单位：兰州市第五十九中学
通讯地址：兰州市第五十九中学
成　　就：曾在《甘肃日报》《地火》《飞天》《中学语文教学参考》"红袖添香"文学网站发表文学作品100多篇（首）。多年从事高中语文教学工作，多次被评为兰炼总校及石化公司优秀教师。
简　　介：中学高级教师。中国音乐文学协会会员，中国音乐著作权协会会员，兰州作家协会会员。

0153 马振琴

性　　别：女
出生年月：1964-10-20
民　　族：汉族
政治面貌：群众
职　　称：正高
学　　历：大学本科
所在单位：兰州五十八中
通讯地址：兰州市西固区兰炼一中
成　　就：2002年兰炼双文明建功立业标兵。2003年度2004年度兰炼总厂劳动模范称号。2006年、2007年、2008年，石化公司优秀教师。2009年兰州市中小学优秀班主任。2010年、2011年、2013年石化公司优秀教师。2007年、2008年、2009年、2010年、2011年、2012年度三八妇女节优秀女教工称号。2002年、2003年、2004年、2005年、2006年、2007年、2008年、2009年、2010年兰炼一中优秀班主任称号。
简　　介：1984年—1988年南京师范大学就学；1988年至今在兰炼一中任教。

0154 冯乐梅

性　　别：女
出生年月：1971-02-17
民　　族：汉族
政治面貌：党员
职　　称：正高
学　　历：大学本科
所在单位：兰州市第六十中学
通讯地址：兰州市西固区玉门街602号
成　　就：《提高学生英语口语能力的途径》等五篇论文发表于《甘肃日报》《中小学课程教材》《甘肃教育》《兰州教育》《西北师大学报》。获全国教学比武第三名，评为兰州市"青年岗位能手"、全国中小学"优秀英语教师"。

简　　介：1988年9月至1992年7月在西北师大英语系就读。2002年9月至至2005年7月攻读西北师大在职硕士学位。1992年7月至今在兰州市第六十中学（兰炼三中）任教。1997年加入中国共产党。毕业于西北师大外语系，教育硕士。曾被评为甘肃省省级骨干教师。任教研室主任，兰炼总校中心教研组教研员。

0155　梁志浩

性　　别：男
出生年月：1965-02-15
民　　族：汉族
政治面貌：党员
职　　称：正高
学　　历：大学本科
所在单位：兰州五十八中
通讯地址：兰州市西固区兰炼一中
成　　就：荣获"兰州市优秀教练员"、兰炼总厂"岗位技术能手"、兰州石化公司"优秀教师"称号，多次被评为兰炼总校"教育教学积极分子""优秀教师""兰炼总校优秀党员""兰炼总校优秀党务工作者"。所撰写的《课程改革的基本理念与任务》《德育教育在体育教学中的渗透》等10余篇论文发表在甘肃日报和国家级刊物，并获"全国性教科成果"一等奖。
简　　介：1984.09—1988.07西北师范大学体育系上学。1988.07—1996.08中石化销售公司兰州石油职工中专任教。1996.08—2003.02兰炼一中任教。2003.02—2004.08兰炼一中任政教处副主任。2004.08—2010.07兰炼一中任办公室副主任。2010.07—2014.08，兰炼一中任政教处主任。2014.08至今，兰炼一中任办公室主任。

0156　刘小燕

性　　别：女
出生年月：1965-10-19
民　　族：汉族
政治面貌：党员
职　　称：正高
学　　历：大学本科
所在单位：兰州五十八中
通讯地址：兰州市西固区兰炼一中
成　　就：2001年获"兰州市优秀教师"；2002年获兰州市"市级骨干教师"；2009年获兰炼总校"优秀党员"（师德先进）；2010年获兰炼总校"优秀党员"（师德先进）；2011年获兰炼总校"优秀党员"（师德先进）；2014年7月获兰炼总校"优秀党员"（师德先进）；2009年获兰州石化公司"优秀教师"；2011年获兰州石化公司"优秀教师"；2012年获兰州石化公司"优秀教师"；2014年获兰州石化公司"优秀教师"。
简　　介：1988年7月—西北师范大学汉语言文学专业，本科毕业；1988年7月—2001年7月任兰炼一中语文教师、班主任、年级主任；2001年7月—2014年7月任兰炼一中语文教师、教导处副主任、教导处主任；2014年7月—至今任兰炼一中校长助理。

0157　陈辉

性　　别：女
出生年月：1968-10-01
民　　族：汉族
政治面貌：群众
职　　称：正高
学　　历：大学本科
所在单位：兰州市第五十九中学
通讯地址：兰州市第五十九中学
成　　就：从事教学工作以来，多次荣获奖励，1994年获得"兰州市教学新秀"，2007

年获得"兰州市优秀教师称号",连续多年荣获"兰炼总校优秀教师""优秀班主任"。一直担任高中语文教学工作几十年,多次获得兰炼总校优秀教师,优秀班主任,2007年获得"兰州市优秀教师称号"。

简　　介:1991年毕业于陕西师范大学中文系,20多年来一直从事中学语文教学工作,连续多年担任班主任。

0158 高克信

性　　别:男
出生年月:1972-05-14
民　　族:汉族
政治面貌:党员
职　　称:正高
学　　历:大学本科
所在单位:兰州六中
通讯地址:西固区兰州市第六中学
成　　就:1999年与人合编《高中总复习考试教程(政治)》;《浅谈城市学生心理承受能力的培养》2002年获五十城市德育论文研讨二等奖;2005年获国家三级心理咨询师资格;2013年《记忆方法的介绍及应用》获教育局校本课程三等奖;《中学生心理问题加重的原因》获省教科所心理论文二等奖。
简　　介:1995年7月毕业于西北师范大学政法系,同年7月在兰州六中参加工作至今。

0159 米小玲

性　　别:女
出生年月:1965-01-26
民　　族:汉族
政治面貌:群众
职　　称:正高
学　　历:大学本科
所在单位:兰州市商贸职业学校
通讯地址:兰州市西固区山丹街138号

成　　就:2002年被评为校级优秀教师;2004年被评为校级优秀教师;2005年被评校级优秀教师;2006年被评为校级优秀教师;2007年被评为校级优秀班主任;2007年被评为兰州市教育局系统优秀班主任;2008年被评为校级优秀教师;2011年被评为校级先进教育工作者;2012年被评为校级先进教育工作者。
简　　介:1983年9月—1987年6月在西北师范大学学习;1987年7月—1990年7月在兰州市三十六中学工作;1990年8月—1995年7月在兰州市十五中学工作。

0160 杨慧

性　　别:女
出生年月:1968-07-24
民　　族:汉族
政治面貌:群众
职　　称:正高
学　　历:大学本科
所在单位:兰州市西固区兰炼一中
通讯地址:兰州市西固区兰炼一中
成　　就:1997年取得中学一级教师资格。2004年12月取得中学高级教师任职资格。期间多次获得先进个人、优秀班主任称号。2003年高考文科英语成绩在兰州市名列第二,2003年高考所带文科班学生颜维虹名列甘肃省第6名,所教学生多次获得全国中学生英语能力竞赛一、二、三等奖,会考成绩多次名列同类学校第一、二名。在中国教育报、中国石化教育、西北师大学报上发表多篇文章。任英语教研组组长期间多次组织英语教科研活动促进了学校英语教学的传帮带,极大地提高了全体英语教师的全面发展。
简　　介:1991年毕业于陕西师范大学外语系英语专业,同年7月在兰炼一中任英语教师至今。

0161 李晶

性　　别：男
出生年月：1965-08-26
民　　族：汉族
政治面貌：群众
职　　称：正高
学　　历：大学本科
所在单位：兰州市第五十九中学
通讯地址：兰州市第五十九中学
成　　就：高级教师，敢于创新，所带成绩名列前茅。

0162 詹玉瑞

性　　别：男
出生年月：1963-08-11
民　　族：汉族
政治面貌：群众
职　　称：正高
学　　历：大学本科
所在单位：兰州市第六十四中学
通讯地址：兰州市西固区合水北路299号
成　　就：2005年所带班级中考语文成绩优异，平均成绩兰州市市级示范校第三名。发表的论文有《新课程教育教学实践活动的反思》《构建高效课堂优质课堂浅谈》《诗歌教学三法》；2013年，参与的市级课题《初中语文课堂教学落实过程性目标的实践研究》结题。2014年获兰州石化公司先进教师。
简　　介：1984年至1988年就读于南京师范大学中文系。1988年至今在兰州市六十四中学从事教学工作。

0163 陈正桃

性　　别：女
出生年月：1964-08-13
民　　族：汉族
政治面貌：民主党派
职　　称：正高
学　　历：硕士研究生
所在单位：兰州五十八中
通讯地址：兰州市西固区兰炼一中
简　　介：1972年1月—1978年1月在临洮县三十铺小学读书；1978年2月—1984年7月在临洮县窑店中学读书；1984年9月—1988年7月在西北师范大学历史系学习，获得历史学学士学位；2004年1月—2006年12月在西北师范大学完成教育硕士的学习，获得教育硕士学位。1988年至今在兰炼一中担任历史教学。

0164 丁建伟

性　　别：男
出生年月：1969-07-16
民　　族：汉族
政治面貌：群众
职　　称：正高
学　　历：大学本科
所在单位：兰州市第六十中学
通讯地址：兰州市西固区玉门街602号
成　　就：长期从事中学语文教学工作。曾被评为兰州市优秀教师。
简　　介：1988年9月至1992年7月在西北师大中文系就读。1992年7月至今在兰炼三中任教。

0165 徐晓燕

性　　别：女
出生年月：1974-06-20
民　　族：汉族
政治面貌：群众
职　　称：正高
学　　历：大学本科
所在单位：兰州五十八中
通讯地址：兰州市西固区兰炼一中

成　　就：兰州市市级骨干教师；兰州市第八届教学新秀；2007年被兰州市市委、市政府授予"兰州市优秀教师"，2014年被聘为"兰州市教师资格专家评审委员会评委"；新课程培训"优秀指导教师"；西北师大大学生教育实习"优秀指导教师"。曾多次被评为"兰州石化公司优秀班主任""兰炼总校优秀教师"，"兰炼总校三八节先进女工""兰炼总校教科研先进个人""兰炼一中优秀班主任""兰炼一中五佳青年"；2012年7月赴临夏县中学参加教育教学系列讲座交流活动，所做的讲座《新课改下的高中英语教学与教研》受到一致好评；撰写的论文《巧换词序，化难为易》发表于《甘肃教育》（2007，10）；《立足高考，谈高中生书面表达能力的培养》发表于《中国素质教育研究》（2007，7），《从观摩课看高中英语课堂教学中的预设与生成问题》发表于《新课程》（2012，7），撰写的德育论文，多次在兰炼一中德育论文研讨会上被评为一等奖。

简　　介：1993.9—1997.6就读于西北师范大学外语系英语语言文学专业；1997.7—2001.6担任兰炼一中初中英语教师；2001.7—至今担任兰炼一中高中英语教师。

0166　胡天泰

性　　别：男
出生年月：1963-04-14
民　　族：汉族
政治面貌：党员
职　　称：正高
学　　历：大学本科
所在单位：兰州市商贸职业学校
通讯地址：兰州市山丹街138号
成　　就：多次被评为西固区、兰州市人防教育"先进个人"；1993被评为兰州市人防教育"先进个人"；多次被评为学校"优秀班主任"；1997年所带班获学校"优秀班集体"称号；1999年被评为学校"优秀教师"；2005年被评为兰州市"职业技能鉴定工作先进个人"；2010年获学校"优秀教育工作者"称号；2013年获学校"优秀教育工作者"称号。

简　　介：1981年至1985年在西北师范大学化学系学习；1985年至今在兰州市商贸职业学校（原兰州市第十五中学）工作。

0167　王蘅

性　　别：女
出生年月：1968-02-19
民　　族：汉族
政治面貌：群众
职　　称：正高
学　　历：大学本科
所在单位：兰州市商贸职业学校
通讯地址：兰州市西固区山丹街138号
成　　就：2000年—2009年连续9年获校级优秀班主任，多次获校级优秀教师；2004年获兰州市第二届现代教育技术课堂教学比赛三等奖；2005年获兰州市教育局系统"优秀教师"；2009年获兰州市教育局系统"优秀教师"；2007年获兰州市第二届百所中学中小学自编操优秀指导教师；2011年获兰州市级中小学骨干教师；2012年获肯德基全国青少年校园健身操大赛兰州赛区优秀指导教师奖；2013年获肯德基全国青少年校园健身操大赛兰州赛区优秀指导教师奖。

简　　介：1992年9月—1995年5月西北师范；1988年7月—1989年5月兰州盲聋哑学校；1989年6月—1997年4月兰州旅游学校；1997年5月—至今兰州商贸职业学校。

0168 范琳

性　　别：女
出生年月：1969-03-03
民　　族：汉族
政治面貌：党员
职　　称：正高
学　　历：大学本科
所在单位：兰州市第六中学
通讯地址：西固区合水路180号
成　　就：1991年在兰州电机集团有限责任公司教学观摩课中获得一等奖；2000—2001学年获得兰州电机集团有限责任公司"优秀教师"；2000年度评委兰州电机集团有限责任公司"先进工作者"；2001年获得兰州市教育局市级骨干教师；2005年获得兰州市教育局优秀共产党员；2006年获得兰州市教育局，兰州日报社优秀辅导教师奖；2008年高考语文成绩获得兰州市市级示范学校第六名。
简　　介：毕业于西北师范大学汉语言文学专业，1991年8月参加工作，中学语文高级教师，多年来一直承担高中语文教学工作和班主任工作。

0169 李佩莉

性　　别：女
出生年月：1969-11-18
民　　族：汉族
政治面貌：民主党派
职　　称：正高
学　　历：大学本科
所在单位：兰州市六十三中
通讯地址：兰州市西固区福利西路334号
成　　就：所带9名学生获得全国中学生英语能力竞赛全国组一、二等奖。多次获得园丁奖，优秀教师，优秀班主任称号。2002年在西北师大学报发表2篇论文。2010年在甘肃教育督导发表论文《破窗理论与班集体建设管理》。2012年在教育学发表《构建高中英语新课程下的师生关系》，获得教科所优秀论文二等奖。
简　　介：1991年毕业于西北师范大学外语系，2006年获得教育硕士学位；2010年参加西部项目在英国里丁大学学习；至今从事高中英语教学和班主任工作24年。

0170 周宁生

性　　别：男
出生年月：1966-11-06
民　　族：汉族
政治面貌：党员
职　　称：正高
学　　历：大学本科
所在单位：兰州市第五十九中学
通讯地址：兰州市第五十九中学
成　　就：工作踏实，能在教师中起模范带头作用。
简　　介：高级教师。

0171 曹正汉

性　　别：男
出生年月：1969-09-02
民　　族：汉族
政治面貌：党员
职　　称：正高
学　　历：大学本科
所在单位：兰州市第六十中学
通讯地址：兰州市西固区玉门街602号
成　　就：2009年被评为兰州市教育系统"师德先进个人"，2011年被评为"兰州市骨干教师"，多次荣获"兰州石化公司先进教师""兰州石化公司优秀班主任"和"兰炼总校优秀共产党员"等称号。
简　　介：1990年9月至1994年7月在西

北师大历史系就读；1994年7月至今在兰州市第六十中学（兰炼三中）任教；教育硕士，中学历史高级教师。任学校工会主席、历史教研组组长。

0172 王利

性　　别：女
出生年月：1970-07-05
民　　族：汉族
政治面貌：民主党派
职　　称：正高
学　　历：大学本科
所在单位：兰州市第六十中学
通讯地址：兰州市西固区玉门街602号
成　　就：高级教师，长期从事中学英语教学工作，有多篇论文发表于各级刊物。其中《利用词汇教学策略，扩展学生词汇量》发表于《高考》。
简　　介：1999年9月至至2002年7月参加中央电大的函授学习；1992年7月至今在兰州市第六十中学（兰炼三中）任教。

0173 马彦瑞

性　　别：男
出生年月：1971-10-22
民　　族：回族
政治面貌：党员
职　　称：正高
学　　历：大学本科
所在单位：兰州五十八中
通讯地址：兰州市西固区兰炼一中
成　　就：任甘肃省历史教育专业委员会第六届理事会常务理事。2011年6月被兰州市教育局聘为"一体化办学"试点工作"兰炼总校—82中集团化办学"管理委员会委员。曾获全国优秀教研员、兰州市第六届教学新秀、兰州市第一届教学能手、兰州市少先队手抄报优秀组织奖。多次荣获兰州石化公司、兰炼总校优秀教师、优秀教育工作者和优秀共产党员、师德先进个人称号。论文《回族在中国抗日战争中的贡献》发表在省级刊物《回族研究》和国家级报刊《中国民族报》。《积极行动，推进课改》发表在省部级刊物《中国石油教育》。课题《从家庭生活的变迁看改革开放以来的成就》获省教科所一等奖。
简　　介：1989.09—1993.07在陕西师范大学历史教育专业读本科；1993.07—2004.08在兰炼一中任教，并担任教研室主任；2004.08—2013.08，在兰炼总校任教务科科长兼兰炼一中政教处主任；2013.08—2014.05，在兰炼总校任校长助理、教务科科长兼兰炼一中政教处主任；2014.05至今，在兰炼一中任校长助理、兰炼一中附属初中校长。

0174 张雅兰

性　　别：女
出生年月：1961-05-09
民　　族：汉族
政治面貌：群众
职　　称：正高
学　　历：大学专科
所在单位：兰州市第五十九中学
通讯地址：兰州市第五十九中学
成　　就：工作兢兢业业，受到家长和老师的好评。

0175 李明昉

性　　别：女
出生年月：1975-04-07
民　　族：汉族
政治面貌：党员
职　　称：正高

学　　历：大学本科
所在单位：兰州市西固区兰炼一中
通讯地址：兰州市西固区兰炼一中
成　　就：论文《浅谈班级日常管理》《高中散文阅读理解》《高中写作指导》发表并分获优秀论文一等奖；参加了"学校教育传承民族文化的有效途径研究""新课程背景下的文学社团研究"两项课题研究；获兰州市说课比赛三等奖。2008年指导学生参加全国中学生语文能力竞赛，获优秀指导教师奖；2009年至今指导学生参加全国作文大赛，有20多人分别获得一、二等奖，本人多次获优秀指导奖；组织学生参加兰州市现场作文大赛，有五人分获二、三等奖。2002、2003、2004年获得兰炼总校"优秀班主任"称号；2005、2007年获得兰炼一中"优秀年级组长"称号；2005、2006、2011年获石化公司"优秀教师"称号。2008年至今所带的四届毕业生在会考、高考中名列省级示范性高中前三名。
简　　介：1999年7月毕业于西北师范大学中文系，自此至今一直在兰炼一中从事教学工作。

0176　余聆

性　　别：女
出生年月：1969-03-02
民　　族：汉族
政治面貌：群众
职　　称：正高
学　　历：大学本科
所在单位：兰州市第六十四中学
通讯地址：兰州市西固区合水北路299号
成　　就：兰州市骨干教师、2013年兰州市级优秀班主任、兰化公司女工标兵、兰化总校标兵。多次荣获总校优秀教师、优秀班主任、师德先进、转化后进生先进。所带三个徒弟马成芳获兰州市级教学新秀，解雯获总校级教学能手，樊璐也取得了巨大进步。担任班主任工作21年。
简　　介：1987年至1991年在西北师范大学外语系就读；1991年至今在兰州六十四中工作；一直担任英语教师及班主任工作。

0177　史志春

性　　别：女
出生年月：1965-04-01
民　　族：汉族
政治面貌：党员
职　　称：正高
学　　历：大学本科
所在单位：兰州市第五十九中学
通讯地址：兰州市第五十九中学
成　　就：撰写了上百篇教育随笔或论文，发表及获奖论文有10多篇，主持并通过了3项课题。担任班主任工作，带出了10届高三毕业班，并一直担任两个班高三语文教学工作，所带班级语文考试平均分数始终高出省均分10分以上，曾带出2006届学生语文平均分高出省均分18.3分，名列全省第一。长期担任指导教师，为学校培养近10位优秀的青年教师，多次获得石化公司、兰炼总校优秀教师、优秀共产党员称号，获甘肃省学科教学专家、兰州市2013年"师德先进个人""兰州市骨干教师""兰炼总校首届名师""2014年甘肃省十二五课题规划评审专家"。
简　　介：在任教期间，语文教学风格幽默犀利、感悟敏锐而深刻，教学语言流畅优美，以积极的态度品读语文，以饱满的热情感染学生，被历届学生称为"人生导师"。

0178　王颖

性　　别：女

出生年月：1977-10-18

民　　族：汉族

政治面貌：党员

职　　称：正高

学　　历：硕士研究生

所在单位：兰州五十八中

通讯地址：兰州市西固区兰炼一中

成　　就：本人自任教以来多次被评为石化公司优秀教师、总校优秀党员、总校优秀女教工、学校优秀班主任，五佳青年。撰写《实施综合性学习应注意的几个方面》等6篇论文，发表于多家刊物并多次获得市级以上奖项。参与课题《新课程背景下的校园文学社团研究》荣获甘肃省第九届基础教育科研优秀成果二等奖。参与课题《学校教育传承民族文化的有效途径研究》经专家评审，通过鉴定。参与编写校本教材《非物质文化遗产研究》。个人课题《通过名著导读教学提高学生的审美与探究能力的研究》在兰州市教育科学规划"个人课题"中立项。参加国家、省、市、总校、校级各类比赛，均获得较好名次，指导学生参加各级各类比赛，也均获得较好名次。

简　　介：1996—2000年就读于西北师范大学中文系，获得文学学士学位；2003—2006年就读于西北师范大学中文系，获得教育硕士学位；2000—2009年从事初中语文教学及班主任工作，曾担任语文教研组组长及备课组组长、《憩园》文学社副主编、党小组长、年级宣传员等职；2009年至今从事高中语文教学及班主任工作，担任《憩园》文学社副主编、党小组宣传委员及年级宣传员等职。

0179　刘卫

性　　别：男

出生年月：1966-12-11

民　　族：汉族

政治面貌：党员

职　　称：正高

学　　历：大学本科

所在单位：兰州市第五十九中学

通讯地址：兰州市第五十九中学

成　　就：高级教师，工作敬业，甘于奉献。

0180　朱洁萍

性　　别：女

出生年月：1965-11-28

民　　族：汉族

政治面貌：党员

职　　称：正高

学　　历：硕士研究生

所在单位：兰州五十八中

通讯地址：兰州五十八中

成　　就：曾两次荣获兰炼总校"岗位能手"称号，获总厂级女工标兵，被评为甘肃省首届教育教学能手，2008年评为兰州市骨干教师，曾获市级优秀班主任称号。在教学之余发表论文有《中学语文课堂提问艺术刍议》《中学语文审美教学浅议》《谈高三语文教学中如何立足课文创新复习》《谈高中语文研究性学习》《谈伏羲祭祀的文化价值》等。在历届会考和高考中均取得优异成绩。

简　　介：1986年毕业于西北师范大学中文系；2004年获西北师范大学教育硕士学位；中学语文高级教师。

0181　徐自梅

性　　别：女

出生年月：1954-01-13

民　　族：汉族

政治面貌：党员

职　　称：正高

学　　历：大学专科

所在单位：兰州市第二十一中学

通讯地址：兰州市西固东路 161 号
成　　就：1975 年获西固区优秀教师。1987 年获兰州市优秀教师称号。1989 年获兰州市优秀教师称号。2001 年被评为兰州市中小学市级骨干教师。
简　　介：1972 年 8 月至 1974 年 7 月在兰州师范上学；1974 年 8 月至 1991 年 7 月在东川中学任教；1991 年 8 月至 2009 年 7 月在兰州二十一中学教师；2009 年 8 月退休。

0182 王继燕
性　　别：女
出生年月：1973-01-13
民　　族：汉族
政治面貌：党员
职　　称：正高
学　　历：大学本科
所在单位：兰州市第六十中学
通讯地址：兰州市西固区玉门街 602 号
成　　就：教育硕士，中学高级教师，区级骨干教师，兰炼总校中心教研组教研员，兰炼总校名师工作室成员。《创新教育在英语教学中的运用》等 5 篇论文发表于《甘肃教育督导》《中学教学参考》《语数外学习》《中小学教育》《新课程》。辅导的多名学生在全国英语能力竞赛中获二、三等奖。获"岗位技术能手"及"兰州石化公司优秀教师称号"。
简　　介：1991 年 9 月至 1995 年 7 月在陕西师范大学心理系就读；1995 年 7 月至今在兰炼三中任教。

0183 霍庆堂
性　　别：男
出生年月：1965-03-18
民　　族：汉族
政治面貌：党员
职　　称：正高
学　　历：大学本科
所在单位：兰州市第六十中学
通讯地址：兰州市西固区玉门街 602 号
成　　就：高级教师，学校政教处主任。曾多次被评为学校优秀教师。
简　　介：1984 年 9 月至 1988 年 7 月在中央电大教育管理系学习；1988 年 7 月至 1992 年 7 月在兰炼农场中学任教；1992 年 7 月至今在兰州市第六十中学（兰炼三中）任教；2010 年加入中国共产党。

0184 郑璞
性　　别：女
出生年月：1964-12-14
民　　族：汉族
政治面貌：群众
职　　称：正高
学　　历：大学本科
所在单位：兰州市第五十九中学
通讯地址：兰州市第五十九中学
简　　介：1984 年至 1988 年陕西年陕西师范大学学习；1988 年 8 月至今兰州市第 59 中学工作。

0185 潘诚
性　　别：男
出生年月：1962-06-26
民　　族：汉族
政治面貌：群众
职　　称：正高
学　　历：大学本科
所在单位：兰州市第六中学
通讯地址：兰州市西固区合水路 185 号
成　　就：从 1987 年参加工作以来，本人连续担任高中年级历史教学任务，所带学科在历年高考中都高于兰州市平均分，1997 年、

2006 年会考成绩位于兰州市第一名、第二名，2006 年文综兰州市第一名，2005 年文综第三名，2007 年第四名。2011 年在《中学历史教学参考》发表了《历史教学中后进生的实践性认识》《咬定青山不放松，只缘心在此园中》。2007 年获兰州市教育局优秀班主任荣誉称号，2012 年获兰州市教育局优秀教师称号。

简　　介：1987 年 7 月毕业于西北师范学院，于本年分配到兰州市第六中学工作，长期担任高中历史课教学任务，1993 年担任历史地理教研组组长，2006 年担任高一年级组组长至今。

0186　任玉琳

性　　别：女
出生年月：1966-02-19
民　　族：汉族
政治面貌：群众
职　　称：正高
学　　历：大学本科
所在单位：兰州市第六中学
通讯地址：兰州市西固区合水路 178 号
成　　就：自 1996 年以来连续担任班主任工作，被多次评为校级优秀班主任和优秀教师。在工作中，热心向同行学习，不断成长，不断进步，教育教学水平不断提高并得到广泛认可。2012 年，被选为西固区人大代表。2010 年—2014 年连续被评为校级优秀班主任；2014 年 9 月被评为兰化总校优秀班主任。

简　　介：1989 年 7 月毕业于陕西师范大学；1989.07—1990.11 在宁夏回族自治区永宁县教师进修学校任教；1990 年 12 月至今在兰州六中任教。

0187　强海荣

性　　别：女
出生年月：1976-03-07
民　　族：回族
政治面貌：民主党派
职　　称：正高
学　　历：硕士研究生
所在单位：兰州市第五十九中学
通讯地址：兰州市第五十九中学
成　　就：曾被评为兰州市第八届教学新秀、兰州市市级骨干教师、兰州石化十佳青年、兰州石化公司优秀教师、优秀班主任。所带学生在历届高考中成绩斐然。著有 6 篇省级刊物发表的论文，作为第一参编人编写专著《高效课堂行与思》被光明日报出版社出版，参与两项省级课题，均已通过鉴定。

简　　介：1998 年毕业于西北师范大学，就业于兰炼二中至今。

0188　徐优文

性　　别：男
出生年月：1962-01-17
民　　族：汉族
政治面貌：民主党派
职　　称：正高
学　　历：大学本科
所在单位：兰州市第二十一中学
通讯地址：兰州市第二十一中学
成　　就：1995 年获得甘肃省园丁奖，1987、1989、1994、2007 年被兰州市委、市政府评为兰州市优秀教师，2004、2006、2008 年被西固区委、区政府评为西固区优秀教育工作者，2006 年获得兰州市百所示范性、标准化初中建设先进个人荣誉称号。在新课程改革中，能积极参与课改，注重对青年教师的指导和培养。独自撰写的《素质教育》一文发表于《西北成人教育学报》，并撰写了许多专业方向的论文，在许多刊物和论文研讨会上发表和交流。

简　　介：1979 年毕业于兰化一中；1980 年考入甘肃省庆阳师范专科学校生物系，1982 年参加工作；1982.07—1995.10 在西固区教育局所属的新城中学任教；1995.10—2001.09 任兰州市二十三中校长；2001.09—2002.11 任兰州市西固区教育局副局长兼兰州二十三中校长；2002.10—现在任兰州市西固区人大副主任兼兰州二十一中校长；同时为农工党省委会委员、政协兰州市第 11 届常委、农工党兰州市副主委。

0189　王军纲

性　　别：男
出生年月：1970-10-13
民　　族：回族
政治面貌：党员
职　　称：正高
学　　历：大学本科
所在单位：兰州市第六十中学
通讯地址：兰州市西固区玉门街 602 号
成　　就：1991 年加入中国共产党。高级教师，学校教导处主任。2014 年获兰州石化公司先进个人，兰炼三中优秀党员。
简　　介：1988 年 9 月至 1992 年 7 月在陕西师大中文系就读；1992 年 7 月至今在兰州市第六十中学（兰炼三中）任教。

0190　张秀梅

性　　别：女
出生年月：1971-12-22
民　　族：汉族
政治面貌：群众
职　　称：正高
学　　历：大学本科
所在单位：兰州五十八中
通讯地址：兰州市西固区兰炼一中
成　　就：论文《课题研究的反思》发表于《中华新书目》2012.7；《新课程背景下历史复习的探索》发表于《华章》2012.8；《课题研究的意义》发表于《才智》2012.6；《游牧文明的遗存》发表于《中学历史导刊》2014.12；《保安腰刀调查》发表于《中学新课程教学研究》2014.10；2010 年主持的市级规划课题《以高一研究性学习为例探讨新课改思路》通过鉴定；2012 年主持的市级课题《新课程背景下高三历史复习探究》通过兰州市鉴定，并被评为兰州市教育局三等奖；2012 参与全国教育科学"十二五"规划教育部重点课题《非物质文化遗产校园传承研究》的子课题。2012 年参与编写《甘肃非物质文化遗产》（甘肃民族出版社）。
简　　介：1995 年毕业于北京师范大学历史系，获得历史学士（最高学历）。同年分配至兰炼一中担任历史教师，现为兰炼一中历史高级教师，担任历史教学（1995 年至今）、班主任、历史教研组长（2004—2014）等工作。区级骨干，多年担任高三毕业班教学工作，取得非常好的成绩。2008 年和 2014 年担任甘肃省高考历史评卷质量组专家，撰写高考质量报告，并做了两场高考复习策略报告。有多次送教下乡经历。

0191　陈樟

性　　别：女
出生年月：1967-07-30
民　　族：汉族
政治面貌：群众
职　　称：正高
学　　历：大学本科
所在单位：兰州市第六十四中学
通讯地址：兰州市西固区合水北路 299 号

0192　王琳

性　　别：女

出生年月：1971-10-03
民　　族：汉族
政治面貌：党员
职　　称：正高
学　　历：大学本科
所在单位：兰州市第六十中学
通讯地址：兰州市西固区玉门街 602 号
成　　就：高级教师。任学校政教处副主任。曾多次被评为学校优秀教师。
简　　介：1989 年 9 月至 1993 年 7 月在西北师大电教系就读；1993 年 7 月至今在兰州市第六十中学（兰炼三中）任教；2005 年加入中国共产党。

0193　秦临娟

性　　别：女
出生年月：1971-12-06
民　　族：汉族
政治面貌：党员
职　　称：正高
学　　历：大学本科
所在单位：兰州五十八中
通讯地址：兰州市西固区兰炼一中
成　　就：2009 年荣获兰州市教育局系统"优秀教师"；多次荣获兰州石化公司"优秀教师"及"优秀班主任"称号；多次被兰炼总校授予"优秀党员"称号；2009、2011 年被兰炼总校授予"优秀女工"称号；2012、2013 年被兰炼总校授予"女标兵"称号；多次被兰炼一中授予"优秀班主任"称号；撰写的德育论文多次在学校德育工作研讨会的案例评比中获得一等奖或二等奖或特等奖；2011 年获纪念建党九十周年青春之歌演讲比赛优秀指导教师奖；2011 年在参加党的阳光下成长——兰州市少年儿童第十九届现场作文赛中被评为优秀辅导奖；在第十一届、十二届、十三届、十四届、十五届新世纪杯全国中学生作文大赛中荣获作文指导二等奖和三等奖；指导学生的研究性课题在学校研究性学习成果展示中多次荣获二等奖、三等奖、优秀奖。
简　　介：自 1995 年大学毕业后一直执教于兰州五十八中。多年来一直承担高中语文教学工作和班主任工作，数十年如一日，踏踏实实做人，认认真真工作。

0194　何桂香

性　　别：女
出生年月：1967-06-04
民　　族：汉族
政治面貌：群众
职　　称：正高
学　　历：大学本科
所在单位：兰州市第六十四中学
通讯地址：兰州市西固区合水北路 299 号
成　　就：教学成绩显著，曾两次被确定为兰州市中学区级骨干教师。所带的 2004 届文科班高考成绩在兰州市市级示范校中名列第一。2005 届及 2006 届理科班高考成绩在兰州市市级示范校中名列第二、第三，2009 届高三文科班的高考成绩 94 分。2011 届、2012 届及 2014 届的高考成绩均在同学科中名列前茅。多年来所辅导学生在全国英语大赛中屡屡获奖，22 名学生在全国中学生高中英语能力竞赛中曾获得全国一、二、三等奖。近几年来连年荣获：2006 年、2009 年兰州石化公司优秀教师、2008 年兰州石化公司优秀班主任、2010 年、2012 年兰化总校优秀教师，2014 年兰州石化公司优秀教师标兵。
简　　介：1991 年 6 月毕业于南京师范大学英语专业；1991 年 7 月至今任职于兰州六十四中；现担任高中英语教学工作及班主任教育工作。

0195 王玉

性　　别：男
出生年月：1977-08-18
民　　族：汉族
政治面貌：党员
职　　称：正高
学　　历：大学本科
所在单位：兰州五十八中
通讯地址：兰州市西固区兰炼一中
成　　就：2002年获兰州市第三届现代教育技术课堂教学比赛一等奖；2003年获兰炼总厂第十八届技术比武能手；2009年被评为兰州市优秀团干部；多次荣获兰州石化公司、兰炼总校"优秀教师""优秀党员"称号。
简　　介：1996年7月—2000年7月，在西北师范大学中文系学习；2000年7月—2004年8月，在兰炼一中任教师、团委书记；2004年8月—2009年10月，任兰炼总校综合办主任兼团委书记；2009年10月—2010年10月，任兰炼总校综合办主任兼兰州五十九中办公室主任；2010年10月—2013年8月，任兰炼总校校长助理、综合办主任兼兰州五十九中办公室主任；2013年10月—2014年5月，任兰州市教育局基教一处副处长（挂职）；2014年5月至今任兰州五十八中校长助理、办公室主任。

0196 苟耀宗

性　　别：男
出生年月：1965-11-15
民　　族：汉族
政治面貌：党员
职　　称：正高
学　　历：大学本科
所在单位：兰州市第五十九中学
通讯地址：兰州市第五十九中学
成　　就：现负责学校图书馆的全面管理工作。从事中学思想政治课教育教学及学校有关管理工作20多年。先后获得兰炼总厂"岗位技术能手"、教育培训中心"先进个人"、"优秀共产党员"、兰炼总校"师德先进个人"等荣誉称号。发表省级以上论文10多篇。
简　　介：1984年考入西北师范大学政治系，1988年毕业，获法学学士学位；1988年7月到兰炼总厂第一中学工作，从事政治课教学和年级组组长等管理工作；1992年调入兰炼二中；先后承担初三毕业班的政治课教学与高中各年级的思想政治课程的教学工作，并担任过教研组长、年级组长以及教务处的工作十多年，工作态度认真教学业务能力强，曾取得了显殊的教育教学效果，得到了家长、社会和学校的肯定。

0197 汪志祥

性　　别：男
出生年月：1968-08-24
民　　族：汉族
政治面貌：党员
职　　称：正高
学　　历：大学本科
所在单位：兰州市第六十中学
通讯地址：兰州市西固区玉门街602号
成　　就：高级教师。任学校教研室副主任。2014年被评为兰州石化公司优秀教师。
简　　介：1988年9月至1992年7月在西北师大中文系就读；1992年7月至今在兰州市第六十中学（兰炼三中）任教。

0198 黄红丽

性　　别：女
出生年月：1973-10-09
民　　族：汉族
政治面貌：党员
职　　称：正高

学　　历：大学本科
所在单位：兰州五十八中
通讯地址：兰州市西固区兰炼一中
成　　就：荣获兰州石化公司2010年优秀教师称号。2011年度被评为兰炼总校优秀共产党员等论文《语文课，让语文"动"起来》荣获2003年全省新课程新理念论文评比二等奖。论文《让语文自读课呈现和谐美》荣获2007年全省教育教学优秀论文评比一等奖等。参与课题《新课程背景下的校园文学社团研究》。2012年荣获兰州市第九届基础教育科研优秀成果一等奖；同时荣获甘肃省第九届基础教育科研优秀成果二等奖。2006年兰州市初中语文课堂教学竞赛中荣获三等奖。在十四届"新世纪"杯全国中学生作文大赛中，指导刘敏同学作文获一等奖等。
简　　介：1996年6月毕业于西北师范大学；1996年7月进入兰炼一中工作至今。

0199　马维华

性　　别：男
出生年月：1961-09-25
民　　族：回族
政治面貌：党员
职　　称：正高
学　　历：大学本科
所在单位：兰州市第五十九中学
通讯地址：兰州市第五十九中学
成　　就：自参加工作以来，严于律己，刻苦自励，长期扎根基层，工作勤勉有加，成效显著，深得师生好评，连续多年荣获"优秀教师"光荣称号。从事中学思想政治课教育教学及学校管理工作多年，多次获得兰炼总校优秀教师，优秀共产党员、优秀党务工作者等荣誉称号。
简　　介：中学政治高级教师，现担任兰州市第五十九中党总支书记。

0200　屈耀伦

性　　别：女
出生年月：1972-02-03
民　　族：汉族
政治面貌：党员
职　　称：正高
学　　历：硕士研究生
所在单位：甘肃政法学院
通讯地址：甘肃省兰州市安宁西路6号
成　　就：出版专著四部：《刑事政策论》（2005年）和《我国缓刑制度的理论与实务》（2012年）、《中国流动人口犯罪问题研究》（2012年）、《刑事政策研究》（2012年）。主编教材一部《刑事案例分析实践教程》（2011年）。参编教材5部。在《华东政法大学学报》《兰州大学学报》《法学》《法学评论》等学术刊物上发表文章32篇。获得2014年度教育部人文社会科学研究一般项目《西北民族地区新型恐怖活动犯罪及其法律对策研究》立项。
简　　介：甘肃政法学院教授，刑法学硕士生导师。研究方向为中国刑法、刑事政策学。

0201　祁恒珺

性　　别：女
出生年月：1963-04-14
民　　族：满族
政治面貌：党员
职　　称：正高
学　　历：大学本科
所在单位：兰州城市学院
通讯地址：安宁区培黎校区
成　　就：2010年度甘肃省哲学社会科学项目《加快甘肃省农村社会养老保险体系建设研究》和2012年度甘肃省哲学社会科学项目《甘肃省养老院布局问题研究》已结项。2009年兰州市社科规划项目《兰州城市化进程中失地农民养老保险问题研究》，甘肃省教育厅项目《甘肃少数民族地区养老保险体系研究》和甘肃省社会基金项目《完善甘肃省社会养老保险体系是新农村建设的新课题》都已结项。2014年兰州市社科规划项目《兰州市保险行业竞争力分析》立项。课题相关科研成果发表在《兰州大学学报》《开发研究》《农村经济》《西南农业大学学报》《西北人口》等国家和省级核心期刊上的论文30多篇。其中系列论文《对我国社会养老保险基金缺口问题的探讨》获甘肃省社科成果三等奖，《兰州城市化进程中失地农民养老保险问题研究》获兰州市第七届社会科学优秀成果奖，并多次获甘肃省教育厅社科成果三等奖。

0202 杨平

性　　别：男
出生年月：1967-02-28
民　　族：汉族
政治面貌：党员
职　　称：正高
学　　历：博士研究生
所在单位：甘肃政法学院
通讯地址：甘肃省兰州市安宁西路6号
成　　就：甘肃省高等学校"教学名师"，甘肃省"园丁奖"（优秀教师）获得者。获得中国高等学校科学研究优秀成果奖（人文社会科学）三等奖1项，甘肃省哲学社会科学优秀成果一等奖、二等奖各1项。主持国家社会科学基金项目2项、省部级项目5项，发表论文50余篇，其中有20余篇发表在国家权威和核心刊物上，出版专著5部，主编教材3部。长期从事宪法学、政治学的教学和科研工作。
简　　介：法学博士，教授，硕士生导师，甘肃政法学院重点学科带头人。兼任中国立法学会、政治学会理事。入选教育部"新世纪人才"支持计划，入选国家马克思主义理论研究和建设工程重点教材《行政法与行政诉讼法》编写组成员。

0203 郭令原

性　　别：男
出生年月：1959-06-22
民　　族：汉族
政治面貌：群众
职　　称：正高
学　　历：硕士研究生
所在单位：兰州交通大学
通讯地址：兰州交通大学文学与国际汉学院
成　　就：主要讲授课程有"先秦文学""汉魏晋南北朝文学""中国古代文论""先秦诸子研究"等，已发表学术论文30余篇，出版专著二部，分别为《白话诗品》（岳麓书社1997年）、《先秦两汉文学流变研究》（中国社会科学出版社2009年），主编教材二部，分别为《中国古代文论讲疏》（甘肃人民出版社2010年）、《大学语文》（北京大学出版社2014年），另外，参与撰写的著作多种，如《历代赋评注》（巴蜀书社2010年）、《先秦诗鉴赏辞典》（上海辞书出版社1998年）、《先秦文论全编要诠》（人民文学出版社2010年）、《汉魏晋南北朝赋点评》（三秦出版社）等，获甘肃省社科优秀奖三等奖一次。
简　　介：1982年毕业于西北师范大学中文系，从事古代文学教学，现为兰州交通大学教授。

0204 王花

性　　别：女
出生年月：1972-09-25
民　　族：汉族

政治面貌：党员
职　　称：正高
学　　历：硕士研究生
所在单位：甘肃政法学院
通讯地址：甘肃省兰州市安宁西路6号
成　　就：主要从事国际经济法与经济法的教学和科研工作。
简　　介：国际法教研室主任，教授。

0205 张秀玲
性　　别：女
出生年月：1964-11-09
民　　族：汉族
政治面貌：党员
职　　称：正高
学　　历：硕士研究生
所在单位：甘肃政法学院
通讯地址：甘肃省兰州市安宁西路6号
成　　就：主要从事《知识产权法学》《婚姻家庭法学》的教学与研究工作。近年来发表学术论文20余篇，主编教材2部，专著1部，并有多项科研成果获奖。
简　　介：硕士生导师。兼任兰州市仲裁委员会仲裁员。

0206 邓家姝
性　　别：女
出生年月：1965-05-24
民　　族：汉族
政治面貌：党员
职　　称：正高
学　　历：大学本科
所在单位：甘肃政法学院经济管理学院
通讯地址：甘肃省兰州市安宁西路6号
成　　就：近年来，在《财政研究》《管理现代化》《当代财经》《商业时代》《会计之友》《财会通讯》《财会月刊》等专业杂志上发表专业论文30余篇。先后出版《新编会计学基础》《新编会计学基础习题与解答》《财务管理》教材3部，出版《炭市场研究》专著1部，主持完成甘肃政法学院科研项目3项，获甘肃省第十届社会科学优秀成果三等奖1项。
简　　介：企业管理专业硕士生导师。研究方向为财务管理与会计。

0207 魏清沂
性　　别：男
出生年月：1966-08-08
民　　族：汉族
政治面貌：党员
职　　称：正高
学　　历：硕士研究生
所在单位：甘肃政法学院
通讯地址：甘肃省兰州市安宁西路6号
成　　就：主要从事法理学、比较学、立法学的教学和科研工作。
简　　介：担任法学院院长。

0208 吴玲琍
性　　别：女
出生年月：1963-09-04
民　　族：汉族
政治面貌：党员
职　　称：正高
学　　历：大学本科
所在单位：甘肃政法学院
通讯地址：甘肃省兰州市安宁西路6号
成　　就：主要从事国际经济法、海商法的教学和理论研究工作，主要研究方向为国际贸易法以及世贸组织法，是甘肃政法学院国际经济法重点课程建设和国际经济法精品课程建设的负责人。
简　　介：甘肃政法学院经济法学科带头人，

中国国际经济法学会理事。

0209 蒋为群

性　　别：女
出生年月：1965-05-01
民　　族：汉族
政治面貌：群众
职　　称：正高
学　　历：硕士研究生
所在单位：甘肃政法学院
通讯地址：甘肃省兰州市安宁西路6号
成　　就：主要从事民事诉讼法学、诉讼外纠纷解决机制的教学与研究工作。2008年7月获得高级职称，同年10月被学院聘为法学院教授。2003年10月担任甘肃政法学院的诉讼法学学科带头人，民事诉讼法学甘肃省省级精品课程主持人，甘肃省级诉讼法学实践教学团队负责人。2007年7月迄今担任硕士研究生导师。中国法学会民事诉讼法学研究会理事。近年来发表论文20余篇，主编或参编教材6部。
简　　介：1986年7月毕业于西北政法学院法律系；同年分配至甘肃政法学院法律系，任教至今。

0210 郑高键

性　　别：男
出生年月：1972-06-04
民　　族：汉族
政治面貌：党员
职　　称：正高
学　　历：硕士研究生
所在单位：甘肃政法学院
通讯地址：甘肃省兰州市安宁西路6号
成　　就：主要从事刑法学的教学和科研工作。
简　　介：甘肃政法学院实验室管理中心主任。

0211 王小敏

性　　别：女
出生年月：1966-03-01
民　　族：汉族
政治面貌：党员
职　　称：正高
学　　历：大学本科
所在单位：兰州城市学院
通讯地址：兰州城市学院文学院
成　　就：从事高校专业课教学达27年，多次荣获省教学成果奖，为省级精品课程"现代汉语"课主讲人，已编著出版专著、教材共4部，其中专著《多维视角下的汉语修辞学》获得2010年甘肃省高等学校社科成果二等奖，在国家级核心及省级以上刊物发表学术论文40余篇，另有诗歌、散文随笔等原创作品散见于国内诸多报刊、杂志。兼职：甘肃省语言文字专家咨询委员会委员、中国方言学会会员。
简　　介：1983年—1987年在西北师范大学中文系学习。1999年—2001年在兰州大学中文系在职学习完成中国现当代文学研究生全部课程。1987年毕业至今一直在本校中文系工作。其中，1991年—1992年曾在北京大学中文系进修学习汉语研究生全部专业课程。2005年曾赴新西兰基督城理工学院语言学院访学半年。2008年晋升为教授。担任文学院本科生现代汉语、修辞学研究、普通话语音等专业课程教师。

0212 姜秋霞

性　　别：女
出生年月：1962-09-23
民　　族：汉族
政治面貌：民主党派

职　　称：正高
学　　历：博士研究生
所在单位：兰州城市学院
通讯地址：甘肃省兰州市安宁区街坊路 11 号
成　　就：2007 年入选教育部新世纪优秀人才支持计划，2009 年评为甘肃省教学名师，2010 年入选甘肃省第一层次领军人才。曾主持国家社科基金项目、国家教育科学规划项目、教育部人文社科项目等 20 余项，在《Meta》《中国翻译》《外语教学与研究》《外国文学研究》《光明日报》等国内外权威刊物上发表学术论文 40 余篇，在商务印书馆、外语教学与研究出版社出版专著、译著、教材、工具书等 10 余部。2004 年起，先后获甘肃省"巾帼建功奖"、甘肃省第十届高校青年教师"成才奖"、甘肃省高等学校社科优秀成果奖、甘肃省教学成果奖等奖励 20 余项。
简　　介：现任兰州城市学院副校长，西北师范大学英语教学论方向博士生导师，主要研究方向为翻译学，英语教学论，享受国家二级教授待遇。兼任教育部外语专业指导委员会英语分委员会委员（2007-2011）、政协甘肃省十一届委员会常务委员、教育部高等学校翻译专业教学协作专家组学术顾问委员会委员、甘肃省翻译协会会长、甘肃省大学英语课程教学指导委员会主任、中国教育学会英语专业教学委员会理事、甘肃省教育学会中小学外语专业教学委员会理事长等社会职务。

0213 梁琳娜

性　　别：女
出生年月：1963-05-10
民　　族：汉族
政治面貌：党员
职　　称：正高
学　　历：大学专科
所在单位：甘肃政法学院
通讯地址：甘肃省兰州市安宁西路 6 号
成　　就：主持并完成《提升甘肃工业企业竞争力研究》《甘肃农产品物流问题及对策研究》《甘肃企业技术创新影响因素研究》等省部级课题 5 项。出版专著《企业营销策划与创新》等 2 部，编写《现代物流管理》教材 1 部，发表论文 30 余篇。
简　　介：管理学硕士，企业管理专业硕士研究生导师。从事工商管理专业的教学与研究工作。研究方向为企业运营管理、物流与供应链管理、企业文化与市场营销、企业技术创新管理。

0214 刘青汉

性　　别：男
出生年月：1964-02-22
民　　族：汉族
政治面貌：群众
职　　称：正高
学　　历：硕士研究生
所在单位：兰州交通大学
通讯地址：兰州交通大学文学与国际汉学院
成　　就：研究方向为生态文学、比较文学。"甘肃省领军人才"。加拿大维多利亚大学、美国爱达荷大学访问学者，主题是"生态文明与环境建设"。主持完成国家哲学社会科学基金项目西部项"中国现当代生态文学与生态批评"。在《文学评论》《文艺研究》等刊物发表学术论文 30 余篇。出版专著《跨文化鲁迅论略》《生态文学》。科研成果获甘肃省社科成果 3 等奖 3 项，甘肃省高校社科成果 1 等奖 1 项，3 等奖 1 项。
简　　介：西北师大文学学士（1983-1987 年），兰州大学文学博士（2003-2006 年），兰州交通大学文学与国际汉学院教授、副院长、兰州交通文学比较文学研究所所长。研究方向为生态文学、比较文学。"甘肃省领军人才"。加拿大维多利亚大学、美国爱达荷大学访问学者。

0215 刘淑君

性　　别：女
出生年月：1963-12-22
民　　族：汉族
政治面貌：党员
职　　称：正高
学　　历：硕士研究生
所在单位：甘肃政法学院
通讯地址：甘肃省兰州市安宁西路 6 号
成　　就：主要研究领域为宪法与行政法学。
简　　介：宪法学与行政法学专业硕士生导师组组长。并任中国法学会宪法学研究会理事、甘肃省人事仲裁委员会委员、甘肃省律师专业高级职务任职资格评审委员会委员、兰州市无烟环境促进项目立法工作组专家。

0216 王萍

性　　别：女
出生年月：1961-03-26
民　　族：汉族
政治面貌：党员
职　　称：正高
学　　历：博士研究生
所在单位：兰州城市学院文学院中国古代小说戏剧研究所
通讯地址：兰州市安宁区街坊路 11 号
成　　就：主要从事戏曲民俗、戏曲文化、京剧流派等方向研究。目前主持国家社科基金艺术学项目："西北民间小戏与祭祀仪式研究"，在研省级项目 2 个，完成校级项目 1 个。近年先后在《戏剧》（中央戏剧学院学报）《舞台》（人大复印转载）《戏曲艺术》《戏曲研究》《甘肃社会科学》《西北民族大学学报》《内蒙古大学学报》《人民政协报》《文艺报》《中国文化报》《民族艺术研究》等报刊杂志上发表学术论文 30 余篇，出版《京剧老生流派崛起的社会心理研究》专著、编著等多部。成果先后获得省级奖励多个。
简　　介：现为兰州城市学院学科带头人，兰州城市学院中国古代小说戏剧研究所所长、教授，被聘西北师范大学音乐学院硕士生导师。中国艺术人类学学会会员、理事、中国傩戏学会会员、甘肃省重点出版项目专家论证委员会委员。

0217 杨德祥

性　　别：男
出生年月：1970-04-16
民　　族：汉族
政治面貌：党员
职　　称：正高
学　　历：硕士研究生
所在单位：甘肃政法学院
通讯地址：甘肃省兰州市安宁西路 6 号
成　　就：长期从事法律英语的教学和研究工作，获校级教学成果二等奖 1 次，校级教学竞赛二等奖 2 次。甘肃政法学院"优秀中青年教师"荣誉称号 2 次。先后完成甘肃政法学院校级重点科研项目 2 项，校级重点教改项目 1 项，甘肃省教育厅教改规划项目 1 项。目前主持、参与国家社科基金规划项目各 1 项，在《外语教学》《人大复印资料》《四川大学学报》《宁夏大学学报》《甘肃社会科学》《云南大学学报》等期刊发表论文 25 篇，主编、参编教材 3 部。多次指导学生参加英语演讲比赛，获省级二等奖 1 次，三等奖 1 次，西北地区第三届研究生英语演讲邀请赛暨陕西省第九届研究生英语演讲比赛非专业组三等奖 1 次。

简　　介：1993 年本科毕业于西北师范大学外语系，获文学学士学位；2004 年获对外经济贸易大学法学硕士学位。

0218 魏军梅

性　　别：女

出生年月：1971-11-12

民　　族：汉族

政治面貌：党员

职　　称：正高

学　　历：硕士研究生

所在单位：甘肃政法学院

通讯地址：甘肃省兰州市安宁西路 6 号

成　　就：作为学校重点学科的学术带头人，先后主持了甘肃省教育厅教改立项项目 2 项以及人社厅留学人员科技活动优秀项目资助一项及多项校级科研教改项目。出版专著 1 部，参编教材 4 部，发表论文 25 篇。二十多年来，始终坚持教书与育人并重，师德与术业共馨。曾两次被学生评为"我最喜爱的教师"。曾获甘肃省第十二届社科成果二等奖，校教学成果二等奖。获得校级优秀教学奖一等奖，校教师教学竞赛一等奖。曾获得校"师德标兵"，"三育人"先进个人，优秀共产党员和第八届优秀中青年教师等荣誉。于 2011 年及 2012 年分别获"外研社杯"全国英语演讲大赛甘肃赛区指导教师二等奖和一等奖。

简　　介：现为甘肃政法学院人文学院教授、硕士生导师、英语系系主任。1993 年 7 月毕业于西北师范大学外语系英国语言文学专业；2004 年，获得国家留基委的遴选资助赴英国安格利亚·鲁斯金大学攻读并获得应用语言学硕士学位。

0219 林军

性　　别：男

出生年月：1964-12-02

民　　族：汉族

政治面貌：党员

职　　称：正高

学　　历：硕士研究生

所在单位：甘肃政法学院经济管理学院

通讯地址：甘肃省兰州市安宁西路 6 号

成　　就：先后在《财政研究》《兰州大学学报》《当代财经》《甘肃社会科学》《开发研究》《商业时代》《兰州商学院学报》等国内学术刊物上公开发表论文 50 余篇，出版专著、教材 5 部；主持完成甘肃省社科基金项目 3 项、甘肃省教育厅科研项目 2 项，兰州市社科规划项目 1 项，校级重点资助项目 10 余项；主持完成的科研成果曾获甘肃省第九次社科优秀成果最高奖三等奖 1 项、甘肃省高校社科优秀成果二等奖 1 项、三等奖 2 项，校级科研奖励多项。

简　　介：经济学硕士，企业管理专业硕士生导师，现任甘肃政法学院经济管理学院院长。兼任中国企业管理研究会理事、甘肃省市场营销协会常务理事、甘肃陇台经贸交流协会理事、甘肃省行政管理学会理事、甘肃省管理学会常务理事、甘肃物流学会理事等职。英国英格兰理工大学国际商学院访问学者。从事工商管理专业的教学与研究工作，主要研究方向为企业战略管理和法商管理。

0220 王茂林

性　　别：男

出生年月：1963-03-13

民　　族：汉族

政治面貌：党员

职　　称：正高

学　　历：大学本科

所在单位：甘肃政法学院

通讯地址：甘肃省兰州市安宁西路6号

成　　就：执业律师。主要从事民商法、经济法的教学与研究。主讲《经济法》《民法》《商法》《公司法》《证券法》《金融法》《知识产权法》《房地产法》等课程。主持、参与的国家和省部级社会科学规划研究课题主要有《农村村民自治研究》《甘肃省环境友好型社会建设研究》《甘肃文化产业集群化建设研究》等。出版的专著和教材有《公司设立法律制度研究》《证券法》《经济法学》等。发表学术论文30余篇。

简　　介：现任甘肃政法学院民商经济法学院党委副书记，教授，硕士研究生导师。执业律师。

0221 刘晓霞

性　　别：女

出生年月：1970-11-08

民　　族：汉族

政治面貌：党员

职　　称：正高

学　　历：硕士研究生

所在单位：甘肃政法学院

通讯地址：甘肃省兰州市安宁西路6号

成　　就：以农村土地、合同法、反贫困模式与立法研究为研究方向。在《法学杂志》《甘肃社会科学》《宁夏社会科学》等刊物上发表论文40余篇。著有《农村常见劳动纠纷及解决》《公司慈善捐赠研究》等著作3部，主持完成中国法学会部级项目、甘肃省教育厅硕导项目等6项。目前正在主持教育部社科规划项目、甘肃省高校基本科研项目、甘肃省教育科学规划项目、甘肃政法学院重点科研项目等6项。2011年获得甘肃省"青年教师成才奖"，并多次获得甘肃政法学院"三育人"先进个人、"教学名师"、"师德标兵"等光荣称号。

简　　介：现为甘肃政法学院民商经济法学院院长、教授，硕士生导师。兼任中国经济法学研究会理事、兰州仲裁委员会仲裁员、专家咨询委员、青海民族大学法学院客座教授。主要为本科生、研究生讲授《民法学》《合同法学》《民法前沿专题》《物权法专题讲座》等课程。

0222 雷岩玲

性　　别：女

出生年月：1964-09-24

民　　族：汉族

政治面貌：群众

职　　称：正高

学　　历：大学本科

所在单位：兰州城市学院

通讯地址：兰州安宁区街坊路11号

成　　就：专著《性别言说——架构在历史、文化之间》（甘肃人民出版社）2005年版；教材《人文高地》（甘肃人民出版社）2012年版（副主编）；教材《优雅蓝典》（北京大学出版社）2014年版（副主编）。《活着·生活·知识分子身份——重评草明的短篇小说创作》发表于《北京大学学报》2003年；《选择·整合·变质·审美》发表于《郑州大学学报》2006.12期；"小我"的诉求与宿命发表于《国际炎黄文化》2004年第1期。

简　　介：兰州城市学院文学院教授，副院长。1984年毕业于西北师范大学中文系，2003年在北京大学做访问学者。2005年入选甘肃省"555"人才工程。兰州城市学院"教学名师"、学科带头人。主讲省级精品课程《中国现代文学》、校级精品课程《中国当代文学》。专业方向为现当代文学及女性文学研究。

0223 岳世忠

性　　别：男
出生年月：1963-09-16
民　　族：汉族
政治面貌：党员
职　　称：正高
学　　历：大学本科
所在单位：甘肃政法学院
通讯地址：甘肃省兰州市安宁西路6号
成　　就：近年来，在会计基本理论、会计实践教学、公司治理结构等方面取得了一定的研究成果。先后在《兰州大学学报》《财会研究》《生产力研究》《开发研究》《商业时代》等学术刊物上发表论文20余篇，撰写出版专著1部，主编会计实践教材1部，主持甘肃省社科规划项目1项。主持甘肃省社科规划项目1项，作为第二人重点参与国家社科基金项目1项，获甘肃省社会科学一等奖和三等奖各1项，甘肃省高校社科成果二等奖2项。主持完成的教学成果曾获校级教学成果三等奖2项。
简　　介：会计学专业硕士研究生导师。主要从事会计理论和实务方向教学与研究工作。

0224 王阳

性　　别：男
出生年月：1963-05-27
民　　族：汉族
政治面貌：党员
职　　称：正高
学　　历：大学本科
所在单位：甘肃政法学院经济管理学院
通讯地址：甘肃省兰州市安宁西路6号
成　　就：主持和完成省、厅级和校级科研项目多项；在省内外学术刊物上发表学术论文30余篇，出版专著2部，教材3部。其中有的论文被人大复印资料转载。并获甘肃省高校社科成果奖二等奖1项；获校级科研成果奖若干项。
简　　介：企业管理专业硕士生导师。主要从事工商管理、市场营销方面的教学与研究。先后担任工商管理、市场营销学科带头人。

0225 王丽丽

性　　别：女
出生年月：1961-01-13
民　　族：汉族
政治面貌：党员
职　　称：正高
学　　历：大学本科
所在单位：甘肃政法学院
通讯地址：甘肃省兰州市安宁西路6号
成　　就：专著有《继承法的理论与实务》《中国诸法域婚姻家庭法律制度比较研究》；主编教材《婚姻家庭继承法学》《以案说法》；主编《反家庭暴力研究》论文集，参编教材《民法学》。主持国家社科项目《我国诸法域婚姻家庭法律制度比较研究》；主持省社科项目1项、完成校级项目3项，在国家级省级刊物上发表论文30余篇。获甘肃省社会科学优秀成果三等奖1项、甘肃省大学生课外学术科技作品竞赛优秀指导教师奖1项；获院优秀科研成果奖数项。
简　　介：硕士生导师。任中国民法学研究会理事、兰州市仲裁员。从事民法学、婚姻家庭法学、继承法学教学和研究20余年。

0226 张丽娟

性　　别：女
出生年月：1965-02-13
民　　族：汉族
政治面貌：群众
职　　称：正高
学　　历：大学本科

所在单位：甘肃政法学院
通讯地址：甘肃省兰州市安宁西路6号
成　　就：主要从事国际法、国际经济法的教学和科研工作。

0227　唐丽玲

性　　别：女
出生年月：1969-07-17
民　　族：汉族
政治面貌：党员
职　　称：正高
学　　历：硕士研究生
所在单位：甘肃政法学院
通讯地址：甘肃省兰州市安宁西路6号
成　　就：自1992年参加工作以来，长期从事公共英语和专业英语教学工作，在校级教学比赛中2次获得校级一等奖。同时，从事英语语言文学的学术研究工作。主要研究方向为语料库语言学与二语习得。近年来，在国内省级以上刊物发表纯学术性研究文章20余篇，其中在国内CSSCI权威核心期刊上发表论文2篇，在外语专业权威期刊《当代外语研究》上发表论文1篇；主编出版《法律英语语言翻译与教学研究》专著1部，参编教材2部，主持并完成省级课题5项，校级重点科研项目3项，校级教改项目2项，并获省级优秀教学成果奖1项。
简　　介：1992年本科毕业于西北师范大学外语系；2007年西北师范大学英语教学论方向硕士研究生毕业，获教育学硕士学位；现任甘肃政法学院人文学院外语教授，大学英语教学部主任。

0228　王焰

性　　别：女
出生年月：1963-08-08
民　　族：汉族
政治面貌：党员
职　　称：正高
学　　历：大学本科
所在单位：甘肃政法学院
通讯地址：甘肃省兰州市安宁西路6号
成　　就：从事社区、社会工作理论与实务的教学与研究工作。在《社会福利》《甘肃社会科学》《甘肃政法学院学报》《社会工作》等期刊发表学术论文多篇；主持民政部科研项目、甘肃省社会科学规划项目等科研课题9项，出版教材2部。
简　　介：主要讲授社区工作、社会工作实务等课程，从事社区、社会工作理论与实务的教学与研究工作。

0229　李玉基

性　　别：男
出生年月：1962-12-13
民　　族：汉族
政治面貌：党员
职　　称：正高
学　　历：硕士研究生
所在单位：甘肃政法学院
通讯地址：甘肃省兰州市安宁西路6号
成　　就：主要研究方向为经济法律制度，近年来主要致力于循环经济法的研究。主编专著：《法学导论》（法学应用型系列教材），科学出版社2008年版；《经济法》，北京大学出版社2011年版。主持完成甘肃政法学院教学改革重点项目《甘肃省法学教育现状及改革途径研究》；担任2009年教育部、财政部法学应用性人才培养模式创新实验区负责人；主持完成2009年甘肃省哲学社会科学规划项目《循环经济基本法律制度研究——基于我国〈循环经济促进法〉的思考》；主持完成2009年甘肃省跨世纪学术技术带头人和创新人才工程科研资助项目

《行政审判协调机制研究》；主持2010年甘肃省教育厅科研项目《〈循环经济法〉与加快甘肃经济发展》；主持2011年国家社科基金项目《〈循环经济促进法〉实施中的难点分析和对策研究》。2004年获"全国优秀教师"荣誉称号。2012年、2013年两次荣获甘肃省教学成果一等奖。

简　　介：现任甘肃政法学院党委委员、副院长，教授，硕士生导师。兼任中国法学会经济法研究会理事、甘肃省法学会常务理事、甘肃省法学会房地产法学会副会长、第十三、十四届、十五届兰州市人大代表、法制工作委员会委员，甘肃省社科联副主席等职。历任甘肃政法学院法学院院长、教务处长、院长助理。

0230 赵菁

性　　别：女
出生年月：1968-08-03
民　　族：汉族
政治面貌：党员
职　　称：正高
学　　历：硕士研究生
所在单位：甘肃政法学院
通讯地址：甘肃省兰州市安宁西路6号
成　　就：发表学术、教改论文27篇，其中国家级论文3篇，出版教材、专著6部（合著），主持并参与省级以科研项目5项。获2010年甘肃省第十二届社会科学优秀成果三等奖，2011年度甘肃省教学成果三等奖，2011年甘肃政法学院教学成果二等奖，2012年甘肃省高校社科成果一等、三等奖各1项。

简　　介：甘肃政法学院思想政治理论课教学部、行政学院教授。自1992年参加工作以来担任《马克思主义哲学原理》《马克思主义政治经济学原理》《科学社会主义》《中国革命史》《国际共运》《大学生成才修养》《马克思主义基本原理概论》《思想道德修养与法律基础》《大学生职业生涯与发展规划》等课程的教学任务。2003年毕业于上海交通大学公共事业管理学院，获法学硕士学位。

0231 满顺昌

性　　别：男
出生年月：1961-10-08
民　　族：汉族
政治面貌：党员
职　　称：正高
学　　历：硕士研究生
所在单位：兰州城市学院
通讯地址：街坊路11号兰州城市学院后勤管理处
成　　就：独立发表6篇论文。《大学文化的精神传统与发展变迁问题研究》《现代协同学原理与高校后勤管理协同过程》《制定科学的评价笔体，调动学生求知的兴趣》《对高校伙食管理工作的思考》《从"教"与"学"两个层面研究"自主、合作、探究"学习方式在语文教学中的利弊》《大学生诚信现状调查与对策研究》。合作发表论文1篇：《社会转型期中国大学文化建设研究》。

简　　介：1987年6月—1989年5月，原兰州师专总务处秘书；1989年6月—1995年5月，原兰州师专校长办公室秘书，副科长；1995年6月—1999年6月，原兰州师专成人教育中心教学科员，主任科员；1999年7月—2006年6月，原兰州师专后勤管理处副处长，兼项目建设管理项目办副主任；2006年6月至今兰州城市学院后勤管理处处长。

0232 马育红

性　　别：女

出生年月：1970-07-29

民　　族：汉族

政治面貌：党员

职　　称：正高

学　　历：硕士研究生

所在单位：甘肃政法学院

通讯地址：甘肃省兰州市安宁西路6号

成　　就：主持完成甘肃省社会科学基金项目《完备市场的假设条件与合同法结构的关系》，主持完成甘肃省教育厅科研项目2项；现主持教育部人文社会科学基金项目《"水合同"制度研究——水资源合理配置的私法路径探索》，甘肃省财政厅高校基本科研业务费项目《西部缺水地区节水型城市建设的制度保障》，甘肃省教育厅硕导项目《节水型社会中水资源的合理配置与合同制度的生态化拓展》，校级重点教改项目《'研究课'教学模式在我校〈合同法〉教学实践中的应用》出版学术著作《公司捐赠制度研究》《典型合同基本原理与实务研究》；主编教材《房地产法》；参编教材《环境与资源保护法案例与图表》；在《法学杂志》《开发研究》《甘肃政法学院》等专业学术刊物上发表《完备合同理论与格式合同的法律控制》《论我国农业保险制度的发展与完善》等学术论文30余篇。

简　　介：1988年9月至1992年6月，就读于中国政法大学法律系，获得法学学士学位；2002年9月至2005年6月，就读于兰州大学法学院，获得法学硕士学位。现为甘肃政法学院民商经济法学院教授，民商法专业硕士生导师，学术研究领域为民法、环境资源法，主讲民法、合同法、物权法，为甘肃省省级精品课程《合同法》的负责人。

0233　姚万禄

性　　别：男

出生年月：1964-10-26

民　　族：汉族

政治面貌：党员

职　　称：正高

学　　历：大学本科

所在单位：甘肃政法学院

通讯地址：甘肃省兰州市安宁西路6号

成　　就：参与完成国家社科基金项目《西北少数民族地区政府行为文明与公民权保障研究》（2010年结项）、《中国西北乡村政治与公民参与研究》（2010年结项）；全国"十五"教育规划项目《当代中国农村教育发展研究》（2006年结项）；主持完成国家社科基金项目《科学发展观与西北民族政治发展研究》（2013年结项）；发表论文40多篇，出版著作2部，教材1部。曾获甘肃省第四届哲学社会科学最高奖1项，第十二届甘肃省哲学社会科学优秀成果二等奖1项，三等奖2项；第十三届甘肃省哲学社会科学优秀成果一等奖1项；甘肃省高校社科奖一等奖、三等奖各1项；甘肃省教学成果奖三等奖1项；省大学生优秀指导教师；市、校教学、科研成果奖6项。

简　　介：甘肃政法学院行政学院副院长，思政部副主任，教授，政治学学科带头人。主要从事中国民族政治、中国乡村政治、马克思主义中国化研究和公共政策概论、思想政治理论课的教学。

0234　姚文振

性　　别：女

出生年月：1961-10-15

民　　族：汉族

政治面貌：党员

职　　称：正高

学　　历：博士研究生

所在单位：甘肃政法学院

通讯地址：甘肃省兰州市安宁西路 6 号

成　　就：长期从事英语语言文学的教学和研究工作，先后多次获甘肃政法学院三育人先进个人，获"优秀中青年教师"荣誉称号 2 次。先后完成甘肃政法学院校级重点科研项目 4 项，校级重点教改项目 4 项，甘肃省教育厅教改项目 2 项。获教育厅优秀教学成果 1 项。在《兰州大学学报》《外语电化教学》《甘肃社会科学》等期刊发表论文 30 篇。出版专著中西方悲剧文学比较和中西方跨学科比较研究两部。上海外语教育出版社出版的《剑桥英语成语词典》（双语版）译著 1 部。主编大学英语教材 3 部。2005 年获甘肃省园丁奖称号。

简　　介：1984 年毕业于兰州大学外语系，获文学学士学位；1999 年 4 月任基础课部主任，2001 年至 2013 年 11 月任人文学院院长，2013 年 11 月至今任图书馆馆长；先后于 2001 年和 2005 年留学英国；主讲西方文化概论，研究生英语，写作等课程。长期从事英语语言文学的教学和研究工作。

0235　侯文昌

性　　别：男

出生年月：1973-01-19

民　　族：汉族

政治面貌：群众

职　　称：副高

学　　历：大学本科

所在单位：甘肃政法学院

通讯地址：甘肃省兰州市安宁西路 6 号

成　　就：主要从事中国法制史及敦煌法制文献的教学和科研工作。

简　　介：博士，副教授。主要从事中国法制史及敦煌法制文献的教学和科研工作。

0236　严军

性　　别：女

出生年月：1965-01-02

民　　族：汉族

政治面貌：群众

职　　称：正高

学　　历：大学本科

所在单位：甘肃政法学院

通讯地址：甘肃省兰州市安宁西路 6 号

成　　就：主要从事诉讼法、经济法的教学和科研工作。

简　　介：教授。

0237　王存河

性　　别：男

出生年月：1969-02-12

民　　族：汉族

政治面貌：群众

职　　称：正高

学　　历：博士研究生

所在单位：甘肃政法学院

通讯地址：甘肃省兰州市安宁西路 6 号

成　　就：主要从事法理学、宪政文化的教学和科研工作。

简　　介：教授，博士，法学院副院长。

0238　焦盛荣

性　　别：男

出生年月：1966-08-06

民　　族：汉族

政治面貌：党员

职　　称：正高

学　　历：硕士研究生

所在单位：甘肃政法学院

通讯地址：甘肃省兰州市安宁西路 6 号

简　　介：法律硕士，律师，教授，硕士生导师，现任甘肃政法学院党委委员、副院长。

兼任中国法学会环境与资源研究会理事、定西市人民政府法律顾问、甘肃省知识产权专家讲师团特邀专家。

0239 马进

性　　别：男
出生年月：1958-01-08
民　　族：回族
政治面貌：党员
职　　称：正高
学　　历：博士研究生
所在单位：甘肃政法学院
通讯地址：甘肃省兰州市安宁西路6号
成　　就：国务院政府特殊津贴终身享受者。国家百名"两课"优秀教师、甘肃省优秀德育工作者、甘肃省优秀教育工作者、甘肃省师德标兵、甘肃省教学名师、甘肃省高评委员会委员、全国行政管理学会常务理事、甘肃省欧美同学会·海外归国人员联谊会常务理事、政协甘肃省委员会人民政协理论研究会常务理事、甘肃社会科学哲学学会理事。获得国家级教学成果奖1项，获得甘肃省委、省政府颁发的全省社科成果一等奖1项，省政府颁发的全省高校教学成果奖1项，获得中宣部、全国思想政治教育研究会颁发的一等奖1项，获得全省高校社科成果一等奖1项。主持参与国家级、省部级科研项目12项，主持省级精品课程2门，校级精品课程1门，出版专著10余部，2006年回国后撰写论文30余篇，其中20余篇为国家级权威核心期刊，5篇论文被人大复印资料全文转载，多篇被索引。
简　　介：海归哲学博士，甘肃政法学院思想政治理论课教学部主任、行政学院院长、教授。1997—2006年在马来西亚博特拉大学任教授、课程主任。

0240 史玉成

性　　别：男
出生年月：1970-10-18
民　　族：汉族
政治面貌：党员
职　　称：正高
学　　历：硕士研究生
所在单位：甘肃政法学院
通讯地址：甘肃省兰州市安宁西路6号
成　　就：以环境与资源法学为主要研究方向，勤奋著述，潜心研究，在《法学家》《法商研究》《政法论坛》《法学评论》《现代法学》《当代法学》《法学家茶座》等期刊上发表论文50多篇，其中被《光明日报（理论版）》《人大复印报刊资料》等转载7篇。著有《环境法的理念更新与制度重构》《和谐视野下西部区域法制创新若干问题研究》等著作3部，另主编或合作编写教材4部。主持国家社科基金项目、教育部社科项目、甘肃省社科规划项目、甘肃省高校基本科研业务费项目等课题10余项。科研成果获甘肃省社会科学优秀成果奖5项，甘肃省高校优秀社科成果奖4项。入选"甘肃省领军人才第二层次人选（2010）""教育部新世纪优秀人才支持计划（2011）"。
简　　介：甘肃政法学院教授，学术期刊部主任、主编，重庆大学环境与资源法学专业博士研究生。兼任中国环境与资源法学研究会常务理事、中国环境科学学会环境法学分会副秘书长、中国法学期刊研究会常务理事、甘肃省人大常委会立法顾问等。

0241 张懿红

性　　别：女
出生年月：1968-04-29
民　　族：汉族
政治面貌：党员

职　　称：正高
学　　历：博士研究生
所在单位：兰州城市学院
通讯地址：甘肃省兰州市安宁区街坊路11号兰州城市学院文学院
成　　就：在权威、核心及省级刊物发表论文80余篇，出版专著《缅想与徜徉：跨世纪乡土小说研究》，参编《中国现当代文学通史》《陇原花雨——改革开放三十年来的甘肃文学艺术》《新时期甘肃文学作品选》等。主持、参与完成多项国家级、省厅级项目，曾获甘肃省敦煌文艺奖一等奖、甘肃省高校社科成果奖二等奖和甘肃黄河文学奖一、二等奖。
简　　介：中国作协会员。主要从事文学评论和现当代文学研究。

0242 梁亚民

性　　别：男
出生年月：1960-08-12
民　　族：汉族
政治面貌：党员
职　　称：正高
学　　历：大学本科
所在单位：甘肃政法学院
通讯地址：甘肃省兰州市安宁西路6号
成　　就：先后主持完成教育部人文社科规划项目1项、甘肃省哲学社会科学规划项目5项、甘肃省教育厅科研项目2项；出版专著、教材2部；先后在《统计研究》《兰州大学学报》《西北师范大学学报》《兰州商学院学报》《甘肃社会科学》等国内期刊上公开发表学术论文60余篇。荣获甘肃省青年教师成才奖，入选甘肃省"555"创新人才工程第三层次人选。
简　　介：企业管理专业硕士研究生导师，现任甘肃政法学院党委副书记、校长。兼任兰州商学院统计学专业硕士研究生导师、甘肃省统计学会副会长、中国统计教育学会常务理事等职。主要从事经济与社会统计方向的教学和研究工作。

0243 董志峰

性　　别：男
出生年月：1970-06-25
民　　族：汉族
政治面貌：党员
职　　称：正高
学　　历：硕士研究生
所在单位：甘肃政法学院
通讯地址：甘肃省兰州市安宁西路6号
成　　就：自工作以来，在《中国行政管理》《中国高等教育》《国家教育行政学院学报》《江苏高教》《甘肃社会科学》《当代教育论坛》等刊物上发表学术论文40多篇；承担并完成省级、校级教学改革、科研项目10多项。获甘肃省教学成果奖二、三等奖7项，获甘肃省优秀社会科学成果三等奖1项；出版教材及专著3部。
简　　介：硕士生导师，公共管理学院院长，天津师范大学公共管理硕士。主要担任管理学、管理心理学、法律逻辑学、中国书法等课程的教学，从事高等教育管理研究等工作。

0244 王宏璎

性　　别：女
出生年月：1968-10-09
民　　族：汉族
政治面貌：党员
职　　称：正高
学　　历：硕士研究生
所在单位：甘肃政法学院
通讯地址：甘肃省兰州市安宁西路6号
成　　就：具有较强的科研能力，作为主要

参加人参与国家哲学社会学规划项目 1 项；主持并完成甘肃省哲学社会科学规划项目 1 项；主持并完成甘肃省教育厅科研项目 4 项；主持并完成院级科研项目 5 项；主持并完成院级教学改革项目 3 项；作为主编出版教材 3 部；作为副主编参与编写教材 2 部；编写专著 1 部；在省内外各级学术期刊上公开发表论文 40 余篇；获甘肃省哲学社会科学优秀成果奖 2 次；甘肃省青年教师成才奖 1 次。

简　　介：诉讼法学硕士研究生，甘肃政法学院教授。任甘肃政法学院诉讼法学硕士生导师、刑事诉讼法学学科带头人。主要研究方向为刑事诉讼法学。

0245　姜朝晖

性　　别：女
出生年月：1968-09-12
民　　族：汉族
政治面貌：党员
职　　称：正高
学　　历：硕士研究生
所在单位：甘肃政法学院
通讯地址：甘肃省兰州市安宁西路 6 号
成　　就：工作以来，先后讲授《中国古代文学史》（两汉魏晋南北朝）（隋唐五代两宋）、《中古小说研究》《古典文学作品选读》《大学语文》《实用文体写作》《司法文书》等课程。发表论文 30 多篇，完成了《雪桥诗话》的校注，参加《唐诗鉴赏大辞典》《历代赋评注——宋元卷》等编写工作。其中《雪桥诗话》全编校注获甘肃省第十三次哲学社会科学优秀成果三等奖。《雪桥诗话全集—来室家乘（杨锺羲年谱）》获 2009—2011 年度校优秀科研成果三等奖。

简　　介：毕业于西北师范大学中文系，目前主要从事古代文学的教学与研究。

0246　王兴隆

性　　别：男
出生年月：1953-04-10
民　　族：汉族
政治面貌：党员
职　　称：正高
学　　历：硕士研究生
所在单位：兰州城市学院
通讯地址：甘肃省兰州市街坊路 11 号
成　　就：长期从事马克思主义哲学教学和思想政治教育工作，在马克思主义哲学研究和甘肃历史文化研究方面有较深的造诣。现任甘肃省哲学学会副会长。在《光明日报》《中国教育报》《甘肃日报》《中国高等教育》《高等教育研究》《兰州大学学报》《西北师大学报》《甘肃社会科学》等报刊上发表论文 50 余篇，出版编著 2 部。主持省部级科研项目 5 项。1999 年被甘肃省委授予优秀思想政治工作者称号。2012 年作为第一主持人的教研项目《新建本科院校以人为本 1443 教学质量监控体系模式构建与实践》获甘肃省教学成果二等奖。2013 年作为第一作者，发表在《西北师大学报》上的论文，获甘肃省第十三次哲学社会科学优秀成果二等奖。主持创作的"陇上壮歌行"（29 集）1996 年获全国广播电视节目评比一等奖。

0247　马振林

性　　别：男
出生年月：1956-11-19
民　　族：回族
政治面貌：党员
职　　称：正高
学　　历：硕士研究生
所在单位：兰州城市学院
通讯地址：兰州市安宁区街坊路 11 号
成　　就：曾被团中央、国家民委授予"全

国各族各界青年民族团结进步先进个人"，并在中南海受到了江泽民等党和国家领导人的亲切接见。被国家民委授予"民族团结进步模范个人"，荣获"甘肃省民族团结进步模范个人"等荣誉称号。主要从事民族高等教育研究。研究成果《西北少数民族高等师范教育办学模式的理论与实践》获国家级教学成果一等奖，《西北民族地区经济发展与少数民族青年人才培养》获"中国青年科技论坛"一等奖，《中国高等教育质量面临的几个挑战》获甘肃省高校社科成果奖一等奖，编著的《西北高等民族师范教育研究》一书获西北十五省（区）优秀图书奖。主编《走向二十一世纪的高等民族师范教育》《文例导读与写作训练》《民族常识手册》《甘肃民族地方》等著作5部，在《人民政协报》《中国教育报》《中国民族报》《民族教育研究》《中国民族教育》《宁夏社会科学》等报刊发表论文60余篇。

简　　介：现任兰州城市学院党委常委、副院长。曾任合作民族师范高等专科学校党委委员、副校长。现兼任中国回族学会理事会理事、甘肃省民族民俗研究学会副秘书长、甘肃省临夏回族自治州教育顾问、西北民族大学兼职研究员。

0248 康世硕

性　　别：女

出生年月：1971-11-22

民　　族：汉族

政治面貌：群众

职　　称：正高

学　　历：硕士研究生

所在单位：兰州职业技术学院

通讯地址：兰州职业技术学院

成　　就：全国商科院校财会专业"十佳教师"、兰州市教育局系统优秀教师、兰州市教育局系统优秀班主任，兰州职业技术学院教学名师、兰州职业技术学院优秀教研室主任。近五年在《会计研究》《生产力研究》《财会研究》《会计之友》《商业会计》等核心期刊发表论文10余篇，主编主编《财务会计》《财务会计习题与指导》教材两部，副主编《初级企业财务会计实务》《初级企业财务会计学习指导》教材两部教材。主持院级课题《高职会计专业实习实训模式探讨》，参与完成了上海财经大学公共政策研究中心《预算法研究》子课题《预算法基础资料研究》，参与《江苏省职业教育绩效评价》课题研究。主持院级精品课程《财务会计》。获全国职业教育优秀教案二等奖、全国职业教育优秀论文三等奖获、全国商科教育财会专业技能竞赛（教师组）一等奖。

简　　介：中国会计学会会员，中国注册会计师协会会员，上海财经大学国内访问学者，税务会计师，黄河律师事务所财务顾问。全国商科院校财会专业"十佳教师"、全国商科教育财会专业技能大赛最佳辅导教师奖、兰州市教育局系统优秀教师、兰州市教育局系统优秀班主任，兰州职业技术学院教学名师、兰州职业技术学院优秀教研室主任。研究领域为会计实务、涉税会计理论与实务、高职教育等。

0249 汪云

性　　别：男

出生年月：1964-10-03

民　　族：汉族

政治面貌：党员

职　　称：正高

学　　历：大学本科

所在单位：兰州职业技术学院

通讯地址：兰州市安宁区刘沙公路37号兰州职业技术学院科技处

成　　就：全面负责学院科技工作。2004年经兰州市知识产权局、兰州安宁高新技术开发区批准，成立甘肃省首家"兰州职业技术学院专利技术孵化园"。2007年经兰州市科学技术协会批准，成立全省高职院校首家"兰州职业技术学院科学技术协会"。2007年经兰州市政府批准，被授予"兰州职业技术学院科普基地"。2007年学院被甘肃省教育厅评为"甘肃省高校科研管理先进单位"。2008年学院被甘肃省科协评为"科学工作创新奖先进单位"。先后被甘肃省教育厅评为"甘肃省中小学省级骨干教师""甘肃省高校科研管理先进个人"，被甘肃省科协评为"甘肃省科普工作先进个人"，被兰州市科协评为"兰州市企业科协工作先进个人"。

简　　介：1986年10月至2001年在兰州市职业技术学校从事电子教学工作、班主任工作及行政管理工作；2001年6月至今任兰州职业技术学院科研处处长；高教管理研究员。主持并全面负责科研管理工作。

0250 刘国军

性　　别：男
出生年月：1964-05-13
民　　族：汉族
政治面貌：党员
职　　称：正高
学　　历：大学本科
所在单位：兰州职业技术学院
通讯地址：兰州市安宁区刘沙公路37号
成　　就：主要研究方向为区域经济、人文地理、职业教育。先后在《课程·教材·教法》《中小学教师培训》《中国职业技术教育》《干旱区资源与环境》《地理教学》《生态经济》《小城镇建设》《开发研究》《环境教育》《国土与自然资源研究》《西北师范大学学报》《继续教育》《北京教育学院报》等刊物上发表论文40余篇，其中2篇论文被中国人民大学复印报刊资料全文转载。出版专著1部，教材2部。完成全国教育科学"十五"规划教育部规划课题1项。承担甘肃省和兰州市教育科学"十五"、"十一五"、"十二五"规划课题多项。研究成果获甘肃省哲学社会科学优秀成果二等奖1项，甘肃省高等教育教学成果教育厅级奖1项，甘肃省基础教育科研优秀成果二等奖1项，兰州市社会科学优秀成果一等奖1项、二等奖1项。2005年入选兰州市"151人才工程"（第二层次）；2008年被兰州市委、市政府评为兰州市专业技术拔尖人才；2011、2014年被兰州市委、市政府评为兰州市领军人才。

0251 谢亮

性　　别：男
出生年月：1975-10
民　　族：汉族
政治面貌：党员
职　　称：正高
学　　历：博士研究生
所在单位：兰州交通大学
通讯地址：安宁区安宁西路500号
成　　就：主要从事中国近现代政治史和经济史相关问题研究，在当下则着力于区域社会经济和政治学理论研究，已在各级刊物上公开发表论文20篇，其中相关篇章被《新华文摘》和人大复印资料《政治学》全文或部分转载。目前正在主持2009年教育部基金项目"非均衡发展中的商路变迁与近代西北商品市场变动（1867—1937）"；2010年国家社科基金项目"灾荒与近代西北民间赈济（1867—1937）"；博士后课题"政治知识化与后发展国家的政治能力建设：以'代表'观念与民国政治秩序重建为中心（1927—1947）"。

简　　介：兰州交通大学马克思主义学院教师，教授，硕士生导师。先后就读于兰州大学、中国人民大学、复旦大学。

0252 赵岩

性　　别：女
出生年月：1968-10-21
民　　族：汉族
政治面貌：党员
职　　称：正高
学　　历：硕士研究生
所在单位：兰州交通大学
通讯地址：安宁区安宁西路500号
成　　就：主要研究方向：产业经济、市场营销与消费者行为。主讲课程有：市场营销管理、消费者行为、市场调查、分销渠道管理等。近年来主持及参与国家、省部级以及其它科研项目20余项，研究成果获甘肃省优秀社科成果奖2项，甘肃省高校优秀社科成果奖2项。第一作者发表论文19篇。
简　　介：硕士研究生，兰州交通大学经济管理学院教授，硕士生导师。

0253 邵璀菊

性　　别：女
出生年月：1962
民　　族：汉族
政治面貌：党员
职　　称：正高
学　　历：大学本科
所在单位：兰州交通大学
通讯地址：安宁区安宁西路500号
成　　就：20多年来一直从事大学生思想政治教育工作，主要讲授《思想道德修养与法律基础》《当代世界政治与国际关系》《大学生成才修养》《法律基础》《经济法》《管理工程学》《创造学基础》《合同法》等课程。获得兰州交通大学"优秀教师"称号和兰州交通大学首届十佳大学生"最喜爱的教师"称号。主编教材2部，参编教材6部。主持完成甘肃省社会科学规划项目1项，参与完成国家社会科学基金项目1项，先后在《科学管理研究》《科技进步与对策》《科技管理研究》等期刊发表论文30余篇，其中7篇为CSSCI来源期刊。获得甘肃省社会科学优秀成果二等奖1项、甘肃高校社会科学优秀成果二等奖1项、甘肃高校社会科学优秀成果三等奖1项。
简　　介：1984年毕业于兰州交通大学（原兰州铁道学院电信系），获工学学士学位；1988年毕业于西安交通大学社会科学系，获第二学士学位；2003年毕业上海交通大学人文学院，获法学硕士学位；现任兰州交通大学马克思主义学院副院长，法学研究所所长，马克思主义中国化研究专业硕士研究生导师。

0254 李春芳

性　　别：女
出生年月：1963-01-28
民　　族：汉族
政治面貌：党员
职　　称：正高
学　　历：大学本科
所在单位：中共甘肃省委党校
通讯地址：甘肃省委党校文史教研部
成　　就：主要研究方向：区域经济与文化。主要成绩：获省社科优秀成果二等奖1次，省社科三等奖1次。

0255 刘慧明

性　　别：男
出生年月：1971-02
民　　族：汉族

政治面貌：党员
职　　称：正高
学　　历：硕士研究生
所在单位：兰州交通大学
通讯地址：安宁区安宁西路 500 号
成　　就：发表学术论文 40 余篇，出版著作 8 部，主持和参与国家社科基金项目 4 项，其他课题 10 余项。科研成果 5 次荣获甘肃省高校社会科学成果奖，另获兰州交通大学师德先进个人、优秀教师、教学优秀奖、青年教师教学竞赛二等奖和北京大学优秀访问学者（科研成果奖）等多项奖励。在社会工作方面，担任甘肃电视台、兰州电视台、甘肃法制报和甘肃经济日报等媒体法治栏目咨询专家。
简　　介：法学硕士。现任兰州交通大学马克思主义学院教授，硕士研究生导师。任甘肃省人民代表大会常务委员会立法顾问，甘肃匡信律师事务所执业律师。长期从事法学与思想政治教育的教学研究工作，学术兴趣为刑事法学和法理学。

0256 陈祎鸿

性　　别：男
出生年月：1970-03-05
民　　族：回族
政治面貌：党员
职　　称：正高
学　　历：大学本科
所在单位：兰州交通大学
通讯地址：安宁区安宁西路 500 号
成　　就：自工作以来，发表学术论文 40 余篇，参编教材 1 部，出版专著 1 部，主持完成甘肃省社科规划项目 1 项，主持完成甘肃省教育厅硕导项目 1 项，作为主要参与者完成国家社科项目、全国教育科学规划项目、教育部项目等 3 项。作为主持人获甘肃省高校社科成果奖三等奖 2 项。
简　　介：1994 年 7 月毕业于北京师范大学教育系教育管理专业，大学本科。现为兰州交通大学经济管理学院党委书记、教授。

0257 麻艳香

性　　别：女
出生年月：1967-06-01
民　　族：汉族
政治面貌：党员
职　　称：正高
学　　历：硕士研究生
所在单位：兰州交通大学
通讯地址：安宁区安宁西路 500 号
成　　就：主要承担《马克思主义哲学原理》《大学生实用美学》《公关心理学》《公共关系学》《当代国外社会思潮》等课程的教学工作。荣获甘肃省"二五"法制宣传教育工作先进个人等多项奖励。获得甘肃省高校思想政治理论课"精品课程"和"精彩一课"奖励各 1 项。获得甘肃省社会科学优秀成果奖 3 项、甘肃省高校社科成果奖 2 项。主持国家社科基金项目 1 项，主持和参与完成省部级科研课题 6 项，先后在《西北师大学报》《甘肃社会科学》《科学·经济·社会》等刊物发表论文 40 余篇。出版专著 2 部，参编教材 2 部。
简　　介：法学硕士，现为兰州交通大学马克思主义学院教授，思想政治教育专业硕士生导师。1990 年 6 月毕业于兰州大学哲学系哲学专业，获得哲学学士学位；2001 年在兰州大学哲学系在职攻读中国哲学专业研究生课程，获得研究生学历；2005 年在上海交通大学在职攻读马克思主义理论与思想政治教育专业硕士研究生，获得法学硕士学位。现从事马克思主义理论和思想政治教育教学与研究工作。

0258 刘青汉

性　　别：男
出生年月：1964
民　　族：汉族
政治面貌：民主党派
职　　称：正高
学　　历：博士研究生
所在单位：兰州交通大学
通讯地址：安宁区安宁西路 500 号
成　　就："甘肃省领军人才"。加拿大维多利亚大学、美国爱达荷大学访问学者（2012.7.2013.7）。研究方向为生态文学、比较文学。讲授课程为生态文学、鲁迅研究、中国现当代文学。主持完成国家哲学社会科学基金项目西部项"中国现当代生态文学与生态批评"。在《文学评论》《文艺研究》等刊物发表学术论文 30 余篇。出版专著《跨文化鲁迅论略》《生态文学》。科研成果获甘肃省社科成果 3 等奖 3 项，甘肃省高校社科成果 1 等奖 1 项，3 等奖 1 项。
简　　介：九三社员。西北师大文学学士（1983.9-1987.7），兰州大学文学博士（2003.9-2006.6），陇东学院讲师、副教授（1987.7-2006.6），兰州交通大学文学与国际汉学院副教授（2006.6-2009.9）、兰州交通大学文学与国际汉学院教授（2009 年至今），兰州交通大学文学与国际汉学副院长（2007 年 7 月至今），兰州交通文学比较文学研究所所长。

0259 王久梗

性　　别：男
出生年月：1963-08-01
民　　族：汉族
政治面貌：党员
职　　称：正高
学　　历：硕士研究生
所在单位：兰州交通大学
通讯地址：安宁区安宁西路 500 号
简　　介：兰州交通大学经济管理学院副院长。毕业于北京交通大学运输管理工程专业，主要研究领域包括供应链企业管理、产业经济学（运输经济方向）、现代物流管理与技术。省级精品课程《管理学》课程负责人，甘肃省人文社会科学重点研究基地"西北交通经济研究中心"副主任。主要社会职务：甘肃省物流与信息技术研究院副院长，甘肃省市场营销协会副会长，甘肃省交通运输协会常务理事，甘肃省物流协会专家顾问，甘肃省物流学会常务理事，铁道部货运安全风险管理专家，甘肃省政府参事室特聘专家。

0260 曹富雄

性　　别：男
出生年月：1967-08-01
民　　族：汉族
政治面貌：党员
职　　称：正高
学　　历：硕士研究生
所在单位：兰州交通大学
通讯地址：安宁区安宁西路 500 号
成　　就：长期从事马克思主义理论教学和研究工作，主要讲授《马克思主义经典著作选读》《科学社会主义理论与实践》《马克思主义政治经济学原理》《马克思主义中国化专题研究》《毛泽东思想和中国特色社会主义理论体系概论》等课程。近年来，出版专著 1 部，参编教材 3 部，发表学术论文 30 余篇，主持完成国家级课题和教育部课题各 1 项。先后获甘肃省干部教育先进个人，甘肃省党校系统优秀教师，甘肃省宣传文化系统"四个一批"人才，甘肃省社会科学优秀成果一等奖、二等奖，甘肃省高校社会科学成果一等奖、二等奖、三等奖，兰州交通大学优秀共产党员、教学优秀奖、优秀科研成果二等奖、师德先进个人等多项奖励。

简　　介：现任兰州交通大学马克思主义学院教授，马克思主义中国化研究所所长，马克思主义中国化研究专业硕士研究生导师。1991年6月毕业于西北师范大学政治系马克思主义理论与思想政治教育专业，获法学学士学位。1992年7月任助教，1997年6月任讲师，2002年12月任副教授，2008年8月任教授。2009年7月被聘为兰州市社会科学院特约研究员，兰州市哲学社会科学规划项目评审专家。2010年5月被聘为甘肃省委宣讲团成员。

0261　吕萍

性　　别：女
出生年月：1964-02-01
民　　族：汉族
政治面貌：党员
职　　称：正高
学　　历：硕士研究生
所在单位：兰州交通大学
通讯地址：安宁区安宁西路500号
成　　就：近年来共主持2013年国家自然科学基金项目1项，主持完成2008年国家社科基金项目1项，主持完成甘肃省社科规划项目1项，主持完成2008年甘肃省软科学研究计划项目1项；共获得甘肃省高校社会科学成果奖三等奖1次，甘肃省高校社会科学成果奖一等奖1次、三等奖1次；共出版专著1部，出版教材2部；公开发表论文20余篇。

简　　介：现为兰州交通大学经济管理学院教授，硕士生导师。主要从事农业经济管理和企业财务管理等方向的教学和研究工作。

0262　李发展

性　　别：男
出生年月：1963-10-04
民　　族：汉族
政治面貌：党员
职　　称：正高
学　　历：大学本科
所在单位：兰州交通大学
通讯地址：安宁区安宁西路500号
成　　就：主持和参与科研项目6项，科研成果（研究报告或系列论文）荣获甘肃省社会科学优秀成果一等奖1次，三等奖1次；甘肃省高等学校社会科学成果一等奖3次，二等奖1次。公开发表学术研究论文30余篇，其中国家权威学术期刊3篇，CSSCI期刊5篇。主编教材3部。2013年11月荣获兰州交通大学第四届"我最喜爱的教师"提名奖。指导的青年教师高岩荣获甘肃省师德标兵、甘肃省首届青年教师教学技能大赛三等奖、詹天佑青年教师奖等多项奖励。

简　　介：兰州交通大学经济管理学院教授。主要从事经济法教学研究工作。

0263　金梅

性　　别：女
出生年月：1969-08-01
民　　族：汉族
政治面貌：民主党派
职　　称：正高
学　　历：博士研究生
所在单位：兰州交通大学
通讯地址：安宁区安宁西路500号
成　　就：近年来为本科生及研究生主讲的课程有《微观经济学》《宏观经济学》《管理经济学》等。连续两届获得兰州交通大学"我最喜欢的教师"荣誉称号，在甘肃省第五、六、七、八、九、十届"挑战杯"大学生课外学术科技作品竞赛中，独立指导学生完成的作品分别荣获特等奖1项、一等奖3项、二等奖4项、三等奖2项，连续6次获得团省委、教育厅联合授予的"优秀指导教师"等多项荣誉称号。主要从事服务经济理论与实践的研究。近年来，曾先后主持和参与完成国家社科规划项目、国家自然基金项目、科技部软科学项目、教育部人文社科规划项目、甘肃省重大招标项目等纵横向课题30余项，主编和参编专著3部，教材2部。获省厅级科研奖励10余项，其中省级奖励4项，厅级奖励6项。

简　　介：经济学博士，美国加州大学访问学者，研究生导师。兰州交通大学民革支部主委，兼任甘肃省民革省委会常委，甘肃省政协委员，甘肃省高等教育学会理事，甘肃省民营经济研究会特邀研究员，甘肃"三农"研究会特聘顾问，兰州市委兼职研究员，甘肃敬业农业有限责任公司财务总监。2010年3月被甘肃省委、省人民政府遴选为甘肃省领军人才。

0264 王文利

性　　别：女

出生年月：1967-12-01

民　　族：汉族

政治面貌：党员

职　　称：正高

学　　历：硕士研究生

所在单位：兰州交通大学

通讯地址：安宁区安宁西路500号

成　　就：主讲《货币银行学》《财政学》《国际金融》等课程。经选拔于2010年12月—2011年12月，由国家留学基金委公派在美国佛罗里达大学做访问学者。通过访学，本人在专业研究和英语学习方面都有很大的提高，这为回国后的专业理论研究和组织双语教学打下了坚实的基础。在学术研究方面，截止目前在CSSCI发表论文5篇，人大复印资料复印2篇及其他刊物共公开发表论文20余篇。作为主编编著本专业教材两部。主持和参与国家社会科学基金、国家自然基金、甘肃省软科学、省社科规划项目、甘肃省高校研究生导师项目、兰州市科技局和交大校基金项目多个。曾获甘肃省社会科学优秀成果奖、甘肃省高等学校社科成果奖、兰州市科技进步奖、交大教学奖等。

简　　介：现任兰州交通大学经济管理学院教授，产业经济学硕士生导师。

0265 张红岩

性　　别：女

出生年月：1964-06-16

民　　族：汉族

政治面貌：党员

职　　称：正高

学　　历：大学本科

所在单位：兰州城市学院

通讯地址：甘肃省兰州市安宁区科教城15号楼4单元

成　　就：出版教材两部，专著1部，文章数10篇，主持和参加科研项目10余项。1986年至今在兰州城市学院工作。

0266 胡莉玲

性　　别：女

出生年月：1961-11-01

民　　族：汉族

政治面貌：群众

职　　称：正高

学　　历：大学本科

所在单位：兰州城市学院校医院，

通讯地址：兰州城市学院校医院

成　　就：发表省级以上论文10余篇，其

中国家级3篇。主持完成地级科研成果1项，获地级科技进步二等奖。参与完成地级科研成果6项，分别获地级科技进步一，二等奖。

0267 汤自安

性　　别：男
出生年月：1960-09-13
民　　族：汉族
政治面貌：党员
职　　称：正高
学　　历：硕士研究生
所在单位：东方中学
通讯地址：安宁区安宁西路500号
成　　就：甘肃省科技厅进步三等奖（2001年）。甘肃省"333科技带头人"（2001年），甘肃省"555创新人才"（2004年）。甘肃省高校后勤社会化改革工作先进个人（2006年）。

0268 李新文

性　　别：男
出生年月：1958-12-06
民　　族：汉族
政治面貌：党员
职　　称：正高
学　　历：博士研究生
所在单位：兰州交通大学
通讯地址：安宁区安宁西路500号
成　　就：30多年来一直从事高等学校的教学与科研工作，多次获得校级优秀教师、青年教师讲课比赛优胜奖、先进科技工作者、优秀党员等荣誉称号，于2000年获甘肃省第7届青年教师成才奖，2002年获甘肃省优秀教师（园丁奖）。研究方向有产业组织理论与政策、资源与环境经济、农业与农村经济等，多年来共主持或参与完成国家或省部级科研课题8项，厅局级课题9项，获省级科技进步二、三等奖、省社科优秀成果三等奖共5项，厅局级科技进步奖7项，主编、副主编出版教材、专著9部，在多种杂志上发表学术论文60余篇。

0269 温越

性　　别：男
出生年月：1961-12
民　　族：汉族
政治面貌：群众
职　　称：正高
学　　历：硕士研究生
所在单位：兰州交通大学
通讯地址：安宁区安宁西路500号
成　　就：主编《流散与边缘化：世界文学的另类价值关怀》《外国文学教程》《当代西方文论》《中外生态文学论》等高校教材和研究专著。近年发表学术论文20余篇，其中相关生态文学论文先后被《新华文摘》《高等学校文科学术文摘》和人大报刊复印资料《文艺理论》转引，在生态文学研究领域产生了积极影响。主持了国家社科规划（西部项目）课题"西方现当代流散文学研究"、甘肃省社科规划项目"甘肃民间文学中的生态文化研究"、甘肃省教育科学"十一五规划项目"——"建构工科院校立体化人文教育模式的理论和实践研究"等多项科研工作。
简　　介：兰州交通大学文学与国际汉学院教授。长期从事高校比较文学、外国文学专业领域的教学与研究工作。主要讲授外国文学、20世纪西方文学专题、西方文论等门课程。

0270 蔡中宏

性　　别：男
出生年月：1966-10-01
民　　族：汉族

政治面貌：党员
职　　称：正高
学　　历：博士研究生
所在单位：兰州交通大学
通讯地址：安宁区安宁西路 500 号
成　　就：参加工作以来，获甘肃省"园丁奖"等多项奖励。先后主持国家社科基金项目、教育部人文社科基金项目、省级社科基金项目各 1 项，参与完成省部级科研课题 5 项，主持完成厅局级科研课题 6 项；作为主持人连续五届获甘肃省社会科学优秀成果奖，获甘肃省委宣传部优秀论文奖 4 项，获甘肃省高校社会科学优秀成果奖 3 项，获中国铁道学会优秀科研成果奖 1 项。先后在《中国党政干部论坛》《甘肃社会科学》《兰州大学学报》《西北师大学报》等刊物发表学术论文 90 余篇。出版专著 2 部、参编 1 部，参编教材 5 部。
简　　介：教育学博士，教授，甘肃省领军人才，主要从事教育哲学和思想政治教育研究。现任兰州交通大学马克思主义学院院长兼党总支书记、思想政治教育研究所所长、思想政治教育专业硕士生导师。兼任甘肃省政府发展研究中心特约研究员、甘肃省社会科学界联合会委员、甘肃省高校思想政治理论教学研究会理事、甘肃省高等教育管理系列高级职称评审委员会委员、甘肃省社会科学研究系列高级职称评审委员会委员、甘肃省高校教师高级职称评审委员会哲学学科组成员、甘肃省教育体制改革试点项目专家。

0271 胡永宁

性　　别：男
出生年月：1966-09-09
民　　族：汉族
政治面貌：党员
职　　称：正高

学　　历：硕士研究生
所在单位：兰州交通大学
通讯地址：安宁区安宁西路 500 号
成　　就：主要研究领域：经济法，刑法，民法及宪政理论。主讲经济法课程。参与科研项目的研究，发表论文数篇。兼职于甘肃陇达律师事务所，经办刑事案件，民事案件若干，既有扎实的法律理论功底，又有丰富的办案经验。
简　　介：1989 年毕业于西北师范大学政治系，获法学学士学位；1995 年取得律师资格；2005 年获兰州大学法律硕士学位；现就职于兰州交通大学经济管理学院，高级职称。

0272 杨思信

性　　别：男
出生年月：1966-08-22
民　　族：汉族
政治面貌：群众
职　　称：正高
学　　历：博士研究生
所在单位：兰州交通大学
通讯地址：安宁区安宁西路 500 号
成　　就：2002 年获省教育厅颁发的"甘肃省高校第八届青年教师成才奖"。2006 年 8 月正式晋升为教授。现为兰州交通大学马克思主义学院教授、"马克思主义中国化研究"专业硕士研究生导师，并入选兰州交通大学第一批"青蓝"人才工程资助名单。2013 年，获得"甘肃省高校思想政治理论课教学能手"称号。2011 年主持教育部人文社会科学规划基金研究项目"从读经教育到党化教育再到思想政治教育——百年中国教育与政治关系演变的研究"。主要著作有《文化民族主义与近代中国》《教育与国权——1920 年代中国收回教育权运动研究》等。另发表论文近 30 篇。

简　　介：历史学博士。1983年考入西北师范大学历史系读本科；1990年7月至1995年9月，在原兰州铁道学院社科部从事《中国革命史》课程的教学工作；1995年9月至1999年12月，在北京师范大学历史系中国近现代史专业攻读博士，获历史学博士学位。

0273 李志强

性　　别：男

出生年月：1955-04-15

民　　族：汉族

政治面貌：党员

职　　称：正高

学　　历：硕士研究生

所在单位：甘肃交通职业技术学院

通讯地址：安宁区安宁西路500号

0274 袁杰

性　　别：女

出生年月：1965-06-01

民　　族：汉族

政治面貌：党员

职　　称：正高

学　　历：博士研究生

所在单位：兰州交通大学

通讯地址：安宁区安宁西路500号

成　　就：主要讲授"统计学"、"现代统计方法与技术"等课程；研究内容涉及应用统计、经济增长、区域经济等。曾主持5项省部级科研项目，主持完成的科研成果获2项甘肃省社科优秀成果奖、4项国家统计局全国统计科研优秀成果奖、4项教育厅社科成果奖；出版专著1部，主编教材2部，发表论文30余篇。主持教改项目获教育厅级教学成果奖2项，是经管省级实验教学示范中心主任、"工商管理类专业核心课程"省级教学团队负责人。入选"甘肃省领军人才"。曾被评为兰州交通大学"教学名师"。

简　　介：现任兰州交通大学经管学院副院长，1989年7月毕业于西南财经大学统计系，经济学硕士，研究方向为管理统计。毕业后一直从事高校教学研究。

0275 赵延龙

性　　别：男

出生年月：1964-02-23

民　　族：汉族

政治面貌：党员

职　　称：正高

学　　历：博士研究生

所在单位：兰州交通大学

通讯地址：安宁区安宁西路500号

简　　介：硕士生导师。现任兰州交通大学经济管理学院院长，甘肃省建设科技专家委员会委员。1987年6月兰州铁道学院铁道工程专业本科毕业后留校任教；1991年9月考入西安冶金建筑学院管理工程系攻读工程经济与施工管理方向研究生；1994年5月毕业于西安建筑科技大学，获得工学硕士学位。1993年12月晋升为讲师，1999年5月晋升为副教授，2007年7月晋升为教授，在1999年7月聘为硕士生导师；讲授《建设项目评价》《工程经济学》《房地产经营与开发》《项目管理》等课程。

0276 潘采伟

性　　别：男

出生年月：1962-03-01

民　　族：汉族

政治面貌：群众

职　　称：正高

学　　历：硕士研究生

所在单位：兰州交通大学

通讯地址：安宁区安宁西路500号

成　　就：主要从事区域经济、西北少数民族地区经济研究工作。讲授《政治经济学》《证券投资与模拟》等课程。主持教育部人文社科项目"西北少数民族地区基础教育多元文化课程体系的建构的思路与对策研究"，出版专著《结构优化与社会和谐》，主编并出版教材《政治经济学》《证券投资与模拟》等。发表论文专业20余篇。

简　　介：1987年6月毕业于兰州大学经济系；2004年取得上海交通大学法学硕士学位；1987年至今在兰州交通大学工作；现任兰州交通大学经济管理学院教授、硕士生导师、经济系主任。

0277　骆进仁

性　　别：男
出生年月：1964-08-01
民　　族：汉族
政治面貌：群众
职　　称：正高
学　　历：博士研究生
所在单位：兰州交通大学
通讯地址：安宁区安宁西路500号

成　　就：主持完成2001年、2007年两项国家社科基金项目，分获2005年、2013年甘肃省社科优秀成果一等奖二等奖各1次。专著获2006年第四届中国高校人文社会科学优秀成果三等奖。现主持在研国家自然科学基金项目"欠发达地区间多目标调水工程相关者的利益均衡机制研究"。发表论文50余篇，出版教材（专著）5部。

简　　介：现为兰州交通大学经济管理研究所所长。具有高级会计师、中国注册会计师、中国注册资产评估师资格。甘肃省领军人才。并任甘肃省专业硕士专家委员会委员、甘肃省高级会计师和高级审计师评审委员、甘肃省创新创业基金财务专家。曾获甘肃省青年教师成才奖等荣誉。主要从事公共工程管理影响分析、企业财务管理的教学科研工作。

0278　杨立勋

性　　别：男
出生年月：1965-12-12
民　　族：汉族
政治面貌：民主党派
职　　称：正高
学　　历：大学本科
所在单位：西北师范大学经济学院
通讯地址：安宁区安宁西路500号

成　　就：2012年被评为西北师范大学教学名师；2011年被评为第八届"挑战杯"甘肃省大学生课外学术科技作品竞赛优秀指导教师；2009年获西北师范大学教学优秀奖；2008年获西北师范大学教学优秀奖；2007年获西北师范大学教学优秀奖；2007年获西北师范大学优秀管理干部。先后在《统计研究》《旅游学刊》《经济问题探索》《统计与信息论坛》《统计与决策》等学术期刊发表学术论文70余篇。先后主持完成甘肃省软科学项目1项、甘肃省社科规划项目1项、甘肃省高校哲学社会科学1项、甘肃省省委统战部课题2项、甘肃经济普查重点课题1项、甘肃人口第六次普查招标项目1项、兰州市人口第六次普查招标项目、兰州市安宁区招商局委托的安宁区第三产发展规划1项、兰州市统计局委托的兰州市第三产业发展对策研究课题1项、兰州市统计局委托的兰州市八大支柱产业发展对策研究课题1项。科研获奖先后获甘肃省高校哲学社会科学优秀成果三等奖1项、甘肃省高校哲学社会科学优秀成果二等奖4项、甘肃省哲学社会科学三等奖2项。

简　　介：民革甘肃省委副主委。1988年西北师范大学经济系计划统计本科专业毕业留校任教（大学后两年，学校为留校做准备，派到天津财经学院学统计学），获经济学学士学位；2000 年 7 月晋升为副教授；2002 年 9 月—2003 年 7 月，赴天津财经大学统计系高访；2006 年 8 月晋升为教授；2002 年担任西北师范大学经济管理学院副院长职务，主管本科生教学工作，2003 年担任硕士生导师职务；现为经济学院副院长，从事经济统计教学科研工作。

0279 冯乐坤

性　　别：男

出生年月：1972-03-12

民　　族：汉族

政治面貌：民主党派

职　　称：正高

学　　历：大学本科

所在单位：甘肃政法学院

通讯地址：甘肃省兰州市安宁西路 6 号

成　　就：在《现代法学》《法学评论》《法商研究》《法制与社会发展》《法律科学》等法学核心期刊发表学术论文近 30 篇，主编教材 1 部。主持完成 2004 年甘肃省教育厅项目"农村土地流转机制研究"、2004 年甘肃省社科基金项目"农村集体土地使用权研究"。参与西北政法大学韩松教授承担的 2004 年国家社科基金项目"集体所有权的性质、行使、管理与保护法律制度研究（项目批准号：04AFX005）"。主持在研 2010 年国家社科基金项目"村民自治的基本理论研究（项目批准号 10XFX0007）"。论文《从绝对理性到相对理性—民法法典化思路之思考》2005 年获甘肃省第九次社会科学优秀成果二等奖，《村民自治立法之批判》2011 年获甘肃省第十二次社会科学优秀成果三等奖。

简　　介：西南政法大学法学博士生，硕士生导师。校级重点学科民商法学学术骨干。中国婚姻家庭法研究会理事，兼职律师。主要从事民法总论、物权法、亲属法、继承法研究。

0280 张建武

性　　别：男

出生年月：1965-11-19

民　　族：汉族

政治面貌：党员

职　　称：正高

学　　历：大学本科

所在单位：兰州城市学校传媒学院

通讯地址：兰州市安宁区街坊路 11 号

成　　就：主要从事教育技术的理论与实践研究，先后出版多部有关教育技术、信息技术等方面的国家级规划教材、中小学教材，在国家级核心学术刊物上发表多篇学术论文。学校教学名师、学术带头人。

0281 郭全太

性　　别：男

出生年月：1964-02-21

民　　族：汉族

政治面貌：群众

职　　称：正高

学　　历：大学本科

所在单位：七十一中

通讯地址：兰州市红古区七十一中

成　　就：2005 年荣获兰州市骨干教师荣誉称号，2004 年荣获兰州市优秀教师荣誉称号，2007 年荣获兰州市优秀教师荣誉称号。

简　　介：1986 年 7 月至 2003 年 7 月在窑街矿务局第一中学；2003 年 8 月至 2007 年 11 月在窑街煤电公司第三中学；2007 年 11 月至今在兰州七十一中学。

0282 韩志雄

性　　别：男

出生年月：1964-11-24

民　　族：汉族

政治面貌：群众

职　　称：正高

学　　历：大学专科

所在单位：七十一中

通讯地址：兰州市红古区七十一中

成　　就：1989 年参加工作，工作期间遵纪守法，热爱国家，工作成绩突出，获得过很多荣誉称号。

0283 高志成

性　　别：男

出生年月：1964-07-20

民　　族：汉族

政治面貌：党员

职　　称：正高

学　　历：大学本科

所在单位：七十一中

通讯地址：兰州市红古区七十一中

成　　就：《归类英语中的后置定语》在学英语报上发表，2002 年获得兰州市骨干教师。

简　　介：1988 年到窑街矿务局一中任教，2003 年 7 月开始在兰州七十一中任教。

0284 魏玉山

性　　别：男

出生年月：1969-04-27

民　　族：汉族

政治面貌：群众

职　　称：正高

学　　历：大学专科

所在单位：七十一中

通讯地址：兰州市红古区七十一中

成　　就：2008 年、2009 年在《教育方略》上发表了两篇论文，2011 年在《甘肃日报》上发表了一篇论文。2011 年获得兰州市市级骨干教师称号，2012 年获得兰州市市级学科带头人称号。1992 年参加工作，工作期间遵纪守法，热爱国家，工作成绩突出，多次获得过"园丁"奖称号、"双文明工作者"称号、"先进个人"称号。现在是兰州市市级骨干教师、兰州市市级学科带头人。

0285 陈兆林

性　　别：男

出生年月：1964-03-27

民　　族：汉族

政治面貌：群众

职　　称：正高

学　　历：大学本科

所在单位：七十一中

通讯地址：兰州市红古区七十一中

简　　介：1983.9—1987.6 在西北师范大学读书；1987.7—1994.8 在窑街矿务局二中工作；1994.9—2009.7 在煤电公司三中工作；2009.8—2014.12 在兰州七十一中学工作。

0286 肖心娥

性　　别：女

出生年月：1971-11-28

民　　族：汉族

政治面貌：群众

职　　称：正高

学　　历：大学本科

所在单位：七十一中

通讯地址：兰州市红古区七十一中

成　　就：发表过《台湾岛与马达加斯加岛的异同》《等值线图运用规律小结》《极点方向教学的难点突破》等论文。曾经被煤电公司评为园丁奖、先进个人（地市级），教育处优秀辅导员，教育处优质课竞赛一等奖等。

简　　介：1992年进入西北师范大学学习；1996年6月西北师范大学地理教育专业毕业，获学士学位；1996年7月分配到原窑街煤电公司第三中学任教；后来学校重组后，本人留在兰州第七十一中学任教至今。

0287 于小军

性　　别：男

出生年月：1973-01-15

民　　族：汉族

政治面貌：群众

职　　称：正高

学　　历：大学本科

所在单位：七十一中

通讯地址：兰州市红古区七十一中

成　　就：论文《目前历史教学中值得纠正的两种倾向》发表在《历史教学问题》期刊，《日本侵华战争罪行若干资料摘编》发表在《历史教学问题》期刊，《南京条约的条文为什么没有关于鸦片的条款》《南京条约为何用银元》发表在南京静海寺纪念馆馆刊等等。2005年、2006年荣获窑街煤电公司教育处十佳班主任；2009年获红古区优秀班主任。

简　　介：1990年8月—1993年7月在天水第三中学上学；1993年8月—1997年6月在淮北煤炭师范学院学习；1997年6月—2003年7月在窑街煤电公司一中上班；2003年8月—2007年8月在窑街煤电公司三中上班；2007年8月至今在兰州市第七十一中学上班。

0288 李建基

性　　别：男

出生年月：1965-04-16

民　　族：汉族

政治面貌：群众

职　　称：正高

学　　历：大学本科

所在单位：七十一中

通讯地址：兰州市红古区七十一中

成　　就：在省级刊物公开发表相关论文多篇。

0289 邓兰芬

性　　别：女

出生年月：1953-10-31

民　　族：汉族

政治面貌：群众

职　　称：正高

学　　历：大学专科

所在单位：七十一中

通讯地址：兰州市红古区七十一中

简　　介：1985.7—2003.7在窑街矿务局一中任教；2003.8—2007.8在窑街煤电公司三中任教；2008.8—至今在兰州市第七十一中任教。

0290 张秉亭

性　　别：男

出生年月：2014-12-21

民　　族：汉族

政治面貌：党员

职　　称：正高

学　　历：大学专科

所在单位：窑街学校

通讯地址：兰州市红古区窑街学校

成　　就：市级骨干教师，红古区政府第五届督导室督导。1989和2004年两次被评为"兰州市优秀教师"；1996年荣获"甘肃省煤炭系统优秀教育工作者"称号；1996和2003年两次被评为"窑街煤电公司教育处劳动模范"；连续12次荣获窑街煤电公司"园丁奖"；1998和2001年两次被评为"窑街煤电公司优秀党员"；2007年被评为"兰州市红古区优秀教师"；2009年次被评为"红古区优秀教育工作者"；2011年荣获兰州市红古区创先争优"十佳"教书育人楷模荣誉称号；2012年被评为"窑街学校优秀教育工作者"；2013年在首届兰州市中小学校本教材评选活动中荣获"优秀编辑奖"；曾多次被评为学校和教育处、窑街煤电公司"双文明"先进工作者和"工会积极分子"。

简　　介：1976年9月参加工作，1979年2月任教至今，先后担任过窑街煤电公司第二中学英语教研组组长、办公室主任、工会副主席、副校长。

0291　闫万学

性　　别：男

出生年月：1964-04-24

民　　族：汉族

政治面貌：党员

职　　称：正高

学　　历：大学本科

所在单位：七十一中

通讯地址：兰州市红古区七十一中

简　　介：1987.6—2004.12在窑街煤电公司第五中学任教；2005.1—2014.12在兰州市第七十一中学任教。

0292　陈立

性　　别：男

出生年月：1957-05-06

民　　族：汉族

政治面貌：党员

职　　称：正高

学　　历：大学专科

所在单位：七十一中学

通讯地址：兰州市红古区七十一中

成　　就：1997年本人指导的学生参加全国中学生英语能力竞赛高中组有两人获三等奖；2004年本人指导的学生在全国中学生英语能力竞赛中有1人获高二年级组三等奖；从事高中英语教学工作30多年。主要致力于如何提高学生学习语言的兴趣以及对文化的审美能力培养。

0293　王必达

性　　别：男

出生年月：1964-08-28

民　　族：汉族

政治面貌：党员

职　　称：正高

学　　历：博士研究生

所在单位：兰州财经大学

通讯地址：兰州市和平镇微乐大道4号

成　　就：《后发优势与区域发展》，复旦大学出版社（2004.05）。《区际贸易与区域发展》，经济科学出版社（2010.04）。《从资源依赖到创新驱动：我国资源枯竭型地区经济转型研究》，经济科学出版社（2014.04）。获甘肃省社会科学优秀成果奖一等奖1次，二等奖3次。甘肃省科技进步二等奖2007.05）。甘肃省高校社会科学成果一等奖两次。主持并完成国家社科基金项目、教育部新世纪优秀人才支持计划项目和甘肃省社科规划重点项目多项。

简　　介：1989年6月兰州大学经济学系本科毕业后在兰州商学院任教。1994年5月晋升为讲师；1998年7月晋升为副教授；2004年7月晋升为教授；1994年9月至1997年6月在南京大学行政管理专业硕士研究生；2000年9月至2003年6月复旦大学政治经济学专业博士研究生；2003年9月至2005年10月浙江大学管理科学与工程博士后流动站从事研究工作；2003年12月任兰州商学院科技处副处长，2005 年 7 月任兰州商学院研究生处处长，2009 年 5 月任兰州商学院校长助理，2009 年 12 月任兰州商学院副校长。

0294 王法吉

性　　别：男
出生年月：1951-12-15
民　　族：汉族
政治面貌：党员
职　　称：正高
学　　历：大学本科
所在单位：兰州外语职业学院
通讯地址：兰州外语职业学院
成　　就：专业建设。

0295 张存刚

性　　别：男
出生年月：1966-01
民　　族：汉族
政治面貌：党员
职　　称：正高
学　　历：博士研究生
所在单位：兰州财经大学
通讯地址：兰州市和平镇微乐大道 4 号
成　　就：主持"科学发展观与兰州房地产业可持续发展"、"甘肃与江苏企业合作研究"、"兰州地区上市公司后备资源培育与战略性布局研究"等课题研究；出版专著《国有企业内外部关系改革研究》（兰州大学出版社，2003 年 1 月）；发表"当前国内马克思主义政治经济学理论体系的模式演变和认识"（《当代经济研究》2007 年第 12 期）、"中国经济体制改革的实践是对马克思关于人的经济理论的创新与发展"（《甘肃社会科学》2009 年第 5 期）、"《资本论》中的经济协调发展思想及其现实指导意义"（《当代经济研究》2009 年第 11 期）等论文。获得"2007 年度国家发展和改革委员会优秀成果奖三等奖"（2008 年 10 月）、"甘肃省第十一届社会科学优秀成果三等奖（2009 年 5 月）、"甘肃省教学成果奖（教育厅级）"（2010 年 4 月）、"2010 年甘肃省高校思想政治理论课精品课程奖"（2010 年 8 月）、"全国优秀教师"（2014 年 9 月）。
简　　介：现担任经济学院院长，教授，硕士生导师，2002 年毕业于中国人民大学获经济学博士学位。兼任中国资本论研究会理事、中国经济规律研究会理事、全国高等财经院校资本论研究会常务理事、甘肃省行政管理学会常务理事、甘肃省委党校公共管理专业研究生导师组成员、甘肃行政学院客座教授、兰州石化职业学院客座教授、甘肃省委理论宣讲团成员等。现从事研究领域和方向为：资本论研究、政治经济学研究、中国特色社会主义经济理论与实践研究。

0296 周瑛

性　　别：女
出生年月：1970-09-17
民　　族：汉族
政治面貌：党员
职　　称：正高
学　　历：大学本科
所在单位：兰州财经大学商务传媒学院
通讯地址：兰州市和平镇薇乐大道 4 号兰州财经大学商务传媒学院
成　　就：自 2007 年以来，出版专著 2 部，主编教材 2 部，发表论文数 10 篇，其中散文集《动静之水》获第七届甘肃省优秀图书奖（2007 年）、甘肃省第六届敦煌文艺三等奖（2009 年）。近几年，先后获兰州商学院青年教师优秀教学奖、兰州商学院第十一次优秀科研成果奖、第十一届全国多媒体课件大赛优秀奖等表彰。

简　　介：现为兰州商学院商务传媒学院教授，国家级普通话水平测试员。主要从事秘书学、文书学、财经应用文写作和摄影等课程的教学与研究工作。

0297　王娟娟

性　　别：女

出生年月：1980-08-03

民　　族：汉族

政治面貌：党员

职　　称：正高

学　　历：博士研究生

所在单位：兰州财经大学

通讯地址：兰州市和平镇微乐大道4号

成　　就：荣获2013年甘肃省高校教学成果三等奖；荣获2013年甘肃省哲学社会科学暨科技优秀成果三等奖；荣获2012年甘肃高校哲学社会科学优秀成果一等奖；荣评2011年度"陇原青年创新人才扶持计划"资助人员；荣获2010年度兰州商学院科研一等奖；入选兰州商学院231人才工程第二梯队人才；主持国家社科基金项目《青藏高原区生态补偿成本计量及分摊研究》（2012）；国家社科基金项目《青藏铁路沿线旅游业资源开发和保护问题研究（2007）》；国家社科基金项目《西部民族地区牧民定居点可持续发展研究》（2010）；教育部"春晖计划"项目《青藏铁路沿线旅游业资源开发和利用整体规划研究》（2007）；国家民委科研项目《西部民族牧区牧民定居问题研究》（2009）；专著《甘南藏族自治州游牧人口定居的机制、模式与效应研究》（27万字，经济科学出版社，2011.11）。发表论文30余篇。

简　　介：经济学博士，甘肃省宏观经济学学会成员。主要研究领域：区域经济学、生态经济学、环境会计学。主要讲授课程：微观经济学、宏观经济学、制度经济学、区域规划学术专题、政治经济学。

0298　宋华

性　　别：女

出生年月：1964-03-01

民　　族：汉族

政治面貌：党员

职　　称：正高

学　　历：大学本科

所在单位：兰州财经大学

通讯地址：兰州市和平镇微乐大道4号

成　　就：在《兰州大学学报》等刊物发表学术论文20余篇；商务出版社出版专著1部；主持或参与国家级和省部级课题20余项。获奖情况：甘肃省社会科学成果二等奖、甘肃省高校社会科学成果一等、二等奖、兰州商学院优秀教学奖等奖项6项。

简　　介：毕业于兰州大学经济学政治经济学专业。担任敦煌种业、佛慈制药等公司独立董事和省内多家企业的财务顾问。主要研究方向：理论经济学，产业经济学。主要讲授课程：《微观经济学》《宏观经济学》《发展经济学》。

0299　李银仓

性　　别：男

出生年月：1958-06-03

民　　族：汉族

政治面貌：党员

职　　称：正高

学　　历：硕士研究生

所在单位：兰州财经大学外语学院

通讯地址：兰州市榆中县和平镇微薇乐大道

成　　就：出版各种著作；出版多部英语著作。

0300 曹新

性　　别：男
出生年月：1963-04-29
民　　族：汉族
政治面貌：党员
职　　称：正高
学　　历：大学本科
所在单位：敦煌市敦煌中学
通讯地址：敦煌市敦煌中学
成　　就：1998年9月被甘肃省委省政府授予甘肃省"园丁奖"称号；2001年3月被甘肃省委省政府授予甘肃省优秀专家称号；22008年5月被教育部中国中小学幼儿教师奖励基金会评为"全国教育科研杰出校长；2008年5月被中国教育学会中学语文教学专业委员会"创新写作教学研究与实验"课题组评为课题实验学校优秀校长；2008年9月被苏步青数学教育奖理事会评为第八届苏步青数学教育奖二等奖；2009年7月入选酒泉市专业技术拔尖人才；主持的地级课题2000年通过鉴定并于2001年获基础教育成果二等奖。主持承担的1项地级"十五"课题2004年通过酒泉市鉴定。主持承担的3项省级"十五"规划课题分别于2004年和2006，2007年通过省级鉴定。主持承担1项国家级"十五"重点课题的子课题于2006年通过鉴定并获得国家级优秀教育成果二等奖，目前正在主持承担的2项省级"十五"重点课题；3项国家级课题正按计划进行。撰写各种教育教学论文和总结已有200余篇。1992年以来主编出版了《中学数学学习指导》《韦达定理的应用》等著作12本，与人合编《数学学习指导丛书》等2本。
简　　介：1981年参加工作，毕业于甘肃省教育学院数学系（本科）；1989年调入敦煌中学任教；1996年破格晋升中学高级教师。

0301 张书

性　　别：男
出生年月：1957-04-25
民　　族：汉族
政治面貌：党员
职　　称：正高
学　　历：硕士研究生
所在单位：甘肃省嘉峪关市委党校
通讯地址：嘉峪关市社科联
成　　就：多年来，在国家、省级学术刊物发表论文数10篇，个人专著两部，撰写、编辑、修订著作多部。曾获甘肃省第二届"精神文明建设'五个一工程'"奖、首届全省党校系统优秀教师奖、首届甘肃省哲学社会科学二等奖、全国党校系统优秀理论科研奖、全省党校系统教学优质课讲授一等奖等诸多奖项。
简　　介：甘肃省哲学学会理事、（甘肃）中国传统文化学会理事、甘肃敦煌哲学学会理事、教授。大学中文系毕业后，长期从事教学和科研工作。

0302 樊卫宾

性　　别：男
出生年月：1966-02-25
民　　族：汉族
政治面貌：党员
职　　称：正高
学　　历：大学本科
所在单位：天水师范学院政法学院
通讯地址：天水师范学院政法学院
成　　就：近年来在全国中文核心期刊与省级期刊先后发表学术论文20余篇，出版专著1部，主持或参与省部级和地厅级研究课题10余项，获研究成果奖励4项。入选天水师院第三届学科骨干、天水师院"教书育人"先进个人、天水市"222"新世纪创新人才工程市级学术技术带头人、甘肃省"555"创新人才工程第二层次人才、2010年度天水市"园丁奖"。

0303 王德泰

性　　别：男
出生年月：1954-10-24
民　　族：汉族
政治面貌：党员
职　　称：正高
学　　历：大学本科
所在单位：天水师范学院
通讯地址：天水师范学院历史文化学院
成　　就：主要从事清代经济史研究，在《中国经济史研究》等权威刊物发表论文30余篇。主持完成国家社科基金1项。出版学术专著1部。成果获天水市第二、三次哲学社会科学优秀成果一、三等奖。

0304 王文东

性　　别：男
出生年月：1975-02-04
民　　族：汉族
政治面貌：党员
职　　称：正高
学　　历：博士研究生
所在单位：天水师范学院
通讯地址：天水师范学院政法学院
成　　就：主要从事马克思主义理论的教学工作和马克思主义哲学、发展哲学、政治哲学的研究工作，近年来在《哲学动态》《西北农林科技大学学报》《社会科学辑刊》等学术刊物发表论文40余篇，在人民出版社出版专著2部，主持国家、省部级、地厅级、校级科研项目7项，参与完成国家、地厅级项目3项。2003年被评为天水师范学院优秀共产党员、天水师范学院优秀班主任和天水师范学院优秀政治辅导员，2007年获天水市科技进步三等奖，2010年被评为天水师范学院管理育人先进个人，2009年获苏州大学优秀博士论文，著作《当代中国生存问题的哲学研究》于2010年获甘肃省优秀社科成果三等奖，著作《当代中国发展语境中的正义共识研究》于2012年获天水市优秀社科成果二等奖，系列论文《差异性社会视域中的正义共识研究》于2012年获甘肃省高校社科成果二等奖，著作《当代中国发展语境中的正义共识研究》于2013年获甘肃省第十三届优秀社科成果二等奖。

简　　介：哲学博士，教授，任科研处处长。校"青蓝人才"工程人选、天水市第五届青联委员、甘肃省哲学学会常务理事、秘书长。1995.9—1999.6，西北师范大学政法系学习，获法学学士学位；1999.9—2002.6，苏州大学政治与公共管理学院学习，获哲学硕士学位；2002.7—2004.3，天水师范学院政史系工作，任政治辅导员、分团委书记；2005.9—2009.6，苏州大学政治与公共管理学院学习，获哲学博士学位；2010.7—2014.5 天水师范学院经管学院副院长；2012.4—2014.5 天水师范学院团委副书记（主持工作）；2014.5 至今天水师范学院科研处处长。

0305 雍际春

性　　别：男
出生年月：1961-09-29
民　　族：汉族
政治面貌：党员
职　　称：正高
学　　历：大学本科
所在单位：天水师范学院
通讯地址：天水师范学院教务处
成　　就：出版《天水放马滩木版地图研究》

等专著 3 部，合作出版《抗日战争中的回族》等著作 2 部；主编《陇右文化概论》、参编《中国历史文选》等教材 3 部；在《中国史研究动态》《中国历史地理论丛》《光明日报》等报刊发表《论历史文化地理学的研究对象、科学内容及其任务》《论天水秦文化的形成及特点》《两汉流民问题初探》《论北宋对陇中地区的经济开发》《天水远古文化与中华文明》《地域文化研究与弘扬民族精神》等各类学术论文及有关文章 70 多篇。主持国家社科基金项目《秦早期历史及其文化形态研究》等国家、省（部）、市级各类社科项目 20 余项；获甘肃省"五个一"工程奖等各类学术奖励 19 项，其中，省级以上学术奖 5 项，市级奖励 10 项。

简　　介：现为天水师范学院历史文化学院教授，省高校人文社会科学重点研究基地陇右文化研究中心主任。学术兼职有陕西师范大学兼职教授、西北师范大学硕士生导师，省历史学会、民俗学会、秦文化研究会、轩辕文化研究会副会长，天水市科技顾问团成员等。入选省领军人才第一层次，获国务院政府特殊津贴，为省重点学科专门史学科、历史学特色专业和中国古代史教学团队带头人。主讲《中国通史》《中国古代史》《中国历史要籍及选读》《中国历史地理》《人文科学概论》等主干课程。

0306　陈晓龙

性　　别：男
出生年月：1962-07-25
民　　族：汉族
政治面貌：党员
职　　称：正高
学　　历：博士研究生
所在单位：天水师范学院
通讯地址：天水师范学院

成　　就：主要从事中国哲学、先秦诸子、中国传统文化、中国近代实证主义和唯意志主义及中国社会近代化过程中的思想文化转型研究。在高等教育出版社、华东师大出版社等出版学术专著 6 部。在《哲学研究》《中国哲学史》《华东师范大学学报》等报刊发表先秦诸子与传统文化等方面学术论文 30 余篇。博士论文《知识与智慧——金岳霖哲学研究》被"高校文科博士论文库"收录、《知识与智慧——金岳霖、冯契对时代问题的哲学深思》被"中国博士论文库"收录。先后承担国家社科基金、甘肃社科基金重大研究等项目 13 余项。曾获甘肃"五个一工程"奖、甘肃社科成果一等奖、甘肃教学成果一等奖等教学科研奖励 12 项。

简　　介：博士生导师。担任全国人学学会理事、全国辩证唯物主义学会理事、中国哲学史学会会员、甘肃省哲学学会会长。

0307　杨小敏

性　　别：女
出生年月：1966-11-01
民　　族：汉族
政治面貌：党员
职　　称：正高
学　　历：博士研究生
所在单位：天水师范学院
通讯地址：天水师范学历史文化学院

成　　就：主要从事中国古代史的教学和科研工作，先后主讲《中国古代史》《隋唐史专题》《资治通鉴讲读》《女性文化专题》等课程。在权威或核心刊物发表论文近 30 篇。主持教育部项目 1 项，参与国家社科重点项目 1 项。在国家级出版社出版专著 1 部。获甘肃省第十三届社科奖三等奖 1 项，省高校社科奖三等奖 1 项。现任天水师范学院教授、研究生导师。

简　　介：历史文化学院教授，历史学博士。任中国宋史学会会员、甘肃省历史学会会员。1990年毕业于兰州大学历史系，获学士学位；2001年在西北师范大学获硕士学位；2010年在首都师范大学获博士学位。

0308　李志孝

性　　别：男
出生年月：1962-12-09
民　　族：汉族
政治面貌：党员
职　　称：正高
学　　历：大学本科
所在单位：天水师范学院
通讯地址：天水师范学院文学与文化传播学院办公室
成　　就：主讲中国现代文学、中国现代批评家研究、中国现当代戏剧研究等课程，承担甘肃省社科规划项目1项，省教育厅社科项目2项。在《文艺报》《文艺理论与批评》《文艺争鸣》《当代文坛》等学术刊物发表论文40多篇，出版专著1部。获天水市社科成果二等奖1项，甘肃省高校社科成果三等奖2项，曾获甘肃省优秀教学成果奖教育厅级奖，天水师范学院教学成果一等奖。先后获天水市"园丁奖"1次，天水师范学院教书育人先进个人2次。
简　　介：1983年7月毕业于西北师范大学中文系，文学与文化传播学院三级教授。

0309　郭昭第

性　　别：男
出生年月：1966-11-04
民　　族：汉族
政治面貌：党员
职　　称：正高
学　　历：大学本科
所在单位：天水师范学院
通讯地址：天水师范学院文学与文化传播学院办公室
成　　就：先后主讲文学概论、美学原理、艺术哲学、国学经典导读、语文学科基础与前沿问题等课程。主持、参与或完成《中国文学经典的生命智慧研究》国家社科基金项目等6个，已出版专著和教材13部，发表学术论文60余篇，科研成果获地厅级以上奖励11项。其中《大知闲闲：中国生命智慧要》2013年获甘肃省第十三次社会科学优秀成果一等奖。教学成果获地厅级以上奖励9项，主持《国学智慧教育创新实验研究》2014年获甘肃省教学成果一等奖。1993年获甘肃省"园丁奖"，1998年被评为中国教育学会中学语文教学专业委员会优秀教师，同年获曾宪梓教育基金二等奖，2009年获甘肃省第十六届青年教师成才奖，2010年被聘为甘肃省领军人才，2013年被评为甘肃省宣传文化系统"四个一批"理论界人才。
简　　介：现任天水师范学院文学与文化传播学院院长、二级教授。甘肃省美学学会常务理事，甘肃省高校人文社科重点研究基地陇东南民间文艺研究中心主任，文艺学省级重点学科、文学理论省级精品课程、文艺理论省级教学团队负责人。

0310　刘雁翔

性　　别：男
出生年月：1963-12-29
民　　族：汉族
政治面貌：民主党派
职　　称：正高
学　　历：大学本科
所在单位：天水师范学院
通讯地址：天水师范学院历史文化学院
成　　就：著有《伏羲庙志》《杜甫秦州诗

别解》等专著 3 部，合著《天水史话》等专著 3 部，主编《天水市志》（下卷）。发表专业论文 60 多篇。主持完成国家社科基金项目《黄河流域伏羲祠庙与伏羲信仰研究》。现任天水师范学院教授、研究生导师，学术兼职有中华伏羲文化研究会常务理事等。社会兼职有甘肃省政协委员等。2011 年入选天水市领军人才。2013 年北京大学访问学者。

简　　介：1987 年兰州大学历史系毕业。历史文化学院教授。主要从事地域文化及中国古代史研究。讲授《敦煌学概论》《天水历史文化专题》等课程。

0311 安涛

性　　别：男
出生年月：1962-01-03
民　　族：汉族
政治面貌：党员
职　　称：正高
学　　历：大学本科
所在单位：天水师范学院
通讯地址：天水师范学院文学与文化传播学院
成　　就：主要从事文学理论、胡风文艺思想研究等课程的教学和研究工作。主持和完成国家社科基金项目《20 世纪马克思主义文学理论研究》等各级各类项目多项，在《文艺理论与批评》《兰州大学学报》等核心刊物发表文章 20 余篇，在中国社会科学出版社出版专著《盛唐士人求仕活动与文学》（合著），多项教学和科研成果获甘肃省社科成果奖、甘肃省高校社科成果奖、天水市社科成果奖、甘肃省教学成果奖。

简　　介：1982 年 7 月毕业于西北师范大学中文系，1998 年获华东师范大学现当代文学专业硕士学位。现为天水师范学院党委委员、副院长，文学与文化传播学院教授。

0312 马建东

性　　别：男
出生年月：1963-09-28
民　　族：汉族
政治面貌：党员
职　　称：正高
学　　历：硕士研究生
所在单位：天水师范学院
通讯地址：天水师范学院文学与文化传播学院
成　　就：先后讲授"古代汉语""现代汉语""音韵学概论""语言学理论"等课程。在汉语史、秦汉时期语言文化、天水方言、教育教学决策与管理等领域开展研究，共出版专著 4 部，有 2 部分别获甘肃省社科二等奖、甘肃高教社科三等奖；发表专业学术论文 20 余篇，教育和教育管理类论文 6 篇。曾获甘肃省教研一等奖 1 项、学校教研一等、二等奖各 1 项，天水市科学进步二等奖 2 项。所主持主讲的"古代汉语"是甘肃省级精品课程。

简　　介：1988 年从西北师范大学汉语史硕士研究生毕业，当年任教于天水师范学院。现任天水师范学院院长、文学与文化传播学院三级教授。

0313 吴卫东

性　　别：男
出生年月：1963-05-02
民　　族：汉族
政治面貌：党员
职　　称：正高
学　　历：大学本科
所在单位：天水师范学院
通讯地址：天水师范学院政法学院
成　　就：从事哲学的教学和研究工作，主讲《马克思主义哲学原理》《生存哲学专题研究》《哲学原著选读》《哲学导论》等 10 余门课程，发表专业论文 40 余篇，出版学术专著 3 部，组织、承担、积极完成各级各类教研、科研课题 10 余项。《关于生存根本问题的哲学思考》系列论文，获甘肃省高校社会科学成果三等（2002 年），《高校"两课"教学走实践战略之路的探索与研究》获甘肃省教学成果二等奖（2005 年），《生存之思——当代社会生存问题的哲学研究》专著获甘肃省高校社会科学成果二等奖（2006 年），《生存哲学之"人的生存质量"系列研究》获甘肃省社会科学优秀成果三等奖（2007 年），天水市第二次社会科学优秀成果一等奖（2007 年），主持国家社会科学基金项目《当代中国生存问题的哲学研究》，以良好成绩顺利结项，由人民出版社出版，并获甘肃省社会科学优秀成果三等奖（2010 年），天水市社会科学优秀成果一等奖（2011 年）。先后荣获天水市园丁奖、天水师范学院教书育人奖、甘肃省优秀主编和省高校青年教师成才奖等。

简　　介：1986 年毕业于西北师范大学政治系政教专业。教授，2007 年被聘为兰州交通大学兼职硕士生导师。现为学校硕士生导师，任天水师范学院学术带头人、学术委员，甘肃省哲学学会常务理事，天水市哲学学会副会长。

0314 马超

性　　别：男

出生年月：1960-03-28

民　　族：汉族

政治面貌：党员

职　　称：正高

学　　历：大学本科

所在单位：天水师范学院，

通讯地址：天水师范学院文学与文化传播学院

成　　就：先后任中文系主任、文史学院党总支书记、院长，现为文学与文化传播学院二级教授、校党委组织部部长。兼任甘肃省当代文学研究会副会长、甘肃省文学院特约评论员、西北师范大学中文系教授、硕士生导师。长期从事中国现当代文学、女性文学等课程的教学和相关研究，在《文艺理论研究》《文艺理论与批评》《当代文坛》等国家核心刊物发表文章 20 多篇，出版《20 世纪中国女作家述论》《百年新诗百篇导读》等著作 3 部，曾先后 4 次获得甘肃省教学成果奖，先后获得甘肃省高等学校"教书育人"奖、"曾宪梓教育基金会"全国高校教师奖，甘肃省高校第 6 届"青年教师成才奖"，甘肃省"园丁奖"等奖项。研究成果先后 3 次获甘肃省高校及甘肃省社科优秀成果奖。现正主持 1 项省社科规划项目和 1 项国家社科基金项目《中国现当代女性文学与妇女解放思潮互动关系研究》。

简　　介：1982 年 7 月毕业于西北师范大学中文系，1998 年获华东师范大学现当代文学专业硕士学位。

0315 王元忠

性　　别：男

出生年月：1964-05-26

民　　族：汉族

政治面貌：民主党派

职　　称：正高

学　　历：博士研究生

所在单位：天水师范学院

通讯地址：天水师范学院文学与文化传播学院

成　　就：主要从事文学理论和中国现当代文学的教学和研究，出版个人学术研究专著 2 部：《艰难的现代——中国现代诗歌特征性个案研究》（中国社会科学出版社，2007年2月版），《鲁迅的写作与民俗研究》（中国社会科学出版社，2010年6月版）。参编教材1部：《人文科学导论》（陕西师范大学出版社，2009年8月版）。先后在《文学理论和批评》《当代文坛》《兰州大学学报》《陕西师范大学学报》等刊物上发表论文30多篇。完成1项省教育厅社科项目，目前主持1项国家社科基金项目和1项省教育厅项目的研究，参与1项他人主持的国家社科基金项目研究。曾获1998—2000年度教书育人先进个人、校第二、第三届"中青年教学骨干"、校第二届"优秀教师"等荣誉和甘肃省教育教学优秀成果奖。专著《鲁迅的写作与民俗文化》2013年获甘肃省社科二等奖、甘肃省高校社科一等奖。

简　　介：天水师范学院文史学院二级教授，文学博士，天水师范学院学报编辑部主任、执行主编。

0316　王建强

性　　别：男

出生年月：1966-09-10

民　　族：汉族

政治面貌：党员

职　　称：正高

学　　历：大学本科

所在单位：天水师范学院

通讯地址：天水师范学院商学院

成　　就：主讲《西方经济学》《微观经济学》《宏观经济学》《证券投资学》《证券投资理论与实务》等课程。近年来主编《国际经济学理论及政策研究》专著1部，参编《会计学基础模拟实训教程》《会计学基础》《中级财务会计》等高等教育"十二五"规划教材3部，分别在科学出版社、中国铁道出版社等国家级出版社出版，在全国多个高校使用。发表专业论文40余篇。主持完成天水市科技局项目1项。参与完成甘肃省教育厅项目1项、天水市科技局项目1项。近年来获甘肃省教学成果奖1项、获天水市科技进步二等奖2项。

简　　介：现为天水师范学院经济学教授。1990年7月毕业于西北师范大学经济系，获经济学学士学位；1998.7—2000.7在西北师范大学"课程与教学论"专业研究生课程进修班学习，获结业证书；2000.8—9在北京大学中国经济与社会发展研究中心学习发展经济学，师从林毅夫教授。1990—1996年先后在甘肃省天水市秦城区经济委员会、天水市锅厂（1年）、天水市针织二厂（2年）、秦城区经协实业公司（2年）工作，1996年调入天水师范学院工作至今。先后担任过天水团市委委员、秦城团区委常委、秦城区经委团委书记、天水市针织二厂副厂长、秦城区经协实业公司经理、天水师范学院陇东南经济社会发展研究中心办公室主任等职。

0317　汪聚应

性　　别：男

出生年月：1966-01-23

民　　族：汉族

政治面貌：党员

职　　称：正高

学　　历：博士研究生

所在单位：天水师范学院

通讯地址：天水师范学院文学与文化传播学院

成　　就：主要从事中国古代文学与文化的教学与研究，讲授"中国古代文学""中国侠文化""唐诗研究""中国古代诗歌史论""学术论文写作"等课程。在国家核心刊物发表论文40多篇，在中华书局等国家级出版社出版专著3部，参编两部。其学术论著及其学术观点被多家刊物引用、转载或加以介绍。论文专著获甘肃省社会科学成果奖三等奖3次，获甘肃省高校社科成果奖二等奖3次。在教育教学研究方面，主持或参与的教学成果多次获省级奖。获甘肃省教学成果省级二等奖2次，获甘肃省省级教学成果一等奖1次、三等奖2次。曾获省厅各种奖励多项。主持省、厅级以上科研项目7项，其中主持国家社会科学基金项目2项。

简　　介：文学博士，国家二级教授，甘肃省领军人才，甘肃省省级教学名师、省宣传文化系统"四个一"拔尖人才，教育部高等学校本科教学评估专家库专家。先后担任天水师范学院中文系副主任、文史学院院长、教务处处长，现为天水师范学院党委委员、副院长。天水师范学院学术带头人、中国古代文学重点学科带头人；西北师范大学兼职教授、硕士研究生导师；甘肃省古代文学学会、唐代文学学会副会长；省语言文字工作咨询委员会委员；省教育体制改革试点项目专家，中国高等教育研究会理事，天水市高中新课程改革指导委员会委员，天水市文联副主席。

0318 何建华

性　　别：女

出生年月：1967-08-03

民　　族：汉族

政治面貌：党员

职　　称：正高

学　　历：大学本科

所在单位：天水师范学院

通讯地址：天水师范学院商学院

成　　就：主讲《会计学基础》《会计学基础模拟实验》《中级财务会计》《中级财务会计实验》《税务会计》等课程。甘肃省精品课程主持人，主持《会计学基础》省级精品课程的建设工作，甘肃省级精品课程《财务会计》的主讲人。近年来主编《会计学基础模拟实训教程》《会计学基础》《中级财务会计》等高等教育"十二五"规划教材3部，分别在科学出版社、中国铁道出版社等国家级出版社出版，在全国多个高校使用。发表专业论文40余篇。主持完成甘肃省教育厅项目1项、校列项目3项。参与完成甘肃省社科项目1项、甘肃省教育厅项目1项、天水市科技局项目2项。近年来获甘肃省教学成果奖1项、获天水市科技进步二等奖2项、指导的学生获甘肃省大学生"挑战杯"二等奖1次、获"教书育人先进个人"称号2次，2013年被评为天水师范学院"师德先进个人"。

简　　介：现为天水师范学院会计学教授。1990年大学毕业后在天水市职业技术学校任教，并担任校团委书记。1997年2月调入天水师范学院，从事会计学专业的教学与研究工作。在教学中，非常注重学生实践技能的培养，多年负责指导学生的校内会计模拟实验与到企业进行实训的工作。

0319 付元恒

性　　别：男

出生年月：1961-05-18

民　　族：汉族

政治面貌：群众

职　　称：正高

学　　历：大学本科

所在单位：甘谷县安远学区

通讯地址：甘谷县人社局

成　　就：论文《挖掘语文教材因果，培养学生创新精神》《初中语文新课导入法》《学校管理应以人为本》等论文发表于甘肃教育、甘肃日报、教育周刊等报刊杂志。在教育工作中，本人能充分认识到德育工作的重要性，始终把德育工作放在首位，培养学生高尚的情操，帮助学生树立正确的世界观、人生观和价值观。任教35年来，多年连续被学区评为"优秀班主任"。在教学中能鼓励学生大胆创新、勇于探索，效果显著。

简　　介：1983年—1985年就读于天水师范学校；1990年—1993年攻读兰州大学汉语言文学自考大专；2005年—2008年攻读兰州大学汉语言文学自考本科；1979年9月—1983年8月任教于大石乡集门小学语文教师及班主任工作；1985年—2004年任教于安远乡何家坪初中语文教师及班主任工作；2005年—2012年任教于谢家湾乡永丰初中语文教师及班主任工作；2012年至今任教于安远店子初级中学语文教师及班主任工作。

0320　祖廷勋

性　　别：男

出生年月：1963-02-23

民　　族：汉族

政治面貌：党员

职　　称：正高

学　　历：硕士研究生

所在单位：河西学院科技处

通讯地址：甘肃省张掖市环城北路846号河西学院

成　　就：主持或参与国家部、省级和地、厅级研究项目13项，获各类项目奖12项。其中，获甘肃省科技进步三等奖2项、技术发明三等奖1项；获甘肃省社科成果二等奖1项、三等奖1项；获张掖市科技进步一等奖1项、二等奖1项、技术发明一等奖1项、二等奖1项；教育厅科技进步一等奖1项，二等奖2项。从事技术创新，与同仁合作共申请国家各类专利38项。其中，授权发明专利3项，实用新型专利5项，外观设计专利15项；研究开发的螺旋藻系列产品获甘肃省优秀新技术新产品奖；在国内核心期刊发表专业学术论文25篇，出版《产学研合作发展研究》著作1部。

简　　介：张掖市管拔尖人才、河西学院"祁连学者"、教授。主要从事农学、农业经济学教学与研究，微藻应用研究及开发工作。曾任甘肃凯源生物技术开发中心主任，甘肃省微藻工程技术研究中心主任。现为河西学院科技处处长，生物经济技术开发研究所所长。

0321　唐志强

性　　别：男

出生年月：1972-12-22

民　　族：汉族

政治面貌：党员

职　　称：正高

学　　历：博士研究生

所在单位：河西学院教学评估督导处

通讯地址：甘肃省张掖市环城北路846号河西学院

成　　就：主持完成甘肃省哲学社会科学规划项目、省教育科学"十一五"规划项目、省教育厅研究生导师项目、河西学院教学方法改革项目等省、厅、校级教学科研项目8项。参编教材1部，在《企业管理》《统计与决策》《甘肃社会科学》《西北师范大学学报》等刊物发表学术论文24篇。获得甘肃省高校教学优秀成果奖1项；甘肃省高校社科成果一等奖2项、二等奖1项；甘肃省大学生"挑战杯"竞赛优秀指导教师；河西学院教学优秀奖；河西学院"优秀共产党员"等荣誉称号。

简　　介：现为河西学院教学评估督导处处长。中国未来发展研究会会员、甘肃省投资学会会员。现主要从事区域经济、产业经济、国际贸易等教学和科研工作。

0322 郭炳

性　　别：男

出生年月：1970-03-18

民　　族：汉族

政治面貌：党员

职　　称：正高

学　　历：硕士研究生

所在单位：河西学院信息技术与传媒学院

通讯地址：甘肃省张掖市环城北路 846 号河西学院

成　　就：发表省级以上论文 15 篇，出版专著 2 部，主持并完成校级以上科研项目 2 项。

简　　介：河西学院信息技术与传媒学院教师，主要承担《教育技术学》等专业课教学任务。

0323 闫廷亮

性　　别：男

出生年月：1968-06-08

民　　族：汉族

政治面貌：党员

职　　称：正高

学　　历：博士研究生

所在单位：河西学院历史文化与旅游学院

通讯地址：甘肃省张掖市环城北路 846 号，河西学院

成　　就：获地厅级以上科研奖励 4 次；主持地厅级科研项目 2 项；专著 1 部，参编 1 部；核心论文 4 篇。

简　　介：1990 年西北师范大学历史系本科毕业；1999 年获西北师范大学中国古代史硕士学位；2006 年—2009 年考入南开大学历史学院师从张国刚先生攻读博士研究生，获历史学博士学位；主要从事隋唐社会史、河西历史与文化的教学研究。任教以来先后讲授"中国古代史""中国历史文选""敦煌学概论"等课程。现为河西学院历史文化与旅游学院教授、院党总支书记。甘肃省历史学会理事，国家职业技能考评员、甘肃省导游资格考试考评员、汉语导游员。

0324 杨芳

性　　别：女

出生年月：1965-03-18

民　　族：汉族

政治面貌：党员

职　　称：正高

学　　历：大学本科

所在单位：河西学院党委宣传部

通讯地址：甘肃省张掖市环城北路 846 号，河西学院

成　　就：发表省级以上论文 20 余篇，出版专著 2 部，主持并完成校级科研项目 10 项，厅级以上项目 4 项。2007 年被甘肃省高校工委授予"甘肃省高等学校优秀思想政治工作者"荣誉称号。2010 年主持的《毛泽东思想和中国特色社会主义理论体系概论》被省教育厅评为精品课程。2012 年主讲的《全面建设小康社会》被省教育厅评为"精彩一课"。主持的《毛泽东思想和中国特色社会主义理论体系概论》被评为校级精品课程。

简　　介：现任河西学院党委宣传部部长，政法学院教师。主要承担思想政治理论课及思想政治教育《中国化马克思主义》等专业课教学任务。历任河西学院"两课"部副主任、政法系副主任、政法系党总支书记、政法学院院长兼马克思主义学院院长。

0325 高荣

性　　别：男

出生年月：1966-03-17

民　　族：汉族

政治面貌：民主党派

职　　称：正高

学　　历：博士研究生

所在单位：河西学院组织部

通讯地址：甘肃省张掖市环城北路846号河西学院

成　　就：获地厅级以上科研奖励10次；主持完成国家社科项目1项，厅级科研项目4项；主编《河西通史》1部，个人专著1部；核心论文25篇。

简　　介：1986年西北师范学院历史系本科毕业后，即在河西学院任教至今。其间，1996—1999年、2003—2006年先后在中山大学攻读研究生，获历史学硕士和博士学位，后进入兰州大学历史文献学（敦煌学）博士后流动站从事博士后研究，2012年3月出站。从教二十多年来，先后承担"中国古代史""中国历史要籍介绍及选读""史学概论""河西史专题研究""西北民族史"等课程的教学。主要从事秦汉史、简牍学、西北边疆史和河西地方史研究，现任中共河西学院党委委员、河西学院组织部部长、河西学院敦煌学与河西民族史研究所所长、《河西学院学报》副主编、河西学院省级重点学科带头人和学科建设主持人、甘肃省人文社科重点研究基地"河西史地与文化研究中心"负责人，甘肃省历史学会副会长、甘肃省敦煌学会理事。

0326　吴浩军

性　　别：男

出生年月：1964-12-18

民　　族：汉族

政治面貌：群众

职　　称：正高

学　　历：大学本科

所在单位：河西学院文学院

通讯地址：甘肃省张掖市环城北路846号

成　　就：主持完成2007年甘肃省教育厅科研计划项目"酒泉民族旅游资源开发研究"（0724B-01）和2008年甘肃省教育厅科研计划项目"河西古旧方志研究"（0815B-02），主持2011年教育部人文社会科学研究规划基金项目"敦煌墓葬文献研究"（11YJA770053）和2012年度国家社会科学基金西部项目"敦煌金石文献整理研究"（批准号：12XZS002）；出版《酒泉地域文化丛稿》（26万字）；在《敦煌研究》《中国历史地理论丛》《中国地方志》《文史知识》等刊物发表学术论文40余篇，出版书著《酒泉地域文化丛稿》《肃州新志校注》（合著）、《重修肃州新志校注》（合著）等。2012年被河西学院聘为祁连学术带头人。

简　　介：河西学院文学院教授。甘肃省古代文学学会常务理事，甘肃省历史学会常务理事，甘肃敦煌学学会理事。主讲《古代文学》《古代汉语》《古代文论》《美学原理》等课程。从事河西文献整理及河西地域文化研究。

0327　杜军林

性　　别：男

出生年月：1969-10-10

民　　族：裕固族

政治面貌：党员

职　　称：正高

学　　历：博士研究生

所在单位：河西学院政法学院

通讯地址：甘肃省张掖市环城北路846号河西学院

成　　就：获地厅级以上7次科研奖励（省高校社科成果二等奖、青年教师成才奖、省级精品课程、校级教学优秀奖等）；主持（或完成）社科规划项目4项（地厅级以上）；主编专著3部，共完成49.4万字；发表核心期刊以上论文 11 篇。

简　　介：河西学院政法学院教授，院长助理，兰州大学法学博士，美国哥伦比亚大学访问学者兼博士后，中国裕固族研究学会、甘肃省高校思想政治工作研究会、甘肃省政治学学会、甘肃省哲学学会会员，河西学院马克思主义研究所、河西经济发展研究所、河西学院思想政治工作研究会会员等。先后在西北师范大学政治系、中国人民大学马克思主义学院、兰州大学政治与行政学院、北京语言大学、美国哥伦比亚大学等高等院校就读。2010 年 6 月，毕业于兰州大学政治与行政学院，获法学博士学位。主要从事马克思主义理论、民族政治学等教学研究工作。先后主讲的全校通识教育和专业课程共计 10000 多学时，并荣获教学优秀奖。

0328　王丁宏

性　　别：男
出生年月：1966-09-21
民　　族：汉族
政治面貌：党员
职　　称：正高
学　　历：硕士研究生
所在单位：河西学院经管学院
通讯地址：甘肃省张掖市环城北路 846 号，河西学院

成　　就：先后在《江汉论坛》《未来与发展》《当代经济研究》等全国中文核心期刊和省级期刊上发表论文 30 余篇，出版专著 1 部。先后主持完成省、厅、校级科研课题 6 项，曾获甘肃省高校优秀社会科学成果二等奖、甘肃省哲学社会科学成果三等奖，获甘肃省第十届高校青年老师成才奖、张掖市科技拔尖人才、河西学院教学优秀奖、河西学院学术带头人、河西学院优秀教师、张掖市优秀共产党员等荣誉称号。现为河西学院重点学科——区域经济学学科带头人。

简　　介：经济学教授，现为河西学院经管学院院长。1985—1989 年就读于西北师范大学政治教育本科专业，获法学学士学位；1995—1998 年，就读于陕西师范大学政治经济学专业，获经济学硕士学位；长期从事经济学的教学和研究工作。

0329　杜明奎

性　　别：男
出生年月：1970-09-03
民　　族：汉族
政治面貌：党员
职　　称：正高
学　　历：大学本科
所在单位：河西学院就业指导中心
通讯地址：甘肃省张掖市环城北路 846 号，河西学院

成　　就：先后在《甘肃社会科学》《社会科学战线》等期刊发表论文多篇，出版专著一部。先后主持省级、厅级、校级科研项目 4 项，获省、地、厅级各类奖项 10 余次。

简　　介：河西学院河西学院经管学院教师，河西学院就业指导中心主任。主要承担《世贸组织与中国经济》《发展经济学》等课程的教学任务。

0330　刘新民

性　　别：男
出生年月：1960-12-25
民　　族：汉族
政治面貌：党员
职　　称：正高
学　　历：大学本科
所在单位：河西学院外语学院
通讯地址：甘肃省张掖市环城北路 846 号河西学院

成　　就：发表核心期刊论文 10 篇；主编专著两部，共完成 89 万字；完成省级科研项目 1 项，主持省级科研项目 1 项；获省级科研奖励 1 项，获校级科研奖励 1 项。曾多次获优秀教师、教学优秀奖获得者、优秀班主任、优秀党员及优秀辅导教师的光荣称号。先后在《人民日报·理论版》《光明日报·理论版》《中国教育报》《电化教育研究》《教师教育研究》等报纸和学术刊物上发表论文 40 多篇，在全国中文核心期刊（CSSCI）和报刊上发表论文 13 篇。

简　　介：河西学院外国语学院教授。祁连学术带头人，学校教学团队带头人（大学英语教学团队）。1982 年 9 月至 1984 年 6 月，在张掖师专英语系学习；1993 年 8 月至 1995 年 6 月，在西北师范大学外语系学习；1984 年 7 月至 2004 年 7 月，在张掖中学任教；2004 年 8 月至今，在河西学院外国语学院任教。中国教育学会外语教学专业委员会会员、河西学院教学指导委员会委员、学报编辑委员会委员。主要担任大学外语教学部大学英语课及英语阅读与写作技能课的教学任务。

0331　王锐

性　　别：男

出生年月：1971-10-27

民　　族：汉族

政治面貌：民主党派

职　　称：正高

学　　历：大学本科

所在单位：河西学院文学院

通讯地址：甘肃省张掖市环城北路 846 号，河西学院

成　　就：曾在《文艺理论与批评》《民族文学研究》《民族文学》《西藏研究》《中南民族大学学报》《当代文坛》《宁夏社会科学》等刊物发表论文 50 余篇。出版专著《裕固族当代文学创作论》。主持过多项教育部、省厅级科研项目。参与一项国家社科基金项目。先后荣获甘肃省高校教学成果奖，甘肃省高校社科成果奖 2 次，张掖市社科成果奖 2 次，甘肃省社科院青年社科成果奖，甘肃省高校青年教师成才奖，河西学院祁连学术带头人，河西学院青年骨干教师，甘肃省大学生挑战杯优秀指导教师等多种奖项或荣誉称号。

简　　介：西北师范大学文学硕士，2008 年 8 月晋升河西学院文学院副教授。现主要研究方向为中国当代文学，中国当代少数民族文学。系中国民族文学研究会理事，中国裕固族研究学会理事等。

0332　杨瑚

性　　别：男

出生年月：1970-05-08

民　　族：汉族

政治面貌：党员

职　　称：正高

学　　历：硕士研究生

所在单位：河西学院经管学院

通讯地址：甘肃省张掖市环城北路 846 号，河西学院

成　　就：主持省、厅及学校课题 3 项，参与国家、省、厅和学校课题 6 项，主持和完成企业横向课题 10 多项。主编教材 3 部，参编教材 1 部。先后在《科技管理研究》《统计与决策》《当代财经》《生产力研究》和《财会研究》等杂志发表论文 20 余篇。获省厅级奖励 6 次。

简　　介：河西学院经管学院教师，管理教研主任。主要从事企业管理的教学与研究，承担《财务管理》《电算会计》《商品学》《人力资源管理》《企业文化》等课程的教学。

0333 程建功

性　　别：男
出生年月：1962-08-18
民　　族：汉族
政治面貌：民主党派
职　　称：正高
学　　历：大学本科
所在单位：河西学院文学院
通讯地址：甘肃省张掖市环城北路846号，河西学院
成　　就：获省高校社科成果二等奖1次，省高校教学成果奖三等奖1次。主持完成省高校硕士生导师科研项目2项，参与完成省社科项目1项，参与完成教育部社科项目1项；出版专著1部，参编教材和著作6部。发表核心期刊以上论文12篇。自1989年起关注易学研究，先后在《孔子研究》《周易研究》《甘肃社会科学》《宁夏大学学报》《船山学刊》《理论界》《名作欣赏》《中学语文教学》等刊物发表学术论文37篇。2001年9月获河西学院优秀教师称号，2005年9月获河西学院优秀班主任称号，2007年11月辅导的学生获"雅言经典·中华诗文诵读比赛"大中专学校三等奖，2009年4月主持建设的古代汉语课程被确定为河西学院校级精品课程，2011年9月被评为河西学院师德标兵。
简　　介：民盟盟员。1987年毕业于甘肃教育学院中文系。现为河西学院文学院教授、河西文化研究所副所长，兼任民盟河西学院总支副主委。为河西学院学术委员会委员、河西学院工会委员会委员、河西学院教学督导委员会委员。先后担任教材教法、大学语文、古代汉语、周易讲座等课程的教学工作，现主要从事古汉语教学与易学及古代文化研究。

0334 杨林昕

性　　别：男
出生年月：1964-11-12
民　　族：汉族
政治面貌：党员
职　　称：正高
学　　历：大学本科
所在单位：河西学院文学院
通讯地址：甘肃省张掖市环城北路846号
成　　就：出版学术专著2部，主持省社科项目2项，获省级社科奖励4次，获文化部等国家级书法奖励10余次。近年来主要从事新诗研究、红楼梦研究以及书法创作。曾在《人民日报·理论版》《光明日报·理论版》《甘肃社会科学》《兰州大学学报》《学术交流》《写作》《北方论丛》《西北民族大学学报》等刊物上发表学术论文40余篇，参编著作及教材6部，主编《写作训练教程》教材1部。曾获校师范技能大赛一等奖、校优秀教师、优秀班主任、优秀教研室主任、教学优秀奖等奖励。主持的《写作学》课程教学2008年被评为校级精品课程、2010年被评为省级精品课程。
简　　介：写作与文论教研室主任。主要担任文学概论、新诗研究、红楼梦研究、写作、新闻采编、书法等课程的教学。

0335 党万生

性　　别：男
出生年月：1970-03-10
民　　族：汉族
政治面貌：群众
职　　称：正高
学　　历：博士研究生
所在单位：河西学院文学院
通讯地址：甘肃省张掖市环城北路846号。河西学院

成　　就：主持省教育厅研究生导师项目 1 项；参编专著 2 部，共完成 5 万字；发表核心期刊以上论文 2 篇。近年来在《宁夏大学学报》《甘肃社会科学》等刊物上发表学术论文 10 余篇，参编《历代赋评注》等专著 2 部。主持甘肃省教育厅研究生导师科研计划项目《孔子文学思想研究》等省、校级科研项目 3 项，参与《从封国到帝国：地域文化背景下的秦文学研究》《东西方文化交流视野下的河西文学研究》等国家社科研究项目 4 项。曾数次获河西学院"优秀班主任"称号、"教学优秀奖"，2013 年获张掖市"优秀教师"称号。

简　　介：河西学院文学院教授、副院长，中国古代文学专业博士。任甘肃省古代文学学会理事，甘肃省先秦文学与文化研究中心会员。主讲《古代文学》《先秦两汉文学专题》《教师口语》等课程。

0336　黄大祥

性　　别：男
出生年月：1964-08-22
民　　族：汉族
政治面貌：党员
职　　称：正高
学　　历：硕士研究生
所在单位：河西学院图书馆
通讯地址：甘肃省张掖市环城北路 846 号。河西学院
成　　就：主持完成教育厅项目 2 项，主持国家社科项目 1 项；主编教材 2 部，共完成 30 万字；专著（合著）2 部，完成 20 万字；发表核心期刊论文 7 篇。主持完成教改项目两项，校级精品课程建设两门。主持校级重大教学改革项目一项，主持完成省教育厅科学研究项目两项。研究项目"河西走廊方言地域文化研究"获 2013 年国家哲学、社会科学基金项目资助。出版专著两部，教材两部，在《敦煌研究》《方言》等权威杂志发表论文多篇。曾获"甘肃省高校青年教师成才奖"等奖励。

简　　介：河西学院图书馆馆长，文学院教授，甘肃省方言研究所特邀研究员。主讲现代汉语、普通逻辑、语言学概论等课程。

0337　蔺海鲲

性　　别：男
出生年月：1968-03-08
民　　族：汉族
政治面貌：党员
职　　称：正高
学　　历：大学本科
所在单位：河西学院政法学院
通讯地址：甘肃省张掖市环城北路 846 号。河西学院
成　　就：获地厅级以上奖励 8 次；主持地厅级以上科研项目 3 项；主编出版专著 1 部，参编出版专著 3 部；发表核心期刊以上论文 10 余篇。

简　　介：历任河西学院管理系副教授，河西学院继续教育学院院长，现任河西学院人事处处长。先后在张掖师专政史系、河西学院管理系、政法系教学第一线主讲宪法学、公司法、民事诉讼法、经济法概论、刑事与刑事诉讼法等法律基础课程。1990 年毕业于西北师大政治系；1999 年被评为讲师；2000—2002 西南政法大学研究生班结业；2002 年评为副教授；2005 年 9 月—2006 年 1 月在中国人民大学马克思主义学院做访问学者，并将研究方向转为哲学，回校后先后主讲中国哲学、中国传统文化专题研究、公共关系学、口才学等课程；2008 年被评为哲学教授。

0338 王大顺

性　　别：男
出生年月：1964-12-05
民　　族：汉族
政治面貌：党员
职　　称：正高
学　　历：硕士研究生
所在单位：河西学院教师教育学院
通讯地址：甘肃省张掖市环城北路846号。河西学院
成　　就：发表论文10余篇，主编教材1部，参编工具书1部、教材2部。作为主要完成人参加的《师专心理学教学改革与学生心理咨询的理论与实践》教学成果获普通高等学校国家级教学成果二等奖。获校级教学成果一、二等奖各1次。
简　　介：1987年7月毕业于西北师范大学教育系学校教育专业，获学士学位；1994年7月北京师范大学心理系研究生毕业，获硕士学位；自1987年分配到张掖师专任教；先后承担普通心理学、教育心理学、中学教育学、教育科学研究法等课程的教学任务。1994年7月晋升讲师，1999年7月破格晋升副教授。兼职甘肃省心理学会常务理事。现任教师教育学院院长。

0339 张有录

性　　别：男
出生年月：1963-05-27
民　　族：汉族
政治面貌：民主党派
职　　称：正高
学　　历：大学本科
所在单位：河西学院信息中心
通讯地址：甘肃省张掖市环城北路846号。河西学院
成　　就：工作以来，发表学术研究论文50余篇、出版专著教材8部，获得省级成果奖4项，地厅级成果奖6项，院级成果奖5项，河西学院教学优秀奖2项，2003年被评为甘肃省电化教育先进工作者。主讲《现代教育技术基础》《现代信息科学》《多媒体课件制作》《多媒体技术基础》《计算机辅助教育》《媒体教学论》《教育技术专题》等课程，研究方向为教育技术理论与实践。
简　　介：1986年7月毕业于西北师范大学电化教育系，教育学学士；同年分配至张掖师范高等专科学校（现河西学院）工作；现任河西学院信息技术与传媒学院教授、信息技术中心副主任，甘肃省"555"人才、省级、校级精品课程、重点课程主持人。长期从事教育技术的教学、科研和管理工作。

0340 何茂活

性　　别：男
出生年月：1963-09-12
民　　族：汉族
政治面貌：党员
职　　称：正高
学　　历：大学本科
所在单位：河西学院文学院
通讯地址：甘肃省张掖市环城北路846号
成　　就：获甘肃省高校社科成果奖2次，张掖市社科成果奖2次；主持国家社科规划项目1项，教育部社科规划项目1项，甘肃省社科规划项目1项；出版专著2本（独立），字数58万字；在核心期刊以上学术期刊发表论文10篇；近年来主要从事河西简牍文字研究、河西方言研究、域外汉籍研究及中国语文现代化研究；在《古汉语研究》《孔子研究》《红楼梦学刊》《辞书研究》《中国地方志》《兰州大学学报》《河西学院学报》等刊物发表论文50余篇；专著《山丹方言志》《河西方言纵横谈》分别于2007

年 12 月和 2011 年 5 月由甘肃人民出版社出版。曾获甘肃省高校社科成果二等奖、三等奖各 1 次，张掖市社科成果三等奖 2 次。

简　　介：1983 年 7 月毕业于西北师范大学中文系；1983 年至 2000 年在山丹军马场工作，2001 年至今在河西学院文学院工作，现任文学院教授。兼任河西学院学术委员会副主任、教学指导委员会委员、教学督导委员会委员、中国语文现代化学会理事、中国音韵学研究会会员、中国文字学会会员、甘肃省作协会员、国家级普通话水平测试员。主要讲授古代汉语及河西方言研究等课程。

0341　黎志强

性　　别：男
出生年月：1961-05-25
民　　族：汉族
政治面貌：党员
职　　称：正高
学　　历：硕士研究生
所在单位：河西学院
通讯地址：甘肃省张掖市环城北路 846 号河西学院

成　　就：发表学术论文 20 余篇，主持国家社科基金项目 1 项，获甘肃省社科成果二等奖 1 项，甘肃省教学成果二等奖 2 项，出版学术著作 6 部。著有《花雨风》文集等，已发表各类诗文 10 余万字。

简　　介：硕士生导师。曾任甘肃省教育厅、高校工委办公室主任、机关党委委员、兰州理工大学党委副书记、马克思主义学院院长，现任河西学院党委书记。主要从事网络思想政治教育、传统文化与当代思潮等方面的研究。

0342　崔云胜

性　　别：男
出生年月：1969-07-20
民　　族：汉族
政治面貌：群众
职　　称：正高
学　　历：大学本科
所在单位：河西学院历史文化与旅游学院
通讯地址：甘肃省张掖市环城北路 846 号河西学院

成　　就：获甘肃省大学生课外学术科技作品竞赛优秀指导教师 2 次；主编《张澍研究》1 部；主要从事中国历史文选、中国古代史及河西地方史的教学和研究。主持和参与的国家社科基金项目、省教育厅项目 3 项，河西学院进行研究项目 2 项，在《中国地方志》《甘肃社会科学》《宁夏社会科学》《敦煌学辑刊》及《河西学院学报》等省级以上学术刊物发表论文多篇。

简　　介：河西学院历史文化与旅游学院教授。1992 年兰州大学历史系本科毕业；2000 年—2001 年在西北师范大学历史系学习；2003 年获历史学硕士学位；从教近二十年来，先后承担过"中国历史文选""中国古代史""史学概论""中国历史地理""考古学通论"及"河西史研究""老子研究"《论语》选讲"等课程的教学，2005 年获河西学院"第六届教学优秀奖"。

0343　朱瑜章

性　　别：男
出生年月：1955-05-05
民　　族：汉族
政治面貌：党员
职　　称：正高
学　　历：大学本科
所在单位：河西学院文学院
通讯地址：甘肃省张掖市环城北路 846 号
成　　就：致力于河西走廊边塞文学与地域

文化研究，主编出版专著《历代咏河西诗歌选注》，参编教材1部，近年在《文史哲》《西北师大学报》《名作欣赏》《敦煌学辑刊》等期刊及各类学术研讨会发表学术论文20多篇。主持国家社科基金项目1项，教育部人文社科项目1项，省教育厅科研项目2项（已结题），河西学院教学改革项目4项（3项已结题）。

简　　介：1982年1月毕业于西北师范大学中文系，现为河西学院文学院教授，古代文学教研室主任。为河西学院"祁连学术带头人"；甘肃省古代文学学会常务理事，甘肃省唐代文学学会副会长。主讲《古代文学》《唐诗宋词专题》《明清小说专题》《河西文学》等课程，曾多次获河西学院"教学优秀奖"。

0344　哈建军

性　　别：男
出生年月：1973-08-25
民　　族：汉族
政治面貌：党员
职　　称：正高
学　　历：博士研究生
所在单位：河西学院文学院
通讯地址：甘肃省张掖市环城北路846。河西学院
成　　就：主持完成"甘肃省高等学校研究生导师科研项目"等3项课题，参与国家社科规划项目、教育部规划项目等8项。在《中国现代文学研究丛刊》《南方文坛》《西北师范大学学报》等刊物上发表论文20余篇，出版专著《河西当代文学整理与研究》。曾获河西学院"教学优秀奖""优秀共产党员""优秀班主任"等称号。2013年获甘肃省社会科学院第十届青年社科优秀成果奖。

简　　介：河西学院文学院教授，甘肃省文艺评论家协会理事。2007年6月于陕西师范大学取得文学硕士学位；2013年6月于兰州大学得文学博士学位；主要从事中国现当代文学的教学和研究，主讲的《中国现当代文学》2006年被评为甘肃省"省级精品课程"。

0345　张耀龙

性　　别：男
出生年月：1959-12-16
民　　族：汉族
政治面貌：党员
职　　称：正高
学　　历：大学本科
所在单位：河西学院外语学院
通讯地址：甘肃省张掖市环城北路846号河西学院
成　　就：发表核心期刊论文3篇；主编专著1部；主持完成省教育厅、省社科规划项目2项；获张掖市第三次社科成果奖三等奖1次。

简　　介：毕业于上海外国语学院，获英语语言文学学士学位，河西学院外国语学院教授。1976.01—1978.08古浪县中团学校任教；1978.09—1980.07武威师范学校英语班学习；1980.08—1983.07古浪一中任教；1983.08—1985.06甘肃教育学院英语系学习；1985.07—1987.08古浪一中任教；1987.09—1989.06上海外国语学院英语二系学习；1989.07—1995.07古浪一中任教；1995.08—1996.07黄羊河实业公司中学任教；1996.08—2001.03张掖中学任教；2001.04—现在，河西学院外国语学院任教。

0346　谢继忠

性　　别：男
出生年月：1962-02-15
民　　族：汉族
政治面貌：党员

职　　称：正高
学　　历：大学本科
所在单位：河西学院历史学院
通讯地址：甘肃省张掖市环城北路846号
成　　就：获甘肃省委、省政府社会科学优秀成果三等奖2项，获张掖市社会科学优秀成果奖一等奖、二等奖2项。主持教育部人文社会科学规划项目1项、甘肃省社科规划项目2项、甘肃省教育厅科研项目2项。主编著作1部，共完成10万字。在核心期刊发表论文3篇。
简　　介：1983年兰州大学历史系毕业，1983—1995年在中共张掖市委党校工作，1995年至今，在河西学院工作。2005年晋升教授，并入选甘肃省555创新人才工程（第二层次）。研究领域涉及中国历史、区域经济、旅游等方面。先后讲授《思想道德修养》《毛泽东思想概论》《马克思主义原理》《邓小平理论与"三个代表"重要思想概论》《中国传统文化》《旅游文化学》等课程。现任河西学院历史文化与旅游学院院长，兼任甘肃省历史学会常务理事、张掖市红西路军精神研究会理事、张掖市城市规划委员会委员、张掖市非物质文化遗产保护委员会委员。

0347　张廷福

性　　别：男
出生年月：1964-01-21
民　　族：汉族
政治面貌：党员
职　　称：正高
学　　历：大学本科
所在单位：会宁县郭城驿初级中学
通讯地址：甘肃省会宁县郭城驿南大街
成　　就：1986年9月获市园丁奖，1991年9获县优秀德育工作者，2010年获县园丁奖。

0348　王权清

性　　别：男
出生年月：1956-12-21
民　　族：汉族
政治面貌：党员
职　　称：正高
学　　历：大学专科
所在单位：靖远县职业中等专业学校
通讯地址：靖远县南大街
成　　就：1987年在白银市数学优质课决赛三等奖。1992年9月10日被评为白银市优秀教师并获"园丁奖"称号。2002年9月10日被评为白银市中学骨干教师，2002年9月16日被评为中学高级教师。
简　　介：1981年7月毕业于庆阳师范专科学校；1981年7月至1992年7月城关中学任教；1992年7月至2011年7月在进修学校任教；2011年8月至今在靖远县职业中等专业学校任教。

0349　薛廷泳

性　　别：男
出生年月：1971-02-10
民　　族：汉族
政治面貌：党员
职　　称：正高
学　　历：大学本科
所在单位：靖远县五合中学
通讯地址：靖远县五合中学
成　　就：2011年12月获得中学高级职称。2011年被评为白银市优秀教育工作者，授予市"园丁奖"；2012年被评为甘肃省基本普及九年义务教育基本扫除青壮年文盲工作先进个人；2003年被评为靖远县优秀校长；2003年确定为靖远县中小学县级骨干教师；2009年在《甘肃职业与成人教育》发表《以人为本在农村学校创新教育中的实践及探析》；2011年在《甘肃职业与成人教育》发表《在作文课堂中的片段训练》；2010年甘肃省教育教学优秀论文评比活动中荣获三等奖；2011年白银市优秀教育工作者，授予市"园丁奖"；2012年被评为甘肃省基本普及九年义务教育基本扫除青壮年文盲工作先进个人。

0350 陈宝蕃

性　　别：男
出生年月：1958-06-19
民　　族：汉族
政治面貌：党员
职　　称：正高
学　　历：大学专科
所在单位：靖远县三滩中学
通讯地址：靖远县三滩中学
成　　就：2008年获得中学高级教师职称；1995年获得靖远县自制教具大赛一等奖；1997年获得靖远县园丁奖；2009年获得白银市园丁奖；在省级、国家级刊物上发表论文2篇。
简　　介：1984年6月毕业于甘肃省靖远师范学校，分配到靖远县刘川中学任教；后调任到靖远县三滩乡朝阳中学任教导主任；靖远县三滩中学成立后，任总务主任；长期从事初中语文、思想品德的教育教学。

0351 张辅良

性　　别：男
出生年月：1965-11-28
民　　族：汉族
政治面貌：党员
职　　称：副高
学　　历：大学本科
所在单位：兰州市外国语高级中学
通讯地址：兰州城关雁南路1588号
成　　就：1999年在甘肃省张掖中学获张掖市"十佳青年教师"称号；2002年在甘肃省张掖中学获甘肃省园丁奖、优秀教师称号；2011年在兰州市外国语高级中学获甘肃省骨干教师；2011年在兰州市外国语高级中学获兰州市教育系统"优秀党员"称号；2012年在兰州市外国语高级中学获"金城名班主任"称号。2015年获全国优秀教师、全国优秀班主任；曾8次获得校级"优秀教师"称号，七次获得校级"优秀班主任"称号，两次获得校级"优秀共产党员"的称号。
简　　介：从教26年，担任班主任25年，他忠诚于党的教育事业，立足岗位，兢兢业业，以良好的师德水平，较强的教学能力和独特的班级管理方式，为所从事的教育教学工作做出了自己的贡献，也取得了丰硕的成绩，赢得了同行与社会的赞许。

0352 张飞霞

性　　别：女
出生年月：1978-10-16
民　　族：汉族
政治面貌：党员
职　　称：副高
学　　历：硕士研究生
所在单位：长青学院财金系
通讯地址：长青学院财金系
成　　就：发表论文15篇，专著1部，参与项目8项，主持项目4项。

0353 辛俊武

性　　别：男
出生年月：1965-06-19
民　　族：汉族
政治面貌：群众
职　　称：副高
学　　历：大学本科

所在单位：兰州文理学院旅游学院
通讯地址：兰州市城关区北面滩400号
成　　就：编写教材（英语教学）一套（三册），发表论文20余篇。
简　　介：1984—1993在甘肃省民勤一中教学；1993—2000在甘肃教育学院外语系教学；2000—2014在甘肃联合大学（兰州文理学院）学报编辑部工作；2014年至今在兰州文理学院旅游学院教学。

0354　王成德

性　　别：男
出生年月：1971-06-03
民　　族：汉族
政治面貌：党员
职　　称：副高
学　　历：硕士研究生
所在单位：兰州文理学院师范学院
通讯地址：兰州市城关区北面滩400号
成　　就：主编教材4部；参编教材2部；主持课题研究9项；发表论文12篇；获得省厅级奖励多项。先后获"甘肃省师德标兵""甘肃省普通高等学校青年教师成才奖""甘肃省高等学校教育教学成果奖""甘肃省优秀心理咨询师""甘肃省心理健康教育先进个人""甘肃省大中专学生暑期社会实践活动优秀指导教师"等称号或奖项。
简　　介：国家二级心理咨询师。任甘肃省心理咨询师学会副会长、甘肃省心理学会理事、甘肃省戒毒管理局戒毒教育指导中心专家、甘肃省科协"七大"代表。现兰州文理学院心理学副教授、大学生心理健康教育与咨询中心主任。

0355　徐凤

性　　别：女
出生年月：1970-12-02
民　　族：汉族
政治面貌：党员
职　　称：副高
学　　历：博士研究生
所在单位：兰州文理学院文学院
通讯地址：兰州市城关区北面滩400号
成　　就：曾在《社会科学家》《社会科学战线》《西北师范大学学报》《当代文坛》等刊物上发表学术论文20余篇。出版专著《甘肃非物质文化遗产概论》《青城书院》2部。合著《西部作家的文化姿态》1部。参与编写高校教材《跨界书写与边缘解读——港澳台文学概论》1部。参与选注甘肃省文化读本《经典甘肃》1部。参与省、部级项目7项，主持国家社科基金西部项目"文化生态视域下的甘肃民间故事研究"1项、校级重点科研项目"非物质文化遗产传承与高校学科专业建设研究"1项。
简　　介：文学博士，副教授。中国民俗学会会员、中国文学人类学研究会会员、甘肃文化发展研究会会员，主要从事民俗学和中国现当代文学研究。

0356　杨李

性　　别：女
出生年月：1970-10-09
民　　族：汉族
政治面貌：群众
职　　称：副高
学　　历：硕士研究生
所在单位：兰州文理学院外语学院
通讯地址：兰州市城关区北面滩400号
成　　就：主持厅级教改项目1项，省级教学成果三等奖1项，发表论文8篇，主编、参编教材3部，参与厅级以上教改项目4项，教师教学竞赛省级三等奖1项，指导学生荣获国家一等奖1项，省级二、三等数项。

简　　介：兰州文理学院外语学院教师。文学硕士，研究方向为英美文学研究。

0357 郭红

性　　别：女

出生年月：1968-08-02

民　　族：汉族

政治面貌：党员

职　　称：副高

学　　历：大学本科

所在单位：中共兰州市委党校

通讯地址：火车站西路722号兰州市委党校

成　　就：主讲的《领导干部如何实现有效沟通》2013年荣获中央党校优秀教学资源片奖。2011年在全省党校系统教学比武中获得一等奖。在2012年兰州市委党校教学比武中获得二等奖。多次在校外宣讲，有一定的知名度。专著《农民工现代礼仪常识》由兰州大学出版社出版。2012年被评为甘肃省党校系统2010-2012年度优秀教师。2008年、2011年被评为市直机关优秀共产党员的荣誉称号。2012年获市总工会"巾帼建功"荣誉称号。

简　　介：1987年至1991年在兰州大学哲学系学习，获哲学、法学双学士学位；1991年起在中共兰州市委党校工作至今；2002年获副教授任职资格；2003年起担任教研部主任。1993年获律师资格证书。教学工作能力强。授课内容紧密联系实际，逻辑性强，层次分明；语言表达能力强，讲课有激情，主导课堂能力强；讲授通俗易懂、入情入理，有感染力；课件制作精美，图文并茂，音像配合，授课效果好。

0358 石光乾

性　　别：男

出生年月：1971-04-26

民　　族：汉族

政治面貌：党员

职　　称：副高

学　　历：硕士研究生

所在单位：兰州文理学院师范学院

通讯地址：兰州市城关区北面滩400号

成　　就：主持完成甘肃省教育厅项目、省教育科学规划项目、校人文社科项目各1项，出版著作6部，发表论文30余篇，其中CSSCI、中文核心论文6篇，获甘肃省高校社科奖三等奖2项。编辑出版《可持续发展研究》（季刊）12期。

简　　介：中国政法大学经济法学硕士，兰州文理学院师范学院，副教授（破格）。研究方向为经济法、消费者权益保护法、法律文化研究。

0359 张发德

性　　别：男

出生年月：1966-11

民　　族：汉族

政治面貌：党员

职　　称：副高

学　　历：硕士研究生

所在单位：兰州财经大学法学院

通讯地址：兰州市城关区段家滩496号

简　　介：为甘肃省法学会会员、甘肃省房地产法学研究会常务理事，中国高等教育学会公共关系教育专业委员会理事、副秘书长。

0360 曾令琼

性　　别：女

出生年月：1963-10-27

民　　族：汉族

政治面貌：党员

职　　称：副高

学　　历：硕士研究生

所在单位：兰州文理学院社会管理学院
通讯地址：兰州市城关区北面滩400号
成　　就：主持完成甘肃省高校社会科学研究课题1项，校级科研课题2项，参编著作2部，发表论文20余篇，荣获甘肃省高校思想政治理论课"精彩一课"奖1项，甘肃省高校思想政治理论课"精品课程"奖1项，甘肃省高校思想政治理论课"教学能手"奖1项。
简　　介：兰州文理学院马克思主义学院，副教授。研究方向为马克思主义理论和思想政治理论教育。

0361 王建红

性　　别：女
出生年月：1971-07-05
民　　族：汉族
政治面貌：党员
职　　称：副高
学　　历：硕士研究生
所在单位：兰州文理学院经管学院
通讯地址：兰州市城关区北面滩400号
成　　就：2010年作为国内青年骨干教师访问学者在厦门大学进行访问学习。参与省、校级课题各1项，出版专著教材3部，发表论文12篇。
简　　介：兰州文理学院经管学院副教授，研究生学历，硕士学位。主要研究方向是会计、财政税收理论方面。

0362 云聪

性　　别：男
出生年月：1956-03-09
民　　族：汉族
政治面貌：群众
职　　称：副高
学　　历：大学本科

所在单位：兰州文理学院师范学院
通讯地址：兰州市城关区北面滩400号
成　　就：主参编教材11部，其中主编5部，参编6部；发表论文13篇；主持完成甘肃省教育厅两项科研项目，三项校级项目；获甘肃省教育厅教学成果奖两项，获甘肃省人民政府"两基"工作先进个人；主笔完成的甘肃省志教育志获国家优秀地方志一等奖。
简　　介：西北师范大学教育学学士，兰州文理学院师范学院，副教授。研究方向教育与心理统计、教育与心理测量。

0363 苟丽梅

性　　别：女
出生年月：1977-11-25
民　　族：汉族
政治面貌：民主党派
职　　称：副高
学　　历：硕士研究生
所在单位：兰州文理学院外语学院
通讯地址：兰州市城关区北面滩400号
成　　就：主持完成甘肃省教育厅基金项目、中国外语教育基金项目、高职高专英语类专业教学指导委员会课题各1项，参与出版教材5部，发表论文11篇，获甘肃联合大学教学成果一等奖、、指导学生获第九届全国高职高专实用英语口语大赛二等奖。
简　　介：兰州文理学院外语学院教师，副教授。研究方向为翻译理论与实践、英语教学。

0364 何亚玲

性　　别：女
出生年月：1975-06-20
民　　族：汉族
政治面貌：党员
职　　称：副高

学　　历：硕士研究生

所在单位：兰州文理学院经管学院

通讯地址：兰州市城关区北面滩 400 号

成　　就：主持完成甘肃省软科学项目 2 项，甘肃省农牧厅项目 1 项，主编出版教材 2 部，发表论文 13 篇，其中核心 2 篇，国家权威 2 篇，获甘肃省社科优秀成果奖 1 项（三等奖）、"甘肃省高校社科奖" 1 项（三等奖）、"甘肃省农牧渔业丰收奖" 1 项（二等奖）。

简　　介：兰州文理学院经济管理学院，副教授。研究方向为区域金融、甘肃中小企业技术创新发展。

0365 杨媛

性　　别：女

出生年月：1976-10-05

民　　族：汉族

政治面貌：群众

职　　称：副高

学　　历：大学本科

所在单位：兰州文理学院经管学院

通讯地址：兰州市城关区北面滩 400 号

成　　就：自 1999 年参加工作以来，一直从事市场营销及相关课程的教学工作。共发表论文 10 余篇；参与编写教材四部其中主编 1 部参编 3 部；获省级奖励 2 项；主持校级精品课程 1 项。

简　　介：兰州文理学院经管学院，副教授。

0366 陈庆

性　　别：男

出生年月：1967-11-29

民　　族：汉族

政治面貌：党员

职　　称：副高

学　　历：硕士研究生

所在单位：兰州文理学院经管学院

通讯地址：兰州市城关区北面滩 400 号

成　　就：公开发表学术论文 10 多篇，主编《管理学》（中国轻工业出版社）和《管理学案例教程》（兰州大学出版社）教材两部，参编《公共关系》等教材两部。2004 年 3 月 20 日，被甘肃联合大学评为"2003 年度模范班主任"，2006 年 3 月 6 日，被甘肃联合大学评为"2005 年度优秀教师"，2007 年，主持的《管理学案例教学的探索与实践》教改课题被学校评为优秀教学成果一等奖。研究方向：经济管理、人力资源管理、组织文化。讲授的课程主要有《管理学》《管理心理学》《社交礼仪》《物流管理》和《营销策划》等。

简　　介：现在经济管理学院任教。硕士，美国旧金山州立大学访问学者。

0367 李捷

性　　别：男

出生年月：1979-08-25

民　　族：汉族

政治面貌：群众

职　　称：副高

学　　历：博士研究生

所在单位：兰州大学管理学院

通讯地址：甘肃省兰州市兰州大学管理学院

成　　就：反分裂理论建设。

简　　介：兰州大学管理学院教师。

0368 郭炯

性　　别：男

出生年月：1973-05-20

民　　族：汉族

政治面貌：民主党派

职　　称：副高

学　　历：大学本科

所在单位：兰州文理学院社会管理学院

通讯地址：兰州市城关区北面滩 400 号
成　　就：主持完成甘肃省教育厅研究生导师项目，发表论文 10 余篇。
简　　介：兰州文理学院社会管理学院，副教授。研究方向为环境法、民商法。

0369 郭小芳
性　　别：女
出生年月：1970-12-15
民　　族：汉族
政治面貌：民主党派
职　　称：副高
学　　历：硕士研究生
所在单位：兰州文理学院外语学院
通讯地址：兰州市城关区北面滩 400 号
成　　就：出版教材 1 部，发表论文 10 篇左右。
简　　介：兰州文理学院外语学院。

0370 梁军
性　　别：男
出生年月：1974-05-17
民　　族：汉族
政治面貌：党员
职　　称：副高
学　　历：硕士研究生
所在单位：兰州文理学院社会管理学院
通讯地址：兰州市城关区北面滩 400 号
成　　就：参编《民事诉讼法》教材 1 部；发表论文 10 篇，其中国家级 2 篇；获得甘肃省"三下乡"社会实践省级"先进个人"。
简　　介：兰州文理学院社会管理学院副教授，研究方向为民事诉讼法和青少年刑事犯罪现状。

0371 费翔
性　　别：女
出生年月：1969-03-30
民　　族：汉族
政治面貌：党员
职　　称：副高
学　　历：大学本科
所在单位：兰州文理学院社会管理学院
通讯地址：兰州市城关区北面滩 400 号
成　　就：参与完成教育部项目 1 项，参编出版著作 2 部，发表论文 10 余篇。
简　　介：兰州文理学院社会管理学院，副教授。研究方向为马克思主义理论和思想政治教育。

0372 李俊峰
性　　别：男
出生年月：1977-05-23
民　　族：汉族
政治面貌：民主党派
职　　称：副高
学　　历：硕士研究生
所在单位：兰州文理学院经管学院
通讯地址：兰州市城关区北面滩 400 号
成　　就：主持和参与甘肃省教育厅和科技厅科研项目 6 项，在学术刊物发表科研论文 10 余篇，参与科技厅创新计划项目 2 项及校级人文社科项目 2 项；主编或参编出版《经济法概论》《商务谈判》等教材 2 部。
简　　介：兰州文理学院经管学院，研究方向为法学、经济学。

0373 孙红英
性　　别：女
出生年月：1971-10-24
民　　族：汉族
政治面貌：党员
职　　称：副高
学　　历：大学本科

所在单位：兰州文理学院社会管理学院
通讯地址：兰州市城关区北面滩 400 号
成　　就：参加完成甘肃省社科规划项目 2 项，出版著作 1 部，主编出版著作 2 部，发表论文 10 多余篇。
简　　介：社会管理学院副教授。研究方向思想政治教育，甘肃崆峒文化研究会理事。

0374 万国威

性　　别：男
出生年月：1986-10-27
民　　族：汉族
政治面貌：党员
职　　称：副高
学　　历：博士研究生
所在单位：兰州大学管理学院
通讯地址：甘肃兰州天水南路 222 号兰州大学管理学院
成　　就：毕业于天津南开大学，博士，中国社会学会福利专业委员会理事。近 5 年来，发表有关社会福利的相关 CSSCI 论文 22 篇，其中 2 篇论文被《新华文摘》论点摘编，7 篇论文被人大复印资料全文转载。曾经获得全国挑战杯学术科技竞赛一等奖、中国社会学会优秀论文二等奖等奖励。有关贫困的调查报告受到时任总理温家宝同志的高度关注，并由国家信访局回函。目前主持中央高校基本业务费、兰州市社科重点项目等课题。
简　　介：兰州大学管理学院公共管理系副教授，中国社会福利专委会理事。

0375 刘庸

性　　别：男
出生年月：1971-02-01
民　　族：汉族
政治面貌：群众
职　　称：副高
学　　历：硕士研究生
所在单位：兰州大学哲学社会学院
通讯地址：兰州市城关区天水南路 222 号兰大哲学社会学院
成　　就：研究领域集中在城市社会问题、民族问题。学术成果有：《民族地区城市社区少数民族居民利益的演变研究》发表于 2005 年第 6 期《云南民族大学学报》，被《中国民族报》2006.5.22 转载。《对民族地区城市社区建设的思考》发表于 2006 年第 1 期《广西民族研究》。《西北民族地区城市社区建设中各族居民参与研究》发表于 2006 年第 1 期《西北民族研究》，被人大复印资料《民族问题研究》2006 年第 6 期转载。《城市社区民族文化涵化的类型分析》发表于 2006 年第 3 期《中南民族大学学报》。《民族地区经济发展的对策研究》发表与 2006 年第 3 期《甘肃民族研究》。《西北民族地区城市社区中民族交往研究》发表于 2004 年第 4 期《云南民族大学学报》。《甘南城镇化发展问题研究》发表于 2007 年第 4 期《甘肃民族研究》。《西北地区城市聚集区的空间分布及其演进》发表于 2008 年 12 月《徐州工程学院学报》。

0376 谢晓健

性　　别：男
出生年月：1975-10-01
民　　族：汉族
政治面貌：群众
职　　称：副高
学　　历：博士研究生
所在单位：兰州大学哲学社会学院
通讯地址：兰州市城关区天水南路 222 号兰大哲学社会学院
成　　就：研究方向：心灵哲学、西方哲学。
论著：博士论文：《意识的高阶理论：一个

辩护》（指导教师：杜小真）。硕士论文：《论荣格的自性概念》（指导教师：李超杰、杜小真）。"意识高阶理论所遇困难及其辩护"，载于《社科纵横》2012年02期。译著：《家庭与家庭治疗》，唯一译者，商务印书馆，2009年7月。《当代宗教哲学导论》，第一译者，人民大学出版社，2010年7月。《弗洛伊德与精神分析》，第一译者，国际文化出版公司，2011年4月。《当代马克思辞典》（法文），参译，社会科学文献出版社，2011年1月。《希利尔讲给孩子的世界史》，唯一译者，哈尔滨出版社，2013年1月。《天空》（法文），第二译者，待出。

0377 魏宏远

性　　别：男
出生年月：1975-08-15
民　　族：汉族
政治面貌：党员
职　　称：副高
学　　历：博士研究生
所在单位：兰州大学文学院
通讯地址：兰州大学文学院
成　　就：开设有"秦汉文学史""明清文学史""古籍整理与实践""古籍版本目录学""文学文献学""历代诗话文话导读"等课程。2009年主持教育部人文社会科学研究青年项目："娄东诗派研究——以王世贞、吴伟业为中心"（结项）；2010年主持国家社科基金青年项目："王世贞晚年文献及文学思想研究"（结项）；2011年主持兰州大学"中央高校基本科研业务费专项资金"项目："明清陇右文学研究——以诗文为中心"（结项）；2012年主持国家社科基金重大招标项目《王世贞全集》整理与研究"子课题——"以《弇州山人续稿》为基础的王世贞晚年文集整理与研究"（在研）；2013年参与国家社科基金重大招标项目："全明诗话新编"（整理、笺注王世贞《艺苑卮言》等）。在《文献》《社会科学》《浙江社会科学》等期刊发表论文30余篇，所整理的《吴国伦文集》由上海古籍出版社2015年出版，学术专著《王世贞研究》（30万字）已完稿，待落实出版资金后将由中华书局出版。
简　　介：兰州大学古代文学与古典文献研究所副教授，硕士生导师，在明清文学研究、古籍整理研究、古代诗话文话研究等方面取得一些重要成果，被同行引用、转载或评论。

0378 焦若水

性　　别：男
出生年月：1977-11-01
民　　族：汉族
政治面貌：党员
职　　称：副高
学　　历：博士研究生
所在单位：兰州大学哲学社会学院
通讯地址：兰州市城关区天水南路222号兰大哲学社会学院
成　　就：研究领域：社区研究、城市社会学、全球社会学研究。代表论文：《乡村社区中的法律与秩序——乡镇作为分析的单元》载《社会科学辑刊》，2007.4，（中国人民大学复印资料社会学文摘卡2008年第1期转载）；《新政治文化变迁的内容与特点探析——评特里·N.克拉克主编的新政治文化》载《黑龙江社会科学》2008.4；《城市社会空间的扩展——北京奥运会的城市社会学分析》载《北京体育大学学报》2008.6，（中国人民大学复印资料体育2009年第2期全文转载）；《全球消费与底层反抗——山寨现象的社会学解读》载《人文杂志》2010.4新华文摘2010年22期摘编，人大复印资料社会学文摘2010年4期转载；

《全球消费研究的底层视角》载《社会科学评论》2011.1；《生活政治视野中的山寨消费》载《社会科学研究》2011.5；《由批判到并蓄：社会性别理论的发展脉络》载《现代妇女》2010.4；《西北少数民族地区反贫困实践——特点变化与政策调整》载《甘肃联合大学学报》2011.3。

0379 尚虎平

性　　别：男
出生年月：1974-05-06
民　　族：汉族
政治面貌：党员
职　　称：副高
学　　历：博士研究生
所在单位：兰州大学管理学院
通讯地址：兰州市城关区兰大二分部11号楼3单元702
成　　就：主持2014年国家社科基金一般项目一项；主持2011年国家哲学社科基金重大招标课题子课题一项；主持第七批中国博士后基金特别资助；主持第53批中国博士后基金面上项目一等资助；主持教育部2013年人文社基金规划项目一项；主持教育部2009年人文社科青年项目一项；主持2013年甘肃省社科基金一项；主持江苏省高校2009年自然科学基金面上项目一项；主持江苏省高校2009年自然科学基金面上项目一项；等等，参与多个纵向、横向课题。全国政府绩效管理研究会理事，江苏省"青蓝工程"优秀青年骨干教师。多个学术期刊编委会委员，《财经研究》等多个CSSCI期刊审稿专家。曾在《中国社会科学报》《管理世界》《自然辩证法研究》《中国软科学》《科研管理》《科学学研究》《公共管理学报》等国际、国内刊物以第一、唯一作者发表政府绩效类论文60多篇，其中被CSSCI、

EI、ISTP、ISSHP、人大复印资料等数据库全文转载、检索22篇；在国际、国内著名出版社出版政府绩效评估研究专著3部。

0380 张万禾

性　　别：男
出生年月：1965-06-19
民　　族：汉族
政治面貌：群众
职　　称：副高
学　　历：博士研究生
所在单位：兰州大学文学院
通讯地址：兰州大学文学院
成　　就：论文：《"被、给、叫、让"的意愿性及其与宾语从缺的关系》发表于《汉字文化》2007年第1期。《助动词"要"的情态语义分析》发表于《现代语文》2007年第3期。《被动意义说略》发表于《语文建设》2007年第9期。《汉语动词的意愿范畴及其句法表现》发表于《西北师范大学学报》（社会科学版）2008年第1期。《"叫、让"表被动的语义条件》发表于《海南大学学报》（人文社会科学版）2008年第4期。《现代汉语的将来时范畴》发表于《汉语学习》2008年第5期。《零主语被动句的被动句地位及其性质的研究》发表于《云南师范大学学报》（对外汉语教学与研究版）2009年第3期。
简　　介：1999年毕业于兰州大学中文系汉语言文字学专业，获文学硕士学位；2004年考入上海师范大学对外汉语学院，2007年获得博士学位后，到复旦大学中文系做博士后研究工作；2009年出站到兰州大学文学院任教，副教授，硕士生导师；主要研究领域为认知语言学、功能语言学、语义学、语用学，主要研究方向为现代汉语语义语法范畴。主讲"现代汉语""语言学概论""现代汉语语法研究""现代语言学理论"等课程。

0381 曾维刚

性　　别：男
出生年月：1974-11-14
民　　族：汉族
政治面貌：党员
职　　称：副高
学　　历：博士研究生
所在单位：兰州大学文学院
通讯地址：兰州大学文学院
成　　就：出版专著《张镃年谱》（人民出版社2010年版）《故事里的文学经典·南宋诗》（兰州大学出版社2013年版）等。在《中国史研究》《文学遗产》《中华文史论丛》《文献》《国学研究》《江海学刊》《浙江学刊》《江西社会科学》《东南大学学报》《兰州大学学报》《西北师大学报》等刊物发表论文30余篇。论著先后获甘肃省第十一届（2009年）、第十二届（2011年）、第十三届（2013年）社会科学优秀成果奖。获兰州大学青年教师讲课比赛优秀奖（2014年）、兰州大学文学院第一届青年教师讲课竞赛二等奖（2013年）。主持国家社科基金后期资助项目"南宋中兴诗坛研究"（13FZW064）、教育部人文社会科学研究青年基金项目"南宋中兴诗坛的建构"（10YJC751004）、兰州大学中央高校基本科研业务费专项资金项目"南宋诗人丛考"（14LZUJBWZY029）等各级项目多项。
简　　介：文学博士。现为兰州大学文学院院长助理、中国古代文学与古典文献学研究所副所长、副教授。主要从事中国古代文学的教学与科研工作，主要研究领域为宋代文学与文献、诗词学。

0382 刘贵祥

性　　别：男
出生年月：1975-02-01
民　　族：汉族
政治面貌：党员
职　　称：副高
学　　历：博士研究生
所在单位：兰州大学哲学社会学院
通讯地址：兰州市城关区天水南路222号，兰大哲学社会学院
成　　就：研究领域：马克思哲学、黑格尔哲学、西方马克思主义、先秦政治哲学。近年代表著作或论文：《历史唯物主义何以超越虚无主义——从海德格尔对马克思的一个论断谈起》发表于《南京大学学报》，2011年第1期；《论海德格尔对马克思"劳动观"的批评——兼评马克思和海德格尔的相通和差异》发表于《兰州大学学报》，2011年第3期；《向死而在与终极关怀——以海德格尔为中心的考察》发表于《盐城师范学院学报》，2011年第2期；《施蒂纳形而上学批判的内在冲突与现代性视域中的个体生存》发表于《学海》，2011年第1期；《马克思与施蒂纳》发表于《现代哲学》2010年第1期；《重审黑格尔精神现象学的开端》发表于《武汉科技大学学报》（社科版）2010年第3期。

0383 脱剑锋

性　　别：男
出生年月：1976-02-06
民　　族：汉族
政治面貌：党员
职　　称：副高
学　　历：硕士研究生
所在单位：兰州大学法学院
通讯地址：兰州大学盘旋路校区齐云楼1625室
成　　就：主持"物权法中财产征收法律问题研究"（2007年度兰州大学人文、社会科学学科建设基金项目）、"侵权责任法研究"

（2010 年度兰州大学"中央高校基本科研业务费专项资金"项目）、"兰州市商业地产开发法律风险评估"（横向）、"电子产品销售合同法律问题研究"（横向）等课题 4 项。参与"西部资源开发与物权法激励功能研究""生物新技术引发的科技、伦理与法律问题研究""财产征收专门立法问题研究"等国家和省部级课题 10 余项。发表学术论文 10 余篇。

简　　介：1995—1999 年，在兰州大学法律系读本科；1999—2002 年，在兰州大学法学院民商法学专业读硕士；2011 年开始，在兰州大学经济学院区域经济学专业读博士；2002 年至今，在兰州大学法学院工作，历任助教、讲师、副教授，主要从事本科生、研究生民法学的教学与研究工作；兼任兰州仲裁委员会仲裁员、甘肃天马律师事务所律师。

0384　蔡秉坤

性　　别：男

出生年月：1976-09-03

民　　族：汉族

政治面貌：党员

职　　称：副高

学　　历：博士研究生

所在单位：兰州大学法学院

通讯地址：兰州大学盘旋路校区齐云楼 1623 室

成　　就：先后在《甘肃社会科学》《青海社会科学》《兰州学刊》等学术刊物上发表论文 20 余篇，出版《商事信托受益人权利保护的法律研究》《农村电子商务法律问题》《网络交易主要法律问题研究》（合著）等著作。主持市级科研项目多项、中央高校基本科研业务费项目 1 项，参与国家、省部级科研项目多项。

简　　介：兰州大学法学院副教授。1995 年 9 月至 1999 年 6 月就读于兰州大学法律系，获法学学士学位；2003 年 9 月至 2006 年 6 月就读于兰州大学法学院，获法学硕士学位；2010 年 9 月至 2013 年 6 月就读于中国人民大学法学院，获法学博士学位。主要研究方向为民商法。2006 年留校任教以来，主要从事本科生、研究生的商法总论、公司法、证券法等教学工作。

0385　刘绍彬

性　　别：女

出生年月：1964-11-22

民　　族：汉族

政治面貌：党员

职　　称：副高

学　　历：硕士研究生

所在单位：兰州大学法学院

通讯地址：兰州大学盘旋路校区齐云楼 1604 室

成　　就：主要研究成果：发表学术论文 10 余篇，参加相关书籍的编写等工作。

简　　介：1982 年 9 月—1986 年 7 月武汉大学法学院，本科；1995 年 9 月—1998 年 12 月兰州大学法学院，研究生；2005 年 1 月—2006 年 1 月，法国普瓦捷大学法学院，访问学者；2007 月 5 月—2007 年 11 月，荷兰莱顿大学，访问学者；1986 年至今担任本科生《刑法总论》《刑法分论》的教学工作；2000 年至今，担任研究生《刑法学》的教学工作，已经毕业学生 7 届 60 余人。

0386　王凤娟

性　　别：女

出生年月：1963-07-06

民　　族：汉族

政治面貌：党员

职　　称：副高

学　　历：大学本科
所在单位：兰州财经大学马克思主义学院
通讯地址：兰州城关区段家滩路 496 号兰州财经大学 37 号信箱
成　　就：2008 年在《教育科研》发表《团体心理辅导对大学新生适应教育的意义》。

0387　康建胜
性　　别：男
出生年月：1974-12-10
民　　族：汉族
政治面貌：党员
职　　称：副高
学　　历：硕士研究生
所在单位：兰州大学法学院
通讯地址：兰州大学盘旋路校区齐云楼 1623 室
成　　就：在《中国社科院研究生院学报》《甘肃社会科学》《青海社会科学》等学术刊物发表论文 10 余篇，合著著作 2 部，参编著作、教材 5 部。主持省部级项目 1 项，中央高校项目 1 项，参加国家社科项目 1 项、省部级课题 2 项。
简　　介：兰州大学法学院副教授，中国法律史学会理事，北京齐致（兰州）律师事务所兼职律师。兰州大学法律系法学学士、经济法学硕士，吉林大学法学院法律史博士。
主要研究方向：法律史，法律文化、法理学。
主要开设课程：中国法制史，西方法律思想史，法学导论。

0388　刘洋
性　　别：男
出生年月：1977-11-01
民　　族：汉族
政治面貌：群众
职　　称：副高
学　　历：博士研究生
所在单位：兰州大学哲学社会学院
通讯地址：兰州市城关区天水南路 222 号兰大哲学社会学院
成　　就：获地厅级以上 4 次科研奖励，发表核心期刊以上论文 5 篇。
简　　介：研究领域：西方哲学、政治哲学、伦理学、宗教学。论文《施特劳斯论历史主义与僭政》发表于《现代哲学》2013 年第 2 期；《施特劳斯论封闭社会与普遍社会》发表于《学海》2013 年第 3 期。译者：《俄国的东正教与劝诱改宗——争夺灵魂的新战争》，中国民主法制出版社，2013 年 5 月。

0389　徐立新
性　　别：男
出生年月：1971-11-09
民　　族：汉族
政治面貌：党员
职　　称：副高
学　　历：硕士研究生
所在单位：兰州财经大学
通讯地址：兰州财经大学 11 号信箱
成　　就：长期以来从事本专科教学科研工作，主要研究方向为金融理论与实务。主要讲授《商业银行经营与管理》《国际金融》《货币银行学》《银行会计》《房地产金融》等课程。参与撰写了《货币银行学》等书的编写，近年来主持、参与省级、校级课题 3 项，在省级以上学术刊物发表论文 10 余篇，两次荣获省级教学与管理奖励。

0390　陈张林
性　　别：男
出生年月：1973-12-20
民　　族：汉族
政治面貌：党员

职　　称：副高
学　　历：博士研究生
所在单位：兰州财经大学马克思主义学院
通讯地址：甘肃兰州城关区段家滩496号，兰州财经大学37号信箱
成　　就：主要研究方向：中国哲学史、马克思主义理论研究。主要讲授课程：马克思主义基本原理概论、毛泽东思想和中国特色社会主义理论体系概论、伦理学研究、青年思想政治教育研究。

0391 霍春龙

性　　别：男
出生年月：1976-03-21
民　　族：汉族
政治面貌：党员
职　　称：副高
学　　历：博士研究生
所在单位：兰州大学
通讯地址：甘肃省兰州市城关区天水南路222号
成　　就：论文《政治制度的有效性与政府责任》发表于《经济社会体制比较》2009,(3);主持教育部人文社会科学基金"有效理论下的地方政府治理机制研究"，已结项。承担博士后科学基金项目"基于PV-GPG理论视角下的公共政策绩效价值偏离研究"。兰州大学高等学校基本科研业务费"政府治理制度执行力研究"，已结项。兰州大学人文社会科学学科建设项目"政府治理的制度有效性研究"，已结项。
简　　介：博士后，兰州大学管理学院副教授。2008年6月毕业于吉林大学行政学院，获法学博士学位；2008年7月兰州大学管理学院任教至今。主要从事政府绩效治理、新公共治理、新制度主义政治学、政府治理与制度、行政体制改革与创新、国家制度建设等研究。

0392 高秀梅

性　　别：女
出生年月：1969-11-12
民　　族：汉族
政治面貌：党员
职　　称：副高
学　　历：硕士研究生
所在单位：兰州财经大学马克思主义学院
通讯地址：兰州城关区段家滩路496号兰州财经大学37号信箱
成　　就：2007年在《中国科技信息》发表《甘肃省商标发展现状对策研究》。

0393 刘克斌

性　　别：男
出生年月：1971-03-10
民　　族：汉族
政治面貌：党员
职　　称：副高
学　　历：大学本科
所在单位：兰州女子中专
通讯地址：兰州市嘉峪关北路5号
成　　就：获得兰州市优质课比赛一等奖；论文《对职业类思想政治课教学的反思》获全国性教科成果一等奖（国家级）；《职业类思想政治课教学的探索》在中国职业德育教学研讨会论文评选中获二等奖；出版《实现与就业》《甘肃省中职对口升学考试复习大纲及模拟试卷——德育健康与安全常识》《甘肃省中职对口升学考试复习大纲及模拟试卷——经济与社会哲学常识》《甘肃省中职生对口升学考试复习指导——服务类专业基础》《甘肃省中职生对口升学考试复习指导——文化类专业基础》《甘肃省中职对口升学考试复习大纲及模拟试卷》。

简　　介：1996 年 6 月毕业于西北师范大学政教系政教专业。同年参加工作，自工作以来一直从事教学教育工作，一直担任毕业班的政治课教学工作，以独特的教学风格和幽默的教法，得到学生的好评，在历年高考中，取得优异的成绩。

0394　李忆春

性　　别：女

出生年月：1970-08-24

民　　族：汉族

政治面貌：民主党派

职　　称：副高

学　　历：博士研究生

所在单位：兰州大学法学院

通讯地址：兰州大学盘旋路校区齐云楼 1602 室

成　　就：2008 年获得国家司法部法制建设与理论研究项目"贫困与妇女犯罪问题研究"（编号：09SFB3014）。2005 年至 2008 年主持国家社会科学基金项目"西部全面建设小康社会人口素质与环境可持续发展研究"（编号：05CRK001；结项证书号：20101028）。发表学术论文 12 篇。

简　　介：1998 年 7 月至 2006 年 9 月在兰州大学资源环境学院资源与城市研究所任教，主要承担《经济地理学》《环境经济学》和《城市社会学》等本科生专业课程教学；2006 年 9 月至今在兰州大学法学院环境与资源保护法研究所任教，主要承担《环境与资源保护法学》《生态学基础》本科生及硕士研究生的教学工作；近年来，主要从事环境法、妇女犯罪等方面的研究工作；1990 年 9 月—1994 年 7 月在兰州大学地理系攻读自然地理学学士学位；1995 年 9 月—1998 年 7 月在中国科学院成都山地灾害与环境研究所攻读人文地理硕士学位；2000 年 10 月 1 日—2000 年 12 月 31 日在英国伦敦大学参加社会科学研究方法短期培训；2000 年 9 月—2004 年 6 月在兰州大学经济学院攻读区域经济学博士学位。

0395　樊长才

性　　别：男

出生年月：1963-07-01

民　　族：汉族

政治面貌：党员

职　　称：副高

学　　历：硕士研究生

所在单位：兰州财经大学

通讯地址：兰州财经大学

成　　就：出版教材：《现代财政学》（1999 年由中共中央党校出版社出版），《财政学》（2004 年由中国物资出版社出版），《财政学》（2010 年由甘肃民族出版社出版），《财政学》（2011 年由经济科学出版社出版）。2005 年完成甘肃省财政厅课题《公共财政理论及其应用研究》，2010 年完成甘肃省财政厅课题《深化农村综合改革的财政政策研究》。

0396　邵传林

性　　别：男

出生年月：1982-05-03

民　　族：汉族

政治面貌：党员

职　　称：副高

学　　历：博士研究生

所在单位：兰州财经大学

通讯地址：兰州财经大学 11 号信箱

成　　就：研究方向：金融理论与实务。主讲课程：《行用管理体系》《货币银行学》。

0397 王立冬

性　　别：女
出生年月：1969-11
民　　族：汉族
政治面貌：党员
职　　称：副高
学　　历：硕士研究生
所在单位：兰州财经大学法学院
通讯地址：甘肃兰州城关区段家滩496号
成　　就：任中国心理卫生协会大学生心理咨询专业委员会委员、甘肃省心理卫生协会评估委员会主任委员、甘肃省首批健康教育巡讲专家。为中国心理学会注册心理师、注册督导师。

0398 李兴平

性　　别：男
出生年月：1973-11-01
民　　族：汉族
政治面貌：党员
职　　称：副高
学　　历：博士研究生
所在单位：兰州财经大学马克思主义学院
通讯地址：甘肃兰州城关区段家滩496号兰州财经大学37号信箱
成　　就：论文《网络文化中的民主政治思考》发表于《社会科学家》2009年7期；《政治文化视角下的农村基层民主限制因素分析》发表于《甘肃社会科学》2010年1期；《马克思主义中国化创新研究》发表于《青海社会科学》，2010年1期；《当前网络文化与我国社会主流意识形态调适发展的新认识》发表于《甘肃理论学刊》，2013年1期；《乡村传统文化的嬗变与新农村建设——以甘肃省H乡的调查为例》发表于《兰州学刊》，2013年12期；《宗教与多民族国家构建和谐社会关系路径探析》发表于《西北民族大学学报》，2014年1期。专著《马克思主义基本原理经典文献导读》，兰州大学出版社2008年版。

0399 唐克

性　　别：男
出生年月：1961-11-25
民　　族：汉族
政治面貌：党员
职　　称：副高
学　　历：硕士研究生
所在单位：读者出版传媒股份有限公司
通讯地址：甘肃省兰州市城关区读者大道586号
成　　就：1982年，因学习刻苦、成绩突出，并为集体争得荣誉，被西安陆军学院学员五大队授予军旗前照相奖励和队嘉奖；1984年底，因组织训练415团参加139师军事比武夺得第一名，为团队争取荣誉，荣立三等功1次；1987年，因随部赴云南参加老山防御作战期间作战英勇、指挥得力，荣立三等功1次；1993年，被中共甘肃省委办公厅评为1992年度先进工作者；2003年，被评为省新闻出版系统优秀党员；2006年，被中共甘肃省委宣传部评为甘肃宣传文化系统拔尖创新（经营管理）人才；2010年，被甘肃省人民政府评为甘肃省劳动模范。
简　　介：1980.9—1983.8 西安陆军学校学员一大队五队学员；1983.8—1983.11 陆军47集团军139师415团三连二排长；1983.11—1985.7 415团司令部测绘员、作训参谋；1985.11—1987.7 415团三连连长、司令部作训参谋、二连连长；1987.7—1987.10 415团司令部军务股股长；1987.10—1991.6 甘肃省军区兰州五泉干休所副营职、正营职车管助理；1991.6—1993.6 甘肃省委办公厅保卫处主任科员；1993.6—1995.7 甘肃省委宣传部部长秘书、主任科员；1995.7—1998.10 甘肃省委宣传部部长秘书、助理调研员；1998.10—1999.1 甘肃省委宣传部办公室助理调研员；1999.1—1999.6 甘肃人民出版社人事处工作；1999.6—2005.5 甘肃人民出版社人事处处长，2009.7 至今 读者出版传媒股份有限公司行政办公室主任。

0400 魏淑娟

性　　别：女
出生年月：1970-06-01
民　　族：汉族
政治面貌：党员
职　　称：副高
学　　历：硕士研究生
所在单位：兰州大学哲学社会学院
通讯地址：兰州市城关区天水南路 222 号兰大哲学社会学院
成　　就：研究领域：社会保障研究、农村社会学。论文《西部大开发政策背景下的西北贫困地区留守妻子的微观处境——基于甘肃地区的调查》社会性别与公共管理（天津大学出版社），第 3 辑；《浅议社会性别敏感的农业科技传播模式的现实意义》发表于社会性别与公共管理（天津大学出版社），第 4 辑；《甘肃省国贫县民生科技供给状况及原因分析》发表于经济师，2012（6）；《非商品化与商品化的紧张——从失业保险再看瑞典的福利改革》发表于西北民族大学学报，2013（1）；《农村移民社区生活设施供需错位现象及原因探析——以 G 村为例》发表于宁夏社会科学，2013（1）；《爱的碎片——情感与性的流变》发表于社会学家茶座，18 辑（2007 年第 1 期）。

0401 李洁

性　　别：女
出生年月：1981-04-23
民　　族：汉族
政治面貌：党员
职　　称：副高
学　　历：博士研究生
所在单位：兰州大学西北少数民族研究中心
通讯地址：兰州市嘉峪关西路 9 号兰州大学民族学研究院
成　　就：主持 2010 年国家社科基金青年项目《当前新疆南疆地区民族关系问题及其对策研究》；出版专著《新疆南疆地区汉族移民及民族关系研究——以阿克苏地区拜城县农村汉族移民及民族关系为例》（民族出版社 2010 年），发表论文《互动与交融：移民视域下的新疆维汉民族关系——以南疆维汉混居村落为例》《浅谈移民的文化适应——以新疆南疆汉族移民为例》《民国时期的新疆汉族移民探析》《试论 1949 年以后新疆汉族移民的类型与功效》等数 10 篇。
简　　介：2003 年毕业于兰州大学历史系，获历史学学士学位；2006 年毕业于兰州大学西北少数民族研究中心民族学专业，获民族学硕士学位；2009 年毕业于兰州大学西北少数民族研究中心民族学专业，获民族学博士学位；2009 年 7 月留校任教；美国华盛顿大学访问学者。

0402 张爱兰

性　　别：女
出生年月：1961-12-02
民　　族：汉族
政治面貌：民主党派
职　　称：副高
学　　历：大学本科
所在单位：兰州文理学院文学院
通讯地址：兰州市城关区北面滩 400 号
成　　就：发表论文 7 篇，参编教材 2 部。

简　　介：兰州文理学院文学院，副教授。研究方向为汉语言（现代汉语）。

0403　王万鹏

性　　别：男
出生年月：1976-03-14
民　　族：汉族
政治面貌：党员
职　　称：副高
学　　历：博士研究生
所在单位：兰州文理学院
通讯地址：兰州市城关区北面滩 400 号
成　　就：在《宁夏大学学报》《甘肃社会科学》等刊物发表论文 10 余篇，合著《甘肃文化产业研究》《大兰州文化圈研究》2 部，参与国家社科项目 1 项（本人排名第二），主持或参与文化产业项目 10 余项。
简　　介：现为兰州文理学院文化产业研发中心副主任，人文学院副教授，文学博士。主要社会兼职：中国老舍研究会会员、甘肃省社科联唐代文学研究会会员、甘肃省黄河文化研究会常务理事、甘肃省文化创意产业协会理事、甘肃省导游资格考试面试考评员、中国职业经理人资格考试评审委员。2009 年 7 月参加国家教育部组织的高等学校骨干教师培训，获中国古代文学骨干教师证书。2010 年 5 月在中共甘肃省委党校参加甘肃省哲学社会科学教学科研骨干研修学习，顺利毕业。自参加工作以来，先后荣获甘肃省"三下乡"社会实践优秀指导教师、甘肃省教学成果奖优秀奖、校级优秀教师、优秀共产党员、教学成果奖、工会积极分子等荣誉称号。

0404　王振军

性　　别：男
出生年月：1975-10-01
民　　族：汉族
政治面貌：党员
职　　称：副高
学　　历：博士研究生
所在单位：兰州财经大学财税与公共管理学院
通讯地址：兰州财经大学
成　　就：公开发表近 30 篇学术论文。

0405　朱林安

性　　别：男
出生年月：1962-12-27
民　　族：汉族
政治面貌：党员
职　　称：副高
学　　历：硕士研究生
所在单位：甘肃省广播电视网络有限责任公司
通讯地址：甘肃省兰州市城关区东岗西路 226 号
成　　就：2004 年，被评为国家广播电影电视总局"西新工程"先进个人，荣立三等功。2011 年，被甘肃省公务员局授予记三等功一次。2012 年，被国家广播电影电视总局评为广播电视村村通工作先进工作者。
简　　介：1986 年，兰州大学无线电物理与计算机科学系无线电物理专业；1986 年 7 月—1999 年 10 月，甘肃省广播电视厅微波台管理处，先后担任技术员、助理工程师、工程师、高级工程师，并担任微波台管理处建设科副科长、科长；1996 年 3 月，任甘肃省广播电视厅微波台管理处副处长；1999 年 10 月—2001 年 2 月，任甘肃省广播电视厅微波台管理处副处长兼甘肃省广播电视网络中心副主任（甘肃省广播电视网络中心为省广电网络传输公司前身）；2001 年 2 月—2001 年 7 月，任甘肃省广播电视网络传输公司副总经理兼办公室主任。2001 年 9 月—

2003年7月，首都经贸大学产业经济学工商管理专业在职研究生学习，2003年7月毕业；2001年7月—2004年12月，任甘肃省广播电影电视局计财处副处长，并于2004年被甘肃省委组织部确定为副地级后备干部；2004年12月至2012年7月，任甘肃省广播电影电视局规划财务处处长；2012年7月至今，甘肃省广播电视网络有限责任公司。

0406 寇娅雯

性　　别：女
出生年月：1977-05-09
民　　族：汉族
政治面貌：群众
职　　称：副高
学　　历：大学本科
所在单位：兰州文理学院经管学院
通讯地址：兰州市城关区北面滩400号
成　　就：主持和参与甘肃省教育厅科研项目4项，在核心刊物发表科研论文10余篇，参与科技厅创新计划项目1项及校级人文社科项目2项。获"甘肃省高校社科奖"2项（三等奖）并参与完成省级精品课《电子商务》，主编或参编出版《基础会计》《经济法教程》等教材4部。
简　　介：兰州文理学院经管学院，副教授。研究方向为会计学、经济学。

0407 柳之茂

性　　别：男
出生年月：1974-09-08
民　　族：汉族
政治面貌：党员
职　　称：副高
学　　历：硕士研究生
所在单位：兰州财经大学马克思主义学院
通讯地址：兰州城关区段家滩路496号兰州财经大学37号信箱
成　　就：《道德典范的价值分析》（2010年出版）中国民主法制出版社。2013年第4期《青海社会科学》发表论文《法哲学视野下的非物质文化遗产保护》。

0408 雷金瑞

性　　别：男
出生年月：1962-01-27
民　　族：汉族
政治面貌：党员
职　　称：副高
学　　历：大学本科
所在单位：兰州文理学院旅游学院
通讯地址：兰州市城关区北面滩400号
成　　就：参加工作以来主要从事教学和科研工作，先后任10多门课程的教学主持教育厅和省高校社科项目2项，参与国家和省社科项目2项，校级项目3项，发表论文10多篇，专著1部。
简　　介：1986年从兰州大学毕业后到甘肃教育学院工作，后来又先后在合并后的甘肃联合大学和兰州文理学院工作，先后担任旅游系主任和旅游学院副院长，从事教学管理工作。

0409 李勇进

性　　别：男
出生年月：1978-02-01
民　　族：汉族
政治面貌：党员
职　　称：副高
学　　历：博士研究生
所在单位：兰州大学哲学社会学院
通讯地址：兰州市城关区天水南路222号兰大哲学社会学院
成　　就：研究领域：环境社会学、生态经

济学。代表著作或论文：《环境压力动态变化的结构分解分析——以新疆维吾尔自治区为例》载于赵昌文主编的《西部发展评论》；《资源型工业区域的企业网络与产业生态学实践—以白银市为例》（北京：中国社会科学出版社）；《中国环境政策演变对实现生态现代化的启示》载于《中国人口资源与环境》；《白银市资源型企业间关系的社会网络分析》载于《干旱区地理》；《甘肃省"资源—环境—经济系统"动态仿真研究》载于《中国人口资源与环境》。

0410 马陇平

性　　别：男
出生年月：1980-11-08
民　　族：汉族
政治面貌：党员
职　　称：副高
学　　历：博士研究生
所在单位：兰州文理学院社会管理学院
通讯地址：兰州市城关区北面滩 400 号
成　　就：发表论文 10 余篇，其中 CSSCI 论文 2 篇。
简　　介：1999 年考入甘肃政法学院；2003 年进入甘肃联合大学政法系任教；2007 年考入西北师范大学政法学院；2010 年考入兰州大学政治与行政学院攻读法学博士学位；2013 年获得博士学位。2010 年任甘肃联合大学政法系副主任；2012 年被聘为《甘肃法制报》首批特聘法律咨询专家。

0411 张学青

性　　别：女
出生年月：1970-04-06
民　　族：汉族
政治面貌：群众
职　　称：副高
学　　历：大学本科
所在单位：兰州市第十一中学
通讯地址：兰州市第十一中学
成　　就：2003 年参编出版《定西史略》字数超过 20 万；2003—2005 年参编甘肃省中小学教材审查委员会审查通过的《历史配套综合练习》7—8 年级 4 册；2007—2008 年参编甘肃省地方课程教材（试用）《成长教育》3—5 年级 5 册；2005 年获兰州市教学能手称号；2010 年受聘为 2010 年甘肃省初中毕业生学业考试历史学科质量评价专家。
简　　介：1988—1992 年 西北师范大学历史系就读；1992—2001 年 在兰州十中任教；2001—2014 在兰州十一中任教。

0412 李惠霞

性　　别：女
出生年月：1965-12-27
民　　族：汉族
政治面貌：党员
职　　称：副高
学　　历：大学本科
所在单位：兰州职业技术学院
通讯地址：兰州职业技术学院
成　　就：先后被评为 1990 年校级优秀班主任、1995 年度、1996 年度、1998 年度校级先进教师，1996 年度安宁区优秀教师。2001 年 3 月被兰州市教育局评为兰州市中小学县（区）级骨干教师，2003 年 10 月被学院评为优秀班主任，2003 年 6 月、2004 年 6 月两次被学院授予教学优秀奖。
简　　介：1989 年 7 月毕业于兰州师专中文系，当年被分配到原兰州十七中学任教；1996 年 8 月到西北师大中文系进修；2002 年 8 月至 2004 年 8 月参加了北京师范大学教育经济与管理研究生班课程的学习。本人从事语文教学工作 25 年，在教学实践中，掌握了一定的教育教学规律，教书与育人相结合，取得了很好的效果。

0413 金燕红

性　　别：女
出生年月：1961-12-21
民　　族：汉族
政治面貌：群众
职　　称：副高
学　　历：大学本科
所在单位：兰州十中
通讯地址：兰州市城关区佛慈大街 67 号
成　　就：1999 年在西北师范大学学报发表《苏联剧变的基本原因和教训》，2000 年在甘肃人民出版社正式出版发行《马克思主义民族理论与政策五十年研究回顾》一书，任副主编，并独立编写第八、九、十四章约 6 万多字，此书在 2001 年北方十五省、市、自治区社会科学优秀图书评选中被评为优秀图书；2012 年在《青海民族大学学报》第 4 期发表《明代岷州后氏家族补阙》一文；2014 年在《西藏研究》第 1 期发表《明初茶马贸易衰败原因的再辨析》一文；2014 年在《甘肃民族研究》第 2 期发表《明代河州卫历任职官考》一文。多次获得学校优秀教师、优秀班主任、师德标兵等称号；1990 年获兰州市第二届教学新秀称号；2001 年确定为兰州市骨干教师；2001 年被评为甘肃省中小学"青年教学能手"；2004 年确定为甘肃省中小学省级骨干教师；2005 年被授予兰州市劳动模范荣誉称号。
简　　介：1979 年—1983 年在西北师范大学读本科；1983 年到兰州十中工作至今；曾兼任学校团委、女工委、政史地教研组组长工作。

0414 呼东云

性　　别：男
出生年月：1963-02-05
民　　族：汉族
政治面貌：党员
职　　称：副高
学　　历：大学本科
所在单位：兰州市盲聋哑学校
通讯地址：兰州市城关区白银路 66 号
成　　就：2009 在《甘肃教育》发表论文《聋哑学生心理健康教育之我见》；2009.8《世界华商经济年鉴》载《社会转型下的家庭变化及其对"家校互动"的影响》；2009.9《甘肃成人职业教育》发表论文《特殊教育中等职业教育发展的对策思考》；2010.7《发展》发表论文《聋校少年期学生行为问题及教育策略》。
简　　介：1982 年 7 月参加工作；1982 年 7 月—1984 年 5 月在永登县民乐乡初级中学任教；1984 年 6 月—2006 年 8 月在永登县教育局教研室工作；2006 年 9 月至现在兰州市盲聋哑学校担任盲部政治课教师；2009 年 9 月聘任为学校政教处副主任；2009 年 12 月评聘为中学高级教师；2010 年 8 月任学校办公室主任。

0415 徐向素

性　　别：女
出生年月：1972-11-13
民　　族：汉族
政治面貌：党员
职　　称：副高
学　　历：大学本科
所在单位：中共兰州市委党校
通讯地址：兰州市城关区火车站西路 722 号
成　　就：从事党校的干部教育和科研工作 20 余年，公开发表法学、政治学、管理学等方面省级以上论文数 10 篇，获得省级以上优秀科研成果奖励 10 余项，参与编写教材 2 部。
简　　介：从事党校干部教育和科研工作 20 余年。

0416 黄瑞杰

性　　别：男
出生年月：1961-01-11
民　　族：汉族
政治面貌：群众
职　　称：副高
学　　历：大学本科
所在单位：兰州市盲聋哑学校
通讯地址：兰州市城关区白银路 66 号
成　　就：《浅谈提高聋生书面语表达能力的有效途径》发表于《现代教育教学探索杂志》2009 年 9 月第五卷第 9 期。
简　　介：1980 年 2 月参加工作，是一名特殊教育学校的教师；1993 年 9 月参加了甘肃省教育厅组织的卫电学历培训，取得了汉语言专科学历；2004 年 12 月取得了汉语言文学专业的本科学历；2009 年 12 月获得了学校中学高级教师的任职资格，并被聘任上岗；2010 年 9 月被学校聘任为中层主任至今；2010 年 9 月至 2013 年 7 月担任生活处副主任；2013 年 7 月至今担任政教处副主任，同时还兼任学校初中语文教师。

0417 毛金龙

性　　别：男
出生年月：1972-07-10
民　　族：汉族
政治面貌：党员
职　　称：副高
学　　历：大学本科
所在单位：兰州市 53 中
通讯地址：兰州市城关区和政东街 284 号
成　　就：在 2002 年兰州市教育局组织的第七届教学新秀评选活动中，荣获兰州市"教学新秀"称号。2005 年获得兰州市"青年教学能手"称号。2011 年被兰州市教育局确定为县区级骨干教师。2013 年被兰州市委市政府评为"兰州市优秀教师"称号。2003 年与同组老师共同编写的《初三政治开放性试题综合解析》一书于由甘肃教育出版社正式出版，公开发行，并受到广大师生的好评。2005 年该同志撰写的论文《在高中政治课教学中渗入〈决定〉精神》一文发表于《甘肃教育》2005 年第 10 期。
简　　介：1995 年 8 月在兰州市第五十三中学（原兰铁三中）参加工作，至今已有 18 年；现为兰州市县区级骨干教师。2011 年 11 月，被学校推荐参加兰州市教师发展学校第二期培训班。

0418 刘芳

性　　别：女
出生年月：1964-07-14
民　　族：汉族
政治面貌：群众
职　　称：副高
学　　历：大学本科
所在单位：兰州市外国语高级中学
通讯地址：雁南路 1588 号
成　　就：多年从事高中历史教学，经验丰富。

0419 李彩虹

性　　别：女
出生年月：1968-04-24
民　　族：汉族
政治面貌：党员
职　　称：副高
学　　历：大学本科

所在单位：兰州七中
通讯地址：定西路 266 号
成　　就：在公开刊物发表论文《对公有制经济的重新认识》《思想政治课教学中乐学情景的创设》《浅谈思想政治课教师调动学生学习主动性的方法》《小议选择题答题技巧》等。曾获市级骨干教师，县区级骨干教师称号。2013 课堂教学能力考察评委。2006 年获市教科所论文三等奖。
简　　介：1991 年 6 月—1993 年 6 月在山丹一中任教；1993 年 6 月—至今于兰州七中任教。

0420　王兰香

性　　别：女
出生年月：1970-09-27
民　　族：汉族
政治面貌：民主党派
职　　称：副高
学　　历：大学本科
所在单位：兰州职业技术学院
通讯地址：兰州职业技术学院
成　　就：在兰州职业技术学院从事语文和法学的教学工作，工作期间，多次获得优秀教师及优秀班主任的称号，并在民进获得积极分子荣誉称号，撰写学术论文 6 篇，参加了学院组织外出的骨干教师培训。

0421　甘培新

性　　别：男
出生年月：1959-11-24
民　　族：汉族
政治面貌：党员
职　　称：副高
学　　历：大学本科
所在单位：兰州市第十一中学
通讯地址：兰州市城关区平凉路 523 号
成　　就：1998 年 9 月被中共兰州市委、市政府授予"兰州市优秀教育工作者"称号；2001 年被确定为"市级骨干教师"；2002 年被评为兰州市下基层帮助工作先进个人；2008 年获得兰州市"平安校园"先进个人称号；2011 年被评为"兰州市教育局系统优秀共产党员"；2012 年被评为甘肃省师德标兵；2013 年被评为甘肃省教育科研先进个人；2013 年被评为全国青少年五好小公民"复兴中华，从我做起"主题教育活动优秀工作者称号；2013 年被评为兰州市爱生学校建设试验项目工作先进个人。
简　　介：1980 年 3 月参加工作；1990 年 6 月在西北师范大学函授本科毕业；先后在永登县轮转寺学校、永登县苦水中学任教；1995 年 2 月至 2010 年 7 月在兰州三十一中先后担任教研室主任、办公室主任、副校长、校长；2010 年 7 月至今，在兰州十一中任校长；其间，2011 年 6 月被聘任为兰州市义务教育区域均衡"一体化办学"试点工作 11 中、84 中联校办学管理委员会主任，2013 年 2 月兼任兰州市第八十四中学校长。

0422　彭雷激

性　　别：女
出生年月：1968-05-24
民　　族：汉族
政治面貌：党员
职　　称：副高
学　　历：大学本科
所在单位：兰州市第十一中学
通讯地址：兰州市城关区平凉路 523 号
成　　就：市级骨干教师。2001 年被评为兰州市教育系统"优秀党务工作者"；2005 年获得兰州市教育系统"优秀共产党员"称号；2007 年被评为兰州市教育系统"十大杰出青年"；2012 年被评为兰州市教育局系统"离退休工作先进个人"；多次被评为校级优秀教师、校级优秀教育工作者、校级优秀共产党员。1991年、1992年连续两年获得兰州市少先队优秀辅导员称号。所撰写的论文先后在《甘肃教育》《兰州教育》《教育革新》《甘肃联合大学学报》上发表，并多次在省、市评选中获奖。参与甘肃省教育科学"十二五"规划课题《义务教育区域一体化联校办学模式研究》，通过鉴定；承担市级个人课题《中学生心理健康教育的探索和实践》。

简　　介：西北师大政教专业毕业，1988年7月分配至兰州十一中任教，高级教师。现为学校办公室主任。一直坚持在教学第一线上，教学效果好，所带班政治成绩名列市属同类学校前列，平均分多年超省市示范校。

0423 马梅萍

性　　别：女
出生年月：1973-12-27
民　　族：回族
政治面貌：群众
职　　称：副高
学　　历：博士研究生
所在单位：兰州大学文学院
通讯地址：兰州大学文学院
成　　就：2010年调至兰州大学文学院工作，近4年成就如下：课题：国家社科基金1项，名称"贫瘠中的丰饶：西海固文学现象研究"；中央高校项目1项，名称"黄土中的金子——石舒清文学创作研究"；横向课题1项，名称"《回族当代作品选》编纂"。公开发表论文15篇，其中CSSCI刊物论文6篇，A类论文1篇。代表性论文有：《中国汉语伊斯兰教文学史的时空脉络与精神流变》发表于《武汉大学学报》，2013.6，A类。《中国汉语伊斯兰教文学史发凡》发表于《西北民族研究》，2013.3，CSSCI。《论中国当代文学史书写中少数民族文学的他者化境遇》发表于《中央民族大学学报》，2013.5，CSSCI。《西海固精神的负载者——论石舒清笔下的女人》发表于《民族文学研究》，2011.6，CSSCI。《让我们学会微笑——简评张承志新著〈你的微笑〉》发表于《北方民族大学学报》，2011.2，CSSCI。《清洁精神烛照下的悲悯与神圣——论石舒清的宗教情怀》发表于《北方民族大学学报》，2010.1，CSSCI。

0424 田广

性　　别：男
出生年月：1968-11-25
民　　族：汉族
政治面貌：党员
职　　称：副高
学　　历：博士研究生
所在单位：兰州大学文学院
通讯地址：兰州大学文学院
成　　就：近年来主持国家社科基金项目1项、中央高校基本科研业务费专项资金项目1项，参与甘肃省教育厅科研项目1项。出版学术专著《文学：现代与传统的观照》（民族出版社2004），《废名小说研究》（中国社会科学出版社2009），《中国悲剧观念的现代转型》（中国社会科学出版社2014）。参编高校教材《中国现当代文学通史》（甘肃人民出版社2006），《中国戏剧简史》（兰州大学出版社2007），在国内公开刊物发表学术论文与文学作品40余篇。

简　　介：担任兰州大学文学院副教授、硕士研究生导师，承担《戏剧影视艺术概论》《戏剧影视文学创作》《戏剧史专题研究》《戏剧理论与批评》等本科生与研究生课程的教学任务以及人才培养和学科建设工作以外，还担任《视野》副总编、甘肃省影视剧审查委员会委员。

0425 张发金

性　　别：男
出生年月：1962-10-11
民　　族：汉族
政治面貌：党员
职　　称：副高
学　　历：大学本科
所在单位：兰州市外国语高级中学
通讯地址：兰州市城关区雁南路 1588 号
成　　就：兰州市优秀教师。曾获甘肃省新课程教学一等奖。担任班主任工作 30 余年，发表论文 10 余篇，期间主要获得安宁区优秀教师等荣誉。
简　　介：1978 年参加工作，先后在兰州市安宁区职业中学、兰州四十四中、兰州市外国语高级中学任教。

0426 孙彬

性　　别：女
出生年月：1968-04-01
民　　族：汉族
政治面貌：党员
职　　称：副高
学　　历：大学本科
所在单位：兰州民族中学
通讯地址：兰州民族中学
成　　就：组织学生参加全国语文能力竞赛（第一届开始），取得较好成绩，本人也连续获得优秀辅导奖。参加兰州市第二届课件比赛，《雪》课件获得了二等奖。辅导学生参加兰州市第一届青少年数码摄影作品展示活动和第十三届少先队员手抄报比赛活动，分别获得优秀辅导奖。
简　　介：1990 年 7 月毕业后分配至兰州民族中学任教至今。任教期间主要从事初中语文教育教学工作和班主任工作。

0427 刘建会

性　　别：女
出生年月：1970-11-17
民　　族：汉族
政治面貌：党员
职　　称：副高
学　　历：硕士研究生
所在单位：兰州市第二十七中学
通讯地址：兰州市城关区火车站西路 615 号
成　　就：兰州市骨干教师、学科带头人，发表省级以上论文 12 篇，专著 1 本《珍爱生命，呵护心灵》，参与编写专著 1 部；省级结题规划课题 1 项，参与 1 项；兰州市青少年机器人教练员资格；甘肃省科技实践活动指导老师等。社会兼职：甘肃省应用心理协会理事、甘肃日报社特约记者等。
简　　介：1994 年大学本科毕业于陕西师范大学历史系，2004 年获得西北师范大学历史学科教育硕士学位。1994 年 8 月—2013 年 7 月就职于兰州市第三十四中学，担任初中、高中历史教育工作，班主任工作，先后兼任学校团委书记、政教处副主任、政教处主任、学校文科支部书记等职务。2013 年 8 月至今任兰州二十七中副校长。

0428 李培荣

性　　别：男
出生年月：1964-10-10
民　　族：汉族
政治面貌：党员
职　　称：副高
学　　历：大学本科
所在单位：兰州市教育科学研究所
通讯地址：兰州市城关区北滨河东路 364 号
简　　介：1987 年 7 月在兰州市第十四中学

任教；2000年7月聘任为兰州市第十四中学政教处副主任；2005年4月调入兰州市教育科学研究所教研室任历史教研员至今。

0429 彭倩

性　　别：女
出生年月：1969-04-23
民　　族：汉族
政治面貌：群众
职　　称：副高
学　　历：大学本科
所在单位：兰州市外国语高级中学
通讯地址：兰州市外国语高级中学语文组
成　　就：两次荣获兰州市"优秀教师"；甘肃省"师德楷模"；发表省级论文3篇，市级论文获奖5篇；多次荣获学校"优秀教师""优秀班主任"。
简　　介：兰州市外国语高级中学 高中语文教师。从教24年。1990—2001年在兰州市旅游职业学校任教；2001年至今调入兰州市外国语高级中学任教。

0430 王伟

性　　别：女
出生年月：1967-05-10
民　　族：汉族
政治面貌：民主党派
职　　称：副高
学　　历：大学本科
所在单位：兰州七中
通讯地址：兰州七中
成　　就：多次被评为校优秀教师，优秀班主任。2006年在《当代教育研究》杂志发表论文《浅谈现代化教学手段在语文教学中的合理运用》。论文《浅谈心理咨询在教育教学中的应用》获2006年市第二届中小学卫生与健康教育论文评选活动二等奖。2008年，在《甘肃教育》杂志发表论文《语文教学方法与学生参与度》。
简　　介：忠诚教育事业。在教学工作中，把提高课堂效益和培养学生的创新精神、实践能力，作为始终不渝的追求目标。自觉更新教学观念，优化教学方法，不断进行改革探索。认真研究学生的年龄特点和认知规律，充分重视学生的主体位。同时积极研究教材教法，结合新课程标准，努力把课上的生动有趣。每次备课都认真细致，查找大量背景知识，注重对学生能力的培养，在校内外各种教研活动中认真做笔记，反思，吸取别人的长处以便运用到自己的教学活动中。

0431 牛健

性　　别：女
出生年月：1963-11-02
民　　族：汉族
政治面貌：群众
职　　称：副高
学　　历：大学本科
所在单位：兰州市外国语高级中学
通讯地址：兰州市城关区南河路1718号楼603
成　　就：多次获得校级"优秀教师"和"优秀班主任"称号；2011年9月被评为"兰州市优秀班主任"；2013年被评为"兰州市教育系统师德先进个人"；从事中学语文教学多年，有丰富的教学经验。

0432 高小琳

性　　别：男
出生年月：1965-11-25
民　　族：汉族
政治面貌：党员
职　　称：副高
学　　历：大学本科

所在单位：甘肃日报报业集团有限责任公司
通讯地址：兰州市白银路 123 号
成　　就：2003 年获甘肃省第三届优秀新闻论文三等奖《党报广告的品牌经营之路》。2003 年《抗击非典，我们必胜》等 6 幅平面作品选送参加中国第十届广告艺术节优秀作品展评。2004 年获"洛坝杯"陇南好新闻一等奖《茶香茶树种茶人》。2005 年荣获"广告人·中国报业奖"论文二等奖《报业产业化过程中广告经营的思考》。2005 年《甘肃日报启动房地产行业广告策划》获第二届"广告人·中国案例"铜奖，并入选中国人民大学出版社出版的《广告人·中国案例全书》之《实战广告案例（第二辑）·活动》。2007 年《感受生活，感受汽车》获"2007·广告人·中国案例奖"报纸类铜奖，并入选中国人民大学出版社出版的《广告人·中国案例丛书》之《实战广告案例（第三辑）》。2009 年《"纪念改革开放 30 周年"系列宣传策划案》获"广告人·实战案例银奖，并入选《实战广告案列》丛书第四辑·品牌卷。2009 年《首届"兰州房地产交易会汽车博览会"推广案例》获"广告人·实战案例奖"铜奖，并入选《实战广告案列》丛书第四辑·活动卷。
简　　介：1986 年 7 月毕业分配至甘肃日报社，从事甘肃日报广告编辑和经营工作；1992 年获助理编辑职称；1993 年任甘肃日报社广告发行处广告科副科长；1995 年任甘肃日报社广告发行处客户部主任；1996 年 1 月—2000 年任甘肃日报社广告发行处副处长；1996 年 12 月获编辑职称；2000 年—2011 年 12 月任甘肃日报社广告处副处长（2010 年 11 月主持工作）；2003 年 12 月获主任编辑职称；2011 年 12 月至今任甘肃日报报业集团有限责任公司广告分公司经理。高小琳同志刻苦钻研报业经济理论和报业市场理论知识，具备较高的报业经营管理政策和专业水平。

0433 阿旺嘉措

性　　别：男
出生年月：1970-06-15
民　　族：藏族
政治面貌：党员
职　　称：副高
学　　历：博士研究生
所在单位：兰州大学西北少数民族研究中心
通讯地址：兰州市嘉峪关西路 9 号兰州大学民族学研究院
成　　就：出版专著 2 部，即《象雄时期的藏族文明》（甘肃民族出版社 1998 年）、《甘南苯教的历史文化》（中国藏学出版社 2013 年）。发表论文《佛苯关系刍议》《敦煌文献中的苯教写卷研究》等 32 篇。主持国家社科基金一般项目《敦煌文献中的苯教写卷考释与研究》，横向项目 3 项。参加国家社科西部项目 1 项、一般项目 2 项，教育部项目 1 项。论文《安多南部流传的恰那什巴苯教仪轨主持者神主莱坞研究》2010 年 5 月获得珠峰奖（藏学领域的国家级奖）藏文学术论文类三等奖。《苯教祭祀者"莱坞"名称来源考释》2014 年 5 月获得珠峰奖藏文学术论文类一等奖。
简　　介：兰州大学民族学研究院副教授，台湾佛光大学客座副教授。1997 年 6 月毕业于甘肃民族师范学院；2003 年 6 月毕业于西北民族大学藏学院，获得文学硕士学位；2011 年 6 月毕业于四川大学宗教文化研究所，获得哲学博士学位；2012 年 10 月进入中央民族大学民族学博士后流动站；2013 年 6 月调入兰州大学。

0434 邓小兵

性　　别：男
出生年月：1974-01-28
民　　族：汉族
政治面貌：党员
职　　称：副高
学　　历：博士研究生
所在单位：兰州大学法学院
通讯地址：兰州大学盘旋路校区齐云楼1632室
成　　就：主持和参与了教育部"西北地区城市行政执法现代化研究"（2009年）项目1项；中央高校项目："地方政府规范性文件的规范化研究"（2010年）1项；发表学术论文18篇。社会兼职：兰州仲裁委员会仲裁员、甘肃诚益通律师事务所律师。所获奖励：1996年度中国晚报好新闻奖二等奖、1997年度全国法制新闻奖评论类三等奖、2000年甘肃第三届"挑战杯"大学生课外科技学术作品竞赛三等奖、2006年中国公法学博士生学术论坛优秀论文奖、2009年中国法学会年度行政法学优秀论文二等奖、2012年甘肃省法学会"法治论坛"优秀论文一等奖。
简　　介：兰州大学法学院副教授，法学博士，从事宪法学与行政法学的教学科研工作。1992—1996武汉大学新闻学院，本科；1999—2002兰州大学法学院，硕士研究生；2004—2007武汉大学法学院，博士研究生。工作经历：2002—至今，兰州大学法学院，教师；2008—2009，香港浸会大学，访问学者；2011—2013，中国社会科学院法学所，博士后。

0435 韩湘孝

性　　别：男
出生年月：1967-10-21
民　　族：汉族
政治面貌：党员
职　　称：副高
学　　历：大学本科
所在单位：兰州二中
通讯地址：兰州市武都路185号
成　　就：本人自参加工作至今，一直在教学和教育一线工作，长期担任政治课教学和班主任工作。2009年和2012年作为年级组长在学校领导的支持和年级教师共同努力下，二中教学和教育成绩突出，被兰州市教育局授予"兰州市教学质量一等奖"称号。2009年被评为"兰州市中小学优秀班主任"。所任政治学科成绩良好，获得师生好评。曾获得市教学新秀、县优秀教师、市级优秀班主任等称号，连续多年被学校评为优秀教师或优秀班主任。
简　　介：1988年参加工作至今一直从事政治课教学，长期担任班主任工作。2003年调入兰州二中。

0436 麻秋萍

性　　别：女
出生年月：1965-10-30
民　　族：汉族
政治面貌：民主党派
职　　称：副高
学　　历：大学本科
所在单位：兰州市外国语高中
通讯地址：兰州市外国语高中
成　　就：多年从事高中语文教学，成绩显著。

0437 曾红芸

性　　别：女
出生年月：1971-02-21
民　　族：汉族
政治面貌：群众

职　　称：副高
学　　历：大学本科
所在单位：兰州市第三中学
通讯地址：兰州市第三中学
成　　就：2007年政治中考成绩兰州市第1名。2008年高中政治会考成绩兰州市第1名。2004年全省普法辩论大赛优秀指导奖。2000年获区级教学新秀称号。2001年获区级优秀班主任称号。2011年获兰州市优秀公开课。兰州市骨干教师。多篇论文获兰州市优秀论文评选二等奖。课题《高中政治课兴趣调动途径的研究》获兰州市二等奖。1995—2014年连续获得校级优秀班主任称号。曾于2001年获得区级优秀班主任称号，2000年获得区级教学新秀称号。
简　　介：毕业于1992年6月，政治理论专业。现在兰州市第三中学从事教育教学工作。中学高级教师，市级骨干教师，兰州三中政治教研组组长。从事教育教学工作22年，班主任工作18年。

0438　邵怀

性　　别：男
出生年月：1972-08-22
民　　族：汉族
政治面貌：群众
职　　称：副高
学　　历：大学本科
所在单位：兰州市第五十三中学
通讯地址：兰州市第五十三中学
成　　就：主编《高中政治基础训练》《高考政治考点汇编》《高考政治热点透视专题》等资料。主编《初中思想品德集优方案》一书，2009年由甘肃教育出版社出版。与本组成员合作承担了省级课题、兰州市重点课题《用辩证的思维解读人类文明（绘画），给特色教育注入新的活力》的校本课程现已结题，受到有关专家的好评。承担并完成的课题《支架理论对细化课程模块构建的启示（生活与哲学）》，荣获兰州市教育科研2010年度"个人课题"优秀成果一等奖。
简　　介：1996年毕业于西北师范大学政法系政治教育专业，大学本科学历。1996年8月毕业分配到兰州市第五十三中学任教，教龄18年，班主任工作13年。2008年被评为中学高级教师，现承担思想政治学科的教学、班主任及年级组长工作。

0439　刘素红

性　　别：女
出生年月：1971-07-28
民　　族：汉族
政治面貌：党员
职　　称：副高
学　　历：大学本科
所在单位：兰州市五十三中学
通讯地址：兰州市城关区和政东街284号
成　　就：从教以来，长期担任高中历史教学和班主任工作，积极探索，认真教研，先后编成了《高考历史基础知识汇编》等校本教材。撰写多篇论文：《新课程改革下的"探究性学习"初探》一文被兰州市教育局评为兰州教育发展论坛优秀论文；《同在一片蓝天下》荣获共青团兰州市教育局委员会"青年教师谈师德"征文比赛三等奖；《历史教学中如何进行"探究性学习"》发表于《甘肃教育》《社会主义现代化建设的迅速发展》教案》发表于《兰州教育》；积极参加市教育局组织的下乡支教活动，公开课《伟大的历史转折》被评为兰州市优秀公开课；多次荣获校级"优秀教师""优秀班主任"等称号，被兰铁教育集团授予"优秀教师"称号，评为城关区骨干教师、兰州市骨干教师。2011年被兰州市教育局授予"优秀教师"称号。

简　　介：1987.9—1991.7 在榆中师范读书；1991.9—1995.6 在西北师范大学历史系读书；1995.8—至今 在兰州市五十三中学工作。

0440 周永东

性　　别：男
出生年月：1970-07-05
民　　族：汉族
政治面貌：党员
职　　称：副高
学　　历：大学本科
所在单位：兰州市六十一中
通讯地址：兰州市六十一中教科处
成　　就：多次被评为兰州市优秀教师、兰州市青年岗位能手、兰州市教育局优秀党务工作者、兰化公司园丁奖、优秀教师、优秀党员、青年风景线先进个人、兰化总校青年岗位能手、优秀班主任、双文明建设标兵、优秀党员、师德先进和甘肃省二十六、七、八届科技创新大赛优秀指导教师。
简　　介：1989 年 8 月—1993 年 6 月西北师范大学中文系学习；1993 年 8 月—1998 年 10 月在兰化一中从事初中语文教学；1998 年 10 月—2000 年 6 月在兰化一中从事高中语文教学；2000 年 8 月—2004 年 5 月在兰化一中担任年级主任、高中语文教学；2004 年 5 月—2009 年 12 月在兰化一中担任学生处主任、高中语文教学；2009 年 12 月—2013 年 9 月在兰化一中担任教科处副主任、高中语文教学；2013 年 12 月—至今在兰化一中担任教科处主任、高中语文教学。

0441 陶鹏程

性　　别：男
出生年月：1975-06-21
民　　族：汉族
政治面貌：党员
职　　称：副高
学　　历：大学本科
所在单位：兰州市第二中学
通讯地址：兰州市武都路 185 号
成　　就：2010 年入选兰州市"151 人才工程"第三层次；2009 年被评为兰州市县区级干部教师；2009 年被评为教育局系统十大杰出青年教师；2008 年被评为兰州市第九届教学新秀；2007 被评为兰州市"优秀团干"；2006 被评为教育局系统"优秀团干"；2005 被评为教育局系统"共青团工作宣传先进个人"。
简　　介：自参加工作至今，一直在承担教学教育政治课教学和行政工作，曾担任兰州二中教务处副主任、团委书记等，现为校办公室主任。1996.09—2000.07 西北师大政法系学习；2000.07—2008.05 兰州市第二中学教师；2003.11—2005.04 兰州市第二中学团委书记；2005.05—2008.05 兰州市第二中学内聘政教处副主任；2008.05—2009.09 兰州市第二中学教务处副主任；2009.09—2010.07 兰州市第二中学办公室副主任；2010 年 7 月至今兰州市第二中学办公室主任。

0442 马玲

性　　别：女
出生年月：1975-11-09
民　　族：回族
政治面貌：群众
职　　称：副高
学　　历：大学本科
所在单位：兰州 52 中
通讯地址：兰州 52 中
成　　就：工作 15 年来，当了十年班主任，兢兢业业，所带班级多次被评为校级优秀班集体。所带语文学科的中考成绩较好，获得过兰州市市级示范性学校第四名和第七名。

在《丝绸之路》和《吉林教育》等杂志发表教育教学文章。曾多次获校级优秀班主任。2012.9 第四届（2010 年）全国中学生语文能力竞赛，指导的周瑞霞获全国二等奖，董雪莹、丁裕轩获三等奖。获"文明，让兰州更美丽"兰州市第二十一界少儿作文赛"优秀辅导奖"。

简　　介：1999 年 8 月 1 日参加工作。

0443　魏万霞

性　　别：女
出生年月：1968-02-17
民　　族：汉族
政治面貌：群众
职　　称：副高
学　　历：大学本科
所在单位：兰州市外国语学校
通讯地址：兰州市城关区酒泉路 156 号
成　　就：1996 年、2002 年、2006 年、2007 年，荣获兰州市外国语学校"优秀班主任"；1999 年荣获全国青少年"世纪杯"征文育才奖；2000 年、2001 年荣获全国青少年"春蕾杯"征文优秀指导奖；2003 年论文《浅析学生作文定式及突破》在兰州市 2003 年教学论文评选中获得一等奖；2005 年荣获兰州市教育局系统"优秀班主任"；2007《甘肃教育》发表《试析学生作文定式及突破》；2009 年《教师》发表《探究新课改理念下的语文阅读教学》；2011 年荣获兰州市外国语学校"教育质量单科成绩优秀奖"；2012 年荣获兰州市外国语学校优秀教师奖，在"《学生天地》小记者优秀作文大赛"活动中荣获优秀指导奖，在"兰州市第 22 届少年儿童现场作文竞赛"中被评为优秀辅导奖。

简　　介：1990 年 7 月毕业于西北师范大学中文系汉语言文学专业。1991 年参加工作，中学高级教师，现任职于兰州市外国语中学，从事中学语文教学工作。

0444　郭瑞云

性　　别：女
出生年月：1963-02-24
民　　族：汉族
政治面貌：群众
职　　称：副高
学　　历：大学本科
所在单位：兰州市第十四中学
通讯地址：兰州市城关区东郊巷 30 号
成　　就：2001 年论文《有感赏识教育》获甘肃省中学政治优秀论文一等奖。2003 年论文《浅议情景材料在高中政治教学中的运用及实效性》获兰州市中学政治优秀论文一等奖。2008 年论文《中学校园暴力的起因及对策研究》在第二十三届甘肃省青少年科技创新大赛中获三等奖。2008 年论文《被爱遗忘的角落——中等生缺失关注的反思》获兰州市"班主任话细节"优秀案例二等奖。2001 年所带班获兰州市优秀班级称号。2007 年被评为兰州市局系统优秀班主任。2011 年获得县区级骨干教师称号。2006 及 2009 届所带政治学科在兰州市会考中取得排名第二，第三的成绩。2007 年在"2007 年全国中小学生科幻画大赛"中获优秀指导教师称号。

简　　介：1984 年 9 月至 1988 年 7 月在西北师范大学政治系政治专业学习，被授予法学学士学位；1988 年 8 月至 1997 年 7 月在中国核工业总公司四〇四厂第二中学任教；1997 年 8 月至今，在兰州市第十四中学任教；2004 年 12 月 16 日取得中学高级教师资格；从教以来，一直担任班主任和年级组长工作，任教期间所带政治学科在兰州市会考中取得排名第二、第三的成绩。

0445 胡馥萍

性　　别：女
出生年月：1962-11-01
民　　族：汉族
政治面貌：党员
职　　称：副高
学　　历：大学本科
所在单位：兰州市第五十四中学
通讯地址：兰州市城关区和政西街58号兰州市第五十四中学
成　　就：1998年获得"全国优秀教师"；2001年获得"省级骨干教师"；2012年课件《轴对称现象》获得甘肃省信息技术与课程整合多媒体教学课件征集活动一等奖；2012年课题《素质教育观下的中学数学课堂教学设计的理论与实践》获得甘肃省教育科研课题鉴定证书；2012年指导李欢宁老师在"2012年甘肃省初中数学优质课竞赛"活动中获得二等奖。
简　　介：1981年参加工作，长期担任数学教师及班主任，先后兼任教导副主任、教导主任及副校长。在三十多年的工作生涯中，无论是数学教学、班主任工作，还是指导青年教师、教学研究等方面都取得了一定的成绩，积累了一定的教育、教学、教研等方面的经验。1999年12月获得高级教师任职资格，1998年3月至2004年7月兼任城关区中学数学中心组组长，2000年至今多次担任城关区中学数学教学新秀、青年教师基本功、录像课等比赛评委。

0446 孙爱梅

性　　别：女
出生年月：1968-05-01
民　　族：汉族
政治面貌：党员
职　　称：副高
学　　历：大学本科
所在单位：兰州市第五十四中学
通讯地址：兰州市第五十四中学
成　　就：获得荣誉称号：全国优秀教师、全国中小学优秀校内报刊"最佳编辑"、兰州市第五届"教学新秀"、兰州市"骨干教师"、兰州市城关区第二届"名教师"、"骨干教师"、"优秀教师"、共青团兰州铁路局"直属机关青年岗位能手称号"、兰州铁路局"教学能手"、中共兰州铁路教育实业集团"优秀共产党员"等。主要论著和科研成果：《小工程 大收益——谈情趣教学在初中英语课堂的运用》在2010年甘肃省课题研究阶段性优秀成果评选活动中，荣获二等奖。
简　　介：自1989年7月走上教师工作岗位以来，一直站在教育工作的前沿；热爱本职工作，以"学高为师，德高为范"为自律信条，具有良好的职业道德，多年担任班主任工作，所带班级多次获得"优秀班集体"等荣誉称号。

0447 张文

性　　别：女
出生年月：1966-07-01
民　　族：汉族
政治面貌：民主党派
职　　称：副高
学　　历：大学本科
所在单位：兰州市城关区酒泉路小学
通讯地址：兰州市城关区酒泉路小学
成　　就：曾获得全国模范教师、甘肃省"陇原名师"、兰州市名师、城关区名师、甘肃省优秀教师、甘肃省特级教师、甘肃省中小学省级骨干教师、甘肃省中小学"青年教学能手"、兰州市改革开放三十年风云人物、兰州市第四批专业技术拔尖人才、兰州市小学市级骨干教师、兰州市优秀教师、城关区专业技术拔尖人才、兰州市小学县（区）级骨干教师、优秀班主任、城关区优秀青年教师、"城关区学科带头人"称号、城关区优秀教师、对口协作单位"先进个人"等荣誉称号，并在多种刊物上发表学术论文并受到好评。

简　　介：1985年至今，张文在兰州市城关区酒泉路小学任教29年，一直在基层教学一线工作，并常年坚持参加送教下乡教学工作，积累了大量的一线教学实践经验。2011年被市委市政府授予"金城名师"称号，同年被甘肃省教育厅评为"陇原名师"。在兰州市庆祝教师节暨表彰大会上，以张文为领衔名师的兰州市小学语文张文名师工作室成为全市首批名师工作室之一。2012年城关区成立"张文、牛咏梅名师工作室"，张文名师工作室又成为市区两级名师工作室。带领工作室将"甘肃境内的少数民族"确定为校本开发的主要内容。

0448 滕立玲

性　　别：女
出生年月：1966-06-01
民　　族：汉族
政治面貌：党员
职　　称：副高
学　　历：大学本科
所在单位：兰州市第四十六中学
通讯地址：兰州市第四十六中学
成　　就：曾被评为全国优秀教师、甘肃省特级教师、兰州市优秀教师、兰州市优秀大队辅导员、兰州市市级骨干教师、兰州市区级骨干教师、城关区优秀教师、城关区青年教学新秀、城关区杰出教师、城关区名教师、城关区教学骨干、城关区骨干教师、城关区第三批专业技术拔尖人才称号、城关区第四批专业技术拔尖人才称号。

0449 陈静

性　　别：女
出生年月：1964-01-31
民　　族：汉族
政治面貌：群众
职　　称：副高
学　　历：大学本科
所在单位：甘肃省商业学校
通讯地址：甘肃省兰州市城关区滩尖子216号
成　　就：在《甘肃科技》2005年4月第四期发表论文《浅谈计算机审计》；在《中国工商管理研究》2003年第9期发表论文《关于加强工商系统财务管理工作的思考》；在《发展论坛》2004年8月发表论文《开展政府效益审计的思考》；在《甘肃社会科学》2002年6月发表论文《关于中等职业技能教育的几点思考》；在《科技纵横》2005年2月发表论文《目前会计电算化存在的主要问题及对策》；2010、2012分获得甘肃省中等职业学校技能大赛会计技能竞赛优秀辅导教师奖。在职期间，本人主要从事会计专业教学及培训工作。主要教授课程有：会计原理、财务会计、管理会计、电算会计，并分别于2010年、2012年获得甘肃省中等职业学校技能大赛"优秀指导教师"称号。

简　　介：1983—1985年在甘肃省天水市二中上高中；1985—1989年兰州商学院就读本科会计专业；1989—1994年甘肃省商业干部学校任教；1994至今甘肃省商业学校任教。

0450 宫兰瑞

性　　别：男
出生年月：1955-04-15
民　　族：汉族

政治面貌：党员
职　　称：副高
学　　历：大学本科
所在单位：甘肃省商业学校
通讯地址：兰州市城关区大教梁 15 号
成　　就：1982 年在兰州市第十三中学任教期间，入围参加兰州市教育局组织的"中学语文教学新秀"的评选。2002 年调入甘肃省商校，任教期间曾先后五次获得校级"优秀班主任"称号。2009 年被省工信委评为"优秀班主任"称号。在《甘肃农业》发表论文《谈职业学校后进学生的思想教育工作》《浅谈作文课散文的练笔形式》。在《甘肃职业与成人教育》发表论文《如何有效实施应用文教学》《浅谈古典诗歌的渲染和烘托》等论文。
简　　介：1969—1973 年在兰州一中学习；1973.10—1975.10 在民勤县插队；1975.10—1978.10 在甘肃省高中压阀门厂工人；1978.10—1980.10 在天水师范专科学校学习；1980.10—1987.12 在兰州第十三中学任教；1987.12—2001.12 在省五交化公司从事职教工作；2002.1 至今在甘肃省商业学校任教。

0451 裴婷婷
性　　别：女
出生年月：1972-02
民　　族：汉族
政治面貌：党员
职　　称：副高
学　　历：博士研究生
所在单位：兰州财经大学法学院
通讯地址：兰州市城关区段家滩 496 号
成　　就：已发表多篇学术论文，出版著作 1 部，参与多部著作（教材）的写作，参与 1 项国家级课题和多项省级课题。

0452 孙丽君
性　　别：女
出生年月：1974-06
民　　族：汉族
政治面貌：党员
职　　称：副高
学　　历：博士研究生
所在单位：兰州财经大学法学院
通讯地址：兰州市城关区段家滩 496 号
成　　就：兰州市仲裁委员会仲裁员，兰州勇盛律师事务所律师。在《中国行政管理》《自然辩证法研究》等国内权威期刊发表论文 10 多篇，出版专著 1 部。主持或参加省部级及国家级项目 10 多项。

0453 邱德钧
性　　别：男
出生年月：1966-02-01
民　　族：汉族
政治面貌：群众
职　　称：副高
学　　历：大学本科
所在单位：兰州大学哲学社会学院
通讯地址：兰州市城关区天水南路 222 号兰大哲学社会学院
成　　就：研究领域：形式逻辑、数理逻辑。科研项目：青海省循化文化变迁，兰州通合利达电子科技有限公司委托；西部经济社会发展监测（企业配套），兰州友和电子有限责任公司委托；网络社会行为及其管理，国家社科基金委托。代表著作或论文有大学逻辑教程，兰州大学出版社，1993 年；《自然语言的语义推理》载于《兰州大学学报》，1995.1；《多媒体技术对人类认识行为的改变》载于《科学·经济·社会》，1995.1；《论作为社会行为的网络角色扮演》载于《宁夏党校学报》，2004.6；《现代产业集群理论的新进展及其评述》载于《兰州大学学报》，2007.2；《何者可友—友者何人》载于《甘肃高师学报》，2009年第6期。

0454 蔡振龙

性　　别：男
出生年月：1970-02-15
民　　族：汉族
政治面貌：党员
职　　称：副高
学　　历：大学本科
所在单位：兰州市第十一中学
通讯地址：兰州市第十一中学
成　　就：参与修订兰州十一中德育及安全管理制度、预案、职责。制定兰州十一中异动学生登记制度及学生出校门审批制度；落实校园安全值周值勤制度，确保师生的校内安全校园清校值班制度；组织学生参加经典诗文诵读、航模、废旧物品制作、科技小制作地球小博士等比赛，多人次获奖。编辑印发了兰州十一中安全报，组织学生参加安全知识竞赛活动及学生安全知识手抄报评比活动；2008年获校级优秀教师荣誉称号；参加兰州市"班主任话细节"案例评选获一等奖。组织开展安全法治教育月活动及心理健康教育周活动；从各班选拔了一批责任心较强的学生组成校园安全监督队；2008年荣获城关区安全生产先进个人；2009年获校级优秀教育工作者荣誉称号。2008年获校级"优秀党员"称号。
简　　介：1992年6月毕业于兰州师范专科学校政史系，同年7月分配到兰州十一中任教。1997年8月毕业于西北师大政教系（函授），大学本科学历，现为中学高级教师，政教处主任。

0455 唐延红

性　　别：女
出生年月：1968-01-24
民　　族：汉族
政治面貌：党员
职　　称：副高
学　　历：大学本科
所在单位：兰州八中
通讯地址：兰州八中
成　　就：2003年兰州市中学优质课竞赛高中政治学科二等奖。论文：《素质教育中一个被忽略的角落——中等生转优问题》发表于《甘肃教育》《班主任角色亟待转变》（兰州市2003教育教学论文一等奖）、《我都做了些什么啊？》（2009年获得教育部"课改十年——讲述我的教育故事"征文活动三等奖)、《如何当好薄弱高中的班主任》（2009年获得兰州市教育教学论文二等奖）。
简　　介：1990年6月毕业于西北师范大学政治系，获得法学学士学位。1990年7月始至今，一直在兰州八中从事教育教学工作。

0456 马庆文

性　　别：女
出生年月：1967-09-18
民　　族：回族
政治面貌：党员
职　　称：副高
学　　历：大学本科
所在单位：兰州民族中学
通讯地址：兰州民族中学
成　　就：本人从事教学工作25年，担任班主任工作13年，担任年级组长3年，所带班级获校先进班集体8次，本人获校优秀教师9次，2009年被评为兰州市优秀班主任。曾参与编著了校本课程《兰州市民族教育读本》，在国家级刊物《西部科技》《中国科教创新导刊》上发表 2 篇文章，在《甘肃日报》发表省级论文 1 篇。撰写的经验论文多次获兰州市教科所奖励。

简　　介：于 1989 年 6 月参加工作，从事教育教学工作 25 年。从事初中思想品德教学工作 15 年，高中政治课教学 10 年。

0457　颜丽平

性　　别：女

出生年月：1966-03-10

民　　族：汉族

政治面貌：群众

职　　称：副高

学　　历：大学本科

所在单位：兰州市第四中学

通讯地址：兰州市第四中学

成　　就：本人从教 28 年，忠诚教育事业，多年担任班主任，教学成绩优秀。

0458　马海燕

性　　别：女

出生年月：1971-06-21

民　　族：回族

政治面貌：党员

职　　称：副高

学　　历：大学本科

所在单位：兰州市第五十三中

通讯地址：兰州市第五十三中

成　　就：所著《初三思想政治单元小考卷》2002 年由甘肃教育出版社出版；参与编写《初三政治毕业会考指导》，该书在 2003 年由甘肃教育出版社出版发行；所著《正确认识邓小平教育思想中的几对关系》一文，发表在 2004 年的《创新实践论从》上；2005 年所著《思想政治新课标单元小考卷》（初三）由甘肃教育出版社正式出版发行；2001 年所带初三毕业学生政治会考合格率达 95.71%，居兰州市第一，受到学校奖励；2002 年被评为兰铁三中优秀教师；2005 年被评为兰铁三中优秀共产党员；2005 年被评为兰铁三中优秀教师；2011 年被评为学校优秀共产党员。

简　　介：1979 年 9 月—1984 年 7 月就读于甘肃省定西县东方红小学；1984 年 9 月—1987 年 7 月就读于甘肃省定西县东方红中学初中部；1987 年 9 月—1990 年 7 月就读于甘肃省定西县东方红中学高中部；1990 年 8 月—1994 年 7 月就读于西北民族学院；1992 年 5 月加入中国共青团；1993 年 12 月加入中国共产党；1994 年至今就职于兰州市第五十三中学。

0459　郭文华

性　　别：女

出生年月：1969-04-01

民　　族：汉族

政治面貌：群众

职　　称：副高

学　　历：大学本科

所在单位：兰州民族中学

通讯地址：兰州民族中学

成　　就：2004 年在兰州市第 12 届中小学生现场作文比赛活动中被评为优秀辅导奖；2006 年辅导学生参加市首届中小学生"爱祖国爱家乡"诗歌朗诵大赛获优秀辅导奖；2006 年参加全国"民教杯"课件比赛，课件《我有一个梦想》获二等奖；2007 年指导学生参加兰州市中小学生"走进阳光世界"主题征文活动获辅导一等奖；2007 年《甘肃教育督导》发表《深刻认识纠正错字的意义》；2007 撰写的《世上无难事，只怕有心人——浅谈班主任工作的几点体会》获兰州市中学教育教学优秀论文二等奖；2009 在全国中学生语文能力竞赛中指导的学生刘贞、周景寰等荣获七年级全国三等奖；2009 参加教科所组织的送教下乡教研活动做公开观摩研讨课一节获证书。2007 年荣获市教育局系统优秀班主任称号。多次荣获校级优秀班主任、优秀教师称号。

简　　介：1991 年 6 月毕业于兰州师专中文系；2001 年 7 月毕业于西北师范大学中文系。工作多年以来，能认真钻研业务，了解政治教育最新的发展趋势，不断的更新知识。

0460 张润娥

性　　别：女
出生年月：1968-11-06
民　　族：汉族
政治面貌：党员
职　　称：副高
学　　历：硕士研究生
所在单位：兰州市第五十一中学
通讯地址：兰州市第五十一中学
成　　就：获得过兰州市第 7 届教学新秀；甘肃省高中政治优质课一等奖；市级骨干教师；国家三级心理咨询师资格；市级个人课题一等奖等。
简　　介：1991.7 月大学毕业分配至兰州二十七中工作，担任政治课教学；1998.9—2004.9 担任兰州二十七中团委书记；2002.10—2010.6 担任兰州二十七中政教处副主任、主任；2010.7 至今 担任兰州五十一中学副校长。

0461 王存银

性　　别：男
出生年月：1971-04-23
民　　族：汉族
政治面貌：群众
职　　称：副高
学　　历：大学本科
所在单位：中共兰州市委党校
通讯地址：兰州市火车站西路 722 号
成　　就：承担党校各主体班、学历班教学工作，所讲授专题课程多次被评为优质课，并且多次被评为优秀教师；承担并主持国家级、省、市 10 多项科研课题，公开发表数 10 篇国家级、省市级论文，多次参与省、市社会调研，并且多次获奖。
简　　介：1995 年毕业于西北师范大学政治教育本科专业，法学学士；2004 年毕业于北京师范大学公共管理学院公共管理（MPA）研究生专业。1995 年大学毕业至今，在中共兰州市委党校先后任助教、讲师、副教授。

0462 楚恒华

性　　别：女
出生年月：2013-04-12
民　　族：汉族
政治面貌：群众
职　　称：副高
学　　历：大学本科
所在单位：兰州市外国语高级中学
通讯地址：兰州市外国语高级中学
成　　就：获甘肃省青年教学能手；白银市骨干教师；甘肃省基础教育研究三等奖；1995 年白银市优质课竞赛三等奖；多篇论文发表在省市级刊物上；多篇论文获省市级一二三等奖。
简　　介：1984—2003 年在景泰二中工作；2003 年至今在兰州市外国语高级中学工作。

0463 宋红芳

性　　别：女
出生年月：1970-08-21
民　　族：汉族
政治面貌：群众
职　　称：副高

学　　历：大学本科

所在单位：兰州市第三中学

通讯地址：兰州市第三中学

成　　就：2008年编著《集优方案》（教育科研版）思想品德八年级上册，甘肃教育出版社出版；2008年编著《集优方案》（人教版）思想品德八年级上册，甘肃教育出版社出版；2011年编著《名校学案课堂练习检测思想品德（人教版）七年级》，甘肃教育出版社出版；2013年被评为兰州市中小学县区级骨干教师；2013年教研课题《思想品德课快乐学习，高效课堂的构建》荣获兰州市教育科研"个人课题"优秀成果一等奖。

简　　介：1989年—1992年6月就读于兰州城市学院政史系，学历大专；1997年6月毕业于西北师范大学政治理论专业，学历本科；1992年7月—2000年5月在兰州十二中工作；2000年6月至今在兰州三中工作；已经在中学从事教育教学工作20余年，其中担任过10多年班主任，在十二中担任了8年少先大队辅导员。

0464　杨永清

性　　别：男

出生年月：1972-07-15

民　　族：汉族

政治面貌：党员

职　　称：副高

学　　历：大学本科

所在单位：兰州五十三中

通讯地址：兰州五十三中

成　　就：1995—1998年所带初中班级毕业，有11名学生考入市重点学校，成绩全部达标。在历年高中语文教学中，会考合格率均达到90%以上，从2005到2012年高考语文成绩平均分均在98分以上。2000、2001、2002、2004、2006年获得中华圣陶杯中学生作文大赛优秀指导奖；2008、2009年获得全国语文能力竞赛优秀指导奖；2001-2004年主持兰州市课题《中学人文教育》，2012年主持编写五十三中校本课程《画家散文阅读与欣赏》。有10余篇论文相继发表于《中学语文教学参考》等杂志。

简　　介：1991年9月—1995年7月于陕西师范大学汉语言文学专业学习；1995年8月至今在兰州五十三中从事教育教学工作。

0465　罗黎明

性　　别：男

出生年月：1969-05-16

民　　族：汉族

政治面貌：民主党派

职　　称：副高

学　　历：大学本科

所在单位：兰州二十七中

通讯地址：兰州市火车站西路615号

成　　就：连续多年高考单科优秀奖、目标奖，论文获国家级三等奖、省市一、二等奖。

简　　介：1987至1991年在西北师大历史系学习；1991年二十七中参加工作至今。

0466　苗雁

性　　别：女

出生年月：1967-08-16

民　　族：汉族

政治面貌：群众

职　　称：副高

学　　历：大学本科

所在单位：兰州五十三中

通讯地址：兰州五十三中

成　　就：1991—1999年间，所带三届初中毕业班中考成绩合格率、优秀率、平均成绩均名列年级前茅，均超过兰州市平均分。1999年至今一直从事高中语文教学工作。历届高中毕业会考合格率均达到 96% 以上，高考平均成绩均达到 97 分以上。自 1991 年参加工作以来，一直担任班主任工作。历届高考上线率均达到 60% 以上，有多名学生被复旦大学等各类高校录取。担任语文教研组长，组织组内老师参与各种教研活动，《课外阅读散谈》等论文发表于《青海师范大学学报》等杂志上。在全校组织诗歌朗诵会，获得好评。在兰州连城铝厂中学期间历年考核取得优秀 3 次，良好 3 次。

简　　介：1986 年 9 月—1990 年 7 月于西北民族大学汉语言文学专业学习；1991 年元月—2007 年 10 月于兰州连城铝厂中学从事教育教学工作；2007 年 10 月至今于兰州五十三中从事教育教学工作。

0467 郝国涛

性　　别：男
出生年月：1905-05-01
民　　族：汉族
政治面貌：党员
职　　称：副高
学　　历：大学本科
所在单位：兰州民族中学
通讯地址：兰州民族中学
成　　就：1996 年获得兰州市"教学新秀"。2003 年被评为甘肃省"教学能手"。2007 年后，两次被评为兰州市教育系统"优秀共产党员"，多次被评为学校"优秀共产党员"和。从教以来，多次被评为学校"优秀教师"。
简　　介：1985 年 7 月毕业于西北师范大学历史系历史学专业，获历史学学士学位。毕业后被分配到兰州回民中学（现兰州民族中学）任教，工作期间，先后担任过学校工会副主席，学校党总支委员兼教师支部书记。先后承担过初、高中历史和政治学科教学，1998 年获得中学高级教师任职资格。

0468 胡笳

性　　别：女
出生年月：1968-09-10
民　　族：汉族
政治面貌：群众
职　　称：副高
学　　历：大学本科
所在单位：兰州市第十四中学
通讯地址：东郊巷 30 号
成　　就：2002 获第三届"兰州市现代教育技术课"二等奖。2003 获甘肃省第二届"青年教学能手"称号。2010 第四届"全国中学生语文能力竞赛" 优秀辅导奖。2011 被评为"兰州市中小学县区级骨干教师"。2011 获"国家级普通话水平测试员"资格。2014 获第四届"中语杯"中青年教师课堂教学大赛指导奖，并在省级刊物公开发表多篇论文。著作《启迪智慧的金钥匙》（合著）甘肃教育出版社，2004。教材《大学语文》（参编）新华出版社 2008。
简　　介：1987.9—1990.7 在兰州师范高等专科学校上大专；1994.7—1997.8 在西北师范大学上本科；1990.7 至今分配到兰州市第十四中学工作。

0469 糟凤英

性　　别：女
出生年月：1967-01-06
民　　族：回族
政治面貌：群众
职　　称：副高
学　　历：大学本科
所在单位：兰州职业技术学院
通讯地址：兰州职业技术学院
成　　就：在《黑龙江生态工程职业学院学报》2009 第 6 期上发表了《字体设计教学中如何培养学生的思维能力》一文；在《发展》

2009第11期上发表了《案例教学法在广告原理教学中的应用》一文；在《中国科技信息》2009第17期上发表了《对高职设计专业基础课教学的思考》一文；在《甘肃科技》2010第2期上发表了《浅谈字体设计教学中三个环节的训练》一文；在《和田师范专科学校学报》2010第3期上发表了《广告文案中感性诉求方式的应用》一文；在《中国科技信息》2010第4期上发表了《浅谈广告文案写作》一文。多年来一直从事设计专业基础课程的教学工作、班主任工作及教研室工作，所带班级曾获学校"先进班"、"文明班"荣誉称号，期间曾赴武威职业学校、和政县职业学校支教，受到当地师生一致好评。于2006年获得学院优秀教研室主任荣誉称号；2007年获得学院优秀教师荣誉称号；获得学院2007-2008年度教学优秀奖；获得学院2008-2009年度教学优秀奖；2009年获得学院师德先进个人荣誉称号。

简　　介：1986兰州职业技术学校服装设计专业中专毕业；同年作为优秀毕业生留校任教；1996年兰州服装职工大学服装设计专业专科毕业；2004年中央广播电视大学汉语言文学专业本科毕业；2005年获得服装设计师任职资格，2006年确认讲师任职资格，2010年获得副教授任职资格。

0470 张育文

性　　别：男
出生年月：1967-11-01
民　　族：汉族
政治面貌：党员
职　　称：副高
学　　历：大学本科
所在单位：兰州民族中学
通讯地址：兰州民族中学
成　　就：2008.10《甘肃联合大学字报》发表《语文课堂语言运用的教与学》；2009年参与编写《集优方案》由甘肃教育出版社出版；2009年在兰州市教育局组织的课件比赛中《红楼梦》荣获二等奖；2011.11《甘肃日报》发表论文《对孔乙己主题思想的再认识》。

简　　介：1989年毕业于西南师范大学中文系；1990年4月分配到兰州民族中学任教至今；2003年12月聘为中学一级教师；2011年12月取得中学高级教师职称。

0471 符小红

性　　别：女
出生年月：1975-06-01
民　　族：汉族
政治面貌：群众
职　　称：副高
学　　历：大学本科
所在单位：兰州民族中学
通讯地址：兰州民族中学
成　　就：2008年获第九届兰州市"教学新秀"称号；2010年获兰州市"优秀教师"称号；2011年兰州市"市级骨干"称号；2011年兰州市"学科带头人"称号；多次获"校优秀教师""校优秀班主任"称号。2008年1月在《中学语文》期刊上发表论文《激发潜质，灵思飞扬》；个人编著《名师点拨》；2008年10月兰州市第五届信息技术与学科教学整合课件比赛中，课件《诗歌意境鉴赏》获中学组一等奖；2008年11月课例《永遇乐·京口北固亭怀古》参加兰州市第九届新秀比赛，获"第九届新秀"称号；2008年10月《诗意与环境》获甘肃省优秀环境教学方案征文"三等奖"；论文《在激励与荣辱间》于2007年8月在"知荣辱树新风，再塑陇人品格"征文活动中获"优秀奖"。

0472 孙海琳

性　　别：女
出生年月：1966-06-26
民　　族：汉族
政治面貌：民主党派
职　　称：副高
学　　历：大学本科
所在单位：兰州十一中
通讯地址：兰州十一中
成　　就：曾荣获第三届兰州市优秀班主任，县区级骨干教师。
简　　介：1989年7月至今在兰州十一中工作。

0473 杜洁

性　　别：女
出生年月：1975-12-05
民　　族：汉族
政治面貌：群众
职　　称：副高
学　　历：大学本科
所在单位：兰州民族中学
通讯地址：兰州民族中学
成　　就：2003年论文《教师是为了不教》获得教科所举办的教育教学论文评选一等奖，2005年制作的课件《秋天》获得市教育局举办的第二届中小学课件比赛中学组二等奖，2007年获得兰州市中小学生"走进阳光世界"主题征文活动辅导优秀奖，2008年指导学生王丹阳、杨成果获得全国中学生语文能力竞赛全国三等奖，2008年被评为学校的优秀班主任，2011年指导学生周焕焕参加第五届全国中学生语文能力竞赛获得全国三等奖。
简　　介：中学语文高级教师。于1993年7月参加工作，从事教育教学工作21年。担任班主任工作13年，其中，从事初中语文教学工作11年，高中语文课教学10年。

0474 李文

性　　别：男
出生年月：1974-12-01
民　　族：汉族
政治面貌：党员
职　　称：副高
学　　历：大学本科
所在单位：兰州市第三十一中学
通讯地址：兰州市第三十一中学
成　　就：甘肃省骨干教师、兰州市教育系统优秀党员，先后发表省级论文3篇，个人主持和参与市级课题3项、省级课题1项，多次获得德育工作和课件制作奖励。
简　　介：省委党校研究生学历。1997年毕业于兰州师专政史系；自1997年7月至今任教于兰州三十一中学；先后担任班主任、教研组长、团委书记、政教处副主任、教务处主任、办公室主任、校长助理等。

0475 徐元华

性　　别：女
出生年月：1964-04-29
民　　族：汉族
政治面貌：群众
职　　称：副高
学　　历：大学本科
所在单位：兰州七中
通讯地址：兰州七中语文组
成　　就：工作28载，勤勤恳恳，任劳任怨。曾获市级园丁奖，甘肃省青年课堂大赛一等奖，市级教学新秀，青年优质课一等奖，教改优秀课奖，优秀班主任，优秀教师等殊荣。曾经在《甘肃教育》发表过论文。曾多次获得全国语文能力大赛奖。多次参与学校的课题研究。

0476 罗黎莉

性　　别：女
出生年月：1965-06-12
民　　族：汉族
政治面貌：群众
职　　称：副高
学　　历：大学本科
所在单位：兰州市第十一中学
通讯地址：兰州市第十一中学（平凉路523号）
成　　就：2003年获兰州市优质课二等奖；2004年《甘肃教育》第9期发表论文《素质教育与班主任工作》；2009年教学开放周"信息技术与学科教学整合"专题课堂教学观摩研讨活动，承担了观摩教学课；2014年在《中学历史教学研究》第2期发表论文《"图说长征"历史活动课的设计与实施》；2014年8月在《中学教学参考》发表论文《浅谈多媒体环境下历史图片的运用》；2013年与同学张艳老师合作申报的兰州市市级研究课题《历史图片在初中阶段多媒体课堂教学中的创新应用》已立项，2014年结题，正在鉴定中。1996年获西固区优秀教师；2004—2005学年度评为校级优秀教师；2010—2011学年度评为校级优秀教师；2012—2013学年度评为校级优秀教师。
简　　介：1985—1989福建师范大学历史系学习；1989.9—1998.8兰州市西固区二十一中学任职；1998.9至今兰州市第十一中学工作。

0477 曹鲜芳

性　　别：女
出生年月：1966-09-14
民　　族：汉族
政治面貌：党员
职　　称：副高
学　　历：大学本科
所在单位：兰州民族中学
通讯地址：兰州民族中学
成　　就：连续多年被评为兰州民族中学优秀班主任、优秀教师，2002年被评为兰州市骨干教师，2006年被评为兰州市"三八"红旗手。2007年被评为兰州市优秀教师，2009年被评为甘肃省骨干教师，在教研方面也发表了多篇教育教学论文。
简　　介：高级教师。1990年6月毕业于西北师范大学政治教育专业，获法学士学位；2005年12月获西北师范大学现代教育技术专业教育硕士学位。

0478 关秀娟

性　　别：女
出生年月：1963-06-26
民　　族：汉族
政治面貌：民主党派
职　　称：副高
学　　历：大学本科
所在单位：兰州市第十四中学
通讯地址：兰州市第十四中学
成　　就：2000年获全国青少年"春蕾杯"征文"优秀指导"奖。2002年论文《天籁自鸣早熟诗才》荣获全省中学语文优秀论文一等奖。2002年论文《关注青少年上网行为》荣获甘肃省2002年教育优秀论文一等奖。2002年论文《关注青少年上网行为》荣获兰州市2002年教育优秀论文二等奖。2002年论文《天籁自鸣早熟诗才》荣获兰州市2002年教育教学优秀论文一等奖。2004年荣获第十二届奥林匹克杯全国作文大赛优秀辅导老师奖。2004年荣获兰州市"为中华之崛起"中小学生主题征文活动辅导奖。2007年被评为2006-2007学年度优秀班主任。
简　　介：1985年9月—1987年7月在天水师专读大专；1994年9月—1996年7月

在甘肃省教育学院读本科；1980年12月—1997年7月在陇南市武都第七中学任教；1997年8月至今在兰州市第十四中学任教。

0479 刘卫东

性　　别：男
出生年月：1960-05-01
民　　族：汉族
政治面貌：群众
职　　称：副高
学　　历：大学本科
所在单位：兰州民族中学
通讯地址：兰州民族中学
成　　就：兰州市政协委员、甘肃省省级骨干教师、兰州市教学新秀、兰州市历史中心组组长、甘肃省历史教学专业委员会常务理事、副秘书长、兰州市教师资格评审委员会评委、兰州市中学教师职务评审委员会委员、兰州市高中新课程专家组成员。1989兰州市青年教师三项基本功比赛全能奖，粉笔字第一名；1990年兰州教学新秀历史课第一名；1995年所带高中历史课成绩在同类学校中平均分名列第二合格率第一；2000年参与起草《兰州市中小学德育工作条例》；2007年被评为教科所中心组教研先进个人；2008年中国教育干部培训优秀学生；2011年被评为教育部财政部"国培计划"甘肃省农村中小学骨干教师远程培训项目课程专家；2012年参与起草教育部师范司"国培计划"——中西部项目培训初中历史课程标准。
简　　介：先后担任10年初中教学、26年高中历史教学、15年班主任工作、5年教研组长、3年年级组长、5年政教主任、5年教务主任、10年教学副校长、2年德育副校长，亲身经历了中学历史教学及学校教育教学管理的各方面工作。

0480 朱玉珍

性　　别：女
出生年月：1964-07-24
民　　族：汉族
政治面貌：群众
职　　称：副高
学　　历：大学本科
所在单位：兰州市第十一中学
通讯地址：兰州市平凉路523号
成　　就：2011年在全国《辅导员》杂志发表论文《抓住关键环节进行爱国主义教育》1篇；2012年在省级刊物《飞天》杂志发表论文《对目前中学思想品德教育的思考》1篇；2003年论文《新时期思想政治课教师必备素质》在兰州市教育教学论文评选中荣获二等奖；2013年在《初中同步学习导与练》八年级上册思想品德一书中担任编委；2013年本人承担完成的课题《关于初中思想品德课课堂提问的研究》荣获兰州市教育科研2013年度"个人课题"优秀成果二等奖；2014年9月被学校评为校优秀教师。
简　　介：自1992年，一直在兰州十一中从事思想品德课的课堂教学工作，在22年的教学工作中始终勤勤恳恳，认真踏实地从事教学工作，并积极参与学校各项活动，积累了一些课堂教学经验。

0481 王纲

性　　别：男
出生年月：1968-12-01
民　　族：回族
政治面貌：群众
职　　称：副高
学　　历：大学本科
所在单位：兰州民族中学
通讯地址：兰州民族中学
成　　就：教材（专著）：《语文高中二年

级考试教程》主编（2011年8月）；课题《高中语文研究性学习中学生团队意识的培养》，2011年通过鉴定并获优秀成果三等奖；参与市级规划课题《基础教育阶段初中学生养成教育的课程化研究》研究，2013年11月通过鉴定并获优秀成果三等奖；2010年第十二届"飞向北京、飞向太空"全国青少年航空航天模型比赛暨兰州地区选拔赛优秀组织奖（兰州市教育局）、2010年第十二届"飞向北京、飞向太空"全国青少年航空航天模型教育竞赛优秀组织奖（甘肃省教育厅）、2011年第十三届"飞向北京"全国青少年航空航天模型教育竞赛甘肃赛区总决赛优秀组织奖（甘肃省教育厅）；2014年兰州市第二十二届少年儿童作文赛优秀辅导员（兰州市委宣传部、兰州市教育局）。2003、2005年兰州市教育局系统优秀教师；2007年任兰州市中学教学开放周评课教师；2012年联校、校本培训优秀学员。

简　　介：于1987年在兰州回民中学毕业后考入西北师范大学中文系，1991年6月大学毕业，获文学学士学位；1991年7月后分配到兰州回民中学（现改名为兰州民族中学）担任中学语文教师；2003年取得中学高级语文教师资格；2008年进入行政岗位，兼任教务处副主任至今。

0482 马清荣

性　　别：女
出生年月：1967-09-23
民　　族：汉族
政治面貌：群众
职　　称：副高
学　　历：大学本科
所在单位：兰州市第三十三中学
通讯地址：兰州市第三十三中学
成　　就：2002年6月被评为兰州市中学县（区）级骨干教师；2002年11月获得兰州市第七届教学新秀称号；2003年9月获得甘肃省第二届"青年教学能手"称号；2004年3月荣获市级优质课一等奖；2010年5月被聘为兰州市普通高中课程改革专家组成员。

简　　介：1990年6月毕业于兰州师范专科学校政治历史专业；2000年取得西北师范大学政治教育专业函授本科学历；1990年分配至兰州市第三十三中学任教至今，从事政治教学24年，担任班主任工作13年，现为高二年级政治教师。2008年12月获得中学高级任职资格。

0483 姚智礼

性　　别：男
出生年月：1962-06-04
民　　族：汉族
政治面貌：民主党派
职　　称：副高
学　　历：大学本科
所在单位：兰州市第二十七中学
通讯地址：兰州市火车站西路615号
成　　就：自1988参加工作以来，以非常敬业的精神从事教育工作，取得了较好的成绩。先后11次承担高三历史教学，同时在工作期间，自觉研究教育教学方面的进展。2011年指导的学生研究性学习获得了甘肃省二等奖；2013年所带班级获兰州二十七中高考单科优秀奖。2003年和2007年先后在《未来导报》发表《利用目录提高学习历史的效率》《2007年高考历史试题浅析》，1997年在《德育报》发表《藏胞抗日垂青史》，1999年在《西北师范大学·增刊》发表《滇桂少数民族抗日贡献点滴》，2000年在《甘肃日报》上发表《"冷眼"看减负》，2005年在《新课程论坛》发表《问题学生与家庭教育》，2012年在《兰州教育》发表《从听课得来的》等。

0484 庞楷

性　　别：男
出生年月：1977-10-31
民　　族：汉族
政治面貌：党员
职　　称：副高
学　　历：博士研究生
所在单位：兰州财经大学
通讯地址：兰州财经大学11号信箱
成　　就：金融学院副院长，经济学博士，副教授，主要研究方向为保险理论与政策。主要担任《保险学》《风险管理》等课程的教学科研工作。在科研方面曾多次主持和参与省级课题及校级课题，先后在省级刊物发表专业论文10余篇，并获得省级和校级的多次科研奖励。
简　　介：1992年7月毕业于北京林业大学外语系，获文学士学位。

0485 陈福林

性　　别：男
出生年月：1957-11-27
民　　族：汉族
政治面貌：党员
职　　称：副高
学　　历：大学本科
所在单位：甘肃广电报业传媒有限责任公司
通讯地址：甘肃广电报业传媒有限责任公司
成　　就：2009年通讯、专访《嘹高山上抒情怀》获甘肃广播影视报刊专稿一等奖；2010年论文《整合刊号资源现实跨越发展》获甘肃广播电视学术论文一等奖；2012年被评为全局2011年度先进工作者；2012年6月公司被评为全省文化体制改革先进单位；2012年9月公司被评为全国文化体制改革工作先进单位。
简　　介：1984—1988兰州电视台记者；1989—1991兰州电视台新闻部副主任；1992—1996兰州电视台经济部主任；1997—2001甘肃飞天电视台班子成员；2002—2004甘肃公共频道新闻部主任；2005—2009甘肃广播电视报社副社长；2009.11—2010.12甘肃广播电视报社社长兼总编辑；2010.12至今甘肃广电报业传媒有限责任公司董事长兼总经理、总编辑。

0486 裘红霞

性　　别：女
出生年月：1966-10-20
民　　族：汉族
政治面貌：民主党派
职　　称：副高
学　　历：大学本科
所在单位：兰州财经大学
通讯地址：兰州财经大学11号信箱
成　　就：主要研究方向为保险理论与实务。主要担任《财政金融》《中国金融学》《货币银行学》《中央银行学概论》《商业银行》《经济管理学》《人身保险》《保险投资》《海上保险》《人身保险》等课程的教学科研工作。参与《2003年西部地区民间投资体制研究》；2003年—2004年参与《投资基金治理结构问题研究》《保险学课程建设》《财政与金融》等项目研究，其中主编的《财政与金融》获兰州商学院第九次科研成果奖三等奖。

0487 罗频宇

性　　别：男
出生年月：1976-01-28
民　　族：汉族
政治面貌：群众
职　　称：副高

学　　历：硕士研究生
所在单位：长青学院财金系
通讯地址：长青学院财金系
成　　就：发表论文 10 篇，参编教材 4 部，参与项目 8 项，包含 1 篇省级项目。

0488 田玉忠

性　　别：男
出生年月：1967-06-01
民　　族：汉族
政治面貌：群众
职　　称：副高
学　　历：硕士研究生
所在单位：兰州财经大学
通讯地址：兰州财经大学
成　　就：论文《国有企业改革的目标与过程》发表于《宁夏大学学报》，2006.2，第一作者；《耕地非农化的供求驱动分析——以陕西省为例》发表于《开发研究》，2007.3，第一作者；《循环经济：发展甘肃经济的理性选择》发表于《科技管理研究》，2009.2，独立作者；《政府在推进和发展低碳经济中的责任》发表于《贵州社会科学》，2010.7，第一作者；《我国保障性住房体系发展可持续探讨》发表于《宁夏大学学报》，2011.3，第一作者；《部分发达国家住房保障的经验与启示》发表于《宏观经济管理》，2012.4，第一作者；《住房公积金制度的生成、发展与改革——以甘肃省兰州市为例》发表于《陇东学院学报》，2013.6，第一作者；《房地产信托产品在中国的创新性探讨》发表于《甘肃金融》，2013.8，第一作者。兰州地区上市资源与战略性布局研究报告，获甘肃省第十一届社会科学优秀成果三等奖，2009.5。

0489 张志鹏

性　　别：男
出生年月：1961-07-25
民　　族：汉族
政治面貌：党员
职　　称：副高
学　　历：大学本科
所在单位：甘肃省广电总台
通讯地址：兰州市张苏滩 561 号
成　　就：2003 年、2006 年先后两次被甘肃省广电局评为先进工作者。2008 年被中共甘肃省委评委甘肃省宣教系统经营管理拔尖人才。2011 年被评为甘肃省广电局年度先进工作者。专题节目《清清引大水》《阿塔漫游赛牛会》等一批电视作品获得国家级和省内各种奖项目。
简　　介：1980.7—1991.3 在正宁县文教局、县委报道组工作；期间 1983—1985 年在庆阳师专学习；1991.3—1996.4 在甘肃人民广播电台庆阳记者站专题部工作；1996.4—2000.12 在甘肃人民广播电台新闻部担任副主任；2001.1—2004.12 在甘肃人民广播电台新闻频率担任副总监；2004.12—2009.12 任甘肃广电总台广告经营管理中心主任；2009.12—2010.12 任甘肃广电总台产业研发中心主任；2010.12—至今任甘肃广电总台电视经济频道总监。2005 年至 2009 年在总台广告经营管理中心担任主任、广播广告部总经理、电视广告部总经理。2011 年 12 月调入电视经济频道工作。

0490 秦岭

性　　别：男
出生年月：1964-12-14
民　　族：汉族
政治面貌：民主党派
职　　称：副高

学　　历：大学本科
所在单位：兰州财经大学
通讯地址：兰州财经大学 11 号信箱
成　　就：英国伯明翰大学访问学者，兰州商学院金融学院副教授。主讲课程为《货币银行学》《银行会计学》《金融英语》《金融企业会计》等。研究方向为货币政策与货币理论、金融企业会计制度。

0491 谷雪莲

性　　别：女
出生年月：1970-07-07
民　　族：汉族
政治面貌：群众
职　　称：副高
学　　历：大学本科
所在单位：兰州市第五十一中学
通讯地址：兰州市第五十一中学政治教研组
成　　就：2002 年《中学生吸烟饮酒心理的诊断及矫正》，全国教育科学"十五"规划重点课题；2009 年组织参与《中学生生命健康教育》教研课题被列为兰州市重点教育课题；2003 年度兰州市优质课二等奖；2002 年度论文《激发兴趣，优化教学》获甘肃省教育优秀论文二等奖；2007 年度《矛盾特殊性和普遍性辩证关系》、2008 年度《量变和质变》、2009 年度《好学深思、修德乐群——让我们拥抱信念》获兰州市教育教学优秀论文奖；《教学设计——社会存在与社会意识的辩证关系》获 2012 年度教育部教育优秀论文一等奖；2008 年度省级青少年科技创新大赛优秀辅导员称号；2010 年度兰州市"巾帼建功"先进个人。
简　　介：1992 年 7 月毕业于陕西西师范大学；同期分配至兰州五十一中任政治教师至今。从教以来，遵守教师职业道德，始终立足教育教学工作，教书育人，取得了良好的业绩。

0492 李桂珍

性　　别：女
出生年月：1963-09-07
民　　族：藏族
政治面貌：党员
职　　称：副高
学　　历：大学本科
所在单位：中共兰州市委党校
通讯地址：兰州市委党校公共管理教研部
成　　就：多年来从事马克思主义哲学原理、原著导读、公共关系、管理心理学、消费心理学等课程的讲授及相关专题课的讲授，并获得学校优质课奖励。在省级以上刊物发表数 10 篇论文，并获得省级以上奖励。
简　　介：1982 年至 1986 年 7 月在中央民族大学哲学系就读；1986 年 7 月至 1990 年 2 月，在甘南州委宣传部工作；1990 年 2 月至今在兰州市委党校从事教学工作。

0493 姬林

性　　别：女
出生年月：1969-06-14
民　　族：汉族
政治面貌：群众
职　　称：副高
学　　历：大学本科
所在单位：兰州五十三中
通讯地址：兰州五十三中
成　　就：1991—1996 年间，连续承担四届初三毕业班语文教学工作，语文成绩在兰铁局直属思索中学中名列前茅。1997 年至今一直从事高中语文教学工作，高中毕业会考合格率均达到 98%，高考成绩平均分均在 90 分以上。2000—2006 年，担任班主任工作，所带班级多数学生被中央美院等高校录取。

1996年参与编写《新编高中文言文译注评》（甘肃教育出版社），论文《变"隔"为"融"——语文教学中师生间的和谐》等多篇论文发表于《甘肃教学学报》《中国教育科学研究》等杂志上。2002年、2003年分获第八届、第九届中华圣陶杯作文大赛指导优秀奖，2008年指导学生获全国中学生语文能力竞赛全国三等奖。2000年被评为兰州铁路局优秀教师，2006年被评为兰州铁路局优秀教师和"十佳"班主任，2008年被评为校优秀教师。

简　　介：1987年9月—1991年7月于苏州铁道师范学院汉语言文学专业学习，1991年7月至今于兰州五十三中从事教育教学工作。

0494　张志俊

性　　别：男
出生年月：1965-11-19
民　　族：汉族
政治面貌：群众
职　　称：副高
学　　历：大学本科
所在单位：甘肃省兰州市第十中学
通讯地址：甘肃省兰州市第十中学
成　　就：《作文教学的现状及对策》获兰州市社会科学最高奖第四次评奖三等奖和1996年全国语文教师征文大赛一等奖。《重视语文思维训练培养学生创新能力》获二十一世纪第二届"素质教育杯全国中小学教师论文大赛一等奖。另外发表专题研究《青少年的"成熟感"及其引导"》，完成课题《课程标准下的语文教学应如何体现培养学生创新能力》。曾荣获优秀班主任和先进教师称号。

简　　介：1984—1987年在兰州城市学院中文系学习；1991—1994年在西北师大中文系学习；1987年至今在兰州十中工作。

0495　于国玲

性　　别：女
出生年月：1969-12-17
民　　族：汉族
政治面貌：党员
职　　称：副高
学　　历：大学本科
所在单位：兰州市第十四中学
通讯地址：兰州市第十四中学
成　　就：2009年被评为兰州市中小学优秀班主任，2010年被评为甘肃省中小学幼儿园"青年教学能手"。

简　　介：1988年9月—1991年6月，兰州师范高等专科学校上学；1998年8月-2001年7月，西北师范大学成人教育学院上学；1991年7月至今在兰州市第十四中学就职。

0496　赵宏英

性　　别：女
出生年月：1965-12-25
民　　族：汉族
政治面貌：党员
职　　称：副高
学　　历：大学本科
所在单位：中共兰州市委党校
通讯地址：兰州市委党校党史党建教研部
成　　就：长期以来从事政治理论的教学与科研工作，主要讲授科学社会主义理论、政治学、中国特色社会主义理论、世界政治与经济等课程。近年来主要承担了相关方面专题课的讲授，所授课程多次获得学校优质专题课奖励。在《毛泽东思想研究》《工会论坛》《发展》《甘肃科技纵横》《甘肃农业》及《党校教育》《兰州日报》等刊物上发表数 10 篇文章。

简　介：1987 年 7 月毕业于北京大学国际政治系国际共运专业，同年分配至兰州市委党校任教至今，1995 年获得副教授职称，现在兰州市委党校党史党建教研部从事教学工作。主要教学与研究方向为科学社会主义理论、建设有中国特色社会主义理论、当代世界政治与经济等方面。

0497　李春雨

性　　别：女

出生年月：1970-09-26

民　　族：汉族

政治面貌：党员

职　　称：副高

学　　历：大学本科

所在单位：兰州市第三十三中学

通讯地址：兰州市第三十三中学

成　就：2007 年获兰州市中学教育教学优秀论文评选二等奖；2009 年获兰州市教育局系统师德先进个人；2007、2009、2010、2012 年度分别获优秀班主任称号；2000、2008、2013 年度分获优秀教师称号；2009 年、2012 年分别获校级优秀党员称号；2007 年发表省级论文《浅议学生心理障碍产生的学校因素》（《科技信息》2007 年第 19 期第 217 页）；2009 年发表省级论文《思想政治课教学与传统美德教育》（《发展》2009 年第 8 期第 145 页）；2011 年被确定为兰州市中小学县区级骨干教师。

简　介：1994 年 6 月毕业于西北师范大学政治教育专业，学制四年。同年分配至兰州市第三十三中学任教至今，从事政治教学 20 年，担任班主任工作 16 年，现为高二年级政治教师。担任政治学科组组长。2010 年 12 月获得中学高级级任职资格。

0498　罗效智

性　　别：男

出生年月：1977-01-08

民　　族：汉族

政治面貌：党员

职　　称：副高

学　　历：硕士研究生

所在单位：兰州市第二十七中学

通讯地址：兰州市第二十七中学

成　就：2011 年兰州市高中新课程课堂教学竞赛三等奖。2011 年第二届校讯通杯全国中小学教育创新论文大赛甘肃赛区二等奖。2012 年第十四届语文报杯全国中学生写作大赛写作指导一等奖。2012 年兰州市教育科研"个人课题"三等奖。2013 年兰州市普通高中新课程教学研究论文二等奖。2013 年兰州市第十届课件比赛二等奖。2013 年第四届校讯通杯全国中小学教育创新论文大赛甘肃赛区三等奖。参与编写的校本教材《珍爱生命呵护心灵》已于 2014 年 6 月由兰州大学出版社正式出版。

简　介：2000 年从苏州铁道师范学院汉语言文学专业毕业，2005 年考入西北师范大学攻读硕士研究生，2008 年取得文学硕士学位，进入兰州市第二十七中学任教。

0499　刘千玉

性　　别：女

出生年月：1962-11-13

民　　族：汉族

政治面貌：群众

职　　称：副高

学　　历：大学本科

所在单位：兰州市第十中学

通讯地址：兰州市第十中学

成　就：本人从事教育教学工作 34 年，担任班主任工作 17 年，在新疆尉犁县艰苦地区任教10年，大学本科毕业，任教以来曾荣获优秀班主任，优秀教师数十次。2001年获兰州市中小学县区级骨干教师、教育教学能手；2002年获兰州示范性学校优秀教师；2008年参加兰州市中考成绩位居市级示范校均分第一名；2011年辅导兰州市少年儿童现场作文"在党的阳光下成长"获一等奖；近年在《中学课程辅导研究》2011年第19期发表论文《激发想象力发展思维力》；2013年在教育部刊物《中小学教育》发表论文《贴近生活激发兴趣》；2010年课题《课程标准下的语文教学如何体现培养》通过兰州市教育科研课题鉴定。

简　　介：1981年1月在新疆兵团农二师34团中学任中学教师。1985年—1987年新疆兵团教育学院中文系学习，大专毕业。1988年调到兰州十中中学教师。2003年西北民族大学学习，本科毕业。至今仍在兰州十中任中学教师。

0500 马延春

性　　别：男

出生年月：1955-02-21

民　　族：汉族

政治面貌：党员

职　　称：副高

学　　历：大学本科

所在单位：兰州二中

通讯地址：兰州市武都路185号

成　　就：发表《毛泽东实践精神的特点》《略论邓小平的解放思想理论》《如何克服学生对思想政治课的厌学情绪》《加强教师队伍建设是全面实施素质教育的根本保证》等论文。1998年被评为市级优秀教师。1999年被市政府遴选为兰州市"222工程"跨世纪学术带头人。2001年被甘肃省教育厅认定为省级骨干教师。曾任兰州市中学政治学科中心教研组成员，并被市教育局评为中心教研组先进个人。所带学生学习成绩优异。

简　　介：1982年毕业于西北师范大学政治系，现任兰州二中政治课高级教师。1997年受甘肃省教委委派赴北师大参加为期半年的全国政治课骨干教师培训，并取得优异成绩。

0501 冯连民

性　　别：男

出生年月：1966-01-08

民　　族：汉族

政治面貌：党员

职　　称：副高

学　　历：大学本科

所在单位：兰州市第十中学

通讯地址：兰州市第十中学

成　　就：撰写的《浅谈教师电子备课》《对高中历史教学的几点思考》《浅谈研究性学习与中学历史教学和评价》等多篇论文在《甘肃教育》《甘肃日报》发表。市级课题《中小学体育活动社区化的探索与研究》《学校体育场馆对社区开放的实践与研究》课题负责人。1990年荣获兰州市第二届中学教学新秀。2010年荣获中国教育国际交流协会"全国先进工作者"称号。2011年荣获中国教育国际交流协会突出贡献奖。2011年荣获兰州市委、市政府"全市关心下一代工作先进个人"称号。

简　　介：1988.08—1990.05兰州铁一中任教；1990.05—1998.03兰铁直属普教委团委任干事、书记（其中1993.08—1995.12在中央党校经济管理专业本科学习并毕业）；1998.03—2003.08兰州铁二小任党支部书记、兰铁教育集团任部员；2003.08—2013.07兰州铁一中任政教处主任（其中2004.12—2006.12在西北师范大学教育硕士研究生课程班学习并结业）；2013.07至今兰州十中任副书记。

0502 施明

性　　别：男
出生年月：1972-12-24
民　　族：汉族
政治面貌：党员
职　　称：副高
学　　历：大学本科
所在单位：兰州十四中
通讯地址：兰州市东郊巷30号
成　　就：2012年、2013年编写出版《中考通·历史（北师大版）》，2014年经甘肃省中小学教材审定委员会审定。编写出版《甘肃省普通高中招生考试命题指导纲要·历史》。1996年、2000年荣获市教委"优秀共青团员"称号；2001年获市教委"优秀党务工作者"称号；2005年获市教育局离退休工作"先进工作者"称号；2009年获市教育局"优秀共产党员"称号；2011年再次获市教育局"优秀党务工作者"称号。
简　　介：1993年6月毕业于兰州师专政史系，1993年7月分配至兰州十四中工作。1994年9月至1997年8月参加西北师大历史教育专业函授学习，获本科学历。现为兰州十四中办公室主任，同时承担高中历史课教学工作，2009年12月评审获高级教师职称。

0503 罗增梅

性　　别：女
出生年月：2014-12-21
民　　族：汉族
政治面貌：党员
职　　称：副高
学　　历：大学本科
所在单位：兰州市第三中学
通讯地址：兰州市第三中学
成　　就：2001年在《甘肃教育学院学报》发表《浅议政治科学小兴趣的激发》，2006年在《甘肃教育》发表《正视学生心理特点提高教学质量》。
简　　介：1982年9月—1986年7月就读于榆中师范学校。毕业后留校任教，1988年9月—1990年7月在甘肃省教育学院政教系进修学习。1991年11月调入兰州三中工作至今。2001年9月—2004年8月在西北师范大学政教系函授本科。在兰州三中工作期间担任高中班主任、初高中政治课教师。所带初中年级在中考成绩位列兰州市前三名。

0504 王灵梅

性　　别：女
出生年月：1970-01-24
民　　族：汉族
政治面貌：群众
职　　称：副高
学　　历：大学本科
所在单位：兰州市第十中学
通讯地址：兰州市第十中学
成　　就：自2003届以来我所担任的高中年级政治科目会考成绩位次均大幅超出入口位次，特别是2006届会考成绩合格率在市属示范性学校排名第二位。撰写的论文《浅议新课改下的课堂教学》在省级刊物《甘肃教育》（2006.3）发表。多次获得学校优秀班主任、优秀教师等荣誉称号。
简　　介：1992年毕业于西北师范大学政治系政治教育专业，本科，法学学士学位。1992年7月至1999年7月，在兰州市女子职业学校任教；1999年7月调入兰州市第十中学任教；2009年起任兰州市第十中学教导处副主任；1992年至2008年连续11年担任班主任工作，长期担任高三毕业班的政治课教学工作，兼职政治教研组组长、高中年级组组长和学校工会女工主任等工作。

0505　卜恩双

性　　别：女
出生年月：1966-08-24
民　　族：汉族
政治面貌：群众
职　　称：副高
学　　历：大学本科
所在单位：兰州八中
通讯地址：兰州市第八中学
成　　就：2003年获兰州市高中优质课竞赛二等奖。
简　　介：西北师大本科毕业，中学政治高级教师，任教26年，工作兢兢业业，获学生和同行好评，在中考和学校考试中所带班级取得较好成绩。在省级刊物上发表多篇论文。

0506　林建军

性　　别：男
出生年月：1974-06-07
民　　族：汉族
政治面貌：党员
职　　称：副高
学　　历：硕士研究生
所在单位：兰州市第二中学
通讯地址：兰州市第二中学
成　　就：论文《语文开放课堂的探索》发表于《中学课程资源》杂志（2008年第12期）；论文《语文教师专业发展思考》发表于《发展》杂志（2009年第8期）。系列论文"中学教学中的人文关怀"在兰州市第六届基础教育科研优秀成果获二等奖。2007年兰州市中学课堂教学竞赛中获三等奖；2008年获兰州市第九届教学新秀称号；2009年兰州市中学课堂说课竞赛中获二等奖；2012年，兰州市语文大集体备课承担主讲任务并获奖。2013年，在甘肃省"语文创新杯"课堂设计中获一等奖。2013年，完成的个人课题《语文课堂开展合作学习的实践研究》；2014年，申请"甘肃省十二五规划课题"《高中语文课堂的范式与实践研究》。
简　　介：1999年6月毕业于西北师范大学中文系教育专业；2009年12月毕业于西北师范大学文学院教育硕士专业；2004年晋升为中学一级教师；2010年晋升为中学高级教师；1999年6月至今，一直从事高中语文教学工作。

0507　吴军香

性　　别：女
出生年月：1968-12-03
民　　族：汉族
政治面貌：群众
职　　称：副高
学　　历：大学本科
所在单位：兰州市三十四中学
通讯地址：兰州市三十四中学
成　　就：2003年在兰州市教育局系统"庆十六大、喜迎新春"寒假读书征文比赛中获优秀组织者奖，2004年荣获兰州市教育教学论文二等奖，2005年在兰州市教育局举办的"我在暑假成长"征文比赛中荣获优秀指导教师奖，2006年在兰州市教育局举办"弘扬长征精神，坚定报国之志"征文比赛中荣获优秀辅导教师奖，2008年在兰州市中学课堂教学竞赛中获二等奖，优秀教学案例三等奖，2009年在兰州市教育教学论文三等奖，2010年在全国中学生语文能力竞赛中指导的学生分别获一等奖一人，二等奖一人，三等奖四人，本人获优秀辅导奖。2007年在甘肃教育上发表论文《转换观念　厚实底蕴——对中学生阅读的一点见解》，2001年在中国校外教育上发表论文《钻进去与走出来——作文教学中的自主性与研究性》，2012年在甘肃教育革新上发表论文《网络环境下的作文讲评初探》。2012年至2014年申报并完成省级规划性课题《网络环境下的初中语文作文教学》。

简　　介：1991.9—1994.7 兰州师专中文系汉语言文学学习；2001.9—2003.7 西北师范大学中文系汉语言专业。1994.7至今 在兰州市第三十四中学从事中学语文教学工作。同时担多届班主任工作。

0508　李英芳

性　　别：女

出生年月：1965-03-21

民　　族：汉族

政治面貌：群众

职　　称：副高

学　　历：大学本科

所在单位：兰州三中

通讯地址：兰州三中

成　　就：2002年9月被榆中县委评为师德标兵。2008年12月获得副高教师资格。

0509　梁泽琴

性　　别：女

出生年月：1965-08-19

民　　族：汉族

政治面貌：群众

职　　称：副高

学　　历：大学本科

所在单位：兰州五十一中学

通讯地址：甘肃省兰州市五十一中学

成　　就：荣获甘肃省中小学省级骨干教师、甘肃省第三届中小学"青年教学能手"称号；2003年获甘肃省高中政治新课程探究示范课竞赛一等奖；2003年参加全国第三届思想政治优质课交流或一等奖；2009年被评为第24届兰州市青少年科技创新大赛优秀辅导教师。

简　　介：兰州五十一中政治教师，中学高级教师，甘肃省中学骨干教师。毕业于西北师范大学政治系，本科学历，法学学士学位。

0510　毕文胜

性　　别：女

出生年月：1969-03-24

民　　族：汉族

政治面貌：群众

职　　称：副高

学　　历：大学本科

所在单位：兰州市第十中学

通讯地址：兰州市第十中学

成　　就：教学功底扎实，业务能力强，业绩突出。所带学科政治中考（会考）中，成绩优异。曾多次在市级示范性学校中取得较好的名次，受学校表彰，获"教育质量奖"。尤其是2004届中考成绩高于兰州市市级示范性学校均分8.68分，取得第三名的好成绩。为此，多次被学校评为"教学标兵""优秀班主任""优秀教师"以及"课堂教学比赛优秀奖"等荣誉称号。同时本人撰写的论文《思想政治课导入法例谈》在甘肃教育督导刊物上发表。

简　　介：中学高级教师。1994年7月毕业于西北师范大学思想政治专业，法学学士学位。现任兰州市第十中学政治教师。

0511　孔红菊

性　　别：女

出生年月：1969-07-16

民　　族：汉族

政治面貌：民主党派

职　　称：副高
学　　历：硕士研究生
所在单位：兰州旅游中等专业学校
通讯地址：兰州旅游中等专业学校
成　　就：2008.5《科技纵横》上发表《中职教育必须面对问题学生的再培养》。主持完成的课题研究报告《社会转型期中职学生品德行为偏差的成因及矫正策略》荣获兰州市第八届基础教育科研优秀成果一等奖和甘肃省第八届基础教育科研优秀成果三等奖。
简　　介：1989.9.1—1992.7.1就读于兰州师专政史系（现兰州城市学院社科学院）。1996.7.1—1999.8.31就读于西北师大思政专业，取得本科学历。2004.7.1—2007.12.31就读于西北师大思政专业，取得硕士研究生学历。1992.7.1至今，服务于兰州旅游职业学校。

0512 仇雪芹

性　　别：女
出生年月：1965-06-17
民　　族：汉族
政治面貌：群众
职　　称：副高
学　　历：大学本科
所在单位：兰州市第十中学
通讯地址：甘肃省兰州市兰州市第十中学
成　　就：1987—2004连续荣获校内优秀班主任称号；参与编写由甘肃文化出版社出版的《名师解读文言文》中学版合订本九年级部分约8万字的编写工作；撰写论文《班主任工作的几点体会》登载于2005年第12期《甘肃教育督导》上。论文《创造宽松环境，努力完成教学目标》登载于《甘肃教育学院学报》上并分别获得"甘肃省2002年教育优秀论文二等奖"，"兰州市2002年教育优秀论文二等奖"；从1987年至今在改变学校薄弱面貌中因为教育教学工作成绩显著而荣获先进教师称号，并多次被评为优秀教师；2009年"全国中学生语文能力竞赛"辅导多名学生分别荣获二、三等奖；"在党的阳光下成长"暨兰州市少年儿童第十九届现场作文大赛中被评为优秀辅导一等奖；2013年被兰州市教育局评为"中国梦·我心目中的好老师"征文大赛优秀指导教师。
简　　介：2000—2003兰州大学汉语言文学；1984—1987兰州师专汉语言文学；1987至今兰州市第十中学中学语文教师。

0513 姬涛

性　　别：女
出生年月：1968-09-07
民　　族：汉族
政治面貌：党员
职　　称：副高
学　　历：硕士研究生
所在单位：兰州二中
通讯地址：兰州二中
成　　就：市级教学能手、骨干，学科带头人。省级"巾帼建功"标兵。省级普通话测试员。
简　　介：1987—1990年天水师专上学，1993—1995年西北师大函授本科，1999—2003年西北师大教育硕士。1990年—2006年在陇西一中工作，2006年至今在兰州二中工作。一直从事高中语文教学及班主任工作。

0514 邱琳

性　　别：女
出生年月：1963-12-22
民　　族：汉族
政治面貌：党员
职　　称：副高
学　　历：大学本科

所在单位：兰州旅游中等学校
通讯地址：兰州旅游中等学校
成　　就：论文《思想政治工作是一门科学》2012年11月发表在时代教育；《用先进典型带动党建的思考》2013年01月发表在管理学家；课题"个人礼仪教育在中职学生中的实施"2013年11月通过了兰州市教育科研"个人课题"鉴定，且获得兰州市教育科学规划领导小组优秀成果二等奖。

简　　介：1981年9月—1983年7月陕西汉中师范学校上学；1983年7月—1991年4月陕西勉县定军中学任教兼团委书记；1991年4月—1995年11月，甘肃第三十六中任教兼办公室干事；1995年11月至今 兰州旅游中等任教兼办公室主任；2002年—2004年 中央党校兰州市党校学习法律专业；2003年—2005年 兰州大学（自考）学习经济法学专业。

0515 刘曙霞

性　　别：女
出生年月：1961-01-24
民　　族：汉族
政治面貌：党员
职　　称：副高
学　　历：大学本科
所在单位：兰州七中
通讯地址：兰州七中
成　　就：论文《浅谈课堂教学中的情感体验和道德实践》发表于《甘肃教育》2005年第10期；课题《活动式教学在政治课堂中的应用》于2012年12月通过兰州市教育科研"十二五"市级规划课题鉴定；《班级文化建设——提升学校文化的德育创新实践研究》荣获兰州市第九届基础教育科研优秀成果三等奖。

简　　介：1980年1月至1994年7月在新疆巴州和静县第一中学任教，1994年8月至今在兰州市第七中学任教，2005年12月获得中学高级职称资格，2004年获得中央广播电视大学法学本科学历。

0516 巩慧

性　　别：女
出生年月：1970-02-17
民　　族：汉族
政治面貌：群众
职　　称：副高
学　　历：硕士研究生
所在单位：兰州五十五中
通讯地址：兰州五十五中
成　　就：教研课题《语文自主创新课堂教学研究》被列为甘肃省基础教育改革专项研究课题，于2010年结题。撰写的教学论文有《讲出你的风采》（《新课程改革论坛》）、《语文课堂节奏的调控》（《苏州科技学院学报》）、《在自主创新中转变教学观念》（《甘肃日报》）、《张扬语文教学的个性》（《兰州大学学报》）、《优化中学生的人际关系》（《兰州教育》，该论文获兰州市中小学心理健康论文比赛二等奖）；心理健康课《学会倾听 让心靠近》获兰州市中小学生心理健康课比赛三等奖；《向着梦想奔跑》获甘肃省全省德育与心理健康优质课评选二等奖。第二届兰州市"优秀班主任""兰州市区级教学骨干"。教学成绩突出，中考成绩曾列兰州市市级示范学校第一名。

简　　介：1993年毕业于苏州铁道师范学院汉语言文学系，后于西北师范大学进修教育学硕士，并获得学位证书。系兰州五十五中高级教师，现任高中语文教师。

0517 苏冬玲

性　　别：女

出生年月：1972-01-16
民　　族：汉族
政治面貌：党员
职　　称：副高
学　　历：大学本科
所在单位：兰州市第二十七中学
通讯地址：兰州市二十七中学
成　　就：从事语文教学工作22年，获甘肃省新课改语文优质课一等奖，获市级优秀教师称号。

0518　强燕纹

性　　别：女
出生年月：1974-01-20
民　　族：汉族
政治面貌：党员
职　　称：副高
学　　历：大学本科
所在单位：兰州女子中专
通讯地址：嘉峪关北路5号
成　　就：2001年论文《职业学校进行心理健康教育的设想》获兰州市第四届基础教育优秀成果三等奖。2009年1月参加的国家教师科研专项基金"十一五"规划重点课题"班主任综合素质评价研究"获得二等奖。2011年度个人课题"校园礼仪的教学探讨与思考"获得兰州市教育科研优秀成果二等奖；在2013年"人教杯"全国中等职业学校《职业道德与法律》教师教学技能大赛中，荣获二等奖。参与编写《实习与就业指导》《职业学校学生团体心理辅导活动指导实案》《甘肃省中职生对口升学考试复习指导》《甘肃省中职生对口升学考试模拟试卷》等书。工作期间表现优异，多次被评为学校先进教育工作者、工会积极分子。2008年12月被评为"甘肃省三下乡社会实践活动优秀指导教师"，2009年12月被评为"甘肃省优秀共青团干部"，2000年12月、2009年12月被评为"甘肃省心理卫生协会先进个人"，2010年8月被评为"首届甘肃省中学生运动会优秀工作人员"。
简　　介：1996年毕业于西北师范大学政法系，获得法学学位。1997年于兰州女子职业学校（兰州女子中专前身）工作。2004.03—2009.03任学校团委书记，2009.03—2013.07任政教处副主任，2013.07至今任实习就业处副主任。

0519　白丽娟

性　　别：女
出生年月：1966-01-11
民　　族：汉族
政治面貌：群众
职　　称：副高
学　　历：大学本科
所在单位：兰州民族中学
通讯地址：兰州民族中学
成　　就：自参加工作以来，多年担任班主任工作，关心学生的心理和生理健康，致力于全班同学的共同进步和与全面发展，深受学生和家长的好评，多次被评为校级优秀教师和优秀班主任，并于2005年获得兰州市优秀班主任的称号。思维较为敏捷，教学方法独特新颖，所任教班级在毕业考试中成绩总评全年级第一，会考成绩名列前茅；科研能力比较强，撰写的论文《浅谈政治课问题教学》发表在《教育革新》2005年第5期，还有多篇论文获市县等级奖。
简　　介：1988年毕业于兰州师专政史系，2002年取得政治学本科文凭，2007年被评为中学政治高级教师。毕业后一直在兰州民族中学从事政治教学工作，参加工作以来，我努力做好政治教师工作。

0520 王雪梅

性　　别：女
出生年月：1969-01-14
民　　族：汉族
政治面貌：党员
职　　称：副高
学　　历：大学本科
所在单位：兰州市第六十一中学
通讯地址：兰州市第六十一中学政治组
成　　就：担任兰州石化公司干部培训学校、党校科处级干部培训班、青年干部培训班的授课任务，建立试题库。担任六十一中语文、政治课教师，编撰并由甘肃教育出版发行《中考通》《集优方案》等教辅书籍。县区级骨干教师，被多次评为兰州石化公司、总校、学校优秀教师。
简　　介：西北师范大学思想政治教育专业，本科学历，高级教师，从事教育教学工作23年。担任班主任工作13年，现任高二年级政治课教师。热心公益事业，担任校工会委员，乐于为大家服务。

0521 李玉红

性　　别：女
出生年月：1966-05-15
民　　族：汉族
政治面貌：群众
职　　称：副高
学　　历：大学本科
所在单位：兰州市外国语高级中学
通讯地址：兰州市雁南路1588号
成　　就：从事中学语文教学30年，2000年被评为甘肃省"首批骨干教师"，2009年被评为"兰州市优秀班主任"。在省级以上报刊杂志发表论文数十篇，2010年出版教育教学专著《蓦然回首的幸福》。

0522 董卫华

性　　别：女
出生年月：1963-07-01
民　　族：汉族
政治面貌：党员
职　　称：副高
学　　历：大学本科
所在单位：兰州民族中学
通讯地址：兰州民族中学
成　　就：2005年3月被评为市教育工会"女职工综合素质达标"活动优秀女工主任；2005年6月被评为兰州市教育局系统优秀党务工作者；2012年3月度全市教育工作信息先进个人；2012年6月被评为兰州市教育系统创先争优优秀党员；2012年兰州市教协离退休工作先进个人；2008、2009、2010、2012、2014年度校优秀教育工作者。2000年11月，在全国《民族教育》发表《浅谈现代教师素质与素质教育》论文1篇；2006年在甘肃《教育革新》第5期发表《浅谈如何形成民族学校办学特色》论文1篇，2008年在甘肃《教育革新》第10期发表《面对民族学生讲述少数民族和民族关系时应切合实际》论文1篇；2008年10月《明清抗击外国侵略英勇斗争》获兰州市第五届中小学课件比赛三等奖。
简　　介：1980.07—1982.07甘南师范学校学习；1982.09—1988.09在迭部林业局子弟学校任教，校团委书记，局团委委员；1986.9—1988.07在迭部林业局子弟学校教务处副主任、工会副主席；1988.09—1990.07在西北师大历史系学习；1990.07—1993.04在迭部林业局子弟学校工作，教务处主任、初中历史课教学；1993.04—2007.01在兰州民族中学担任初中历史课教学，学校办公室工作；2000.08—2002.12在中央党校行政管理专业（函授）；2007.01—2007.07任兰州民族中学办公室主任助理；2007.09—2009.10 任兰州民族中学办公室副主任，主管党务工作；2011.11 至今 任兰州民族中学办公室主任全面主管办公室工作，兼任党总支委员、离退休支部书记。

0523 冀东升

性　　别：男
出生年月：1968-01-06
民　　族：汉族
政治面貌：党员
职　　称：副高
学　　历：大学本科
所在单位：兰州 14 中
通讯地址：兰州 14 中
成　　就：2005 年 被评为甘肃省第三届中小学"青年教学能手"，2008 年获得教育部中国中小学幼儿教师奖励基金会"全国教育科研优秀教师"，2009 年获得兰州市教育局"兰州市教育科研先进个人"，2002 年被兰州市教育局确定为兰州市县（区）级骨干教师。2011 年再次被兰州市教育局确定为兰州市县（区）级骨干教师。教龄 23 年，工作期间担任班主任 15 年、教研组长 3 年、校级教研员 6 年、甘肃省学科教学专家 6 年。2006 年、2010 年被评为县级优秀教师。
简　　介：任高级教师职务 6 年，模范履行高级教师职责，严格遵守学校各项规章制度，质量较好地完成学校安排的班主任工作及其他教育教学任务。能因材施教，具有独特的教学、教研方法；教学管理经验丰富，授课效果良好，治学严谨，教育教学效果显著。2006 年破格晋升为中学高级教师。2006 年获得教育硕士学位。

0524 苗承恩

性　　别：男
出生年月：1968-05-04
民　　族：汉族
政治面貌：党员
职　　称：副高
学　　历：硕士研究生
所在单位：兰州十一中
通讯地址：兰州十一中
成　　就：中学教育教学实践及研究。

0525 熊玉彬

性　　别：女
出生年月：1969-05-24
民　　族：汉族
政治面貌：党员
职　　称：副高
学　　历：大学本科
所在单位：兰州市第十一中学
通讯地址：兰州市平凉路 523 号
成　　就：2003 年获得第一届兰州市青年教学能手称号；2000 年在《兰州教育》发表论文《中学思想政治课副板书的引入及应用》一篇；2006 年参与编写地方教材《成长教育》；2006 年在《教育革新》杂志发表论文《问题学生转化的实践与体会》一篇；2006 年参与编写新课标思想品德《中考完全解读》一书；2006 年本文撰写的论文《新形势下谈问题学生转化的体会》获得兰州市中学教育教学优秀论文三等奖；2013 年本人承担完成的课题《关于初中政治多媒体课堂教育模式的利与弊的研究》荣获兰州市教科所 2013 年度个人课题优秀成果二等奖。
简　　介：本人自大学毕业以来，一直在兰州十一中从事思想品德课的课堂教学工作，在 20 年的教学工作中始终兢兢业业，认真踏实地从事教学工作，并积极参与学校和教科所的各项课题研究工作，积累了大量的课堂教学和课题研究经验。始终以教师职业道德严格要求自己，努力成为让人民满意的教师。

0526 陈盈

性　　别：女
出生年月：1971-05-01
民　　族：汉族
政治面貌：群众
职　　称：副高
学　　历：大学本科
所在单位：兰州民族中学
通讯地址：兰州民族中学
成　　就：自工作以来共八次获得校级优秀教师；2000年被评为兰州市教委系统优秀团员；2003年获兰州市"我做合格小公民"主题教育活动优秀辅导员；2004年讲授的《闻一多先生的说和做》在兰州市第四届现代教育技术课堂教学比赛中获得中学组三等奖；2007年撰写的《浅论课程改革后德育工作的创新》一文在全国民族中学论文评审活动中获二等奖；2007年撰写的《和谐的师生关系是促进学生发展的动力—浅谈班主任的工作原则》一文在兰州市中学教育优秀论文评选中获二等奖。2011年获得区级骨干教师2012年参与了甘肃省教育科研课题《中学生写作中的缺失因素研究》的相关工作。发表的论文有：《关于新教程、新课标的一点体会》一文发表于《西北师大学报（社会科学版）》2004年专辑；《语文教师的三种意识》一文发表于《甘肃日报（教育）》2005年9月14日。
简　　介：1992年6月毕业于徐州师范学院，取得中文专科学历，同年七月参加工作，在兰州民族中学从事语文教学工作至今。1997年8月通过函授取得西北师范大学汉语言本科学历，同年获初级中学教师资格。2000年12月获得中学语文一级教师任职资格，2006年12月获得中学语文高级教师任职资格。

0527 蒲涵云

性　　别：女
出生年月：1971-01-17
民　　族：汉族
政治面貌：民主党派
职　　称：副高
学　　历：大学本科
所在单位：兰州市第十中学
通讯地址：兰州市第十中学
成　　就：工作至今19年间，曾连续多年被评为兰州十中优秀教师、优秀班主任、师德先进个人、优秀教研员及优秀辅导教师。2006年由学校推荐，被兰州市妇联评为"巾帼建功先进个人"及"兰州市三八红旗手"。2006年被兰州市政府兰州市教育局评为市级优秀教师。多次获得兰州市教育局颁发的优秀辅导员奖。2008年参加的甘肃省教育科研"十一五"规划课题《中华传统蒙学经典在中学校本课程中的研究与运用》及全国教育教学"十一五"规划课题教育部规划课程〈中华民族传统美德教育理论与实践的深化研究》均成功结题。而参加主持的学校校本课程的探索与研究工作也取得好的成绩，在2013年11月，学校因此项工作获得甘肃省学校课程示范校的荣誉。
简　　介：1996年6月毕业于西北师大中文系汉语言文学专业，学士学位。1996年7月就职于兰州市第十中学。1997年获得中学语文二级教师任职资格，2002年11月获得中学语文一级教师资格，2007年12月获中学语文高级教师资格。1992-1996西北师大中文系汉语言文学专业；1996至今兰州市第十中学任教。1996-1999年担任兰州十中初中语文教师，并兼班主任；1999至今担任兰州十中高中语文教师，并兼班主任。2005年9月任兰州十中语文教研组组长。

0528 潘燕

性　　别：女
出生年月：1972-05-17
民　　族：汉族
政治面貌：党员
职　　称：副高
学　　历：大学本科
所在单位：兰州民族中学
通讯地址：兰州民族中学

成　　就：2005年获得兰州市优质课二等奖，2005年《新课改下思想政治课如何开展研究性学习》在甘肃联合大学学报上发表了《建构主义与思想政治课研究性学习》的省级论文，2006年在社科纵横上发表了《建构主义与学生知识的自主建构模式的探讨》，2007年《浅谈新课标下思想政治课教学中荣辱观的落实》在2007年"知荣辱树新风 再塑陇人品格"征文活动中获得三等奖。2007年获得学校课堂教学三等奖，2007年《建构主义理论下的思想政治课教学》获得优秀论文三等奖，2007申请并主持了市级课题《在教学中开展合作性学习的有效策略及实效性评价》2008年《建构主义与学生知识的自主建构模式的探讨》获得兰州市第七届基础教育科研优秀成果评选中获得三等奖，2008年在甘肃联合大学学报发表了《在思想政治课中开展研究性学习》，2008年课件《事物是变化发展的》获得兰州市第五届中小学课件比赛二等奖。

简　　介：连续11年担任班主任工作，一直从事初、高中思想政治课教学，在教学中，能够深入理解及掌握钻研教学大纲和教材，认真备课，按正常课堂教学常规组织教学，认真批改作业，耐心辅导学生，积极完成教学任务和听课任务。

0529 王世丰

性　　别：男
出生年月：1975-04-01
民　　族：汉族
政治面貌：党员
职　　称：副高
学　　历：大学本科
所在单位：兰州民族中学
通讯地址：兰州民族中学

成　　就：2006年编写《高中语文基础知识手册》；2007年课件《孔雀东南飞》参加兰州市第四届中小学校课件比赛获二等奖；2008年课件《过零丁洋》参加兰州市中小学校多媒体教学课件评选获三等奖；2010年在《中国校外教育》发表论文《浅议中国传统文化之儒家文化在现代教育中的作用》。2010年市级课题《中小学校中华传统文化教育研究》鉴定通过。

简　　介：2000年6月毕业于西北师范大学，同年7月进入兰州民族中学，从事教育教学工作至今。2005年12月晋升为中学一级教师。2010年12月晋升中学高级职称。

0530 刘煜

性　　别：男
出生年月：1971-10-25
民　　族：汉族
政治面貌：民主党派
职　　称：副高
学　　历：大学本科
所在单位：兰州市外国语高级中学
通讯地址：兰州市外国语高级中学

成　　就：1998、1999年连续两年获得窑街矿务局"园丁奖"。连续15年被评为优秀教师。2002年获得永登县委县政府授予的"高考优秀班主任"荣誉称号。2010年被评为兰州市骨干教师。多次担任省级高考主讲、参加甘肃省高考阅卷质量监控工作。《甘肃日报》《西北师大学报》《甘肃联合大学学报》《考试周刊》《教师》等省级报刊发表论文多篇，并主编多部教辅材料。

简　　介：中学高级教师。1994年7月毕业于淮北师范大学政治教育系，法学学士。1994年7月—2000年7月就职于甘肃窑街矿务局二中，担任高中政治课教学工作、班主任工作、政治教研组长。2005年8月至今就职于兰州市外国语高级中学，担任政治课教学工作、班主任工作、教研组长、年级组长、教研员、教研室主任等。

0531　乃卫红

性　　别：女
出生年月：1971-08-11
民　　族：汉族
政治面貌：党员
职　　称：副高
学　　历：大学本科
所在单位：兰州女子中专
通讯地址：兰州女子中专
成　　就：多次被评为县级、校级"优秀教师"、"优秀班主任"和"百名学科带头人"，所写论文发表在《甘肃督导》《兰州教育》上，2013年获得兰州市第三届"优秀班主任"荣誉称号。在教育局工作期间，本人曾荣获全县教育系统"优秀党员"称号，多次被评为单位"先进个人"和"先进工作者"。
简　　介：1991年8月—2000年8月 在榆中县三角城中学任教；2000年8月—2004年8月 在榆中县教育局工作；2004年8月至今 在兰州市女子中专任教工作。

0532　戴茜

性　　别：女
出生年月：1966-03-02
民　　族：汉族
政治面貌：党员
职　　称：副高
学　　历：大学本科
所在单位：兰州市外国语高级中学
通讯地址：兰州市外国语高级中学
成　　就：从事语文教育28年。

0533　贾宝芸

性　　别：女
出生年月：1971-05-28
民　　族：汉族
政治面貌：民主党派
职　　称：副高
学　　历：大学本科
所在单位：兰州女子中专
通讯地址：甘肃兰州市嘉峪关北路5号
成　　就：1997年代表酒泉市参加甘肃省举办的"甘肃省青年教师政治优质课"评选，荣获"二等奖"；1997年代表甘肃省参加"全国首届思想政治优质课"评选，荣获"二等奖"；2001年在酒泉地区举行的"达标创优课"评选中，荣获《课堂教学创优》证书；2001年被评为"酒泉市中小学骨干教师"；2003年在"酒泉地区中学学科带头人和骨干教师研究班"承担示范课。2011年课题《思想政治教学模式创新的研究》在甘肃省教育科学"十一五"规划课题鉴定中荣获"优秀奖"。
简　　介：1995年7月毕业于西北师范大学政治教育专业，同月被分配到酒泉市一中从事中学思想政治教学工作，2004年2月调到兰州女子中专继续从事政治教学工作，中学高级教师。

0534　周玉琴

性　　别：女
出生年月：1972-07-01

民　　族：汉族
政治面貌：党员
职　　称：副高
学　　历：大学本科
所在单位：兰州民族中学
通讯地址：兰州民族中学
成　　就：2005年被学校评为优秀教师。2007年被评为学校优秀教师和优秀班主任。2008年被评为学校优秀班主任。2008年被评为甘肃省优秀教师，特授予甘肃省"园丁奖"。2009年被评为学校优秀班主任。2010年被评为学校优秀教师。2011年被评为学校优秀班主任。2012年被评为兰州民族中学优秀教师、优秀党员及优秀班主任。2013年被兰州市教育局评为2013年兰州市教育系统师德先进个人。2007年9月制作的课件《沁园春·长沙》在兰州市第四届中小学课件比赛中获二等奖。此作品还在第二届全国民族中学"民教杯"信息技术与学科整合作品评选中获三等奖。
简　　介：1997年毕业于西北师大汉语言文学专业，从1997年—现在，在兰州民族中学从事初中、高中语文教学。2005年—2008年，利用业余时间在西北师范大学就读，获得教育硕士学位。中学高级教师。现承担兰州市民族中学高三两个班的语文教学工作。参加工作17年，其中班主任工作10年。

0535　韩作珍

性　　别：男
出生年月：1975-12-01
民　　族：汉族
政治面貌：党员
职　　称：副高
学　　历：博士研究生
所在单位：兰州财经大学
通讯地址：兰州财经大学
成　　就：《甘肃省农村社会救助体系研究》获中华人民共和国国家发展和改革委员会2007年度优秀研究成果奖三等奖。《甘肃省农村公共事业建设与管理研究》获2008年甘肃省高校社科成果奖二等奖。《新农村建设中的社会救助问题与对策研究》获2008年甘肃省高校社科成果奖三等奖。《甘肃省农村公共事业建设与管理研究》获兰州商学院第十一次优秀科研成果奖一等奖。《新农村建设中的社会救助问题与对策研究》获兰州商学院第十一次优秀科研成果奖二等奖。《与农民朋友谈社会保障》获甘肃省第十二届社会科学优秀成果奖二等奖。

0536　张庆宁

性　　别：女
出生年月：1980-01-01
民　　族：汉族
政治面貌：党员
职　　称：副高
学　　历：博士研究生
所在单位：兰州大学哲学社会学院
通讯地址：兰州市城关区天水南路222号，兰大哲学社会学院
成　　就：研究领域为人类学。《综合医院里的临终关怀——妇科肿瘤病房和ICU的人类学考察》载于《社会科学》，2007年第9期。

0537　张军谋

性　　别：男
出生年月：1976-07-20
民　　族：汉族
政治面貌：党员
职　　称：副高
学　　历：硕士研究生
所在单位：兰州文理学院旅游学院

通讯地址：兰州市城关区北面滩 400 号
成　　就：先后主持和参与国家级、省级、厅级、校级课题多项，在国家级、省级刊物发表论文多篇，出版教材 1 部，先后获得教育部、校级奖项 5 项。
简　　介：2002 年参加工作，2009 年西北师范大学人文地理专业毕业，主要从事旅游管理专业教学和研究。

0538 严凌

性　　别：女
出生年月：1964-10-25
民　　族：汉族
政治面貌：党员
职　　称：副高
学　　历：大学本科
所在单位：兰州文理学院社会管理学院
通讯地址：兰州市城关区北面滩 400 号
成　　就：完成《思想道德修养与法律基础》《毛泽东思想和中国特色社会主义理论体系概论》课程的教学工作，发表相关论文 8 篇。
简　　介：兰州文理学院政法系，副教授。研究方向为思想政治教育、马克思主义哲学原理研究。

0539 马晓晴

性　　别：女
出生年月：1962-09-03
民　　族：汉族
政治面貌：党员
职　　称：副高
学　　历：大学本科
所在单位：兰州文理学院外语学院
通讯地址：兰州市城关区北面滩 400 号
成　　就：主持完成甘肃省教育科学"十一五"规划课题 2 项，出版专著 1 部，发表论文 10 余篇获甘肃省教育协会优秀论文一等奖 1 项，获人民教育出版社优秀论文奖 1 项。
简　　介：兰州文理学院外语学院副教授。专业方向为英语教学与研究。

0540 孙董霞

性　　别：女
出生年月：1975-02-17
民　　族：汉族
政治面貌：党员
职　　称：副高
学　　历：博士研究生
所在单位：兰州文理学院文学院
通讯地址：兰州市城关区北面滩 400 号
成　　就：主持并完成兰州市科技计划项目（软科学）1 项；参与国家社科基金重大项目两项；获甘肃省教学成果奖 1 项（参与）；主持并获立甘肃省精品课程 1 项；获第一届大学素质教育优秀研究成果三等奖 1 项。发表论文 20 篇，其中 CSSCI 论文 4 篇，人大复印资料转载 1 篇，《高等学校文科学术文摘》转载 1 篇。出版专著 1 部（合著）。
简　　介：兰州文理学院文学院副教授。研究方向为中国古代文学和文化。

0541 王生荣

性　　别：男
出生年月：1972-01-03
民　　族：汉族
政治面貌：党员
职　　称：副高
学　　历：硕士研究生
所在单位：兰州文理学院经管学院
通讯地址：兰州市城关区北面滩 400 号
成　　就：研究成果在《农业现代化研究》《教育与经济》《西北师范大学学报》等核心期刊发表论文 19 篇；荣获"甘肃省社会

科学优秀成果三等奖""甘肃省高校社会成果二等奖""甘肃省高校社会成果三等奖""甘肃省高等教育教学成果奖厅级奖"等奖项；主持甘肃省教育厅项目1项，校级课题2项，参与完成课题多项；参编教材2部。

简　　介：毕业于西北师范大学经济与管理学院区域经济学专业，现就职于兰州文理学院经济管理学院，从事经济学教学与研究工作。

0542 周亚平

性　　别：男

出生年月：1981-12-01

民　　族：汉族

政治面貌：党员

职　　称：副高

学　　历：博士研究生

所在单位：兰州大学哲学社会学院

通讯地址：兰州市城关区天水南路222号兰大哲学社会学院

成　　就：研究方向：西部社会学、社会不平等、流动人口研究。发表论文有，2013《城市化与容忍度：域外争鸣与本土启示》发表于《人文地理》，2013年第3期。2012《对中国社会经济改革进程中收入不平等的认知：一个同期群组的分析》发表于《兰州大学学报》，2012年第4期。

0543 韩雪梅

性　　别：女

出生年月：1977-03-27

民　　族：汉族

政治面貌：民主党派

职　　称：副高

学　　历：博士研究生

所在单位：兰州大学法学院

通讯地址：兰州大学盘旋路校区齐云楼1608室

成　　就：在《兰州大学学报》（社会科学版）、《青海社会科学》《法学杂志》《西部法学评论等期刊上公开发表学术论文多篇，出版《古法私契——敦煌法律文化略论》《中国传统法文化今说》《法与农民生活》等著作，主持中国法学会部级项目1项、兰州大学"中央高校基本科研业务费"资助项目等，并参与国家社科基金项目、教育部项目多项。

简　　介：兰州大学法学院副教授。1999年7月在山东大学法学院获法学学士学位，2002年7月在兰州大学法学院获法学硕士学位。主要研究方向为中国法制史、少数民族法制史等。2002年7月留校任教后，为本科生、研究生讲授中国法制史、中国法律思想史、公司法、票据法等课程。

0544 靳晓芳

性　　别：女

出生年月：1977-05-01

民　　族：汉族

政治面貌：党员

职　　称：副高

学　　历：博士研究生

所在单位：兰州大学哲学社会学院

通讯地址：兰州市城关区天水南路222号兰大哲学社会学院

成　　就：研究领域：经济社会学、民族社会学、人类学理论。科研项目：基督教文化在甘肃地区的传播，香港基督教会，2004.5—2005.12，参与者。"行店"与回族地方社会——以张家川县为中心的民族社会学考察，兰州大学交叉学科青年创新研究基金项目，2007，主持人。代表著作或论文：《论以文化为基准的民族意识分类》刊于《云南社会科学》，2008年第4期。《农民境外劳务输出对其家庭消费行为的影响——以甘肃周村为例》刊于《西部发展评论2008辑》，四川大学出版社2009年版。《舅权：家庭中的第三方权威——以马林诺夫斯基〈原始的性爱〉为视点的人类学探源》刊于《中央民族大学学报》，2009年第4期。《回族皮毛行店的衰落与思考——基于甘肃张家川的调查研究》刊于《北方民族大学学报》，2009年第5期。

0545 邓文靖

性　　别：女
出生年月：1975-02-14
民　　族：汉族
政治面貌：群众
职　　称：副高
学　　历：博士研究生
所在单位：兰州大学文学院
通讯地址：兰州大学文学院
成　　就：完成项目：教育部人文社会科学研究青年项目《西北地区三声调方言单字调格局与连调模式研究》（批准号06JC740008）。中央高校基本业务费专项资金项目《甘肃中原官话语音研究》（J02156）。发表论文14篇，主要有：《西北地区三声调方言分布特点透析》《三声调方言康乐话的两字组连读变调》《字母o在汉语拼音中的音值》《"都"不容易》《三声调方言秦安话的两字组连读变调》《评〈口耳之学——新编汉语发音通用教程〉》《三声调方言定西话的语音特点》。

0546 白玉

性　　别：女
出生年月：1970-05-13
民　　族：汉族
政治面貌：党员
职　　称：副高
学　　历：硕士研究生
所在单位：兰州文理学院外语学院
通讯地址：兰州市城关区北面滩400号
成　　就：主持甘肃省教育厅科研项目1项，参与省级、校级科研项目4项，发表论文10篇。指导学生荣获省级比赛一等奖1项，省级二、三等奖若干项。
简　　介：兰州文理学院外语学院教师。硕士，研究方向为英语语法。

0547 彭战果

性　　别：男
出生年月：1980-08-01
民　　族：汉族
政治面貌：群众
职　　称：副高
学　　历：博士研究生
所在单位：兰州大学哲学社会学院
通讯地址：兰州市城关区天水南路222号兰大哲学社会学院
成　　就：研究领域：中国古代哲学。论文：《从〈易传〉神对阴阳的超越看其德性领域开启的必然性》发表于《周易研究》，2008（1）；《一二之辨与方以智三教合一思想》发表于《山东大学学报》，2009（1）；《就〈左传〉看春秋时期礼的解体和转型》发表于《重庆文理学院学报》，2009（2）；《方以智本体论思想研究》发表于《江西教育学院学报》，2010（1）；《析〈周易时论合编〉"时"的形上学意义》发表于《周易研究》，2010（2）；《孔子的修养境界与其易学观的转变》发表于《重庆文理学院学报》，2010（5）1；《方以智三教会通思想研究》载于《对话：中国传统文化与和谐社会》，中国社会科学出版社，2011；《〈易余〉与方以智的易学观》发表于《周易研究》，2011（4）；《先秦儒道有限性思想研究》发表于《甘肃社会科学》，2011（4）；《〈易传〉虚假错误观及其超越论》发表于《周易研究》，2012（4）。专著：《无执与圆融》，民族出版社，2012年版；《儒墨哲学比较研究》，人民出版社，2012年版。

0548 仲辉

性　　别：男
出生年月：1981-11-01
民　　族：汉族
政治面貌：群众
职　　称：副高
学　　历：博士研究生
所在单位：兰州大学哲学社会学院
通讯地址：兰州市城关区天水南路222号兰大哲学社会学院
成　　就：研究领域：欧陆哲学，先秦哲学，古典文学。发表的学术论文有《巴门尼德残篇中的Aletheia》，2006.05《世界哲学》；《〈齐物论〉的哲学语言》，2011.09《中国哲学与文化》；《对海德格尔"纳托普报告"的再"观看"》，2007《"现象学与政治学"国际现象学学术研讨会暨中国第十二届现象学年会论文集》。

0549 沙莉

性　　别：女
出生年月：1978-05-27
民　　族：回族
政治面貌：党员
职　　称：副高
学　　历：大学本科
所在单位：兰州文理学院社会管理学院
通讯地址：兰州市城关区北面滩400号
成　　就：从事法学理论教学工作10余年，参与完成甘肃省社科基金项目1项、参与甘肃省高校研究生导师计划1项，发表省级论文10余篇，获第九届"挑战杯"甘肃省大学生课外学术科技作品竞赛优秀指导教师。
简　　介：兰州文理学院教师，思想政治教育专业在读博士，副教授。研究方向为法学、民族学。

0550 牛芳

性　　别：女
出生年月：1967-07-01
民　　族：汉族
政治面貌：民主党派
职　　称：副高
学　　历：硕士研究生
所在单位：兰州大学哲学社会学院
通讯地址：兰州市城关区天水南路222号兰大哲学社会学院
成　　就：研究领域：社会心理学、教育社会学和社会性别研究。代表著作或论文：《甘肃省临潭县羊永乡太平村女童义务教育现状调查及原因分析》收录于《女性/性别研究与少数民族妇女发展理论研讨会论文集》，2006.9，1/2；《妇联组织在培训西部贫困地区失辍学大龄女童工作中的经验透析》收录于《社会性别平等与反贫困专题年会论文集》，2007.8；《从大学生杀人案透视当前教育中存在的一些问题》发表于《兰州学刊》，2007.1；《甘肃失辍学大龄女童在参与式培训中自我认知的改变》发表于《南京人口管理干部学院学报》，2008.1；《四川地震重灾区人口形势分析》发表于《当代中国人口》，2008.7；《城市妇女社区参与研究》收录于《新形势下城市社区建设与制度创新学术研讨会论文集》，2008.9；《社会工作介入社区建设的路径依赖与创新》收录于《新形势下城市社区建设与制度创新学术研讨会论文集》，2008.9；《社会性别视角下的西部农村女童教育》收录于《西部发展评论》2009.1，四川大学出版社。

0551 张晨

性　　别：男
出生年月：1974-04-27
民　　族：汉族
政治面貌：党员
职　　称：副高
学　　历：硕士研究生
所在单位：读者出版传媒股份有限公司
通讯地址：甘肃兰州城关区读者大道568号
成　　就：自2009年担任公司董事会秘书以来，负责公司法人治理、投资者关系、信息披露业务，负责组织实施公司重大资产重组、收购等资本运营业务，公司法务管理事务，以及公司上市工作。这些工作在公司中既没有成熟的经验、也没有合适的员工队伍，都是开创性的工作，面临极大困难。在这种局面下，充分发挥熟悉国家相关政策、法律，熟悉企业管理事务和投融资业务的特长，迅速熟悉和了解传媒行业发展情况，充分利用公司有限条件认真开展各项工作，圆满完成公司各项任务。
简　　介：1992.09—1996.06中国青年政治学院学习；1996.06—2002.12省委党校人事处科员、副科长；2003.06—2009.11省委党校工商管理教研部讲师、人力资源教研室主任（期间：2001年10月—2004年6月在北京师范大学公共管理专业在职学习）；2006.06—2009.11省委党校公共管理教研部副主任，2008年12月晋升副教授，公共管理专业研究生导师组导师；2006.06—2009.11读者出版传媒股份有限公司董事会秘书、证券法律部部长。主要职务性兼职：兼任新星出版社有限责任公司董事，读者动漫科技有限公司董事，北京旺财传媒存艰公司（筹）董事，甘肃银行股份有限公司监事。

0552 张莉

性　　别：女
出生年月：1973-07-30
民　　族：汉族
政治面貌：党员
职　　称：副高
学　　历：硕士研究生
所在单位：兰州文理学院教务处
通讯地址：兰州市城关区北面滩400号
成　　就：主持甘肃省教育厅项目1项，参编著作4部，发表论文10余篇，获甘肃省高校教学成果奖（省级一等奖1项、教育厅奖1项），甘肃省高校社科成果奖（三等奖1项）；甘肃省高等学校精品课程《教育学》负责人、获甘肃省高等学校青年教师成才奖。
简　　介：兰州文理学院教务处副处长、副教授，研究方向为教育基本理论。

0553 王雪引

性　　别：女
出生年月：1963-07-21
民　　族：11
政治面貌：党员
职　　称：副高
学　　历：大学本科
所在单位：兰州城市学院
通讯地址：兰州市城关区山字石街4号
成　　就：主要负责教务处教学实践科工作。2001-2003年度荣获优秀共产党员称号；2004年6月荣获甘肃省大学生课外学术科技作品竞赛优秀指导教师奖；2006年6月荣获甘肃省大学生课外学术科技作品竞赛优秀指导教师奖；2007年荣获优秀实习组织工作者；2006-2007年度荣获校级社科成果三等奖；2009年荣获校级教学成果二等奖；2009

年省大学生"创新杯"计算机应用能力竞赛优秀组织工作者。

简　　介：1983.07—1987.07 西北师范大学教育系学校教育专业本科学习；1987.07—1998.06 兰州师专教务处干部；1998.06—2004.02 兰州师专两课教学部办公室主任；2004.06—2009.11 兰州城市学院教务处实践科科长；2009.11 至今 兰州城市学院督导委办公室副主任兼教务处实践科科长。

0554 罗淼

性　　别：女
出生年月：1978-06-19
民　　族：汉族
政治面貌：党员
职　　称：副高
学　　历：硕士研究生
所在单位：兰州财经大学马克思主义学院
通讯地址：兰州城关区段家滩路 496 号兰州财经大学 37 号信箱
成　　就：2009 年 3 月《法制与社会》农村妇女遭受家庭暴力的现状及法律思考。

0555 刘畅

性　　别：女
出生年月：1969-12-09
民　　族：汉族
政治面貌：党员
职　　称：副高
学　　历：硕士研究生
所在单位：兰州文理学院经管学院
通讯地址：兰州市城关区北面滩 400 号
成　　就：主持参与的课题：欧盟灵活就业政策对扩大我省就业途径的借鉴（教育厅）；员工跳槽的转换成本研究（人社部）；地区品牌林建设的思考（教育厅）；西部少数民族地区商业发展与经济增长（省级）；虚拟经济下金融衍生品风险管理研究。主持省级精品课程《人力资源开发》。

简　　介：副教授。1992 年大学毕业，在甘肃联合大学工作至今。社会兼职：甘肃省欧美同学会理事、甘肃省市场营销协会理事、甘肃省物流学会理事、甘肃省宏观经济学会会员等。2006-2007 年，在 Waterford Institute of Technology, Ireland 访学。主要从事管理学、经济学的教学工作。

0556 王亚炜

性　　别：女
出生年月：1971-06-05
民　　族：汉族
政治面貌：党员
职　　称：副高
学　　历：硕士研究生
所在单位：兰州财经大学商务传媒学院
通讯地址：兰州市和平镇薇乐大道 4 号兰州财经大学商务传媒学院
成　　就：主要研究方向为品牌管理与广告媒介，自 2002 年起发表论文 20 余篇，出版专著 2 本，2005.10—2006.5 甘肃农村信息化建设的相关问题研究获甘肃省科技厅三等奖；2004.5 发展物流业，提高西部地区企业竞争力获兰州商学院三等奖；2005.10 网络广告活动要素之研究获兰州商学院三等奖；2006.6 至今互联网与电视媒介对大学生负面影响的研究获省社科规划办三等奖。

简　　介：1994 年—2001 年相继在商文系、国贸系担任团总支，负责团学工作；2001 年—2007 年艺术学院承担教学工作；2008 年至今商务传媒学院承担教学工作。

0557 杨建军

性　　别：男
出生年月：1977-12-23

民　　族：回族
政治面貌：群众
职　　称：副高
学　　历：博士研究生
所在单位：兰州大学文学院
通讯地址：兰州大学文学院
成　　就：文学研究主要集中在中亚华人文学研究：主持相关的国家社科基金项目"海外回族文学研究。中国作协少数民族重点作品扶持项目"海外华裔回族文学研究"。文化产业领域研究主要在甘肃文化产业：主持相关的甘肃省社科规划项目"甘肃文化产业发展战略研究"。参与甘肃省社科重点委托项目"全国文化产业示范区研究"。曾在《外国文学研究》《文艺理论与批评》《兰州大学学报》《中央民族大学学报》等发表论文多篇。
简　　介：兰州大学文学院副教授，文学博士，硕士生导师，中国作协鲁迅文学院学员。兼任甘肃省文化发展学会副秘书长、甘肃省华夏文明传承创新区学术平台专家。从事文学及文化产业相关领域的研究。

0558 杨文娟

性　　别：女
出生年月：1963-02-07
民　　族：汉族
政治面貌：群众
职　　称：副高
学　　历：硕士研究生
所在单位：兰州文理学院外语学院
通讯地址：兰州市城关区北面滩400号
成　　就：参编出版教材1部（上2011年国家教材目录），发表论文8篇。
简　　介：兰州文理学院外语学院教师，副教授。研究方向：课程与教学论。

0559 杨文秀

性　　别：女
出生年月：1964-06-01
民　　族：汉族
政治面貌：民主党派
职　　称：副高
学　　历：大学本科
所在单位：兰州财经大学财税与公共管理学院
通讯地址：兰州财经大学
成　　就：项目有基于GSP规范的连锁药店网络管理系统，甘肃省科技厅2007Y0628，2006年6月—2007年12月；2. 企业社会责任在会计信息中的披露，兰州商学院重点课题，2011年6月—2012年12月；科研获奖情况：甘肃省高等学校社科成果三等奖，社科成果奖，甘肃省教育厅2006年7月；甘肃省第十届社会科学优秀成果二等奖，社会科学成果奖，甘肃省人民政府2007年3月。

0560 杨雅妮

性　　别：女
出生年月：1978-04-05
民　　族：汉族
政治面貌：党员
职　　称：副高
学　　历：硕士研究生
所在单位：兰州大学法学院
通讯地址：兰州大学盘旋路校区齐云楼1625室
成　　就：在《兰州大学学报》（社会科学版）《青海社会科学》《法学杂志》《西部法学评论》等期刊上公开发表学术论文多篇，出版《古法私契——敦煌法律文化略论》《中国传统法文化今说》《法与农民生活》等著作，主持中国法学会部级项目1项、兰州大学"中央高校基本科研业务费"资助项目等，并参与国家社科基金项目、教育部项目多项。

简　　介：兰州大学法学院副教授，在读博士。1999年7月在甘肃政法学院获法学学士学位；2002年7月在中南财经政法大学获法学硕士学位；主要研究方向为民事诉讼法学、刑事诉讼法学、证据法学等。自2002年7月参加工作以来，先后为本科生、研究生讲授过民事诉讼法学、刑事诉讼法学、证据法学、律师与公证法学、刑法学等课程。

0561 迟方旭

性　　别：男
出生年月：1978-08-25
民　　族：汉族
政治面貌：党员
职　　称：副高
学　　历：博士研究生
所在单位：兰州大学法学院
通讯地址：兰州大学盘旋路校区齐云楼1615室
成　　就：主持的课题有：甘肃省社科规划项目"石羊河流域水权制度建设研究"；甘肃省科技规划项目"甘肃省建设节水型社会法律支撑体系研究"。出版3部专著，参编1部教材，发表学术论文2篇，1篇《甘肃省建设节水型社会法律调整机制研究》的研究报告被甘肃省人大常委会2013年采纳。获奖：甘肃省第十四届五四青年奖章提名奖；甘肃省第十三次哲学社会科学研究成果三等奖；兰州大学青年教师教学技能大赛三等奖。
简　　介：1997年9月至2001年6月，兰州大学法律系，本科；2003年9月至2006年6月，兰州大学法学院，硕士；2009年9月至2012年6月，中国社科院研究生院，博士。2001年7月至2003年7月，兰州大学法律系，团总支副书记、书记；2006年7月至今，兰州大学法学院助教、讲师、副教授。

0562 陶元峰

性　　别：男
出生年月：1973-08-24
民　　族：汉族
政治面貌：党员
职　　称：副高
学　　历：大学本科
所在单位：兰州文理学院社会管理学院
通讯地址：兰州市城关区北面滩400号
成　　就：主持完成甘肃省教育厅基金项目1项，出版著作1部，主编教材1部，发表论文20余篇。
简　　介：研究方向为法学。

0563 王正中

性　　别：男
出生年月：1963-04-12
民　　族：汉族
政治面貌：党员
职　　称：副高
学　　历：大学本科
所在单位：兰州文理学院师范学院
通讯地址：兰州市城关区北面滩400号
成　　就：公开发表的论文10余篇，主编、参编教材专著10多部。曾荣获团省委和教育厅、科协、学联等部门颁发的"第五届'挑战杯'甘肃省大学生课外学术科技作品竞赛优秀指导教师"奖及甘肃教育学院"优秀教师""优秀共产党员""模范班主任"等荣誉称号。
简　　介：兰州文理学院师范学院副教授，国家二级心理咨询师。1986年毕业于北京师范大学教育系。主要从事教育学、心理学的教学和研究。

0564 张宗军

性　　别：男
出生年月：1978-03-20
民　　族：汉族
政治面貌：党员
职　　称：副高
学　　历：博士研究生
所在单位：兰州财经大学
通讯地址：兰州财经大学11号信箱
成　　就：承担过《保险学》《财产保险》《风险管理》《保险经营与管理》《保险公司财务管理》等本科与研究生课程的教学工作。并为甘肃省内外保险公司支公司经理以上领导干部和银行骨干员工做过多期《保险经营与管理》等方面的培训；为金融系统骨干员工做过AFP资格认证的多期培训；科研方面主持中国保险学会、兰州商学院课题各1项，参与国家社科、教育部社科、省社科项目3项；在《保险研究》《西北农林科技大学》等权威期刊和CSSCI期刊发表论文11篇，在《金融与经济》《广西金融》等省级期刊发表论文5篇。
简　　介：保险系主任。2001.7毕业于沈阳建筑大学电气自动化专业，获工学学士学位（全日制）；2005.7毕业于武汉大学商学院，获经济学硕士学位（全日制）；2013年7月毕业于西南财经大学保险学院，获经济学博士学位。2005.6—2007.7，就职于中国太平洋财产保险公司湖北省公司，历任风险查勘工程师、理赔部副经理。2007.9至今，兰州商学院金融学院保险专业教师。

0565 谷秀芳

性　　别：女
出生年月：1965-11-30
民　　族：汉族
政治面貌：党员
职　　称：副高
学　　历：大学本科
所在单位：兰州财经大学商务传媒学院
通讯地址：兰州市和平镇薇乐大道4号，兰州财经大学商务传媒学院
成　　就：主要从事汉语语音及普通话的研究，获甘肃省普通话水平测试优秀工作者奖；甘肃省语言文字工作委员会语言文字工作先进个人；甘肃省教育委员会优秀教学录像课。出版专著《学说普通话》（兰州大学出版社，2008年6月）。代表性论文：《"隐秀"的美学内涵》《"隐秀"之所指》《"移情说"中西比较》《教师语言力量的内在素质浅谈》《关于古汉语研究的几点浅见》。
简　　介：1986年7月毕业于庆阳师专汉语言文学专业，2000年8月毕业于西北师范大学汉语言文学专业。1986年至2009年在庆阳师范担任教学和班主任工作；并兼任庆阳市教师、公务员普通话培训工作。2010年至今在兰州商学院商务传媒学院担任《现代汉语》《商务礼仪》《财经应用文写作》教学工作。

0566 王海飞

性　　别：男
出生年月：1975-12-04
民　　族：汉族
政治面貌：党员
职　　称：副高
学　　历：博士研究生
所在单位：兰州大学西北少数民族研究中心
通讯地址：兰州市嘉峪关西路9号兰州大学民族学研究院
成　　就：主持完成和在研各级各类科研项目多项，包括教育部社会科学研究青年项目《河西走廊少数民族生态移民与传统生产生活方式转型研究》及《祁连山区域少数民族

传统文化搜集、整理与研究》等其他省部级项目，近年来累计科研经费近 30 万元。出版专著及影视人类学片《文化传播与人口较少民族文化变迁》《草原上的歌》等多部，在《民族研究》等学术刊物发表论文数 10 篇，著作及论文多次获得甘肃省社会科学优秀成果奖。

简　　介：1999 年毕业于西北师范大学，获文学学士学位，2008 年毕业于兰州大学，获民族学博士学位。中国社会科学院民族学与人类学研究所博士后工作站在站副研究员；美国杜克大学人类学系访问学者。

0567　金生翠

性　　别：女
出生年月：1975-01-14
民　　族：汉族
政治面貌：民主党派
职　　称：副高
学　　历：硕士研究生
所在单位：兰州文理学院文学院
通讯地址：兰州市城关区北面滩 400 号
成　　就：发表论文 11 篇，参编教材 2 部。
简　　介：兰州文理学院文学院，副教授。研究方向为中国现当代文学。

0568　陈国文

性　　别：男
出生年月：1968-04-17
民　　族：汉族
政治面貌：党员
职　　称：副高
学　　历：博士研究生
所在单位：兰州大学法学院
通讯地址：兰州大学盘旋路校区齐云楼 1606 室
成　　就：发表学术论文 11 篇；参加及主持科研项目 4 项；参加教育部人文社科研究规划项目《国有资产的管理、保护与重组》。参加国家社科基金重大项目《改革发展成果分享法律机制研究》之子课题《改革发展成果分享的财税法律机制研究》。主持教育部人文社科规划项目《刺史、巡回法官、巡视组——中国上访问题的治理及司法体制的重构》。主持国家社科基金一般项目《财税法与社会结构和社会团结研究》。出版著作和教材 6 部。

简　　介：1990 年毕业于兰州大学经济系，获经济学学士学位。1992 年通过律师资格考试，曾为执业律师。1999 年毕业于兰州大学法学院经济法专业，获法学硕士学位。2008 年毕业于西南政法大学，获法学博士学位。英国埃克斯特大学访问学者。现任兰州大学法学院副教授。学术专长：经济法、财税法、法律经济学、法律社会学、经济史和法律史。

0569　许晓永

性　　别：男
出生年月：1975-06-07
民　　族：汉族
政治面貌：民主党派
职　　称：副高
学　　历：博士研究生
所在单位：兰州财经大学
通讯地址：兰州财经大学 11 号信箱
成　　就：研究方向为证券投资理论与实务、金融工程理论与实务，主要担任《证券投资学》《金融工程学》《金融统计》等课程的教学科研工作，曾多次参与校级课题研究并获得一定成果。

0570　常萍

性　　别：女
出生年月：1973-03-04

民　　族：汉族
政治面貌：群众
职　　称：副高
学　　历：博士研究生
所在单位：兰州大学文学院
通讯地址：兰州大学文学院
成　　就：兰州大学文学院副教授，从事汉语言文字学专业教学与科研十七年。为本科生与研究生开设"古代汉语""现代汉语""大学语文""普通话语音教程""汉语言规范应用""训诂学""近代汉语研究"等课程，2006年被评为"甘肃省语言文字工作先进个人"。主要致力于近代汉语和敦煌吐鲁番出土文献的语言文字研究，代表性成果有《释"譬如"》《"比及"释义献疑》《〈元曲选〉宾白的疑问语气词》《〈元曲选〉宾白的是非问句考察》《〈元曲选〉宾白疑问代词考察》《再论吐鲁番出土随葬衣物疏中的"蹹麴囊"》等。承担国家社科基金西部项目《〈元曲选〉宾白句类研究》。

0571　韩思艺

性　　别：男
出生年月：1968-02-01
民　　族：汉族
政治面貌：党员
职　　称：副高
学　　历：博士研究生
所在单位：兰州大学哲学社会学院
通讯地址：兰州市城关区天水南路222号，兰大哲学社会学院
成　　就：研究领域：基督教哲学、基督教与中国文化传统、宗教对话。学术著作：《从罪过之辩到克罪改过之道：以〈七克〉与〈人谱〉为中心》，北京：中国社会科学出版社，2013年1月。学术论文："哀矜与赒救"，成都：四川大学"宗教文化与社会关怀"学术研讨会，2012年7月。"从仰望星空到多难兴邦"，闵丽、陈建民主编：《灾难与人文关怀》（第二辑），成都：巴蜀书社，2012年1月。"儒家人文主义与基督宗教人文主义的会通与转化"，北京：第四届天主教青年学者论坛会议论文，2011年12月。"《七克》思想源流及现代意义"，赵建敏主编：《天主教研究论集》（第8辑），北京：宗教文化出版社，2011年8月。"儒家幽暗意识的觉醒——明末以来儒家对基督宗教罪论的回应与反思"，兰州：第三届宗教对话与和谐社会会议论文，2011年5月。"晚明儒学修养工夫与西方灵修学的交流"，加拿大：《文化中国》，2011年1月。

0572　陈兵建

性　　别：男
出生年月：1980-05-01
民　　族：汉族
政治面貌：党员
职　　称：副高
学　　历：大学本科
所在单位：兰州文理学院经济管理学院
通讯地址：兰州市城关区北面滩400号
成　　就：主持兰州文理学院校级科研项目1项，参与完成甘肃省教育厅科研项目项2项，陕西省社科基金项目1项，主编教材3部，发表论文10余篇，其中文核心刊物3篇，获甘肃省高校社科成果奖（三等奖1项）。
简　　介：兰州文理学院经管学院，副教授。研究方向为制度经济学与区域经济发展。

0573　马雪峰

性　　别：女
出生年月：1965-06-11
民　　族：汉族
政治面貌：民主党派

职　　称：副高
学　　历：硕士研究生
所在单位：长青学院财政金融系
通讯地址：长青学院财政金融系
成　　就：主编教材 2 部，参编教材 3 部；主持、参与甘肃省省级项目 6 项；发表论文 10 多篇；获甘肃省教学成果奖 2 次；获甘肃省社会科学成果奖 2 次。

0574 叶淑媛

性　　别：女
出生年月：1975-05-13
民　　族：汉族
政治面貌：党员
职　　称：副高
学　　历：博士研究生
所在单位：兰州文理学院文学院
通讯地址：兰州市城关区北面滩 400 号
成　　就：主持国家社科基金项目 1 项，中国博士后科学基金项目 1 项，甘肃省高等学校科研项目 1 项。主持完成中央高校科研基金项目 1 项、参与完成多项国家级、省部级科研项目。出版参著 3 部，发表论文 20 余篇，其中 CSSCI 论文 7 篇。获甘肃省敦煌文艺奖（三等奖 1 项）、甘肃省高校社科奖（三等奖 1 项），甘肃省黄河文学奖（三等奖 1 项）。
简　　介：兰州文理学院文学院，副教授。研究方向为文艺学与中国现当代文学。

0575 郑吉洲

性　　别：男
出生年月：1966-04-07
民　　族：汉族
政治面貌：群众
职　　称：副高
学　　历：大学本科
所在单位：兰州市第三十三中学
通讯地址：兰州市城关区一只船南街 22 号
成　　就：常年承担高中班主任工作及高三毕业班教学工作，并于 1998 年、2005 年担任高三年级组长。其间，所带班级及所教科目高考成绩均在兰州市名列前茅，并因此获得校级"优秀教师""优秀班主任"称号。1992 年，在担任学校政治教研组组长的同时，成为兰州市政治中心教研组成员，为兰州市的思想政治教学教研工作尽了自己的绵薄之力。在从事繁重的教育教学工作的同时，积极参与教育教学科研工作。分别在省、市、校级刊物发表论文各 1 篇。
简　　介：1990 年毕业于西北师范大学政治教育专业，在兰州市第三十三中学任教至今。

0576 刘文玉

性　　别：女
出生年月：1978-11-14
民　　族：汉族
政治面貌：党员
职　　称：副高
学　　历：博士研究生
所在单位：兰州财经大学马克思主义学院
通讯地址：甘肃兰州城关区段家滩 496 号兰州财经大学 37 号信箱
成　　就：主要研究方向：马克思主义中国化、中国行政管理。主要科研成果：主编专著 1 部，参编研究生教材和本科生教材 3 部，近 3 年在省级以上期刊发表论文 10 余篇。

0577 孙岩

性　　别：女
出生年月：1981-06-01
民　　族：汉族
政治面貌：群众
职　　称：副高
学　　历：博士研究生

所在单位：兰州大学管理学院
通讯地址：甘肃省兰州市城关区天水南路，222号
成　　就：一、主持的项目：客户行为、注册会计师特征与审计调整决策：影响因素及影响机理的实验研究（国家自然科学基金青年项目，71302167）；基于权衡和社会影响的审计谈判研究（教育部人文社科项目，10YJC790227）；注册会计师审计谈判行为研究——基于公司治理的视角（兰州大学中央高校基本科研业务费专项资金，10LZUJBWZY012）。二、主要论文：孙岩，社会责任信息披露的清晰性、第三方鉴证与个体投资者的投资决策：一项实验证据，审计研究，2012（4）：97-104；孙岩，审计人员的谈判让步策略与客户的谈判判断：一项实验证据，审计研究，2011（6）：68-73；孙岩，张继勋，周冉．审计谈判研究综述．审计研究，2010（4）：37-43等论文。
简　　介：管理学博士。2009年毕业于南开大学商学院，现任兰州大学管理学院会计系主任，副教授，硕士生导师。研究方向为审计判断与决策、资本市场投资者行为。主讲课程为财务会计、审计学、财务管理。学术兼职有中国注册会计师协会会员、中国审计学会会员、中国管理研究国际学会（IACMR）会员。

0578 黄晓鹤

性　　别：女
出生年月：1971-12-11
民　　族：汉族
政治面貌：党员
职　　称：副高
学　　历：硕士研究生
所在单位：兰州文理学院外语学院
通讯地址：兰州市城关区北面滩400号
成　　就：主持厅级教改项目2项，发表论文6篇，主编、参编教材3部，参与翻译作品1部，参与编写词典1部，参与厅级以上教改项目1项，指导学生荣获省级比赛一等奖1项，省级二、三等数项。
简　　介：兰州文理学院外语学院教师。研究方向为英语教学法。

0579 刘朝阳

性　　别：男
出生年月：1966-10-08
民　　族：汉族
政治面貌：党员
职　　称：副高
学　　历：硕士研究生
所在单位：兰州大学管理学院
通讯地址：兰州大学管理学院
成　　就：研究方向：金融市场分析、投资决策管理、项目投资策划。

0580 金艳霞

性　　别：女
出生年月：1979-10-25
民　　族：汉族
政治面貌：党员
职　　称：副高
学　　历：硕士研究生
所在单位：兰州文理学院文学院
通讯地址：兰州市城关区北面滩400号
成　　就：参与国家社科基金项目2项、主编教材1部，参编著作1部教材2部，发表论文10余篇，其中CSSCI论文4篇。
简　　介：兰州文理学院文学院副教授。研究方向为元明清文学。

0581 杜黎霞

性　　别：女

出生年月：1979-02-18
民　　族：汉族
政治面貌：民主党派
职　　称：副高
学　　历：大学本科
所在单位：兰州文理学院经管学院
通讯地址：兰州市城关区北面滩 400 号
成　　就：主持和参与甘肃省教育厅科研项目 6 项，在核心刊物发表科研论文 10 余篇，参与科技厅创新计划项目 1 项及校级人文社科项目 2 项；获"甘肃省高校社科奖"2 项（三等奖）、并参与完成教材 1 部。
简　　介：兰州文理学院经管学院，副教授。研究方向为金融学、经济学。

0582　王大桥

性　　别：男
出生年月：1970-11-21
民　　族：汉族
政治面貌：群众
职　　称：副高
学　　历：博士研究生
所在单位：兰州大学文学院
通讯地址：兰州大学文学院
成　　就：在《文艺理论研究》《江苏社会科学》《马克思主义美学研究》《北方论丛》《艺术百家》《山东师范大学学报》等学术刊物发表论文 30 余篇，出版著作《文学人类学的中国进路与问题研究》（中国社会科学出版社 2014 年版），参编教材《20 世纪西方文论》（高等教育出版社 2014 年版）。主持江苏省博士后科研资助计划项目和江苏省高校哲学社会科学研究基金项目各 1 项，参加 2009 年度教育部人文社会科学重点研究基地招标项目和 2011 年度国家社科基金重大项目各 1 项。江苏省高校教师"青蓝工程"第三层次培养对象，江苏省普通高等学校优秀毕业论文指导老师，江苏省第十届高等教育科学研究成果三等奖。
简　　介：1994、2001 年毕业于南京师范大学文学院，分获学士和硕士学位，2008 毕业于华东师范大学中文系，获博士学位。2009 年至 2011 年在南京大学文学院博士后流动站工作。现为兰州大学文学院文艺学研究所副教授，硕士生导师。

0583　黎明

性　　别：男
出生年月：1968-03
民　　族：回族
政治面貌：党员
职　　称：副高
学　　历：博士研究生
所在单位：兰州财经大学法学院
通讯地址：兰州市城关区段家滩 496 号
成　　就：英国牛津大学访问学者。主持完成的省部级课题有教育部人文社科项目、甘肃省社科规划项目、兰州商学院社科研究项目等 4 项，获得甘肃省哲学社会科学三等奖，主编教材 1 部，在《民族研究》《甘肃政法学院学报》《兰州商学院学报》发表论文。主要从事市场规制法、知识产权法和比较法律研究。

0584　郭茂全

性　　别：男
出生年月：1973-11-25
民　　族：汉族
政治面貌：党员
职　　称：副高
学　　历：博士研究生
所在单位：兰州大学文学院
通讯地址：兰州大学文学院
成　　就：已在《民族文学研究》《当代文

坛》《兰州大学学报》（社科版）《扬子江评论》《大连理工大学学报》（社科版）《宁波大学学报》《唐都学刊》《飞天》《芳草》等中文核心文学期刊发表论文《鲁迅小说人物对话的叙事特征》《裕固族散文的抒情特色》《论新时期的甘肃散文创作》等50多篇，专著《生态诗学的理论建构与批评实践》1部，参著《审美学教程》《中国现当代文学通史》《新时期以来的中国西部诗歌研究》3部。主持并完成"生态批评视域下的西部文学研究""生态诗学的理论建构与批评实践""中国西部散文家研究"等中央高校项目3项。现主持2013年度甘肃省社科规划项目"城市的文化记忆与文学书写"，申报课题"比较文学视域下的生态散文研究"获得2014年国家社科基金项目立项资助。曾获"甘肃文艺"新锐论文奖、兰州大学学术论文奖。

简　　介：现为中国文学人类学学会会员、中国中外文艺理论研究会会员、甘肃省文艺评论家协会文学分委员会秘书长。

0585 拜荣静

性　　别：男
出生年月：1971-03-31
民　　族：回族
政治面貌：群众
职　　称：副高
学　　历：博士研究生
所在单位：兰州大学法学院
通讯地址：兰州大学盘旋路校区齐云楼1606室
成　　就：出版著作2部；发表学术论文10篇；主持兰州大学人文社会科学学科建设基金项目1项、兰州大学2009年度"中央高校基本科研业务费专项资金"项目（人文社科类）1项、2010甘肃省社会科学规划项目《甘肃省回族民间纠纷预防与调解治理机制整合问题研究》1项。

简　　介：法学博士。1995-2005，甘肃省高级人民法院；2005至今兰州大学法学院。研究方向：刑事诉讼法，证据法学。

0586 苟芳琴

性　　别：女
出生年月：1964-02-15
民　　族：汉族
政治面貌：党员
职　　称：副高
学　　历：硕士研究生
所在单位：兰州财经大学商务传媒学院
通讯地址：兰州市和平镇薇乐大道4号兰州财经大学商务传媒学院
成　　就：主要从事汉语应用语言学与普通话方面的研究，自1994年起，出版专著3本，在各类期刊上发表论文6篇。2004年被国家语言工作委员会授予"全国优秀测试工作者"荣誉称号。2007年培训学生并代表陇东学院参加甘肃省教育厅、甘肃省语委主办的"雅言经典．中华诗文诵读"比赛，获团体二等奖和单项二、三等奖。个人获优秀指导教师奖。

简　　介：1983.7—1985.7在庆阳师专中文系上学；2001.7—2004.7在陕西师大成教院汉语语言文学专业进修；1985.7—2008.11在陇东学院中文系从事教学工作；2008.11至今，在兰州商学院商务传媒学院从事教学工作。

0587 文宏

性　　别：男
出生年月：1981-04-13
民　　族：土家族
政治面貌：党员

职　　称：副高
学　　历：博士研究生
所在单位：兰州大学管理学院
通讯地址：兰州大学管理学院
成　　就：主持国家社科基金、教育部社科基金、国家社科重大项目子课题，教育部重大项目子课题、国家自科基金重点项目子课题和博士后资助项目等课题15项。在政治学研究、社会科学、中国中国行政管理、公共管理学报、国外社会科学、吉林大学社科科学、武汉大学学报社科版等核心期刊发表论文60余篇，兼任中国行政管理学会理事。
简　　介：吉林大学博士，中国社会科学院政治学所博士后。现任兰州大学管理学院公共管理系主任、副教授、硕士生导师。

0588 王英

性　　别：女
出生年月：1975-12-01
民　　族：汉族
政治面貌：党员
职　　称：副高
学　　历：博士研究生
所在单位：兰州大学哲学社会学院
通讯地址：兰州市城关区天水南路222号，兰大哲学社会学院
成　　就：研究领域：社会问题研究、社会性别研究、人口问题研究。论文：《人力资本视角下老年女性问题研究》，刊于《中国人口学会》，2007年11月；《非正规老年教育》，刊于《中国人口学会》，2008年8月；《论老年教育的参与性》，参与全国博士生论坛，2008年10月；《老年教育的参与性论析》，刊于《理论探讨》，2008年第6期；《中外老年教育比较研究》，刊于《学术论坛》，2009年第1期；《社会工作介入社区老年教育的探析》，刊于《成人教育》，2009年第3期；《"非正规"老年教育：中国老年人社会参与的重要途径》，刊于《人口学刊》，2009年第3期。

0589 冯世平

性　　别：男
出生年月：1963-03-01
民　　族：汉族
政治面貌：党员
职　　称：副高
学　　历：大学本科
所在单位：兰州大学哲学社会学院
通讯地址：兰州市城关区天水南路222号，兰大哲学社会学院
成　　就：研究领域：社会研究方法、婚姻家庭、城乡社会发展。代表著作或论文：择偶：一个渗透父母意志的过程，甘肃社会科学，1998年第2期；中国国情丛书·百县市经济社会调查·秦城区卷，中国大百科全书出版社，1998年2月第1版，副主编；三西移民：迁移的意愿与预期的希望，开发研究，2000年5期；三西移民：走出贫困的特殊利益群体（上），甘肃社会科学，2000年第6期；三西移民：走出贫困的特殊利益群体》（下），甘肃社会科学，2001年第1期；中国百县市国情调查第四批调查点问卷调查——调查报告和资料汇编，中国社会科学出版社，2001年10月第1版，主编之一；全球化与社会发展——中国社会学会2002年学术年会综述，社会学研究，人大报刊复印资料·社会学，2002年6期；西部残疾人口的自然与社会结构，收录《中国西中东部残疾人生存与发展研究》，华夏出版社，2008年6月。

0590 豆宏建

性　　别：男
出生年月：1968-09-02

民　　族：汉族
政治面貌：党员
职　　称：副高
学　　历：大学本科
所在单位：兰州文理学院师范学院
通讯地址：兰州市城关区北面滩 400 号
成　　就：主编教材两部：《大学生成长心理学》，高等教育出版社，2009 年。《心理学》，兰州大学出版社，2011 年；发表学术论文 22 篇；主持完成省级科研项目 1 项，参与各级科研项目 5 项；被聘为兰州市教师资格培训中心教授；获甘肃省高等学校教学成果奖两项。
简　　介：1992 年毕业于西北师范大学；1992—2001 年甘肃教育学院任教，任心理学实验室副主任；2001—2006 年任甘肃联合大学教务处教学科长；2006—2009 年任甘肃联合大学评建办副主任；2007—2008 年北京师范大学访学；2009—2014 年兰州文理学院师范学院任教，任学前教育教研室主任。

0591 周桂党

性　　别：女
出生年月：1970-03-15
民　　族：汉族
政治面貌：民主党派
职　　称：副高
学　　历：硕士研究生
所在单位：兰州大学法学院
通讯地址：兰州大学盘旋路校区齐云楼 1604 室
成　　就：主持或参与"中国土地法律制度项目""欧盟社会发展模式与就业政策项目""行政法与行政程序法"等项目。发表论文 10 余篇。
简　　介：兰州大学法学院副教授。甘肃省法官进修学院兼职副教授，兰州市人大和兰州市法制办立法顾问。1992.7 毕业于西北师范大学政治系获学士学位。1997.7 毕业于兰州大学管理系获硕士学位。1997.9—现在兰大法学院任教师。2007 年赴荷兰莱顿大学学习欧盟法律。教授课程：行政法与行政诉讼法、行政管理学科研。

0592 赵雁海

性　　别：男
出生年月：1975-02-25
民　　族：汉族
政治面貌：党员
职　　称：副高
学　　历：博士研究生
所在单位：兰州大学管理学院
通讯地址：兰州大学管理学院
成　　就：兰州大学美国文学硕士。留学法国 10 年，精通英语和法语。2012 年在法国巴黎联合国教科文 UNESCO 翻译出版《战略展望学：企业和地方行政实践》，发表英语学术论文 10 余篇，中文 CSSCI 论文 3 篇。主要研究方向为战略管理、跨文化管理、商业伦理和企业社会责任，以及战略展望学。
简　　介：法国高等社会科学院 EHESS 博士后，法国国立巴黎第三大学经济学博士、欧盟政策研究硕士（经济学方向），法国国立男特大学工商管理硕士，兰州大学美国文学硕士。

0593 秦梓华

性　　别：男
出生年月：1979-11-16
民　　族：汉族
政治面貌：群众
职　　称：副高
学　　历：博士研究生
所在单位：兰州文理学院经管学院

通讯地址：兰州市城关区北面滩 400 号

成　　就：主持教育部人文社科课题和甘肃省教育厅课题各一项，主编出版金融学教材 2 部，副主编参编教材 1 部，发表论文 10 余篇。

简　　介：兰州文理学院经济管理学院，副教授。研究方向为区域金融和区域经济发展研究。曾受国家留学基金委公派美国加州大学访学一年。

0594 蒲春平

性　　别：男

出生年月：1976-09-18

民　　族：汉族

政治面貌：党员

职　　称：副高

学　　历：大学本科

所在单位：兰州财经大学陇桥学院法学系

通讯地址：兰州市和平开发区兰州财经大学陇桥学院法学系

成　　就：研究方向为企业与公司法，近年来在《长江大学学报》《法制与社会》等刊物发表学术论文 10 余篇，主编参编教材 4 部，承担甘肃省教育厅课题 1 项。

简　　介：兰州商学院陇桥学院法学系教师，法学硕士，副教授。研究方向为企业与公司法。

0595 赵玉田

性　　别：男

出生年月：1966-10-07

民　　族：汉族

政治面貌：民主党派

职　　称：副高

学　　历：博士研究生

所在单位：长青学院工商管理系

通讯地址：长青学院工商管理系

成　　就：发表论文 20 余篇；参与、主持项目 6 项；参与编写教材 3 部。

0596 关明国

性　　别：男

出生年月：1960-08-16

民　　族：回族

政治面貌：党员

职　　称：副高

学　　历：大学本科

所在单位：兰州财经大学商务传媒学院

通讯地址：兰州市和平镇薇乐大道 4 号兰州财经大学商务传媒学院

成　　就：自 2006 年起，出版专著 2 本，在国家重点期刊发表论文 3 篇。2009 年和 2012 年获兰州商学院教书育人先进个人荣誉称号。2007 年获兰州商学院优秀科研成果三等奖。

简　　介：1983.8—1985.8 沈阳市第一七八中学教师；1985.8—1990.8 沈阳市第一七六中学教师；1990.8—1992.3 沈阳市第三十中学教师；1992.3—2003.8 沈阳电大苏家屯分校教师；2003.8—至今兰州商学院教师。研究方向：文艺学和中国现当代文学。

0597 姜焕文

性　　别：男

出生年月：1964-07-01

民　　族：汉族

政治面貌：党员

职　　称：副高

学　　历：硕士研究生

所在单位：兰州文理学院外语学院

通讯地址：兰州市城关区北面滩 400 号

成　　就：主持或参与科研或教学改革项目 4 项，公开发表论文 5 篇（其中中文核心期刊两篇），主编教材 1 部，翻译并出版英语文学经典著作 5 部，获省颁教学成果奖 1 项；

兼任甘肃省高等学校大学英语课程教学指导委员会委员和甘肃省外国文学学会理事；省级精品课"翻译实务"主持人。执笔翻译过《伊利亚随笔》（[英]查尔斯·兰姆）、《草叶集》（[美]沃尔特·惠特曼）、《河畔小屋》（[美]约翰·巴勒斯）和《多克斯罗马日记》及《多克斯埃及日记》（[美]蒂姆·柯林斯）。

简　　介：现执教于兰州文理学院外语学院。1999年至2002年曾就读西北师范大学英语语言文学专业，获文学硕士学位。2009年至2010年赴新西兰奥克兰大学作访问学者。

0598　杨世峰

性　　别：男

出生年月：1974-01-18

民　　族：汉族

政治面貌：党员

职　　称：副高

学　　历：硕士研究生

所在单位：兰州财经大学

通讯地址：兰州财经大学11号信箱

成　　就：金融工程系主任。主要研究方向为数理金融学与金融工程理论、数理金融。主要承担《数理金融学》《金融数学》《金融工程》《衍生金融工具》等课程的教学与科研工作。曾参与和主持过省级课题及校级课题，先后在CSSCI等省级以上刊物发表专业论文10余篇。

0599　王海珍

性　　别：女

出生年月：1982-09-03

民　　族：汉族

政治面貌：党员

职　　称：副高

学　　历：博士研究生

所在单位：兰州大学

通讯地址：兰州市天水南路222号

成　　就：在SSCI收录的英文期刊与CSSCI收录的中文期刊上发表多篇学术论文，主持并参与多项国家自然科学基金项目。论文曾入选美国管理学会年度大会。

0600　陈晓强

性　　别：男

出生年月：1974-04-03

民　　族：汉族

政治面貌：群众

职　　称：副高

学　　历：博士研究生

所在单位：兰州大学文学院

通讯地址：兰州大学文学院

成　　就：出版专著《敦煌契约文书语言研究》，人民出版社，2012年。完成博士论文《汉语词源与汉字形体的关系研究》，北京师范大学，2008年。在《方言》《西北民族研究》《民俗典籍文字研究》《古汉语研究》等刊物发表论文30余篇。近几年来代表作品有：甘肃陇西方言古语词例释，《方言》2014年第2期；敦煌契约文书所见织物研究，《西北民族研究》2013年第2期；沈兼士"右文说"之考察与推阐，《中国文字学报》第四辑，2012年；词源意象与汉字形象论析，《词源意象与汉字形象论析》第九辑，2011年；陆宗达、王宁先生汉语词源学思想述学，《甘肃社会科学》2010年第5期；《论语》中的"敏"字解，《古汉语研究》2009年第3期。主持教育部人文社会科学研究项目"形声字声符示源功能丛考"、兰州大学交叉学科青年创新研究基金项目"敦煌契约文书语言文字研究"、兰州大学中央高校基本科研业务费专项资金项目"陇西方言语词研究"。

0601 王小江

性　　别：男
出生年月：1980-03-12
民　　族：汉族
政治面貌：党员
职　　称：副高
学　　历：硕士研究生
所在单位：兰州文理学院文学院
通讯地址：兰州市城关区北面滩 400 号
成　　就：编著教材 1 部，发表论文 10 余篇。
简　　介：兰州文理学院文学院，副教授。研究方向为公民社会权、消费文化。

0602 刘顺

性　　别：男
出生年月：1978-12-21
民　　族：汉族
政治面貌：群众
职　　称：副高
学　　历：博士研究生
所在单位：兰州大学文学院
通讯地址：兰州大学文学院
成　　就：专著：《中唐文儒的思想与文学》，中国社会科学出版社 2013 年。主要论文：中唐时期的文儒转型与宋学的开启 学术月刊 2009（3）。雅言与政教 古代文学理论研究 第二十四辑。唐代早期官修史书中的文学观 古代文学理论研究 第二十七辑。南北朝至隋的经学交流与融合 社会科学家 2011（9）。《周易正义》对唐诗的影响 江淮论坛 2007（5）。试论唐初的经学统一 孔子研究 2009（2）。唐代初期的文儒与吏能之争 安徽史学 2009（5）。宋儒"身体诗学"刍论 北方论丛 2011（5）。孔颖达周易正义之"象"论及其美学蕴涵 湖北大学学报 2011（6）。中唐文儒的诗文新变 安徽师范大学学报 2013（6）。典范的变改：中唐文儒的历史记忆之书写 中国社会科学文摘 2013（12）。天人之际：中唐的儒学转型与诗文新变 文艺理论研究 2014（6）。重建区隔与自我认同：中唐文儒的华夷书写与反思 中南民族大学学报 2014（1）。个体记忆与文化生产：柳宗元的南方生活 山东师范大学学报 2013（3）。

0603 高凤

性　　别：女
出生年月：1964-06-15
民　　族：汉族
政治面貌：群众
职　　称：副高
学　　历：大学本科
所在单位：兰州文理学院旅游学院
通讯地址：兰州市城关区北面滩 400 号
成　　就：《甘肃民俗旅游资源及开发》发表于《开发研究》2004 年第 1 期。《甘肃省旅游高等教育研究》发表于《发展》，2004 年第 12 期。《旅行社管理与实务》：副主编，浙江大学出版社，2014 年 3 月第 1 版。
简　　介：1987 年毕业于西北师范大学历史系历史学专业。1987—2001 年在甘肃省教育学院政教系任教。2001—2012 年，为甘肃联合大学旅游学院教师。2012 年—现今，在兰州文理学院旅游学院任教。2001 年获副教授职称。教授课程主要有：旅游学概论、旅行社经营与管理、甘肃导游、世界文明史等。主要致力旅游文化与旅游资源开发方面的研究。

0604 张言亮

性　　别：男
出生年月：1980-10-01
民　　族：汉族
政治面貌：群众

职　　称：副高
学　　历：博士研究生
所在单位：兰州大学哲学社会学院
通讯地址：兰州市城关区天水南路 222 号兰大哲学社会学院
成　　就：研究领域：美德伦理学、中西伦理学史、应用伦理学、伦理学原理、道德与宗教关系研究。科研项目：道德相对主义的挑战与克服，国家社科基金项目（12CZX061），主持。部分发表论文：道德相对主义的界标，载于《道德与文明》，2009年第一期，（该文被人大报刊复印资料全文转载）。东西方的遭遇、对话与互镜——评东方遭遇西方，载于《伦理学与公共事务》第4卷，2010年5月，北京大学出版社。张言亮与麦金太尔教授就道德相对主义问题的对话，《哲学与文化》（台湾），2010年第11期。（该刊物被 A&HCI 索引收录）。试论马克思对麦金太尔美德伦理学的影响，载于《道德与文明》，2012.3。道德生活的信仰根基，载于中国社会科学报，2012.10。部分译著：关于马克思主义的三种观点：1953年，1968年，1995年，载于《马克思主义与现实》，2011.1。

0605 张永

性　　别：男
出生年月：1978-04-05
民　　族：汉族
政治面貌：群众
职　　称：副高
学　　历：硕士研究生
所在单位：兰州大学管理学院
通讯地址：兰州市天水南路 222 号
成　　就：《城市居民收入分配公平性的认知特征》载于《兰州大学学报》2009年第2期；《基于统计偏态分布的居民收入分配公平性研究——以甘肃省为例》载于《甘肃社会科学》2011年第2期；《扎根理论在组织行为学本土化研究中的应用》载于《中国管理国际学术论坛》（ISTP检索），2010年8月（兰州）；《治理视角下的资源型城市转型模式研究》载于《资源环境经济学研究进展》（ISTP检索），2010年10月（武汉）；[美]詹姆斯·彼得拉斯著，张永译，《欧洲和美国工人阶级：右派、左派和中间派》发表于《国外理论动态》，2012年第4期，中国社会科学网、求是理论网、中央编译局等权威转载；《基于可持续发展的综合性城市经营模型探析》载于《青海社会科学》，2012年第5期；张永主编，《专业技术人员提升自身绩效的策略》，科学技术文献出版社，2014年版。
简　　介：兰州大学管理学院副教授，MBA指导教师。主讲课程：本科：《人力资源管理》《人员素质测评》《组织理论与设计》；MBA：《组织行为学》《人力资源管理》《职业生涯规划》。作为培训师，先后为中石油甘肃销售分公司、甘肃省职业经理人协会、青海省职业经理人协会、金川公司、地方市政府、建设银行甘肃分行、甘肃省地矿局、中核集团甘肃矿冶局、甘肃伊真集团、兰石集团、兰州生物制品研究所、兰空后勤部卫生处、甘肃路桥集团、中石油西部管道公司等单位进行团队管理、绩效考评、薪酬管理、职业生涯、精细化管理等主题培训，社会反响良好。

0606 石福祁

性　　别：男
出生年月：1974-09-01
民　　族：汉族
政治面貌：党员
职　　称：副高
学　　历：博士研究生

所在单位：兰州大学哲学社会学院
通讯地址：兰州市城关区天水南路222号兰大哲学社会学院
成　　就：研究领域：德国哲学、文化哲学。代表著作或论文：略论卡西尔符号概念的自然科学来源，《江苏社会科学》，2009年第5期；浅析卡西尔与格式塔心理学的关系，《社科纵横》，2009年第3期；从"新民""亲民"看朱王之别，《甘肃社会科学》，2009年第3期；《人论》与卡西尔人类学的进展，《兰州大学学报》（社会科学版），2009年第2期；西方哲学中的"符号"概念，光明日报，2010年7月13日，第011版，理论周刊；西方哲学中的"符号"概念，《新华文摘》全文转载，2010年第18期。

0607 宋虎堂
性　　别：男
出生年月：1980-09-29
民　　族：汉族
政治面貌：党员
职　　称：副高
学　　历：博士研究生
所在单位：兰州财经大学商务传媒学院
通讯地址：兰州市和平镇薇乐大道4号兰州财经大学商务传媒学院
成　　就：主要从事比较文学方面的研究，在省级、国家级期刊发表多篇论文。研究方向：比较文学西方文学教学。科研成果及奖励情况：《论中国比较文学中的民族国家建构》载于《内蒙古社会科学》，2012年第6期，《比较文学形象学理论研究在中国》载于《南华大学学报》2013年第2期，《英国自然主义文学研究在中国》载于《广西社会科学》2014年第2期。

0608 南永晨
性　　别：男
出生年月：1962-10-04
民　　族：汉族
政治面貌：党员
职　　称：副高
学　　历：大学本科
所在单位：兰州财经大学马克思主义学院
通讯地址：兰州城关区段家滩路496号兰州财经大学37号信箱
成　　就：2011年12月在《生产力研究》上发表《我国社会主义收入分配机制问题研究——兼论"蛋糕"分配论》。

0609 王庆
性　　别：男
出生年月：1977-09-01
民　　族：汉族
政治面貌：党员
职　　称：副高
学　　历：硕士研究生
所在单位：兰州财经大学财税与公共管理学院
通讯地址：兰州财经大学
成　　就：编著：《公共财政学》，甘肃民族出版社，2011年版；《财政学》，经济科学出版社，2011年版。获奖情况：财政学科的继承创新与整合发展，兰州商学院教学成果二等奖，2005.10；构建农村公共财政制度，切实减轻农民负担，"西部区域发展与社会和谐"征文二等奖，2006.9；审慎推进财政分权体制，甘肃省第九次财政系统优秀科研成果二等奖，2006.9；西方国家财政管理与监督及我国实践探索，甘肃省第九次财政系统优秀科研成果三等奖，2006.9；《公共经济学》课件，兰州商学院首届多媒体课件竞赛三等奖，2007.5；《公共财政学》精品课程教学体系的建设和完善，兰州商学院教学成果一等奖，2007.6。

0610 贾旭东

性　　别：男
出生年月：1972-05-31
民　　族：汉族
政治面貌：群众
职　　称：副高
学　　历：博士研究生
所在单位：兰州大学管理学院
通讯地址：兰州大学管理学院
成　　就：兰州大学管理学院副教授，硕士生导师。

0611 冯欣

性　　别：女
出生年月：1974-09-09
民　　族：汉族
政治面貌：群众
职　　称：副高
学　　历：博士研究生
所在单位：兰州大学文学院
通讯地址：兰州大学文学院
成　　就：在《兰州大学学报》《名作欣赏》《文艺研究》《艺术评论》等刊物上发表学术论文20余篇，为本科生讲授专业课、选修课"中国现代文学""影视经典研究""戏剧影视泛读""电影名作赏析"等课程；2005年、2006年起为研究生讲授了《电影经典研究》《中国现代文学专题研究》《中国现当代作家专题研究》等课程。"优化和重构中国现代文学史的教学内容及其环节"获得兰州大学2003年度教学成果奖二等奖；2006年参编"甘肃省中小学生人文修养教材"；2007年获得甘肃省第十届社会科学优秀成果三等奖（合作）；获得2008年兰州大学首届多媒体课件教学大赛一等奖；2013年获得中国广播电视协会"'央视纪录频道杯'促进纪录片繁荣发展的实践探索与理论思考征文"三等奖。2014年"全国大学生公益广告征集活动"优秀指导教师奖；中国现代文学研究会成员；甘肃省电影家协会成员、甘肃省电影电视审片委员会成员、甘肃省纪录片学术委员会成员。2014年9月出版专著《动物纪录片研究》（社科文献出版社）。

0612 王惠洁

性　　别：女
出生年月：1970-12-30
民　　族：汉族
政治面貌：党员
职　　称：副高
学　　历：硕士研究生
所在单位：兰州文理学院外语学院
通讯地址：兰州市城关区北面滩400号
成　　就：主持教育厅级项目1项，参与厅级、校级项目10余项；参与厅级教学成果奖1项；参编教材1部，专著1部；发表论文10余篇。
简　　介：兰州文理学院外语学院，副教授。研究方向为应用语言学及跨文化研究。

0613 丁丽红

性　　别：女
出生年月：1970-09-28
民　　族：汉族
政治面貌：民主党派
职　　称：副高
学　　历：硕士研究生
所在单位：兰州文理学院外语学院
通讯地址：兰州市城关区北面滩400号
成　　就：作为主编出版教材1部（上2011

年国家教材目录），作为副主编参编教材 2 套（本），发表论文 10 余篇。参加国家汉办与美国大理会对外中文教学项目 2 年，在此期间多次获得优秀教学证书。

简　　介：兰州文理学院外语学院，副教授。教学与研究方向为英语，教育，对外汉语教学。

0614 赵鑫

性　　别：女

出生年月：1977-02-07

民　　族：汉族

政治面貌：党员

职　　称：副高

学　　历：硕士研究生

所在单位：兰州文理学院外语学院

通讯地址：兰州市城关区北面滩 400 号

成　　就：主持甘肃省教育厅科研项目 1 项，参与省级、校级科研项目 8 项，发表著作 2 部，论文 10 篇。指导学生荣获全国英语写作比赛一等奖 1 项。

简　　介：兰州文理学院外语学院教师。文学硕士，研究方向为英美文学。

0615 王渊

性　　别：女

出生年月：1974-12-05

民　　族：汉族

政治面貌：党员

职　　称：副高

学　　历：博士研究生

所在单位：兰州大学法学院

通讯地址：兰州大学盘旋路校区齐云楼 1602 室

成　　就：发表学术论文、著作 29 项；主持和参与的课题 17 项；各类获奖 11 项。

简　　介：法学博士，副教授。兰州大学法学院民商法研究所教师。研究领域或方向：法理学、知识产权法学。

0616 赵宁

性　　别：男

出生年月：1978-03-30

民　　族：汉族

政治面貌：党员

职　　称：副高

学　　历：硕士研究生

所在单位：兰州文理学院经管学院

通讯地址：兰州市城关区北面滩 400 号

成　　就：参加甘肃省社科规划项目 1 项；甘肃省教育厅项目 2 项；参编专著 3 部；发表省级论文 13 篇。

0617 李清宇

性　　别：女

出生年月：1977-12-08

民　　族：汉族

政治面貌：党员

职　　称：副高

学　　历：硕士研究生

所在单位：兰州大学法学院

通讯地址：兰州大学盘旋路校区齐云楼 1608 室

成　　就：先后在《甘肃社会科学》《青海社会科学》《兰州学刊》《兰州交通大学学报》等学术刊物上发表论文 10 余篇。已出版的书籍有《环境犯罪基本问题研究》（合著）、《农村常见犯罪与刑事处罚》（主编）。主持的科研项目包括：甘肃省哲学社会科学项目"甘肃省新农村合作医疗试点的法律保障研究"（2008 年），兰州市科技局"软科学"项目"兰州市大气污染防治状况调查及法律对策研究"（2007 年），主持中央高校基本科研业务费专项资金自由探索项目之"我国环境刑法现状及执法困境研究"（2010年）。

简　　介：兰州大学法学院副教授。1996年9月至2000年6月就读于甘肃政法学院，2000年9月至2003年6月就读于兰州大学法学院。2003年留校任教以来，主要从事本科生、研究生的刑事诉讼法、证据法的教学工作。

0618　吕春娟

性　　别：女

出生年月：1972-06

民　　族：汉族

政治面貌：党员

职　　称：副高

学　　历：博士研究生

所在单位：兰州财经大学法学院

通讯地址：兰州市城关区段家滩496号

成　　就：中国法学会婚姻法学会理事。

0619　权绘锦

性　　别：男

出生年月：1970-11-21

民　　族：汉族

政治面貌：党员

职　　称：副高

学　　历：博士研究生

所在单位：兰州大学文学院

通讯地址：兰州大学文学院

成　　就：主要从事中国现当代文学专业的教学与研究。在各类公开刊物发表学术论文50余篇，人大复印资料、中国现当代文学，全文转载两篇，主要涉及鲁迅、周作人等现代经典作家研究，《文心雕龙》与现代批评比较研究，西部文学与少数民族文学研究等。在光明日报出版社出版学术专著一部，题为《转型与嬗变——中国现代历史小说研究》。参与编撰武汉大学出版社出版的《中国现代文学史》一部，参与其他学术专著撰写三部。承担并完成兰州大学中央高校专项资助重点项目《西部文学的社会学与文体学研究》。

0620　马得禹

性　　别：男

出生年月：1975-01-31

民　　族：汉族

政治面貌：党员

职　　称：副高

学　　历：硕士研究生

所在单位：兰州文理学院文学院

通讯地址：兰州市城关区北面滩400号

成　　就：发表论文11篇。

简　　介：兰州文理学院文学院，副教授。研究方向为中国古代文学、哲学、书法研究。

0621　杨芳

性　　别：女

出生年月：1976-05-25

民　　族：汉族

政治面貌：党员

职　　称：副高

学　　历：硕士研究生

所在单位：兰州文理学院社会管理学院

通讯地址：兰州市城关区北面滩400号

成　　就：参与省部级课题3项、参编教材1部，发表论文8篇。

简　　介：兰州文理学院社会管理学院，副教授。研究方向为民商法。

0622　胡珀

性　　别：男

出生年月：1973-10-12

民　　族：汉族

政治面貌：党员

职　　称：副高

学　　历：博士研究生
所在单位：兰州大学法学院
通讯地址：兰州大学盘旋路校区 1632 室
成　　就：主持 2010 年教育部规划基金项目《我国气候变化应对法制定研究——基于法律经济学研究方法》1 项；发表学术论文 10 篇；出版专著 2 部。
简　　介：法学博士，兰州大学法学院副教授，民商法学专业硕士研究生导师。

0623　陈芳平

性　　别：男
出生年月：1965-11-27
民　　族：汉族
政治面貌：党员
职　　称：副高
学　　历：硕士研究生
所在单位：甘肃省文化产业投资研究中心，兰州财经大学金融投资研究所
通讯地址：甘肃兰州市城关区兰州财经大学金融学院
成　　就：2007 年获"中国青年五四奖章"。
简　　介：1988 年至今，兰州商学院金融学院教学与研究，主讲《证券投资分析》《风险投资管理》《公司资本战略》课程。1997.8—2000.5 国泰君安证券股份有限公司投资分析师，2000.5—2001.6 英大证券兰州营业部总经理，2001.8—2004.3 甘肃省科技风险投资有限公司总裁助理，2004.3 至今甘肃金巨龙投资发展有限公司执行总裁，2011.11 至今 甘肃省文化产业投资研究中心主任。同时兼职：兰州商学院金融投资研究所所长，金融学专业硕士生导师，MBA 导师，省级重点学科金融学专业金融投资方向学科带头人。主要从事证券市场、风险投资及资本运营的研究与实务工作。目前担任读者出版传媒股份有限公司独立董事、甘肃天源投资与并购研究中心秘书长，甘肃省文化产业投资研究中心主任，甘肃建设"文化大省"专家小组成员。

0624　蒽琼

性　　别：女
出生年月：1981-02-07
民　　族：汉族
政治面貌：党员
职　　称：副高
学　　历：硕士研究生
所在单位：兰州文理学院文学院
通讯地址：兰州市城关区北面滩 400 号
成　　就：主持、参与了甘肃省高等学校科研项目、西北师范大学青年教师科研能力提升计划项目、甘肃省语委科研项目等。在《广西大学学报》《甘肃联合大学学报》《社科纵横》等刊物上发表了 10 余篇学术论文。在中华书局、吉林大学出版社、中国言实出版社参与出版了《唐诗鉴赏大辞典》《唐宋作家与文学研究》《中华诵·经典甘肃——历代咏诵甘肃诗词选》等著作。
简　　介：就职于兰州文理学院文学院，硕士，副教授，省级普通话测试员。主要从事古代文学、甘肃地方文化的教学与研究。

0625　李萌

性　　别：女
出生年月：1980-03
民　　族：汉族
政治面貌：党员
职　　称：副高
学　　历：博士研究生
所在单位：兰州财经大学法学院
通讯地址：兰州市城关区段家滩 496 号
成　　就：发表 3 篇 C 刊论文。

0626 马洪雨

性　　别：女
出生年月：1980-02
民　　族：汉族
政治面貌：党员
职　　称：副高
学　　历：博士研究生
所在单位：兰州财经大学法学院
通讯地址：兰州市城关区段家滩496号
成　　就：在《证券市场导报》《社会科学》等CSSCI来源期刊发表论文20余篇，主持2009年度教育部人文社会科学研究青年基金项目《论政府证券监管权》，并出版同名专著，荣获2012年甘肃省第十三次哲学社会科学优秀成果三等奖；主持2012年度甘肃社科规划项目"中国特色社会主义法律体系形成后甘肃地方立法转型问题研究"。参加2005年度国家社会科学基金重大招标项目"改革发展成果分享法律机制研究"、UNDP/GEF中国湿地生物多样性保护与可持续利用项目和中国-欧盟小项目便捷基金资助的"中国国有企业的治理：试点、国际经验、创新"行动项目；参加2009年度甘肃社科规划项目"甘肃省农村民间金融与金融制度改革法律问题研究"；获得厅级以上奖励3项；参编教材《经济法》《中国税法原理与实务》。
简　　介：甘肃省人民代表大会常务委员会立法顾问，中国经济法学研究会理事，中国证券法学研究会理事，兼职律师。主要从事金融法、证券法和公司法方面的研究。

0627 张同胜

性　　别：男
出生年月：1973-04-17
民　　族：汉族
政治面貌：党员
职　　称：副高
学　　历：博士研究生
所在单位：兰州大学文学院
通讯地址：兰州大学文学院
成　　就：学术著作：《〈水浒传〉诠释史论》，齐鲁书社2009年出版。《中国古代文学700题解》（参撰），山东教育出版社2009年出版。《〈西游记〉与"大西域"文化关系研究》，中国社会科学出版社2013年出版。科研项目：主持完成2009年教育部人文社会科学研究一般项目"文学经典的通俗化研究"。主持完成2009年北京城乡创新发展博士研究会课题"湖北省宜都市统筹城乡发展规划研究课题"。主持完成2008年兰州大学人文社会科学后期资助项目"《水浒传》诠释史论"。主持完成2011年兰州大学中央高校基本科研业务费专项资金项目"他者视域中的中国小说叙事研究"。主持完成2013年兰州大学中央高校基本科研业务费专项资金项目。学术论文：70余篇（略）。培养研究生迄今已有7名（学术型）、10名（应用型）。科研奖励：《〈水浒传〉诠释史论》荣获甘肃省第十二届社会科学优秀成果三等奖，甘肃省高校社科优秀成果二等奖。

0628 刘文江

性　　别：男
出生年月：1973-09-12
民　　族：汉族
政治面貌：群众
职　　称：副高
学　　历：博士研究生
所在单位：兰州大学文学院
通讯地址：兰州大学文学院
成　　就：民间文学和民俗学研究是我院一直以来的传统优势学科，与人合作，在文献资料方面编写了《中国民间文学古典文献辑论》和《中国民俗学古典文献辑论》两部著作；和彭岚嘉、程金城教授合作编写了《西北文化大典》（甘肃卷非物质文化遗产部分，即出）。在理论领域重点研究"传说学"，现有以榆中县苑川河流域的民间传说为中心的博士论文一部，以及相关研究论文4篇发表。主持教育部人文社会科学基金青年项目一项，名称为"谣言、神话与传说的比较研究"，现已撰写成熟论文2篇。除此而外，还研究民间口头诗歌、民间信仰叙事等口头文学体裁，发表论文3篇。电影学研究侧重电影理论和一般性评论，发表有关电影符号学、电影叙事学论文5篇，目前正在编撰《电影理论批评：视角与方法》。

简　　介：兰州大学文学院副教授，现研究领域为民间文学、民俗学、电影学。

0629　张同俊

性　　别：男
出生年月：1970-08-15
民　　族：汉族
政治面貌：党员
职　　称：副高
学　　历：硕士研究生
所在单位：兰州文理学院外语学院
通讯地址：兰州市城关区北面滩400号
成　　就：参加完成教育部人文社会科学规划基金项目兰州大学中央高校基本科研业务费专项资金项目1项，参编教材1部，主持完成全国高职高专英语类专业教学改革课题1项，发表论文6篇。

简　　介：兰州文理学院外语学院，副教授，英国谢菲尔德大学访问学者。研究方向为应用语言学。

0630　王妮

性　　别：女
出生年月：1980-12-12
民　　族：汉族
政治面貌：党员
职　　称：副高
学　　历：大学本科
所在单位：兰州文理学院社会管理学院
通讯地址：兰州市城关区北面滩400号
成　　就：参与完成省级科研项目2项，校级科研项目2项，主持完成横向课题1项，出版著作1部，发表论文10余篇。获甘肃省教育厅思想政治理论课"精彩一课"奖。

简　　介：兰州文理学院马克思主义学院副教授。研究方向为大学生思想政治教育。

0631　王若兰

性　　别：女
出生年月：1977-06-27
民　　族：汉族
政治面貌：党员
职　　称：副高
学　　历：硕士研究生
所在单位：兰州文理学院外语学院
通讯地址：兰州市城关区北面滩400号
成　　就：主持甘肃省教育厅科研项目1项，参与省级、校级科研项目4项，发表论文8篇。指导学生荣获省级比赛一等奖1项，省级二、三等数项。

简　　介：兰州文理学院外语学院教师。研究方向为英美文学。

0632　王永生

性　　别：男
出生年月：1961-11-27
民　　族：汉族
政治面貌：党员
职　　称：副高
学　　历：硕士研究生

所在单位：甘肃省广播电视网络有限责任公司

通讯地址：甘肃省兰州市城关区东岗西路226号

成　　就：1993年科研项目"狠抓三个环节，培养学生的教学研能力"被甘肃省教育委员会评为普通高等学校优秀教学成果省级三等奖；1995年被兰州师范高等专科学校党委评为"优秀共产党员"；1998年荣获定西地区精神文明建设先进工作者称号；1998年，参加完成的科研成果"电渡工艺过程监控及污水处理监控的示波极谱滴定分析方法研究"，被甘肃省教育委员会评为科技进步三等奖；2002年，被国务院第五次全国人口普查领导小组评为第五次全国人口普查先进个人；2003年被中共甘肃省委、甘肃省人民政府、甘肃省军区评为"全省拥军优属先进个人"；2003年被中共甘肃省委评为全省优秀思想政治工作者。

简　　介：1980.09—1984.07西北师范大学化学系本科；1984.09—1987.07西北师范大学化学系分析化学专业读研究生，获硕士学位；1987.08—1990.03在兰州师范高等专科学校任教；1990.03—1993.04任兰州师范高等专科学校化学系副主任；1993.04—1996.04任兰州师范高等专科学校化学系主任（1993.10—1993.12在国家高级教育行政学院第四期高校党政干部培训班学习；1995.10，任兰州师范高等专科学校党委委员）；1996.04—1998.10，临洮县委副书记（正县级，挂职）；1998.10—2000.04任临洮县委副书记（正县级）；2000.05—2000.12任陇西县委副书记、县政府副县长、代县长；2001.01—2001.08任陇西县委副书记、县人民政府县长；2001.09—2003.11任陇西县委书记（2002.03—2002.07在中央党校进修部进修三班学习）；2003.12—2007.01任定西市委常委、市委秘书长；2007.01—2008.03任定西市委常委、市政府副市长；2008.04—2011.07任定西市委常委、市政府常务副市长；2011.08至今任甘肃省广播电视网络有限责任公司总经理。

0633 安晓英

性　　别：女

出生年月：1967-10-08

民　　族：汉族

政治面貌：群众

职　　称：副高

学　　历：大学本科

所在单位：兰州财经大学马克思主义学院

通讯地址：兰州城关区段家滩路496号兰州财经大学37号信箱

成　　就：2007-2008年甘肃省社科规划项目《甘肃省农村留守儿童调查研究》。

0634 王力

性　　别：男

出生年月：1976-01-26

民　　族：汉族

政治面貌：群众

职　　称：副高

学　　历：博士研究生

所在单位：兰州大学西北少数民族研究中心

通讯地址：兰州市嘉峪关西路9号兰州大学民族学研究院

成　　就：主要从事少数民族史方面研究工作。文章发表于《中国边疆史地研究》《世界宗教研究》《西域研究》《西藏研究》《贵州民族研究》《北方民族大学学报》等刊物上。出版著作1部，《明末清初达赖喇嘛系统与蒙古诸部互动关系研究》（民族出版社）。主持国家社科基金项目《明末清初达赖喇嘛系统与蒙古诸部互动关系研究》及校内项目 2 项。

简　　介：硕士生导师，1994—1998 年就读于西北师范大学文史学院，获历史学学士学位；2002—2005 年就读于西北师范大学文史学院，获民族学硕士学位；2008 年获得兰州大学西北少数民族研究中心民族学博士学位，同年 7 月留校任教。现为兰州大学西北少数民族研究中心副教授。

0635　单菲菲

性　　别：女

出生年月：1980-08-29

民　　族：汉族

政治面貌：党员

职　　称：副高

学　　历：博士研究生

所在单位：兰州大学管理学院

通讯地址：兰州大学管理学院

成　　就：著作《城市多民族社区管理模式研究》，中国社会科学出版社，2011。论文《西北城市多民族社区管理模式探究：以新疆伊宁市为例》发表于城市发展研究，2010（11）。《试析社会资本与城市多民族社区治理》发表于北方民族大学学报，2011（3）。《民族地区基本公共服务均等化研究述评：基于公共政策的视角》发表于西北民族研究，2012（2）。主持项目：2010 年度教育部人文社会科学研究一般项目"西北民族地区基本公共服务均等化实证研究"（立项编号：10XJC850002）。2012 年国家社科基金青年项目"促进西北民族地区城市稳定与发展的社区治理策略研究"（立项编号：12CMZ024）。

简　　介：南开大学博士，兰州大学公共管理博士后科研流动站在站博士后，副教授，硕士生导师。中国行政体制改革研究会会员、甘肃省行政管理学会第四届理事会理事。研究方向为城市治理、民族地区行政发展。主讲课程：城市治理、社会调查理论与方法、公共事业管理、社区管理。

0636　王艺静

性　　别：女

出生年月：1979-01-21

民　　族：汉族

政治面貌：党员

职　　称：副高

学　　历：硕士研究生

所在单位：兰州财经大学

通讯地址：兰州财经大学 11 号信箱

成　　就：主要从事金融学、信托与租赁方面的教学与研究，近三年来，发表省级文章 6 篇，主持校级课题 1 项，参与省级课题 4 项，并获得校级、省级奖励各 1 项。研究方向：金融理论与实务。主讲课程：《货币银行学》《信托与租赁》。

0637　马真明

性　　别：男

出生年月：1965-02-28

民　　族：汉族

政治面貌：党员

职　　称：副高

学　　历：大学本科

所在单位：兰州财经大学商务传媒学院

通讯地址：兰州市和平镇薇乐大道 4 号兰州财经大学商务传媒学院

成　　就：兰州商学院国学研究所副所长，主要从事中国古代文学及文化的教学与研究工作。2012 年出版专著《中国语文》任第二主编。2013 年 5 月应甘肃电视台之邀作系列讲座《〈诗经〉里的甘肃文化和全国之最》。

简　　介：1986.7—1990.7，在西北师大中文系读书。1990.7—2002.9，在甘肃冶金工业学校任教。2002.9 至今，在兰州商学院任教。主要从事中国古典文学研究教学工作。

0638 史玉宝

性　　别：男
出生年月：1966-02-24
民　　族：汉族
政治面貌：党员
职　　称：副高
学　　历：大学本科
所在单位：兰州市第十四中学
通讯地址：兰州市城关区东郊巷 30 号
成　　就：多年从事政治课教学工作，所教课程受到学生的普遍欢迎。在省级刊物发表论文一篇。多次受到学校地奖励。
简　　介：1986 年至 1988 年在甘肃联合大学政教专业学习。1988 年至 1993 年在兰州市三十一中执教。1993 年调入兰州市十四中工作至今。这期间，于 1994 年至 1997 年在西北师范大学政治教育专业函授本科。成绩合格获大学学历。1997 年获评中学一级教师资格，2006 年获评中学高级教师任职资格。长期从事中学政治课教学工作，并多年担任班主任工作。有丰富的工作经验和独特的工作方法。

0639 陈威

性　　别：男
出生年月：1977-03-03
民　　族：汉族
政治面貌：党员
职　　称：副高
学　　历：大学本科
所在单位：兰州市第十中学
通讯地址：兰州市城关区佛慈大街 67 号
成　　就：2001 年被兰州十中评为先进教师。2001 年获兰州十中青年教师课堂教学基本功比赛三等奖；2001 年被兰州十中评为优秀班主任；2002 年被兰州十中评为教学标兵；2002 年被兰州十中评为班主任标兵；2002 年被兰州十中评为优秀班主任；2005 年在共青团兰州市教育局委员会组织的"青年教师谈师德"征文比赛中，论文《爱，提高，发展——师德之我见》获一等奖。2006 年被共青团兰州市教育局委员会评为优秀共青团干部；2011 年被兰州市教育局确定为兰州市中小学市级骨干教师；2013 年被兰州市教育局评为兰州市爱生学校建设试验项目工作先进个人；2014 年被兰州十中评为优秀辅导教师。
简　　介：1995 年 8 月至 1998 年 6 月在兰州师范高等专科学校中文教育专业学习；2001 年 8 月至 2004 年 1 月在中央广播电视大学甘肃直属分校汉语言专业学习；2012 年 8 月至今在甘肃省委党校公共管理专业学习。1998 年 8 月至今在兰州市第十中学任教；2000 年 1 月至 2006 年 1 月任共青团兰州十中委员会副书记；2005 年 8 月至 2009 年 5 月任兰州十中年级组长；2008 年 8 月至 2013 年 9 月任兰州十中政教处副主任；2013 年 10 月至今任兰州十中政教处主任。

0640 曹亚梅

性　　别：女
出生年月：1966-07-01
民　　族：回族
政治面貌：党员
职　　称：副高
学　　历：大学本科
所在单位：兰州民族中学
通讯地址：兰州民族中学
成　　就：2005 年被共青团甘肃省委、统战部、民委、青联评为"第四次全省各族青年团结进步模范个人"；2006 年课件《道士塔》获第二届全国"民教杯"课件制作比赛一等奖；2007 年获得兰州市第四届中小学课件比赛二等奖；2002 年《初中文言文教学如何以读促学》获兰州市教育优秀论文二等奖；2006 年《初一语文新教材关于阅读教学的几点感悟》获市教科所优秀论文二等奖；2004 年在第十二届中小学生现场作文大赛中获优秀辅导奖；2006 年兰州市首届中小学生"爱祖国、爱家乡"诗歌大赛获优秀辅导和团体一等奖；2007 年兰州市中小学生"走进阳光世界"主题征文赛获优秀辅导二等奖；2007 年 8 月"财兴盛杯"首届中华 56 个民族青少年演讲大赛获优秀组织、优秀辅导奖；2008 年、2014 年全国"飞向北京－飞向太空"航空航天模型比赛优秀组织奖；论文《曹禺笔下的"火"与"水"》在 2006 年《社科纵横》杂志上发表。

简　　介：1989 年 6 月毕业于甘肃民族师范学院；1989 年 7 月进入兰州民族中学从事教育教学工作至今；2005 年 1 月中央广播电视大学汉语言文学专业本科毕业；当过 11 年班主任，1997 年被市民宗委评为兰州市民族学校优秀教师；2003 年 5 月被推荐为兰州市妇联执委；2003 年 9 月任兰州民族中学总务处副主任、工会副主席；2006 年 8 月任教导处主任。

0641　马良孝

性　　别：男

出生年月：1964-12-27

民　　族：汉族

政治面貌：党员

职　　称：副高

学　　历：大学本科

所在单位：兰州市第十四中学

通讯地址：兰州市城关区东郊巷 30 号

成　　就：2002、2008、2010、2012、2014 年担任兰州市教学新秀片区复赛评委。2008、2009 年连续两年担任兰州市教育科研课题鉴定评委。2008 年、2009 年、2010 年连续三年受兰州市教科所邀请，担任高三历史诊断命题成员。2012、2013、2014 年连续三年被甘肃省教育厅聘为高中学业水平考试命题专家，参加了甘肃省高中学业水平考试命题工作。承担 2010 年"甘肃省普通高中招生考试命题指导纲要"审查工作。担任《甘肃省初高中毕业会考指导》丛书编委会编委。2005 年被评为兰州市教育局系统"优秀共产党员"。2007 年被评为兰州市教育局系统"优秀教师"。2010 年被评为甘肃省中小学省级骨干教师。2008 年被兰州市教育局聘为兰州市中学历史学科中心教研组成员，2009 年被聘为甘肃省历史教学专业委员会常务理事，2010 年被兰州市教育局聘为兰州市普通高中课程改革历史学科指导组成员。

0642　蔡青

性　　别：男

出生年月：1968-08-24

民　　族：汉族

政治面貌：党员

职　　称：副高

学　　历：大学本科

所在单位：兰州市第二十七中学

通讯地址：兰州市城关区火车站西路 615 号

成　　就：在 2009 年第 9 期《教师》上发表 1 篇文章《新时期师德建设管理浅谈》，并于次年获省教科所组织的全国中小学论文评比活动甘肃省二等奖。2013 年在校级论文集中发表 2 篇论文。2011 年个人课题《当前高中生思想政治课学习兴趣现状与研究》获 2011 年兰州市教育科研"个人课题"二等奖。2012 年主持完成省级科研课题、市级重点课题《师德机制研究》结题及申报鉴定工作。

多次获得校级高考和会考优秀奖。多次被评为校级优秀共产党员，其中 2011 年 6 月被评为兰州市教育局系统优秀党务工作者。

简　　介：1986.09—1990.06，在西北师范大学政治系政治教育专业学习。1990.07—1993.09，兰州市第三十四中学教师。1993.10—至今，在兰州市第二十七中学工作（其间，曾先后任总务处副主任、政教处副主任、教务处副主任、办公室主任，2013.08 至今任教学副校长）。

0643 董佩华

性　　别：女
出生年月：1963-10-13
民　　族：汉族
政治面貌：群众
职　　称：副高
学　　历：硕士研究生
所在单位：兰州职业技术学院
通讯地址：兰州职业技术学院
成　　就：发表论文共 7 篇，其中 6 篇省级，1 篇国家级；获奖 2 项。参与科研项目 1 项。
简　　介：1986 年 7 月毕业于西北师范大学地理系，获理学学士学位。1986 年 7 月至 2009 年在兰州师范学校任教。2008 至 2010 在西北师范大学地环学院攻读硕士学位，获人文地理学专业硕士学位。2009 至今在兰州职业技术学院任教。所授课程有：旅游地理、中国旅游地理、中国历史文化名城、旅游资源与景区管理、都市文化景观、服务心理学、学前儿童卫生学、学前儿童健康教育。

0644 周一沁

性　　别：女
出生年月：1979-04-26
民　　族：汉族
政治面貌：党员
职　　称：副高
学　　历：硕士研究生
所在单位：兰州职业技术学院
通讯地址：兰州市城关区雁儿湾路 191 号
成　　就：2002 年西北师大本科毕业并参加工作，2010 年取得兰州大学区域经济学硕士学位，2012 年评聘为副教授。工作期间独立发表经济学类学术论文共 7 篇。参与国家级课题 1 项，省级课题 3 项，市级课题 1 项。是省级精品课程《财务管理》主讲教师。工作以来，多次获得学院"优秀教师""优秀班主任""教学优秀奖""优秀党务工作者""优秀党员"等多项荣誉。针对学院特点，还取得"经济师""会计从业资格"等职称资格，为"双师型"素质教师。
简　　介：1998.9—2002.7 西北师范大学经济学院信息管理与信息系统专业就读，获得管理学学士学位。2002 年 8 月至今兰州教育学院（后并入兰州职业技术学院）教师。2007.12—2010.7 兰州大学经济学院区域经济学专业在职攻读硕士学位，获得经济学硕士学位。2002 年参加工作，主要从事经济类课程的教学以及科研工作。2012 年评聘为副教授。

0645 杨进红

性　　别：男
出生年月：1971-08-27
民　　族：48
政治面貌：群众
职　　称：副高
学　　历：大学本科
所在单位：兰州职业技术学院
通讯地址：兰州职业技术学院教育系
成　　就：1995 年毕业于北京师范大学心理学系，长期从事普通心理学、儿童心理学、教育心理学、小学生心理健康教育、计算机辅助教学、计算机应用等方面课程的教学工作。曾评为兰州市教育局系统优秀教师，多次评为校级优秀教师。曾获兰州市现代教育技术课堂教学比赛三等奖，兰州市课件比赛二等奖。获心理健康辅导员资格。主持的省级课题《网络在青少年心理健康教育中应用优势的研究》于2009年通过鉴定并评定为优秀课题，获学院科研成果二等奖。

0646 刘永兰

性　　别：女
出生年月：1973-02-19
民　　族：汉族
政治面貌：党员
职　　称：副高
学　　历：硕士研究生
所在单位：兰州市教育科学研究所
通讯地址：兰州市城关区北滨河东路364号
成　　就：兰州市教书育人楷模（政府奖）、市级骨干教师、甘肃省教学能手、兰州市教学新秀、甘肃省中小学心理健康教育教研员、甘肃省教育学科教学研究专家、兰州市普通高中课程改革工作专家指导组成员、兰州石化公司优秀班主任、优秀教师等称号。
简　　介：1996年6月西北师范大学政法学院毕业；1996年7月—2012年7月兰炼一中（兰州58中）高中任职；2012年7月至今兰州市教科所政治教研员。

0647 刘亚洁

性　　别：女
出生年月：1965-08-17
民　　族：汉族
政治面貌：群众
职　　称：副高
学　　历：大学本科
所在单位：兰州市外国语学校
通讯地址：兰州市城关区酒泉路156号
成　　就：曾获校级优秀教师。
简　　介：刘亚洁老师从事教育工作27年中，一直担任语文教育教学工作。在实践过程中，师德修养高，道德素质好。严格遵守教育法律法规。有事业心、有责任心、有上进心、爱校、爱岗、爱生、团结协作、乐于奉献、勇于探索、积极进取的要求去规范自己的行为。对待学生做到：民主平等，公正合理，严格要求，耐心教导；对待同事做到：团结协作、互相尊重、友好相处；对待家长做到：主动协调，积极沟通；对待自己做到：严于律己、恪尽职守、为人师表。

0648 马兰

性　　别：女
出生年月：1979-03-16
民　　族：汉族
政治面貌：民主党派
职　　称：副高
学　　历：硕士研究生
所在单位：兰州职业技术学院
通讯地址：兰州市城关区雁儿湾路191号
成　　就：发表的论文：《〈匹克威克外传〉与〈西游记〉之比较》发表于《湖北经济学院学报》2010年第3期；《〈哈克贝利费恩历险记〉中哈克的人物分析》发表于《青年科学》2010年06期；《〈麦琪的礼物〉之故事情节探究》发表于《兰州教育学院学报》2010年第5期；《中西方文化差异与大学英语教学》发表于《兰州教育学院学报》2006年第4期；《推动高职英语专业教学改革，提高毕业生就业竞争力》发表于《中国科教创新导刊》2012年第25期。获奖情况：2004年被评为兰州教育学院2003—2004年度"优秀班主任"；2004年、2005年和2006年连续三年被兰州教育学院评为"优秀教师"；2004年荣获教学优秀三等奖；2009年度教学评优三等奖；2009-2010学年度优秀教师。

0649 程贵
性　　别：男
出生年月：1980-10-12
民　　族：汉族
政治面貌：党员
职　　称：副高
学　　历：博士研究生
所在单位：兰州财经大学
通讯地址：兰州财经大学11号信箱
成　　就：经济学博士。研究方向：证券投资理论与实务。主讲课程：《投资学》《信用评级》。

0650 陈珍
性　　别：女
出生年月：1964-11-05
民　　族：汉族
政治面貌：党员
职　　称：副高
学　　历：大学本科
所在单位：兰州财经大学
通讯地址：兰州财经大学11号信箱
成　　就：主要研究方向为保险理论与实务，主要担任《金融营销学》《货币银行学》《金融营销学》《保险学》等课程的教学科研工作，2005年被兰州商学院评为"教书育人"先进个人。

0651 窦岷山
性　　别：男
出生年月：1972-09-20
民　　族：藏族
政治面貌：党员

职　　称：副高
学　　历：大学本科
所在单位：兰州市第五十三中学
通讯地址：兰州市城关区和政东街284号
成　　就：论文《正确把握邓小平教育思想中的几对关系》获2002年甘肃省教育教学优秀论文二等奖和兰州市一等奖；论文《2000年兰州市中考政治试卷分析》发表于《兰州教育》并获2001年"新时期全国教育优秀论文一等奖"；论文《试析中小学教师心理问题的原因及对策》2005年发表于《甘肃教育》（2005年7-8期）。参与编写《初三政治开放性试题综合解析》（2003年由甘肃教育出版社出版）；参与编写《全品中考复习方案》（2005年由中国致公出版社出版）；2013年11月获兰州市中小学教师书法作品二等奖。注重培训再提高：2002年7月，参加"英特尔"未来教育项目培训；2011年3月，参加兰州市高中教师继续教育培训；2010年7月—8月，参加甘肃省2010年普通高中新课程实验"国培计划"培训。
简　　介：1997年7月毕业于北京师范大学哲学系思想政治教育专业，获教育学学士学位；1997年8月参加工作，就职于兰州铁路第三中学（2004年学校移交兰州市教育局管理，更名为兰州市第五十三中学），先后任教初、高中政治课；2001年9月聘为校办公室主任，2009年10月兰州市教育局正式聘为兰州市第五十三中学办公室主任，2012年8月至2013年8月，于兰州新区舟曲中学支教（一年），聘为校长助理，2013年8月市教育局聘为兰州市第五十三中学副校长，分管后勤工作。工作扎实，成绩突出。

0652 吴奇绯
性　　别：女
出生年月：1962-11-05

民　　族：汉族
政治面貌：群众
职　　称：副高
学　　历：大学本科
所在单位：兰州市第九中学
通讯地址：兰州市第九中学
成　　就：从事中学语文教学 33 年。

0653 张彦敏

性　　别：女
出生年月：1970-11-25
民　　族：汉族
政治面貌：群众
职　　称：副高
学　　历：大学本科
所在单位：兰州职业技术学院
通讯地址：兰州市城关区张掖路民基大厦 B 座 1106 号
成　　就：1994 年至今，先后致力于《政治经济学》《马克思主义哲学原理》《思想道德修养和法律基础》《毛泽东思想与中国特色社会主义理论体系概论》《形势与政策》等课程的教学与研究，多次承担学院"形势与政策"专题讲座。在"高职院校思想政治理论课创新教学模式的实践与研究"方面获得一定成果，在省级核心刊物发表多篇论文。主编并公开出版《大学生职业发展与就业指导》《国粹砺人——创新思想政治教育新途径》、副主编《大学生心理健康教育》、参编《法律·道德·形势教育》《塑造自我》。曾获得市级教学能手，学院优秀教师、多次获得学院教学优秀奖等荣誉。

0654 代有俊

性　　别：男
出生年月：1968-10-10
民　　族：汉族
政治面貌：民主党派
职　　称：副高
学　　历：大学本科
所在单位：兰州职业技术学院
通讯地址：兰州市城关区庆阳路 91 号
成　　就：多年的教学工作形成了独有的声乐教学方法，有近百名学生考入省内外各音乐学院及师范学院音乐系，还有几十名学生在省内的各种声乐比赛中获奖，本人先后几十次参加全国及省、市级声乐比赛并数次获奖，2011 年、2013 年分别参加由中国音乐家协会主办的第三、第五届"神州唱响"全国高校声乐展演获教师民族组优秀奖。创作并发表声乐作品十几首，多次在全国及省级艺术大赛中获优秀指导教师称号，近年来在国家级和省级刊物上发表学术论文 10 余篇，出版教材 1 部，专著 1 部。
简　　介：兰州职业技术学院艺术系副教授，甘肃省民盟会员。社会兼职：中国音乐家协会甘肃分会会员、甘肃省管弦乐协会竹笛专业委员会理事、中国音乐学院校外艺术水平考级考官。

0655 朱武兰

性　　别：女
出生年月：1970-01-05
民　　族：汉族
政治面貌：民主党派
职　　称：副高
学　　历：大学本科
所在单位：兰州市教育科学研究所
通讯地址：兰州市城关区北滨河东路 364 号
成　　就：2000 年至 2006 年曾多次在全市高考诊断和中考分析会上，承担高三备考专题讲座和试卷分析工作，并在市教科所组织的"教学教研交流活动"中，多次承担市级观摩教学，为兰州市的语文教学起到了良好的示范作用。2007—2009年，被聘为兰州市高中新课程师资培训讲师团专家组成员；2008.9被聘请为教育部师范教育司委托西北师范大学承办的"2008年甘肃省中小学骨干教师国家级培训班"主讲教师；2007年起连续被聘为"兰州市教师资格专家评审委员会"和"兰州市中学教学新秀总评"评委；同时，在《语文建设》《中学语文教学参考》等核心期刊和《甘肃教育》等省市级刊物上发表论文十余篇，并主编或参编教辅用书和教育专著累计近百万字。独立主持和参与省、市级课题3个。

0656 代燕

性　　别：女
出生年月：1975-03-09
民　　族：汉族
政治面貌：党员
职　　称：副高
学　　历：大学本科
所在单位：兰州市教育科学研究所
通讯地址：兰州市城关区北滨河东路364号
成　　就：2004年9月被评为"西北师大附中优秀教师"；2005年被兰州市教育局评为"兰州市教学新秀"；2009年获得区级骨干教师称号；2009年获得全国中学生语文能力竞赛"优秀指导教师奖"2008.9被兰州市教育局聘为"兰州市第九届教学新秀总评委"；2010.5被兰州市教育局聘为"教师资格专家评审委员会评委"；2010.9被兰州市教育局聘为"兰州市第十届教学新秀评委"；2010.9被兰州市教育局聘为"兰州市第十届教学新秀评委"；2010.5被兰州市教育局聘为"兰州市普通高中课程改革专家组成员"。

0657 魏政刚

性　　别：男
出生年月：1969-07-31
民　　族：汉族
政治面貌：党员
职　　称：副高
学　　历：硕士研究生
所在单位：兰州市第十一中学
通讯地址：兰州市城关区平凉路523号
成　　就：1994年所带班级的语文中考成绩名列兰州市64所厂矿学校第三；1997年，所带班级的语文中考成绩名列兰州市64所厂矿学校第三；2000年，所带班级的语文中考成绩名列兰州市市属同类学校第五；2003年，所任班级的语文高考成绩名列兰州市42所同类学校第一；2005年—2008年连续四年担任高中毕业班语文教学工作，高考语文成绩均位居兰州市42所市级示范性学校前十位。先后辅导学生在参加第四届"中华圣陶杯"中学生作文大赛、第三届全国青少年"世纪杯"征文比赛、第二届全国青少年"春蕾杯"征文比赛、全国中学生语文能力竞赛以及兰州市中小学现场作文比赛中获奖。
简　　介：1991年7月—1998年12月，在兰州三毛纺织集团公司学校任教；1998年12月—2010年8月，在兰州市第二十二中学任教；2010年8月至今，在兰州市第十一中学任教。2005年11月—12月，参加了兰州市教育局组织的局系统中小学校长任职资格培训；2006年9月—11月，参加了市委组织部安排的兰州市第2期中青年干部培训；2006年10月—12月，参加了兰州市教育局组织的局系统办公室主任及人事干部培训；2007年12月，考入了西北师范大学研究生院，攻读在职教育硕士（2011年毕业）；2009年5月—11月，参加了市委组织部安排的皋兰县石洞镇镇党委副书记挂职锻炼；2011年10月，参加了教育部"国培计划"（2011）中小学骨干教师培训；2012年3月—

4月，参加了市委组织部安排的兰州市第4期事业班干部培训；2012年10月—11月在北京二中通州分校挂职学习。

0658 童乐福

性　　别：男
出生年月：1967-05-22
民　　族：汉族
政治面貌：党员
职　　称：副高
学　　历：大学本科
所在单位：兰州市盲聋哑学校
通讯地址：兰州市城关区白银路66号
成　　就：撰写的《简笔画在教学中的运用》《如何对待学习差生》《关于课程改革的思考与探索》作交流。《课文背诵先行法》于2001年在兰州市特殊教育论文评比中获三等奖，2007年在《甘肃日报》发表。《聋校少年期学生行为问题及教育对策》在2005年全省特殊教育学校优秀论文评选中获二等奖，《加强聋人语文的人文关怀》在2005年兰州市中小学教育教学优秀论文评选中获二等奖。课题成果《浅谈中等职业学校聋生计算机能力的培养》以论文形式收编入上海科学普及出版社出版的《聋生职业能力培养的实践与探索》，中国教育学会"十二五"科研规划课题《班主任专业发展与队伍建设研究》子课题《聋校问题学生教育转化策略与技巧研究》2014年6月通过鉴定结题，并获中国教育学会优秀成果一等奖。兰州市县区级骨干教师。
简　　介：自1986年兰州师范学校毕业分配到兰州市盲聋哑学校任教以来，一直在教学一线从事语文教学工作。（其间：1993年7月至1996年6月参加甘肃省教育学院高等师范专科自考取得专科学历；2001年9月至2004年1月参加中央广播电视大学汉语言文学专业函授学习取得本科学历）2003年8月至2005年7月被聘为兰州市盲聋哑学校政教处副主任；2005年8月至2006年7月被聘为兰州市盲聋哑学校生活处副主任；2006年8月至2010年7月被聘为兰州市盲聋哑学校办公室主任；2010年8月至2013年7月被聘为兰州市盲聋哑学校政教处主任；2013年8月至现在兰州市盲聋哑学校教务处主任。2002年、2010年两度被评为兰州市县区级骨干教师。数次被评为学校优秀工作者、先进个人。

0659 李雅琴

性　　别：女
出生年月：1970-10-15
民　　族：汉族
政治面貌：群众
职　　称：副高
学　　历：大学本科
所在单位：兰州职业技术学院
通讯地址：城关区雁儿湾191号，兰州职业技术学院
成　　就：研究方向：英美文学，教学法，课程论。现任兰州职业技术学院应用外语系系主任。主讲过多门专业课程和公共基础课程，承担过学院英语专业学生的专题讲座，取得了很好的效果，获得学生好评。连续多年作为指导老师，指导学生完成毕业论文和毕业实习。因为工作表现而多次获得学校的表彰。担任过"兰州市中学教师继续教育讲师团讲师"和"兰州市基础教育课程改革师资培训讲师团"专家。主持了甘肃省教育厅科研项目，发表多篇学术论文，主编教材。还担任过甘肃省高职高专研究会英语学科副组长。

0660 赵继宁

性　　别：男
出生年月：1973-03-14
民　　族：汉族
政治面貌：党员
职　　称：副高
学　　历：博士研究生
所在单位：兰州财经大学商务传媒学院
通讯地址：兰州市和平镇薇乐大道4号，兰州财经大学商务传媒学院
成　　就：担任兰州商学院商务传媒学院副院长一职，发表学术论文18篇，主持教育部人文社科项目1项。
简　　介：1990.07-2003.08甘肃宁县财政局、地税局工作。2003.09-2006.06武汉大学文学院攻读硕士学位。2006.07-2007.08兰州商学院学校办公室工作。2007.09—2010.06武汉大学文学院攻读博士学位。2010年7月至今兰州商学院商务传媒学院任教。

0661 杨瑾

性　　别：女
出生年月：1970-01-02
民　　族：汉族
政治面貌：群众
职　　称：副高
学　　历：大学本科
所在单位：兰州市外国语学校
通讯地址：兰州市城关区酒泉路156号
成　　就：2013年获市级优秀教师称号。2013年聘任为兰州市2013年教师资格专家评审委员会评委。2011年获市级骨干教师称号。2011年获兰州市优秀公开课。2011年获兰州市教育局教学开放周活动奖励。2012年个人课题《初二学生良好的学习品质养成研究》结项。2002年—2012年两次获校优秀教师称号，五次获校优秀班主任称号，三次获先进班集体称号。2012年被聘为"金城名班主任贺彩娜工作室"成员。2010年校首届班主任技能大赛"教育故事演讲比赛"二等奖，"班会设计比赛"一等奖。2005年《浅谈信息技术与语文教学整合》获市中小学信息技术与学科课程整合教学论文及教学案例评选三等奖。2002年获兰州市英特尔未来教育优秀学员奖。
简　　介：参加工作24年来，本人一直担任初中语文教学工作，多次担任毕业班语文教学工作，有16年的班主任工作经验，现担任语文教研组长。

0662 张彩云

性　　别：女
出生年月：1970-04-29
民　　族：汉族
政治面貌：党员
职　　称：副高
学　　历：大学本科
所在单位：中共兰州市委党校
通讯地址：兰州市火车站西路722号
成　　就：教学方面：长期从事法学、公共管理和应急管理等方面的教学工作，所讲授的《宪法》《民法》《经济法》等基础课及《社会组织与管理》《领导干部如何应对突发事件》等教学专题课多次被评为优质课。科研方面：主持国家社科基金项目《群体性事件的网络助燃作用与阻燃机制构建》；出版《公共危机与管理》（主编）、《农村突发事件应急处置》（农家书屋约稿）、《兰州市突发公共事件应急操作指南》（主笔）、《兰州市市民道德读本》（参编）等著作；发表国家级、省级、市级社科类论文近百篇。
简　　介：毕业于西北师范大学政法系，1995年10月参加工作，现在中共兰州市委党校教务处任副处长一职，公共管理教研部

兼职副教授，主要从事法学、管理学和应急管理的教学与研究工作。

0663 辛向军

性　　别：女
出生年月：1968-11-11
民　　族：汉族
政治面貌：群众
职　　称：副高
学　　历：大学本科
所在单位：兰州市外国语学校
通讯地址：兰州市城关区酒泉路156号
成　　就：《魏晋薄葬成因的考察》发表于《甘肃社会科学》1994.1；《东汉末年的江东豪族》发表于《西北师范大学学报》2003.1；《创新教学方法，融合文科综合教学》发表于《甘肃教育》2005.10；《历史教学的大文科思想》2003年获甘肃省新课程、新理念论文交流二等奖；《心往往因为细腻而伟大》2006年入选兰州市教育选编《优秀德育案例》，《历史教学的大文科模式刍议》收入甘肃省第十八期中小学骨干教师培训班《经验交流汇编》2010.4。2001年市级优秀教师、2002年兰州市教育工会师德先进个人、2005年兰州市教育系统优秀教师、2006年市级教学能手、2010年省级骨干教师、2010年获市级优秀教师、2010年获市级教书育人楷模提名奖。
简　　介：长期担任高中历史教师、班主任、高中年级组长、政史地教研组长。其课堂教学注重历史的大文科模式和小专题探究，所带高考成绩一贯名列前茅。

0664 郑官柱

性　　别：男
出生年月：1959-06-11
民　　族：汉族
政治面貌：党员
职　　称：副高
学　　历：大学本科
所在单位：兰州市教育科学研究所
通讯地址：兰州市城关区北滨河东路364号
简　　介：1991年4月在兰州市教育科学研究所《中学生导报》任编辑；2000年11月在兰州晚报社《中学生导报》任编辑。

0665 李小燕

性　　别：女
出生年月：1969-08-26
民　　族：汉族
政治面貌：党员
职　　称：副高
学　　历：大学本科
所在单位：兰州市盲聋哑学校
通讯地址：兰州市城关区白银路66号
成　　就：《坚持以学生为本的教学理念》刊载于2007年9月27日《甘肃日报》教育版；《以"心"为本，有效矫正和预防聋生的不良行为》获教育部"十五"规划特殊教育科研课题《聋生心理健康教育与培养的研究》学术研讨会交流并获兰州市第六届基础教育科研优秀成果二等奖。
简　　介：1991年7月毕业分配至兰州市盲聋哑学校工作，1997年6月加入中国共产党，2007年12月获评中学高级教师职称。

0666 郭冬梅

性　　别：女
出生年月：1972-01-18
民　　族：汉族
政治面貌：党员
职　　称：副高
学　　历：硕士研究生
所在单位：兰州财经大学

通讯地址：兰州财经大学 11 号信箱

成　　就：主要研究方向为保险理论与实务，主要担任《金融市场学》《证券投资学》《保险学》《保险投资》等课程的教学科研工作。主要成果有 2006 年《经济体制改革》第四期发表论文《中国银行转型与银行监管问题研究》（国家级核心期刊）。2007 年《西北民族大学学报》（哲学社会科学版）第三期发表论文《改革过程中的银行监管问题研究》。

0667 康玉亮

性　　别：男

出生年月：1965-02-10

民　　族：汉族

政治面貌：党员

职　　称：副高

学　　历：大学本科

所在单位：兰州市盲聋哑学校

通讯地址：兰州市城关区白银路 66 号

成　　就：2005 年 9 月论文《坚持贴近学生实际，加强思想道德建设》在中国教育学会特殊教育分会举办的"加强和改进聋校德育工作研讨会"上进行经验交流并获得三等奖。2005 年 12 月论文《浅谈聋校德育工作现状及其对策》获得省教育厅组织的全省特殊教育学校优秀论义一等奖。2011 年至 2014 年主持参与了中国教育学会管理分会《班主任专业发展与队伍建设研究》子课题《聋校问题学生教育转化策略与技巧研究》结题，获得子课题一等奖。

简　　介：1983 年 9 月至 1987 年 7 月就读于黑龙江肇东师范；1987 年 7 月分配到哈尔滨市盲聋哑学校任教；1990 年 9 月调入兰州市盲聋哑学校工作；1996 年 8 至 2004 年 8 月任学校生活管理处主任；2004 年 8 月至 2009 年 8 月任学校政教处主任；2009 年 8 月至 2013 年 7 月任学校副校长，2013 年至今任学校校长。

0668 孟庆莉

性　　别：女

出生年月：1961-03-06

民　　族：汉族

政治面貌：群众

职　　称：副高

学　　历：大学本科

所在单位：兰州职业技术学院

通讯地址：兰州市刘沙公路 37 号

成　　就：在教育学院从事政治课数年，目前为兰州职业技术学院图书馆馆长。

0669 杨净

性　　别：女

出生年月：1968-06-24

民　　族：汉族

政治面貌：民主党派

职　　称：副高

学　　历：大学本科

所在单位：兰州市第十四中学

通讯地址：兰州市城关区东郊巷 30 号

成　　就：2007 年 9 月课件《哭泣的自然》获得兰州市第四届中小学课件比赛三等奖；2007 年 12 月教学案例《我们的校园 我们的家》获得全市义务教育阶段课堂教学设计案例二等奖；论文《对中学生进行社会公德教育的思考》发表在 2008 年 12 月的《甘肃教育》杂志上；2010 年 7 月被共青团市市委、教育局、市公安局等聘为"法制宣讲团"成员等。

简　　介：1991 年 6 月兰州师专大专毕业参加工作；1998 年 7 月甘肃电大毕业，完成大学学业；1991 年 6 月至 1995 年 10 月在省建二中工作；1995 年 10 月至今，在兰州十四中工作；2001 年 12 月取得中级教师资格；

2008年12月，取得高级教师资格。

0670 唐克仁

性　　别：男
出生年月：1965-12-23
民　　族：汉族
政治面貌：党员
职　　称：副高
学　　历：大学专科
所在单位：兰州市第十中学
通讯地址：兰州市城关区佛慈大街137号
成　　就：1989年、2006年、2008年获校级优秀教师称号；1999、2001、2003、2005、2007和2009年连续六次获优秀党员称号；2000年、2001年、2002年、2005年获校级优秀班主任称号；1992年获市教科文卫教育教学论文三等奖；2002年被市教育局确定为县（区）级骨干教师；2007年6月获兰州市教育局系统（市级）优秀班主任称号。
简　　介：1985年9月—1987年6月就读于庆阳师专；1987年7月至今在兰州十中任教。

0671 简士文

性　　别：男
出生年月：1960-02-11
民　　族：汉族
政治面貌：群众
职　　称：副高
学　　历：大学本科
所在单位：兰州市外国语学校
通讯地址：兰州市城关区酒泉路156号
成　　就：发表论文：共有数10篇教育教学论文在国家级刊物发表：《做一个有幽默感的教师》《〈祝福〉的课堂提问艺术例谈》《〈药〉的情节线分析》《语文教师的艺术灵感三题》《有趣味的语文复习课》《变形审题法》等；学术专著《趣味语文新课堂》被确定为兰州市外国语学校校本教材，发行后受到社会各界广泛好评。主持研究甘肃省"十一五"规划省级课题《情趣作文资源的开发研究和实践运用》。担任甘肃省"金色教苑"乡村教师培训首席导师。主讲了《课堂教学模式的擅变与创新》《把课堂还给学生让课堂充满活力》的专题报告。
简　　介：现任兰州市外国语学校教研室主任，长期在教学一线从事中学语文教学的实践与研究，潜心学习和更新教育教学理念，积累了丰富的教育教学经验，具有较开阔的教育学术视野和扎实的专业知识。

0672 许永学

性　　别：男
出生年月：1966-03-09
民　　族：汉族
政治面貌：党员
职　　称：副高
学　　历：大学本科
所在单位：兰州市第五十三中学
通讯地址：城关区和政东街284号
成　　就：1993年获全国（团中央、国家教委）"双有"活动优秀组织者称号；2001年获区委、区政府"三五"普法先进个人称号；2000年获区"优秀教育工作者"称号；2001年获市委、市政府"优秀教师"称号；2002年获市级"教学骨干"称号；2014年获省教育厅、省科协"优秀教育工作者"称号。
简　　介：1988.7—1990.7在兰州三十一中学任教，担任班主任、学校团委委员工作。1990.7—2006.8在兰州二十中学任教、担任团委书记、政教处副主任、主任、党支部委员。1997.9—2000.12就读于西北师大政法学院政治管理专业（本科）。2006.8—2010.8担任兰州六中副校长、党支部委员。2010.3—2011.11 参加第四届全国校长发展学校学习班。2010.8—2013.8 担任兰州五十二中教育、教学副校长、党总支委员。2013.8 至今 担任兰州五十三中教育教学副校长、党总支委员。

0673 孙长青

性　　别：女
出生年月：1963-10-27
民　　族：汉族
政治面貌：党员
职　　称：副高
学　　历：大学本科
所在单位：兰州市第十四中学
通讯地址：兰州市城关区东郊巷 30 号
成　　就：2000 年获"甘肃省第三届基础教育教学、科研优秀成果"二等奖；2000 年兰州市中小学心理素质教育实验与研究课题荣获兰州市基础教育教学科研优秀成果二等奖；2002 年被评为兰州市骨干教师；1995 年被评为兰州市教育局系统优秀共产党员；1993 年被评为"兰州市优秀青年教师"；2001 年 2 篇论文《初三毕业班德育工作略谈》及《浅议正面教育的艺术》均发表于《西北师大学报》并获 2002 年兰州市教育优秀论文三等奖；1995 年《教师的语言应是有声的行动，行动应是无声的语言》获兰州市教育系统论文优秀奖；2004 年《教学适应时代能力的培养》获兰州市教育教学优秀论文二等奖；自 1982 年工作以来担任班主任工作 19 年多，所带班级多次被评为校先进班集体；本人多次被评为校先进班主任、先进教师、师德楷模。
简　　介：1982 年毕业于庆阳师专；2004 年毕业于西北师大；1982 年—1990 年在酒泉二中担任语文教学工作及班主任工作；1990 年—1993 年在兰州市三十六中担任语文教学工作及班主任工作；1993 年至今在兰州市十四中担任语文教学工作及近 10 年的班主任工作。

0674 杨亚宁

性　　别：男
出生年月：1977-02-24
民　　族：汉族
政治面貌：党员
职　　称：副高
学　　历：大学本科
所在单位：兰州十中
通讯地址：兰州市城关区佛慈大街 67 号
成　　就：2008 年参与完成全国教育科学十五规划课题教育部规划课题《中华民族传统美德教育理论与实践的深化研究》；2010 年独立撰写并发表论文 1 篇《班主任工作的"加减运算"》，2010 年 8 月发表于《中学教学参考》。独立撰写省级教育教学论文 1 篇。先后获校级优秀班主任、优秀教师、优秀共产党员等荣誉称号 10 多次；2007 年被评为兰州市教育局系统优秀共产党员；2009 年被评为兰州市教育局系统优秀教师。
简　　介：2000 年 7 月毕业于西北师范大学思想政治教育专业，同年在兰州十中参加工作，担任思想政治课教学及班主任、年级组长等工作至今。

0675 刘学芳

性　　别：女
出生年月：1963-03-07
民　　族：汉族
政治面貌：党员
职　　称：副高
学　　历：大学本科
所在单位：兰州七中
通讯地址：定西路 266 号

成　　就：被兰州市教育局命名为兰州市普通高中课程改革工作专家指导组政治学科组长，认真组织兰州市政治学科组教学研究活动，开展了同课异构教学交流、校本课程开发研讨交流等活动；多篇论文发表于教育部主管和省市级刊物；负责主持或参与多项省级规划课题，并获省市成果奖；先后参与兰州市教育局学校文化建设评估督导工作、阳光体育建设评估督导工作，兰州市名班主任评选评委工作。被兰州市教育局聘为兰州市第十一届教学新秀总评评委；兰州市特级教师评选专家组成员。荣获"甘肃省园丁奖""省级骨干教师""兰州市十大教师楷模"、兰州市"教学新秀""兰州市首批入选'222工程'跨世纪学术技术带头人"（市级二层次）、"兰州市151人才"（市级二层次），兰州市教育局系统"师德标兵"等称号。

简　　介：1983年6月毕业于西北师大政治系。并先后于兰州三十四中、兰州二中从事思想政治课教学，中学高级教师、甘肃省特级教师、兰州市领军人才。曾任兰州市第二中学党总支副书记。现为兰州市第七中学校长。

0676 杜学锋

性　　别：男

出生年月：1968-10-16

民　　族：汉族

政治面貌：党员

职　　称：副高

学　　历：大学本科

所在单位：兰州市盲聋哑学校

通讯地址：兰州市城关区白银路66号

成　　就：《教师良好性格品质在聋生思想政治教学中的作用》一文在2007年12月发表于《甘肃教育》。

简　　介：1989年8月兰州市盲聋哑学校任教，在职大学本科学历，2000年获中学一级教师资格兼总务主任，2007年获中学高级教师资格，2010年聘任为副校长。

0677 肖蓉

性　　别：女

出生年月：1972-01-26

民　　族：汉族

政治面貌：党员

职　　称：副高

学　　历：大学本科

所在单位：兰州职业技术学院

通讯地址：兰州职业技术学院基础教学部

成　　就：自1996年西北师大中文系毕业后，一直在兰州职业技术学院担任语文教学、数字传媒系相关专业课程教学及班主任工作。2002年入北师大经济管理学院研究生班学习，获得教育经济与管理硕士研究生同等学历。两次获学院年度教学优秀奖；长期班主任工作期间，所带班级多次荣获学院的各项荣誉，多次被评为"先进班主任"。先后发表《李白诗的飘逸风格及成因》《杜牧诗的艺术风格及成因》《浅析文人相轻》《李白杜甫诗歌异同》等多篇论文。2002年晋升为讲师，2007年晋升为副教授。

0678 张永生

性　　别：男

出生年月：1976-11-24

民　　族：汉族

政治面貌：党员

职　　称：副高

学　　历：大学本科

所在单位：兰州市第二十七中学

通讯地址：兰州市城关区火车站西路615号

成　　就：2008年《高中学生人生观状况调查》获甘肃省第七届基础教育科研优秀成果

奖三等奖；2005年《在思想政治课教学中开展探究性学习的几点思考》在兰州市中小学教育教学优秀论文评选中获二等奖；2006年《如何在思想政治课教学中发挥学生的主体作用——读一则报道有感》获兰州市中学优秀论文评选二等奖；2008年《运用案例教学法导入新课的启示》获兰州市中学优秀教学案例评选二等奖；2008年《校园物质景观对形成学生自我管理的影响》获全国优秀教育教学论文评比二等奖；2008年《家长如何实现与子女的有效沟通》获全国优秀教育教学论文评比三等奖；2008年《一个好汉三个帮》在兰州市教育局组织的"班主任话细节"案例评选中获三等奖；2009年课件《量变与质变》获甘肃省首届多媒体课件评选获二等奖；先后获得了"兰州市青年教学能手"和"县级骨干教师"等荣誉称号，在省市各级教育教学评比中曾多次获奖。

简　　介：1999年7月，西北师大政治教育专业毕业后，被分配到兰州二十七中任教。2009年12月获得中学高级教师任职资格。

0679 左映明

性　　别：男

出生年月：1963-05-03

民　　族：汉族

政治面貌：党员

职　　称：副高

学　　历：大学本科

所在单位：兰州市第二十七中学

通讯地址：兰州市城关区火车站西路782号

成　　就：2009年荣获全省绿色学校创建活动优秀教师；2008年课题"以读促写，以写助读"提高学生语文素质研究获省三等奖、兰州市一等奖；2012年获兰州市中学语文教师下水作文竞赛二等奖。2009年、2012年荣获兰州市二十七中优秀教师。

简　　介：1979年9月—1983年7月在西北师大汉语言文学系学习。1983年9月—1994年12月在甘肃省两当一中担任高中语文教学工作工作，期间先后担任政教处副主任、教务处副主任和政教处主任。1995年1月至今在兰州市第二十七中学担任高中语文教学工作，期间担任学校班主任、年级组长、政教处副主任、教务处副主任、总务主任和工会主席。

0680 丁立

性　　别：女

出生年月：1966-10-24

民　　族：汉族

政治面貌：党员

职　　称：副高

学　　历：大学本科

所在单位：兰州第十四中学

通讯地址：兰州市城关区东郊巷30号

成　　就：自参加工作以来，多次因教学、论文、教案评比而获奖或取得荣誉称号。2000年教案"事物是普遍联系的"获省级二等奖；论文《多媒体在教学中的应用》在西北师范大学学报发表；2001年被评为兰州市骨干教师；2003年论文巧用案例，提高课堂效率在《中学政治教学参考》（陕师大）发表，并在甘肃省及《中学政治教学参考》杂志社和"五十城市中学德育研究联合会"共同举办的"第六届思想政治素质教育交流论文评优"活动中荣获二等奖；2003年获得兰州市第一届青年教学能手称号；2006年被评为兰州十四中优秀教师；2002年以来一直担任兰州市中学政治学科中心教研组兼职教研员；2010年5月被聘为兰州市普通高中课程改革专家组成员。

简　　介：1989年毕业于西北师范大学政治系，获法学学士学位，同年7月就职于兰州市第十四中学从事中学政治课教学工作至今。1996 年被聘为中学一级教师，2001 年被聘为中学高级教师。首次岗位设置，被评为高级教师六级岗位。

0681 刘芳

性　　别：女
出生年月：1965-09-19
民　　族：汉族
政治面貌：群众
职　　称：副高
学　　历：大学本科
所在单位：兰州第十四中学
通讯地址：兰州市城关区东郊巷 30 号
成　　就：所带班级多次获得校文明班级或先进班级称号。曾多次获得优秀辅导奖。1996 年，分别获得由国家教育委员会等单位举办的全国少年儿童美术、文学大赛指导一等奖和由兰州市教育局等单位联合举办的兰州市中小学生"牢记历史、展望未来"主题教育活动征文大赛优秀辅导奖。2000 年获得兰州十中优秀班主任称号。2001 年获得兰州十中教学标兵和优秀班主任称号。2007 年获得兰州十四中优秀班主任称号。2010 年获得兰州十四中优秀教师称号，2013 年获得兰州十四中优秀教师称号。任教期间，积极撰写教育教学论文，不断参与业务培训学习。
简　　介：1988 年 7 月毕业于西北师范大学，获文学学士学位。2000 年 12 月获中学高级教师资格并被聘用。从教以来，一直担任初中和高中语文教学工作和班主任工作。

0682 张维民

性　　别：男
出生年月：1965-06-02
民　　族：汉族
政治面貌：党员
职　　称：副高
学　　历：大学本科
所在单位：兰州市第四中学
通讯地址：兰州市第四中学
成　　就：1989 年被永登县委、县政府评为优秀教师。1994 年被永登县教育局授予永登县第四届中教教学新秀称号。2000 年获兰州炭素有限公司优秀教师称号。2003 年被兰州炭素有限公司授予 2002 年度公司先进工作者称号。2002 年被兰州市红古区委、区政府评为红古区 2001-2002 学年度优秀班主任。2013 年被兰州市委、市政府授予优秀教育工作称号。
简　　介：从教 27 年来，一贯热爱教育事业，全面贯彻党的教育方针，师德良好，爱岗敬业，为人师表，认真履行教师职责，遵守学校各项规章制度，圆满完成学校安排的教育教学任务，教育教学业绩突出。

0683 梁默

性　　别：女
出生年月：1972-11-01
民　　族：汉族
政治面貌：党员
职　　称：副高
学　　历：硕士研究生
所在单位：兰州理工中专
通讯地址：小西湖东街 4 号
成　　就：甘肃省"园丁奖"。兰州市"151 人才工程"第四批人员。兰州市中小学市级学科带头人。兰州市中小学市级骨干教师。校级优秀班主任。校级优秀教育工作者。校级教科研先进个人。省级以上刊物发表论文 6 篇：《中职教育策略研究》（中小学校长，2012）；《中职生专业能力促进研究》（职业教育研究，2010）；《中职教育模式研究》（吉林教育学院学报，2012）；《职教集团发展急需政府的引导与扶持》（职业教育，2013）；《中职学校教科研工作策略探析》（中国科教创新导刊，2009）；《中职师资队伍建设探析》（甘肃教育，2012）。主持省级课题2项：《教师专业发展研究》及《双师型教师队伍建设研究》，获省级一等奖；参与国家课题1项：《信息技术与课程整合研究》，获国家课题一等奖；参与省级课题5项：《职业院校学生专业能力培养研究》《自主合作探究学习研究》《中职德育模式研究》《兰州职业教育发展研究》《集团化办学中政府引领机制研究》，3项获省级一、二等奖。

简　　介：1991—1995西北师大汉语言文学系，获学士学位；2001—2004西北师大外国语学院，获教育硕士学位；1995—2005兰州文科职校语文组任教，从事教学、班主任工作；2005—2012年兰州理工中专科研室副主任，从事教育教学研究及行政管理工作。2012—2013年兰州理工中专科研室主任，从事教育教学研究及行政管理工作；2013年至今兰州理工中专行政办公室主任，从事教育教学及行政管理工作，中等职业教育、教学研究。

0684 赵景萍

性　　别：女
出生年月：1971-08-16
民　　族：汉族
政治面貌：群众
职　　称：副高
学　　历：大学本科
所在单位：兰州理工中等专业学校
通讯地址：小西湖东街3号
成　　就：2005年—2006年参与国家电教馆word link—信息技术与课程整合课题《旅行社对旅游者权益的保护》课例获得中央电教馆二等奖。2006年发表论文《政治课教学初探》（《教育革新》2006年8）；2008年发表论文《对职高生心理和谐教育的几点思考》（《科学教育家》2008年9）；2006年10月在第三届全国中等职业学校"文明风采"竞赛《职业生涯规划设计》比赛中，获优秀指导教师奖。

简　　介：1992年毕业于天水师专政治教育专业；1997年西北师范大学政治教育专业本科毕业；自1992至今一直在兰州理工中专担任德育课教师；现为中学高级教师。

0685 吴文士

性　　别：男
出生年月：1966-05-05
民　　族：汉族
政治面貌：群众
职　　称：副高
学　　历：大学本科
所在单位：兰州市第四中学
通讯地址：兰州市第四中学
成　　就：1997年被永登县委、县人民政府授予"永登县师德楷模"。2000年被永登县委、县人民政府授予"永登县高中教学质量优秀奖"。多次荣获兰州四种优秀教师、优秀班主任称号。兰州市中小学骨干教师。

0686 吴玮

性　　别：女
出生年月：1967-06-06
民　　族：汉族
政治面貌：群众
职　　称：副高
学　　历：大学本科
所在单位：兰州西北中学
通讯地址：兰州西北中学
成　　就：2006年校级优秀教师；2011年校级优秀教师；2012年校级优秀教师；2013

年校级优秀教师；担任"兰州市新秀"评委；担任人社局组织的招考兰州市历史教师的评委工作。

简　　介：1979年8月30日—1985年6月30日在白银二十一中学学习；1985年8月30日—1989年6月30日在西北师范大学历史系学习；1989年7月1日—1995年5月1日在白银公司一中工作；1995年5月1日至今在兰州西北中学工作。

0687　张瑞华

性　　别：女

出生年月：1961-12-25

民　　族：汉族

政治面貌：党员

职　　称：副高

学　　历：大学本科

所在单位：兰州三十四中

通讯地址：兰州三十四中

成　　就：2009年获得兰州市教育局系统优秀共产党员称号。曾于1993年、1994年、1999年获得校级先进班主任称号。所带班级在各种活动中获得多项奖励。1998年6月在西北师大学报上发表论文《初中历史实施兴趣教学的几点体会》，1999年6月在西北师大学报上发表论文《从洋务运动看李鸿章的商务思想》。

简　　介：1979年至1983年7月在西北师大教育系学校教育专业就读；1983年7月至今在兰州三十四中学工作，一直担任历史教学任务，并长期兼任过学校统计员和校团委工作以及学校年级组组长工作；2000年12月取得中学历史高级教师职称。

0688　李荔

性　　别：女

出生年月：1968-08-13

民　　族：汉族

政治面貌：群众

职　　称：副高

学　　历：大学本科

所在单位：兰州第四中学

通讯地址：兰州四中

成　　就：兰州市教学新秀；市三八红旗手；县区级骨干教师。

0689　陈静

性　　别：女

出生年月：1967-01-10

民　　族：回族

政治面貌：党员

职　　称：副高

学　　历：大学本科

所在单位：兰州西北中学

通讯地址：兰州西北中学

成　　就：长年从事高中教育教学工作，所带班成绩优秀，被多次评为校级优秀班主任、优秀教师，曾荣获兰州市教育系统"优秀团委书记"，甘肃省"青年教学能手"称号。有多篇论文发表在《甘肃教育》等省级刊物。

简　　介：1989年分配至兰州西北中学工作，长年从事高中教育教学工作，所带班成绩优秀，多人曾考到全国各级各类重点院校，是兰州市会考命题组成员。

0690　陈红红

性　　别：男

出生年月：1979-05-22

民　　族：汉族

政治面貌：党员

职　　称：副高

学　　历：大学本科

所在单位：兰州理工中等专业学校

通讯地址：小西湖东街3号

成　　就：先后获学校教育教学论文一等奖、教学质量进步奖、育才奖、服务育人奖、兰州市首届中学生普通话演说比赛优秀指导教师奖。"弘扬长征精神、坚定报国之志"征文竞赛优秀辅导教师奖。2002年以来，在教育部组织的"文明风采"征文竞赛中，学生获二等奖1名、三等奖3名、优秀奖5名，本人同步获辅导教师奖。2008年7月，被学校评为"优秀教育工作者"。2009年2月被市教育局评为教育信息上报先进个人。2012年，论文《中等职业学校汽车维修专业教师的培养》在省级课题评选中获一等奖。2006年以来，一直在办公室从事行政管理工作，先后撰写了学校发展规划、计划、总结，以及学校改制改名、基建项目、搬迁新区等各级各类论证报告500多万字，为学校发展做出了应有的贡献。

简　　介：2006年以来，一直在办公室从事行政管理工作。

0691　刘虹

性　　别：女
出生年月：1970-04-21
民　　族：汉族
政治面貌：群众
职　　称：副高
学　　历：大学本科
所在单位：兰州市第五十五中学
通讯地址：兰州市七里河区建西东路522号
成　　就：先后荣获甘肃省青年教学能手、甘肃省学科教学研究专家、兰州市教学新秀、兰州市市级骨干教师、兰州市城市学院特聘专家、兰州市先进教育工作者、兰州市区级学科带头人等教育教学荣誉称号。先后获得国家级、省级、市级教学比赛一等奖。

简　　介：中学高级教师，本科学历，现任兰州市五十五中学教师。1994年毕业于西北师大政治系，法学学士学位。毕业21年来始终在兰州五十五中学任教，一直从事初中和高中政治教学工作，兼职年级组组长工作、班主任工作、教研组组长工作、团委大队辅导员工作和心理健康教育工作。

0692　任香玲

性　　别：女
出生年月：1965-11-25
民　　族：汉族
政治面貌：群众
职　　称：副高
学　　历：大学本科
所在单位：兰州四中
通讯地址：兰州四中
成　　就：2005年被评为中学高级教师，工作以来一直担任语文教学工作和班主任工作，多次被评为"校级优秀教师"和"优秀班主任"，并获得兰州市教育系统"优秀班主任"和"师德标兵"的光荣称号。

0693　宋志莲

性　　别：女
出生年月：1964-03-18
民　　族：汉族
政治面貌：民主党派
职　　称：副高
学　　历：大学本科
所在单位：兰州西北中学
通讯地址：兰州西北中学
成　　就：自1986年工作以来，长期承担高三毕业班教学工作，认认真真工作，兢兢业业教书，高考成绩优异，得到了学校师生和家长的认可和好评。1997年荣获省建系统"优秀教师"称号，先后荣获兰州西北中学2003-2004年度"优秀班主任"，2004-2005年度"优秀教师"，2005-2006年度"优秀教师""先进教育工作者"，2006-2007年度"优秀教师"，2009-2010年度"优秀教师"称号。1999年在《兰州教育》第1期发表题为《对1998年高考政治第37题的一点看法》的论文，1999年在《甘肃教育》7-8期发表题为《让阅读走进政治课堂》的论文。

简　　介：1986年毕业于西北师范大学政治系；1986年7月至2003年8月在甘肃省建二中任教；2003年8月调入兰州西北中学任教；1999年12月获得中学高级教师任职资格。

0694　刘芳

性　　别：女
出生年月：1972-07-07
民　　族：汉族
政治面貌：党员
职　　称：副高
学　　历：硕士研究生
所在单位：兰州市第三十四中学
通讯地址：兰州市七里河区西津西路706号
成　　就：2011年被确定为兰州市市级骨干教师，2012年被确定为兰州市市级学科带头人。2012年及2014年分别主持并通过鉴定"兰州城市学院基础教育研究所"课题《兰州市中学生心理健康状况抽样调查研究》《甘肃省教师心理健康状况抽样调查研究》两项课题，2009年主持并通过省级鉴定课题《非智力因素的培养在中学政治课教学中的探索与实践》，2012年主持立项省级课题《提高城乡结合部中学课堂教学效率的研究》，课题《兰州市中小学心理健康教育体制机制保障实践问题分析与对策》及《中小学心理健康教育的区域特色与甘肃省域模式探索》取得了阶段性成果；在省级刊物发表论文10多篇；《思想政治课教学的语言运用艺术》获甘肃省优秀论文一等奖。

简　　介：1992年参加工作，教育硕士，国家二级心理咨询师，中学高级教师，兰州市骨干教师，兰州市政治学科带头人。现在兰州市第三十四中学教研室负责学校教研工作及承担高三政治课的教学工作，并承担兰州城市学院教师教育专业实践课程导师。

0695　梁永生

性　　别：男
出生年月：1960-02-02
民　　族：汉族
政治面貌：党员
职　　称：副高
学　　历：大学本科
所在单位：兰州市第三十四中学
通讯地址：兰州市七里河区西津西路706号
成　　就：1994年8月获第四届中国艺术节文化部颁发的百架手风琴优秀指导教师一等奖；2006年12月获兰州市人民政府颁发的兰州市百所示范性标准化初中建设先进个人称号；2011年获中共兰州市教育局党组颁发的优秀共产党员称号。1998年在《甘肃教育》发表论文《浅谈音乐教学中的器乐教学》；1999年在《西北成人教育学报》发表论文《试谈班主任素质对学生的影响》。

简　　介：1982年9月至1986年7月在西北师范大学音乐系就读；1986年7月分配到兰州市第三十四中学工作；1999年12月取得中学高级教师职称，长期担任高中音乐教学工作，先后任校团委书记、教务处副主任、总务处主任、校长助理。

0696　刘凤丽

性　　别：女
出生年月：1969-10-25
民　　族：汉族
政治面貌：党员

职　　称：副高
学　　历：大学本科
所在单位：兰州市五十五中学
通讯地址：兰州市七里河区建西东路522号
成　　就：二十年来从事中学语文教学工作，论文《古诗教学中的联读活动》发表于《兰州教育》（2001/04）；论文《三维评价中的定向课外阅读结题报告》发表于《语文教学与研究》（2004/03）；（论文《学习·交友·做人》发表于《甘肃教育》（2007/06）；论文《"我"之作用分析》发表于《教育革新》（2010/05）；论文《对语文教学的几点反思》发表于《甘肃教育》（2012/10）；论文《初一语文教学中双品质提升的具体策略》发表于《甘肃教育》（2014/15）。辅导学生参加全国中学生各项大赛获得多种奖项。参与省级课题大语文教学发表省级结题论文。

0697　史建国

性　　别：男
出生年月：1962-03-26
民　　族：汉族
政治面貌：党员
职　　称：副高
学　　历：大学本科
所在单位：兰州城市学院
通讯地址：兰州市七里河建工中街76号502
成　　就：从事教育27年，忠实于教育事业。曾获得甘肃省论文二等奖，获得兰州城市学院师德标兵，优秀共产党员，优秀论文辅导者。在甘肃高师学报，陇东学院学报，海外英语，校园英语，桂林师范高等专科学校学报，天津大学学报等刊物发表论文近20篇。主持了甘肃城市发展研究院，甘肃教育科学规划项目和甘肃省社科项目。近五年连续担任班主任三个班的班主任，工作受到了学院领导和老师的好评。

0698　张胜利

性　　别：女
出生年月：1968-11-05
民　　族：汉族
政治面貌：党员
职　　称：副高
学　　历：大学本科
所在单位：兰州市第六十六中学
通讯地址：兰州市第六十六中学
成　　就：22年来，曾先后带1995、1997、1998、2000、2002、2006、2007、2009、2010、2013年高三毕业生。中学高级教师、兰州市教学新秀、省级骨干教师、兰州市教育局系统优秀党员、兰州市局系统师德标兵。担任兰州市中小学骨干教师培训辅导老师、兰州市骨干教师网络实录课评委、晋升教师职称课堂教学能力评委、教师资格认证评委、兰州市教学新秀评委。聘为西北师大教育学院教学论教师、西北师大外聘教育硕士导师、西北师范大学教师培训学院培训专家；兰州城市学院"国培计划"甘肃省农村中小学骨干教师置换脱产研修指导教师。甘肃省"国培计划"项目评审专家。已参加甘肃省首批"金钥匙"导师团导师遴选培训。
简　　介：1992年6月毕业于西北师范大学政治系教育教学专业。22年来，一直从事中学教育教学。现任兰州市六十六中学政治教师、教研室主任，承担七年级7个班《思想品德》教育教学。

0699　陈荣佳

性　　别：男
出生年月：1976-07-01
民　　族：汉族
政治面貌：党员
职　　称：副高

学　　历：大学本科

所在单位：兰州市第九中学

通讯地址：兰州市七里河区龚家坪东路52号

成　　就：2004年被皋兰一中评为"高考文综全县第一名科任教师"荣誉称号；2004年被皋兰县委、县政府评为"2003年度全县优秀教师"；2005年被皋兰县委、县政府评为"2004—2005学年度高考教学成绩优胜者"荣誉称号；2006年和2008年分别荣获兰州九中第一届和第二届教学新秀；2009年被兰州市教育局评为"教育局系统优秀教师"；2011年被市教育局评为"县（区）级骨干教师"；2012年获市教育局"联校、校本培训优秀学员"荣誉称号；2012年获兰州市教育科研2011年度"个人课题"优秀成果二等奖；2012年获兰州市中小学德育、心理健康教育优秀论文及案例评比二等奖；2013年被兰州市教育局评为"兰州市优秀公开课"；2013被兰州市教育局评为"市级骨干教师"；2014年在全市普通高中公开教学活动中做公开课。

简　　介：自参加工作15年来，先后担任兰州九中政治教研组长、教研室主任、教务处副主任等职务，并一直担任高中政治课教学任务。

0700　海东兴

性　　别：男

出生年月：1973-11-15

民　　族：汉族

政治面貌：党员

职　　称：副高

学　　历：大学本科

所在单位：兰州市第六十六中学

通讯地址：兰州市七里河区敦煌路858号

成　　就：教学：多次获得校教学比赛新人奖、二等奖、三等奖。校优秀教师、骨干教师。兰州市县区级骨干教师。全国教学课件比赛二等奖。管理：多年来一直担任班主任，曾任高中年级主任。管理效果明显，学生高考成绩优异。多次获得优秀班主任称号。教研：《从认知心理学看素质教育对教师的要求》发表于《社科纵横》（2007年第2期）。《班主任工作专业化刍议》发表于《中学教育科研》（2007年7-8期）。课件《中国共产党：以人为本，执政为民》获得第8届全国多媒体教学课件比赛二等奖（2013年），现任校教研室教研员。

简　　介：1996年6月毕业于西北师大政法系，1996年7月参加工作至今，一直从事初高中思想政治教学工作。2007年评为中学高级教师。

0701　朱明花

性　　别：女

出生年月：1970-10-30

民　　族：汉族

政治面貌：党员

职　　称：副高

学　　历：大学本科

所在单位：兰州四中

通讯地址：兰州市第四中学

成　　就：1992年毕业于西北师范大学历史系，大学本科学历。2004年7月加入中国共产党，2007年7月获得兰州市教育局系统"优秀党员"称号，2007年获得中学高级教师任职资格，2009年获得县区级骨干教师称号。《论元朝对中原汉地统治政策的演变》获甘肃省2002年教育优秀论文三等奖。《教育优先——浅议邓小平教育思想》在兰州市纪念邓小平同志诞辰100周年学术研讨会优秀论文评选中获优秀奖（2004年）。《伊拉克战争对国际政治的影响》2005年11月在《素质教育研究》第十一期发表。《课堂提问技巧之我见》2006年8月在《科技纵横》第四期发表。2012年校本课程《八千里路云和月》获最佳编辑。

0702 苏春梅

性　　别：女
出生年月：1969-12-04
民　　族：回族
政治面貌：群众
职　　称：副高
学　　历：大学本科
所在单位：兰州九中
通讯地址：兰州九中
成　　就：1993年6月大学毕业分配至兰州九中工作至今。1996年被共青团兰州市教育局授予优秀团员。2006年在兰州市第十四届中小学现场作文竞赛活动中评为优秀辅导奖。2006年在团省委和教育局举办的"读好报，看好书，我眼中的《中国青年报》"评语征集活动中评为最佳指导老师。2005年在《甘肃教育》发表论文《提高语文课堂文化品位的浅显体会》。2008年在《中学学科教学研究》中发表论文《读，语文教学中开启学生智慧的金钥匙》，2009年主编了高考语文总复习《学乐时空》。多年来本人所带学生高考语文成绩优秀，多次获得高考语文优秀奖。
简　　介：1977.9—1989.7在甘肃天水接受小学、中学教育；1989.9—1993.6在西北民族大学汉语言文学系学习；1993年6月至今在兰州市第九中学担任语文教师。

0703 曲晶

性　　别：女
出生年月：1976-07-31
民　　族：汉族
政治面貌：群众
职　　称：副高
学　　历：大学本科
所在单位：兰州三十四中
通讯地址：兰州三十四中
成　　就：发表论文数篇。
简　　介：1995年至1998年就读于兰州市师专中文系。1998年至今在兰州三十四中任教。

0704 张忠

性　　别：男
出生年月：1968-06-01
民　　族：汉族
政治面貌：党员
职　　称：副高
学　　历：大学本科
所在单位：兰州市第三十四中学
通讯地址：兰州市七里河区西津西路706号
成　　就：2007年获兰州市教育局系统优秀党务工作者称号。2004年在《西北师大学报》社科版专辑发表论文"浅谈教师对学生的批评艺术"；2005年在《科技纵横》发表论文"从素质教育到新课程改革"；2013年在《教育学文摘》发表论文"教师职业境界的思考"。
简　　介：1988年9月至1992年7月在西北师范大学教育系心理学专业就读；1992年8月分配到白银市第四中学任教，先后担任历史和地理教学工作；1996年9月调入兰州市第三十四中学工作，担任政治课教学工作并兼任人事劳资干部；2005年12月取得中学高级教师职称，2013年参加兰州市委组织部、兰州市民政局、甘肃惠群社会工作服务中心举办的"2013年社会工作人才培训班"并取得结业证书。

0705 张春琴

性　　别：女
出生年月：1966-01-21
民　　族：汉族
政治面貌：群众
职　　称：副高
学　　历：大学本科
所在单位：兰州第四中学
通讯地址：兰州第四中学
成　　就：1999年荣获兰州市第六届教学新秀称号。2000年撰写的《浅谈家庭环境对青少年身心特征的影响》荣获兰州市第五次社会科学最高奖三等奖。2008年撰写的《对思想品德课的反思》荣获兰州市初中思想品德课课堂教学论坛优秀论文评选三等奖。
简　　介：1988年毕业于西北师范大学政治教育专业，1988年9月在兰州四中参加工作，长期以来一直从事教育一线工作，兢兢业业，获得了领导和同事的好评。特别是从1989年以来本人一直担任着班主任工作，在连续六届班主任工作中，所带班级学生成绩突出，班级工作得到了学校认可，连续被评为校级优秀班主任。

0706 关琳

性　　别：女
出生年月：1969-11-01
民　　族：汉族
政治面貌：党员
职　　称：副高
学　　历：硕士研究生
所在单位：兰州理工中专
通讯地址：小西湖东街4号
成　　就：兰州市第七届教学新秀（兰州市教育局 2002.10）；全国中等职业学校德育先进个人（甘肃省教育厅 2011.5）；兰州市第三届中小学青年教学能手（兰州市教育局 2005.11）；兰州市中小学骨干教师（兰州市教育局 2011.6）；先进班主任（兰州理工中专 2001、2002、2004）；课例、论文、课题获奖15次（兰州市教育局、电教中心、教科所）；辅导学生获奖50余人次（全国文明风采大赛、作文竞赛）；发表省级论文8篇，参编甘肃教育出版社"甘肃省中等职业教育教材《语文》"教材一部。
简　　介：1992年毕业于西北师范大学中文系，文学学士，2005年取得教育硕士学历。兼任省中语会、省心理协会、省心理课程组成员。中学高级教师。曾担任语文教师、班主任、教研组长、教育处副主任等工作，现任心理健康教育中心主任。自从教以来，在教育、教学、科研和管理岗位上，都取得了一定的成绩。

0707 刘绪德

性　　别：男
出生年月：1968-07-13
民　　族：汉族
政治面貌：党员
职　　称：副高
学　　历：大学本科
所在单位：兰州市第九中学
通讯地址：兰州市第九中学
成　　就：有论文《阅读教学的方法与研究》，课题成果《文学常识在中学语文教学中的应用》。

0708 王若英

性　　别：女
出生年月：1968-04-24
民　　族：汉族
政治面貌：民主党派
职　　称：副高
学　　历：大学本科

所在单位：兰州市第十二中学
通讯地址：兰州市七里河区柏树巷338号
成　　就：2005年荣获兰州市优质教学政治学科三等奖。论文《以人为本 挖掘现代教育管理中教师的潜能》发表在2007年第11期的《发展》刊物上。
简　　介：1987年考入兰州师范专科学校政治教育专业学习，1990年7月毕业。分配到兰州市第十二中学工作至今，主要从事中学政治课教学和班主任工作。2003年6月，取得西北师范大学本科学历。2008年12月获得中学高级教师任职资格，2013年1月被学校聘为中学高级教师。

0709 李守红

性　　别：女
出生年月：1969-12-02
民　　族：汉族
政治面貌：群众
职　　称：副高
学　　历：硕士研究生
所在单位：兰州九中
通讯地址：兰州九中
成　　就：甘肃省第三届中小学青年教学能手，市级骨干教师。市级学科带头人。1997年荣获甘肃省中学语文课堂教学观摩赛二等奖；2004年在兰州市第十二届中小学生现场作文赛活动中荣获优秀辅导奖；2005年在兰州市高中语文说课竞赛中荣获二等奖。1997年荣获甘肃省中学语文课堂教学观摩赛二等奖；多年担任高中语文教学工作，所任教的高中2000届、2003届、2006届、2009届学生在高考中均取得了好成绩，本人从2001至2004连续四年荣获兰州九中"先进工作者"称号。
简　　介：中学高级教师。甘肃省第三届中小学青年教学能手，市级骨干教师，兰州市学科带头人。1989—1992就读于兰州师专中文系；1993—1996在西北师范大学汉语言文学系函授学习；2002—2005在西北师范大学攻读教育硕士（在职）；1992年至今在兰州九中任教。

0710 李萍

性　　别：女
出生年月：1966-06-17
民　　族：汉族
政治面貌：党员
职　　称：副高
学　　历：大学本科
所在单位：兰州市第九中学
通讯地址：兰州市七里河区龚家坪东路52号兰州九中
成　　就："防微杜渐，预防和减少青少年违法犯罪"、"难报三春晖"，2000年在甘肃省中学政治课优秀教案交流评比活动中先后获得二等奖。2002年在《甘肃教育》发表题为"消除偏爱行为，培养健康心理"的文章。2002年在兰州市第四届基础教育优秀成果评选活动中获三等奖。"政治课教学中学生综合能力的培养"，2003年在兰州市教育教学论文评选活动中获二等奖。2003年在兰州市教育发展论坛中发表"有关新教材的点滴思考"一文。"有关新教材的点滴思考"，2004年在兰州教育教育论坛优秀论文评比活动中获优秀奖。"成长中的烦恼"，2005年在兰州市中小学信息技术与科学整合教学案例评比活动中获三等奖。
简　　介：1989年7月毕业于兰州师专（现兰州城市学院）政史系；1996年毕业于西北师范大学政教专业，本科学历；1989年7月—1991年3月在兰州市金城关回中任教；1991年3月至今在兰州九中任教。

0711 田广社

性　　别：男
出生年月：1965-11-17
民　　族：汉族
政治面貌：群众
职　　称：副高
学　　历：大学本科
所在单位：兰州市第五十五中学
通讯地址：兰州市七里河区建西东路 522 号
成　　就：任教班级高考政治成绩 1992—1993 年获陕西省扶风县第一、二名；1995—2001 年获兰州市红古区第一名，杨海峰同学获甘肃省 1998 年高考外语类第一名；兰州城市学院实习指导教师，为甘肃省国培影子工程做观摩课。多篇论文发表，最新《从〈决定〉看 2014 年高考政治选择题预测》《方法成就梦想》发表于《考试》文科版。
简　　介：1989 年宝鸡师范学院政教系和 2006 年西北师范大学外语学院双本科毕业。

0712 梁万吉

性　　别：男
出生年月：1976-09-26
民　　族：汉族
政治面貌：党员
职　　称：副高
学　　历：大学本科
所在单位：兰州三十四中
通讯地址：七里河区
成　　就：《构建教学创新的平台》被评为 2003 年兰州教育发展论坛优秀论文；《实践对认识的决定作用》获得兰州市 2011 年第八届课件比赛中学组三等奖；论文《浅谈信息教育与中学政治课程的整合》发表在《甘肃教育督导》2011 年第四期；论文《浅谈班主任工作的精细化管理》发表在《发展》2010 年第四期。自参加工作以来，连续 10 年担任班主任工作，恪尽职守、兢兢业业，在 2008 年、2009 年、2010 年连续三年获得校级优秀班主任称号。"教育不需要轰轰烈烈，需要点点滴滴"。
简　　介：2001 年 7 月毕业于长春师范大学政治系。2001 年 9 月参加工作以来，先后担任初三年级主任，教研室主任助理等职务。现任政治学科组组长。

0713 孙文华

性　　别：女
出生年月：1964-09-27
民　　族：汉族
政治面貌：群众
职　　称：副高
学　　历：大学本科
所在单位：兰州四中
通讯地址：兰州市七里河区敦煌路 1042 号
成　　就：多次被评为校级优秀教师。

0714 周伟云

性　　别：女
出生年月：1969-10-14
民　　族：汉族
政治面貌：党员
职　　称：副高
学　　历：大学本科
所在单位：兰州市六十一中
通讯地址：兰州市六十一中
成　　就：本人从事中学历史教学 20 多年，热爱教育事业，热爱学生。在长期的教育教学中，形成了自己的教学风格，深受学生和家长的爱戴。担任级部主任 10 年，打造了一支特别能吃苦，特别能战斗的优秀团队。在 2006、2009 和 2012 年的三届高考中，屡创辉煌。担任教科处副主任以来，深入教师中，对教学工作进行调研，大胆创新，不断进取，希望能推动学校教学工作的发展。

简　　介：从事中学历史教学23年，担任班主任7年，级部主任10年，现担任教科处副主任。20多年来，本人忠于党的教育事业，热爱本职工作，依法从教，以人为本，教书育人，关注学生的全面发展。在课堂教学方面，进过长期的探索，形成了自己的教学风格，教学效果良好，深受学生和家长爱戴。

0715　吕德锋

性　　别：男

出生年月：1971-09-13

民　　族：汉族

政治面貌：党员

职　　称：副高

学　　历：大学本科

所在单位：兰州市第三十四中学

通讯地址：兰州市七里河区西津西路706号

成　　就：2003年获兰州市教育局系统"优秀教师"称号；2011年获兰州市教育局系统"优秀党务工作者"称号；2011年获兰州市教育局系统"县区级骨干教师"称号；2012年获兰州市教育局系统"教育信息先进工作者"称号。2009年在省级刊物《甘肃科技纵横》发表论文《构建课堂教学新模式提升教育教学质量》；2011年在省级刊物《甘肃科技纵横》发表论文《中学校园文化构建初探》。2012年5月立项、主持甘肃省教育科学"十二五"规划课题《初中法制教育中学生评价体系的研究》，课题批准号（2012）GSG638。

简　　介：1990.09—1994.07 西北师范大学政治专业学习；1994.07—至今 在兰州市第三十四中学工作；2003.08—2007.08 兰州市第三十四中学任教导处副主任；2007.08—2009.07 兰州市第三十四中学任教导处主任；2009.08—至今 任兰州市第三十四中学办公室主任。

0716　王丽梅

性　　别：女

出生年月：1978-06-01

民　　族：汉族

政治面貌：群众

职　　称：副高

学　　历：大学本科

所在单位：兰州市第三十六中学

通讯地址：兰州市七里河区牟家湾32号

成　　就：2001年获得校级"青年教师基本功大赛二等奖"；2003、2006、2010、2012、2013年分别被评为校级"优秀教师"；2008年获得校级教学新秀奖；2007、2008、2009、2010年被评为校级"优秀班主任"；2013年荣获甘肃省信息技术与课程整合论文与设计三等奖。在教学和班主任工作之余，积极学习，撰写了多篇论文，2012年撰写的《巧谈如何帮助学生祛除陋习》获市级三等奖，2011年撰写的《新课改背景下历史教学现状和对策》发表于《甘肃教育》。

简　　介：2001年毕业于西北师范大学历史系，大学本科学历，中学高级教师，政史地教研组组长。自参加工作至今，一直从事中学历史教学工作，2001—2011年从事班主任工作。

0717　马秉禄

性　　别：男

出生年月：1969-11-07

民　　族：回族

政治面貌：党员

职　　称：副高

学　　历：大学本科

所在单位：兰州市第五十五中学

通讯地址：兰州市七里河区建西东路 522 号
成　　就："兰州市优秀共产党党员"，兰州市教育局系统"优秀共青团员""优秀共产党员""优秀教师"，甘肃省骨干教师，兰州市骨干教师，兰州市新课程改革备课组成员，"兰州市 151 人才工程"入选人才，甘肃省中学语文教育教学学会常务理事。发表论文：《高考志愿填报大有学问》《高三备考复习指导》《新课程背景下的学生自主管理与高效课堂》《心灵的碰撞，智慧的启迪》《谈高效课堂的行动研究及存在的问题与对策》等。教研成果：《解读高考话题作文》于 2004 年 6 月荣获中央教科所二等奖；以学生自主管理促进高效课堂》于 2010 年 4 月荣获甘肃省教科所、甘肃省教育学会一等奖；《谈试卷讲评》于 2002 年 9 月荣获兰州市第四届基础教育成果三等奖。曾荣获"兰州市优秀共产党党员"，兰州市教育局系统"优秀共青团员""优秀共产党员""优秀教师"等荣誉称号。
简　　介：1990 年 7 月西北师大中文系毕业，文学学士，中学高级教师。1990.07—1998.05 在兰州二中任教；1998.05—2001.09 任兰州二中团委书记；2001.09—2002.07 任兰州二中办公室副主任（副科）；2002.08—2004.07 任兰州二中教务处副主任（副科）；2005.01—2009.08 任兰州二中教务处主任（正科）；2009.08—2013 年 5 月任兰州西北中学副校长（副处）；2013 年 5 月 4 日任兰州市第五十五中学校长（正处）。

0718　贺雅琴

性　　别：女
出生年月：1965-11-06
民　　族：汉族
政治面貌：党员
职　　称：副高
学　　历：大学本科
所在单位：七里河区教育培训中心
通讯地址：七里河区西津东路 422 号
成　　就：2003 年被评为区级优秀教师，2010 年评为全区优秀兼职教研员。在国家级刊物上发表 2 篇文章，在省级刊物发表 3 篇文章；在 2003，2004，2005 三年物理中考成绩平均分全区第二、第三，及格率第一。

0719　范玲芳

性　　别：女
出生年月：1975-04-09
民　　族：汉族
政治面貌：党员
职　　称：副高
学　　历：大学本科
所在单位：七里河区王家堡小学
通讯地址：甘肃省兰州市七里河区七里河 32 号
成　　就：2010 年被评为全国教科研优秀实验教师；2012 年被评为甘肃省校园足球活动优秀校长；2011 年被评为兰州市优秀教师。

0720　周福国

性　　别：男
出生年月：1960-05-13
民　　族：汉族
政治面貌：党员
职　　称：副高
学　　历：大学本科
所在单位：兰州市第三十六中学
通讯地址：兰州市七里河区牟家湾 32 号
成　　就：1993、1996、2000 年，三次评为"永登县优秀教师"。1999 年获"永登县高中教学质量优秀奖"。2007 年获"兰州市优秀班主任"称号。2001、2011 年两次评为市级骨干教师。《教会学生学习，使其终生受益》《发挥语文教育功能，优化语文教学》《让作文批语充满人性和温暖》等教学论文在《甘肃教育》等杂志上发表。

简　　介：中学高级语文教师，市级骨干教师、优秀班主任。三十多年来，长期从事中学语文教学和研究工作，教育教学理念新颖，教学方法独特灵活，教学效果显著，尤其文言文、作文教学深受学生好评。所任语文学科高考成绩多次名列县市前茅。

0721 赵久丽

性　　别：女
出生年月：1961-09-14
民　　族：汉族
政治面貌：群众
职　　称：副高
学　　历：大学专科
所在单位：兰州市第三十六中学
通讯地址：兰州市七里河区牟家湾32号
成　　就：1989年在《甘肃教育》发表论文，至今有多篇论文发表在国家级、省级刊物上。
简　　介：1982年6月毕业于兰州师专中文系，至今从事中学语文教学三十多年。

0722 张君兰

性　　别：女
出生年月：1968-08-25
民　　族：汉族
政治面貌：群众
职　　称：副高
学　　历：大学本科
所在单位：兰州市第三十一中学
通讯地址：兰州七里河区阿干镇苟家湾116号
成　　就：工作踏实认真，兢兢业业，先后多次荣获学校优秀教师、优秀班主任、三八红旗手等荣誉；2002年评为县区级骨干教师；先后在《教育革新》《新课程改革论坛》《语文周报》等杂志发表专业论文。辅导学生参加各种竞赛并获奖，曾荣获"优秀指导教师奖"。

简　　介：1988年9月—1991年6月 在兰州师专中文系读书；1991年6月分配至兰州市第三十一中学工作；2001年9月—2004年6月在西北师范大学汉语言文学专业学习。

0723 苗冬红

性　　别：女
出生年月：1968-12-30
民　　族：汉族
政治面貌：群众
职　　称：副高
学　　历：大学本科
所在单位：兰州西北中学
通讯地址：兰州建工中路77号
成　　就：1997年《石壕吏》被评为全省课堂优质电化教学优秀奖；2000年获得"青少年科技活动优秀辅导教师"；2002年获得兰州第七届"教学新秀"称号；2003年获得作文指导一等奖；2004年获得兰州市级优质课一等奖；2006年获得兰州市第七届中小学生艺术节"优秀指导教师奖"；2006年获得兰州市七里河区优秀指导奖；2007年获得中央科教所《传统文化与语文教学》课题全国优秀实验教师；2002年获得校级优质课一等奖；2003年获得校级"优秀教师"；2005年获得校级"优秀教师"；2006年获得校级"优秀教师"；2007年获得校级优质课二等奖；2013年主编的校本课程《课本剧创编与表演》获得兰州市首届校本课程评比二等奖。

0724 宋利萍

性　　别：女

出生年月：1967-01-17
民　　族：汉族
政治面貌：党员
职　　称：副高
学　　历：大学本科
所在单位：兰州理工中等专业学校
通讯地址：小西湖东街3号
成　　就：2010年发表论文《任务驱动协作学习在德育课新教材中的运用与创新》(《甘肃科技纵横》2010年3）。2005年—2007年参与学校课程设置课题研究，承担中等职校物业管理专业课程设置研究，最终完成结题报告。2008年参与的课题《改进教学模式，促进职业院校学生实践能力和职业技能的研究》获甘肃省第七届基础教育科研优秀成果二等奖。2008年参与的课题《职业院校学生实践能力和职业技能培养的研究》获兰州市第七届基础教育科研优秀成果一等奖。2010年参与的课题《中等职业学校促进教师专业成长研究》获兰州市第八届基础教育科研优秀成果一等奖。2010年参与的课题《中职生德育工作模式的实践与研究》获兰州市第八届基础教育科研优秀成果一等奖。2012年《信息技术环境下教学模式与教学方法的创新研究》被评为全国教育信息技术优秀研究成果。2008、2009年辅导学生参加国家职业学校学生"文明风采"大赛获三等奖。2013年辅导学生参加兰州市职业技能大赛获二等奖。2012年被评为校级科研先进个人。2012年被评为市级优秀考评员。
简　　介：1990年毕业于西北师大政治教育专业，1990至今一直在兰州理工中专担任德育课教师，现为中学高级教师。

0725 张小燕

性　　别：女
出生年月：1966-08-28
民　　族：汉族
政治面貌：群众
职　　称：副高
学　　历：大学本科
所在单位：兰州市第四中学
通讯地址：兰州市第四中学
成　　就：本人从教以来多次荣获学校优秀教师和优秀班主任的奖励。在甘肃教育杂志上发表论文《谈谈中学历史教学中的情境教学》。

0726 汪有武

性　　别：男
出生年月：1974-09-24
民　　族：汉族
政治面貌：党员
职　　称：副高
学　　历：大学本科
所在单位：兰州三十一中
通讯地址：兰州三十一中
成　　就：2003年到2014年连续担任班主任工作，由此自己被学校多次评为"优秀班主任"，"优秀教师"，所带班级多次被学校评为"先进班集体"；2005年所带的班级被兰州市共青团评为"兰州市中小学环保先进班集体"；2009年被兰州市教育局评为"优秀班主任"；2010年在《甘肃教育》发表论文《中学实现政治课导入法》，2012年在《学周刊》发表论文《政治课的几点艺术》；2013年被兰州市教育局评为县区级骨干教师；2013年的个人课题《兰州七里河阿干地区的百合种植与发展前景》顺利结题并获三等奖。
简　　介：毕业于西北师范大学，中学高级政治教师，从事教育教学工作16年，作风严谨，能模范地履行一名中学教师的职责和义务。能自觉将所学知识用于教育教学实践中，具有丰富的教学经验，尤其在班主任工作方面有一定的经验。

0727 余军
性　　别：男
出生年月：1971-12-05
民　　族：汉族
政治面貌：党员
职　　称：副高
学　　历：大学本科
所在单位：兰州市第三十四中学
通讯地址：甘肃省兰州市第三十四中学
成　　就：2003年获兰州市局系统师德先进个人称号；2005年获兰州市局系统优秀共产党员称号；2007年获兰州市优秀教师称号。
简　　介：1987年9月考入甘肃陇南礼县师范学校学习；1991年9月进入西北师范大学汉语言文学专业学习；1995年7月到兰州市第三十四中学任教；2003年获兰州市局系统师德先进个人称号，2005年获得兰州市局系统优秀党员称号，2007年获得兰州市优秀教师称号。

0728 韩萍
性　　别：女
出生年月：1969-05-05
民　　族：汉族
政治面貌：党员
职　　称：副高
学　　历：大学本科
所在单位：兰州市第五十五中学
通讯地址：兰州市建西东路522号
成　　就：兰州市首批"市级骨干教师"，全国历史教育专业委员会会员，甘肃省历史教师专业委员会理事，兰州市教师资格教学能力测试评委，兰州人社局事业单位公开招聘人才面试考官。潜心教研，发表国家、省部级、市级论文14篇，并有4篇获奖。2009年活动方案在第24届甘肃省青少年科技创新大赛中获二等奖，并获优秀辅导员称号；2003年创立省级课题《研究性学习的探索与实践》并通过省级鉴定结题，2012、2014年立项兰州市规划课题2项；2010-2012年审定编写由甘肃教育出版社出版人教社授权《高中新课标学业质量模块测评》历史分册3本。多次被评为兰州铁路分局教学新秀、优秀教师、优秀共产党员，2009年7月被评为兰州市教育局优秀共产党员和信息报道先进个人。
简　　介：教育硕士，高级教师。1991年6月毕业于苏州铁道师范学院历史系；1991年7月在兰州铁路分局职工子弟第五中学（现兰州市第五十五中学）参加工作；1992年8月兼任兰州铁五中教导处干事；1995年8月兼任兰州铁五中办公室干事；2001年2月任兰州铁五中办公室主任，2009年9月教育局续聘兰州市第五十五中学办公室主任，兼任学校党总支宣传委员，2012年4月任兰州市第五十五中学教导处主任，2013年4月为兰州市教育局县级后备干部。

0729 王继仁
性　　别：男
出生年月：1962-12-02
民　　族：汉族
政治面貌：党员
职　　称：副高
学　　历：大学本科
所在单位：兰州三十四中
通讯地址：兰州市第三十四中学
成　　就：从事中学、中专思想政治课教学工作累计31年。
简　　介：1979.09—1983.07，西北师范大学政治系政治教育专业学习；1983.07—

2009.08，兰州文科职业学校；2009.08—至今，兰州三十四中学校；1995.10—2000.08，任兰州市文科职业学校教务处副主任；2000.09—2001.08，任兰州市文科职业学校教务处主任；2001.09—2009.08，任兰州市文科职业学校副校长；2009.08至今，任兰州市第三十四中学副校长。

0730 贾连

性　　别：男
出生年月：1971-07-24
民　　族：汉族
政治面貌：党员
职　　称：副高
学　　历：大学本科
所在单位：兰州市第二十中学
通讯地址：兰州市第二十中学
成　　就：兰州市教学新秀，1997年获全国首届思想政治优质课评比一等奖。
简　　介：兰州市第二十中学工作至今，从2000—2014年分别担任学校教导主任。

0731 卢娟

性　　别：女
出生年月：1979-07-06
民　　族：汉族
政治面貌：党员
职　　称：副高
学　　历：大学本科
所在单位：兰州九中
通讯地址：兰州九中
成　　就：兰州市第12届教学新秀，兰州市县区级骨干教师，兰州市第一届中小学教师教学技能大赛优胜奖，2012年兰州市中学课堂教学竞赛荣获一等奖，兰州市第七届中小学课件比赛一等奖，第十四届全国多媒体教育软件大赛甘肃赛区一等奖，2013年获兰州市第二十一届少年儿童作文比赛优秀辅导员，2007年兰州市中学课堂教学竞赛荣获二等奖。兰州市第九中学语文学科高级教师。

0732 丁瑞

性　　别：男
出生年月：1973-08-03
民　　族：汉族
政治面貌：党员
职　　称：副高
学　　历：大学本科
所在单位：兰州三十四中
通讯地址：兰州三十四中
成　　就：先后带2003、2005、2006、2008、2009、2012、2014届高三毕业班，获得高考教学质量一、二、三等奖多次。从1998年起到2012年一直担任高中班主任工作，先后获得"2001-2010年度校级优秀班主任"称号，2010年获得"兰州市中小学优秀班主任"称号。从1998年到2007年担任团委工作，先后获"兰州市教育系统优秀团员""兰州市教育系统优秀团干"荣誉称号。2004年获得"兰州市优秀教师"。
简　　介：中学语文高级教师。从1998年7月于西北师范大学中文系汉语言文学专业毕业，至今在兰州三十四中任教。一直担任高中语文教学工作。

0733 唐淑莉

性　　别：女
出生年月：1970-09-15
民　　族：回族
政治面貌：群众
职　　称：副高
学　　历：大学本科
所在单位：兰州西北中学
通讯地址：兰州西北中学

成　　就：在兰州西北中学绿色生态高效课堂建设中积极实践，本人指导的学生研究性学习《关注我们脚下的土地——甘肃彩陶之马家窑》活动收到了很好的效果。2008年在《学习方法报》上发表论文《点滴汇成功，细节铸辉煌》，获得在全国新课标教学研究论文大赛中荣获一等奖；2008年在《新课程辅导》教学研究上发表《历史教学中的研究性教学策略》，并在素质教育征文比赛中获二等奖。本人承担的兰州市教育科研"个人课题"《新课程背景下中学历史学习兴趣现状调查及对策研究》荣获兰州市教育科研2010年度"个人课题"优秀成果三等奖。2005年在兰州市中小学课件比赛中《新航路的开辟》获三等奖，2011年评为兰州市县区级骨干教师；曾多次被评为学校优秀教师及优秀班主任，所带班级被评为优秀班集体。2013年高考取得了辉煌的成绩。

简　　介：1977年—1986在甘肃东乡县唐汪乡读小学初中；1986年—1989年在兰州一中读高中；1989—1993年在西北民族学院历史系读本科；1993年7月至今在兰州西北中学从事历史教学工作。自参加工作以来，一直在夯实专业知识的同时，关注并探索适合学生学习的方法，尤其是新课改以来，积极转变教学观念，学习新课改理念，并在教学中逐步贯彻。

0734　丁黎华

性　　别：女
出生年月：1963-12-04
民　　族：汉族
政治面貌：群众
职　　称：副高
学　　历：大学本科
所在单位：兰州四中
通讯地址：兰州四中
成　　就：市级骨干教师；屡次荣获校级"优秀教师"及"优秀班主任"称号。

0735　李万远

性　　别：男
出生年月：1965-12-05
民　　族：汉族
政治面貌：群众
职　　称：副高
学　　历：大学本科
所在单位：兰州市第四中学
通讯地址：兰州市第四中学
成　　就：出版过《语文高考考试要点》等教育专著两部，在省级以上刊物发表过《古典诗歌阅读鉴赏指要》等教育论文10多篇。教育教学成绩颇丰。

简　　介：1988年—1999年在甘肃武威一中任教，1999年调至兰州市第四中学任教至今。一直担任高中教学工作，教学成绩突出。

0736　马明

性　　别：女
出生年月：1965-04-25
民　　族：汉族
政治面貌：群众
职　　称：副高
学　　历：大学本科
所在单位：兰州市第四中学
通讯地址：兰州市第四中学
成　　就：2002年担任班主任工作以来已经连续11年被评为校级优秀班主任。2008年在《甘肃教育》和《发展》上各发表论文1篇。2009年被评为局系统德育先进个人。2010年被聘为政治教研组组长。2011年被评为县区级骨干教师。

简　　介：1986年毕业于西北师范大学政治教育专业；1986年9月在永靖一中参加工

作；1991年9月调入兰州四中；长期以来一直从事教育一线工作，在工作中兢兢业业，获得了领导和同事的好评。

0737 李少沛

性　　别：男
出生年月：1964-12-28
民　　族：汉族
政治面貌：党员
职　　称：副高
学　　历：大学本科
所在单位：兰州市第四中学
通讯地址：兰州市第四中学
成　　就：兰州市优秀教师。

0738 李涛

性　　别：女
出生年月：1977-10-21
民　　族：汉族
政治面貌：群众
职　　称：副高
学　　历：大学本科
所在单位：兰州市第三十四中学
通讯地址：兰州市西津西路706号
成　　就：2006年兰州市教育局系统优秀共青团干部；2008年课件《草原散章》市级优秀课件评选三等奖；2008年兰州市市属中学教学新秀称号；2009年《如何做一位学生喜欢的教师之我见》发表于《发展》；论文《浅谈心理辅导教师的教学机智》获一等奖；2009年校级夏季论坛教育论坛奖；2010年全国中学生能力竞赛优秀组织奖；2010年校级先进教育工作者；2010年全国中学语文竞赛指导二等奖；2011年两篇论文分别获校级冬季论坛优秀论文奖；2011年评为校级优秀教师；2012年评为校级优秀教师；2014年评为校级优秀教师。

简　　介：2001年从西北师范大学毕业，进入三十四中工作至今。参加工作以来，一直担任语文教学工作，其中担任班主任工作5年，兼职团委宣传委员4年，心理辅导教师六年，青研会理事4年，教研室主任助理一年。

0739 沈文河

性　　别：男
出生年月：1968-03-02
民　　族：汉族
政治面貌：群众
职　　称：副高
学　　历：大学本科
所在单位：兰州理工中专
通讯地址：小西湖东街4号
成　　就：2006年3月在《科技纵横》刊物上发表《语文阅读新课程教学中的兴趣培养》，多次辅导学生获"文明风采"优秀指导奖。
简　　介：1984—1988年在西北师范大学历史系学习；1976年9月—1990年12月在兰州三十一中担任语文教师；1991年1月—2000年7月在兰州市第十三中任教；2000年8月进入兰州理工中专工作至今。

0740 赵金萍

性　　别：女
出生年月：1967-04-01
民　　族：回族
政治面貌：党员
职　　称：副高
学　　历：大学本科
所在单位：兰州理工中专
通讯地址：小西湖东街4号
成　　就：2006年获学校"优秀班主任"表彰。2007年获教育局系统"优秀党务工作者"

表彰。2009 年获教育局系统"离退休工作先进个人"表彰。2012 年获学校"优秀班主任"表彰。先后发表了三篇有关中职生心理健康教育方面的论文。

简　　介：1987 年 6 月毕业于西北民族大学历史系，分配到兰州理工中专从事历史教学工作，期间承担了六届班主任工作，为适应职业教育工作的需要，自学考取了三级心理咨询师证书，成为双师型教师，主要承担学校的心理健康教学及学生心理健康咨询工作。帮助学生解决遇到的心理困扰引导中职生直面成长过程中的矛盾和内心冲突，使中职生能够正确应对挫折，进一步提高适应社会的能力。

0741 李根旗

性　　别：男
出生年月：1964-01-07
民　　族：汉族
政治面貌：党员
职　　称：副高
学　　历：大学本科
所在单位：兰州理工中专
通讯地址：兰州理工中等专业学校
成　　就：曾获兰州市第四届教学新秀、兰州市在社会实践中做出优异成绩的大学毕业生等。
简　　介：1985.9 至 1989.7 在陕西师范大学政治教育系学习；1989.7 至 2000.7 在兰州市第十三中工作；20007 至今在兰州理工中专工作。

0742 安向东

性　　别：男
出生年月：1966-09-20
民　　族：汉族
政治面貌：党员
职　　称：副高
学　　历：大学本科
所在单位：兰州市第二十八中学
通讯地址：兰州市第二十八中学
成　　就：先后荣获全国普通高中新课程研修活动教学展示语文组一等奖、全国中学生作文育才奖、全国优秀论文奖、全国中学生语文能力竞赛指导奖、甘肃省英才杯作文辅导奖、兰州市中学生现场作文大赛辅导奖、甘肃省"园丁奖"、甘肃省省级骨干教师、兰州市优秀教师、兰州市级骨干教师、甘肃省普通高中新课程教师培训优秀学员、兰州市继续教育优秀学员、兰州市优秀支教教师、西固区十佳园丁、西固区优秀教师、西固区教学新秀、西固区优秀班主任、兰州二十八中优秀教师等荣誉称号四十多项。
简　　介：1974 年 3 月—1979 年 7 月在兰州市七里河区王家堡小学读书；1979 年 8 月—1982 年 7 月在兰州市第四中学读初中；1982 年 8 月—1985 年 7 月在兰州市第四中学读高中；1985 年 8 月—1987 年 7 月在金城联合大学读大学专科；2004 年 1 月—2007 年 1 月在陕西师范大学读大学本科（函授）；1987 年 10 月—1991 年 7 月在兰州市西固区达川中学任教；1991 年 8 月—2007 年 7 月在兰州市西固区新城中学任教；2007 年 8 月至今在兰州市第二十八中学任教。

0743 雍世南

性　　别：男
出生年月：1956-04-25
民　　族：汉族
政治面貌：党员
职　　称：副高
学　　历：大学本科
所在单位：兰州市第 61 中
通讯地址：兰州市第 61 中

成　　就：获 2012 年兰州市教育局教育系统"争先创优"优秀党员称号。

0744 张荣辉

性　　别：女
出生年月：1967-04-04
民　　族：汉族
政治面貌：群众
职　　称：副高
学　　历：大学本科
所在单位：兰州市第五十中学
通讯地址：兰州市第五十中学
成　　就：2002 年论文《从道德和法律的关系谈依法治国和以德治国》获兰州市教育教学论文三等奖；2003 年论文《贴近生活愉快教学》获甘肃省教师论文大赛二等奖；2003 年度中国核工业 504 厂级优秀班主任。
简　　介：1989 年毕业于西北师范大学政治系，法学学士。毕业后分配在国营五〇四厂子弟中学，即现兰州五十中任教。从教后，一直担任高中政治课教学，先后带出过十四届高三毕业班，曾获厂级优秀班主任。

0745 赵冬梅

性　　别：女
出生年月：1964-09-16
民　　族：汉族
政治面貌：群众
职　　称：副高
学　　历：大学专科
所在单位：兰州市第二十一中学
通讯地址：兰州市西固东路 160 号
成　　就：2002 年被评为西固区优秀教师；2002 年被评为兰州市骨干教师。
简　　介：1981 年 9 月—1983 年 7 月在庆阳师范专科学校数学系学习；1983 年 8 月—1984 年 2 月在宁县二中任教；1984 年 3 月—1996 年 9 月在宁县一中任教；1996 年 10 月至今在兰州二十一中任教。

0746 刘江平

性　　别：男
出生年月：1966-06-06
民　　族：汉族
政治面貌：党员
职　　称：正高
学　　历：大学本科
所在单位：兰州市第五十九中学
通讯地址：兰州市第五十九中学
成　　就：教学生动、技法圆熟，尤其擅长文体教学。课余时间坚持创作，已发表作品上百篇，积累了丰富的写作经验，曾先后 7 次获兰炼总厂科协论文奖，9 次获得兰州市课堂论文大赛，影评大赛，书画比赛、校歌比赛一二三等奖。曾获兰炼总厂第十八届技术比武亚军。曾获兰炼总厂第十八届技术比武亚军；影评作品获省委宣传部一等奖，全国二等奖；多次获得全国论文优秀奖、全国校报编辑奖；多次获兰州市教育局系统校歌创作奖、书画比赛、校报编辑奖。
简　　介：兰州市书法家协会成员。1988 年毕业于陕西师大中文系，曾先后 12 次执教高三毕业班，培养出省市文科状元。

0747 李淑霞

性　　别：女
出生年月：1962-07-04
民　　族：汉族
政治面貌：党员
职　　称：副高
学　　历：大学本科
所在单位：兰州市第六十四中学
通讯地址：兰州市第六十四中学
成　　就：本人从教以来 踏踏实实、认认

真真，受到师生的好评。曾在庆阳师专课堂教学比赛中获奖。1999年自己所带的兰化四中文科班高考成绩列总校第一，以后自己所代的历史在多次的历史会考和高考中取得了优异成绩。如2005年、2006年、2009年自己所带的高三文综在高考中获得兰州市第三名的好成绩。在多年的教学实践中逐渐形成了自己的教学风格，并多次获得荣誉称号如：2004年被评为兰化公司第十届园丁奖，2007年被评为兰州石化公司优秀教师，2011年被评为兰化总校优秀教师，2012年被评为兰州石化公司优秀教师及教育工作者等。

简　　介：1985年毕业于西北师范大学历史系，获历史学学士学位；1985年7月到1994年7月在陇东学院历史系任教；1994年8月至今在兰化四中任教；从1995年至今担任高中历史教师；2000年被评为中学高级教师，曾多年担任兰化四中历史教研组组长。

0748 吴世图

性　　别：男
出生年月：1963-08-01
民　　族：汉族
政治面貌：群众
职　　称：副高
学　　历：大学本科
所在单位：兰州市第五十九中学
通讯地址：兰州市第五十九中学
成　　就：多年从事高中语文教学工作，所教班级语文单科成绩在高考中十分突出，对工作积极认真负责，对学生勤、严、细、爱，在作文教学和高考研究方面成绩突出。多次被评为兰炼总校和石化公司优秀教师，著有《高中语文总复习教程》，主编校本教材《中学生书法教程》等，著有《我国古代诗歌中的修辞运用》《整体把握、各个击破·文言文诗体解答》等十余篇论文。

简　　介：多年从事高中语文教学工作，多次被评为兰炼总校及石化公司优秀教师。

0749 赵晓芳

性　　别：女
出生年月：1972-12
民　　族：汉族
政治面貌：党员
职　　称：副高
学　　历：大学本科
所在单位：西固区东川中学
通讯地址：西固区东川中学
成　　就：1993-1995年获得西固区班主任经验交流论文优秀奖；1997—1998年获得德育及班主任工作论文二等奖；1998—1999年在西固区教学论文比赛中获二等奖；2000-2001年在西固区中小学论文比赛中获一等奖；2001年所编写试题获西固区教育局优秀奖；2003年所写论文《语文教学方法改革初探》被评为兰州教育发展论坛优秀论文；2001年所授课在西固区教育改革汇报课中获得一等奖；2013年在兰州骨干教师评比中所授公开课获得市级优秀公开课；2013年由本人主持编写的校本教材《心灵的皈依》在全市校本教材比赛中获得三等奖；2012、2013两年在兰州市语文教师作文比赛中均获一等奖；1996年五月获得兰州市优秀辅导员称号；2011年获得区级优秀党员称号；2013年获得兰州市骨干教师称号。

简　　介：兰州大学汉语言文学专业毕业，1992年7月参加工作，现在兰州市东川中学任教，担任初中语文教学工作，中学高级教师，市级骨干教师。

0750 赵立元

性　　别：男

出生年月：1963-08-01
民　　族：汉族
政治面貌：党员
职　　称：副高
学　　历：大学本科
所在单位：西固区东川中学
通讯地址：西固区东川中学
成　　就：热爱教育教学工作，思想进步。1993年5月加入中国共产党，2001年7月荣获西固区"优秀共产党员"称号。在工作上教学得法，所任学科学生学业成绩优良。1989年12月获甘肃省"园丁奖"；1993年9月荣获西固区优秀教师；1995年9月获西固区"十佳园丁"；2001年3月被评为兰州市中学骨干教师。在教学中，善于探索研究，2000年有两篇论文发表于省级报刊，同年被评为中学高级教师。任东川中学校长后，工作中真抓实干，善于带领全校教师队伍创先争优。2002年9月，2006年9月，先后两次荣获西固区先进教育工作者称号。学校多次荣获西固区教育教学质量进步奖、优秀奖，兰州市教育教学质量进步奖、优秀奖。
简　　介：1979年8月至1981年7月在兰州师范学校就读。1984年8月至1989年8月在西北师大函授部物理专业参加在职函授学习，并取得物理本科学历。2000年5月参加中学校长岗位培训脱产学习，并取得甘肃省中小学校长岗位培训合格证。1981年8月参加工作，分配到西固区达川初级中学任教。1988年2月调入西固区东川初级中学任教。1990年7月担任学校办公室主任。

0751 寇明英

性　　别：女
出生年月：1968-08-17
民　　族：汉族
政治面貌：党员
职　　称：副高
学　　历：大学本科
所在单位：甘肃省商业学校
通讯地址：兰州市西固区福利东路19号
成　　就：1993—1994学年度获得校级"优秀教师"称号；1996—1997学年度被学校评为"先进工作者"；1997—1998学年度被评为"模范班主任"；1998.6撰写论文《我的一堂课》获得甘肃省中专政治教育研究会1998年会优秀论文二等奖。1999年代99电信班的政治经济学参加全国自学考试，过关率超过80%，学校奖励。1999年度荣获"模范班主任"称号；2006年度荣获"优秀教师"称号；2007年度荣获学校"优秀教师"称号；撰写的论文《浅议中专学校的班主任工作》，获甘肃省中专政教研究会2000年年会论文交流二等奖，2013年度荣获"模范班主任"称号。
简　　介：1988—1992在西北师范大学政治系学习；1992至今在甘肃省商业学校工作；2008.1—2009.8利用假期参加全国心理咨询师三级、二级培训，并且于2008.5通过了国家三级心理咨询师考试，2009.11通过了国家二级考试，分别获得国家三级、二级心理咨询师资格证书。

0752 杨言萍

性　　别：女
出生年月：1973-09-24
民　　族：汉族
政治面貌：民主党派
职　　称：副高
学　　历：大学本科
所在单位：兰州园艺学校
通讯地址：兰州市西固区范坪18号
成　　就：2011.08在《青年文学家》发表

论文《议〈双城记〉中之"双"》。2011年在《新课程》发表论文《中职英文教学中的人文关怀之我见》。2011年在《甘肃职业与成人教育》发表论文《中职英语阅读法介绍》。2011年在《教育界》发表论文《中职生英语学习的现状分析及对策浅谈》。2012年在《甘肃职业与成人教育》发表论文《班主任工作小记》。其中《中职英文教学中的人文关怀之我见》一文获得2009年甘肃省中职教研究会征文比赛一等奖。2011年获得甘肃省中等职业学校"优秀班主任"称号。2010年，被兰州园艺学校评为学校"优秀班主任"。本人于2008年9月-2012年11月担任班主任工作。

简　　介：1993.9—1996.7在兰州师范高等专科学校外语系上学，大学专科，1996年8月分配到兰州园艺学校教务处任教至今；1998年12月获得助理讲师任职资格，2005年12月获得讲师任职资格，2001—2005年通过自学考试取得了西北师范大学外语学院英语专业本科文凭；一直从事中专《英语》《礼仪修养》课程的教学工作，同时从事电大工作站《英语》课程的教学工作16年。年均完成450课时教学任务。

0753　高兴国

性　　别：男

出生年月：1959-12-01

民　　族：汉族

政治面貌：党员

职　　称：副高

学　　历：大学本科

所在单位：西固区东川中学

通讯地址：西固区东川中学

成　　就：1991年甘肃教育第九期发表论文《略谈复习课设计》；1997年甘肃省第十批邵氏赠款建校项目先进个人；1989年兰州市优秀教师；1995年兰州教育第五期发表论文《贯彻行动计划加强师德建设》；2001年西固区优秀党员；2004年西固区先进教育工作者；2006年兰州市初中标建先进个人；2006年中国共产党兰州市第十一次党代会代表。

简　　介：高级教师。1980年7月兰州师范学校（普师）毕业，同年分配到兰州23中学任教；1984年9月至1988年9月，西北师范大学函授物理专业本科毕业；1987年起任兰州23中学教导主任、副校长（1988年）、副书记（1998年）、校长（2003年）（期间1990年1月至1992年7月西固区河口乡岗镇村社教工作队队长）；1992年7月至1993年7月西固区桃园中学副校长；1993年7月至1998年7月西固区第一小学校长兼党支部书记；1998年7月至2003年3月兰州市23中学副书记副校长；2003年3月至2009年6月兰州市23中学校长；2009年6月至今西固区东川中学党支部书记。

0754　梁战友

性　　别：男

出生年月：1968-09-01

民　　族：汉族

政治面貌：群众

职　　称：副高

学　　历：大学本科

所在单位：西固区教师进修学校

通讯地址：兰州市西固区玉门街教师进修学校

成　　就：2006年兰州市第八届中学新秀课堂教学评议专家；2007年兰州市教育局中心组优秀教研员；2007年全国思想品德优质课比赛二等奖；2008年教育部西部骨干教师国家级培训班主讲教师；2004年至今兰州市教育局政治学科中心组成员；2009年兰州市

精神文明市民教育特聘教师；2010 年 -2012 年国培计划省级初中思想品德省级专家；2011 年联合国儿童基金会送教下乡专家；2008 年、2014 年甘肃省中小学教师教学技能大赛评委；2010 年西固区优秀市民教育教师；2012 年兰州市联校、校本培训优秀主讲教师；编著有《中考新视角》等 20 余种教辅资料。

简　　介：1975 年 9 月—1980 年 7 月洛阳老城小学读书；1980 年 9 月—1982 年 7 月洛阳老城初中读书；1982 年 9 月—1985 年 7 月兰州 23 中读高中；1985 年 9 月—1988 年 6 月兰州师专读大专；2004 年 9 月—2007 年 6 月兰州大学读本科（在职）；1988 年 7 月—2001 年 7 月兰州平板玻璃厂子弟中学教书；2001 年 8 月—2007 年 7 月兰炼一中教书；2007 年 8 月至今在兰州市西固区教师进修学校。

0755　孙呈芳

性　　别：女
出生年月：1970-04-17
民　　族：汉族
政治面貌：党员
职　　称：副高
学　　历：大学本科
所在单位：福利路第一小学
通讯地址：西固区福利一校
成　　就：说课获全国教学艺术大赛二等奖；论文分别在《中小学教育》《甘肃教育》《教育革新》《西固教育》发表；论文获"西北地区基础教育课程改革研讨会"三等奖；在课堂教学比赛中，多次获区级一、二等奖，所授数学课获兰州市第一届现代教育技术教学比赛优胜奖、甘肃省小学数学优质课评选一等奖；录像课获全国教学艺术大赛二等奖；在西固区新教师培训活动中担任主评教师；负责的市级规划课题于 2011 年结题；参与的省级规划课题已结题并获兰州市教育科研优秀成果一等奖；2004 年被评为西固区"优秀教师"；2006 年被评为西固区"先进教育工作者"；2007 年获兰州市"优秀教师"、西固区"优秀党员"、西固区第一届"教学能手"荣誉称号；2009 年被评为"兰州市教师楷模"，同年被甘肃省教育厅评为"甘肃省骨干教师"；2010 年被评为"西固区名师"；2012 年被评为甘肃省、兰州市"两基先进个人"，受到了省委省政府、市委市政府的表彰和奖励。

简　　介：1997 年 7 月—2003 年 8 月西固区福利一校教师；2003 年 9 月—2013 年 7 月西固区福利一校教导主任；2013 年 8 月至今西固区福利一校副校长。

0756　尤继平

性　　别：男
出生年月：1971-11-14
民　　族：汉族
政治面貌：党员
职　　称：副高
学　　历：大学本科
所在单位：甘肃省商业学校
通讯地址：甘肃省兰州市西固区福利东路 27 号
成　　就：《中职语文口语训练模式探究》西北成人教育学报 2008 年第一期，《浅论现代远程教育资源的开发》西北成人教育学报 2009 年第四期，《试论信息技术在中职学校招生就业中的应用》西北成人教育学报 2011 年第五期，《中职学校招生就业服务平台开发现状分析》甘肃职业与成人教育 2011 年第十期；主持开发完成"甘肃省商业学校招生就业服务平台"，运行良好。2008 年荣获甘肃省教育厅"甘肃省职业教育先进工作者"；2004 年荣获甘肃省商业学校模范班主任。

简　　介：1987 年 9 月入成县师范就读中师；1991 年中师毕业保送至天水师专中文系就读汉语言文学专业；1994 年 7 月到甘肃省商业学校任教，主要从事中职语文教学和相关行政工作，期间通过自学考试取得兰州大学汉语言文学专业本科文凭；2006 年至 2009 年在西北师范大学教育传播学院攻读教育技术与信息管理在职硕士研究生，取得教育学硕士学位；2011 年 12 月取得高级讲师任职资格。

0757　滕铭娟

性　　别：女
出生年月：1963-03-01
民　　族：汉族
政治面貌：党员
职　　称：副高
学　　历：大学本科
所在单位：西固区玉门街小学
通讯地址：兰州市西固区玉门街小学 415 号
成　　就：2008 年被评为甘肃省特级教师，2007 年被评为全国优秀教师，2011 年被评为金城名师，2012 年金城名校长，先后被评为兰州市劳动模范、甘肃省骨干教师、甘肃省教学能手、兰州市教学新秀、西固区优秀教师、先进工作者等荣誉称号，十余篇论文发表在国家级、省级刊物上。主持或参与十余项省市规划课题均立项并结题，其中三项获省市基础教育科研成果一、二、三等奖。学校学生数由过去的 218 人发展为今天的 1200 多人，由 6 个教学班发展为今天的 24 个教学班，发展之迅速令人振奋。学校取得了令人瞩目的成绩，连续九年荣获西固区教育质量优秀奖，连续五年荣获兰州市教育质量优秀奖；兰州市教育系统先进单位；甘肃省"园丁奖"教育系统先进单位；兰州市首届教育科研先进集体；兰州市学校文化建设示范校；兰州市艺术特色示范学校。得到了社会、家长、学生的普遍认可，声誉日益攀升。

简　　介：1982—1986 年在柳泉乡中坪小学工作，语文教师兼班主任；1986—1997 年在西固玉门街小学工作，语文教师兼班主任；1998—2001 年在西固区教研室工作，语文教研员；2002 至今西固玉门街小学校长兼党支部书记；在长达 32 年的教学生涯中，有 4 年农村工作经历，16 年的小学语文教学及班主任工作经历，5 年的语文教研员工作经历。

0758　黄吉生

性　　别：男
出生年月：1962-10-16
民　　族：汉族
政治面貌：党员
职　　称：副高
学　　历：大学本科
所在单位：西固区青少年活动中心
通讯地址：兰州市西固区西固中路 105 号
成　　就：曾获甘肃省"星星火炬奖"一次；兰州市委、市政府"校外教育先进工作者"二次；兰州市骨干教师。连续十年获教育部基础教育司、团中央少年部、全国妇联儿童部、中国儿童少年活动中心"心中有祖国、心中有他人"活动先进个人。

简　　介：1979 年 8 月至 1981 年 7 月在兰州师范学校学习；1981 年 7 月至 1986 年 12 月在西固区达川中小学任教；1987 年 1 月至 1987 年 7 月在西固区东川中学任教；1987 年 7 月至 1991 年 7 月在柳泉中学任教；1991 年 8 月至 1998 年 12 月在教育局任团委书记；1999 年 1 月至今在教育局任教育局校外教育办公室副主任（其中 1984 年至 1989 年在西北师范大学函授部学习）。

0759 余新萍

性　　别：女
出生年月：1967-12-01
民　　族：汉族
政治面貌：党员
职　　称：副高
学　　历：大学本科
所在单位：西固区委党校
通讯地址：西固福利西路 81 号
成　　就：2011 年获得全省党校系统优秀教师奖；2014 年获得甘肃省科学社会主义学会年会征文优秀成果二等奖；2000 年至 2014 年期间，发表市级以上论文 3 篇。
简　　介：1985 年—1989 年兰州商学院财经系财政专业毕业；1990 年—1994 年在西固丝路大厦工作；1994 年至今在西固区委党校工作。

0760 戴萍

性　　别：女
出生年月：1965-11-08
民　　族：满族
政治面貌：党员
职　　称：副高
学　　历：大学本科
所在单位：甘肃省商业学校
通讯地址：甘肃省兰州市西固区福利东路 27 号甘肃省商业学校
成　　就：1988 年参加工作，二十多年来，在组织的培养和帮助下在教学和行政工作中取得了一些成绩，自工作以来，先后代有《经济法》《职业道德与法律》《马克思主义哲学》《政治经济学》《公共关系》《礼仪》《思想品德》《社会主义市场经济》《中国革命史》等课程。每学期超额完成教学任务，受到学生的好评。1994 年被评为讲师，2005 年被评为高级讲师。担任过多个年级班主任工作，做到教书育人。担任教研室主任和实训中心主任以来，每学年按时完成学校交给的工作任务。使实训与教学相结合，最大程度的满足教学的需要，使学校教学工作顺利开展。曾多次获得"优秀教师""优秀班主任""先进工作者""优秀党员""优秀党务工作者"等荣誉称号。
简　　介：1985 年 9 月—1988 年 7 月在兰州师专学习；1993 年 5 月—1993 年 7 月：在兰州大学参加培训；1997 年 8 月—1999 年 12 月在中央党校函授学院学习；1988 年至今在甘肃省商业学校工作。

0761 郭斌

性　　别：男
出生年月：1973-02-25
民　　族：汉族
政治面貌：党员
职　　称：副高
学　　历：大学本科
所在单位：兰州市第二十八中学
通讯地址：兰州市第二十八中学
成　　就：2000 年荣获兰州铝厂"先进工作者"称号；2001 年荣获兰州铝厂"青年岗位能手"称号；2002 年荣获兰州铝厂"优秀教师"称号。2003 年荣获西固区教育系统"优秀党员"称号。2006 年荣获西固区"优秀教师"称号。2008 年荣获兰州二十八中"优秀教育工作者"称号。2010 年荣获兰州二十八中"优秀教育工作者"称号。2010 年荣获西固区人民防空工作"先进个人"称号。2011 年荣获兰州市"市级骨干教师"称号。2012 年荣获兰州市教育局"优秀教师"称号"。
简　　介：1995 年 9 月—1999 年 6 月就读于西北师范大学地理系地理教育专业，毕业后到兰州铝厂子弟学校任教，先后担任初高中地理教学工作，2007 年 12 月被评为中学一级教师。工作至今共担任近 7 年政教处主任工作，2009 年 4 月任副校长。

0762 苟永莲

性　　别：女
出生年月：1966-02-23
民　　族：汉族
政治面貌：群众
职　　称：副高
学　　历：大学本科
所在单位：兰州市商贸职业学校
通讯地址：兰州市商贸职业学校
成　　就：2001 年被评为县级骨干教师；2001 年获校第二届青年教师基本功竞赛一等奖；2003 年被评为本年度校级优秀教师；2006 年论文《英语交际化教学之我见》获校级教育教学论文二等奖；2008 年论文《英语交际化教学之我见》发表于《科技与教育》杂志，并获本期优秀论文二等奖；2009 年论文《职业学校英语教学课程改革之我探》发表于《科学时代》杂志；2009 年论文《职业学校素质教育中校外教学的理论与实践》发表于《才智》杂志；2009 年被评为 2008—2009 学年度校级"优秀班主任"。
简　　介：1984.8—1988.7 在天津师范大学外文系英语专业学习；1988.8—1994.7 在白银市第二中学担任英语课教学工作；1994.8 至今在兰州市商贸职业学校担任英语课教学工作。

0763 杨晓宏

性　　别：男
出生年月：1970-02-12
民　　族：汉族
政治面貌：党员
职　　称：副高
学　　历：大学本科
所在单位：西固区教育局
通讯地址：兰州市西固区教育局
简　　介：1987 年 9 月—1991 年 7 月在西北师大读大学生；1991 年 7 月—1995 年 9 月在甘肃省临夏中学任教；1995 年 9 月—2003 年 9 月在兰州市西固区柳泉中学任教；2003 年 9 月至今在西固区教育局工作。

0764 鲁国忠

性　　别：男
出生年月：1962-09-09
民　　族：汉族
政治面貌：党员
职　　称：副高
学　　历：大学本科
所在单位：兰州市第六十九中学
通讯地址：兰州市第六十九中学
成　　就：1999 年被评为甘肃省轻纺教育系统优秀教师。2007 年《数学定理教法探究》在《甘肃教育》发表。2008 年被评为兰州 23 中优秀教师。
简　　介：1981 年 8 月至 1983 年 7 月在兰州师专数学系上学；1983 年 8 月至 1994 年 9 月在兰州棉纺厂教培中心任电大，中专专职教师；1994 年 10 月至 1998 年 11 月任兰棉教培中心主任；1995 年 8 月至 1998 年 7 月在兰州石化学院夜大财务管理专业大专；2000 年 8 月至 2002 年 8 月中央党校经济管理本科函授学习；2002 年 8 月至 2004 年 12 月首都经贸大学工商管理研究生课程班学习。1998 年 12 月至 2006 年 8 月任兰棉中学校长，在此其间，2005 年 12 月至 2006 年 5 月兼任兰棉动力分厂党委书记。2006 年 8 月至 2014 年 10 月任兰州市第 23 中学副校长。2014 年 10 月至今任兰州市第 69 中学副校长。

0765 刘锐

性　　别：男

出生年月：1966-05-01

民　　族：汉族

政治面貌：党员

职　　称：副高

学　　历：大学本科

所在单位：兰州市第九十九中学

通讯地址：兰州市西固区临洮街新乐花园2栋1-201

成　　就：1998年荣获兰州二十三中学优秀教师称号；2002年荣获兰州二十三中学优秀班主任称号；2005年荣获兰州二十三中学优秀班主任称号；2006年兰州市中小学"手拉手，心连心，共创美好家园"征文辅导三等奖；2007年荣获西固区教育局优秀共产党员称号；2009年荣获西固区教育局优秀班主任称号；2011年荣获西固区教育局骨干教师称号；2011年荣获西固区教育局优秀共产党员称号。2009年6月—2013年7月担任兰州二十三中政教主任。

简　　介：1987年9月—1989年7月就读于西北师范大学中文系专科毕业；1991年8月—2013年7月在兰州二十三中学任教；2002年9月—2005年7月在陕西师范大学汉语言文学系函授本科毕业；2013年9月至今在兰州99中学任教。

0766 王发强

性　　别：男

出生年月：1967-03-11

民　　族：汉族

政治面貌：党员

职　　称：副高

学　　历：大学本科

所在单位：兰州市第五十中学

通讯地址：兰州市第五十中学

成　　就：担任"甘肃省教育学会中小学外语教学专业委员会理事""兰州市基础教育课程改革工作专家委员会委员""兰州市普通高中新课程改革专家组成员、外语学科组组长""兰州市教育学术委员会成员""兰州市中小学教师高级职称评委会委员""兰州市中小学教师中级职称评委会委员"，连续5年担任兰州市英语学科中考命（审）题组成员，连续4年担任兰州市教学新秀高中英语学科总评评委组长，连续担任兰州市教师资格专家评审委员会委员，连续担任兰州市中小学教师职称评审课堂教学能力考察评委，曾被市政府授予"百所示范性标准化初中建设先进个人"、被市委授予"全市优秀思想政治工作者"、荣获兰州市"第七届教学新秀"。

简　　介：1986年8月—1990年6月，在西北师范大学外语系学习；1990年7月—1994年7月，在五〇四厂子弟中学从事英语教学工作；1994年8月—1995年12月，被五〇四厂任命为子弟中学校长助理，并兼英语教学；1996年1月—2002年12月，被五〇四厂任命为子弟中学教学副校长，并兼英语教学；2003年1月—2006年8月，担任五〇四厂任命为子弟中学校长，并兼英语教学。2006年9月至今，被兰州市教育局聘为兰州市第五十中学校长，并兼英语教学。

0767 陶世云

性　　别：女

出生年月：1964-01-23

民　　族：汉族

政治面貌：民主党派

职　　称：副高

学　　历：大学本科

所在单位：兰州园艺学校

通讯地址：兰州园艺学校

成　　就：1989年获得皋兰县教学新秀称号，多次获得皋兰一中优秀教师和先进工作者称号；1998年9月调任兰州园艺学校任基础课教师，两次获得过兰州园艺学校先进工作者和优秀教师称号，并先后获得第一届全国文明风采征文比赛指导教师二等奖、第二届全国文明风采征文比赛指导教师优秀奖。

简　　介：1980年8月至1982年7月在张掖师范专科学校中文系学习（现河西学院）；1982年8月至1986年7月在皋兰二中任高中语文教师；1986年8月至1998年7月在皋兰县第一中学任高中语文教师，任中学一级教师；1993年7月至1996年7月在西北师范大学中文系函授学习获得本科文凭；1998年8月至今在兰州园艺学校任基础课教师，任高级讲师。

0768　王理

性　　别：女

出生年月：1970-11-25

民　　族：汉族

政治面貌：民主党派

职　　称：副高

学　　历：大学本科

所在单位：兰州市西固区福利路第三小学

通讯地址：兰州市西固区福利路第三小学527号

成　　就：2009—2011年连续三年被评为"优秀班主任"称号；2012年荣获兰州市教育科研"个人课题"优秀成果一等奖；2012年荣获西固区"优秀教师"称号；2013年荣获西固区"优秀班主任"称号；2013年撰写的文章"提高小学语文课堂教学实效性的思考"荣获一等奖。

简　　介：1991年7月—1992年7月在省建总公司第五中学任教；1992年8月—2008年6月在省建总公司第二小学任教；2008年6月—至今在西固区福利路第三小学任教。

0769　焦鸿勇

性　　别：男

出生年月：1961-04-01

民　　族：汉族

政治面貌：党员

职　　称：副高

学　　历：大学本科

所在单位：西固区招生办公室

通讯地址：兰州市西固区玉门街10号

成　　就：1984年被评为第一届兰州市教学新秀。2002年被评为西固区优秀教师。2002年被评为第二届省级骨干教师。2001年被聘为兰州市中小学教师继续教育讲师团成员。

简　　介：1982年6月—1997年7月兰州市第二十三中学教师；1997年7月—2004年3月兰州市西固区教师进修学校；2004年3月至今兰州市西固区招生办公室。

0770　李炜意

性　　别：男

出生年月：1957-01-12

民　　族：汉族

政治面貌：民主党派

职　　称：副高

学　　历：大学本科

所在单位：兰州市商贸职业学校

通讯地址：兰州市西固区山丹街138号

成　　就：撰写数篇论文并发表。

简　　介：1983年就职于兰州市第九中学；2000年7月就职于兰州文科职业学校；2003年9月就职于兰州市商贸职业学校。

0771　肖丽珍

性　　别：女

出生年月：1964-07-10
民　　族：汉族
政治面貌：群众
职　　称：副高
学　　历：大学本科
所在单位：兰州市第六十三中学
通讯地址：兰州市西固区福利西路 334 号
成　　就：从事教育工作已二十多年。工作积极、主动，任劳任怨，不斤斤计较，具有强烈的事业心和高度的责任感。主要是以新的课程标准为依据，以学生为本的教学理念，采取自主讨论、自主研究、合作学习等新的模式下教学，取消传统的死板的教学方式，在多年的高考和高中会考中，成绩位居兰州市前列。
简　　介：1981 年 7 月—1985 年 7 月西北师范大学就学；1985 年 7 月至今兰州六十三中教师。

0772 陶家兴

性　　别：男
出生年月：1967-11-01
民　　族：汉族
政治面貌：党员
职　　称：副高
学　　历：大学本科
所在单位：西固区玉门街小学
通讯地址：西固区玉门街小学
成　　就：1997 年、2000 年、2010 年荣获西固区优秀教师称号。2011 年被评为兰州市市级骨干教师。
简　　介：1989 年 7 月—1991 年 7 月在达川中心校任教；1991 年 8 月—2003 年 7 月在东川中心校任教；2003 年 8 月至今在西固区玉门街小学任教。

0773 张复元

性　　别：男
出生年月：1970-01-12
民　　族：汉族
政治面貌：群众
职　　称：副高
学　　历：大学本科
所在单位：东川中学
通讯地址：东川中学
成　　就：1997 年被区委区政府评为西固区优秀教师。2000 年被区委区政府评为西固区"十佳园丁"。2010 年被区委区政府评为西固区优秀教师。2009 年撰写的论文《浅谈高中学生数学自学能力的培养》获优秀论文奖。2010 年撰写的论文《计算机在数学教学中的应用》获优秀论文。
简　　介：1991 年 9 月至 1994 年 7 月在兰州师专数学系就读；1994 年 7 月至 2013 年 7 月在兰州二十三中任教；2013 年 8 月至今在东川中学任教。

0774 马英明

性　　别：女
出生年月：1972-10-09
民　　族：汉族
政治面貌：群众
职　　称：副高
学　　历：大学本科
所在单位：西固区实验学校
通讯地址：兰州市西固区实验学校（玉门街 502 号）
成　　就：2002 年 5 月第九届全国万校小学生作文竞赛活动中，观察日记《放生小松鼠》获得二等奖的指导奖。《下雪啦》《学包饺子》《第一次学写毛笔字》获得优秀奖指导奖。2003 年 5 月在第十届全国万校小学生作文竞赛中荣获指导奖，其中作品有二等奖的

《教师节》《雪景（日记）》，有三等奖的《快乐的一天（日记）》《小乌龟》等。2004年5月在第十一届全国万校小学生作文竞赛中荣获指导奖，其中作品有二等奖的《我的"失败"》《可爱的小表妹》，有三等奖的《一张有意义的照片》等。2004年6月在全国中小学生"作文大王杯"擂台赛中获园丁奖。2004年10月在联合国教科文组织俱乐部协会亚太联合会、日本教科文组织协会联盟、三菱公共事务委员会联合举办的"亚洲儿童艺术节儿童日记画"参赛活动中，组织本班学生参与，其中有八位学生获得了一等奖，本人获得优秀指导奖。

简　　介：1993年7月于兰州师范（现城市学院）毕业（师范专业）；1998年10月于甘肃核工业职工大学毕业（现代会计专业）；2005年12月高等教育自学考试毕业（教育管理专业）；1993年8月至2010年7月任教于新安路小学；2010年8月至今任教于西固实验学校。

0775　邓彦英

性　　别：女

出生年月：1968-06-05

民　　族：汉族

政治面貌：群众

职　　称：副高

学　　历：大学本科

所在单位：兰州园艺学校

通讯地址：甘肃省兰州市西固区范坪18号

成　　就：2008年取得了省级高级绿化工职业资格证书。2009年度优秀论文奖。2009年取得了甘肃广播电视大学园艺专科毕业论文评审指导资格。2011年度优秀班主任。2011年参加的《陇东地区日光温室南美斑潜蝇发生规律及持续防控技术研究》课题获得了平凉市科技进步一等奖。2007、2008、2009年被兰州园艺学校评为优秀教师。2010年被兰州园艺学校评为2009—2010学年优秀教师。2013年10月—2014年1月在中职学校骨干教师国家级培训期间，取得了国家级花卉园艺技师职业资格证书。先后在《甘肃农业科技》《甘肃科技》和《甘肃林业》等期刊上发表科技论文5篇。

简　　介：1992年7月毕业于西北农业大学园艺系蔬菜专业，大学本科，学士学位；1993年6月分配到兰州园艺学校教务处任教至今，1994年12月获得助理讲师任职资格，2002年12月获得讲师任职资格，2011年12月获得高级讲师任职资格；1988年9月—1992年7月，就读于西北农业大学园艺系蔬菜专业，1993年6月10至今，在兰州园艺学校教务处一直从事园林专业的教学工作。

0776　蔡丽萍

性　　别：女

出生年月：1969-05-01

民　　族：汉族

政治面貌：党员

职　　称：副高

学　　历：大学本科

所在单位：西固区教育局

通讯地址：兰州市西固区教育局教研室

成　　就：2012年6月19日甘肃省教育科学规划课题《小学英语教学模式的研究》通过甘肃省教育科研课题鉴定；市级重点课题"十一五"《西固区小学英语教学模式的研究》2010年12月通过兰州市教育科研市级重点课题鉴定；市级个人课题《西固区残疾少年儿童个别化教育研究初探》通过兰州市2011年度"个人课题"鉴定。《西固区残疾少年儿童个别化教育研究初探》通过兰州市2011年度"个人课题"优秀成果二等奖。区级骨干教师及优秀教师：2002年及2013年两次获西固区中学区级骨干教师。2次校级优秀教师；发表各级论文16篇，其中国家级论文4篇、省级论文3篇、市级论文5篇、区级论文4篇；教育教学奖励：2009年7月全国教育教学优秀课件一等奖；获教育教学竞赛奖5项。

简　　介：西固区英语教研员，来自于中学教学一线，中学高级教师，区级骨干教师，获兰州市高中英语课堂竞赛三等奖，新世纪女职工综合素质达标活动先进个人。

0777 马国荣

性　　别：男

出生年月：1969-08-04

民　　族：汉族

政治面貌：党员

职　　称：副高

学　　历：大学本科

所在单位：西固区实验学校

通讯地址：兰州市西固区玉门街502号

成　　就：1995年在校外教育中成绩突出，被评为先进教育工作者。1998年，被评为教育部基础教育司、共青团中央少年部、全国妇联儿童工作部和中国儿童中心举办的全国少年儿童"心中有中国，心中有他人"主题教育活动先进工作者。训练与指挥的合唱获1998年兰州市中小学生合唱比赛一等奖。1999年全国双有主题教育系列活动"歌颂伟大中国，学习优秀少年"中，荣获优秀组织指导奖。2002年研究成果《构建初等教育的评价体系》被全国高等师范教育研究会评为二等奖。2006年在"中国校长治校箴言"征文比赛中，论文《提高学校个体素质，优化学校群体结构》评为一等奖。2003年被兰州三毛集团评为优秀艺术教育工作者。2005年获三毛集团公司优秀教育教学奖。2003-2006年连续被三毛集团公司评为优秀共产党员。2006年，被中共甘肃省人民政府国有资产监督管理委员会评为国资委系统优秀共产党员荣誉称号。

简　　介：1988年9月，兰州师范专科学校读书；1991年10月，兰州三毛集团子弟学校教学；2007年5月，西固区实验学校教学。

0778 赵玉中

性　　别：男

出生年月：1957-06-12

民　　族：汉族

政治面貌：民主党派

职　　称：副高

学　　历：大学专科

所在单位：兰州市第六十九中学

通讯地址：兰州市第六十九中学

成　　就：参加工作38年以来，培养过数千名中小学生，曾获得兰州维尼纶厂工会积极分子和先进个人，兰州市中小学生作文竞赛辅导奖，全国中学生作文竞赛育才奖，甘肃省英才杯中学生作文大赛优秀辅导奖，全国少儿歌曲创作优秀奖，兰州市第69中学批改作业质量优秀奖与优秀教案奖，民进兰州市委参政议政积极分子，民进甘肃省委三十周年突出贡献奖等表彰奖励。曾在《甘肃教育》《甘肃教育报》《甘肃职业与成人教育》《天水师专学报》《教育新视线》发表教育教学论文多篇，在《兰州晚报》《甘肃工人报》《甘肃民进》《兰州民进》《西固区域发展报》等报刊杂志发表散文、诗歌、小说等多篇。

简　　介：兰州市第69中学高级教师，中国民主促进会兰州市委员会委员，政协兰州市西固区委员，民进西固区总支组织委员兼西固区新城支部主委。1980年9月—1983年7月在天水师专读中国语言文学专业；1974年8月在古浪县干城学区任教；1982

年 7 月—1987 年 7 月在天祝县一中任教；1987 年 7 月—2007 年 4 月在兰州维尼纶厂中学任教；2007 年 5 月—2014 年 11 月在兰州 69 中学任教。

0779 薛玉霞

性　　别：女
出生年月：1967-09-01
民　　族：汉族
政治面貌：群众
职　　称：副高
学　　历：大学本科
所在单位：兰州市西固区西固城第二小学
通讯地址：西固中鹏温馨花园 1 号楼 3 单元 302 室
成　　就：1997 至 1998 学年度被评为西固区优秀教师。2001 年被评为区级骨干教师。2010 年被评为西固区 2009 年中小学优秀班主任。2012 年国培计划—甘肃省农村中小学骨干教师远程培训项目被评为"优秀学员"。2013 年被评为西固区中小学优秀班主任；2013 年荣获兰州市第三届"优秀班主任"称号。
简　　介：1983 年 8 月—1987 年 7 月在兰州师范学习；2002 年 6 月自学小学教育，专科毕业；2007 年 6 月自学教育管理，本科毕业；1987 年 7 月—1997 年 7 月在河口中心校任教；1997 年 8 月—2010 年 7 月在临洮街一校任教；2010 年 8 月至今在西固城第二小学任教。

0780 王亚男

性　　别：女
出生年月：1969-01-08
民　　族：汉族
政治面貌：群众
职　　称：副高
学　　历：大学本科
所在单位：兰州市第二十一中学
通讯地址：兰州市西固东路 160 号
成　　就：1998 年被西固区教育局评为西固区优秀教师。2004 年在兰州市中学优质课竞赛中获得二等奖。2008 年被西北师范大学评为优秀实习指导教师。2012 年 9 月个人课题《初中生写字兴趣的培养》获兰州市个人课题二等奖。
简　　介：1987 年 9 月至 1989 年 6 月在甘肃联合大学就读大专；1989 年 7 月参加工作。1989 年 7 月至 1992 年 6 月在兰州市西固区范坪学校任教；1992 年 7 月至今在兰州市第二十一中学任教；1997 年 9 月至 2000 年 12 月参加西北师范大学主考的高等教育自学考试，完成本科学历。

0781 王倞

性　　别：男
出生年月：1973-05-12
民　　族：汉族
政治面貌：党员
职　　称：副高
学　　历：大学本科
所在单位：兰州市第九十九中学
通讯地址：兰州市西固区庄浪路第二学校
成　　就：先后撰写了 20 余篇教学论文，其中《谈谈表象在中学物理教学中的运用》一文发表在《中学物理教学参考》2009 年第一期，《浅谈物理教学中的学法指导》一文发表在《西部教育》创刊号，《班主任工作中应如何进行排名》一文发表在《教育与探索》2011 年第四期，《新课标下学校教研工作如何开展》一文在兰州市第一届教育发展论坛上获奖并入选论坛文集，此外还参与编写了大型工具书《秘书实用大全》中自然科学之物理学部分。陆续取得如下荣誉称号，

2002年被评为兰州市第七届教学新秀，2005年被评为西固区教学新秀，2007年被评为西固区青年教学能手；分别在1995年、2001年、2002年、2004年被兰州铁路分局和兰州市西固区党政机关评为优秀教师。

简　　介：中学高级教师。1994年7月从天水师专物理系毕业；2005年7月从中央电大教育管理（专升本）专业毕业；1994年8月分配到兰州铁路分局河口南铁中任教；2007年河口南铁中与兰州维尼纶厂子弟中学合并成立兰州市第六十九中学，在该校任教至2013年7月；2013年7月调入兰州市西固区庄浪路第二学校任教至今；2001年被评聘为中学一级教师，2010年被评聘为中学高级教师；2002年—2010年，担任河口南铁中理科教研组组长；2003年3月—2007年任河口南铁中教研室主任。

0782 张虎桢

性　　别：男

出生年月：1960-05-17

民　　族：汉族

政治面貌：群众

职　　称：副高

学　　历：大学本科

所在单位：兰州28中

通讯地址：兰州28中

成　　就：2014年3月退休。1996年西固区十佳园丁；1998年兰州市优秀教师。

简　　介：1979年8月—1981年8月张掖师范专科学校就读；1981年8月—2002年8月兰州23中任教；2002年8月—2013年8月兰州21中任教；2013年8月—2014年3月兰州28中任教。

0783 吴世强

性　　别：男

出生年月：1968-10-12

民　　族：汉族

政治面貌：党员

职　　称：副高

学　　历：大学本科

所在单位：兰州市商贸职业学校

通讯地址：兰州市商贸职业学校

成　　就：1997年获1996年度优秀教师；2000年获1999—2000学年度优秀班主任；2001年获学校第二届青年教师基本功竞赛二等奖；2003年获青年教师公开课竞赛三等奖；2003年论文《职业学校班风建设点滴谈》发表于《西北师大学报》；2004年获2003—2004学年度优秀班主任；2005年获2004—2005学年度优秀班主任；2005年获兰州市第六届中等职业学校学生专业技能竞赛优秀指导教师；2006年获学校2006年教育教学研讨会论文评比优秀奖；2007年论文《职业中专英语教学方法的探索与实践》发表于《甘肃教育》。

简　　介：1988.8—1991.7在兰州师范高等专科学校学习；1999.8—2002.6在西北师范大学继续学习；1991.10至今在兰州商贸职业学校工作。

0784 王静

性　　别：女

出生年月：1966-09-01

民　　族：汉族

政治面貌：党员

职　　称：副高

学　　历：大学本科

所在单位：兰州市第五十中学

通讯地址：兰州市第五十中学

成　　就：2009年兰州市课堂教学比赛获三等奖；2010年所负责课题《中学英语课堂双人组合教学模式研究》，课题成果获兰州市

"第八届基础教育科研优秀成果"三等奖；2012年主持编写的兰州五十中校本课程《名言伴我成长》系列丛书获兰州市教科所校本课程评比二等奖；2001年被评为兰州市优秀教师，2013年被评为兰州市教育系统优秀教师，曾获得五〇四厂优秀教师、优秀班主任、优秀党员、青年岗位能手、五〇四厂"三八"红旗手、学校优秀教师、优秀班主任、教学新秀、兰化总校师德先进等称号，2011年被评为市级骨干教师，在我校英语教学研究方面有很深的造诣，有多篇教学论文获奖和发表，2014年11月，被录取为首届名师发展学校学员并参加了第一期培训。

简　　介：1987年毕业于山东省德州师专英语系，分配至五〇四厂子弟中学任英语教师至今。自参加工作以来一直在教学一线担任英语教师，现任英语教研组组长，担任班主任工作达13年。

0785　顾文莲

性　　别：女

出生年月：1967-10-15

民　　族：汉族

政治面貌：群众

职　　称：副高

学　　历：大学本科

所在单位：甘肃省商业学校

通讯地址：甘肃省兰州市西固区福利东路27号

成　　就：给100多个教学班独立讲授《统计基础》《市场营销》《现代物流基础》《网路营销》《经济信息学概论》《汽车保险与理赔》《物流运输与配送》《消费心理学》《物流客户服务》等课程，平均周课时14节，累计课时达10000节以上，超额完成学校分配的教学任务；两次被学校评为"优秀教师"，评为"甘肃省工信委所属学校2009年度优秀教师"。2008年参加陕西科技大学举办的国家级中等职业学校骨干教师物流管理专业培训，并获得陕西科技大学基地颁发的优秀学员证书。辅导学生参加"甘肃省中等职业学校技能大赛会计实务项目"，参赛学生获得三等奖。

简　　介：1991.07毕业于西北师范大学计划统计专业；1991.07至2001.12本人在甘肃省商业学校任助理讲师；2002.01至2010.12本人在甘肃省商业学校任讲师；2011.01至今，在甘肃省商业学校任高级讲师。

0786　马国庆

性　　别：男

出生年月：1960-10-01

民　　族：汉族

政治面貌：党员

职　　称：副高

学　　历：大学本科

所在单位：西固区委党校

通讯地址：西固福利西路81号

成　　就：2009年获得全省党校系统优秀教师奖。发表论文多篇，如《新形势下青年思想政治工作探析》（2013）和《对侵害基层群众根本利益问题的思考》（2014）等。

简　　介：1978年6月参加工作。1982年—1985年西北师范大学汉语言文学专业毕业；1985年—1994年在兰州市卫生学校工作；1994年至今在西固区委党校工作。

0787　崔小岑

性　　别：男

出生年月：1962-05-06

民　　族：满族

政治面貌：党员

职　　称：副高

学　　历：大学专科

所在单位：西固区柳泉中学
通讯地址：西固区柳泉中学
成　　就：多年从事中学数学教学工作，先后担任班主任、年级组长、教研组长、教导主任、学校校长和学校党支部书记工作。兰州市骨干教师，兰州市优秀教师，甘肃省优秀教师，获甘肃省"园丁奖"，多次被评为西固区优秀教师，西固区先进教育工作者，西固区教育系统优秀共产党员。发表多篇教育教学论文并在市、区交流获奖。多年承担毕业班教学工作，教学成绩优异，担任班主任和年级组长工作中，所带班多次获学校"优秀班集体称号"，年级组数次被学校评为"先进年级组"。主持学校工作，学校被授予"教学质量优秀奖""先进基层党组织""工会先进集体""先进单位""五四红旗团委"等多项荣誉称号，上级对学校年度绩效考核成绩居全区同类学校前列。
简　　介：高级教师。1980 年 9 月至 1982 年 6 月在兰州师范学校学习；1982 年 7 月至 1988 年 8 月在西固区新城学区任教；1988 年 9 月至 1990 年 6 月在兰州教育学院学习；1990 年 7 月至今在西固区柳泉中学任教、工作；2007 年 7 月至今担任柳泉中学校长。

0788　杨忠琴

性　　别：女
出生年月：1970-01-10
民　　族：汉族
政治面貌：群众
职　　称：副高
学　　历：大学本科
所在单位：兰州园艺学校
通讯地址：兰州市西固区范坪 18 号兰州园艺学校
成　　就：参加《草坪建制与养护》的编写工作。本人先后写了 5 篇论文。2011 年本人参加了 2011 年全国中等职业学校农林类专业"创新杯"说课比赛，获得三等奖。2008 年参加了由甘肃省社会和劳动保障厅举办的高级绿化工培训班，并取得了高级绿化工证。
简　　介：1989 年至 1993 年在甘肃农业大学园艺系蔬菜专业读大学本科，并取得学士学位；1993 年至今，在兰州园艺学校任教；于 1994 年 12 月获得助理讲师任职资格，2002 年 12 月获得讲师任职资格，2011 年 12 月获得高级讲师任职资格；于 2013 年 3 月 17 日—2013 年 6 月 7 日在内蒙古农业大学完成了中职教师国家级培训设施农业生产技术专业的培训任务，圆满完成了学业，并取得了蔬菜工的技师证。

0789　谢卫东

性　　别：男
出生年月：1966-08-30
民　　族：汉族
政治面貌：党员
职　　称：副高
学　　历：大学本科
所在单位：西固区实验学校
通讯地址：西固区实验学校
成　　就：2007 年获兰州市大课件优秀奖；2008、2009 年获校级优秀教师称号；2011 年课件《篮球规则简介》获兰州市第八届课件比赛中学组二等奖；2011 年获兰州市中小学区级骨干教师。
简　　介：1988.9—1990.6 在兰州师专读书；1990.6—2007.12 在兰州三毛集团公司子弟学校任教；2007.12—至今，在西固实验学校任教；2007、2008、2009 年获得校级优秀辅导员。

0790　王建萍

性　　别：女

出生年月：2014-12-03
民　　族：汉族
政治面貌：党员
职　　称：副高
学　　历：大学本科
所在单位：西固区西固城第一小学
通讯地址：西固区西固城第一小学
成　　就：年度考核5次优秀、3次良好，在西固区享有较高的声望，在当地是公认的小学教育教学专家。她先后荣获"甘肃省园丁奖优秀教师""兰州市优秀教师""西固区名师"等荣誉。
简　　介：25年的从教生涯中，她始终以"学为人师、行为示范"为座右铭，不断加强自身的师德修养，锻造高尚的人格魅力；工作上尽职尽责、积极主动、勇挑重担、顾全大局，不断更新观念提升自己的专业素养。曾经被推选为中国共产党兰州市西固区第十次代表大会代表、中国共产党兰州市第十二次代表大会代表。

0791　张霓

性　　别：女
出生年月：1966-04-06
民　　族：汉族
政治面貌：党员
职　　称：副高
学　　历：大学本科
所在单位：兰州园艺学校
通讯地址：兰州市西固区范坪18号
成　　就：在省部级和国家级刊物发表相关专业论文10余篇，其中《论当代中专生思想政治教育》一文，获得《政治教育》"走向二十世纪"全国征文比赛三等奖。2003年个人专著《论农村合作经济组织》出版，2008年在甘肃省中等职业协会年会上评为一等奖。2004年、2006年指导学生参加全国第一届、第三届"文明风采"大赛获得三等奖和优秀奖。2014年指导学生参加第十一届全国"文明风采"大赛获得甘肃赛区两个二等奖。《兰州中职学校校园文化建设研究》入选兰州市"十二五"规划课题，并于2014年结题并获奖。
简　　介：1984年9月考入西昌师范专科学校政史系就读；1987年7月毕业，分配到西昌市五初中任教；1991年8月调入兰州园艺学校任教至今；2003年被评为高级讲师，2010年被任命为教务处副科长，2013年被任命为学校党办主任。

0792　刘淑惠

性　　别：女
出生年月：1972-03-16
民　　族：汉族
政治面貌：党员
职　　称：副高
学　　历：大学本科
所在单位：兰州市第九十九中学
通讯地址：兰州市西固区西固热电厂一区
成　　就：2007年获得校级优秀教师，2011年获得校级优秀共产党员，2009年指导学生获得全国中学生数学能力竞赛一等奖、二等奖，2010年指导学生获得全国中学生数学能力竞赛三等奖，2013年完成市级个人课题《合作学习策略在初中数学教学课堂中的实践研究》，并获得兰州市教育科研2013年度"个人课题"优秀成果二等奖。
简　　介：1996年7月从长沙电力学院毕业；1996年7月进入西固热电厂子弟学校参加工作，担任初中数学教学工作；2007年继续担任西固区庄浪路第二学校数学教师；从教至今18载，始终奋斗在教育教学的第一线。

0793 高树雄

性　　别：男
出生年月：1972-11-01
民　　族：回族
政治面貌：群众
职　　称：副高
学　　历：大学本科
所在单位：兰州市第五十中学
通讯地址：新安路 141 号
简　　介：曾荣获厂级"高考优秀成绩奖"、两次"厂级优秀教师"、市级说课比赛三等奖、市局系统"师德先进个人"、校级"优秀教师"、市级骨干教师和兰化总公司"优秀教师"等。所带班级 5 次校级"先进班集体"、1 次校级"文明班集体"。教研工作方面：先后撰写并发表了《高中历史教学的反思》《历史教学四重视》和《准确运用教学语言，切实提高教学质量》等论文。

0794 姜翌

性　　别：男
出生年月：1962-12-05
民　　族：汉族
政治面貌：党员
职　　称：副高
学　　历：大学本科
所在单位：兰州园艺学校
通讯地址：兰州市西固区范坪 18 号
成　　就：认真钻研教育科学和教育规律，具有扎实的学科功底和丰富的教学经验。在教学模式改革、新课程开发方面做了大量的工作，取得了优异成绩：在我校园林专业最早试行了德国"双元制"教学模式（《"双元制"教学模式在园艺专业上的应用》发表于《甘肃农业大学学报》1998.1）；2000 年以后，根据中职教育特点，又认真研究"2+1"教学模式（《中等职业学校"2+1"教学模式研究》发表于《卫生职业教育》2009.10）；工学结合、校企合作方面做了大量的研究和实践，先后主持完成了《园艺专业实践教学模式研究》《园艺专业课程体系建设研究》课题研究，开发建设了园林园艺专业新课程《设施园艺》，主编出版了《设施园艺》新教材（重庆大学出版社2011.1）。
简　　介：1987 年 7 月毕业于西北农林科技大学园艺系，本科学历，农学学士；1987 年 7 月分配到兰州园艺学校工作至今，一直从事园艺园林专业教学。

0795 李素英

性　　别：女
出生年月：1965-10-25
民　　族：汉族
政治面貌：群众
职　　称：副高
学　　历：大学本科
所在单位：兰州园艺学校
通讯地址：兰州市西固区范坪 18 号
成　　就：本人工作 28 年，一直担任教学《药理学》《中药学》《中药炮制学》《生物》《植物学》《动物学》《生物化学》《英语》《心理健康》《动物药理》课程。还担任了十几年的班主任工作，发表了 6 篇论文，获得过优秀教师、优秀班主任称号。
简　　介：1986 年 7 月毕业于甘肃金城联合大学中药专业，分配到兰州市第 39 中职业学校工作；1988 年底调入兰州市第 17 中学，担任《植物学》《动物学》《高中生物》课程教学，一直担任班主任工作；1993 年调入兰州市园艺学校工作，担任《微生物》《生物化学》《动物药理》《英语》《心理健康》教学；2000—2003 年在甘肃农业大学学习《林业生态环境与工程》。

0796 于明亮

性　　别：男
出生年月：1961-07-01
民　　族：汉族
政治面貌：群众
职　　称：副高
学　　历：大学本科
所在单位：兰州市第五十中学
通讯地址：兰州市第五十中学
成　　就：1993年被评为泾川县优秀教师，1998年被评为西固区优秀教师，1999年被评为五〇四厂优秀教师，2000年获五〇四厂高考优秀成绩奖，2005年被五〇四厂评为优秀教师，2005年获五〇四厂高考成绩优秀奖，2011年被兰化总校评为工会积极分子，2012年被兰化总校评为工会积极分子，2012年被兰化总校评为师德先进，2013年被兰州石化公司评为优秀班主任，2014年荣获兰州石化公司优秀教师称号。
简　　介：1981.7-1997.2在泾川一中工作；1997.2至今在兰州市五十中工作。

0797 师娟梅

性　　别：女
出生年月：1971-11-10
民　　族：汉族
政治面貌：群众
职　　称：副高
学　　历：大学本科
所在单位：兰州市第六十九中学
通讯地址：兰州市第六十九中学
成　　就：1997年获兰州铁路分局教学优秀奖；1998年获兰州铁路分局优秀教师；1999年获兰州铁路分局先进教师；1999年获兰州铁路分局教学优胜奖；2000年获兰州铁路分局先进教师。在学生辅导方面，十几名学生在"全国英语能力竞赛"中获奖。十几次因"优秀辅导教师"受到表彰。在学习研究方面：2000年在《中国教育研究论坛》发表了《激发英语学习兴趣提高英语教学水平》，获二等奖；2001年在《西北师范大学学报》发表了《从汉英语言差异了解中西文化》；2009年在《甘肃教育》发表了《浅谈英语单词记忆力的训练》；2012年在《中国教育科研论坛》发表了《中学英语课堂教学生活化的研究与实践》，获一等奖。2012年《初中英语课堂教学生活话的研究与实践》通过兰州市个人课题评审，获市级二等奖。
简　　介：1995年6月毕业于西北师范大学，同年10月参加工作，一直从事英语教学工作；1995年10月至1996年12月在兰州铁路第六中学任教；1997年1月至2007年2月在河口南铁中任教；2007年3月至今在兰州市第六九中学任教。

0798 张兆梅

性　　别：女
出生年月：1966-08-11
民　　族：汉族
政治面貌：民主党派
职　　称：副高
学　　历：大学本科
所在单位：兰州市第二十八中学
通讯地址：兰州市西固区福利西路97号
成　　就：1995—1997年度被评为校级优秀班主任；1998—2000年两学年中被评为校级优秀教师；2001—2002年度被评为校级优秀教师；1995—1996年度教学比武中获得校级三等奖。1996—1997年度教学比武中获得校级二等奖。2007年度教学比武中获得校级一等奖。2002年度获得校级教学质量优胜奖，2003年度获得校级高考质量优胜奖。2004年制作的课件"生态因素对生物的影响"获得第二届全国多媒体课件二等奖。2004年度撰写的论文"学生合作精神培养"在全国中学科学教育论文中获得二等奖。2007年撰写的"农村中学生物课程资源的开发和利用"获得兰州市中学教育优秀论文三等奖。

简　　介：1989年9月—1993年6月在甘肃农业大学学习；1993年8月—2011年7月在兰州第二十三中教学；2011年8月—现在在兰州市第二十八中教学。

0799 张炜

性　　别：女
出生年月：1968-12-06
民　　族：回族
政治面貌：民主党派
职　　称：副高
学　　历：硕士研究生
所在单位：兰州园艺学校
通讯地址：兰州市西固区范坪18号
成　　就：1991年9月参加工作，主要从事教学工作。讲授的课程主要有《气象》《农业气象》《环境气象》《园林气象》《英语》《数学》《农业经济》等。主要论文有《小流域或坡面产流汇流模拟研究》《沙尘暴天气成因分析》《利用云图做兰州地区降水预报初探》《兰州地区洪涝灾害特征及气象成因分析》《西太平洋副热带高压活动规律初探》《中等专业学校班主任工作方法探讨》等。工作期间于2001年评为学校先进工作者。2006—2007年度被学校评为优秀班主任。
简　　介：1987年9月至1991年7月就读于南京气象学院，取得学士学位；1991年9月大学毕业后分配到兰州园艺学校工作；一直从事教学工作。

0800 孙长菊

性　　别：女
出生年月：1971-02-22
民　　族：汉族
政治面貌：党员
职　　称：副高
学　　历：大学本科
所在单位：兰州市第六十九中学
通讯地址：西固区新维路51号
成　　就：1996年被评为西固区优秀教师。1997年被评为西固区优秀团员；1997年被评为西固区优秀教师；1997年被评为西固区工会工作积极分子；1998年指导的学生获全国中学生"学作文"三等奖，本人获竞赛育才奖；1999年获"做21世纪合格教师"演讲第二名；2002年被评为西固地区教学新秀；2003年、2009年被评为西固区优秀党员；2011年被评为西固区骨干教师；2012年在首届兰州市中学语文教师下水作文评比活动中获三等奖。曾多次被评为新城中学优秀教师，先后有几篇论文在杂志上发表，曾参与市级规划课题研究，成为课题组成员。
简　　介：1992年6月毕业于兰州师范学校；1992年7月被分配到西固区新城中学任教；1993年至1996年参加高等师范专科自学考试汉语言文学专业学习，获得专科学历；2001年至2004年参加教育管理专业本科高等教育自学考试，获得本科学历；2014年9月因工作需要，调至兰州六十九中学任教。

0801 胡芬兰

性　　别：女
出生年月：1956-08-13
民　　族：汉族
政治面貌：群众
职　　称：副高
学　　历：大学专科
所在单位：兰州市第二十一中学
通讯地址：兰州市西固临洮街新乐花园2号楼2单元402

成　　就：1991年加入甘肃省历史教学研究会。曾荣获1993年西固区优秀教师、1996年西固区优秀教师、2001年西固区中小学教学论文评选一等奖、2001年市级骨干教师、2002年兰州市高中教学优质课二等奖。2005年1月《中国教育研究与创新》发表《论教师的现代化》，2005年6月在《中国现代教育论坛》发表《高中历史研究性学习教学探讨》。

简　　介：1978年8月至1980年6月兰州师范读中专；1980年8月至1989年7月兰州第二十一中学任教；1989年8月至1991年6月在兰州教育学院进修大专；1991年7月至2011年9月1日在兰州市第二十一中学任教。

0802 路长青

性　　别：男

出生年月：1966-11-28

民　　族：汉族

政治面貌：民主党派

职　　称：副高

学　　历：大学本科

所在单位：兰州市第八十二中学

通讯地址：兰州市西固区福利东路589号

成　　就：2000年获省建总公司"优秀教师"。2003年获省建总公司"十佳青年"。2004年获省建总公司"优秀德育工作者"。2000年，撰写的《地理知识与历史立体教学》一文，获中学历史教参杂志社主办的第二届"全国当代历史教学优秀论文"评选一等奖。1994年、1995年、1996年、1997年、2004年、2011年获82中"优秀教师"。2007年任82中教务主任。2006—2007学年度、2010—2011学年度获校级"优秀观摩课"。2011—2012学年度获兰炼总校"优秀教师"。2012—2013学年度获校级"优秀读书笔记奖"。2012年获兰州市教育局"联校、校本培训优秀学员"。2012年获全国基础教育英语综合能力竞赛优秀组织者。

简　　介：甘肃省历史教学委员会理事，兰州市市级骨干教师。本人于1987考上西北师范大学历史系；1991年至今在兰州市第82中工作；先后从事历史教学、年级组长和教务主任工作。

0803 罗耀娣

性　　别：女

出生年月：1972-12-13

民　　族：汉族

政治面貌：群众

职　　称：副高

学　　历：大学本科

所在单位：兰州市第六中学

通讯地址：甘肃省兰州市西固区合水路兰州市第六中学

成　　就：1998年—2013年连续被评为学校"文明班班主任"10多次，2007年、2009年、2012年被学校评为"优秀教师"。多次指导的学生参加兰州市中学生作文竞赛获得"优秀指导教师"奖，2010年指导学生在第四届全国中学生能力竞赛中分获一、二、三等奖，2012年指导学生参加兰州市第28届青少年科技创新论文比赛分获一等奖和三等奖，本人被评为兰州市"优秀辅导教师"，学生瞿鑫参加甘肃省青少年科技创新论文比赛获得三等奖，2013年6月被学校评为"科技创新之星优秀辅导老师"。2003年参加兰州市中学优质课竞赛获初中语文学科三等奖，2篇论文获兰州市教育教学论文评比二等奖、三等奖。发表论文1篇，课题获优秀成果三等奖1次。

简　　介：1997年6月毕业于西北师范大学汉语言文学教育专业，本科学历，文学学士；

1997年7月在兰州市第六中学任教；参加工作至今18年。

0804 黄春梅

性　　别：女
出生年月：1971-06-12
民　　族：汉族
政治面貌：群众
职　　称：副高
学　　历：大学本科
所在单位：兰州市第二十中学
通讯地址：兰州市第二十中学
成　　就：参加工作以来一直身处教育教学第一线，先后任8届高三文科班思想政治课教学，教学成绩优良，深受学生喜爱，多次被学校评为优秀教师。教研成果丰厚，作为第二主编完成2本教学辅导书籍的出版及修订；作为主要参加者先后参与完成并通过2项省级鉴定的省级重点课题；2项市级课题；主持的市级立项课题研究正在推进之中；有多篇教育教学论文在省级及省级以上教育刊物发表，多篇教育教学论文论文在市级及市级以上教育行政部门、教育研究机构组织的论文评选中获奖。
简　　介：1990年9月-1993年6月在张掖师专（今河西学院）政史系学习，1993年毕业分配至兰州二十中学任教至今；工作21年期间，1994—1997年在西北师大在职进修取得本科学历，2001—2004在西北师大在职攻读取得教育硕士学位；先后担任8届高三文科班思想政治课教学。2006年被聘任为中学高级教师，2011年获甘肃省骨干教师称号，2011年取得国家三级心理咨询师资格，2005年起任政史地教研组长，学校专职教研员，现为学校专职心理辅导教师；多次被西北师大教育学院聘为"思想政治教学论"教师；2013年被聘为"国培计划"——甘肃农村中小学教师置换脱产研修项目西北师范大学初中思想品德班主讲教师；2014年8月被选拔为甘肃省首批"金钥匙"导师团导师。

0805 王兴霞

性　　别：女
出生年月：1967-11-27
民　　族：汉族
政治面貌：党员
职　　称：副高
学　　历：大学本科
所在单位：兰州市第八十二中学
通讯地址：兰州市西固区兰州市第八十二中学
成　　就：自参加工作以来，一直尽力精心钻研教学与教改。2000年、2001年组织辅导学生在全国中学语文教学专业委员会会报《语文报》举办的"暑期大看台"大型有奖读报知识竞赛中均荣获"优秀指导奖"，部分学生的作文见诸报端；1999年9月—2002年7月与西北师范大学中文系石义堂教授合作，进行"初中三层级读写结合训练法"语文教学改革实验，实验班获得兰州市第九名的好成绩，期间撰写的实验论文《问渠那得清如许，为有源头活水来》在第三届中学语文教学改革与研究论文评比中荣获国家级二等奖；撰写的论文《朝东而望不见西墙》获得2001年中学语文教学改革成果国家级二等奖；2008年—2010年带领语文组部分教师进行"课堂教学中组织学生参与教学的机智案例研究"获兰州市"十一五"规划课题研究一等奖；历次所带高三毕业班成绩在同等水平学校中名列前茅。
简　　介：中学语文高级教师。1984年9月—1987年7月，在甘肃省定西地区陇西师范学习，专业为英语；1987年9月—1991年6月，在西北师范大学中文系学习，专业为汉语言文学；1991年7月一至今，先后在甘肃省建筑工程总公司第五中学和甘肃省建筑工程总公司第二中学（2007年更名为兰州市第八十二中学）任教。

0806 张绍轩

性　　别：男

出生年月：1971-08-18

民　　族：汉族

政治面貌：党员

职　　称：副高

学　　历：硕士研究生

所在单位：兰州市第五十一中学

通讯地址：兰州市第五十一中学

成　　就：2013年发表《质疑"戎、夷、蛮、狄"歧视性称谓》，因此人教版高中《思想政治》教材做了相关修改。自2010年起，连续两届担任兰州市教育局教科所政治学科中心组成员。2010、2012年两度受聘于西北师范大学，担任《教学论》主讲教师；2010年5月被聘为兰州市普通高中课程改革专家指导组成员。2012年担任西北师范大学教育硕士毕业论文指导教师；2013年受聘为甘肃省国培计划授课教师。自2008年以来在甘肃省博物馆做志愿者工作。为观众义务讲解文物。2010年国家博物馆学会授予"全国优秀志愿者"荣誉称号。2014年被甘肃省博物馆授予"荣誉馆员"。

简　　介：从教21年来，连续19年担任班主任。2010、2012年两度受聘于西北师范大学，担任《教学论》主讲教师。2010年5月被聘为为兰州市普通高中课程改革专家指导组成员。2012年担任西北师范大学教育硕士毕业论文指导教师。2013年受聘为甘肃省国培计划授课教师。

0807 张仲娥

性　　别：女

出生年月：1969-10-24

民　　族：汉族

政治面貌：党员

职　　称：副高

学　　历：大学本科

所在单位：兰州市第六中学

通讯地址：兰州市西固区合水路178号

成　　就：2006年宁夏教育杂志发表论文《新课程对政治教师的挑战》；多次获得校级优秀教师、优秀党员、优秀班主任荣誉称号。

简　　介：本人多年来，一直在教学一线担任学校初、高中思想政治教学工作及班级管理班主任工作，虽然跨课程教学，超课时工作量，但对工作一直认真负责，勤勤恳恳，并且在中考高考中取得优异的成绩，一致得到校领导及同事的好评。

0808 卢卫东

性　　别：男

出生年月：1973-03-15

民　　族：汉族

政治面貌：党员

职　　称：副高

学　　历：大学本科

所在单位：兰州市第六中学

通讯地址：兰州市西固区合水路兰州市第六中学

成　　就：先后在全国、省、市级专业杂志发表教育教学论文300余篇，有40余篇在省市论文评比中获得奖励。完成个人教程专著《美育作文》（46万字）、《纯粹语文与本真教育》（36万字）2部，编著《借鉴作文读写1+1（高中）》《借鉴作文读写1+1（初中）》《作文章法》《中学语文阅读教学课例研究》共 4 部。独立承担省市级重点课题 9 项，结题 6 项。研究累计整理文字约 300 万字。课题成果参加基础教育教研优秀成果分获省级三等奖 1 次、市级一等奖 4 次、二等奖 3 次。

简　　介：中学高级教师。现任兰州六中高中语文教师、办公室主任。被聘为兰州市政府专家咨询团成员、兰州市教师资格认定、职称评审教学能力考察测试、骨干教师评选及学科带头人选拔评委、兰州市中小学教师公开招聘面试考官、兰州市中学教学新秀总评评委、省市级课题鉴定评委、多所高校客座教授。省、市"卢卫东语文名师工作室"领衔名师。

0809　曲立凡

性　　别：女
出生年月：1964-08-23
民　　族：汉族
政治面貌：党员
职　　称：副高
学　　历：大学本科
所在单位：兰州市第六十四中学
通讯地址：兰州市第六十四中学
成　　就：1993 年被评为中学一级教师，1996 年任语文教研组组长，1998 年任教务主任，1999 年被评为高级教师，2001 年被评为市级骨干教师，曾多次被授予优秀教师、优秀班主任、教学能手、师德先进、转化后进生先进等称号。从教 28 年来，忠诚于党的教育事业，责任心强，在教学中精心钻研教材，优化课堂教学。共带十二届高考毕业班，每届高考语文成绩在兰化总校或市级示范校中成绩突出，名列第一、第二。所带学生孙立丁、施远强、尹巨成等先后有六人进入省前十名。论文《缘文寻理，美不胜收》《考前怎样准备高考作文》等被收录甘肃省出版社出版的论文集中，论文《浅议反思性教学的操作思路和方法》发表在核心期刊《教育教学论坛》上。

简　　介：1982 年—1986 年就读于西北师范大学中文系，1986 年毕业，获文学学士学位，此后一直工作于兰州市第六十四中学（原兰化四中）；2013 年任兰州六十四中校办主任。

0810　谭淑霞

性　　别：女
出生年月：1963-08-27
民　　族：汉族
政治面貌：群众
职　　称：副高
学　　历：大学本科
所在单位：兰州市第六中学
通讯地址：甘肃省兰州市西固区合水路兰州市第六中学
成　　就：自工作以来，本人爱岗敬业，在承担教学任务的同时，一直担任班主任工作。1990 年获兰州市第二届青年教师"教学新秀"奖；1995 年在参加兰州市"献给母亲的爱"主题教育活动征文竞赛中获兰州市教育局、兰州市少儿活动中心颁发的辅导奖；1998 年荣获全国中学生"学作文"竞赛"育才奖"；1999 年获第三届全国青少年"世纪杯"征文竞赛"育才奖"；2010 年获第四届全国中学生语文能力竞赛辅导奖。同时还多次获得学校颁发的"优秀教师"奖和"文明班"班主任奖。2010 年本人所教语文学科取得普通高中高考成绩名列兰州市示范学校文科班第一名，理科班第三名的好成绩。

简　　介：1982 年 6 月毕业于兰州市师范学校；1982 年 7 月分配至西固区柳泉乡中坪小学任教；1984 年 8 月经全国成人高考考入西北师范大学函授部汉语言专业学习，1989

年完成学业获得大学本科学历并获得文学学士学位；1988年初调到柳泉中学任教；1993年12月调到兰州市第六中学任教至今。

0811 侯建增

性　　别：男
出生年月：1962-03-01
民　　族：汉族
政治面貌：群众
职　　称：副高
学　　历：大学本科
所在单位：兰州市第六十一中学（兰化一中）
通讯地址：兰州市第六十一中学（兰化一中）
成　　就：1990年10月获得兰化公司园丁奖一等奖；1999年10月获得兰化公司园丁奖一等奖；2001年10月获得兰化公司优秀班主任。

0812 王红萍

性　　别：女
出生年月：1978-11-24
民　　族：汉族
政治面貌：群众
职　　称：副高
学　　历：大学本科
所在单位：兰州市第六十中学
通讯地址：甘肃省兰州市西固区第六十中学
成　　就：本人热爱学生，认真钻研业务，连续多年担任班主任、备课组长工作。连续多年带高三毕业班，2009年所带班级二本上线率达92.8%，名列一般高中（文科）第三名。一直从事语文竞赛辅导工作，多次获中小学生现场作文赛优秀辅导奖，指导学生在全国中学生语文能力竞赛中获奖。参与校刊的编辑，被评为宣传工作先进个人。所带班级多次在达标运动会和艺术节上获得好成绩，本人被评为兰炼总校优秀班主任。多篇论文获奖并发表在省级、国家级刊物上。参与的兰州市教育科研"十一五"市级重点课题通过鉴定，承担的中国教育学会"十一五"规划重点课题获二等奖。多次被评为兰炼总校、兰州石油化工公司"优秀教师"。
简　　介：中学高级教师，兰州市市级骨干教师。2001年毕业于西北师范大学中文系，获"文学学士"学位；2011年获西北师范大学教育硕士学位。

0813 常志焕

性　　别：男
出生年月：1973-01-16
民　　族：汉族
政治面貌：党员
职　　称：副高
学　　历：大学本科
所在单位：兰州五十八中
通讯地址：甘肃省兰州市西固区福利东路212号
成　　就：撰写论文《政治教学中图示法的应用》被兰州炼油化工总厂科协评为1999年度乙级二等奖；撰写论文《课堂提问艺术不容忽视》于2003年发表于《西北师范大学学报》社会科学版；撰写论文《对兰州市中考取消思想品德学科的调查分析》于2008年发表于《甘肃教育》，被编入国家大型教育工具书《中国素质教育报告》并荣获第二届"中国素质教育研究成果奖一等奖"，被中国青年教师协会授予"中国素质教育先进工作者"称号。撰写论文《浅谈应对兰州市哲学政治课会考开卷考试的对策》在2007年甘肃省教育教学优秀论文评比活动中荣获一等奖，同时荣获兰州市优秀论文一等奖；2014年个人课题《新课程背景下中学生自我管理意识与能力的培养策略研究》已通过市级鉴定。先后11次荣获优秀班主任，8次荣获优秀年级组长，7次荣获总校优秀共产党员，11次荣获公司级优秀教师或优秀班主任。
简　　介：兰州五十八中教导处副主任，高中政治教师，高级教师。兰州市骨干教师，兰州市学科带头人。

0814　赵玉梅

性　　别：女
出生年月：1968-02-06
民　　族：汉族
政治面貌：党员
职　　称：副高
学　　历：硕士研究生
所在单位：兰州八十四中
通讯地址：平凉路38号十一中南校区
成　　就：2009年被评为兰州市"学习型职工标兵"；2012年被评为兰州市"两基"先进个人；2012年由本人主持的省级规划课题"中学生行为礼仪教育探究"获得鉴定通过，该课题获得兰州市基础教育科研二等奖；2014年由本人编写的校本教材《礼仪常识》获得市教育局组织校本教材评选一等奖，该教材于2014年10月由兰大出版社正式出版。
简　　介：中学高级教师，法学学士，教育管理硕士。1988年毕业于福建师范大学，同年参加工作，一直从事中学政治教学工作及学校行政管理工作，现为兰州八十四中副校长。本人曾任兰州九中办公室主任、兰州五中副校长、市文明办聘请的"兰州市市民教育专（兼）职教师"，省教育科学研究聘请的"甘肃省中学课堂教学竞赛活动政治学科组"评委。

0815　马海学

性　　别：男
出生年月：1970-01-19
民　　族：回族
政治面貌：党员
职　　称：副高
学　　历：大学本科
所在单位：兰州市第六十一中学
通讯地址：兰州市西固区福利西路752号
成　　就：班主任工作期间独创的《家庭、学校联系手册》作为一种先进的、成熟的"精细化"班级量化管理模式在兰化总校推广；在住宿生管理中2014年首创的《住宿生发展手册》正在使用中，反响良好。1999届和2003届中考，所带的政治课和所带的班级成绩在兰化总校名列前茅；带领的2012届高考进入全省前百名文理类人数和600分以上人数以及重点率、二本率等四项指标位居市属中学第一名。撰写的论文《谈班级量化管理法》发表在《甘肃日报》2008年12月4日第21706期教育版，《浅谈新课程背景下学困生的转变》发表于《时代教育》杂志2009年第8期，参与的部级课题《基于校园网环境下的学校优质资源的发掘与传承》获中央电教馆优秀，曾荣获兰化公司"十杰"青年、兰化公司优秀辅导员、兰化公司"园丁奖"。
简　　介：中学高级教师。1995年7月毕业于陕西师范大学政教系，本科学历，获法学学士学位，同年分配至兰州市第六十一中学（兰化一中），担任政治教师19年，担任班主任工作13年，担任级部主任9年，现任学校总务处副主任，兼任学校安全管理办公室主任。

0816　景耀勇

性　　别：男
出生年月：1971-11-24
民　　族：汉族
政治面貌：党员
职　　称：副高

学　　历：大学本科
所在单位：兰州市第六十一中学
通讯地址：兰州市西固区兰化一中
成　　就：科研课题：省级规划课题《高中文科学生学习困难心理研究》已结题；省级规划课题《综合实践活动校本课程开发与应用研究》已结题；市级个人课题《高中政治新课程实施与师生关系重建研究》结题并获市级一等奖；市级规划课题《黄河之肾（甘南湿地）生态变化与环境保护》校本课程开发研究已结题；省级规划课题《提高高中思想政治课堂教学实效性的研究》在研究；国家课题子课题《高中政治教学中学生领导力的培养研究》在研究，被聘为中国教育学会国家重点课题《中学生领导力培养》课题研究员。出版著作：个人专著《春华秋实》《教科研之路》，由现代出版社出版。主编政治《创新大课堂》高中新课标同步讲练高中必修一，延边人民出版社出版，获辽宁教育出版社优秀副主编称号。编写甘肃省义务教育地方课程《综合实践活动》教材7-8年级及教师教学用书共八册，由甘肃文化出版社出版。主编《初二政治单元小考卷》《新课标思想政治单元小考卷》，由甘肃教育出版社出版。主编《高中综合实践活动》校本教材。
简　　介：中学高级教师。兰州市骨干教师，兰州市"金城名师"，全国教育科研先进个人，中国教育学会会员、特约观察员。兰州石化公司劳动模范、公司优秀教师、优秀班主任、园丁奖等。

0817　魏新兰

性　　别：女
出生年月：1962-11-18
民　　族：汉族
政治面貌：党员
职　　称：副高
学　　历：大学专科
所在单位：兰州市第八十二中学
通讯地址：兰州市西固区福利东路589号
成　　就：从教32年，班主任工作27年。2005年在《甘肃教育》发表论文《"说"出一片天地来》。曾获得省建总公司的优秀教师和德育工作者称号。曾获第五届全国中学生语文能力竞赛一、二、三等指导奖，十五届全国青少年"五好小公民"主题教育活动征文指导一等奖，兰州市第21届少先队"科技，让生活更美好"手抄报比赛优秀辅导奖，2013年被评为"中国梦，我心目中的好老师"征文大赛优秀指导老师，2012年度和2014年度被评为兰炼总校优秀共产党员，在兰炼总校首届师生书画摄影比赛中荣获硬笔书法三等奖，2013年度获优秀女工称号，多次荣获学校"优秀读书笔记"奖。
简　　介：1980至1982年6月在兰州师专就学；1982年7月毕业至今在兰州市第八十二中学（原省建二中）任教至今。

0818　杨倩

性　　别：女
出生年月：1968-05-18
民　　族：汉族
政治面貌：民主党派
职　　称：副高
学　　历：大学本科
所在单位：兰州市第六十一中学
通讯地址：兰州市西固区福利西路兰化一中
成　　就：工作近三十年的语文老师。

0819　邵建仁

性　　别：男
出生年月：1963-06-20
民　　族：汉族
政治面貌：党员

职　　称：副高
学　　历：大学本科
所在单位：兰州市第八十二中学
通讯地址：西固区福利东路 589 号
成　　就：任教以来，刻苦钻研，在教育教学方面有较深刻的理解，并在运用中积累了丰富的经验，多方搜集材料，自己订阅了数种报刊并经常借阅书籍，开阔视野和拓宽知识面。对待教学过程中出现的问题严谨，尤其是在学术方面，一丝不苟，精益求精。工作态度认真，对学生极端负责，能够因势利导，因材施教，不循规蹈矩，墨守成规，同时，注重学生整体素质的全面发展，并在平时和考试中都严格要求学生，对学生热情辅导，提供复习材料及各方面的帮助。多次获优秀教师，优秀德育工作者、市级优秀班主任、优秀共产党员称号，教学方面获优秀辅导教师，优秀观摩课，并发表多篇论文。
简　　介：1980 年至 1982 年在张掖师专学习；1996 年至 1998 年在西北师范大学函授学习；1982 年至今在兰州市第八十二中学从事语文教学工作。

0820　李梅红

性　　别：女
出生年月：1970-01-06
民　　族：汉族
政治面貌：群众
职　　称：副高
学　　历：大学本科
所在单位：兰州六十一中
通讯地址：兰州六十一中
成　　就：获得"石化公司优秀教师"称号。

0821　王萍

性　　别：女
出生年月：1965-01-09
民　　族：汉族
政治面貌：民主党派
职　　称：副高
学　　历：大学本科
所在单位：兰州市第六十四中学
通讯地址：兰州市第六十四中学
成　　就：近 30 载勤勉耕耘，获殊荣鼓劲到如今。分获"兰化公司劳动模范""兰化公司三八红旗手""兰化公司园丁一等奖""兰化公司优秀教育工作者""兰化公司模范辅导员""兰化总校模范班主任""兰化总校教学能手一等奖""兰化总校岗位能手""兰化总校师德模范""兰化总校双文明建设标兵"等几十项光荣称号。2002 年所带班级中考语文成绩名列兰州市第二，2013 年市级课题：《初中语文课堂教学落实过程性目标的实践研究》结题，曾主编《中考语文试题全解全析》，本人排名第一合著《八年级语文小考卷》，论文《德育之语文教学之必需》获全国中语会第六届论文评比一等奖，在《甘肃科技纵横》发表论文《对古诗词教学的一些方法》。工作有收获也有遗憾，有经验有教训，坚信至诚至善做人，踏踏实实做好太阳底下最光辉的事业，愿我的人生永远有境界有价值。
简　　介：1986 年毕业于兰州师专汉语言文学系，就职于兰化四中至今，2006 年获得中学语文高级教师，同年担任政教副主任。

0822　罗雪

性　　别：女
出生年月：1972-12-26
民　　族：汉族
政治面貌：群众
职　　称：副高
学　　历：大学本科
所在单位：兰州市第六中学

通讯地址：甘肃省兰州市西固区合水路，兰州市第六中学

成　　就：曾多次获得校级优秀教师、文明班班主任称号。目前担任初三年级组长。在从事教育工作的18年中，始终站在教育工作的前沿，积累了比较丰富的教育教学经验。2008年10月开始，参与了2009年兰州市中考试题的预测，在当年的《中学生导报》上连续发表10套中考冲刺试题，2008年在《宁夏教育》发表论文《班主任与家长沟通的技巧》，2009年年获得兰州市局系统师德先进称号，2011年在全国中学生语文知识能力大赛中辅导学生获辅导奖（二等奖三个，三等奖四个）。

简　　介：2003年至今先后担任语文教研组长，年级组长，自1996年7月参加工作以来，一直在教学一线从事语文教育教学工作，积累了比较丰富的教育教学经验。目前担任初三年级组长。

0823　田玉明

性　　别：女
出生年月：1962-05-12
民　　族：汉族
政治面貌：党员
职　　称：副高
学　　历：大学本科
所在单位：兰州市第六中学
通讯地址：甘肃省兰州市西固区合水路兰州市第六中学

成　　就：被评为甘肃省省级骨干教师、兰州市教学新秀、兰州市教育局优秀教师、兰州市教学三项技能获胜者、兰州市教科文卫系统"我为教师形象添光彩"演讲比赛一等奖。兰州市教科文卫交通邮电系统第五片组"立足本职奔小康"演讲比赛一等奖。公开课评为"兰州市优秀公开课一等奖"。征文《唱支颂歌给党听》获兰州市教育局系统征文二等奖。多次被聘为职称评委、教师资格评委、招聘人才评委。任《全品中考复习》主编之一。

简　　介：1979年8月被甘肃师范大学（西北师范学院）汉语言文学系录取，就读大学；1983年7月完成本科学业，获学士学位证书；1983年8月至今，在兰州六中任教。

0824　张颖

性　　别：女
出生年月：1968-03-23
民　　族：汉族
政治面貌：党员
职　　称：副高
学　　历：大学本科
所在单位：兰州市六十三中
通讯地址：甘肃省西固区兰州市第十三中学

成　　就：从教25年来，担任班主任工作有20年，所带班班风正，学风浓，积累了一定的带班经验，多次荣获兰化总校及兰化公司优秀班主任称号，连续指导八届高考历史教学，获得家长及学生的好评。不断提高自己的专业水平，2004年攻读在职教育硕士并与2007年顺利通过硕士论文答辩。担任兰化总校的历史教研组长及本校的教研组长，定期组织多种形式的教研活动，提高教研水平，指导青年教师在教学竞赛中取得好成绩。担任兰化总校的首席教师、西固区区级骨干教师。

简　　介：1990.6毕业于西北民族大学历史系；1990年至今在兰州六十三中担任高中历史教师；2004.7-2007.10于西北师大在职攻读教育硕士；2010年参加甘肃省普通高中新课程实验学科骨干培训；2011年参加甘肃省兰州市市属中小学县区级骨干教师培训；2001至今担任本校教研组长；2012年担任

兰化总校教研组长。

0825 魏志强

性　　别：男
出生年月：1961-01-27
民　　族：汉族
政治面貌：群众
职　　称：副高
学　　历：大学本科
所在单位：兰州市第六十三中学
通讯地址：甘肃省兰州市西固区第六十三中学（原兰化三中）
成　　就：常年工作于教学岗位上，成绩优良。辅导学生参加过全国及省市级的中学生作文竞赛，并多次获奖。近些年所获荣誉称号：1994年被评为兰化三中先进个人。1996年获得兰化总校转化后进生工作奖。2007年被评为兰化三中本年度优秀教师。2010年被评为兰化总校本年度优秀教师。发表论文：2001年《成对运用关联词语的句子是否都是复句？》发表于《西北师大学报》。2002年9月《讲究授课艺术，优化课堂教学》获甘肃省2002年教育优秀论文一等奖。
简　　介：1978年1月至1981年1月，在甘肃省张掖市轻工机械厂当工；1981年2月至1983年1月，在兰化工大中文专科班学习汉语言文学专业，获取大专学历；1983年1月至1983年7月，在兰化总校教务科担任培训教师；1983年8月至今，在兰州市第六十三中学（原兰化三中）担任语文教师；工作期间，于1987年8月至1990年8月，在西北师范大学函授学习汉语言文学专业，获取本科学历。本人较为擅长汉语知识，尤其是现代汉语的语法分析。

0826 刘海菊

性　　别：女
出生年月：1971-11-06
民　　族：汉族
政治面貌：党员
职　　称：副高
学　　历：大学本科
所在单位：兰州市第六十四中学
通讯地址：兰州市第六十四中学
成　　就：2005年荣获西固区教育系统优秀共产党员；2006年荣获西固区优秀教师；2011年荣获西固区优秀班主任；2014年荣获兰化总校优秀教师。2007年撰写的《历史教学中动态生成性问题的产生和利用》发表在《甘肃教育》上；2012年在《教师》杂志上发表《后进生管理的点滴体会》一文；2013年撰写《浅谈如何在历史教学中渗透心理健康教育》发表在《中学教学参考》上；2014年发表《〈社会危机四伏和庆历新政〉教学设计》在《新课程》杂志上。
简　　介：中学历史高级教师，兰州市第64中学高中历史教师。1989.9—1993.6在西北师范大学历史系学习；1993年7月参加工作，从事历史教学。

0827 陈金明

性　　别：男
出生年月：1965-02-11
民　　族：汉族
政治面貌：党员
职　　称：副高
学　　历：大学本科
所在单位：兰州市第八十二中学
通讯地址：兰州市西固区福利东路589号
成　　就：中学语文高级教师，省建总公司优秀教师，发表论文《浅谈初中语文阅读指导》等。在教学工作中，能够积极主动参加教学研究和教学改革，倡导并担任"大语文"课题——"大量读写促语文素养提高"实验老师；参与"生本教育理念下的高效课堂"实验，取得优异成绩，发表论文《浅谈初中语文阅读指导》，获省建总公司优秀教师称号，多次获学校优秀教师。担任班主任工作19年，期间兼任年级组长6年。在班级管理中，推行"爱心"教育理念，充分发挥学生自主管理的能力，建立了融洽的师生关系，所带班级连续六年获学校先进班集体。

简　　介：参加工作以来，一直从事中学语文教学工作。2004年开始，担任一个班的语文教学工作，兼任学校办公室主任和学校工会主席。

0828 吴亚军

性　　别：女
出生年月：1975-06-24
民　　族：汉族
政治面貌：党员
职　　称：副高
学　　历：硕士研究生
所在单位：兰州市商贸职业学校
通讯地址：兰州市西固区山丹街138号
成　　就：长期从事初高中语文教学工作。现为兰州市市级骨干教师、兰州市教学新秀、兰州市教育系统优秀教师、优秀班主任。兰州市谈铁军名师工作室成员。2008年语文中考成绩名列兰州市市级示范性学校第一名。有多篇论文在《甘肃教育督导》《西部教育》等杂志上发表。"个人课题"分获兰州市一、二等奖，多次参加论文比赛获得省市级奖项。

简　　介：1999年7月毕业于兰州师范高等专科学校；2004年函授获得北京师范大学汉语言文学本科学历；2009年取得了西南大学教育硕士学位；2008年获得国家级心理咨询师三级证书；现任教于兰州市商贸职业学校。

0829 杜芸

性　　别：女
出生年月：1965-09-12
民　　族：汉族
政治面貌：党员
职　　称：副高
学　　历：大学本科
所在单位：甘肃省商业学校
通讯地址：兰州市西固区福利东路27号
成　　就：本人从教26年来，一直从事语文及相关课程的教学工作，先后担任《中专语文》《大学语文》《应用文写作》《普通话水平测试培训》等课程的教学及班主任工作，立足岗位，兢兢业业，以良好的师德水平、较强的教学能力、独特的班级管理方式，为教育教学做出了自己的贡献，取得了一定的成绩，赢得了同行和学生们的赞许，多次被学校评为优秀教师、模范班主任。期间兼任学生科干事长达7年，积累了丰富的学生管理经验，多次被评为先进工作者。在搞好教学的同时，了解国内外的教学动态和先进思想，撰写的多篇论文在省级教育刊物上发表。在历年的教学工作考评中，多次被评为优良。2013年荣获"优秀党员"称号。

简　　介：1988年7月参加工作，西北师范大学汉语言文学专业毕业，文学学士学位；1988年7月至今，在甘肃省商业学校工作，主要担任语文课及相关课程教学，1989年9月取得助理讲师资格；1994年6月取得中级讲师任职资格；1994年9月—2001年7月，在校学生科兼职干事；1997年6月，取得中等职业学校教师任职资格，2003年12月，取得高级讲师资格，任职至今；2005年7月，取得省级"普通话水平测试员"资格。

0830 李霆

性　　别：女

出生年月：1971-03-23

民　　族：汉族

政治面貌：党员

职　　称：副高

学　　历：大学本科

所在单位：兰州市西固区合水路小学

通讯地址：兰州市西固区合水路小学

成　　就：1990—2001年，获全国语文观摩课二等奖、省级语文观摩课分获一、三等奖、兰化公司青年岗位能手、兰化公司优秀教师、区级骨干教师、优秀班主任、优秀辅导员。2001—2003年，获市级骨干教师、优秀班主任。

简　　介：1990年9月毕业于兰州师范。1990年9月至今在兰化三校任语文教师班主任；2002年取得西北师范大学 小学教育大专学历；2011年取得成都体育学院 小学教育管理，本科学历；自2007年至2011年还担任了政教处主任一职。

0831 李东升

性　　别：男

出生年月：1969-09-28

民　　族：汉族

政治面貌：党员

职　　称：副高

学　　历：大学本科

所在单位：西固区教育局教研室

通讯地址：西固区教育局教研室

成　　就：2002年荣获区级骨干教师，2007年荣获123课堂教学设计案例三等奖，2001年荣获全国初中物理竞赛兰州赛区优秀辅导教师奖，2014年荣获西固区优秀教师，2002年荣获西固区优秀教师，2008年荣获西固区先进教育工作者，2002年荣获西固区"教育质量优胜奖"，2004年荣获教师技能系列大赛讲课比赛优秀组织奖，2004年荣获教师技能系列大赛讲课比赛二等奖，2007年荣获优秀论文一等奖，2007年荣获优秀论文一等奖。

简　　介：1988年9月—1991年6月，在兰州师专学习；1991年7月—2005年2月，在兰州市西固区新城中学任教；2005年2月至今，在兰州市西固区教育局教研室工作。

0832 常娥

性　　别：女

出生年月：1964-03-01

民　　族：汉族

政治面貌：民主党派

职　　称：副高

学　　历：大学本科

所在单位：兰州市第六十三中学

通讯地址：兰州市西固区福利西路334号

成　　就：从教30余年，长期工作在教学第一线，担任班主任工作达21年，所带学生多届多人次考入全国各重点院校和普通高校，曾荣获省级骨干教师，兰州市青年教师能手，兰州市高中优质课一等奖，石化优秀班主任等荣誉称号。

简　　介：1982至1990在省建二中工作；1990年至今在兰化三中工作。

0833 陈福江

性　　别：男

出生年月：1966-08-04

民　　族：汉族

政治面貌：党员

职　　称：副高

学　　历：大学本科

所在单位：西固区范坪学校

通讯地址：兰州市西固区先锋路小区

成　　就：2000年撰写的论文《功欲善其高，必先利其器》在兰州市中学数学学科教育教学优秀论文评比中被评为二等奖，2008年撰写的论文《优化课堂结构 提高教学效率》在优秀学术论文评比中荣获一等奖，并刊登在《中国教育研究与创新》2008年第12期上。本人也因工作认真，各方面成绩突出，于1998年度、1999年度、2000年度被评为乡级优秀教师，2008年度被评为区级优秀教师。

简　　介：1966年8月出生，1987年6月毕业于临夏师范学校；1987年7月参加教育工作；1992年6月取得甘肃广播电视大学专科文凭；2004年取得西北师范大学教育管理本科文凭；2000年12月晋升为一级教师，2009年12月晋升为高级教师。

0834 金晓晖

性　　别：女
出生年月：1971-04-12
民　　族：汉族
政治面貌：群众
职　　称：副高
学　　历：大学本科
所在单位：兰州市第六十三中学
通讯地址：兰州市西固区福利西路334号
成　　就：2009年获兰州市教育局系统优秀教师荣誉称号；2005年获兰州市第八届教学新秀；2006年获兰州市教育局送课下乡优质课一等奖；2002年被评为兰州市中学区级骨干教师；2004年被评为兰化公司第十届"园丁奖"二等奖；2005年荣获兰州石化公司优秀班主任；2006年荣获兰州石化公司优秀班主任；2012年荣获兰州石化公司优秀教师及教育工作者；2000年荣获兰化总校双文明建设标兵；2006年被评为兰化总校青年岗位能手；2008年被评为兰州石化公司优秀班主任。
简　　介：1992.6—至今 在兰化三中任教。

0835 张学明

性　　别：男
出生年月：1963-03-01
民　　族：汉族
政治面貌：群众
职　　称：副高
学　　历：大学本科
所在单位：兰州市第二十八中学
通讯地址：兰州市第二十八中学
成　　就：2001年获得西固区骨干教师；2005年获得全国优秀裁判员；2014年获得兰州市优秀教练员；2014年在兰州市中学生乒乓球比赛中获得高中女子单打亚军，本人获得兰州市优秀教练员。
简　　介：1983.9—1985.6就读于长春师范学院；1993.8—1996.8就读于西北师大；1985.7—2003.3工作于兰州铝厂中学；担任体育教师工作，2003年在兰州二十八中学工作至今。其中兼职过总务、工会等工作。担任过学校排球队的教练和校田径队教练员。1999年取得中学一级教师资格，2009年取得高级教师任职资格。2002年担任信息技术组组长的工作至今。

0836 杨萍

性　　别：女
出生年月：1962-10-01
民　　族：汉族
政治面貌：党员
职　　称：副高
学　　历：大学本科
所在单位：西固区教育局
通讯地址：兰州市西固区教育局
成　　就：1995年荣获兰州市教育事业统计先进个人；1996年荣获西固区先进教育工作者；1999年荣获全国基础教育优秀论文奖；2001年荣获西固区教育局优秀共产党员；

2001年荣获聘为兰州市中学教师中级职务任职资格评审委员会委员；2012年被评为甘肃省学生资助工作先进个人。

简　　介：1979年9月1日—1983年7月30日在西北师大上大学；1983年8月1日—1985年8月30日在兰州二十一中学任教；1985年9月1日至今在西固区教育局工作。

0837　畅世忠

性　　别：男

出生年月：1959-03-24

民　　族：汉族

政治面貌：群众

职　　称：副高

学　　历：大学专科

所在单位：兰州市第二十三中学

通讯地址：兰州市第二十三中学

成　　就：1993—1994学年度被评为优秀班主任；1994年被评为学校教学新秀；1995年被评为西固优秀教师；1996年被评为兰州市优秀教师；2000年本人撰写的论文《平行线分线断成比例定理教学体会》在兰州市中学数学学科教育优秀论文评为三等奖；2013年本人指导的学生王娟参加全国中学数学能力竞赛中，荣获九年级组全国三等奖。

简　　介：1976年2月—1985年8月 在陇西县渭河学校任教（1980年12月转正）；1985年9月—1987年6月 在定西教育学院读大专（数学专业）；1987年6月—1990年5月 在陇西县首阳中学任教；1990年6月—2014年12月 兰州二十三中学任教。

0838　王志琪

性　　别：女

出生年月：1964-12-01

民　　族：汉族

政治面貌：群众

职　　称：副高

学　　历：大学本科

所在单位：西固区教师进修学校

通讯地址：兰州市西固区玉门街教师进修学校

成　　就：有论文发表、被评为区级优秀教师和市级骨干教师。

简　　介：1979年9月—1981年6月在庆阳师范专科学习；1998年9月—2000年12月 在西北师范大学学习；1981年7月—1986年1月 在甘肃省卓尼洮河林业局学校工作；1986年9月—1993年7月在西固区东川中学工作；1993年8月—2005年7月在兰州21中工作；2005年8月至今在西固区教师进修学校工作。

0839　胡月英

性　　别：女

出生年月：1968-06-28

民　　族：汉族

政治面貌：群众

职　　称：副高

学　　历：大学本科

所在单位：兰州市第九十二中学

通讯地址：兰州市西固区庄浪东路70号

成　　就：2007年获校优秀教学案例三等奖；2008届所带初三学生数学中考成绩名列西固区第三；2009年7月论文《如何在数学教学中培养学生的创新能力》在《科技与教育》杂志发表并在优秀论文评比中获一等奖；2009年8月论文《数学教学中预防学困生逆反心理的几点做法》在《中国教育研究与创新》杂志发表，且授予"优秀学术论文"获一等奖；2009年校教学课件设计比赛中获优秀奖；2010—2011学年所带班获校"文明班级"称号；2012—2013学年校说课比赛中获三等奖；2012届所带初三学生数学中考成绩名列西固区第二；2012—2013 学年所带班获校"优秀班集体"称号；2012 年全国中学生数学能力竞赛中所带学生席皓晶、孙鹏获九年级组二等奖。

简　　介：毕业于西北师范大学数学与应用数学专业，本科学历，高级教师。1992 年参加工作，教学经验丰富，工作兢兢业业、踏实负责，深受师生好评。

0840　阎俊杰

性　　别：男

出生年月：1960-01-28

民　　族：汉族

政治面貌：党员

职　　称：副高

学　　历：大学本科

所在单位：甘肃省商业学校

通讯地址：兰州市西固区福利东路 27 号省商业学校

成　　就：自 1981 年参加工作以来，担任多门课的教学工作。《数学》《高等数学》《数理统计》《概率论》《纳税会计》《个人理财》《管理会计》《财务管理》《财经法规与会计职业道德》等课程的教学工作，每学期均超额完成教学任务，多次被评为学校优秀教师、模范班主任、优秀党员，被团省委评为优秀学校团干部、两次评为全省大学生暑期社会实践优秀指导者，被省教育厅授予"全省模范班主任"称号。工作以来，共发表专业论文 15 篇，主编中职学校《数学》教材一本，参编中专教材及学校指导、练习册 5 本。当选甘肃省中专数学教研会理事。

简　　介：1976.5—1978.9 在兰州榆中县和平公社袁家营大队插队下乡；1978.9—1981.7 在甘肃省财贸学校电视专业学习，中专毕业；1981.8—现在 在甘肃省商业学校任教，高级讲师；1982.8—1987.7 在兰州大学夜大学数学专业，大学本科毕业；1991.8—1996.7 在兰州商学院会计专业学习，获第二本科学历；1989.7 担任甘肃省商业学校团委书记（副科级），1993.4 担任甘肃省商业学校团委书记（正科级），1996.10 担任甘肃省商业学校教务科科长，1997.6 担任甘肃省商业学校人事科科长，1998.6 担任甘肃省商业学校学生科科长，2003.5—2013.4 担任甘肃省商业学校教学督导室主任。

0841　朱文卿

性　　别：男

出生年月：1971-10-02

民　　族：汉族

政治面貌：党员

职　　称：副高

学　　历：大学本科

所在单位：兰州市第二十一中学

通讯地址：兰州市第二十一中学

成　　就：1993 年被授予西固区优秀少先队辅导员荣誉称号；1995 年被西固区委、区政府授予西固区优秀教师荣誉称号；2006 年度被西固区教育局党委评为西固区教育系统优秀党员荣誉称号；2010 年度被西固区教育局评为西固区优秀班主任荣誉称号。2002 年、2003 年、2005 年、2014 年分别被学校评为校级优秀教师、校级优秀班主任、校级优秀辅导员等荣誉称号。本人所撰写的三篇文章发表，其中《作文互改重在方法指导》于 2012 年 3 月在《甘肃教育》发表。本人所参与（排名第三）省级规划课题《初中语文阅读写作教学创新研究》于 2012 年 6 月经专家组评审，通过鉴定。

简　　介：1987 年 8 月至 1991 年 6 月在兰州师范学校读中师；1990 年 1 月开始参加汉语言文学专业自学考试，于 1993 年 12 月专科毕业；2003 年 12 月本科毕业，本人 1991

年7月参加工作；1991年7月至1996年1月在兰州市第二十三中学从事语文教学工作；1996年2月至现在在兰州市第二十一中学从事语文教学工作；本人于1995年12月获得二级教师任职资格，2000年12月获得一级教师任职资格，2010年12月获得高级教师任职资格。

0842 樊书兴

性　　别：男
出生年月：1964-08-16
民　　族：汉族
政治面貌：群众
职　　称：副高
学　　历：大学本科
所在单位：兰州市第六十九中学
通讯地址：兰州市第六十九中学
成　　就：1993年获"兰州市首届教案评优物理学科优秀教案二等奖"；2001年兰州市中学区级骨干教师；2006年获"兰州新西部维尼纶有限公司先进工作者"；2010年获"西固区先进教育工作者"称号；2011年被评为"兰州市骨干教师"；2011年获"兰州市优秀公开课"；2012年《生物科学》获兰州市学科主题社区比赛二等奖；2013年第23届全国初中应用物理竞赛优秀教师辅导奖；2011年参与课题《信息技术与理科教学的有效整合研究》通过兰州市"十一五"市级课题的鉴定；2013年参与课题《农村中学学生心理健康教育的研究》通过兰州市"十二五"市级课题的鉴定。
简　　介：1982.9—1986.6在西北师范学院物理系读大学，取得理学学士学位；1986.7—2003.3在兰维中学任教，担任高中物理教学工作，先后担任物理教研组长、中学部主任、教导处副主任，1998年3月—2003年2月任兰维中学教导主任；2003.4—2007.3在兰维中学担任高中物理教学工作，任副校长，兼教导主任；2007.4—2013.7在兰州市第六十九中学担任高、初中物理教学工作，任副校长；2013.8—至今，在兰州市第六十九中学任教，任校长；1997年6月获高级中学教师资格，1995年取得中学一级教师任职资格，2010年12月取得高级教师任职资格。

0843 王国俊

性　　别：男
出生年月：1976-12-20
民　　族：汉族
政治面貌：党员
职　　称：副高
学　　历：大学本科
所在单位：兰州市西固区福利西路小学（兰化四校）
通讯地址：西固区福利西路429号
成　　就：2007年起参与由北京师范大学教授裴娣娜主管、属于国家各行各业155个重点课题之一的"教育创新"课题研究，2007年，在古诗词教学方面的研究成果代表甘肃省参加全国评比获一等奖，2007年9月被兰州石化公司评为优秀教师、兰州市教育局系统十大杰出青年教师，2011年被评为兰州市中小学区级骨干教师，撰写的论文多次获奖。2002年承担的《培养小学生自主探究的意识和能力的研究》被甘肃省教育科学规划领导小组办公室列为专项研究课题并被评为兰州市教育科研一等奖。2012年编写了一套校本教材——《诵读经典诗文，营造书香校园》（共12册）。
简　　介：1993.09—1996.06武威师范就读；1996.09—1999.06兰州师专就读，其间：1998.09—2003.12取得兰州大学汉语言文学专业本科学历；1999.07—2002.12兰化一校任教；2003.01—2014.11 兰化一校任教，担任教导处副主任、主任、办公室主任；2014.12—至今兰州市西固区福利西路小学副校长。

0844 颜建强

性　　别：男
出生年月：1962-04-15
民　　族：汉族
政治面貌：群众
职　　称：副高
学　　历：大学本科
所在单位：兰州市第六十三中学
通讯地址：兰州市西固区福利西路334号
成　　就：从事初高中英语教学33年，及班主任工作20年，多次受到各种奖励。
简　　介：1981.1—2014.12 在兰化三中工作。

0845 魁静

性　　别：女
出生年月：1966-10-01
民　　族：汉族
政治面貌：党员
职　　称：副高
学　　历：大学本科
所在单位：西固区教育局
通讯地址：兰州市西固区教育局
成　　就：1995年获"西固区优秀教师"荣誉称号。1995至1997年度获得"西固区优秀团干部"荣誉称号。2000年获得"西固区优秀教师"荣誉称号。2000年获得"兰州市骨干教师"称号。2000年获得"西固区优秀党员"称号。2000年论文"班主任应加强学生的心理素质教育"获西固区论文评比一等奖。
简　　介：1986年9月至1988年7月在兰州师范专科学校就读；1988年7月至2005年10月在西固区新城中学任教；2005年10月至今在西固区教育局工作。

0846 洪海鹰

性　　别：女
出生年月：1977-07-19
民　　族：汉族
政治面貌：党员
职　　称：副高
学　　历：大学本科
所在单位：兰州市西固区福利东路第二小学
通讯地址：兰州市西固区福利东路239号
成　　就：从教以来先后获得甘肃省陇原名师、甘肃省骨干教师、甘肃省青年教学能手、兰州市金城名师、兰州市教书育人楷模、兰州市优秀教师、兰州市骨干教师、兰州市教学新秀、兰州石化公司劳动模范等荣誉称号。主持、参与的8项课题通过省市级鉴定，3项获成果奖，发表论文30余篇，出版专著《出发了，就一直往前走》《从心开始的教育》。
简　　介：语文高级教师，1998年7月参加工作。

0847 刘娇英

性　　别：女
出生年月：1964-03-23
民　　族：汉族
政治面貌：党员
职　　称：副高
学　　历：大学本科
所在单位：兰州园艺学校
通讯地址：西固范坪18号
成　　就：在任教期间，主要从事数学课的教学工作，在教学期间能严格要求自己，工作上认真负责，严于律己，在学习期间能认真努力刻苦的学习相关专业知识，积极参见学校组织的各项活动，表现突出。

简　　介：1985.6参加工作。1985.6—1989.9在榆中县第六中学任教，在任教期间，主要从事数学课的教学工作；1989.9—1991.6在兰州教育学院脱产进修学习；1991.6调入兰州园艺学校从事教学与管理工作至今；其中1998.8—2009.11在兰州园艺学校任教务副主任，2009.11至今任兰州园艺学校招生就业办主任。

0848　白虎志

性　　别：男
出生年月：1958-08-29
民　　族：汉族
政治面貌：党员
职　　称：副高
学　　历：大学本科
所在单位：兰州园艺学校
通讯地址：兰州市西固区范坪18号
成　　就：工作以来，先后从事农机技术社会培训教学、中专数学、物理、农机具等基础课程的教学实训工作，教学业务组织管理、学生管理、学校行政后勤组织管理等工作。发表相关业务论文6篇，获甘肃省农机技术改进四等奖1次，获兰州市农牧系统先进工作者表彰奖励2次，获兰州市委优秀党务工作者表彰1次。
简　　介：1979年8月参加工作。现为兰州园艺学校党委副书记，高级讲师。1976.9—1979.7在甘肃农业大学农机系读书；1979.8—1986.6在兰州市农业机械化学校教书；1986.7至今在兰州园艺学校工作，先后担任教师、教务主任、办公室主任等职，其中2000年任学校党总支副书记。

0849　陈兰

性　　别：女
出生年月：1960-01-16
民　　族：汉族
政治面貌：群众
职　　称：副高
学　　历：大学专科
所在单位：兰州市第二十一中学
通讯地址：兰州市第二十一中学
成　　就：1997年获兰州市垒球比赛第四名。
简　　介：1973年8月—1975年7月在兰州十五中上初中；1975年8月—1977年7月在兰州十五中上高中；1977年8月—1979年7月在兰州师范高等专科学校体育系学习；1979年8月至今在兰州二十一中任教。

0850　郭军

性　　别：男
出生年月：1973-12-10
民　　族：汉族
政治面貌：党员
职　　称：副高
学　　历：大学本科
所在单位：西固区月牙桥中心学校
通讯地址：兰州市西固区月牙桥中心学校
成　　就：2001、2003年被西固区教育局评为西固区教育系统优秀党员。2005年被西固区团委评为青年岗位能手。2006年在参加兰州市说课比赛中获得三等奖。2007年获得西固区第一届青年教学能手称号。2008年在兰州市中学优质课竞赛中获得二等奖。2011年被评为兰州市中小学市级骨干教师。2012年被西固区精神文明建设指导委员会评为优秀志愿者。2012年9月个人课题《乡村少年宫建设与提高农村孩子综合素质的研究》获兰州市个人课题二等奖，并参与了2013年4月结题的规划课题《在农村学校渗透国学经典教育》的研究。2013年个人制作的地理课件《长江》被兰州市教育局评为二等奖。

2013年9月被西固区区委、区政府评为优秀教育工作者。

简　　介：1994年9月至1998年7月在西北师大地理系就读大学；1998年10月参加工作；1998年9至2009年12在兰州二十一中任教；2010年1月至2013年9月在西固区柳泉中心校担任校长；2013年10月至今担任西固区月牙桥中心校校长。

0851 李晓宁

性　　别：男

出生年月：1955-05-16

民　　族：汉族

政治面貌：党员

职　　称：副高

学　　历：大学专科

所在单位：兰州市第二十一中学

通讯地址：兰州市第二十一中学

成　　就：1988年度、1994年度、1995年度、2001年度获区级优秀教师。2002年在全国中学生物理竞赛中获优秀指导教师奖。2004年在《兰州教育》第二期发表《应用比较法解题实例》论文，同年被《中国教育教学丛书》收集并获《中国教育教学》论文一等奖；2005年在《开发研究》发表《深化学生对牛顿定律的理解》论文。

简　　介：1972年6月至1984年7月白银公司中学任教（期间：1979年3月至1980年3月中央广播电视大学白银公司中学教学点理科班，1980年3月至1982年1月在兰州市教育学院物理系学习）；1984年8月至2003年2月兰州铝厂中学任教；2003年3月至2008年12月兰州二十八中学任教（期间：2003年5月至2008年12月借调到兰州二十一中学）；2008年12月至今兰州市第二十一中学任教。

0852 周满宏

性　　别：男

出生年月：1967-12-25

民　　族：汉族

政治面貌：党员

职　　称：副高

学　　历：大学本科

所在单位：兰州园艺学校

通讯地址：兰州市西固区范家坪18号

成　　就：从事园林苗圃学、园林植物栽培与养护、花卉生产技术等课程的教学工作。发表相关学科科技论文10余篇。获得2次（2014年、2015年）兰州市中等职业学校大赛农业技能比赛优秀指导教师奖。获得2011年全国农林类"创新杯"教师说课比赛一等奖。

简　　介：1990年6月毕业于甘肃农业大学林学院林学专业；1990年10月参加工作，分配到甘肃省农业科学院榆中园艺试验场工作，助理农艺师；1993年3月调入兰州园艺学校，历任助理讲师、讲师、高级讲师，现任教务科副科长；主要从事园林苗圃学、园林植物栽培与养护、花卉生产技术等课程的教学工作。

0853 贺丽红

性　　别：女

出生年月：1968-12-17

民　　族：汉族

政治面貌：党员

职　　称：副高

学　　历：大学本科

所在单位：西固区东川初级中学

通讯地址：兰州市西固区东川初级中学

成　　就：1998年英语课获得西固区现代教育课堂教学比赛一等奖；1998年参加兰州市现代教育技术课堂教学比赛，获得优秀奖；

2001年和2003年两次被评为西固区优秀党员；2002年被确立为兰州市中学市级骨干教师；2002年获得西固区优秀教师称号；2004年荣获兰州市优秀教师称号；2011年又被评为兰州市中小学市级骨干教师。

简　　介：兰州市西固区东川初级中学教师。1989年6月甘肃联合大学英语专业毕业后分配到兰州市西固区东川初级中学任教，至今已有25年工龄。参加工作后于2001年3月至2004年6月在中央广播电视大学英语专业进修深造，取得了本科学历，之后于2008年12月获得了高级教师职称。

0854 李萍

性　　别：女

出生年月：1968-12-24

民　　族：汉族

政治面貌：群众

职　　称：副高

学　　历：大学本科

所在单位：兰州市第二十一中学

通讯地址：兰州市西固东路160号

成　　就：2002年评为西固地区教学新秀。2004年、2006年连续两年被区委区政府评为西固区优秀教师。2007年获得西固区第一届青年教学能手称号。2007中国教育系统优秀教案评选获二等奖。同年辅导学生荣获全国初中数学竞赛二等奖。2007年12月教学设计案例《二次函数的图像》获全市义务教育阶段课堂教学设计案例一等奖。2009年荣获西固区教育系统师德先进个人。2009年，指导学生荣获初中九年级数学组全国三等奖。2009年兰州市教学骨干及学科带头人。2010年被市委、市政府评为兰州市教书育人楷模。

简　　介：1987年9月至1990年7月在在兰州师范专科学校数学系学习；1990年8月参加工作；1990年9至1993年7在西固区柳泉中学任教；1993年8月至今在兰州市第二十一中学任教。

0855 陈德金

性　　别：男

出生年月：1958-10-03

民　　族：汉族

政治面貌：党员

职　　称：副高

学　　历：大学专科

所在单位：兰州市第二十一中学

通讯地址：兰州市西固东路160号

成　　就：1988年1月被评为甘肃省文明青年，1990年被省委省政府评为甘肃省优秀德育工作者，1992年在武威地区课堂教学评优活动中被评为优胜教师。

简　　介：1978年12月至1980年兰州师专学生；1980年12月至1991年7月在武威三中任教；1991年8月至1995年6月在武威6中任教；1995年7月至今在兰州市第二十一中学任教。

0856 达朝伟

性　　别：男

出生年月：1969-02

民　　族：汉族

政治面貌：党员

职　　称：副高

学　　历：大学本科

所在单位：西固区东川中学

通讯地址：兰州市西固区东川中学

成　　就：1992年被评为红古区红古乡乡级"优秀教师"，1993年评为红古区区级"优秀教师"，1999年被评为西固区达川乡乡级"优秀教师"，2002年被评为西固区达川乡乡级"优秀教师"，2010年被评为西固区区级"优秀教师"，2011年被西固区教育局评为"兰州市中小学区级骨干教师";2004年—2012被学校2次评为"十佳教师",1次"优秀党员",1次"课改之星",1次"优秀教师",3次"优秀班主任"。2009年指导的学生在全国应用物理知识竞赛中获得兰州赛区三等奖,本人获得"优秀指导教师"奖,2010年《认识浮力》教学课例被兰州市教育局组织的"第九届信息技术与学科教学整合课例"比赛获得三等奖,2010年制作的课件《〈探究影响浮力大小的因素〉第一课时认识浮力》在中国基础教育研究会主办的"第六届全国中青年教师优质课大赛"活动中获得二等奖。

简　　介:毕业于西北师范大学。1990年9月至1992年6月在兰州教育学院物理系学习;2006年4月至2009年6月在西北师范大学学习教育管理专业;1992年7月至1995年10月在红古区红古乡米家村小学从事小学数学教学工作;1995年11月至2004年7月在西固区达川中学从事初中物理教学工作;2004年8月至今在西固区东川中学从事初中物理教学工作。2000年7月加入中国共产党。

0857　李永春

性　　别:女

出生年月:1965-02-13

民　　族:汉族

政治面貌:群众

职　　称:副高

学　　历:大学专科

所在单位:西固区桃园中学

通讯地址:西固区桃园中学

成　　就:2007年辅导学生王永龙参加华罗庚杯数学竞赛获三等奖。2008年荣获西固区优秀教师;2009年在数学教学研究第28卷第7期上发表《中点在立体几何解题中的价值》的论文。

简　　介:1983年7月毕业于兰州师专数学科;1983年被分配到西固区桃园中学任教;1983年—1989年从事高中数学教学;1989年—至今从事初中数学教学。

0858　王晓元

性　　别:男

出生年月:1965-08-11

民　　族:汉族

政治面貌:党员

职　　称:副高

学　　历:大学本科

所在单位:西固区桃园中学

通讯地址:西固区桃园中学

成　　就:1996年获得西固区"优秀教师"称号;1997年获得西固区"十佳教师"称号;199年参加兰州市第六届教学新秀比赛,获兰州市"教学新秀"称号;2001年、2003年、2005年、2007年获西固区教育系统"先进党务工作者"称号;2006年、2007年发表的论文获优秀论文奖;2008年获西固区"先进教育工作者"称号;2005年参加全国校长网络培训获兰州市优秀学员称号。

简　　介:1985.07—1992.02永登县苦水乡沙湾学校教师;1992.03—1993.07在西固区达川中学任教;1993.08—1999.10在西固区东川中学任教;1999.11—2003.09在西固区东川中学任党支部副书记;2003.10—2004.09在西固区东川中学任党支部书记;2004.09—2011.04在兰州市第二十一中学任党支部书记;2011.05—至今在西固区桃园中学任校长。

0859　刘伟东

性　　别:女

出生年月:1968-11-14

民　　族:汉族

政治面貌：群众
职　　称：副高
学　　历：大学本科
所在单位：兰州市第九十二中学
通讯地址：兰州市西固区庄浪东路70号
成　　就：在工作中能够认真钻研，爱岗敬业。1990年被共青团西固区委评为先进青年；1991年被西固区委评为优秀团干；1999年被评为中学一级教师；2000年在西固区现代教育技术课堂教学比赛中获二等奖；2002年10月《克服单词记忆的困难 培养学习兴趣》一文在《教育新导向》举办的"园丁论坛"征文大赛中获二等奖；2007年学生吕顺祥在全国中学生英语能力竞赛中获二等奖；2008年10月《浅谈英语教学中的素质教育》一文在《中国教育研究与创新》上发表并获二等奖；2009年在校教学基本功竞赛中获三等奖；2009年学生刘立蓉、尹丹丹在全国基础教育英语综合能力竞赛中分别获一等奖和三等奖；2009年被评为中学高级教师；2010年《素质教育下的英语课堂教学形式》一文在《中国教育研究与创新》上发表并获一等奖；2010年学生姚瑶在全国基础教育英语综合能力竞赛中获三等奖；2011年学生李振耀在全国基础教育英语综合能力竞赛中获三等奖。
简　　介：1981年7月至1987年7月在省建二中就读；1987年7月至1989年7月在甘肃联合大学就读；1989年7月毕业后分配到西固区柳泉中学任教；1989年7月至2009年3月在西固区柳泉中学任教；2009年3月至今在西固区庄浪路第一学校任教。

0860 沈有志

性　　别：男
出生年月：1962-05-21
民　　族：汉族
政治面貌：党员
职　　称：副高
学　　历：大学专科
所在单位：兰州市第九十九中学
通讯地址：兰州市西固区清水南街佳隆小区4号楼1单元408
成　　就：1990年获兰州铝厂"双文明标兵"称号。1992年获兰州铝厂中学"优秀教师"称号。1996年获"兰州市教学新秀"称号。1999年—2003年，在兰州铝厂中学任校长办公室主任。
简　　介：1979年9月—1981年7月，在张掖高等师范专科学校上学；1981年7月—1984年8月，在山丹县第二中学任教；1984年8月—1985年5月，在山丹县第一中学任教；1985年6月—2003年1月，在兰州铝厂中学任教；2003年2月—2013年7月，在兰州市第二十八中学任教；2013年8月—现在，在兰州市第九十九中学任教。

0861 马光兰

性　　别：女
出生年月：1963-03-08
民　　族：汉族
政治面貌：党员
职　　称：副高
学　　历：大学本科
所在单位：福利路第一小学
通讯地址：西固区福利西路345号
成　　就：2012年被评为甘肃省特级教师；2002年省教育厅授予"园丁奖"和"甘肃省教学能手"称号；2011年被评为兰州市教育局优秀教师；1996年被评为兰州市教学新秀，曾多次在省市区做示范课，有良好的示范引领作用。2012年被兰州市教育局评为联校、校本培训先进工作者；2012年被兰州市教育局评为家庭教育工作先进个人；2010年被评为兰州市"三八红旗手"；2013年被评为西固区领军人才；2012年荣获西固区中小学名师称号；2004、2008、2010年分别被评为西固区"先进教育工作者"。参与的省级课题鉴定结题并被评为兰州市基础教育科研成果一等奖、甘肃省基础教育科研成果三等奖；参与的课题在市教科所立项并结题，评为兰州市基础教育科研成果一等奖；负责的课题《让学生感受学数学的乐趣——关于小学数学作业设计的研究与探索》在兰州市教科所立项。

简　　介：1982年8月—1983年8月 西固区河口乡八盘小学教师；1983年8月—1989年8月 西固区河口乡岗镇小学教师；1989年8月—1996年9月 西固区福利一小教师；1996年9月—2003年6月 西固区福利一小教导主任；2003年6月—至今 西固区福利一小校长。

0862　赵英生

性　　别：女

出生年月：1968-03-12

民　　族：汉族

政治面貌：党员

职　　称：副高

学　　历：大学本科

所在单位：兰州市商贸职业学校

通讯地址：兰州市西固区山丹街138号兰州市商贸职业学校

成　　就：2014年被评为校级"优秀班主任"，2013年被评为校级"优秀教师"，2012年被评为校级"优秀班主任"，2011年被评为校级"优秀班主任"，2011年在创先争优活动中荣获"优秀共产党员"荣誉称号，2011年被评为全省中等职业学校优秀班主任；2009年荣获"兰州市教育系统优秀教师"光荣称号，并被评为校级"优秀班主任"；2008年被评为校级"优秀教师"；2003—2004学年、2004—2005学年、2005—2006学年连续三年获得校级"优秀班主任"称号；2005年荣获"兰州市教育系统优秀党员"光荣称号。

简　　介：1988年9月—1991年6月 在兰州师范专科学校英语系学习；2000年4月—2003年6月 在西北师范大学自考英语专业；1991年7月毕业于兰州师范专科学校英语系（三年制，大学专科）；1999年10月参加西北师范大学英语本科自考，并于2003年6月取得本科学历；2008年12月取得中学英语高级教师资格，2009年6月被聘为兰州市商贸职业学校高级教师。

0863　徐永华

性　　别：女

出生年月：1966-09-21

民　　族：汉族

政治面貌：党员

职　　称：副高

学　　历：大学本科

所在单位：西固区东川中学

通讯地址：西固区东川中学

成　　就：论文《抓好课堂教学，全面提高教学质量》获兰州市三等奖，《千人评课》获西固区一等奖，《课堂提问初探》获西固区一等奖，《班主任要以情育人》获西固区三等奖。2000年，2008年两次被评为西固区优秀教师。1996年，2005年两次被评为西固区优秀党员。1995年获西固区教学新秀荣誉称号，1911年荣获兰州市市级骨干教师，2011年荣获兰州市西固区骨干教师。

简　　介：1986.9—1988.6 甘肃联合大学，2001.1—2003.11 中央电大学习；从1988年7月参加工作至今在西固区东川中学任教，在任职期间从事数学、计算机以及英语教学；

于 2008 年 12 月被评为中学高级教师；在工作的 26 年里，从事班主任工作接近 20 年。

0864 仝清云

性　　别：女
出生年月：1970-12-01
民　　族：汉族
政治面貌：群众
职　　称：副高
学　　历：大学本科
所在单位：兰州市第六十二中
通讯地址：兰州市西固西路 342 号
成　　就：曾获兰州市优秀教师、兰州市市级骨干教师、骨干教师培训优秀学员，连续三年获石化公司优秀班主任、公司优秀教师，所辅导学生获全国语文知识能力竞赛一二三等奖、兰州市现场作文大赛一等奖、兰州市演讲比赛三等奖。撰写的三篇论文分别发表在省级刊物《甘肃教育》《新课程改革》《新课程学习》上。曾获石化公司园丁一等奖，在兰州市高中说课大赛中获三等奖，作为优秀骨干教师参加了历时两年的第二届教师发展学校的培训。
简　　介：1989.09—1993.06 西北师范大学汉语言文学专业学习；1993.07—至今 兰州市第六十二中学教育教学工作。

0865 叶红艳

性　　别：女
出生年月：1965-06-08
民　　族：汉族
政治面貌：群众
职　　称：副高
学　　历：大学专科
所在单位：兰州市第九十九中学
通讯地址：兰州市第九十九中学
成　　就：在 20 多年的毕业班教学生涯中，学生中考，都能取得兰州市排名前三的好成绩，并多次荣获第一名，得到学校的奖励。曾荣获 2008 年全国初中生化学素质和实验能力竞赛甘肃赛区优秀指导奖。指导的张宇同学在 2014 年全国初中学生化学素质和实验能力竞赛中，成绩优异，荣获甘肃赛区二等奖。
简　　介：1993.03—2007.07，在兰州西固热电厂子弟中学担任初三化学教学工作；2007—2009 至今，在兰州市第九十九中学任初三化学教学工作。

0866 郝淑琴

性　　别：女
出生年月：1965-01-17
民　　族：汉族
政治面貌：群众
职　　称：副高
学　　历：大学本科
所在单位：兰州市第六十九中学
通讯地址：西固区新维路 51 号
成　　就：热爱教育事业，具有良好的思想品质，能独立完成工作，本人思想开放，工作热情高，易于接受新事物，有吃苦耐劳的精神，同时也对自己思想上有了更加高的要求。服从学校的工作安排，默默无声地配合领导和老师们做好校内外的各项工作，得到了领导和同事的肯定。这些肯定使我在以后的工作中变得更有信心、有动力做好每一样工作。本人 2003 年组织学生参加全国美术作品比赛，16 人分别获一等奖二等奖三等奖，并获集体二等奖。2014 年参加全国中学生书画大赛，获得一等奖两名 . 二等奖两名 . 三等奖一名。2012 年本人获得全国教师书画大赛二等奖。
简　　介：2003 年于宁夏大学美术系毕业；1982.7—1987.7 在内蒙古额济纳旗文化

局任职；1987.7—2007.4 在兰维中学任教；2007.5 至今在兰州市第六十九中学任教。

0867 李海崇

性　　别：男
出生年月：1976-03-01
民　　族：汉族
政治面貌：党员
职　　称：副高
学　　历：大学本科
所在单位：兰州市第二十一中学
通讯地址：兰州市西固东路160号
成　　就：2000年先后获西固区和兰州市现代教育技术课堂教学比赛二等奖；2005年、2007年、2013年分获西固区"教学新秀"；2007年、2011年分获西固区教育系统"优秀党员"称号；2009年年获西固区教育系统师德演讲比赛优秀奖；2009年获西固区中小学教师基本功大比武二等奖；2013年11月获兰州市"市级骨干教师"称号，参评的公开课获"市级优秀公开课"；2014年发展为市教育局组织的"首届全国名师发展学校"学员。主编学校校本课程教材《弟子规》和《三字经》；2009年、2013年、2014年在省级以上刊物发表语文学术论文3篇；2011年6月本人负责的省级教育规划课题《初中阅读与写作创新》结题。
简　　介：1994年临夏师范毕业后保送兰州师范高等专科学校中文系，1997年7月毕业至今，在兰州市第二十一中学任教；1999年9月参加西北师范大学汉语言文学教育专业学习，2002年7月获西北师范大学汉语言文学教育专业本科学历；1997年7月—2003年8月在兰州21中从事初高中语文教学兼班主任工作；2003年7月—2009年12月在兰州21中从事高中语文教学、语文教研组长和班主任工作；2009年12月—现在 在兰州21中从事学校办公室主任、支部宣传委员和初高中语文教学工作。

0868 陈新功

性　　别：女
出生年月：1967-01-15
民　　族：汉族
政治面貌：党员
职　　称：副高
学　　历：大学本科
所在单位：兰州市第九十二中学
通讯地址：兰州市西固区庄浪东路70号
成　　就：本人自参加工作以来，热爱本职工作，爱岗敬业，不断积极进取，取得了良好的工作业绩。在1990年7月参加工作以来担任初中语文教学工作，所带学科成绩良好，深受学生喜爱。在2001年9月担任达川中心校校长助理，主抓学校教学教研工作，学校教学成绩处在全区中心校前列。2011年担任达川中学校长一职，不断拓展办学思路，促进学校全面内涵式发展。在教学成绩不断提升的同时，学校的体育、艺术、科技等方面也得到进一步提升，频频在市区相关比赛中获奖。以学校文化建设促学校可持续发展，逐步步入了良性发展轨道。本人获得过兰州市优秀教师、西固区教育系统优秀党员荣誉称号。所撰2篇论文分别发表在《教育与革新》《甘肃教育督导》上。
简　　介：1990年7月毕业于兰州师范专科学校参加工作；2006年获得兰大自考汉语言本科学历；1981年7月至1987年7月在永靖一中就读；1987年9月至1990年7月在兰州市专中文专业学习；1990年7月毕业后分配到永靖县第六中学任教；1995年9月调入西固区达川中学担任语文教学；2001年9月—2011年7月担任达川中心校校长助理，2011年9月担任达川中学校长职务；2013

年8月至今，在西固区庄浪路第一学校任教。

0869 何友成

性　　别：男
出生年月：1957-06-01
民　　族：汉族
政治面貌：党员
职　　称：副高
学　　历：大学本科
所在单位：兰州市第二十八中学
通讯地址：兰州市第二十八中学
成　　就：2001年兰州铝厂中学优秀教师；1998年辅导的学生王英、李德君、贡琪君在全国中学生外语口语竞赛中分获高中组二、三等奖；2000年辅导的学生王婕、尹向东在全国中学生能力竞赛中荣获初二年级组三等奖；2003年辅导的学生李珊珊在全国中学生能力竞赛中荣获高一年级组三等奖；2004年辅导的学生李泽辉、迪慧和李珊珊、倪箐在全国中学生能力竞赛中分获高一和高二年级组三等奖；2010年辅导的学生严箐在全国基础教育英语综合能力竞赛中荣获六级（高一年级组）全国一等奖，张蕾、唐学文、李炜、郭佳馨荣获三等奖；2011年辅导的学生金一鸣、王尔瑜在全国基础教育英语综合能力竞赛中荣获七级（高二年级组）全国二等奖；2012年辅导的学生郝紫薇在全国基础教育英语综合能力竞赛中荣获八级（高三年级组）全国一等奖，金一鸣、王尔瑜荣获二等奖，闫昊婷荣获三等奖。
简　　介：中学高级教师。1975年1月从白龙江林管局中学高中毕业，同年4月插队，10月参加工作，在白龙江林业管理局森林调查队搞绘图工作；1978年6月至1995年6月在白龙江林管局中学从事中学英语教学并连续多年担任班主任工作，曾先后担任英语教研组组长、校团委副书记、办公室主任、中学组教师党支部书记、教导处主任；1995年7月至2003年2月在兰州铝厂中学从事高中英语教学，曾任教导处主任、校办公室主任；2003年3月至今在兰州市第二十八中学从事高中英语教学；1987年6月取得甘肃教育学院专科学历，2004年7月取得兰州大学网络教育学院本科学历。

0870 李颖

性　　别：女
出生年月：1974-09-12
民　　族：汉族
政治面貌：群众
职　　称：副高
学　　历：大学本科
所在单位：西固区福利东路第三小学
通讯地址：兰州市西固区福利西路726号
成　　就：主要成就：曾获甘肃省第三届中小学教学能手、兰州市骨干教师、兰州市小学英语学科带头人。参加国家级英语学科课题，通过鉴定并获一等奖。负责市级规划课题已结题正在鉴定中。在省市刊物上发表教育论文4篇，发表文章1篇。获兰州市教学一等奖，近10篇以上论文获省市级以上奖励。从事英语教学工作，工作认真，形成自己的教学风格。教学中进行传帮带，共带徒弟3名，两名已成长为校骨干教师。曾兼任兰化总校学科组长和学校英语指导教师，在总校和学校英语教学上有一定的引领作用。
简　　介：1996.8至今 兰化一校教师，英语指导（兼）。

0871 张林祥

性　　别：男
出生年月：1971-10-25
民　　族：汉族
政治面貌：群众

职　　称：副高
学　　历：大学本科
所在单位：兰州市第五十中学
通讯地址：兰州市第五十中学
成　　就：自从参加工作以来，一直担任高中英语教学工作，多年来担任高三毕业班的教学工作，取得了很好的成绩。所带的学生在全国英语能力竞赛中多次获得一、二、三等奖。在全国报纸刊物发表论文多篇；编写英语专著3部；参加市级规划课题2项；获兰化总校"师德先进"1次。
简　　介：1996年6月在兰州市第五十中学任教至今。

0872　李秋宾

性　　别：女
出生年月：1971-09-17
民　　族：汉族
政治面貌：民主党派
职　　称：副高
学　　历：大学本科
所在单位：兰州市第六十三中学
通讯地址：兰州西固区福利西路334号
成　　就：多年来，本人教育教学成绩优异。所带班文理科高考成绩多次位于兰州市市级示范校前三名（包括几次第一），历届所带学生也进入了北大、人大、浙大、天大、复旦、南开、中科大、国防科技大、中政法等名校。在理论上，本人有多篇论文在各级论文交流评选活动中获奖，或在省市国家级刊物上发表。在个人荣誉上，曾获学校、兰化总校、兰化公司优秀教师、班主任荣誉称号，省级国家级学生作文竞赛优秀辅导员称号，兰州市说课竞赛一等奖等。
简　　介：1989年—1993年6月就读于西北师大中文系；1993年6月—2008年6月在兰化四中工作；2008年7月至今在兰化三中工作。

0873　王晓霞

性　　别：女
出生年月：1957-12-01
民　　族：汉族
政治面貌：群众
职　　称：副高
学　　历：大学本科
所在单位：兰州二十八中
通讯地址：兰州二十八中
成　　就：1997年兰州铝厂中学优秀教师；2001年兰州铝厂中学优秀教师；2008年西固区优秀教师；2009年兰州二十八中学优秀教师；1997年辅导的学生于飞在全国中学生英语能力竞赛中获高中组一等奖；1998年辅导的学生于飞、徐凌在全国中学生外语口语竞赛中荣获高中组三等奖；2000年辅导的学生王静飞、王艳茹在全国中学生英语能力竞赛中荣获初三年级组三等奖；2003年辅导的学生景丹智在全国中学生英语能力竞赛中获初二年级组三等奖；2004年辅导的学生刘亚林、杨晶在全国中学生英语能力竞赛中荣获初三年级组三等奖；2010年辅导的学生郭宇翔、闫旭平、马媛媛、张泓霖、龚正云、罗素杰、王俐尹在全国基础教育英语综合能力竞赛中荣获五级（九年级组）全国三等奖。2009撰写的《感恩父母实践活动》案例获得全市中小学感恩和生命主题教育优秀案例二等奖。
简　　介：1974.6—1975.12在甘肃武都黄坪插队；1975.12—1978.4在文县白水江局松坪林场工作；1978.4—1996.7在白龙江林管局中学从事英语教学工作并连续多年担任班主任工作；1981.9—1982.7在西北师范大学进修；1993.3—1996.6参加高等师范专科自学考试英语专业学习；1996.7—2003.2在兰州

铝厂中学任教并担任班主任工作；2003.3—2012.12在兰州市第二十八中学任教并担任班主任，年级组长，学科组长工作。

0874 于艳玲

性　　别：女
出生年月：1963-11-28
民　　族：汉族
政治面貌：群众
职　　称：副高
学　　历：大学本科
所在单位：兰州市第二十八中学
通讯地址：兰州市第二十八中学
成　　就：2002年获得兰州铝厂优秀教师荣誉称号。2003年撰写的论文"浅谈一元二次方程根的判别式的应用"获得兰州市教育教学论文评选一等奖。2005年撰写的"浅谈数学课堂教学中的素质教育"一文发表在《甘肃社会科学》期刊。2006年获得兰州市西固区优秀教师荣誉称号。2012年获得兰州二十八中学优秀教师荣誉称号。
简　　介：1983.9—1987.7就读于中国矿业大学；1987.7—2003.3工作于兰州铝厂中学；2003.3—至今工作于兰州市第二十八中学；2003年3月正式调入兰州市西固区兰州二十八中学工作，并开始承担高中的数学课的教学任务至今，同时承担班主任工作，至2014年7月为止；2009年晋升为中学高级教师。

0875 马亚洲

性　　别：女
出生年月：1965-10-04
民　　族：汉族
政治面貌：群众
职　　称：副高
学　　历：大学本科
所在单位：兰州市第六十三中学
通讯地址：兰州市西固区福利西路334号
成　　就：本人一直承担高中语文教学工作，并多年担任高中语文教研组长，在工作中勤恳认真，所带高考班在历届高考中取得了优秀的成绩，在1998年荣获兰化公司优秀教师称号，本人也在2009年、2012年及2013年多次被评为总校及学校优秀教师。2007年荣获兰州市少年儿童《兰州零距离》杯"迎奥运、讲文明、树新风"演讲比赛辅导奖。在2008年和2009年全国中学生语文能力竞赛中指导的学生获得一等奖两名，二等奖两名，本人也获得优秀指导奖，在中学生作文竞赛中多次获得优秀指导奖。
简　　介：本人于1987年7月毕业于西北师范大学汉语言文学系；1987年7月至2004年7月在兰化四中任教；2004年8月至今在兰化三中任教。

0876 王悦琦

性　　别：女
出生年月：1976-08-23
民　　族：汉族
政治面貌：党员
职　　称：副高
学　　历：大学本科
所在单位：兰州市第九十九中学
通讯地址：兰州市第九十九中学
成　　就：主持国家级课题《语文教学的课内和课外，阅读与积累》，现已获准结题。已立项兰州市个人课题《在朗读教学中增强学生学习语文的兴趣》《语文课前预习有效性的研究》，均顺利结题，并都获得兰州市教育教学成果二等奖。作为主要参与者与校长研究一个已立项的市级规划课题——《实施"先学后教，精讲多练，合作探究"的本真课堂教育模式的研究》，已顺利结题。

2014年主持一项关于学校文化建设的规划课题，已立项，正在开展研究工作。近年来，撰写5篇论文在省级教育教学刊物上发表，还有多篇论文刊登在《西固教育》。现为学校校刊《荷韵墨香》及校报的主要负责人；带领教师已开发了《优秀古诗文欣赏》《架起沟通的桥梁——语言文字》《走进围棋》《跆拳道》《十字绣》等11项校本课程。

简　　介：1995年9月考入西北师范大学中文系，1999年7月毕业，获得文学学士学位；1999年7月就职于西固热电厂中学，从事班主任及初中语文教学工作；2006年12月，应政策企业学校移交地方政府管理，学校更名为西固区庄浪路第二学校，本人继续初中语文教学工作；2008年10月担任学校校办主任，2009年9月担任学校教务主任及教科室主任，2013年7月，被西固区组织部任命为庄浪路第二学校副校长（2014年1月学校已更名为兰州市第九十九中学），并继续从事初中语文教学工作。

0877 赵静茹

性　　别：女
出生年月：1962-04-06
民　　族：汉族
政治面貌：群众
职　　称：副高
学　　历：大学专科
所在单位：兰州市第二十八中学
通讯地址：兰州市第二十八中学
成　　就：在1996年、1998年、2000年、2002年都被兰州铝厂评为优秀教师，2001年被确定为兰州市中学县（区）级骨干教师。
简　　介：1978.9—1980.12，在兰州师专就学；1981年被分配到甘肃省甘谷县第四中学任高中数学教师；1984年12月底调入兰州铝厂子弟学校工作。

0878 宗德花

性　　别：女
出生年月：1968-08-26
民　　族：汉族
政治面貌：群众
职　　称：副高
学　　历：大学本科
所在单位：甘肃省商业学校
通讯地址：兰州市西固区福利东路27号
成　　就：1997年被评为讲师，2009年评为高级讲师，从事计算机教学。
简　　介：1990年毕业于黑龙江商学院，1990年7月至今一直工作在省商业学校。

0879 金应彦

性　　别：男
出生年月：1964-09-02
民　　族：汉族
政治面貌：党员
职　　称：副高
学　　历：硕士研究生
所在单位：兰州市第九十二中学
通讯地址：兰州市西固区庄浪东路70号
成　　就：2012年课件《影响摩擦力大小的因素》获教育部二等奖。2012年获甘肃省教育厅、甘肃省体育局、甘肃省科学技术协会主办的第十四届"飞向北京"全国青少年航空航天模型教育竞赛甘肃赛区总决赛科技体育教育竞赛优秀辅导奖。2012年获兰州市校报优秀编辑奖。1998年论文《有所作为，有所突破》在全国中小学教师论文评审中获二等奖，并于1998年在《教育管理与科研》上发表。1998年论文《改革带来了教育的春天》在全国优秀教师论文汇展中获优秀奖，并于1998年在《98全国优秀教师论文汇展获奖作品集》上发表，2005年论文《改革带来了教育的春天》在全国教育教学论文大奖赛中获一等奖。2007 年论文《以队伍建设为保障 全面推进学校改革》在 2007 年第 5 期《发展》上发表。由于工作努力肯干，成绩突出，1991 年、1996 年、1997 年分别三次被兰州平板玻璃厂党委评为优秀共产党员，1995 年被兰州平板玻璃厂评为厂级先进工作者。

简　　介：1988 年毕业于西北师范大学物理系；2004 年毕业于北京师范大学教育与经济管理专业研究生班；1988 年毕业后分配到西固区庄浪路第一学校（原兰州平板玻璃厂学校）任物理教师；多年从事班主任、年级组长、教导主任、副校长、校长工作。1998 年 4 月至 2002 年 4 月担任兰州平板玻璃厂学校副校长，2002 年 5 月至 2005 年 12 月担任兰州平板玻璃厂学校校长，2006 年 1 月至今担任兰州市西固区庄浪路第一学校校长。

0880 张举红

性　　别：女
出生年月：1969-11-05
民　　族：汉族
政治面貌：群众
职　　称：副高
学　　历：大学本科
所在单位：兰州市第二十一中学
通讯地址：兰州市西固东路 160 号
成　　就：1999 年、2003 年获得兰州市教学新秀，2011 年被评为西固区骨干教师，2000 被评为西固区优秀教师等。本人还获得了 1998 年西固区优秀电教课三等奖和 1999 年优秀课一等奖。所辅导的学生在参加全国中学生英语能力竞赛中多次获奖。在担任班主任工作期间，工作出色，连续三次被我校评为优秀班主任。所撰写的论文多次在《外语教学与研究》《甘肃教育督导》《英语周报》《学英语》等报刊杂志上发表。在市教科所举办的优秀论文评选中获得二等奖。

简　　介：1988 年 8 月—1990 年 8 月在西北师大上大专；1991 年 3 月至 2001 年 6 月在达川中学任英语教师；2001 年 8 月至今在兰州二十一中任英语教师；2004 年通过自学考试拿到英语本科学历，2008 年 12 月被评为高级教师。

0881 宋玉梅

性　　别：女
出生年月：1967-01-03
民　　族：汉族
政治面貌：群众
职　　称：副高
学　　历：大学本科
所在单位：甘肃省商业学校
通讯地址：兰州市西固区福利东路 27 号
成　　就：在公开刊物发表论文《浅议我国由"国家财政"向"公共财政"转轨》和《浅论广告心理战术》《浅谈入世对我国服务贸易的影响》；多次荣获校级"优秀教师"、"模范班主任"称号；自工作以来先后承担了《商业经济》《经济法》《广告学基础》《财政与金融》《税收基础》等课程的教学工作，在教学工作中，作为学科带头人敢于帮学校分担困难，在学校办的自考班中承担《财政与金融》的授课任务，且过关率达到了 87%。

简　　介：1991 年毕业于兰州商学院，分配到兰州市商业学校工作；1993 年调入甘肃省商业学校，承担专业课的教学任务。

0882 马瑞

性　　别：女
出生年月：1976-09-17
民　　族：回族
政治面貌：群众

职　　称：副高

学　　历：大学本科

所在单位：兰州市商贸职业学校

通讯地址：兰州市西固区山丹街 138 号

成　　就：2000 年获 1999—2000 学年度校"优秀教师";2001 年在兰州市第二届职校技能大赛中,获"优秀指导教师";2004 年获兰州市教育局系统共青团宣传工作"先进个人";2004 年在兰州市第五届职校技能大赛中,获"优秀指导教师";2006 年获兰州市教育局系统"优秀共青团干部";2004 年—2006 年,连续三年获校"先进教育工作者";2008 年获兰州市"优秀鉴定工作者";2010 年—2011 年,连续两年获校"先进教育工作者";2012 年论文《浅谈参与式教学法在餐饮服务与管理教学中的应用》在《中小企业管理与科技》11 月刊发表;2013 年在兰州市职校技能大赛中,获"优秀指导教师";2013 年获"兰州市优秀教师"称号。

简　　介：1996 年 9 月—1998 年 7 月,在西北民族大学读大专业;1998 年 10 月至今,在兰州市商贸职业学校工作;1999 年 2 月至 2000 年 2 月带学生在北京金银港酒店实习一年;2000 年 8 月至 2001 年 7 月回学校任 1998 级装潢班班主任,并教授旅游类专业课;2001 年 8 月至 2003 年 5 月任 2001 级外事班班主任,并教授旅游、酒店类专业课;2002 年 9 月—2005 年 7 月,在西北师范大学函授读本科;除了班主任和教学工作之外,本人还担任校团委组织委员的工作并任校刊《寸草心》主编。

0883　陈作明

性　　别：男

出生年月：1967-06-01

民　　族：汉族

政治面貌：群众

职　　称：副高

学　　历：大学本科

所在单位：西固区东川中学

通讯地址：西固区东川初级中学

成　　就：曾获 1996 年西固区优秀教师,获 2001 年度"西固区教学新秀"荣誉称号,获西固区 1997—1998 年度教学论文三等奖,获"兰州市 2004 中小学现场作文赛优秀辅导教师"奖,获"兰州市 2009 年现场作文赛优秀辅导教师"奖,撰写的论文《优化课堂结构,提高教学质量》获教育部"西北地区全面推进基础教育课程改革实验工作"优秀论文一等奖。

简　　介：西北师范大学汉语言文学系毕业,1987 年 7 月参加工作;1983 年 8 月至 1987 年 7 月在临夏师范学校读书;1987 年 8 月至 1991 年 6 月参加甘肃省高等教育自学考试汉语言文学获大专文凭;1992 年 8 月至 1996 年 8 月参加西北师范大学汉语言文学函授获本科文凭;1987 年 8 月至 2003 年 10 月在永靖县第六中学任教;1993 年 11 月至 2011 年 7 月在兰州市第二十三中学任教;2011 年 8 月至今在西固区东川中学任教;2009 年 12 月评为中学高级教师,现在兰州市西固区东川中学任教;多年担任初中语文教学工作,中学高级教师,区优秀教师,区级教学新秀,区级骨干教师。

0884　朱桂花

性　　别：女

出生年月：1964-12-13

民　　族：汉族

政治面貌：党员

职　　称：副高

学　　历：大学本科

所在单位：兰州市西固区福利西路小学

通讯地址：西固区福利西路 428 号

成　　就：2004年荣获"全国模范教师""全国中小学德育先进工作者";2005年荣获皋兰县"优秀教育工作者";2006年荣获"甘肃省特级教师";2007年荣获皋兰县"师德师风教育活动先进个人";2008年荣获"兰州市十大优秀女性""三八红旗手标兵";2009年荣获市委市政府"兰州市杰出校长""皋兰县名校长""为建设皋兰做出突出贡献先进个人"。

简　　介：1986年8月—1998年11月，在皋兰县石洞小学任教;1998年12月—2009年10月，在皋兰县三川口学校任副校长、校长兼党支部书记职务;2009年11月—2014年11月，在兰州师范附属小学任校长职务;2014年12月至今，在兰州市西固区福利西路学校任校长职务。

0885　蒋拴贵

性　　别：男

出生年月：1970-07-06

民　　族：汉族

政治面貌：群众

职　　称：副高

学　　历：大学本科

所在单位：兰州市第九十九中学

通讯地址：兰州市第九十九中学

成　　就：2002年确定为中学区级骨干教师，2008年获得中学高级教师任职资格。2006年获得校级优秀班主任荣誉称号，2007年荣获西固区第一届青年教学能手称号，2008年评为校优秀教师，多年的生物会考成绩、高考成绩名列全区前列，2004年的高三诊断考试中，生物单科成绩在全市93所中学名列第30位，超出兰州市平均分1.6分，高二生物会考合格率年年保持在95%以上，2006年所带班级的生物会考合格率达到100%，名列全区第一。多年来撰写论文多篇，其中论文《在生物教学中培养学生的自学能力》《浅谈全程实验设计题的解题思路》在市级论文评选中分获二、三等奖，并在《中学生物教学》《甘肃教育》杂志公开发表。在优质课的评比中共获得市级三等奖一次、区级二等奖一次、优秀奖一次。

简　　介：1991年6月毕业于西北师范大学生物系，获得理学学士学位;1991年7月至1998年6月在泾川县荔堡中学工作;1998年7月至2011年7月在兰州市第二十一中学工作;2011年8月至今，在兰州市第九十九中学工作，多年从事中学生物教学工作;2000年12月获中学一级教师任职资格，2002年6月确定为兰州市中学区级骨干教师，2008年12月获得中学高级教师任职资格。

0886　钱海鹰

性　　别：女

出生年月：1961-11-17

民　　族：汉族

政治面貌：群众

职　　称：副高

学　　历：大学本科

所在单位：兰州市第二十一中学

通讯地址：兰州市西固东路160号

成　　就：1989年被评为兰州市优秀教师。1993年被评为兰州市校外教育先进工作者。2000年被评为西固区优秀教师。2010年被评为西固区名师。1993年获得兰州市教学新秀。1999年被中央教科所评为"九五重点课题优秀实验工作者"称号。2001年被评为甘肃省青年教学能手。2004年获得甘肃省骨干教师。培养的学生获得的奖项：1992年全国中小学校园合唱比赛甘肃赛区一等奖。1995年、2010年兰州市中小学合唱比赛一等奖。2007年兰州市中小学生独唱比赛一等奖。2008年甘肃省校园歌手比赛高中组一等奖等。

简　　介：1980年9月至1982年7月在兰州师专音乐系就读大学；1982年7月参加工作，在西固区新城中学任教；1986年调至兰州二十一中学任教；2000年至2003年在西北师范大学音乐系就读本科；2001年取得中学高级教师资格。

0887 张云杰

性　　别：女

出生年月：1966-01-18

民　　族：汉族

政治面貌：党员

职　　称：副高

学　　历：大学本科

所在单位：兰州市商贸职业学校

通讯地址：兰州市商贸职业学校（山丹街183号）

成　　就：2005年被评为兰州市教育局优秀教师；2007年被评为兰州市教育局优秀党员；2012年被评为县区级骨干教师；1999—2014学年度被评为校级优秀教师。

简　　介：1985—1989年兰州师专上学；1989—1993年兰州十三中任教；1993—现今兰州商贸职校任教。

0888 陆仲利

性　　别：男

出生年月：1961-03-14

民　　族：汉族

政治面貌：群众

职　　称：副高

学　　历：大学专科

所在单位：兰州市第二十一中学

通讯地址：兰州市第二十一中学

成　　就：曾获得过两届全国初中物理知识竞赛优秀辅导教师奖。1989—1991年被评为西固区优秀教师；1995年被评为西固区优秀教师；2002年获得十二届全国初中物理知识竞赛优秀辅导教师奖；2008年获得十八届全国初中物理知识竞赛优秀辅导教师奖。

简　　介：1981年毕业于兰州师范在西固从教，后在兰州教育学院学习，于1989年毕业继续在西固从教；1979—1981年在兰师上学，1981—1987年在金沟中学从教，担任过班主任；1987—1989年兰州教育学院学习；1989—1994年在金沟中学从教；1984年至今在兰州二十一中从教。

0889 赵鹏

性　　别：男

出生年月：1971-01-19

民　　族：汉族

政治面貌：党员

职　　称：副高

学　　历：大学本科

所在单位：兰州市第六十九中学

通讯地址：西固区新维路51号

成　　就：2005年荣获西固区第八届中学教学新秀称号；2006年荣获初中化学素质和实验能力竞赛甘肃赛区优秀辅导教师奖；2007年荣获初中化学素质和实验能力竞赛甘肃赛区优秀辅导教师奖；2007年荣获西固区新课程改革课堂教学优秀课；2007年荣获兰州市中学化学课堂教学大赛高中组二等奖。2008年荣获初中化学素质和实验能力竞赛甘肃赛区优秀辅导教师奖；2009年荣获初中化学素质和实验能力竞赛甘肃赛区优秀辅导教师奖；2009年校外理论教研课题《少先队文化建设在构建和谐校园文化中的作用》被评为优秀成果一等奖。2010年市级个人课题《化学教学中学生创新能力的研究》通过鉴定。

简　　介：1990年9月至1993年7月，

兰州师专化学系就读大专；2003 年 9 月至 2005 年 12 月，中央电大函授本科；1993 年 8 月至 2007 年 7 月，兰州铁路分局河口南铁中化学教师；1993.09—1994.09 河口南铁中见习教师；1994.10—1996.09 河口南铁中化学教师，中学三级教师；1996.10—2002.12 河口南铁中化学教师，中学二级教师；2003.01—2007.07 河口南铁中化学教师，中学一级教师，1994 年 12 月至 2002 年 8 月任团委书记，2002 年 9 月至 2007 年 7 月任政教主任。

0890 牟建强

性　　别：男

出生年月：1964-01

民　　族：汉族

政治面貌：党员

职　　称：副高

学　　历：大学本科

所在单位：西固区柳泉中学

通讯地址：西固区柳泉中学

成　　就：2008 年获西固区优秀教师荣誉称号；在省级刊物上发表论文 2 篇；指导学生在全国语文竞赛中获三等奖；完成市级个人课题 1 项。

简　　介：1981 年 9 月至 1984 年 7 月在武威地区师范学校就读，1984 年 7 月参加工作；1989 年 9 月至 1991 年 6 月在兰州教育学院学习；1991 年 7 月至 2014 年 8 月在西固区新城中学从事初中语文教学工作；2014 年 9 月至今在柳泉中学任教。

0891 王雪雪

性　　别：男

出生年月：1972-09-29

民　　族：汉族

政治面貌：党员

职　　称：副高

学　　历：硕士研究生

所在单位：西固区教师进修学校

通讯地址：兰州市西固区玉门街教师进修学校

成　　就：1995 年西固区教育系统优秀教师（区委区政府）、1996 年西固区"十佳园丁"（区委区政府）、2004 年区委区政府授予"爱心助残"专项募捐活动先进个人。《新课标中考导航数学（2006 年）》（甘肃人民出版社），副主编；《新课标中考导航数学（2007 年）》（甘肃人民出版社），主编；《搞好初一与小学数学衔接工作的几点尝试》发表于《兰州教育》（2000，2）；《课堂教学体现素质教育的几点举措》发表于《兰州教育》（2001，4）；《让学生参与教学》发表于《西北师大学报》（2004 专辑）；《教育电视受众探析》发表于《中国教育发展研究》（2006，8），被评为"优秀论文"。《成长困难学生形成原因探究》中国教育学会教育机制研究会举办的"精彩一课"论文评选一等奖（2010 年 11 月）。

简　　介：1994 年 7 月毕业于兰州师范专科学校数学系；1994 年 7 月—2008 年 3 月参加工作于东川中学，2008 年 4 月调入西固区教师进修学校（11 月正式调入）；1999 年 8 月考入西北师范大学数学教育本科，2002 年 7 月西北师范大学毕业，12 月获得教育学学士学位；2003 年考取西北师范大学在职攻读教育硕士专业学位研究生，2006 年 12 月获教育硕士学位；2002 年 12 月晋升为中学一级教师，2009 年 12 月晋升为中学高级教师。

0892 白晓红

性　　别：女

出生年月：1972-03-20

民　　族：汉族

政治面貌：党员
职　　称：副高
学　　历：大学本科
所在单位：西固区东川初级中学
通讯地址：西固区东川初级中学
成　　就：多次获合唱比赛奖项。1997年在西固区"迎接香港回归教师演讲赛中"获一等奖；2000年在西固区现代教育技术课堂比赛中获得二等奖；2001年在西固区"二十一世纪教师应具备怎样的素质"论文评选中获优秀奖；2001年在团区委组织的西固区"庆五四，迎七一"演讲比赛中获三等奖；2002年获得"西固区教学新秀"称号；2002年获得"兰州市第七届教学新秀"称号；2005年获得西固区新课程改革中学组课堂教学优秀课；2008年在第三届中小学生合唱节中获得"优秀伴奏奖"；2010年在第四届中小学生合唱节西固赛区比赛中获得"优秀伴奏奖"；2011年荣获西固区"骨干教师"和"学科带头人"称号等。
简　　介：1992年9月至1995年7月在兰州师专音乐系就读，1995年7月参加工作；1995年7月至今在兰州市西固区东川中学任教；2003年7月至2005年6月函授取得西北师范大学音乐教育本科文凭；2010年12月获得高级教师任职资格。

0893 邸维琰

性　　别：男
出生年月：1971-12-27
民　　族：汉族
政治面貌：党员
职　　称：副高
学　　历：大学本科
所在单位：甘肃省商业学校
通讯地址：兰州市西固区福利东路27号
成　　就：于1995年9月分配到甘肃省商业学校工作至今，在学校一直担任《化学基础》《无机化学》《有机化学》《初等数学》《数学》等课程的教学工作，累计完成教学课时约8000多学时。同时在校连年担任班主任，并多次被学校评为"模范班主任"。在《广东科技》《青年文学家》等刊物发表论文4篇。本人在校期间工作踏实、认真，恪尽职守，任劳任怨，于2001年、2005年、2007年、2010年、2011年多次被学校评为"优秀教师""先进教育工作者"，于2011年被省工信委评为"先进教育工作者"。因在学校的工作表现，受到学校师生的一致好评。
简　　介：1992年9月—1995年7月，在兰州师专学习；1995年至今，在甘肃省商业学校工作；2000年9月—2003年7月，在西北师范大学学习。

0894 张心兰

性　　别：女
出生年月：1971-04-12
民　　族：汉族
政治面貌：群众
职　　称：副高
学　　历：大学本科
所在单位：西固区玉门街小学
通讯地址：兰州市西固区玉门街亚太新村
成　　就：2008年被评为西固区优秀教师；2009年被评为西固区优秀班主任；2011年被评为西固区骨干教师；2014年荣获西固区名班主任称号；2014年荣获"双有"主题教育先进个人。
简　　介：1997年8月—2005年3月河口中心校任教；2005年3月至今西固玉门街小学任教。

0895 达朝元

性　　别：男

出生年月：1968-01-30

民　　族：汉族

政治面貌：党员

职　　称：副高

学　　历：大学本科

所在单位：兰州市第九十九中学

通讯地址：兰州市第九十九中学

成　　就：2014被评为省级骨干教师，2011年被评为兰州市骨干教师，1996年2002年分别荣获西固区优秀教师。2005年荣获西固区优秀党员。参与的课题：省级结题3项，市级结题6项。

简　　介：1988年7月至1992年1月在达川中心学校任教；1992年2月至2001年1月在新城中心学校的下川小学任教导主任；2001年2月至2002年1月在新城中心学校的新联小学任校长；2002年2月至2004年1月在新城中心小学任校长；2004年2月至2008年6月在新城中心学校任中心校校长助理；2008年7月至2014年7月在新城学校任教务处主任；2014年8月至今在兰州市九十九中学任教师。

0896 陈作梅

性　　别：女

出生年月：1963-02-01

民　　族：汉族

政治面貌：党员

职　　称：副高

学　　历：大学专科

所在单位：西固区陈官营小学

通讯地址：西固区陈官营小学

成　　就：本人从事教育事业34年以来，始终致力于农村学校小学语文教学兼班主任工作。积累了较为丰富的教育、教学经验，取得了一系列的成绩和荣誉。1983年获"西固区优秀教师"称号；1985—1986年度曾两次获区级优秀课，且其中一次被录像，在全区观摩推广；1985年被评为"西固区优秀教师"；1985年被评为"兰州市优秀教师"；2001年确定为"兰州市小学区级骨干教师"；2006年荣获"西固区优秀教师"称号；2007年荣获"西固陈坪中心校优秀班主任"称号；2013年被评为西固区优秀班主任。1998年撰写的论文《轻轻松松地学，无拘无束地写》获"西固区中小学教学论文三等奖"，《德育工作要求教师实时转换角色》在2013年甘肃省中小学德育、心里健康教育优秀论文评选中荣获二等奖。

简　　介：1981年7月毕业于兰州师范学校；1981年8月参加工作，先后在西固区柳泉中坪小学、西固区陈官营小学从事小学语文教学兼班主任工作；2001年12月17日获一级教师任职资格；在工作中，本人始终把成为一名研究型、学者型的教师作为自己的奋斗目标。1999年7月参加高等教育自学考试，2002年6月修完小学教育专业专科全部课程，取得西北师大小学教育专业专科文凭。

0897 柴春玲

性　　别：女

出生年月：1970-02-16

民　　族：汉族

政治面貌：党员

职　　称：副高

学　　历：大学本科

所在单位：兰州市西固区幼儿园

通讯地址：兰州市西固区福利西路595号

成　　就：2011年被评为兰州市"骨干教师"。2010年被评为西固区"骨干教师"。2011年被聘为"兰州市第八届教学新秀总评评委"，2012年被聘为"兰州市幼儿园园长、市级骨干教师培训"辅导员，2013年被聘为"西固区幼儿教师基本功比赛"评委，

2014年被聘为"西固区教师资格认定工作教学能力测试幼儿园组"评委，2014年被聘为"国培计划民办幼儿教师网络培训"辅导教师，参加兰州市少年儿童"寻找美丽的中华2009红色之思"征文比赛活动获得优秀辅导奖。发表多篇论文。

简　　介：1985—1988年 西固区教师进修学校毕业；1993—1997年 甘肃教育学院毕业；2008—2011年 中央广播电视大学毕业；1989年6月—1991年7月 西固区新城学区下川小学任数学教师、大队辅导员、教导主任；1991年8月—1997年10月 西固区教育局教研室任教研员；1997年10月至今 西固区幼儿园工作任保教主任、副园长。

0898 顾波

性　　别：女
出生年月：1970-10-01
民　　族：汉族
政治面貌：党员
职　　称：副高
学　　历：大学本科
所在单位：兰州市第九十二中
通讯地址：兰州市西固区西固中路70号
成　　就：2003年论文《浅谈化学概念教学的几点认识》在兰州市2003年教育论文比赛中获二等奖；2005年论文《新课程改革中出现的具体问题及其解决策略》在论文比赛中获一等奖；2009年月12月发表国家级论文《浅谈科学探究在化学教学中的应用》一篇，于2010年6月在《甘肃教育》发表《提高化学课堂教学效率的几点尝试》，2010年7月论文在第三届全国中学理科实验教学与小学科学教研评比中获优秀论文奖。2002年被评为西固区教学新秀，2003年在学校公开课教学活动中获二等奖，2003、2004、2006、2009、2010年被评为校级优秀教师，

2007年被评为西固区优秀党员，2010年被评为西固区优秀教师，2011年被评为兰州市优秀教师，2010、2013年被评为西固区骨干教师，2004、2006、2008、2009、2010、2012、2013年荣获全国初中生化学素质和实验能力竞赛优秀指导奖。2013年学校教师说课比赛三等奖。

简　　介：1993年6月毕业于兰州师范高等专科学校化学系；2008年3月毕业于西北师范大学化学系（函授），获理学学士学位；2001年11月被聘为中学一级教师，2013年5月聘为中学高级教师；1993年7月分配到兰州平板玻璃厂子弟学校至今，从教21年；自任教以来一直担任中学初三化学教师、实验员兼班主任、教研组长、年级组长工作。

0899 王玉兰

性　　别：女
出生年月：1965-04-07
民　　族：汉族
政治面貌：群众
职　　称：副高
学　　历：大学本科
所在单位：甘肃省商业学校
通讯地址：兰州市西固区福利东路27号
成　　就：自1987年参加工作以来，一直从事各专业班的英语教学。先后承担过"中专英语""财经英语""商贸英语""英语口语""商业英语""大学英语"等各类不同专业英语的教学工作。工作一贯认真负责，效果良好，受到学生的好评。做好教学工作的同时，也多年承担班主任工作。并多次获得"优秀班主任"荣誉。

简　　介：1983年考入西北师范大学，就读于外语系英语专业；1987年大学毕业，并获取学士学位；1987年7月分配至甘肃省商业学校从事教学工作；承担多个教学班的英语

教学任务。同时担任班主任工作。1994年获得中级专业技术资格，同年被学校聘为讲师，2003年获得高级专业技术资格，同年被学校聘为高级讲师。

0900 惠丽

性　　别：女
出生年月：1967-03-01
民　　族：汉族
政治面貌：党员
职　　称：副高
学　　历：大学本科
所在单位：西固区委党校
通讯地址：西固福利西路81号
成　　就：1990年调入党校后长期以来主要从事教学、科研和教学管理工作。一、2001年被西固区委评为优秀党务工作者；1994年、1998年、1999年、2002年先后五次分别被省委党校、兰炼党校评为优秀教师。2014年再次被省委党校评为党校系统优秀教师。二、分管学历教育工作以来，2003年我校获得了全省党校教育系统招生先进单位、2006年个人被省委党校评为优秀管理工作者。三、自1993年以来，先后在省市级杂志上发表论文近40篇，其中有两篇论文分获兰州市建设有中国特色社会主义研究会三等、一等优秀科研成果奖。近期主要科研成果有：2011年在《领导干部学习与参考》杂志上发表论文《牢固树立民生观念 努力使人民幸福安康》。
简　　介：1989年7月参加工作。四川大学哲学系哲学专业毕业，学士学位，现任西固区委党校副校长、高级讲师。1974—1979年白银公司子弟小学学习；1979—1985年白银公司一中学习；1985—1989年四川大学哲学系学习；1989—1990年兰州市西固区教育局工作；1990—2005年兰州市西固区委党校工作（2001年晋升为高级讲师，先后任职校教务主任、辅导站副站长、副校长）；2005年—2006年 兰州交通大学艺术设计学院挂职锻炼（任副院长）；2006年—2015年 兰州市西固区委党校工作（任副校长、高级讲师）。

0901 陈兰婷

性　　别：女
出生年月：1970-06-16
民　　族：汉族
政治面貌：民主党派
职　　称：副高
学　　历：大学本科
所在单位：兰州园艺学校
通讯地址：兰州市西固区范坪18号
成　　就：在省级刊物发表论文8篇。内容包括教学育人，城市园林化建设。获得省市花协举办的艺术插花大赛二等奖2次。农业部及教育部联合举办的全国中等职业学校职业技能大赛艺术插花比赛二等奖，甘肃省教育厅主办的甘肃省中等职业学校职业技能大赛二、三等奖多次，兰州市教育局主办的职业技能大赛一、二等奖多次。获得过校级优秀教师及优秀班主任。在兰州军区、西固社区、邮电系统讲课数次。
简　　介：1988—1990年在西北林学院园林系园林专业学习，获得大专文凭；1990年至今在兰州园艺学校任教；2000—2002年在甘肃农业大学林学院参加自学考试获得林业生态环境大学本科文凭；工作以来主要从事园林专业课及专业基础课教学，从事过花卉栽培学，树木学，园林制图，园林规划设计，艺术插花等课程教学工作。1990—1997年除了完成校内授课工作外，多次作为实习教师带领学生到和平牡丹园及一些花卉栽培基地实习，主要从事本地野生花卉识别，栽培驯化，兰花日光温室栽培等。并于当年获得中级讲师任职资格。

0902 靳泽

性　　别：男
出生年月：1962-12-11
民　　族：汉族
政治面貌：党员
职　　称：副高
学　　历：大学专科
所在单位：兰州市第九十九中学
通讯地址：兰州市第九十九中学
成　　就：1985年获全国优秀教练员。1988年获全国电力系统足球赛第三名。2010年在西固区"金河乳业杯中小学生田径运动会"中获优秀教练员。1993年获全省电力系统乒乓球赛团体第一名。
简　　介：1981年毕业于兰州师专体育系，就职于兰州九十九中学，高级教师。1981年7月至今任体育教师期间，担任学校体育组组长，学校足球代表队教练工作，成绩突出，多次获得省、市、区级学生足球比赛前三名。

0903 宋栋

性　　别：女
出生年月：1964-07-11
民　　族：汉族
政治面貌：党员
职　　称：副高
学　　历：大学本科
所在单位：兰州市第二十八中学
通讯地址：兰州市第二十八中学
成　　就：2010年荣获西固区优秀教师荣誉称号。2011年荣获西固区教育系统优秀党务工作者。2011年荣获第27届青少年科技创新大赛优秀辅导员。2011年荣获兰州市中小学校长培训优秀学员。2011年荣获市级骨干教师荣誉称号。2012年荣获西固区优秀班主任荣誉称号。2012年荣获西固区名师荣誉称号。2013年荣获兰州市优秀教师荣誉称号。
简　　介：1984年7月考入西北师范大学化学系就读，取得本科学历和理工学士学位；1988年7月分配至兰州市第九中学任教，任团委书记；1990年3月调入兰州铝厂团委、宣传部工作；1994年3月调入兰州铝厂子弟学校任教；2003年学校移交西固区地方政府，本人继续留校任教，2004年12月任学校教务主任；2009年4月被组织任命为党支部副书记至今。

0904 高丽英

性　　别：女
出生年月：1962-03-20
民　　族：汉族
政治面貌：党员
职　　称：副高
学　　历：大学本科
所在单位：兰州市第五十中学
通讯地址：兰州市第五十中学
成　　就：1992年8月被聘任为中级教师，1998年1月1日被聘任为高级教师。2007年兰州市教育系统优秀共产党员。2007年兰州市第二届百所中小学自编操优秀指导老师奖；2004年度中国核工业504厂优秀党小组组长；2002—2003年中国核工业504厂先进女职工工作者；2001—2002年度中国核工业504厂厂级工会活动积极分子；1999年度中国核工业504厂先进女职工。论文《浅谈"语言"在体育教学中的正确运用》，获2003年全国新世纪教育论坛优秀教育教学论文二等奖，选入《中国基础教育改革论坛》一书，本书由国家级出版社公开出版发行。
简　　介：1984年7月毕业于西北师范大学体育教育专业，获教育学学士学位。1984年7月至今在兰州市第五十中学（原504厂子弟中学）任体育与健康学科教师。

0905 李永红

性　　别：女
出生年月：1970-01-27
民　　族：汉族
政治面貌：群众
职　　称：副高
学　　历：大学本科
所在单位：兰州市第二十一中学
通讯地址：兰州市西固东路 160 号
成　　就：《What's the weather like》课件获兰州市第九届课件比赛中学组一等奖；西固区优秀教师、校级优秀教师、校级优秀班主任；连续 16 年任班主任工作，获校级优秀班主任；兰州市教育科研"个人课题"：初中英语教学小组合作学习的策略研究，于 2012 年 11 月已通过鉴定并结题，同时该课题获 2011 年度兰州市教育科研"个人课题"优秀成果一等奖；2013 年兰州市规划课题：新课程实施中师生教学活动方式转变的研究已结题；优秀辅导奖 13 次，二等奖 2 次，三等奖 11 次；省级论文 2 篇，国家级 1 篇《浅谈初中生的英语口语能力的培养》在《中小学教育》杂志 2010 年 4 月发表。合著《中考导航英语》。
简　　介：1995 年 6 月毕业于兰州师专英语教育专业；2003 年 6 月参加本科自学考试，毕业于西北师范大学；1995 年 7 月至 1996 年 10 月在兰州市第二十五中学任教；1996 年 11 月至今在兰州市第二十一中学任教。

0906 吴萍

性　　别：女
出生年月：1964-02-12
民　　族：汉族
政治面貌：党员
职　　称：副高
学　　历：大学本科
所在单位：甘肃省商业学校
通讯地址：兰州市西固区福利东路 27 号
成　　就：1982 年参加工作以来，一直站在教学第一线，忠诚党的教育事业，始终以一名优秀教师的标准严格要求自己，爱岗敬业，勤奋努力。作为一名教师，具有先进的教学理念、较过硬的专业知识。本人非常重视英语专业和英语教学的研究工作，积极探索适合中专中职英语教学的新方法，先后在省级以上刊物发表多篇论文，参编了《经贸英语》（上下册）。作为甘肃省第一届中专英语课程组成员，参加审议了甘肃省中专英语教学大纲，参加了数届英语教师课件大赛的评审。教学中注重互动式教学、注意加强双基教学，提高学生的学习兴趣。先后承担了《经贸英语》《财经英语》《商贸英语》《酒店英语》，英语口语等专业英语和公共英语课教学工作。
简　　介：1982 年大学毕业后在甘肃省商业学校工作至今；1992 年被聘为中级讲师，1999 年任高级讲师，1994 年—2014 年 9 月任公共课教研室主任，2010 年荣获甘肃省"园丁奖"。

0907 邢天杰

性　　别：男
出生年月：1964-12-11
民　　族：汉族
政治面貌：党员
职　　称：副高
学　　历：大学本科
所在单位：兰州园艺学校
通讯地址：兰州西固范坪 18 号
成　　就：本人 27 年教学中，担任《园林美术》《素描》《色彩》《书法》《美育》等课程教学，先后为学校做过喷泉、约 40 米长龙壁、沙盘、盆景、根雕、画亭子等等，出版过《素描》书一本，担任过多年班主任工作。发表过论文，多次评为优秀教师、优秀班主任、优秀党员。多次参加国家、省、市书画大赛，获得过奖励。

简　　介：1987年7月毕业于张掖师范专科学校，分配到兰州园艺学校工作，2008年毕业于西北师范大学美术专业。

0908　康友喜

性　　别：男
出生年月：1970-11-03
民　　族：汉族
政治面貌：党员
职　　称：副高
学　　历：大学本科
所在单位：兰州第九十二中学
通讯地址：兰州第九十二中学
成　　就：兰州市西固区骨干教师、西固区优秀教师。2002年被兰州市教育局确定为县区级骨干教师。2010年被评为西固区优秀教师。1998年、2003年、2004年被评为兰州平板玻璃厂优秀教师。2004年、2005年被评为兰州平板玻璃厂先进个人。2001年、2006年被评为兰州平板玻璃厂优秀共产党员。1996年荣获西固区二五普法先进工作者。多篇论文发表并获奖。

简　　介：1994年7月毕业于西北师范大学生物教育专业，同年7月在兰州第九十二中学参加工作，一直担任生物教学工作。中学高级教师，多年担任学校处室管理工作，现任教导处主任。

0909　马天健

性　　别：男
出生年月：1964-05-04
民　　族：汉族
政治面貌：民主党派
职　　称：副高
学　　历：大学本科
所在单位：甘肃省商业学校
通讯地址：兰州市西固区福利东路27号
成　　就：担任《统计学原理》《统计学基础知识》《商业统计》《统计学基础应用》等课程的教学工作，取得良好教学成果，受到广大学生的一致好评。在做好专业课教学的同时，我还认真做好我校毕业生就业指导工作，自编辅导材料《实习就业指导60问》，运用现代信息手段，及时准确地将就业指导信息传递给广大学生，深受广大学生的喜爱。

简　　介：1987年7月从南京财经大学计划统计专业毕业，分配到甘肃省商业学校从事教学工作，在学校承担统计教学工作。1994年获得中级职称，被学校聘为讲师。从事教学工作。2003年兼职做学校毕业生就业指导工作，2004年负责学校毕业生就业工作。2009年获得高级职称，被学校聘为高级讲师。2010年兼职为学校建造教师公寓，该建筑已于2014年10月封顶。2014年5月到学校专业课教研室从事教学工作，做专职教师。

0910　王玉荣

性　　别：女
出生年月：1967-09-24
民　　族：汉族
政治面貌：党员
职　　称：副高
学　　历：大学本科
所在单位：西固区实验学校
通讯地址：兰州市西固区实验学校（玉门街502号）
成　　就：1993年获西固区优秀教师；1995年获省国防系统优秀辅导员；1996年获国营四七一厂子弟学校优秀教师；1997年获国营四七一厂子弟学校三八红旗手；1997年获国

营四七一厂模范班主任；2001 年获西固区区级骨干教师；2005 年获中共国营四七一厂优秀共产党员；2005 年获国营四七一厂优秀教师；2008 年获西固区优秀教师；2010 年获西固区优秀班主任；2011 年获西固区区级骨干教师；2011 年获国家教育行政学院颁发的中国教育干部培训优秀学员；2013 年获兰州市爱生学校建设实验项目工作先进个人。

简　　介：1983 年 8 月—1987 年 7 月，在兰州师范学校幼师专业学习；1987 年 8 月—1988 年 10 月，在西固区幼儿园从事教育教学工作；1988 年 11 月—1997 年 7 月，在国营四七一厂子弟学校从事数学教学工作兼任班主任和大队辅导员；1997 年 9 月—2005 年 12 月，在国营四七一厂子弟学校从事数学教学工作兼任班主任（期间，于 2002 年 6 月取得小学教育专业大专文凭。2004 年 6 月取得教育管理专业本科文凭）；2006 年 1 月—2011 年 7 月，在西固区新和路小学从事数学教学工作兼任班主任；2011 年 8 月—2014 年 9 月，在西固区新安路小学从事数学教学工作；2014 年 9 月至今，在西固区实验学校从事数学教学工作。

0911　陈王生

性　　别：男

出生年月：1964-06-01

民　　族：汉族

政治面貌：党员

职　　称：副高

学　　历：大学本科

所在单位：兰州市第六十三中学

通讯地址：兰州市西固区福利西路 334 号

成　　就：工作态度严谨，爱岗敬业。乐于奉献，师德高尚。学科基础理论及教学基本功扎实，善于钻研教材，把握教改及高考动态，教学经验丰富，注重学生能力的培养。教学成绩显著，所带 11 届文科班的历史高考成绩，1 届列兰州市第一，6 届列总校第一。从事班主任工作 10 年来，始终把学生的思想品德作为班级管理的主要目标，先抓班风，再抓学风，以班风促学风，以学风带班风，形成良性循环。注意学生特长的培养，所带 4 届毕业班有 13 名音乐、美术特长生进入高校。教研工作能力强，积极探索历史教学的有效途径，指导总校、学校的高中历史教研、课改、高考。考前的复习指导，考后的总结，课改的学习，使教研活动内容丰富，带动了总校的历史教学，使总校、学校历史高考成绩一直处于兰州市前列。

简　　介：1988.7—2003.6 兰州市第六十四中学教师；2003.6—2009.8 兰州市第六十四中学副校长；2009.8—2015.1 兰州市第六十三中学副校长。

0912　李洋

性　　别：女

出生年月：1966-09-24

民　　族：汉族

政治面貌：党员

职　　称：副高

学　　历：大学本科

所在单位：甘肃省商业学校

通讯地址：甘肃省商业学校

成　　就：1992 年评为讲师，1998 年评为高级讲师，1995，1998，2007，评为优秀教师。2005 年评为优秀班主任。近几年还在学校推广了几套国家制定的新的广播操，效果良好。

简　　介：1986 年 7 月 -1990 年 7 月毕业于西安体育学院；1990 年 7 月开始从事体育工作至今。

0913　贺瑞芳

性　　别：女

出生年月：1964-01-05
民　　族：汉族
政治面貌：群众
职　　称：副高
学　　历：大学本科
所在单位：兰州市第二十八中学
通讯地址：兰州市西固区福利西路97号
成　　就：1987年度荣获"兰州棉纺织印染厂优秀团干"荣誉称号。1988年度荣获厂级工会积极分子称号。1989年度被评为"兰州市优秀教师"。2001年确定为兰州市区级骨干教师。2010年度"个人课题荣获兰州市教育科研三等奖"。2012年兰州市中学生排球赛荣获优秀教练员奖。
简　　介：1980年9月至1982年6月在兰州师专体育系就读大专（现城市学院），1982年7月参加工作；在兰棉厂子弟学校从事体育教学工作及体育组长工作；2005年5月至2009年12月在杏胡台小学校担任数学教学工作及班主任工作；2009年7月调入兰州二十八中任教，至今从事体育教学工作和干事；2008年1月取得沈阳体育学院本科学历。

0914　王进选

性　　别：男
出生年月：1961-10-16
民　　族：汉族
政治面貌：党员
职　　称：副高
学　　历：大学本科
所在单位：兰州市第六十二中
通讯地址：兰州市西固西路342号
成　　就：先后获得兰化公司园丁奖、优秀教师称号，兰化总校优秀共产党员、廉洁奉公好党员、优秀教师、优秀党务工作者称号。多篇论文发表于甘肃教育等杂志。

简　　介：1981.02—1982.12 兰化工大师资班学习；1983.02—1991.06 兰化二中任教师；1991.07—2003.12 在兰化总校工作，先后担任办公室秘书、副主任、主任；2004.05—至今 担任兰州市第六十二中学党总支书记。

0915　徐建民

性　　别：男
出生年月：1970-02-10
民　　族：汉族
政治面貌：群众
职　　称：副高
学　　历：大学本科
所在单位：西固区实验学校
通讯地址：兰州市西固区玉门街502
成　　就：其间于2009年到2012借调到庄浪路一校工作了三年。在20多年的工作中，唯一获得的荣誉是区级师德先进，此外获得过三次校级优秀班主任。在辅导学生的过程中获得过两次全国中学生智力竞赛优秀辅导奖。西固区师德先进。
简　　介：1988年考入兰州师专，因体育成绩突出被调拨入兰州师专中文系；在兰州师专中文系艰难学习了三年后，于1991年9月分配至兰州市三毛厂子弟学校工作；在学校兢兢业业地干了十九年之后，三毛厂子弟学校被纳入地方管理，于2007年更名为西固区实验学校，在西固区实验学校工作至今。

0916　樊红兵

性　　别：女
出生年月：1966-08-28
民　　族：汉族
政治面貌：党员
职　　称：副高
学　　历：大学本科
所在单位：兰州市西固区合水路小学

通讯地址：兰州市西固区合水路小学

成　　就：2011年12月至2012年12月被兰州市人社局聘为小学教师高级职务评审委员会委员；2012年被甘肃省教育厅、甘肃省体育局评为航空航天航模优秀辅导员；2012年被中国教育学会授予"中国作文教学影响力名校长"；2012年被中国教育学会授予"中国校园影响力作文教师"称号；2013年11月，被中国教育学会授予"国家级指导特等奖"；2013年被中国教育学会授予"全国基础教育教学高级人才"称号；2013年在兰化一校"博约杯"课堂教学竞赛中获一等奖；2014年被甘肃省教育厅、甘肃省体育局评为优秀辅导员；2014年被评为兰化一校"爱生试验"先进个人；2014年被兰州市教育局聘为教学新秀总评评委等。

简　　介：1984年12月至2000年1月在兰化一校工作，任教研组长、语文教师、班主任；2000年1月至2003年7月在兰化二校工作，任教学校长；2003年7月至2005年8月在兰化二校工作，任校长；2005年8月至2009年8月在兰化一校工作，任常务副校长；2009年8月至2014年12月在兰化一校工作，任校长；2014年12月至今在兰化三校工作，任校长。

0917　翟亚萍

性　　别：女

出生年月：1968-05-29

民　　族：汉族

政治面貌：民主党派

职　　称：副高

学　　历：大学本科

所在单位：兰州园艺学校

通讯地址：兰州市西固区范家坪18号

成　　就：先后在省部级刊物发表专业论文8篇，参与编著著作一本，参与科研项目《蔬菜无公害生产基地（红古）建设及综合技术试验、示范、推广》获2007年甘肃省农牧渔业丰收二等奖，位次第九。

简　　介：1987年9月至1991年7月就读于西南农业大学农学系，1991年7月大学毕业，获大学本科学历及学士学位；同年7月毕业分配至兰州园艺学校工作至今。先后担任《数学》《生物统计学》《基础遗传学》《农业推广学》《环境生态学》《园林植物基础》《园林植物环境》《园林植物栽培与养护》《特种动物养殖》等课程教学工作；历任中央广播电视大学甘肃电大兰州园艺学校工作站辅导教师，历任《入学教育》《植物学》《园艺学概论》等课程面授辅导工作；2006年参加"心理咨询师"培训，获国家三级"心理咨询师"职业资格证书；2009年获国家二级"心理咨询师"职业资格证书，并为甘肃省心理咨询师学会会员。

0918　常尚文

性　　别：女

出生年月：1960-06-04

民　　族：汉族

政治面貌：党员

职　　称：副高

学　　历：大学本科

所在单位：兰州市西固区福利东路第二小学

通讯地址：兰州市西固区福利东路239号

成　　就：2010年被评为"甘肃省园丁奖优秀教师"；2012年被评为兰州市首届"金城名校长"；2012年被评为甘肃省"两基国检先进个人"；2012年被评为兰州市"两基国检先进个人"。

简　　介：校长，高级教师。

0919　陈宜录

性　　别：男

出生年月：1966-05-05
民　　族：汉族
政治面貌：党员
职　　称：副高
学　　历：大学本科
所在单位：兰州市第二十八中学
通讯地址：兰州市第二十八中学
成　　就：2004年获得西固区基础教育课程改革中学课堂教学首批引导者荣誉称号。2004年获高中生化学竞赛甘宁青三省区化学联赛优秀指导奖。2004年获21届全国中学生物理竞赛兰州赛区优秀指导奖。2006年执笔编写的《中考全解全析》化学分册由中国少儿出版社出版发行。参与编写的《中学第二教材》化学分册由北京教育出版社出版发行。论文《谈多媒体教学手段在中学化学教学中的应用》发表在《开发研究》2006年第二期，9月该文获兰州市教育教学论文评比一等奖，兰州市科技协会论文优秀奖。2012年获校级优秀教育工作者称号。
简　　介：1986.9—1989.6在兰州师专就读；2002年7月至2004年7月参加在西北师大化学教育专业函授学习，取得本科学历；1989年6月自兰州市师专化学系毕业分配在西固区小坪学校工作；1995年6月调入陈坪学区做教研工作；1996年6月调入兰州二十八中（原兰州铝厂子弟中学；2003年3月移交地方）工作至今，一直从事教育教学工作；1999年1月经评审获得中学一级教师任职资格，2008年12月经评审获得中学高级教师任职资格。自参加工作至1995年7月，1996年至2005年7月，2008年8月至今一直担任班主任工作。

0920　陈玉花

性　　别：女
出生年月：1973-07-18
民　　族：汉族
政治面貌：党员
职　　称：副高
学　　历：大学本科
所在单位：兰炼一小
通讯地址：西固区福利东路80号
成　　就：2014年3月至2015年3月省教育厅"三区"支教—永登县中堡镇中心小学支教（语文教师兼美术思品学科）。1996年被市教育局授予兰州市第五届青年教师教学新秀称号；2001年被省教育厅授予"青年教学能手"称号；2002年获市级骨干教师称号；2005年获兰炼总厂级"十佳女标兵"称号；2005年获市教育局优秀教师称号；2009年被授予兰州市县区级骨干教师称号；2010年、2013年获兰州石化公司级"优秀教师"称号；2011年被授予兰州市市级骨干教师称号；2012年被授予兰州市小学语文学科带头人称号。2013年获兰州石化公司级"优秀教师"称号；2014年被评为甘肃省骨干教师等。
简　　介：1990年9月至1994年6月就读兰州师范中师专业；1994年7月至2006年7月在兰炼三小任教（语文教师兼班主任）；2000年1月至2004年12月先后在西北师大自考小学语文专科、教育管理本科学习，取得学历；2006年8月至今在兰炼一小任教（语文教师兼教导处教学管理）。

0921　张玉兰

性　　别：女
出生年月：1970-04-17
民　　族：汉族
政治面貌：群众
职　　称：副高
学　　历：大学本科
所在单位：西固区实验学校
通讯地址：兰州市西固区玉门街502号

成　　就：1997—1998 学年度被评为西固区优秀教师；2010 年被评为西固区优秀教师；2011 年被评为兰州市中小学市级骨干教师；2001 年荣获西固区论文（试题）比赛优秀奖；2007 年荣获兰州市"走进阳光"主题征文辅导一等奖；2010 年荣获兰州市第二届中小学手工艺品制作大赛优秀辅导二等奖；2012 年荣获兰州市第二十届现场作文"科技，让生活更美好"优秀辅导奖；2013 年荣获兰州市中小学控烟征文大赛优秀辅导奖；2013 年荣获兰州市"中国梦·我心目中的好老师"征文大赛优秀辅导奖。

简　　介：1992 年 9 月—1995 年 7 月 在新疆兵团师范专科学校上专科；2002 年 9 月—2005 年 7 月 在西北师范大学函授本科，1995 年 9 月—2014 年 7 月 在兰州市第二十三中学任教；2014 年 8 月至今 在兰州市西固区实验学校任教。

0922 马文萍

性　　别：女
出生年月：1968-12-29
民　　族：汉族
政治面貌：党员
职　　称：副高
学　　历：大学本科
所在单位：兰州市第九十九中学
通讯地址：兰州市西固区庄浪西路

成　　就：经过多年的努力，在教学、教育等工作上取得了一点点的成绩。2001 年 2 月我撰写的论文《证明三角形全等时寻找非已知条件的途径》获教育局三等奖，2001 年 5 月在区教育局组织的试题比赛中获得优秀奖，2000 年、2004 年分别荣获了西固区优秀教师光荣称号。曾多次荣获校级优秀教师称号，曾被评为区级骨干教师，工作也得到了领导和同事们的认可。撰写的论文《后进生的成因及转化对策》《初中数学教学中的兴趣培养》《浅谈初中数学概念的教学》先后在省级刊物上发表。

简　　介：自 1992 年参加工作以来，一直从事初中数学教学工作，除了日常的教学工作，本人还积极参与班级的各项管理工作，在担任班主任近二十年期间，班级工作均有了明显的提高。毕业学生多人考入市级重点高中，赢得了单位领导和同行的认可和好评，学生的尊敬，2009 年被评为高级教师。

0923 刘吉兰

性　　别：女
出生年月：1964-03-03
民　　族：汉族
政治面貌：群众
职　　称：副高
学　　历：大学专科
所在单位：兰州市第九十九中学
通讯地址：兰州市第九十九中学

成　　就：1998 年荣获甘肃省电力系统中小学优秀课教师教学技能比武"十佳"教学能手称号，1999 年荣获甘肃省电力系统学校优秀教师称号，1999 年荣获兰州西固热电公司"三八"红旗手荣誉称号，2001 年兰州市中学县（区）级骨干教师，2012 西固区先进教育工作者，2008 年、2011 年荣获校级先进教育工作者，2011 年荣获兰化总校师德先进教师。

简　　介：1983 年毕业于兰州师专数学系；1983 年 10 月分配至西固热电厂中学，从事初中数学教学工作；高级教师。1999 年 9 月担任中学教导主任，2009 年担任办公室主任。

0924 刘红

性　　别：女
出生年月：1966-03-06

民　　族：汉族
政治面貌：群众
职　　称：副高
学　　历：大学本科
所在单位：甘肃省商业学校
通讯地址：兰州市福利东路 27 号
成　　就：1994 年被评为中级讲师，2007 年被评为高级讲师。
简　　介：从 1986 年大学毕业后分配到甘肃省商业学校从事计算机教学工作至今。

0925　谢东升

性　　别：男
出生年月：1964-11-01
民　　族：汉族
政治面貌：党员
职　　称：副高
学　　历：大学本科
所在单位：兰州市第六十三中学
通讯地址：兰州市西固区福利西路 334 号
成　　就：兰州市第六十三中学（原兰化三中）校长助理、办公室主任、机关党支部书记。2010 年被兰州市人民政府评为兰州市百所初中示范性学校建设先进个人。2011 年被评为兰州石化公司优秀教育工作者。
简　　介：1987.07—1988.10 兰化三中教师；1988.10—1995.10 兰化三中团委书记；1995.10—1999.06 兰化总校校长办公室秘书；1999.06—2004.06 兰化三中政教处主任；2004.06—2009.08 兰化三中校长办公室主任。

0926　宋佩筠

性　　别：男
出生年月：1974-07-22
民　　族：汉族
政治面貌：群众
职　　称：副高
学　　历：大学本科
所在单位：兰州市西固区福利西路小学（兰化四校）
通讯地址：西固区福利西路 431 号
成　　就：2005 年兰州市属学校教学新秀。2007 年兰州石化公司年度优秀教师。2006 年 2 月本人撰写的《新颖 活泼 灵活 有趣——浅议中加版小学英语教学教材》发表在《甘肃教育》2006 年第二期上半月版。2009 年 4 月参加全国首届新课程小学优秀课例评选，荣获三等奖。2011 年被确定为兰州市中小学区级骨干教师。2012 年 2 月《对优化小学高年级英语课外作业设计的思考》发表于《西北成人教育学报》第 2 期。 2012 年 11 月市级个人课题《提高小学高年段学生学习英语积极性的有效策略研究》通过鉴定，并获兰州市教育科研 2011 年度"个人课题"优秀成果二等奖。
简　　介：1993.9—1996.6 兰州师专英语系学习；1996.7—2013.7 兰化四校英语教学工作；2013.8—2014.7 在永登县新城区小学支教；2014.8—至今兰化四校任教兼英语教研员。

0927　张莉芳

性　　别：女
出生年月：1972-07-19
民　　族：汉族
政治面貌：民进会员
职　　称：副高
学　　历：大学本科
所在单位：兰州市第二十八中学
通讯地址：兰州市第二十八中学
成　　就：2001 年被评聘为中学一级教师，2002 年被评为兰州市第七届教学新秀，2009 年被评聘为中学高级教师；2009 年被评为兰州市中学区级骨干教师。撰写了三十多篇教育教学论文，先后有 18 篇在各级各类教育刊物上发表，另有 5 篇在各级教育论文评选中获奖。1997 年被兰州铁路分局党政机关评为优秀教师，2001 年被兰州铁路分局党政机关评为优秀教师，2002 年分别被兰州铁路分局党政机关评为优秀教师，2002 年被评为兰州市第七届教学新秀，2007 年被评为西固区第一届"青年教学能手"，2009 年被评为区级骨干教师。

简　　介：中学高级教师。1991.08—1995.06 西北师范大学地理教育专业学习；1995 年 7 月从西北师范大学地理系毕业，理学学士；1995 年 8 月分配到兰州铁路分局河口南铁中任教；2007 年河口南铁中与兰州维尼纶厂子弟中学合并成立兰州市第六十九中学；在该校任教至 2010 年 7 月；2010 年 8 月调入兰州市第二十八中学任教至今。

0928 王和灵

性　　别：女
出生年月：1967-05-01
民　　族：汉族
政治面貌：群众
职　　称：副高
学　　历：大学本科
所在单位：西固区教师进修学校
通讯地址：兰州市西固区玉门街教师进修学校

成　　就：1996 年西固区优秀教师，2000 年全国英语竞赛教师指导一等奖，2001 年西固区骨干教师。

简　　介：1986 年 7 月—1988 年 6 月毕业于甘肃联合大学英语专业；1988 年 7 月—2004 年 8 月在兰州二十三中任英语教师；2004 年 9 月—2008 年 10 月在兰州 28 中任英语教师；2008 年 10 月—至今在兰州市西固区进修学校。

0929 黄英

性　　别：女
出生年月：1970-04-09
民　　族：汉族
政治面貌：党员
职　　称：副高
学　　历：大学本科
所在单位：兰州市西固区福利路第二小学
通讯地址：兰州市西固区福利路第二小学

成　　就：2014 年被评为甘肃省"学科带头人"。2014 年被评为甘肃省"骨干教师"。2014 年被评为西固区第三届"名师"。2012 年被评为兰州市"优秀党员"。2011 年被评为兰州市"骨干教师"。2001—2010 年被评为西固区"骨干教师"。2000 年被评为西固区"优秀教师"。2010 年省教育厅派往舟曲的专家组成员指导教学、讲观摩课。2011 年被聘为联合国"重建更美好"项目西和县送教下乡和送培到校活动专家。2014 年被市教科所聘为"送研到校"指导永登城关回民小学教科研专家。2013 年被西固区教育局聘为"西固区市级骨干教师选拔评审组"评委。2014 年被西固区教育局聘为"教师资格认定工作教学能力测试小学组"评委。2014 年被市教育局聘为"义务教育标准化学校评估验收组成员。

简　　介：1989.6—1991.7 在新城中心小学任教，担任班主任、大队辅导员、团支部书记；1991.8—2005.7 在陈坪中心校任教，担任班主任、大队辅导员；2005.8 至今在福利二校任教，担任班主任、大队辅导员、德育主任、办公室主任、教导主任。

0930 崔金花

性　　别：女
出生年月：1964-12-12
民　　族：汉族

政治面貌：党员
职　　称：副高
学　　历：大学本科
所在单位：兰州市第五十中学
通讯地址：兰州市第五十中学
成　　就：2000年被中核五〇四厂评为厂级"先进教师"；2002年7月被中核五〇四党委评为厂级"优秀共产党员"；2002年被兰州市教育局评为"市级骨干教师"；2003年被中核五〇四厂评为厂级"优秀班主任"；2006年被中核五〇四厂评为厂级"优秀班主任"；2009年被兰州市教育局党组评为"优秀共产党员"；2009年被兰州市教育局评为"市级骨干教师"；2011年被兰州市教育局评为"市级骨干教师"；2011年被兰州市教育局评为"优秀班主任"。
简　　介：1983—1987，西北师范大学中文系就读；1987至今兰州五十中任教。

0931　刘智康

性　　别：男
出生年月：1964-12-06
民　　族：汉族
政治面貌：党员
职　　称：副高
学　　历：大学本科
所在单位：兰州市第六十九中学
通讯地址：兰州市第六十九中学
成　　就：2001年《学生是一本'活书'》获得兰州市如何做21世纪合格教师征文活动三等奖；1998年《教师良好性格养成之我见》发表于《跨世纪中小学教师教改论文集》；2002年《授人以鱼不如授人以渔》发表于《中学教育科研》；2008年《浅析学校德育与社会信息的关系》发表于《中学教育科研》。精品课程：2007年12月"理解时尚，追求真美"获全市义务教育阶段课堂教学设计案例评选兰州市教育局二等奖；2008年4月"浅谈初中思想政治课考查科目带来的负面效应及应对策略"获兰州市初中思想品德课课堂教学论坛优秀论文二等奖。荣誉证书：1996年国营和平化工厂厂级先进工作者；1997年国营和平化工厂优秀共产党员；2001年甘肃省国防科技工业系统优秀共产党员；2001年兰州市中学市级骨干教师。
简　　介：1986年8月至1988年7月在西北师大政治系行政管理专业学习；1988年8月至2003年8月在和平化工厂职工子弟学校担任思想品德课教学、任教导处主任；2004年9月至2007年7月兰州铁路分局河口南铁中担任思想品德课教学，任教导处干事、班主任；2007年9月至2008年7月兰州市第69中学担任思想品德课教学，教导处干事，副主任。

0932　张全德

性　　别：男
出生年月：1956-07-09
民　　族：汉族
政治面貌：党员
职　　称：副高
学　　历：大学专科
所在单位：兰州市西固区钟家河小学
通讯地址：兰州市西固区钟家河小学
成　　就：本人担任学校校长、党支部书记期间，学校多次被上级党委授予"先进党支部"和"先进集体"荣誉称号，被兰州市教育局命名为"标准化学校""无烟示范校""语言文字示范学校"，被西固区委区政府评为"平安校园"和"文明单位"。其个人也多次被甘肃省建总公司和教育党委授予"优秀共产党员""优秀党务工作者""优秀德育工作者"和"先进教育工作者"等荣誉称号。在他的领导下，多名教师被上级部门评为优秀教师、优秀班主任，优秀辅导员和市区级骨干教师；多名学生被上级授予市区级"三好学生"和"优秀学生干部"光荣称号。特别是近年来，学校教育教学质量稳步上升，在上级教育部门组织的抽测、统考以及各类竞赛中取得了良好的成绩，学校也因此受到周边地区学生、家长和社会的普遍好评。

简　　介：1978年12月至1990年4月在甘肃省建构件公司子弟学校任教；1990年5月至1993年11月任甘肃省建构件公司子弟学校教导主任；1993年12月至2001年7月任学校副校长兼教导主任；2001年8月至今任钟家河小学校长兼党支部书记。

0933　彭鑫年

性　　别：男
出生年月：1962-06-24
民　　族：汉族
政治面貌：党员
职　　称：副高
学　　历：大学本科
所在单位：甘肃省商业学校
通讯地址：兰州福利东路27号
成　　就：1986年7月至今担任过86小财会，87小中专，88财会甲、乙、丙，89财会甲、乙，90财会甲、乙，91统计，92小中专各班，93小中专各班，1994至2005各小中专各班物理教学工作，数学教学工作，电子线路、电工学、理论物理等教学工作。2005年至今担任省商校部分班级物理数学教学工作，1986至2003年，分别担任7个班的班主任工作。

简　　介：1982年至1986年7月在西北师范大学物理系上学；1986年至今在甘肃省商业学校工作；1986至1993担任学生科、办公室、教务科干事，1994年7月至1997年7月任校办公室副主任，1997年7月至2002年任办公室主任，2002年任人事劳资科科长。

0934　李金玉

性　　别：女
出生年月：1971-11-01
民　　族：汉族
政治面貌：党员
职　　称：副高
学　　历：大学本科
所在单位：兰州市第九十九中学
通讯地址：兰州市第九十九中学
成　　就：《浅析如何才能让学生写好作文》在2009年兰州市教育教学评比中荣获三等奖。《小议怎样才能让学生写好作文》在2010年小学语文习作教学论文评选中荣获三等奖。作品《有爱就有奇迹——我的教育教学故事》在2013年兰州市教育局举办的兰州市第二届中小学教师师范作文暨教育叙事评选活动中荣获三等奖。论文《如何做好班主任工作》发表在《西固教育》2011年第1期。《浅谈怎样才能让学生写好作文》发表在《现代阅读》2013年5月。《小学语文学困生的成因与对策研究之我见》发表在2013年7月的相关刊物。《班主任工作方法探究》发表于《教师》2014年第2期。2010年度个人课题《小学语文学困生的成因与对策研究》通过鉴定，并荣获兰州市教育科研2010年度"个人课题"优秀成果二等奖。

简　　介：高级教师。现为兰州市第九十九中学教师。先后担任语文教学、历史教学工作，担任班主任工作16年，班级管理工作突出。

0935　邵义方

性　　别：男
出生年月：1950-04
民　　族：汉族

政治面貌：群众
职　　称：副高
学　　历：大学本科
所在单位：兰州28中
通讯地址：兰州28中
简　　介：1978年9月—1982年7月西北师范大学；1982年8月—1992年6月省建二中；1992年7月—1996年7月兰州铝厂子弟学校。

0936　王群

性　　别：男
出生年月：1944-12-01
民　　族：汉族
政治面貌：群众
职　　称：副高
学　　力：大学专科
所在单位：庄浪路第二学校（西固热电厂子弟学校）
通讯地址：庄浪路第二学校（西固热电厂子弟学校）
简　　介：1964—1967.10甘肃教育学院英专学习；1967.10—1969.4甘肃秦安第一中学任教；1969.4—1973.4甘肃秦安莲花中学任教；1973.4—1981.10甘肃天水长城公司子弟中学；1981.10—2004.12甘肃兰州西固热电厂子弟中学任教；2004年底退休。

0937　赵燕驹

性　　别：女
出生年月：1964-02-29
民　　族：汉族
政治面貌：民主党派
职　　称：副高
学　　历：大学本科
所在单位：兰州园艺学校
通讯地址：兰州园艺学校教务处
成　　就：主要承担植物组织保护、植物组织培养的教学工作。在完成教学的同时还积极参加科研，并取得一项省级成果证书，在国家核心刊物及省部级刊物发表论文10余篇。
简　　介：1987年7月年毕业于西北林学院森保系，同时分配到青海大学农学系任教。1997年5月调到兰州园艺学校工作，主要担任植物保护、植物组织培养、市场营销等课程的教学工作，教学效果良好，得到了学生的认可。在完成教学的同时还担任班主任工作，也深受学生的喜爱。

0938　于萍

性　　别：女
出生年月：1965-11-23
民　　族：汉族
政治面貌：群众
职　　称：副高
学　　历：大学本科
所在单位：兰州市第二十八中学
通讯地址：兰州市第二十八中学
成　　就：1994年—1995年度获西固区优秀论文。1994年度西固区公开教学、1996年度西固区德育研讨优秀论文。1999年—2000年西固区德育及班主任工作论文二等奖。2001年获兰州市区级骨干教师。2004年获柳泉中学校级优秀教师。2004年获西固区优秀教师。2006年分别在《甘肃教育》《甘肃教育督导》发表论文。2011年获兰州市区级骨干教师。2012年获兰州二十八中学校级优秀班主任。
简　　介：1973年3月至1978年7月在省建一小上学；1978年8月至1985年7月在省建一中上中学；1985年9月至1987年7月在金城联大上大学；1987年12月至2005年3月任教于西固区柳泉中学；2005年3月

至今任教于兰州市第二十八中学。

0939 李延荣

性　　别：男
出生年月：1958-12-15
民　　族：汉族
政治面貌：党员
职　　称：副高
学　　历：大学专科
所在单位：西固区东川初级中学
通讯地址：西固区东川初级中学
成　　就：1981年兰州师专获"优秀学生干部"荣誉奖励。1982年兰州师专获"三好学生"荣誉奖励。1994年被甘肃省轻纺总会评为"先进教育工作者"。2007年被西固区达川中心校评为"优秀德育工作者"。2009年被西固区达川中心校评为"优秀共产党员"。1984年组织学生参加省文化厅、兰州市文化局、市文联举办的"兰州地区首届少儿音乐会"获合唱二等奖，个人获作品创作奖。2009年创作的作品参加兰州市第八届中小学生艺术节，获兰州市教育局颁发的"优秀校歌创作奖"。
简　　介：1975年5月至1978年10月在甘肃省武都县红旗公社红旗一队插队（知青）；1978年10月至1980年8月在农业银行成县支行工作（出纳员、信贷员）；1980年8月至1982年7月在兰州师专音乐系学习（学生）；1982年7月至2005年12月在兰州棉纺织厂子弟中学工作（教师、教研组长、校工会主席、公司工会委员）。

0940 缪培玲

性　　别：女
出生年月：1966-10-21
民　　族：汉族
政治面貌：群众
职　　称：副高
学　　历：大学本科
所在单位：兰州市第二十八中学
通讯地址：兰州市西固区福利西路97号
成　　就：1994年被兰州维尼纶厂中学授予"教学能手"称号。2001年、2002年被评为校级"先进个人"。2002年撰写的论文《浅谈如何提高高中地理会考成绩》，在"新时期地理教育与可持续发展"研讨会上被评为二等奖。论文《浅谈"等级文化"对学校教育的影响》，2002年在西北师范大学学报第29期发表。
简　　介：1989年7月西北师范大学地理专业本科毕业；1989年8月，在兰州维尼纶厂子弟中学参加工作；2003年12月，评为中学高级教师；自工作以来，一直任教初高中地理教学；1989年8月至1997年4月在兰州维尼纶厂子弟中学担任初高中地理教学；班主任工作及地理教研组长工作；1997年5月至2010年7月在兰州六十九中学担任高中地理教学。

0941 逯尚军

性　　别：男
出生年月：1971-08-08
民　　族：汉族
政治面貌：党员
职　　称：副高
学　　历：大学本科
所在单位：兰州市第二十三中学
通讯地址：兰州市第二十三中学
成　　就：2002年获兰铁分局"二等教学能手"；2003年在兰州市初中会考中，所教初三数学在厂矿42所学校中排名第一；2006年在全国数学竞赛中，所带学生吴振伟获一等奖；2006年获西固区优秀教师；2009年在全国数学竞赛中，所带学生伊曼榕获三等奖（省教科所）；2009年在全国数学竞赛中，所带学生邹立维等三人获三等奖；2010年在全国中学生数学能力竞赛中，所带八年级学生周宏旭等四人获全国三等奖；2010年5月，在《吉林教育》刊物上发表论文《数学教学改革不能忽视基础知识和基本技能》；同年8月在《中学教学参考》刊物上发表论文《如何利用探究式教学法开展数学教学》。

简　　介：1992年9月至1996年7月苏州铁道师范学院数学系 学生；1996年8月至1997年8月河口南铁中见习；1997年至2003年10月河口南铁中教师；2003年11月至2007年3月河口南铁中教师、教导主任；2007年4月至2009年5月兰州市第六十九中学任教教师、教导主任；2009年6月至2013年7月兰州市第六十九中学任教教师、副校长；2013年8月至2014年10月兰州市第二十三中学 校长。

0942　李虹

性　　别：女
出生年月：1968-03-01
民　　族：汉族
政治面貌：党员
职　　称：副高
学　　历：大学本科
所在单位：西固区教育局教研室
通讯地址：兰州市西固区西固中路105号
成　　就：1995年 被评为西固区教学新秀；2002年被评为西固区骨干教师；2006年被评为西固区先进教育工作者。
简　　介：2000.6—2002.12 西北师范大学；1989.7—2002.1 西固区陈坪中心校；2002.2—至今，西固区教育局教研室工作。

0943　杜筠清

性　　别：女
出生年月：1969-07-02
民　　族：汉族
政治面貌：群众
职　　称：副高
学　　历：大学本科
所在单位：西固区福利路第二小学
通讯地址：兰州市西固区福利东路92号
成　　就：2000年、2001年、2002年范坪学校初中物理成绩名列西固区第一，2003年、2004年我校物理成绩名列西固区第二，多次中考与区抽考中位于中上成绩。2001年获得西固区论文（试题）优秀奖；2002年获得西固区教学质量优胜奖；2003年，论文《改进物理实验，培养创新能力》获得兰州市优秀论文一等奖；2009年，论文《物理学史在教学中的作用》发表于杂志《科海故事博览·科教创新》。2011年 被评为西固区骨干教师；2013年荣获第十八届全国华罗庚金杯少年数学邀请赛优秀辅导员奖；2014年获得兰州市第十四届少先队手抄报比赛优秀辅导员奖；2013~2014学年第一学期被评为福利二校优秀班主任。
简　　介：1990年6月毕业于兰州高等师范专科学校物理系，当年9月，分配到范坪学校初中部工作；2000年12月取得中学一级教师资格，2005年6月通过自学考试获得教育管理本科学历，2009年取得高级教师资格；于2011年8月调入庄浪路第一学校，2013年7月随小学撤并合入福利路第二小学；自1990年9月至2011年7月，一直担任八年级、九年级的物理教学工作，2000年兼任了中学理科教研组组长和远教功能室的管理工作，从2005年9月起，又兼任了小学五、六年级的科学课的教学工作。

0944　康继红

性　　别：女

出生年月：1965-08-25
民　　族：汉族
政治面貌：群众
职　　称：副高
学　　历：大学本科
所在单位：兰州市第六十三中学
通讯地址：兰州市西固区福利西路334号
成　　就：1998年获兰化三中教学能手奖。2000年获全国青少年"春蕾杯"征文优秀指导奖。2003年获兰州市教学论文二等奖。2004年获甘肃省首届"英才杯"中学生作文大赛优秀辅导奖。2005年获兰化公司优秀教师荣誉称号。2007年获兰化三中优秀教师称号。2007年获中国教育教学研究会年度论文评选一等奖。2008年获中国教育教学研究会成果奖。2008年获兰化总校优秀教师称号。2014年获兰化总校优秀教师称号。
简　　介：1987年6月毕业于西北师范大学汉语言文学专业；2007年取得西北师范大学语文科学科教学的教育硕士学位；1987年7月至今从教于兰化三中（改名为兰州六十三中学），担任语文科教学工作。

0945 赵中录

性　　别：男
出生年月：1955-12-28
民　　族：汉族
政治面貌：群众
职　　称：副高
学　　历：大学本科
所在单位：甘肃省商业学校
通讯地址：甘肃省商业学校
成　　就：从事教学工作近四十年，做到认真负责。
简　　介：1974—1978长武县巨家中学任教；1978—1982西安外国语学院学习；1982—1985长武中学任教；1985—1989新疆国营979厂子弟学校任教；1990—1994新疆国防工办职工大学任教；1994—2000甘肃省外贸学校任教；2000—2014甘肃省商业学校任教。

0946 朱雪松

性　　别：女
出生年月：1972-11-14
民　　族：汉族
政治面貌：党员
职　　称：副高
学　　历：硕士研究生
所在单位：西固区福利东路第三小学
通讯地址：兰州市西固区福利西路724号
成　　就：甘肃省"园丁奖"获得者、特级教师、省级骨干教师、省级教学能手、甘肃省首届"陇原名师"、兰州市首届"金城名师"、"金城名校长"、兰州市小学语文朱雪松名师工作室领衔名师。在全国校长发展学校代表甘肃省做了题为《在立人理念指引下探寻师生共同成长的场域》办学经验介绍，参与编写《学校文化建设应用实例》《构建以"立人教育"为核心的学校文化》被编入《学校文化建设应用实例》，代表市教育局赴三县五区进行实地巡回培训，成功举办兰州市学校文化现场会。《三年"立"起一所好学校》发表于《中国德育》（2012年第27期）。《"立人教育"彰显兰炼一校办学特色》发表于《甘肃日报》，《创立人文化 树立人教育》被编入《2012年兰州教育绿皮书》。
简　　介：1994.6—2003.2兰炼一小教师、大队辅导员；2003.3—2004.7兰炼三中、三小教学副校长；2004.8—2009.7兰炼三小校长；2009.8—2014.12兰炼一小校长；2014.12—兰化一校校长。

0947 周卫东

性　　别：男
出生年月：1967-12-17
民　　族：汉族
政治面貌：民主党派
职　　称：副高
学　　历：硕士研究生
所在单位：兰州园艺学校
通讯地址：兰州市西固区范坪18号
成　　就：发表专业学术论文6篇，获校级优秀教师3次，获市级优秀指导教师1次。
简　　介：1989年9月至1991年7月就读于甘肃农业大学机电系；1991年8月至1996年7月就职于兰拖厂；1994年9月至1997年7月就读于西工大计算机系；1997年9月至今就职于兰州园艺学校。

0948 覃肖艳

性　　别：女
出生年月：1968-02-01
民　　族：汉族
政治面貌：群众
职　　称：副高
学　　历：大学本科
所在单位：兰州市第二十八中学
通讯地址：兰州市第二十八中学
成　　就：1997年、2000年被评为兰州铝厂"优秀教师"，由于教育教学成绩优秀，2002年当选为"兰州铝厂劳动模范"，2006年6月被评为兰州市市级骨干教师，2010年、2012年被评为兰州市第二十八中学优秀教师。本人积极主动参加各类教研活动，努力钻研教研，撰写论文《面对"3+综合"中学物理教序观念更新》《多媒体课件在物理教学中的正确运用》等多篇论文在省级刊物发表，选送的论文《物理教学素质教育的实施》参加兰州市教育科学研究所比赛获二等奖。
简　　介：1991年7月以优异的成绩毕业于北京师范大学物理系物理专业，大学本科学历，获学士学位，1991年7月参加工作，兰州市西固区政协第六届常务委员；1991年7月至1996年7月，在兰州市西北中学任教；1996年8月至2003年2月在兰州铝厂中学任教；2003年3月至今在兰州市第二十八中学任教。

0949 张发宽

性　　别：男
出生年月：1961-06-15
民　　族：汉族
政治面貌：党员
职　　称：副高
学　　历：大学本科
所在单位：西固区金沟中心学校
通讯地址：兰州市西固区金沟乡小金沟村66号
成　　就：1987年被评为市、区两级优秀教师；1989年被评为市、区两级优秀教师。在1994年至1995学年度课堂教学比武中被评为教学新秀；1995年被评为西固区优秀教师；2001年被兰州市教育委员会确定为区级骨干教师；2000至2001学年被授予金沟乡先进教育工作者；2002年荣获西固区优秀教师称号，2011年确定为区级骨干教师。2010年在《甘肃教育督导》上发表《中学语文教学中情感教育新探讨》的论文。
简　　介：现在兰州市西固区金沟中心学校任教。1979年9月考入兰州师范学校上学，1981年7月毕业参加工作；1993年至1997年参加高等师范专科自学考试汉语言文学专业学习，1997年6月大专毕业；2008年6月完成高等教育自学考试教育管理专业的全部课程，本科毕业；先后在金沟中心学校所属的上大金沟小学、麻家湾小学任教。

0950 牟作林

性　　别：男
出生年月：1968-12-26
民　　族：汉族
政治面貌：党员
职　　称：副高
学　　历：大学本科
所在单位：西固区玉门街小学
通讯地址：兰州市西固区玉门街小学415号
成　　就：甘肃省省级骨干教师，2001—2008、2008—现在，兰州市骨干教师，2007年兰州市优秀教师，2007年西固区第一届"青年教学能手"，1996年兰州市教学新秀，2009年兰州市教科研先进个人，2009年兰州市学科带头人，2014年西固区先进教育工作者，2010年荣获西固区中小学名师称号，2010年兰州市青年教学能手；2000年兰州市教科所现场说课二等奖，1996年西固区青年教学新秀选拔赛优胜，1996年西固区小学青年教师教学比武一等奖，2001年西固区小学现场说课比赛二等奖，1993年西固区小学青年教师课堂教学优秀奖等。
简　　介：玉门街小学副校长，中学高级教师。在教育战线默默耕耘24年，在此期间根据学校工作需要，先后承担过语文教研组组长、语文备课组组长、区语文中心组成员、教科室主任、教导处主任、办公室主任、副校长等工作。

0951 孙建华

性　　别：女
出生年月：1962-10-03
民　　族：汉族
政治面貌：群众
职　　称：副高
学　　历：大学本科
所在单位：兰州市第六十三中学
通讯地址：兰州市西固区福利西路334号
成　　就：1995年被评为中学高级教师，2001年被评为"甘肃省中小学省级骨干教师"，2008年被授予甘肃省中学"特级教师"，2011年先后被授予兰州市"金城名师"和甘肃省"陇原名师"。共出版4部个人专著：1996年出版《高中英语语法详解及练习》（约35万字），2002年出版《中学生英语语法速成手册》（约40万字），2004年出版《新课标初中英语基础知识完全手册》（约30万字），2013年出版《英语语法巧学新思路》（约40万字）。曾获甘肃省基础教育科研优秀成果各一、二等奖和兰州市基础教育科研优秀成果一等奖。发表省部级论文12篇。2014年5月，主持的国家"十一五"重点课题"中国基础英语素质教育的途径与方法"和子课题"'语感阅读法'与学生英语语法能力发展研究的实验研究"结题；2013年主持省级重点专项规划课题"英语语法教学的精讲多练与探究性学习相结合的实验与研究"。
简　　介：1979.9-1983.7西北师范大学就学；1983.11-2015.01兰州市第六十三中工作。

0952 陈双明

性　　别：男
出生年月：1963-03-28
民　　族：汉族
政治面貌：党员
职　　称：副高
学　　历：大学本科
所在单位：兰州市第二十八中学
通讯地址：兰州市第二十八中学
成　　就：1988年被省建总公司团委评为甘

肃省文明青年。1989年被兰州市政府评为兰州市优秀教师。1990年被省建总公司团委评为"优秀团干部"称号。1991年被省建总公司评为优秀共产党员。1994年获省建总公司中学中青年教师数学优秀课一等奖。1998、1999年获兰州铝厂"先进工作者"称号。1999年被兰州铝厂评为优秀共产党员。2001年被兰州市教育委员会确定为兰州市中学市级骨干。2007年被西固区教育局党委评为优秀共产党员。2014年评为西固区名师。

简　　介：1982年9月—1986年7月在西北师范大学上学；1986年7月—1992年7月省建三中任教；1992年8月—1995年8月省建一中任教；1995年9月—2002年2月兰州铝厂中学任教；2002年3月—现在兰州28中任教；自参加工作以来，一直坚守在教学第一线，对教育教学有着深厚的感情。

0953 李贤

性　　别：女

出生年月：1969-07-15

民　　族：汉族

政治面貌：群众

职　　称：副高

学　　历：大学本科

所在单位：兰州市第二十八中学

通讯地址：兰州市西固区福利西路97号

成　　就：1996—1997学年度被评为东川中学优秀教师；1997—1998学年度被评为西固区十佳园丁；1998—1999学年度被评为西固区东川中学十佳教师荣誉称号。

简　　介：1988.8—1990.8西北师范大学读大学；1990年5月，在兰州24中学任教；1994年8月在西固区东川中学任教；2005年8月调入兰州二十一中学；2013年8月在兰州二十八中学任教。自工作以来，一直任教生物教学，在东川中学连续担任班主任工作。在教学时，一直坚持学习教育教学理论，积极投身新课程改革，钻研教材，研究教法，形成"自主学习，合作探究"的教学课堂模式，效果显著。

0954 他玲

性　　别：女

出生年月：1969-11

民　　族：汉族

政治面貌：党员

职　　称：副高

学　　历：大学本科

所在单位：兰州市西固区福利路第一小学

通讯地址：兰州市西固区福利路第一小学

成　　就：甘肃省第三届中小学"青年教学能手"。兰州市骨干教师。被聘请为兰州市中小学教师职称评审课堂教学能力考察评委。《天游峰的扫路人》一课被评为"兰州市优秀公开课"。《让口语交际的途径走向多样化》在《中小学教育》2012第4期发表，独著。《小学随班就读学生自信心培养的研究》2012年通过个人课题鉴定。《小学随班就读学生自信心培养的研究》2012年通过个人课题鉴定。

简　　介：1991年7月至1999年8月在城关区大砂坪小学从事小学语文教学工作兼任班主任；1999年9月至今在兰州市西固区福利路第一小学从事小学语文教学工作，兼任班主任及政教主任。

0955 王文贵

性　　别：男

出生年月：1963-03-01

民　　族：汉族

政治面貌：民主党派

职　　称：副高

学　　历：大学本科
所在单位：兰州市第二十一中学
通讯地址：兰州市西固东路 160 号
成　　就：1995 年被评为西固区优秀教师。2000 年被评为西固区优秀教育工作者。2001 年被评为兰州市中小学市级骨干教师。
简　　介：1979 年 8 月至 1981 年 7 月在兰州师范学校上学；1981 年 8 月至 1989 年 1 月在西固区达川中学任教；1983 年 8 月至 1988 年 8 月在西北师范大学物理专业学习（函授）；1989 年 2 月至今在兰州二十一中任教；2003 年 12 月至今担任兰州 21 中副校长。

0956　闫承智

性　　别：男
出生年月：1963-08-18
民　　族：汉族
政治面貌：党员
职　　称：副高
学　　历：大学本科
所在单位：兰州市西固区水务局
通讯地址：西固中街 113 号
成　　就："提高水利工程建设质量的几个重要环节"和"西固区提灌工程管理办法"两篇论文，分别在《中国水利》和《甘肃水利水电技术》杂志上发表。

0957　高天宇

性　　别：男
出生年月：1967-07-04
民　　族：汉族
政治面貌：党员
职　　称：副高
学　　历：大学本科
所在单位：西固区金沟中心学校
通讯地址：兰州市西固区金沟乡小金沟村 66 号
成　　就：1997 年、1998 年、2000 年、2002 年获得西固区优秀教师称号；2002 年获得兰州市骨干教师称号；2009 年 4 月《思想政治课创新教育策略浅谈》发表于《甘肃教育》；2010 年论文（试题）被评为西固区优秀奖，2011 年被授予全市关心下一代先进个人荣誉称号；2013 年个人课件获得市级三等奖。
简　　介：1992 年 6 月毕业于甘肃联合大学，1992 年 7 月至 1995 年 5 月在甘肃省建筑工程总公司子弟学校任教；1995 年 5 月至 2009 年 12 月在兰州 23 中任教中学英语、政治课程，担任教导主任；2000 年 3 月至 2003 年 7 月在西北师范大学在职进修学习教育管理本科，获得学士学位；2010 年获得中学高级教师任职资格，2009 年 12 月至今在金沟中心学校任校长、党支部书记。2011 年 3 月 25 日至 4 月 25 日参加教育部"学习贯彻全国教育工作会议精神和《国家中长期教育改革和发展纲要（2010-2020）》远程专题培训"。

0958　魏至喜

性　　别：男
出生年月：1955-08-29
民　　族：汉族
政治面貌：党员
职　　称：副高
学　　历：大学专科
所在单位：兰州市西固区陈坪中心校
通讯地址：兰州市西固区环行东路 19 号
成　　就：1993 年被评为西固区优秀教师；1995 年被评为西固区"十佳园丁"；1998 年被评为兰州市优秀教师；2010 年获得甘肃省优秀教师"园丁奖"。
简　　介：1974 年 8 月参加工作，1990 年 6

月毕业于兰州教育学院物理专业，1993年加入中国共产党，中学高级教师，现任教于兰州市西固区陈坪中心校。

0959 牟瀛

性　　别：女
出生年月：1973-10-10
民　　族：汉族
政治面貌：群众
职　　称：副高
学　　历：大学本科
所在单位：兰州市第九十九中学
通讯地址：兰州市第九十九中学
成　　就：2007年和2008年连续两年被评为校级优秀教师，2009年被评为校级优秀班主任。2012年被评为校级优秀班主任。2013年被评为校级优秀教师。2008年所辅导学生在全国中学生英语能力竞赛中获得全国一等奖，2010年所辅导学生在全国基础教育英语综合能力竞赛中获得二等奖。2009年在《发展》刊物里发表了题为：《初中英语词汇教学》的论文一篇。2012年由甘肃省教育厅选拔推荐，参加了教育部"国培计划（2012）——甘肃省农村骨干教师培训项目"。
简　　介：1996年毕业于武汉水利电力大学，毕业之后一直从事于初中英语教学工作兼班主任。

0960 王莲

性　　别：女
出生年月：1979-05-16
民　　族：汉族
政治面貌：党员
职　　称：副高
学　　历：大学本科
所在单位：兰州市商贸职业学校
通讯地址：兰州市西固区山丹街138号

成　　就：2012年"中职杯"全国中等职业教育英语教师"有效教学"说课大赛二等奖；2010年甘肃省中等职业学校创新课说课比赛三等奖；2011年、2012年、2013年、2014年兰州市中等职业学校技能大赛优秀指导教师；2013、2014兰州市中等职业学校技能大赛先进工作者；2008年度青年教师教学基本功竞赛一等奖；2009年度青年教师岗位练兵一等奖；2011-2012学年度青年教师岗位练兵特别奖；2012-2013学年度青年教师岗位练兵特别奖。
简　　介：1997年-2001年在兰州商学院读本科；2001年至今在兰州市商贸职业学校工作。

0961 李玉娥

性　　别：女
出生年月：1965-01-12
民　　族：汉族
政治面貌：党员
职　　称：副高
学　　历：大学本科
所在单位：兰州市第九十二中学
通讯地址：兰州市第九十二中学
成　　就：2002年被兰州市教育局评为区级骨干教师；2005年被评为兰州平板玻璃厂"先进个人"；2004年荣获校级"优秀教师"称号；2006年荣获西固区政府"优秀教师"称号。撰写论文《物理教学要在方法上下功夫》在《中华教育论文萃选》一书上发表。《比较法在初中物理教学中的应用》在《全国优秀教师论文汇展获奖作品集》中公开发表。浅析中学物理电磁学中的"广义安培定则"2012年2月在《素质教育》上发表。参与的甘肃省教育科学"十二五"规划课题《变式训练在初中数学中的应用研究》通过专家组评审鉴定，鉴定等级为优秀。主持的规划课题《企业移交学校现状、问题及对策研究》已上报结题。

简　　介：1988年毕业于西北师范大学物理系；1988年毕业后分配到临洮县一中；1994年调西固区庄浪路第一学校（原兰州平板玻璃厂学校）任物理教师；多年从事班主任、年级组长工作；1988年大学毕业以来，始终工作在教学第一线，有26年从事中学物理课教学经验，有比较扎实的专业知识。

0962　王忠福

性　　别：男
出生年月：1969-03-15
民　　族：汉族
政治面貌：党员
职　　称：副高
学　　历：大学本科
所在单位：兰州六十一中（兰化一中）
通讯地址：兰州市西固区福利西路兰化一中教科处
成　　就：辅导的十余项学生项目多次在青少年科技创新大赛中获得省市、国家级大奖，另有20多项学生的设计、创造项目获得了国家发明专利。曾获2008-2013年"兰州市青少年科技创新大赛优秀辅导教师""甘肃省青少年科技创新大赛优秀辅导教师""甘肃省科技创新活动优秀辅导员"、2012年"甘肃省青少年科技创新教育创新奖先进个人"、2012年第八届"中华宋庆龄基金会少年儿童发明奖全国优秀园丁"等荣誉称号。2014年12月，被市科协聘为市科技创新教育专家人才库人才，承担市青少年科技创新大赛评委。

简　　介：兰州六十一中（兰化一中）研究性学习课程督导教师，大学本科学历，中学高级教师，长期从事青少年科技创新教育活动。

0963　武建国

性　　别：男
出生年月：1970-04-01
民　　族：汉族
政治面貌：党员
职　　称：副高
学　　历：大学本科
所在单位：兰州市第九十九中学
通讯地址：兰州市第九十九中学
成　　就：2004年在《西北师范大学学报》发表教育教学论文《浅析CAI在物理教学中的作用及其应用误区》和《估算题的类型与解法举例》。从2005年至今，连续十年主持编写了《甘肃省中考复习指导和检测·中考通》系列丛书中的物理分册。2006年编写了《同步训练与检测》八年级物理下册（北师大版）。2009年8月，在省级刊物《甘肃日报》发表教育教学论文《物理教学要注重实验》。2010年2月，在省级刊物《教育革新》发表教育教学论文《合作学习在初中物理教学中的应用实践》。2001年底辅导学生参加全国中学生物理竞赛获得三等奖。2007年参加兰州市第四届中小学课件比赛，作品《滑轮》获得二等奖。2008年被西固区委、区政府评为优秀教师。

简　　介：本人于1995年由西北师范大学物理系毕业，分配至兰州九十九中（原西固热电厂学校）工作，1997年被聘为中学二级教师，2001年晋升为中学一级教师，2009年取得中学高级教师职称，目前担任兰化三中初三物理备课组组长。

0964　褚占辉

性　　别：男
出生年月：1974-10-24
民　　族：汉族
政治面貌：党员

职　　称：副高
学　　历：大学本科
所在单位：兰州市第九十九中学
通讯地址：兰州市第九十九中学
成　　就：多次被评为校级先进工作者、师德标兵和优秀班主任，2012年在兰州市"两基"及迎国检工作中，被兰州市委、市政府评为先进个人；2013年被评为兰州市优秀教师，2008-2012年连续五年在区委对科级干部年度考核中获优秀等次。2009年获得区级示范课评比一等奖，2010年获得区级数学教师大比武讲课比赛一等奖，2011年兰州市骨干教师参评公开课被评为"兰州市优秀公开课"。参与编写由科学教育出版社出版的2008年《物理中考导航》及甘肃少年儿童出版社出版的2009年《物理中考导航》。
简　　介：1996年7月从长沙电力学院毕业，12月进入西固热电厂子弟学校参加工作，先后担任初中物理、数学教师及班主任工作，并历任工会主席、党支部书记。2007年10月起任西固区庄浪路第二学校校长，2013年7月区委组织部任命为西固区校安工程副指挥（挂职），2013年10月区委组织部任命为西固区教育局副局长，2014年3月二十八中主持工作。

0965　李永昌

性　　别：男
出生年月：1965-02-06
民　　族：汉族
政治面貌：党员
职　　称：副高
学　　历：大学本科
所在单位：甘肃省商业学校
通讯地址：甘肃省商业学校
成　　就：《安易软件中"科目助记码"实用性问题》西北师大学报独著；《查询成绩不及格的程序设计分析》西北师大学报独著；《电算化会计信息系统的内部控制》吉首大学学报独著；《"管理型"会计软件浅析》吉首大学学报独著；《计算机财会应用基础》中国物资出版社副主编；《基础会计操作方法》甘肃教育出版社副主编；参加全国商品流通企业会计知识大奖赛获个人优胜奖（前20名）；参加甘肃省成人中专第一届会计实务操作竞赛担任我校领队兼教练、获团体第二名、选手个人第一名。获奖：曾获省商务厅优秀党员、省成教协会先进个人、本校优秀教师、模范班主任。
简　　介：1991年毕业于兰州商学院，本科学历，毕业后分配到甘肃省商业学校工作。1995年被任为甘肃省商业学校学生科副科长，1997年调任教务科副科长，2003年担任学生科长兼任学校学生党支部书记，2008年任校长助理一职。曾担任省会计学会、省商业技师协会会员。

0966　李兰芳

性　　别：女
出生年月：1970-07-19
民　　族：汉族
政治面貌：党员
职　　称：副高
学　　历：大学本科
所在单位：兰州市第六十二中
通讯地址：兰州市西固西路342号
成　　就：在省级以上刊物发表多篇教育论文。是兰州市"优秀教师"、各级"优秀班主任""优秀党员"；甘肃省建总公司"岗位能手""先进德育工作者"；兰州市骨干教师；多项课题获"兰州市基础教育科研优秀成果"奖。
简　　介：1989.09-1993.06西北师范大学汉语言文学专业学习；1993.07-2013.08兰

州市第八十一中学教育教学工作；2006.01-2013.08 兰州市第六十二中学（兰化二中）政教处主任；2013.08—至今 兰州市第六十二中学副校长。

0967 耿春霄

性　　别：男
出生年月：1965-07-23
民　　族：汉族
政治面貌：党员
职　　称：副高
学　　历：大学本科
所在单位：兰化一中
通讯地址：兰州西固兰化一中
成　　就：兰州石化教育系统优秀教师。
简　　介：1987年自西北师大历史系毕业分配至兰化总校工作，现任教于兰化一中，并兼任该校高二年级主任，历史学科组长，中学高级教师。在兰化一中任教以来，先后担任过一届初中班主任、五届高中班主任，2011、2013年所带班级高考二本进线率达90%。

0968 多晓萍

性　　别：女
出生年月：1977-05-05
民　　族：汉族
政治面貌：群众
职　　称：副高
学　　历：硕士研究生
所在单位：甘肃政法学院
通讯地址：甘肃省兰州市安宁西路6号
成　　就：发表学术论文14篇左右，参编教材2部，并参与、主持学校的教改、青年项目各1项。获得甘肃政法学院青年教师教学进步奖1项，教学竞赛三等奖2项，年度论文研讨一等奖1项，二等奖1项。

简　　介：2001年6月参加工作，开始担任大学英语的教学工作。自2003年起，主要担任人文学院英语专业综合英语课程的教学，并积累了丰富的教学经验。

0969 邓全福

性　　别：男
出生年月：1969-11-18
民　　族：汉族
政治面貌：党员
职　　称：副高
学　　历：硕士研究生
所在单位：甘肃政法学院
通讯地址：甘肃省兰州市安宁西路6号
成　　就：专业方面主要从事行政法学的教学和科研工作，兼职律师。

0970 王毓高

性　　别：男
出生年月：1969-02-13
民　　族：汉族
政治面貌：党员
职　　称：副高
学　　历：大学本科
所在单位：兰州市第二十中学
通讯地址：兰州市第二十中学
成　　就：1999—2013年，本人先后获安宁区优秀教师、兰州市第七届教学新秀、兰州市优秀班主任、兰州市优秀教师等荣誉称号，著有《高中总复习考试教程历史》一书，由科技文献出版社出版。先后在《史学论丛》《黑河学刊》等杂志发表省级论文4篇。
简　　介：1992年毕业于西北师大历史系，在兰州二十中长期从事历史教学工作。

0971 陈肃霞

性　　别：女

出生年月：1970-02-27
民　　族：汉族
政治面貌：群众
职　　称：副高
学　　历：大学本科
所在单位：兰州二十中
通讯地址：兰州市桃林路108号
成　　就：1995年荣获安宁区语文教学竞赛第一名；1999年获"兰州市第六届教学新秀"称号；2000年被兰州市教育局邀请参加了2000年第六届中小学教学新秀公开课观摩教学活动；2001年获得区级骨干教师称号；2010年获得全国中学生语文能力竞赛"指导教师奖"；2008年被兰州市教育局聘为"兰州市第九届教学新秀总评委"；2010年被兰州市教育局聘为"兰州市第十届教学新秀评委"；2008年被西北师范大学聘为"西北师范大学教育实习指导教师"；2011年评为兰州市市级骨干教师。参加工作以来屡获校级优秀教师，优秀班主任，师德先进个人等荣誉，多篇教育教学论文在市级及市级以上教育行政部门、教育研究机构组织的论文评选中获奖。
简　　介：1990年七月天水师专毕业以来一直在教学一线担任初高中语文教学工作和班主任工作；1990—2010年兰州45中工作，工作期间于1993—1996年在西北师大进修取得本科学历；2010年调入兰州二十中工作至今；2004年起担任二十中语文教研组长工作，2006年被聘为高级教师，2011年获市级骨干称号。

0972　曹正

性　　别：男
出生年月：1968-09-02
民　　族：汉族
政治面貌：党员
职　　称：副高
学　　历：大学本科
所在单位：兰州市第六十中学（兰炼三中）
通讯地址：兰州市玉门街602号兰炼三中
成　　就：兰州市市级骨干教师，中学高级教师。学校工会主席，历史教研组组长。《简论问题讨论型历史课堂教学模式》等6篇论文分别在《甘肃科技纵横》《21世纪教育前沿》《史学论丛》《新课程学习》《都市家教》和《中学时代》等刊物上发表。课题《教科书中美国历史演变研究》通过兰州市教科所鉴定，并获得市第八届基础教育科研优秀成果一等奖。近日主编的校本教材《新史观视野下高中历史记忆点拨手册》获得学生好评。教学经验丰富，师德优良，曾于2009年获得兰州市教育局系统师德先进个人，2014年4月被评为兰炼总校师德标兵，工作至今多次被评为兰州石化公司"优秀教师"，屡次被评为兰炼总校优秀共产党员。教学业绩突出，2006年晋升为中学高级教师，2011年被选拔为兰州市市级骨干教师。
简　　介：1994年6月，西北师范大学历史教育专业毕业；2009年1月西北师大在职教育硕士毕业，并获得教育硕士学位；1994年7月就业于兰州市第六十中学（兰炼三中），从事中学历史教学工作至今已整整20年。

0973　孟冬思

性　　别：女
出生年月：1968-10-23
民　　族：汉族
政治面貌：党员
职　　称：副高
学　　历：大学本科
所在单位：兰州市第六十一中学
通讯地址：兰州市第六十一中学政治组
成　　就：从事教育教学工作22年，担任

班主任工作 21 年，在长期的教育教学中，积累了丰富的教育教学经验并以优异的成绩回报学校及社会，被多次评为兰州石化公司优秀班主任、先进个人、总校、学校优秀班主任、优秀教师、教学能手荣誉称号。

0974 李国华

性　　别：女

出生年月：1969-05-18

民　　族：汉族

政治面貌：群众

职　　称：副高

学　　历：大学本科

所在单位：兰州市第五十九中学

通讯地址：兰州市第五十九中学

成　　就：2009年在《今日教育》发表文章《舍本逐末——论中学教育中优秀人格和非智力因素的培养》。所带学科，成绩一直在全年级名列前茅。多次荣获公司级和总校级先进教师和先进班主任称号。2001年评为中学中级教师，2009年评为中学高级教师。

简　　介：1991年毕业于兰州师专汉语言文学系，2006年毕业于中央广播电视大学汉语言文学系。23年来一直从事语文教学工作，并且担任班主任。

0975 王军

性　　别：女

出生年月：1971-11-02

民　　族：汉族

政治面貌：群众

职　　称：副高

学　　历：大学本科

所在单位：兰州五十二中

通讯地址：兰州五十二中

成　　就：工作20年，始终工作在一线，担任语文教学和班主任工作。省级刊物发表论文。获得过一些荣誉：校级优秀班主任、2008年获校级优秀教师、2009年获校级优秀教师、2010年获校级优秀班主任、2011年获校级优秀教师、2013年获校级优秀班主任。

0976 安书波

性　　别：男

出生年月：1976-02-22

民　　族：汉族

政治面貌：民主党派

职　　称：副高

学　　历：大学本科

所在单位：兰州市第八十二中学

通讯地址：兰州市第八十二中学

成　　就：任教以来从事10年高中语文教学工作，并担任13年的班主任。期间三次获得学校"先进班集体"称号。三年任校语文组教研组长一职，参与、负责校语文组"十一五"、"十二五"规划课题。其中"十一五"规划课题已通过兰州市验收，撰写的阶段论文获甘肃省课题研究阶段性成果二等奖，兰州市一等奖。参与组建我校班主任工作室，并负责学校校刊、毕业纪念册的编审工作。参与校本课程的开发、编著，指导学生参加全国第27届、28届科技创新，第28届成果获兰州市两个二等奖，并代表兰州市参加甘肃省的比赛，最终获两项甘肃省一等奖，并获甘肃省优秀辅导教师。于2011年9月成为"侯一农名师工作室"核心成员。所带毕业班成绩良好。

简　　介：1996年9月进入西北师范大学汉语言文学教育专业学习，2000年6月毕业，并获文学学士学位；2000年7月进入省建二中（现兰州市第八十二中学）从事教育教学工作；2006年12月获中教一级资格。

0977 张雪瑞

性　　别：女
出生年月：1976-01-01
民　　族：汉族
政治面貌：党员
职　　称：副高
学　　历：大学本科
所在单位：兰州市第五十九中学
通讯地址：兰州市第五十九中学
成　　就：2011年被评为兰州市中小学"市级骨干教师"；2012年被评为兰州市中小学"市级学科带头人"；2011年骨干教师推荐选拔工作中参评的公开课被评为"兰州市优秀公开课"。所带的2008届、2011届和2014届毕业生的会考过关率均为100%，高考均分分别为115.23分、119.58分和117.34分，位居前列。
简　　介：1998年毕业于陕西师范大学中文系。担任班主任工作15年。

0978 王源

性　　别：女
出生年月：1974-09-02
民　　族：汉族
政治面貌：党员
职　　称：副高
学　　历：大学本科
所在单位：兰州市八十二中
通讯地址：兰州市八十二中
成　　就：2010年荣获兰州市"先进教师"；2009年被评为兰州市区级骨干教师；2002年被评为兰州市第七届"教学新秀"；2013年参加全国历史课教学比赛荣获国家级二等奖；2014年参加甘肃省中小学技能大赛荣获二等奖。2003年论文《浅谈历史教学中如何培养学生的创新精神》荣获兰州市教育教学论文一等奖；2011年在《学园》杂志上发表论文《以生为本，提高高中历史教学质量的有效途径》；1998年、2001年两次荣获甘肃省建筑工程总公司"优秀辅导员"；1999年荣获兰州市82中校级"优秀德育工作者"；1999年荣获甘肃省建筑工程总公司"青年岗位能手"；2004年—2014年先后10次荣获兰炼总校级、兰州市82中校级"先进个人""优秀教师"；2007年，2009年，2013年3次荣获兰州市八十二中校级"优秀观摩课"。
简　　介：1993年—1995年于甘肃省经济管理干部学院读大专；1995年—2004年于兰州市84中担任教师工作；2003年—2006年于兰州大学汉语言文学专业函授本科；2004年至今于兰州市82中担任历史教师工作，并担任兰州市82中历史教研组组长、九年级（·）部年级组组长等工作。

0979 潘曦雯

性　　别：女
出生年月：1970-07-26
民　　族：汉族
政治面貌：党员
职　　称：副高
学　　历：大学本科
所在单位：兰州市第六十四中学
通讯地址：兰州市第六十四中学
成　　就：成绩：1997，2001中考语文成绩位列兰化总校第一；2003年冬季会考语文成绩名列兰州市所有中学第一名；2004年高考所带班级本科上线率达到50%；2007年高考列兰州市示范校第三；2010年高考列兰州市示范校第四；2013年高考列兰州市示范校第六；论文《浅谈语文教学中的导入新课》获得总校教学年会二等奖，发表于《新课程学习》；《语文课堂教学改革中的几点尝试》获得一等奖，并获得兰州市优秀教学论文二等奖，发表于《甘肃教育》；《高中语文之中国古典戏曲教学方法创新初探》发表于《现代教育科学》。荣誉：1999年获得兰化公司"青年岗位能手"称号；2001年9月获得兰化公司"园丁奖"一等奖；2004，2008，2009，2014年获得兰化公司优秀教师称号。

简　　介：1992年6月毕业于西北师范大学中文系，获得文学学士学位，同年6月分配到兰化第四中学担任教学工作。工作期间共带了两届初中毕业生，四届高中毕业生，其中担任班主任工作18年。

0980　李文萍

性　　别：女
出生年月：1966-09-14
民　　族：汉族
政治面貌：党员
职　　称：副高
学　　历：大学本科
所在单位：兰州第五十五中学
通讯地址：兰州市建西东路522号

成　　就：荣获兰州市第25届、26届、28届青少年科技创新大赛"优秀辅导员"称号；参与的全国教育科学"十一五"教育部规划课题《提高课堂教学实效性的教学策略研究》通过了鉴定；撰写的教学论文《提高课堂教学实效性的几点做法》发表于《甘肃教育》2013年第13期；多次被评为兰州五十五中优秀教师。组织本校科技骨干教师共同编写了校本教材《创新的灵感》，并编辑了《兰州五十五中科技创新大赛成果集》；组织通过了兰州教育局"科技创新基地学校"的验收，被兰州市教育局命名为首批"兰州市科技创新基地学校"。

简　　介：1988年7月参加工作，一直在兰州市五十五中从事教育教学工作，2002年12月被评为中教高级。近年来，本人多次参加了中国科协、甘肃省科协、兰州市科协组织的科技辅导员培训，并被选为甘肃省青少年科技协会第二届会员。

0981　张炳前

性　　别：男
出生年月：1969-10-24
民　　族：汉族
政治面貌：党员
职　　称：副高
学　　历：硕士研究生
所在单位：兰州市第二十中学
通讯地址：兰州市第二十中学

成　　就：2006年荣获兰州市教育局系统优秀党务工作者，2007年被兰州市委、市政府授予"优秀教师"称号，2010年荣获"兰州市教育系统信息工作先进个人"称号。2012年荣获"兰州市教育系统创先争优优秀共产党员"称号。2012年正在研究的教育科学规划个人课题《高中思想政治课生活化教学研究》，被立项为市级课题，2013年结题，并获得市级课题个人优秀成果三等奖。2001年撰写的《浅谈21世纪中学教师应具备的基本素质》一文发表在《兰州教育》（2001年第3期），此论文于2002年获得兰州市优秀论文评选二等奖。2003年撰写的《当代中学生思想品德教育问题及对策》一文发表在甘肃《科技纵横》（2007年第1期），此论文于2003年获得全省新课程新理念论文交流评比二等奖。2011年撰写的《教师教学风格形成初探》一文发表在《西部教育》（2012第1期）。2012年撰写的《关于学校文化建设的几点思考》一文发表在《教育革新》第10期。

简　　介：1992年7月毕业于庆阳师范高等专科学校，同年7月分配于兰州31中学工作，2013年7月调至兰州20中工作；2000年9

月—2003年7月在西北师范大学思想政治教育专业进行专升本函授，获得本科文凭，并获得学士学位；2006年7月—2009年6月，在甘肃省委党校战略管理与应用哲学专业学习，获党校研究生学历；1995年9月获得二级教师任职资格，2000年12月获得一级教师任职资格，2007年12月获得高级教师任职资格。在31中工作期间，1993年9月任办公室副主任，2001年9月任办公室主任，2010年1月任工会主席，2010年8月任校长助理兼办公室主任，分管学校行政和总务后勤工作；2013年7月调至兰州20中任副校长，分管总务工作。

0982 史奕红

性　　别：女
出生年月：1962-12-11
民　　族：汉族
政治面貌：党员
职　　称：副高
学　　历：大学本科
所在单位：兰州市第六十一中学
通讯地址：兰州市第六十一中学政治组
成　　就：长期担任高、初中思想政治课的教学任务，在30多年的政治教学生涯中，善于总结教与教学经验，先后在《甘肃教育》杂志上发表了《因势利导，赢得学生》《浅谈教师仪表形象的教育效应》等论文，曾在兰州市政治中考中政治成绩名列总校前茅。多次所带高中政治的会考成绩优良。从教30年多年来，曾获得兰化公司先进个人，兰化一中优秀党员，总校工会积极分子。
简　　介：甘肃省教育学院思想政治教育专业，本科学历，中学政治高级教师，在兰化一中从事教育教学工作32年，现在高一年级任4个班的思想政治课教学任务，并任高一政治教研组组长。

0983 陈樟

性　　别：女
出生年月：1967-07-10
民　　族：汉族
政治面貌：群众
职　　称：副高
学　　历：大学本科
所在单位：兰州市第六十四中学
通讯地址：兰州市第六十四中学
成　　就：从教23年，一直爱岗敬业，文明执教。熟练运用word、office、excel、ppt等计算机技术于各项教育教学工作中，工作能力突出。2003年与他人合著的《赶超素质教育的节拍——拜读〈一个教育函数式的解读〉一文的启示》荣获"现代教育理论与实践论坛"征稿评比大赛一等奖。2006年在《陕西教育》杂志上发表了《在高中历史教学中培养学生的创新思维能力》一文。2008年在《甘肃教育》杂志上发表了《浅谈高中历史教学中创新思维能力的培养》一文。2012年第二十七届甘肃省青少年科技竞赛创新大赛中，指导的作品获项目三等奖，本人并获得优秀指导奖。在教学上，所任班级的历史教学在2006年、2008年、2011年高考中，文科综合考试成绩获兰州市市级示范校第二、第三。2004年获兰化公司第十届"园丁奖"三等奖；2007年获"兰化总校优秀教师"；2011年获"中国石油兰州石化公司优秀教师"；2014年获"兰化总校优秀教师"；2006年、2007年、2008年连续三年获得学校组织的年度考核"优秀"。
简　　介：1992年7月本人毕业于西北师大历史系，获历史学学士学位；同年分配到兰州六十四中工作；2009年9月在兰州六十四中取得中教高级资格。

0984 陈冬萍

性　　别：女

出生年月：1968-01-01

民　　族：汉族

政治面貌：民主党派

职　　称：副高

学　　历：大学本科

所在单位：兰州市第六十四中学

通讯地址：兰州市第六十四中学

成　　就：工作认认真真，努力钻研教材，探索新理念，积极进取。1992年所带初中两个班的语文成绩获兰州市中考第一。1995-1998年所带初中两个班的语文成绩获兰州市中考第二。2007年所带高中文科班成绩名列兰州市市属中学第三。2008年所带高中文科班成绩名列兰州市市属中学第三。2008年所带高中理科班成绩名列兰州市市属中学第二。2011年所带高中理科班成绩名列兰州市市属中学第三。1994年获得总校级师德先进。1998获得总校级优秀教师。2013获得总校级师德先进。2014获得总校级师德先进。2005年于《甘肃教育》发表论文《对愉快教育在中学语文教学中的合理运用》。2013甘肃省教育科学规划课题《探索高中名著阅读与课内文本学习的共融》负责人。

简　　介：中学高级教师，1989年毕业于南京师范大学中文系，现为兰州六十四中高中语文教研组组长。工作认真负责，爱岗敬业。教学思维独到，教学方法新颖，教学成绩突出。

0985 耿高飞

性　　别：男

出生年月：1977-12-24

民　　族：汉族

政治面貌：党员

职　　称：副高

学　　历：大学本科

所在单位：兰州二十中

通讯地址：兰州市第二十中学

成　　就：兰州城市学院"国培计划—中小学骨干教师培训项目"培训讲师；兰州市教学新秀；兰州市教育局系统师德先进个人、优秀党务工作者、优秀党员、离退休工作先进个人；安宁区普法依法治理工作先进个人；参与多项课题研究，发表论文数篇。

简　　介：1998年参加工作，担任初、高中思想品德、思想政治课教学，本科学历，中学高级教师。2005年1月至2013年7月任兰州二十中办公室副主任、主任，2013年8月至今任兰州二十中副校长。2011年被聘为兰州城市学院"国培计划—中小学骨干教师培训项目"培训讲师。

0986 田静华

性　　别：女

出生年月：1967-08-15

民　　族：汉族

政治面貌：群众

职　　称：副高

学　　历：大学本科

所在单位：兰州市第六十一中学

通讯地址：兰州市第六十一中学政治组

成　　就：担任高中政治课教学任务，先后指导了1997、1999、2001、2003、2004、2006、2007、2009、2012年的高考工作，担任2015年高考指导工作，成绩优秀。担任班主任工作6年，并获得石化公司优秀班主任奖。从教25年中多次得到了学校和总校的奖励，先后被评为总校首席教师，兰化公司学科带头人。今年获得了石化公司优秀教师奖和第四届"德馨奖"。担任政治学科组长，总校政治学科组长，指导学科和青年教师的成长。

简　　介：西北师范大学思想政治教育专业，本科学历，中学高级教师，从事教育教学工作25年，担任班主任工作6年，现任高三年级政治课教师。教研组长，担任学校及总校政治学科组长。

0987 李跃崇

性　　别：女

出生年月：1964-08-02

民　　族：汉族

政治面貌：群众

职　　称：副高

学　　历：大学本科

所在单位：兰州市第二十八中学

通讯地址：兰州市第二十八中学

成　　就：1984年7月毕业分配到兰州铝厂中学（现更名为兰州28中）至今，一直从事英语教学工作，工作兢兢业业，吃苦耐劳，取得了优异的教学成绩，所教的毕业班始终排在厂矿中学的前列。1987年，1989年，1996年，1997年，1999年被评为兰州铝厂先进工作者；1988年，1992年，1995年被评为兰州铝厂优秀教师。撰写的论文《因材施教——全面提高学生英语水平》在省级刊物发表。

简　　介：毕业于兰州大学专业英语，工作年限30年。1982年9月—1984年7月兰州师专英语专业 大专学历；2001年9月—2004年7月兰州大学英语专业本科学历；1984年7月—2003年2月兰州铝厂子弟中学英语教师；2003年3月—现在兰州市第二十八中学英语教师。

0988 张群玲

性　　别：女

出生年月：1963-11-01

民　　族：汉族

政治面貌：群众

职　　称：副高

学　　历：大学本科

所在单位：兰州二十八中

通讯地址：兰州二十八中

简　　介：1970—1981年在宁夏中卫市上小学、中学；1981—1985年在宁夏大学上大学；1985—1989年在宁夏海原县回民中学当教师；1989—1994年在宁夏中卫柔远中学当教师；1994—2006年在兰州二十三中当教师；2007—2014年在兰州二十八中当教师。

0989 袁晓龙

性　　别：男

出生年月：1967-05-06

民　　族：汉族

政治面貌：党员

职　　称：副高

学　　历：大学本科

所在单位：兰州市第二十一中

通讯地址：兰州市第二十一中

成　　就：1998年度、1999年度、2002年度、2003年度被评为兰州平板玻璃厂先进生产工作者。1995年、2002年度被中共兰州平板玻璃厂委员会评为优秀共产党员。1997—1998、1998—1999年度被评为兰州平板玻璃厂优秀教师。2008年被评为西固区优秀教师。

简　　介：1988年9月至1992年6月在西北师大中文系就读大学；1992年8月参加工作；1992年8月至2005年12月在兰州平板玻璃厂子弟学校任教；2004年6月被任命为副校长；2006年1月至2013年10月在西固区庄浪路第一学校（现为兰州市92中）任教并担任副校长、后任校长；2013年10月至今担任兰州市第二十一中学副校长兼党支部书记。

0990 单丽华

性　　别：女
出生年月：1964-01-05
民　　族：汉族
政治面貌：党员
职　　称：副高
学　　历：大学本科
所在单位：兰州市西固区福利东路第一小学
通讯地址：西固区福利东路80号
成　　就：兰州市骨干教师，从事教育30多年来，一直致力于学生的培养，注重教育的改革，多次获得兰州石化公司、兰炼总校"优秀班主任""优秀教师""教师标兵"等称号；多篇论文发表于省级刊物，主持的课题通过鉴定，制作的班刊获得市教育局的二等奖。参加"千进八百"的活动，第一批支教，把教育教学新理念带到支教学校，起到了引领的作用，受到了学校和家长的欢迎。
简　　介：1981年6月毕业于兰炼技校；1981年7月—2000年7月就职于兰炼教培中心；2000年8月—2013年7月就职于兰炼一小；2013年8月—2014年7月参加市教育局"千进八百"活动，赴永登县中堡镇中心小学支教；2014年8月至今就职于福利东路第一小学（兰炼一小）。

0991 白燎原

性　　别：男
出生年月：1978-10-03
民　　族：汉族
政治面貌：党员
职　　称：副高
学　　历：硕士研究生
所在单位：兰炼一小
通讯地址：兰州市西固区福利东路80号
成　　就：兰州市市级骨干教师、兰州市市级学科带头人、兰州市优秀班主任。担任甘肃省三级课程建设督导组成员、"国培计划"甘肃省特聘教师、甘肃省藏区中小学校长培训主讲教师、兰州市标准化建设、学校文化建设、市级骨干教师评委、市教学新秀评委、市校本教材评审组成员、兰州市"中英项目"评审专家等职。主持课题获得兰州市、甘肃省第八届基础教育科研成果一等奖。先后参与编写甘肃省《写字》教材教师用书、新课标《第一线语文读本》（共五册）《兰州市学校文化建设集粹》《兰州市学校文化建设案例集》《兰州市学校课程建设精粹》《甘肃省地方课程与学校课程建设推进会会议材料》等书籍，在编《甘肃省中小学生法制教育读本》。多次在省市区做学校文化建设、三级课程建构、课堂教学有效性等方面的专题报告。在《中国德育》《德育报》《中国教育与社会科学》等刊物发表论文10余篇。
简　　介：2001年7月毕业于陕西咸阳师范学院数学系（大专）；2007年12月毕业于兰州大学新闻系（本科）；2014年12月毕业于西北师范大学中文专业（在职教育硕士），2001年毕业至今兰炼一小任教，现任教导主任。

0992 王睿

性　　别：女
出生年月：1970-10-01
民　　族：汉族
政治面貌：党员
职　　称：副高
学　　历：大学本科
所在单位：兰州市第九十九中
通讯地址：兰州市西固区教育局人事科
成　　就：2010年，被兰州市教育局评为"2010年度学校安全管理工作先进个人"；2011年，考取国家心理咨询师三级证；2012年通过市级规划课题《与新课程相适应的学生政治作业设计研究》；在 2013 年"欢乐童心 美丽中国"全国少年儿童主题教育活动中，荣获"先进个人"；2013 年，《让孩子学会用沟通消除与家长间的隔阂》获得全省中小学德育、心理健康教育优秀论文二等奖；2013 年论文《用真诚架起沟通的桥梁》发表在《少年文摘报·教育周刊》上；2014 年 3 月通过人力资源和社会保障部中国就业培训技术指导中心举办的沙盘游戏指导师（高级）岗位培训考核。

简　　介：1995 年 8 月至 1998 年 12 月在兰州市西固热电厂教育科任教；1999 年 1 月因工作需要调动到西固热电厂中学工作；2014 年 3 月，调到西固区教育局人事科工作。

0993　石彩霞

性　　别：女
出生年月：1966-03-01
民　　族：汉族
政治面貌：群众
职　　称：副高
学　　历：大学本科
所在单位：甘肃省商业学校
通讯地址：兰州市西固区福利东路 27 号
成　　就：1988 年《和政县农业发展初探》发表于《西北师大优秀论文集》；1989 年参编《中国经济地理》教材；1999 年《西北师大学报》发表论文《甘肃省文化产业发展初探》；2008 年论文《对甘肃漳州县沙棘初级产品市场发展分析》发表于《沙棘》；论文《我国旅游业发展趋势及对临潭县旅游业发展的启示》发表于《甘肃科技纵横》；2007 年论文《以科学发展观促进甘肃文化旅游业发展》发表于《社科纵横》；2009 年论文《临夏州经济结构改革》发表于《甘肃农业科技》；2010 年 9 月在陕西科技大学进修，并获物流专业结业证书及优秀教案奖；2002 年获甘肃省商业学校优秀教师；2005 年和 2006 年连续获得甘肃省商业学校优秀班主任。

简　　介：1973 至 1978 年就读于甘肃省临夏市风林小学；1978 至 1984 年就读于甘肃省临夏中学；1984 至 1988 年就读于西北师范大学；1988 年至今就职于甘肃省商业学校。

0994　达秀兰

性　　别：女
出生年月：1969-06-01
民　　族：汉族
政治面貌：党员
职　　称：副高
学　　历：大学本科
所在单位：西固区福利路第一小学
通讯地址：兰州市西固区福利路第一小学
成　　就：省级骨干教师、省级教学能手、兰州市教学新秀、西固区领衔名班主任、2014 年在上海师大参加国家教育部组织的"国培计划（2014）"——一线优秀教师培训技能提升项目小学语文优秀骨干教师班的培训中，被评为"优秀学员"。在兰州市首届小学语文现场说课竞赛活动中获一等奖、多篇论文在国家、省市级各类活动中比赛中分别获得一、二、三等奖。《甘肃教育》2006 第 12 期下半月版发表论文《语文教学中"推想"种种》，《甘肃教育督导》2006 第 6 期发表论文《作文的好帮手——随文练笔设计例谈》，《甘肃教育督导》2006 第 7 期发表论文《开放——作文教学的创新》，《甘肃职业与成人教育》2011 第 9 期发表论文《尝试中心为语文尝试教学导航》，《教育革新》2012 第 4 期发表论文《阅读教学中"尝试练习"设计例谈》。主持的《尝试教学法在小学中年级语文教学中的运用研究》规划课题通过省级课题鉴定，2012 年获得第九届基础教育教育科研优秀成果市级一等奖

简　　介：1989年参加工作；1989年—2009年在西固区新安路小学任教；2009年至今在西固区福利路第一小学任教。

0995 张林才

性　　别：男
出生年月：1955-08-25
民　　族：汉族
政治面貌：群众
职　　称：副高
学　　历：大学专科
所在单位：兰州商贸职业学校
通讯地址：兰州市西固区山丹街138号
成　　就：2001—2002年度校级优秀教师；2002—2003年优秀班主任；2003—2004年度优秀班集体及优秀班主任；2009年获兰州市中小学自编操指导教师奖。
简　　介：1972年12月至1976年3月在部队当兵；1976年9月至978年7月在西北师范大学就读；1978年7月至1994年10月兰州15中任教；1994年10月在兰州商贸学校任教。

0996 魏周成

性　　别：男
出生年月：1968-11-05
民　　族：汉族
政治面貌：党员
职　　称：副高
学　　历：大学本科
所在单位：西固区达川中心学校
通讯地址：兰州市西固区达川中心学校
成　　就：曾先后被评为区教育局优秀党员、中共西固区委优秀党员、区级优秀教师等荣誉称号。近年来，有多篇论文在省市级刊物上发表，亲自指导学生参加各类比赛。业务能力与学识水平得到同行的公认。

简　　介：西北师大数学系本科学历；2010年12月取得中学高级教师资格；2014年3月任西固区达川中心学校校长、党支部书记。

0997 王建萍

性　　别：女
出生年月：1968-12-05
民　　族：汉族
政治面貌：党员
职　　称：副高
学　　历：大学本科
所在单位：西固区西固城第一小学
通讯地址：兰州市西固区西固城第一小学
成　　就：获得"优秀共产党员""西固区优秀少儿工作者""西固区优秀党务工作者""西固区委保持共产党员先进性教育活动知识竞赛三等奖""全国双有先进个人""兰州市三八红旗手""兰州市第十二届少先队手抄报比赛活动优秀辅导奖""西固区先进教育工作者"等多项荣誉。有近30篇学术论文发表于省级刊物，进行了五项省级课题的研究，其中有四项获教科研成果奖。
简　　介：1993—1996年进修了汉语言文学专业（大专）的全部课程；1999年考入西北师范大学攻读教育管理专业本科段课程。

0998 金淑红

性　　别：女
出生年月：1969-05-18
民　　族：汉族
政治面貌：群众
职　　称：副高
学　　历：大学本科
所在单位：兰州市第九十九中学
通讯地址：兰州市西固区桃园小区
成　　就：多次被评为优秀教师、优秀班主

任等；2009 年获得区级骨干教师称号；2013 年获得市级骨干教师称号。

简　　介：汉语言文学专业本科学历，语文高级教师，长期担任班主任工作和初中语文教学工作，籍贯甘肃省临夏市。1988—1991 年在兰州师专中文系学习；1991—1999 年在西固范坪学校工作；1999—2009 年在兰州二十一中工作；2009 至今在兰州第九十九中学工作；2006 年 1 月取得西北民族大学汉语言专业本科学历，1999 年取得一级任职资格，2009 年取得高级教师任职资格。

0999　林红

性　　别：女

出生年月：1964-02-16

民　　族：汉族

政治面貌：党员

职　　称：副高

学　　历：大学本科

所在单位：西固区福利路第二小学，

通讯地址：西固区福利路东路 92 号

成　　就：2007 年获得兰州市优秀教师称号；2011 年获得兰州市市级骨干教师称号；

简　　介：1982 年 7 月-2013 年 8 月在西固区幼儿园工作；2013 年 8 月至今在福利二校工作。

1000　周虎基

性　　别：男

出生年月：1957-02-01

民　　族：汉族

政治面貌：党员

职　　称：副高，

学　　历：大学专科

所在单位：兰州市第二十三中学

通讯地址：兰州市西固区河口街西门外 1 号

成　　就：1996 年荣获"西固区优秀教师"称号；1997 年荣获"西固区十佳园丁"称号。

简　　介：1978 年 10 月—1980 年 7 月，兰州师范学习；1980 年 8 月—1988 年 8 月，永登县树屏中学任教；1988 年 9 月—1994 年 8 月，永登县苦水中学任教（其中 1990 年 9 月—1992 年 6 月，在甘肃教育学院化学专业进修学习大专）；1994 年 9 月—今，兰州二十三中任教。

1001　周祥基

性　　别：男

出生年月：1955-01-27

民　　族：汉族

政治面貌：党员

职　　称：副高

学　　历：大学本科

所在单位：兰州市第二十三中学

通讯地址：兰州市第二十三中学

成　　就：荣获 1996 年西固区级优秀教师。2001 年被评为兰州市市级骨干教师。荣获 2002 年西固区级优秀教师。

简　　介：1988 年 9 月至 1990 年 6 月兰州教育学院物理系读大专；1975 年 3 月至 1994 年 8 月永登县苦水中学任教；1994 年 9 月至今兰州市第二十三中学任教。

1002　吴霞

性　　别：女

出生年月：1971-11-16

民　　族：汉族

政治面貌：党员

职　　称：副高

学　　历：大学本科

所在单位：兰州市第二十一中学

通讯地址：兰州市西固东路 160 号

成　　就：1999 年获得兰州市第六届教学新秀称号；2001、1998、1997 年获得西固区优秀团干称号；2001、1999 年获得西固区优秀共产党员称号；2007 年获得西固区第一届"青年教学能手"称号；2011、2002 年获得兰州市中小学市级骨干教师称号；2010、2006 年获得西固区优秀教师称号；2011 年获得西固区骨干教师称号，2011 年获得兰州市优秀教师称号，2014 年获得甘肃省农村省级骨干称号；2014 年获得西固区名师称号。

简　　介：1978 年 9 月—1983 年 7 月在浙江省诸暨小学学习；1983 年 9 月—1986 年 7 月在临夏中学学习；1986 年 9 月—1989 年 7 月在临夏中学学习；1989 年 9 月—1992 年 7 月在兰州师专政史系学习；1998 年 8 月—2001 年 9 月在西北师大历史系函授学习；1992 年 7 月—2003 年 8 月在兰州市第二十三中学任教；2003 年 9 月—至今在兰州市第二十一中学任教。

1003　张信

性　　别：男
出生年月：1963-11-11
民　　族：汉族
政治面貌：党员
职　　称：副高
学　　历：大学本科
所在单位：甘肃省商业学校
通讯地址：兰州市西固区福利东路 27 号

成　　就：带队辅导学生参加教育厅组织的会计大赛，获得个人第一、团体第二的好成绩，本人获得优秀教练奖。1994 年参加商业部举办的全国流通企业会计大赛，获得优胜奖。2005 年被省财政厅评为甘肃省优秀会计工作者。参编《商品流通企业会计》教材中批发企业会计核算一章，参编兰州商学院教授王石兰主编的《财务管理》中的第三章财务管理的价值观念和第六章利润及分配的管理，是《基础会计操作方法》的副主编，主要编写企业纳税申报方法。1996 年和 1997 年在甘肃经济日报上发表助理会计师事务讲稿九篇，在甘肃社会科学发表《财会工作要像内部工作要效益》，在西北师大学报上发表了《浅谈商誉》，2008 年和 2009 年在甘肃职业与成人教育发表《会计电算化岗位责任制》和《内部控制方法与会计软件的集成》。连续八年被评为学校的优秀教师。

简　　介：1985 年 9 月—1989 年 6 月在兰州商学院读书；1989 年 6 月—1994 年 3 月在甘肃省商业干部学校任教；1994 年 3 月至今在甘肃省商业学校任教。

1004　甄志萍

性　　别：女
出生年月：1965-08-14
民　　族：汉族
政治面貌：群众
职　　称：副高
学　　历：大学本科
所在单位：甘肃省商业学校
通讯地址：兰州市西固区福利东路 27 号

成　　就：1988.9 担任专业基础课及专业课教学任务，主要课程有《价格学》《市场营销》《财政金融》《税收基础》《物流管理》《物流成本核算》《物业管理》《经济政治与社会》等多门课程。参与 21012 年、2013 年、2014 年、2015 年甘肃省中职生对口升学考试模拟试卷编写。发表论文有：《社科纵横》（2005 年 2 期）《贫困地区如何推进农业产业化》、（2005 年 5 期）《略论家族式企业及其发展》、（2006 年 9 期）《政府在农村经济发展中的作用》。2003 年第 39 卷《西北师范大学学报》发表《试论财政补贴是一种重要的结局调节手段》。《甘肃审计》2005 年 8 期发表《关于农村金融体制改革中农村信用社改革的思考》等。

简　　介：1984.9 到 1988.6 在西北师范大学读书；1988.6 至今在甘肃省商业学校任教；1994.9 聘为讲师；2007.3 聘为高级讲师，从事教学一线工作；2007 年七八两个月在上海华东师大参加全国骨干教师培训，学习物流管理。

1005　李钰华

性　　别：女
出生年月：1965-03-15
民　　族：汉族
政治面貌：党员
职　　称：副高
学　　历：大学专科
所在单位：兰州市西固区福利西路小学（兰化四校）
通讯地址：西固区福利西路 430 号
成　　就：2004 年获甘肃省省级骨干教师；2007 年获兰州市优秀教师；2010 年获兰化公司优秀教师标兵。论文《小学作文生活化研讨》在全国小学教学研究会论文评比中获一等奖，并在 2006 年《兰州教育》第一期杂志上发表；论文《引导学生乐于表达的关键》发表于《甘肃教育》2008 年第二期；论文《如何让小学生的作为"活"起来》发表于《教师》2010 年第五期；论文《让学生真正成为语文学习的主人》发表于《中小学教育》2010 年第五期；2001 年课题"开放性作文"在兰州市教科研成果中获一等奖，甘肃省教科成果中获二等奖；课题《改变学生的学习方式》2006 年兰州市教育科研成果一等奖。
简　　介：1984.12—1985.7，兰化总校工作；1985.7—1987.6 兰州师范进修；1987.7—至今，兰化四校工作。

1006　商鸿

性　　别：女
出生年月：1963-09-11
民　　族：汉族，
政治面貌：群众
职　　称：副高
学　　历：大学本科
所在单位：甘肃省商校
通讯地址：兰州市西固区福利东路 27 号
成　　就：从 1985 年在省商校任教以来，先后担任小中专、大中专在职职工的职业培训及大专课程的教学，从事《珠算》《基础会计》《财务会计》《审计》《成本会计》《财务管理》《会计法规》《工业会计》《商业会计》《商办工业会计》《会计实训》等课程的教学。在 1994 年期间，担任《新会计制度》在职职工的培训，多次担任班主任工作，并且经常下企业调研，曾多次获得优秀教师和优秀班主任荣誉称号。
简　　介：1979 年 9 月至 1981 年 7 月就读于新疆奇台县第一中学；1981 年 9 月至 1985 年 7 月就读于兰州商学院；1985 年 7 月至今在甘肃省商业学校任教。

1007　胡有福

性　　别：男
出生年月：1968-04-01
民　　族：汉族
政治面貌：党员
职　　称：副高
学　　历：大学本科
所在单位：西固区柳泉中学
通讯地址：西固区柳泉中学
成　　就：1998 年被西固区委、区政府授予"优秀教师"，2002 年被西固区委、区政府授予"优秀教师"，2003 年被西固区党委授予"优秀党员"，2004 年被西固区委、区政府授予"优秀教师"。2004 年论文《新课程理念呼唤语文教师的角色转换》在《西北成人教育学报》发表，2005 年论文《怎样有效地进行课堂听说训练》在《甘肃教育》第 12 期发表，2006 年论文《继承发扬传统 搞好语文课改——试论朗读、背诵在语文教育中的重要性》在《中国现代教育论坛》第四卷第一期发表，并被评为"优秀论文"，2013 年论文《初中语文古诗词教学中如何渗透审美教育》在《教师》发表，并被评为"优秀论文"，2012 年个人课题"构建初中语文古诗文审美化课堂的实践研究"经专家组评审，通过鉴定，并获"个人课题优秀成果二等奖"。

简　　介：1988 年 7 月毕业于兰州师范学校；1993 年至 1996 年 12 月参加自学考试，取得汉语言文学专业专科学历；2001 年至 2004 年 6 月参加自学考试，取得教育管理专业本科学历；1988 年 7 月至 2000 年 7 月在西固区达川中学从事语文教学工作；2000 年 8 月至今在西固区柳泉中学从事语文教学工作。

1008　刘芳汉

性　　别：女
出生年月：1969-11-27
民　　族：汉族
政治面貌：群众
职　　称：副高
学　　历：大学本科
所在单位：兰州市第二十八中学
通讯地址：兰州市第二十八中学
成　　就：2004 年被评为兰州市优秀教师；2009 年被评为省级骨干教师；2011 年被推荐为兰州市第一届教师发展学校学员；2011 年经由甘肃省教育厅选拔推荐，参加教育部"中小学骨干教师研修项目"培训。发表论文 3 篇，一项市级"十一五"规划课题《走出教学困境，西固小学英语教学模式的研究》立项并结。

简　　介：1988 年 9 月—1992 年 6 月就读于西北师范大学。1992 年 7 月—1996 年 8 月任教于兰州六中；1996 年 9 月—2003 年 2 月任教于兰州铝厂子弟学校；2003 年 3 月至今任教于兰州市第二十八中学。

1009　武天华

性　　别：男
出生年月：1976-09-19
民　　族：汉族
政治面貌：党员
职　　称：副高
学　　历：大学本科
所在单位：西固区福利东路第三小学
通讯地址：兰州市西固区福利西路 725 号
成　　就：2004 年获市教育局英特未来教育教师培训项目先进个人称号，2005 年获市属学校教学新秀称号，2005、2010 年两次获兰州石油化工公司优秀教师称号，2011 年获市教育局系统优秀共产党员称号，2011 年获区级骨干教师称号，2013 年获兰州市优秀教师称号；2004 年制作的多媒体课件获甘肃省三等奖，2009 年制作的多媒体课件获兰州市三等奖，2012 年教学设计获甘肃省信息技术与课程整合优秀教学设计二等奖；2005 年辅导学生制作的网页获兰州市首届中小学生网页制作大赛优秀奖，2007 年市第十五届中小学生现场作文比赛活动中获优秀辅导员称号，2010 年辅导学生所制作的《Chinese Mulan VS American Mulan》获中央电化教育馆全国小学生英语叙事大赛优秀奖；两篇论文发表在省级刊物，多篇论文和教学设计获省级奖励。

1010　达选清

性　　别：男
出生年月：1963-10-16
民　　族：汉族

政治面貌：群众
职　　称：副高
学　　历：大学本科
所在单位：兰州市第二十八中学
通讯地址：兰州市第二十八中学
成　　就：1985年先后荣获西固区优秀教师和兰州市优秀教师称号。2003年在全省"新课程、新理念论文交流评比"中获二等奖。
简　　介：1980年9月至1982年6月，在兰州师范学校学习；1984年9月至1989年8月，在西北师范大学中文系汉语言专业函授学习；1982年7月至1991年8月，在西固区达川中学任初中语文教学；1991年9月至1995年1月在兰州市第二十一中学任高中语文教学；1995年2月至2003年3月在兰州铝厂子弟中学高中部任语文教学；2003年4月至今，在兰州市第二十八中学任高中语文教学。

1011 魏雅莉

性　　别：女
出生年月：1975-05-31
民　　族：汉族
政治面貌：党员
职　　称：副高
学　　历：硕士研究生
所在单位：兰州市西固区合水路小学
通讯地址：兰州市西固区合水路小学
成　　就：2008年参与研究的课题《学习字母发音规律 提高英语学习应用能力》获兰州市第七届基础教育科研成果二等奖；2011年参与研究课题《小学英语阅读教学的研究》获省级课题鉴定优秀奖；2011年个人课题《小学英语高段教学中学生语音意识的培养》获兰州市教育科研2010年度"个人课题"优秀成果二等奖。论文《形象化教学让英语课"活"起来》2011年8月发表在《中小学教育》；2003年参与编著校本课程系列之一《校园英语》一书。2008年《"小学英语听说能力的研究"实验总结》一文发表于《甘肃教育》第2期；《多媒体语音室在小学英语语音教学中的运用》2013年3月发表在《西北成人教育学报》；《浅谈小学英语教学中学生心理素质的培养》2013年6月发表在《西北成人教育学报》。2011年兰州中小学市级骨干教师；2007年中共兰州市委、兰州市人民政府兰州市优秀教师；2007年全国"十五"课题优秀教师称号等。
简　　介：1998.9—2001.7 毕业于兰州高等师范专科学校；2001.7—2005.6 兰化二校任英语教师；2005.7—至今任教。

1012 丁仲琳

性　　别：男
出生年月：1970-09-20
民　　族：汉族
政治面貌：党员
职　　称：副高
学　　历：大学本科
所在单位：西固区实验学校
通讯地址：兰州市西固区玉门街502号
成　　就：2002年被兰州三毛集团公司授予2001年度公司标兵；2005年被兰州三毛集团公司子弟学校授予校级骨干教师；2007年被兰州市西固区教育委员会授予2006—2007年优秀党员；2008年被兰州市教科所授予"2008年全国初中数学竞赛活动"辅导奖；2008年被西固区区委、西固区人民政府授予西固区优秀教师称号。
简　　介：1989.09—1992.06 天水师范专科学校数学专业学习；1992.09—1993.12 兰州三毛集团公司子弟学校任教；1993.12—1999.12 兰州三毛集团公司子弟学校小学一级教师；1999.12—2007.05 兰州三毛集团公

司子弟学校中学一级教师（期间：2004年07月—2006年06月西北师大教育管理专业毕业）；2007.05—2009.12 兰州市西固区实验学校中学一级教师；2009.12至今 兰州市西固区实验学校中学高级教师。

1013 张玉英

性　　别：女
出生年月：1968-12-15
民　　族：汉族
政治面貌：群众
职　　称：副高
学　　历：大学本科
所在单位：西固区柳泉中学
通讯地址：西固区柳泉中学
成　　就：2007年在甘肃教育督导发表论文《美术教学中创新意识的培养》。2009年指导学生参加西固地区第八届中小学生艺术节获得中学组一等奖。2009年指导学生参加兰州市第八届中小学生艺术节获得中学组一等奖。2011年指导学生景焕芝参加兰州市"规范字"比赛获二等奖；2012年兰州市西固区地区第九届中小学生艺术节优秀指导教师奖。2012年兰州市西固区地区第九届中小学生艺术节艺术作品一等奖两名、二等奖两名。2012年兰州市第九届中小学生艺术节优秀指导教师奖；2013年兰州市书法绘画展评三等奖；2003年指导学生参加兰州市第六届中小学生艺术节获得中学组优秀奖。
简　　介：1990年7月至1991年7月在兰州市红古区张家寺小学任教；1991年9月至1993年7月在兰州教育学院进修美术；1993年8月至1994年9月在兰州二十五中任教；1994年9至今西固柳泉中学任教；2000年1月至2003年6月自学取得西北民族学院美术教育本科学历。

1014 陈运澎

性　　别：男
出生年月：1966-01-29
民　　族：汉族
政治面貌：党员
职　　称：副高
学　　历：大学本科
所在单位：兰州市商贸职业学校
通讯地址：兰州市商贸职业学校
成　　就：2005年被兰州市教育局聘为兰州市第八届教学新秀总评评委；2013年所承担完成的兰州市2012年度"个人课题"《兰州市职业学校文化建设行动研究》，经专家组评审，通过鉴定；2013年所承担完成的兰州市2012年度"个人课题"《兰州市职业学校文化建设行动研究》，荣获兰州市教育科研2013年度"个人课题"优秀成果三等奖；2013年所承担完成的兰州市教育科研"十二五"市级规划课题《兰州市学校文化建设行动研究》，经专家评审，通过鉴定；2013年在《新疆教育》（下半月版）发表论文《我国大力发展职业技术教育的改革意义》；2014年在《甘肃职业与成人教育》发表论文《关于学校文化断裂问题的研究》。
简　　介：1987年9月—1991年6月在西北师范大学中文系就读；1991年7月—1993年7月任兰州市十五中学初中语文教师；1993年9月—1995年7月任兰州市商贸职业学校电视中专一班班主任兼语文教师；1995年9月—2000年7月任兰州市商贸职业学校语文教研组组长兼语文教师；2000年9月—2006年7月任兰州市商贸职业学校教导处副主任兼教研室主任；2005年7月—2006年3月经兰州市教育局同意临时借调担任兰州市委党的先进性教育活动第四督导组成员；2006年9月—2009年7月任兰州市商贸职业学校总务处主任；2009年9月—

2013年7月任兰州市商贸职业学校实习指导处主任；2014年9月经兰州市教育局同意临时借调担任兰州市教育局党的群众路线教育实践活动第七督导组成员至今。

1015 陆雁翔

性　　别：男
出生年月：1964-12-21
民　　族：汉族
政治面貌：党员
职　　称：副高
学　　历：大学专科
所在单位：兰州28中
通讯地址：兰州28中
成　　就：1997年被兰州黄河铝业公司授予教师节优秀教师称号；1999年被兰州铝厂授予教师节优秀教师称号；2001年被兰州铝厂授予教师节优秀教师称号；2002—2003学年度被中共兰州西固区教育局委员会授予优秀党员称号；2008年被中共兰州西固区委、兰州市西固区人民政府授予优秀教师称号。
简　　介：1982年8月—1984年7月白银公司技工学校管道专业学习；1984年7月—1987年7月兰州铝厂动力车间运行工段工作；1987年8月—1996年3月兰州铝厂子弟学校从事初中教学工作；1996年3月—2003年2月兰州铝厂连海子弟学校从事初中教学工作；2003年2月至今兰州市第二十八中学从事高中教学工作。

1016 蒋国生

性　　别：男
出生年月：1968-12-16
民　　族：汉族
政治面貌：党员
职　　称：副高
学　　历：大学本科
所在单位：兰州市第六十二中
通讯地址：兰州市西固西路342号
成　　就：多次获得兰州石化公司优秀教师（教育工作者）、优秀共产党员称号。区级骨干教师，兰化总校优秀教师标兵，兰化公司"八五"标兵功臣，有4篇论文发表于国家、省级刊物，2篇论文获得省级论文大赛大奖，主持的《兰州新区示范性综合实践基地课程开发与实施的探索》课题列为甘肃省重点课题。
简　　介：1989.09—1993.06西北师范大学思想政治教育专业学习；1993.07至今兰州市第六十二中学教育教学工作；2000.01—2009.09兰州市第六十二中学（兰化二中）政教处主任；2009.09至今兰州市第六十二中学（兰化二中）校办主任；2010.10至今兰州市第六十二中学校长助理。

1017 曾鸿

性　　别：男
出生年月：1964-02-21
民　　族：汉族
政治面貌：群众
职　　称：副高
学　　历：大学本科
所在单位：甘肃省商业学校
通讯地址：兰州市西固区福利东路27号省商校7号楼2-221
成　　就：1995年参加劳动部组织的商业系列职业技能考评员培训，并考取商业系列职业技能考评员资格证。1985年到省商校工作后，曾担任教工团支书，协助校团委与当年10月份组织召开了省商校第一届团代会。1992—1999年，先后参与或主持编写了《流通领域企业管理》《流通领域企业营销》《现代礼仪》《推销原理与技巧》等教材，并在相关省级刊物发表专业论文。1994年，获得中级讲师任职资格并被聘为讲师。2000 年，获得高级讲师任职资格。2001 年，被学校聘为高级讲师至今。2013 年，参与商业部行业指导委员会组织的关于中职院校"市场营销专业"授课标准的制定工作。

简　　介：1985.07 毕业于兰州商学院商业经济系，商业经济专业。毕业后，服从分配到甘肃省商业学校任教。

1018 王泉生

性　　别：男
出生年月：1964-03-07
民　　族：汉族
政治面貌：党员
职　　称：副高
学　　历：大学本科
所在单位：甘肃省商业学校
通讯地址：兰州市西固区福利东路 27 号
成　　就：主要从事大学语文、应用文写作等课程的教学任务，除此还担任过班主任工作，还承担过中专毕业生择业指导课的教学工作。1993 年 12 月获得讲师任职资格，2000 年 12 月获得高级讲师任职资格。1993 年 9 月担任学校学生科科长，1998 年任学校招生择业办主任，2003 年 12 月任学校副校长一职。

简　　介：1984 年前在甘肃省天水市麦积区（原北道区）上小学、中学；1984 年—1988 年 6 月在西北师范大学中文系上大学；1988 年至今在甘肃省商业学校工作。

1019 张同良

性　　别：男
出生年月：1967-04-27
民　　族：汉族
政治面貌：群众
职　　称：副高
学　　历：大学专科
所在单位：兰州市第九十九中学
通讯地址：兰州市第九十九中学
成　　就：1989 年 7 月—2013 年 8 月任体育教师期间，担任学校体育组组长，学校乒乓球代表队教练工作，成绩突出，多次获得省、市、区级学生乒乓球比赛前三名，其中一名队员输送到甘肃省体工队，两名乒乓球队员被兰州交通大学以高水平运动员特招。2001 年曾被评为西固区骨干教师，市、区级优秀教练员。2005 年被西固区委、区政府命名为优秀教练员。2010 年在西固区"金河乳业杯中小学生田径运动会"中获优秀教练员。2010 年在西固区中小学生乒乓球比赛中获优秀教练员。2000 年学校乒乓球队员获甘肃省"条山杯"少儿女子单打第三名。兰州市第四届城市运动会高中女子单打第一名。2004 年获甘肃省巍雅斯杯少儿女子丙组单打第一名；兰州市第五届城市运动会小学女子团体第二名。2005 年获甘肃省巍雅斯杯少儿女子丙组单打第一名。2006 年获甘肃省巍雅斯杯少儿女子乙组单打第一名。2009 年获兰州市第六届城市运动会中学女子团体第二名。2014 年获兰州九十九中学优秀教师。

简　　介：1989 年毕业于兰州师专体育系，曾先后就职于兰州维尼龙厂子弟中学、兰州六十九中学，现就职于兰州九十九中学，高级教师。

1020 高凌霄

性　　别：男
出生年月：1962-04-10
民　　族：汉族
政治面貌：党员
职　　称：副高
学　　历：大学本科
所在单位：甘肃省商业学校

通讯地址：兰州市西固区福利东路 27 号

成　　就：主要教授《基础会计》《财务会计》《成本会计》《管理会计》《财务管理》等课程，发表论文数篇，现为高级讲师。

简　　介：1982 年 9 月至 1986 年 7 月在山西财经学院会计系读书；1986 年 7 月至今在甘肃省商业学校工作。

1021 孔立

性　　别：女

出生年月：1966-10-10

民　　族：汉族

政治面貌：群众

职　　称：副高

学　　历：大学本科

所在单位：甘肃省商业学校

通讯地址：兰州市福利东路 27 号

成　　就：1966 年度获"先进班集体"并获"优秀班主任"称号。2001 年度获优秀教师；2003 年度获优秀教师；2005 年度获优秀教师；2004 年参与 2004 年度国家软科学项目《资源型城市科技进步与劳动就业的关系研究》。2005 年以来在《兰州大学学报》《兰州学刊》《中国科技纵横》等刊物发表数篇论文。2005 年在《兰州学刊》发表《建立高效的企业激励机制》获"2003-2004 年度全国优秀社科理论实践成果"一等奖。2006 年度获教学评估优秀；2008 年度获教学评估优秀；2009 年度获教学评估良好；2010 年度获教学评估良好；2012 年度获教学评估良好。

简　　介：1988 年 7 月毕业于兰州大学经济管理专业，学制四年，获经济学学士学位；2000 年 9 月—2002 年 7 月，于兰州大学经济管理学院企业管理专业研究生课程进修班学习，2005 年 11 月获得管理学硕士学位；工作经历：1988 年 7 月—1989 年 7 月，借调省教委工作一年，主要参与全省中专的招生录取工作；1989 年 9 月—1993 年 7 月，就职于甘肃省商业干部学校，任助理讲师；1994 年 9 月，甘肃省商业干部学校与甘肃省商业学校两校合一。至今，就职于甘肃省商业学校。

1022 孔立

性　　别：男

出生年月：1957-11-12

民　　族：汉族

政治面貌：党员

职　　称：副高

学　　历：大学本科

所在单位：兰州市第九十九中学

通讯地址：兰州市第九十九中学

成　　就：任教期间多年辅导学生美术课外小组活动，学生作品经常参加国家、省、市、区学生美术展览并获各级各类奖励，小组成员考入中央美院及各类高等院校美术专业的学生为数众多。多年在省内外各类报刊杂志发表美术作品及文字作品，并多次获奖。多年来发表过多篇教育教学和其他专业论文，在中电联基础教育委员会、省电力公司和西固电厂多次获奖。任学校校长期间学校多次被兰州市教育局，省电力公司授予各类先进学校称号和表彰，本人也多次获得省电力公司和西固电厂授予的各类荣誉称号。任学校党支部书记期间学校支部获得西固教育局授予的先进党支部称号，本人也获得优秀党务工作者荣誉称号。

简　　介：1976 年 10 月至 1978 年 8 月 兰州西固热电厂工人；1978 年 8 月至 1980 年 8 月 河西学院美术系学生；1980 年 8 月至 1993 年 9 月 兰州西固热电厂中学教师，团总支书记；1993 年 9 月至 1997 年 9 月 西固热电厂中学副校长；1997 年 9 月至 2007 年

10 月 西固热电厂中学校长；2004 年 9 月至 2006 年 6 月 兼任西固热电厂中学党支部书记；2007 年 10 月至今 庄浪路第二学校（兰州 99 中学）党支部书记。

1023 司多明

性　　别：男

出生年月：1962-08-02

民　　族：汉族

政治面貌：群众

职　　称：副高

学　　历：大学本科

所在单位：兰州市第六十九中学

通讯地址：西固区先锋小区

成　　就：经过多年的勤奋和努力，在教育教学工作多方面取得了很好的成绩，所担任的班级语文考试成绩多次名列前茅，一次次圆满地完成教学任务。上学期期末七校联考中，本人所教的八年级两个班的语文合格率及平均分又双双获得第一，得到了学生和校领导的一致好评。本人仅聘任中学一级教师以来，2000 年 9 月和 2006 年 9 月，两次被评为区级优秀教师，受到表彰奖励。2002 年 6 月、2009 年 6 月两次被评为区级骨干教师，学校也多次评为优秀班主任。论文《做学生的朋友》在西固区教育局德育研讨会上获奖。《浅谈初中语文课口语训练》一文在 2005 年 10 月《甘肃教育》发表。

简　　介：1980 年 3 月至 1983 年 7 月在临夏回族自治州永靖县福川学校教学。1983 年 8 月至 1985 年 7 月在临夏师范读书。1985 年 8 月至 1991 年 7 月在永靖六中教学。1991 年 8 月至 1993 年 7 月在甘肃电视大学临夏分校读大专。1993 年 8 月至 1996 年 11 月在永靖十中教学。1996 年 12 月至 2003 年 7 月在达川中学教学。2003 年 8 月至 2014 年 7 月在 23 中学教学。2014 年 8 月至今在兰州 69 中学教学。在 2002 年 8 月至 2004 年 10 月一边在学校教学，一边自学西北师大教育管理本科专业。

1024 唐中良

性　　别：男

出生年月：1956-02-15

民　　族：汉族

政治面貌：群众

职　　称：副高

学　　历：大学专科

所在单位：西固区桃园中学

通讯地址：西固区环行中路 43 号

成　　就：1995 年被评为西固区优秀教师；2001 年被评为西固区骨干教师；2002 年被评为西固区群体工作先进个人；2004 年参加西固地方象棋比赛获中学组团体第三名；2005 年参加兰州市中小学女子垒球比赛中成绩优异，被评为优秀教练员；2006 年在兰州市女子垒球业余训练和比赛中，成绩突出，被评为优秀教练员；学校被评为兰州市体育工作先进单位。2007 年在中小学女子垒球比赛中成绩突出，被评为优秀教练员；2008 年获兰州市女子垒球比赛优秀教练员；2009 年参加兰州市第六届运动会垒球比赛获银牌，被西固区政府评为优秀教练员；2010 年 12 月被评为中学高级教师；2012 年获中国软式垒球教练员 C 级证书。2012 年 10 月参加西固区篮球比赛获第一名；2013 年参加兰州市软式垒球锦标赛获冠军，本人被评为兰州市最佳教练员；

简　　介：高级教师。1978 年 6 月毕业于兰州师范体育班，分配到西固区柳泉中学任体育教师；1990 年 7 月—1993 年 8 月在西北师范大学（体育系）函授；1995 年 9 月调入西固区教育局教研室担任教研员，负责全区体育与卫生教研工作；2004 年 1 月调入桃园中学担任体育教师直到现在。

1025 韩元明

性　　别：男
出生年月：1969-10-01
民　　族：汉族
政治面貌：党员
职　　称：副高
学　　历：大学本科
所在单位：兰州市第六十二中
通讯地址：兰州市西固西路342号
成　　就：多次获得兰州石化公司优秀教师（教育工作者）、优秀共产党员称号。区级骨干教师，兰州市第七届教学新秀。
简　　介：1989.09—1991.06 兰州师范专科学院政史专业学习；1991.07至今 兰州市第六十二中学教育教学工作；2006.4至今 兰州市第六十二中学（兰化二中）总务处主任；2014.5至今 兰州市第六十二中学校长助理。

1026 杨砚

性　　别：女
出生年月：1962-09-27
民　　族：汉族
政治面貌：党员
职　　称：副高
学　　历：大学本科
所在单位：兰州市第二十一中学
通讯地址：兰州市西固东路160号
成　　就：论文《创设情境，提高课堂教学效益》在1998年全国教师论文大赛中获二等奖，并被选入中央教科所主编的《中国教育改革与发展论文选》（1999年2期）；《文学作品教学与心理素质教育》《寓思想教育于文学作品教学中》发表于《兰州教育》；《怎样从材料中提炼观点》发表于首都师范大学主办的《作文导报》（1999年4月22日）；《小议文学作品教学与思想教育》发表于《中学语文教学参考》（2012.9）。编写出版了《高中古诗文译注评（新教材一年级）》《高中古诗文译注评（新教材二年级）》（甘肃教育出版社2001、2002）；组织学生参加全国中学生作文竞赛有2人获全国一等奖，10人获全国二等奖，20多人获全国三等奖，本人多次获全国优秀指导奖。主持的甘肃省教育科学规划课题《初级中学之进城务工人员子女教育管理模式的研究》2013年结题；兰州市教育科学规划个人课题《"心中有悲悯，笔下有思想"写作内容教学的研究》2013年结题并获科研一等奖。先后三次被区政府授予"优秀教师"称号。曾荣获兰州市第三届中学"教学新秀"，承担市级校级示范课多次。
简　　介：现为中学高级教师，1981年7月参加教育工作，2004、2008年先后两次被市教育局聘为中学语文中心教研组成员（任期六年）。

1027 黄玉翔

性　　别：女
出生年月：1963-07-29
民　　族：汉族
政治面貌：党员
职　　称：副高
学　　历：大学本科
所在单位：兰州市第六十三中学
通讯地址：兰州市西固区福利西路334号
成　　就：从教34年，多次荣获兰州石化公司、兰化总校、兰化三中的优秀教师、优秀共产党员、先进个人等。在《甘肃教育》《吉林教育》《甘肃师范大学学报》先后发表4篇学术论文。
简　　介：1981年7月—1986年4月，兰州市四十中任教。1986年5月—2000年6月，兰化技校任教。2000年7月至今，兰化三中任教。

1028 任志英

性　　别：女
出生年月：1966-10-06
民　　族：汉族
政治面貌：群众
职　　称：副高
学　　历：大学本科
所在单位：兰州市第二十八中学
通讯地址：兰州市西固区福利西路97号
成　　就：1995年在西固区课堂教学比武中，被评为教学新秀；1997年获兰州铝厂优秀教师荣誉称号；2001年获兰州铝厂优秀教师荣誉称号；2008年论文在兰州市"班主任话细节"案例评选中获得一等奖；2009年获西固区教育系统师德先进个人荣誉称号；2009年获兰州市中小学优秀班主任荣誉称号；2010年辅导的学生王尔瑜、王春霖在全国基础教育英语综合能力竞赛中荣获六级（高一年级组）全国二等奖，本人荣获优秀辅导教师奖；2010年辅导的学生马云昊、金一鸣在全国基础教育英语综合能力竞赛中荣获六级（高一年级组）全国三等奖，本人荣获优秀辅导教师奖。
简　　介：1986年9月至1989年6月在西北师范大学英语系就读，1990年2月参加工作；1990年2月至1996年1月在兰州市西固区新城中学从事初中英语教学及班主任工作；1996年2月至2003年3月在兰州铝厂中学从事初中英语教学工作；2003年4月至今在兰州市第二十八中学从事高中英语教学及班主任工作；2009年12月取得西北师大英语自考本科学历。

1029 俞爱英

性　　别：女
出生年月：1961-02-21
民　　族：汉族
政治面貌：党员
职　　称：副高
学　　历：大学专科
所在单位：西固区福利路第二小学
通讯地址：兰州市西固区福利东路92号
成　　就：2001年获西固区"优秀共产党员"称号；2003年被评为西固区"优秀党务工作者"；2003年西固区"抗击非典工作优秀党员"；2004年被评为西固区"优秀少儿工作者"；2004年获西固区"先进教育工作者"称号；2005年被评为西固区"优秀党务工作者"；2010年被中共兰州市委、兰州市人民政府评为"兰州市优秀教师"；2011年被评为全区"优秀共产党员"；2012年被评为甘肃省优秀教师，授予甘肃省"园丁奖"；2012年被中共兰州市委、兰州市人民政府评为兰州市"两基"及引国检工作先进个人；2012年9月被中共兰州市西固区委员会、兰州市西固区人民政府评为西固区先进教育工作者。
简　　介：1978年10月—1979年8月在甘肃成县苏元公社下乡；1979年8月—1981年7月在甘肃成县师范学校上学；1981年8月—1992年9月在核工部西北地勘局二一二大队子弟学校任教；1992年10月—1993年1月在西固区东川学区东河湾小学任教；1993年2月—1995年7月在西固区东川学区坡地下小学任教；1995年8月—1996年7月在西固区福利一校任教；1996年8月至今在西固区福利二校任教。

1030 张宝成

性　　别：男
出生年月：1968-06-01
民　　族：汉族

政治面貌：党员
职　　称：副高
学　　历：大学本科
所在单位：西固区柳泉中学
通讯地址：西固区柳泉中学
成　　就：2003年被西固区团委评为优秀团干部。1997、2000、2006年被区委区政府评为西固区优秀教师。2001、1999、2001、2003、2011年被西固区教育局评为西固区教育系统优秀党员。2006年荣获兰州市教育科学研究所在兰州市中小学心理健康教育活动课课堂教学竞赛三等奖。2010年荣获"我爱母亲河"——兰州市少年儿童生态道德实践活动主题征文优秀辅导奖。2010年获得全国中学生语文能力竞赛指导三等奖（2人次）。2001、2011年被评为西固区中小学区级骨干教师。
简　　介：1986年9月至1990年7月在兰州师范中师班就读；1993年3月至1996年12月在甘肃省教育学院汉语言文学专业学习；2002年1月至2004年1月在中央广播电视大学汉语言文学专业本科段学习；1990年7至1998年1月在西固区柳泉学区中平小学任教；1998年2月至今在西固区柳泉中学任教。

1031　李煊

性　　别：男
出生年月：1972-06-05
民　　族：汉族
政治面貌：群众
职　　称：副高
学　　历：大学本科
所在单位：甘肃省商业学校
通讯地址：甘肃省兰州市西固区福利东路27号甘肃省商业学校
成　　就：2009年、2010年、2011年、2012年、2013年被评为甘肃省商业学校优秀教师；2012年获得工信委优秀教师。
简　　介：1995年担任1995技工班班主任工作，1998年担任1998电会4班班主任一职，2010年担任2010装潢班班主任一职，2012年担任2011酒店管理班班主任一职。

1032　何燕青

性　　别：女
出生年月：1974-09-01
民　　族：汉族
政治面貌：党员
职　　称：副高
学　　历：大学本科
所在单位：兰州市西固区福利东路第二小学
通讯地址：兰州市西固区福利东路239号
成　　就：语文高级教师，教学中，她善于激发学生的主观能动性和创造力，力求把主动权交给学生。几年来，她先后获得省市级教育教学比赛一二等奖；先后获得甘肃省骨干教师、甘肃省教学能手、兰州市优秀教师、兰州市优秀班主任、兰州市市级骨干教师、兰州市教学新秀、兰州市市级骨干教师。培训优秀学员、首届甘肃省中学生运动会开幕式演出中被评为优秀工作人员、兰州市教育研究会会员；兰州石化公司标兵、兰炼总校优秀教师、兰炼总校名班主任等奖励。撰写的论文在国家、省市优秀教育教学论文评选中多次获奖并发表。多次参与研究省级规划课题，负责研究的省级课题通过鉴定，两项个人课题通过鉴定并获奖。编著的六年制小学语文第八册《名校精讲精练》曾被甘肃教育出版社正式出版发行（合著）。

1033　冯宏伟

性　　别：男
出生年月：1956-06-03

民　　　族：汉族
政治面貌：党员
职　　　称：副高
学　　　历：大学专科
所在单位：甘肃省商业学校
通讯地址：兰州市西固区福利东路27号
成　　　就：自1978年9月以来主讲《商业统计》《商业计算技术》《社会统计学原理》自考《商业统计》《市场信息》《部组核算》《基础会计》等多门课程教学任务。2001年12月被评为甘肃省成人中等专业教育工作研究先进个人。2002年9月被中共甘肃省委员会、甘肃省人民政府授予甘肃省"园丁奖"。数次被甘肃省商业学校评为"优秀教师""优秀共产党员""优秀党员工作者"称号。2002年在《社科纵横》杂志撰写《谈"非正式课程"与改善教学效果》文章一篇。2002年在《西北师大学报》撰写《浅议素质教育与应试教育的冲突及措施》《关于中等教学改革和创新的几点思考》文章两篇。
简　　　介：1973年2月—1975年8月在本生产队务农（1974年4月—1975年8月担任生产队会计）；1975年9月—1978年1月在甘肃省财贸学校读书；1978年2月—1980年12月在甘肃省财贸学校任教（1978年3月—7月在湖北财经学院进修）；1981年7月—1985年8月在甘肃省商业学校任教；1985年9月—1987年7月在杭州商学院上学；1987年8月至今在甘肃省商业学校任教；1994年6月30号获得讲师任职资格；1988.10.27—1993.7.12任学生科副科长；1993.7.13—1995.10.25任学生科科长；1995.10.26—1997.4.20任校长办公室主任；1997.4.21—2005.3.10任经济教研室主任；2005.3.11任主任科员。

1034　张润领

性　　　别：男
出生年月：1962-12-01
民　　　族：汉族
政治面貌：党员
职　　　称：副高
学　　　历：大学本科
所在单位：西固区教师进修学校
通讯地址：兰州市西固区玉门街教师进修学校
成　　　就：在兰州二十三中工作期间，于1982年、1984年被评为西固区优秀教师；在兰州二十一中工作期间，1995年被评为西固区"十佳园丁"，1996年被评为兰州市优秀教师，1997年被评为甘肃省优秀教师获"园丁奖"，2002年被评为兰州市骨干教师，2005年被评为西固区思想政治宣传先进个人；在兰州二十八中工作期间，2006年被评为西固区"四五"普法（2001—2005）先进个人；在西固区教师进修学校工作期间，2012年被评为兰州市联校校本培训先进工作者。
简　　　介：1978年7月—1979年8月在榆中县青城公社新民大队部上班；1979年9月—1981年6月在兰州师范皋兰英语班读书；1981年7月—1991年8月在西固区河口中学（兰州市第二十三中学）任高中英语课教学、班主任、教研组长、年级组长；期间参加高等教育自学考试，于1992年4月英语大专毕业；1991年9月—2003年11月在兰州市第二十一中学任高中英语课教学、班主任、教研组长、教导主任、党支部委员，工会主席，1996年9月起任副校长兼教导主任、期间于1997年9月—2000年9月在西北师范大学政法学院独立本科班学习、参加高等教育自学考试，于2000年12月政治管理本科毕业，2001年12月起任高级教师；2003年12月—2009年3月任兰州市第二十八中学书记、高中英语课教学、高级教师；2009年4月起在兰州市西固区教师进修学校任校长、高级教师。

1035 李贤汉

性　　别：女
出生年月：1969-07-15
民　　族：汉族
政治面貌：群众
职　　称：副高
学　　历：大学本科
所在单位：兰州市第二十八中学
通讯地址：兰州市第二十八中学
成　　就：1997年被评为西固区十佳教师荣誉称号、校级优秀班主任、校级优秀教师等荣誉称号。1996—1997学年度被评为东川中学优秀教师；1997—1998学年度被评为西固区十佳园丁；1998—1999学年度被评为西固区东川中学十佳教师荣誉称号
简　　介：1988.8—1990.8 西北师范大学读大学；1990年5月，在兰州24中学任教；1994年8月在西固区东川中学任教；2005年8月调入兰州二十一中学；2013年8月在兰州二十八中学任教。

1036 王爱田

性　　别：男
出生年月：1971-09-01
民　　族：汉族
政治面貌：党员
职　　称：副高
学　　历：大学本科
所在单位：西固区柳泉中学
通讯地址：西固区柳泉中学
成　　就：本人参加工作以来，多次受到上级主管部门表彰奖励。1999年年被兰州铁路分局评为优秀教育工作者；2001被兰州市教育局评为县区级骨干教师。2008年被区委区政府评为西固区优秀教师。

1037 金红

性　　别：女
出生年月：1963-08-27
民　　族：汉族
政治面貌：群众
职　　称：副高
学　　历：大学本科
所在单位：兰州市商贸职业学校
通讯地址：兰州市商贸职业学校（山丹街183号）
成　　就：1998—1999获优秀教师荣誉称号；1999—2000获优秀教师荣誉称号；2001年11月评为兰州市西固区"三五"普法和依法治理工作先进个人；2006年 论文《用法律构建人生》在学校教育教学研讨会论文评比中获优秀奖；2006—2007学年度荣获优秀班主任荣誉称号；2010年2月论文《让'十七大'精神进课堂》在08年度校本教研课题中获三等奖（米小玲、施清林两位老师合作）2011—2012学年荣获学校优秀教师荣誉称号；2012年10月在2012年全国职业学校德育课"创新杯"说课比赛中，获"哲学与人生"说课比赛三等奖；2013—2014学年度"优秀教案"评选中荣获一等奖；2014年5月 教案《普遍联系与人际和谐》获第八届全国教师教学设计创意大赛二等奖。
简　　介：1983.9—1987.6 西北师范学院政治系学习；1987.7—现在 兰州商贸职业学校从教。

1038 杨永东

性　　别：男
出生年月：1971-11-14

民　　族：回族
政治面貌：群众
职　　称：副高
学　　历：大学本科
所在单位：兰州市第五十中学
通讯地址：兰州市第五十中学
成　　就：参加工作以来，一直承担高中历史教学工作，长期担任班主任和教研组长工作；1996年，获校级"先进个人"称号；1998年，获厂级"青年岗位能手"称号；2000年，获厂级"优秀班主任"称号；2004年，获厂级"优秀教师"称号；2009年，获兰州市教育局颁发"优秀班主任"称号。
简　　介：1995年6月毕业于陕西师范大学历史系，同年7月至兰州五十中（504厂子弟中学）任教至今。

1039　寇艳

性　　别：女
出生年月：1976-01-31
民　　族：汉族
政治面貌：党员
职　　称：副高
学　　历：大学本科
所在单位：兰州市西固区玉门街第二小学
通讯地址：兰州市西固区福利东路80号兰炼一小
成　　就：兰州市骨干教师、金城名师。
简　　介：1997年8月—2009年6月兰炼二小，兰州市骨干教师；2009年8月至今兰炼三小，金城名师。

1040　毕效武

性　　别：男
出生年月：1965-05-01
民　　族：回族
政治面貌：党员

职　　称：副高
学　　历：大学本科
所在单位：甘肃省商业学校
通讯地址：兰州市西固区福利东路27号
成　　就：任讲师及高级讲师期间，一直承担化学、商品学等课程的教学任务。完成学时8000余节。曾编写过一本《化学》教材及练习册上下册。一直从事教学管理工作，任学校党委副书记，在教学计划的制定、专业的设置与建设，师资队伍建设方面作了大量的工作。
简　　介：1984年—1988年在地陕西师大化学系读本科；1988年至今在甘肃省商业学校工作。

1041　彭文焕

性　　别：女
出生年月：1963-09-05
民　　族：汉族
政治面貌：群众
职　　称：副高
学　　历：大学本科
所在单位：兰州市第六十三中学
通讯地址：兰州市西固区福利西路334号
成　　就：在教学工作中共带了五届初中毕业生和七届高中毕业生，所带每届高中毕业生在高考中均取得好成绩，其中有甘肃省1998年文科状元和2007年理科榜眼，2001年所带学生的语文高考成绩在兰化总校排名第一，2010年所带理科班语文高考成绩平均120分。曾多次荣获兰化公司、兰化总校、兰化三中优秀教师、师德先进、转化后进生先进等荣誉称号。论文曾获兰州市优秀论文奖，多次指导学生在全国语文能力大赛中获一、二、三等奖。
简　　介：1981.02—1983.01在兰化工大中文班学习；1983.01—1995.07在兰化三中从

事初中语文教学工作；1995.08 至今在兰化三中从事高中语文教学工作。

1042 金美泉

性　　别：男
出生年月：1962-05-01
民　　族：汉族
政治面貌：民主党派
职　　称：副高
学　　历：大学专科
所在单位：西固区教师进修学校
通讯地址：兰州市西固区玉门街教师进修学校
成　　就：1995 年、2008 年评为西固区优秀教师。1996 年 5 月加入民主建国会。就职至今，先后于 1998 年担任兰州市西固区工会第五次代表大会代表、2002 年担任政协兰州市西固区第六届委员会委员。1997 年评为西固区教育工会工作先进个人和西固区统战部参政议政、构建和谐社会活动先进个人。2008 年评为民建兰州市委员会优秀会员。
简　　介：现在西固区教师进修学校就职。1982 年 7 月毕业于榆中师范学校，就职于西固区新城中学；1993 年 3 月至 1996 年 6 月，取得体育专科学历；2009 年任兰州市中学教师高级职务。2011 年调入西固区教师进修学校。

1043 郝建华

性　　别：男
出生年月：1966-09-02
民　　族：汉族
政治面貌：群众
职　　称：副高
学　　历：大学本科
所在单位：兰州市西固区达川初级中学
通讯地址：兰州市西固区达川初级中学
成　　就：1988 年荣获了 1987—1988 学年度全国中小学学生作文竞赛"育才"奖；1990 年被西固区团委授予"先进青年"荣誉称号；2000 年获得西固区现代教育技术课堂教学比赛一等奖；2001 年被兰州市教育委员会评定为区级骨干教师。2006 年撰写的论文《如何培养初中学生学会归纳历史知识的能力》，被《中国现代教育论坛》杂志刊用，并被评为一等奖；2007 年撰写的论文《创建和谐的语文教学课堂》，被《中国现代教育论坛》杂志刊用，并被评为优秀论文；2009 年论文《让世界拥有共同的爱》，被《当代教学论坛》杂志刊用，并被评为一等奖。

1044 周东敏

性　　别：女
出生年月：1964-10-15
民　　族：汉族
政治面貌：党员
职　　称：副高
学　　历：大学本科
所在单位：西固区新安路小学
通讯地址：兰州市西固区新安路小学
成　　就：在兰州市青少年和青少年工作研究课题及兰州市少先队工作学会"十一五"课题"少年儿童行为习惯培养的研究与实践"征文评选活动中，《小学生睡眠情况调查》和《搭架家校沟通的平台》分别获研究课题一、二等奖。12 篇论文发表在《西固教育》上。编写了校本课程《西固区新安路小学文明礼仪教程》和《甘肃民俗简编》。2007 年参与编写《中考通》思想品德复习与指导教辅读物一本。2009 年 6 月被甘肃省教育厅评为"甘肃省骨干教师"。全国万校小学生作文竞赛中，周东敏老师指导的作文先后有二十余篇次分获一、二、三等奖和优秀奖，她也多次荣获指导奖。2002 年 5 月，现场教学比赛古诗《夜宿山寺》被甘肃小学语文教学研究会评为二等奖。她本人在校内外曾多次参加"优质课""示范课""公开课"等教学活动。2005年被五〇四厂评为优秀专业技术人才称号等。

简　　介：1986年毕业于河北涿州师范学校；1997年—1999年在甘肃教育学院脱产进修教育管理专业，同年6月毕业；1986年8月分配至五〇四厂子弟小学（现改名新安路小学）工作至今；2002年至今担任新安路小学校长，1996年7月评聘为小学高级教师，2005年8月，破格评为中学高级教师。

1045 陈华

性　　别：女
出生年月：1985-05-04
民　　族：汉族
政治面貌：党员
职　　称：副高
学　　历：大学本科
所在单位：兰州市第六十二中，通讯地址：兰州市西固西路342号
成　　就：多次获得兰州市、西固区优秀教练员，先后5次公开课、论文获得省市优秀奖，2014年获得兰州市中小学"肯德基"杯初中组健身操第二名，兰州市中学体育优质课初中组二等奖和兰州市第一届中小学体育教师基本功大赛中学组一等，先后3次获得兰化公司、兰化总校优秀教师称号。

简　　介：2003.09—2007.06 西北师范大学汉语言文学专业学习；2007.07至今 兰州市第六十二中学教育教学工作。

1046 董知珍

性　　别：男
出生年月：1972-03-01
民　　族：汉族
政治面貌：群众
职　　称：副高
学　　历：博士研究生
所在单位：兰州城市学院
通讯地址：兰州市安宁区街坊路11号
成　　就：在《世界宗教研究》《甘肃社会科学》《烟台大学学报》（人文社会科学版）《历史教学》（高校版）《社科纵横》《甘肃民族研究》等刊物发表论文多篇。曾参与《甘肃通史》（明清卷）部分内容的撰写，主持并完成兰州大学2010年度"兰州大学中央高校基本科研业务费"研究生创新项目课题一项，主持甘肃省2013年哲学社会科学规划一般项目等多项课题。

简　　介：2012年毕业于兰州大学西北少数民族研究中心，获法学博士学位，副教授职称，多年从事西北民族和宗教史研究。

1047 王晓天

性　　别：男
出生年月：1971-04-17
民　　族：汉族
政治面貌：群众
职　　称：副高
学　　历：硕士研究生
所在单位：甘肃政法学院经济管理学院
通讯地址：甘肃省兰州市安宁西路6号
成　　就：近年来，先后参与和主持完成国家级和校级科研项目多项，在省内外学术刊物上公开发表论文20余篇。

简　　介：管理学硕士。主要从事会计理论与实务等方面的教学和研究工作。

1048 王翠云

性　　别：女
出生年月：1978-01-17
民　　族：汉族

政治面貌：党员
职　　称：副高
学　　历：博士研究生
所在单位：兰州城市学院
通讯地址：兰州城市学院　城市经济与旅游文化学院
成　　就：主要研究方向为城市环境与城市生态。近年来在《Geoscience and Remote Sensing Symposium》《环境保护与循环经济》等刊物发表论文 10 余篇，参与的科研项目主要包括国家自然科学基金重大项目：中国西部城市化与环境互动作用的机理与效应研究—兰州子课题、甘肃省教育厅科研基地重点计划项目：兰州市城市湿地建设策略研究、甘肃省自然科学基金软科学研究计划项目：两型社会理论及其在兰州市的实践及对策研究、国家社科基金项目：推进跨省流域生态补偿机制试点研究、省社科规划项目：兰州市生态城市建设模式及对策研究等。
简　　介：毕业于兰州大学。现为兰州城市学院城市经济与旅游文化学院教师、副教授，主要讲授气象学与气候学、旅游地理学等课程。主要研究方向为城市环境与城市生态。

1049　郭武

性　　别：男
出生年月：1980-09-03
民　　族：汉族
政治面貌：党员
职　　称：副高
学　　历：博士研究生
所在单位：甘肃政法学院
通讯地址：甘肃省兰州市安宁西路 6 号
成　　就：主要从事环境与资源保护法学的教学与研究工作。近年来在《法学评论》《清华法治论衡》《中国人口资源与环境》《环境资源法论丛》等专业核心学术期刊发表论文 20 余篇，合著或参与编写环境法学专著和教材 5 部，主持国家、省社科基金项目、省属高等学校基本科研业务费项目、高等学校科研项目等 4 项，作为主要合作者参与教育部人文社会科学重点研究基地武汉大学环境法研究所重大项目、教育部项目、甘肃省省属高校基本科研业务费专项资金项目多项。研究成果分别获 2010 年度甘肃省第十二届社科成果二等奖、2008 年度甘肃省高教社科成果一等奖及学校各类科研奖励；博士学位论文《论环境习惯法的现代价值》先后获 2012 年度中达环境法优秀博士学位论文奖和 2013 年湖北省第十五批优秀博士学位论文奖。
简　　介：甘肃政法学院民商经济法学院副院长、副教授、环境与资源保护法学专业硕士研究生指导教师，2012 年武汉大学环境法研究所博士研究生毕业，获法学博士学位，2011-2012 年国家留学基金委公派美国佛蒙特法学院（Vermont Law School）访问学者，2013-2014 年受国家"双千计划"指派挂职担任甘肃省高级人民法院民二庭副庭长，世界自然保护同盟（IUCN）土著民环境、习惯法与人权专家委员会委员，中国环境资源法学研究会理事，中国环境科学学会环境法学分会会员，主要从事环境与资源保护法学的教学与研究工作。

1050　杨有庆

性　　别：男
出生年月：1982-09-22
民　　族：汉族
政治面貌：群众
职　　称：副高
学　　历：博士研究生
所在单位：兰州交通大学
通讯地址：兰州交通大学文学与国际汉学院

成　　就：专业方向为文艺美学，重点关注西方马克思主义文学批评，空间理论与空间批评。曾在《当代文坛》《南方文坛》《福建师范大学大学学报》《兰州大学学报》《文艺理论与批评》与《武汉理工大学学报》等刊物发表学术论文 12 篇，其中 CSSCI 论文 5 篇；参与国家社科基金项目、教育部青年基金项目、甘肃省教育厅科研项目各 1 项；主持 2012 国家社会科学基金青年项目：空间批评与西方马克思主义文论研究（12CZW001）；主持 2012 教育部人文社会科学研究青年基金项目：西方马克思主义文学批评的空间传统（12YJC7752036）。
简　　介：2010 年毕业于四川大学文学与新闻学院文艺学专业，获文学博士学位。现执教于兰州交通大学文学与国际汉学院。

1051 王炳文

性　　别：男
出生年月：1962-08-01
民　　族：汉族
政治面貌：党员
职　　称：副高
学　　历：大学本科
所在单位：兰州财经大学
通讯地址：兰州财经大学
成　　就：2007 年《中外石油税制比较分析及政策建议》获甘肃省国家税务局一等奖；2009 年《关于纳税遵从的思考》甘肃省财政厅三等奖。

1052 吉敏丽

性　　别：女
出生年月：1968-04-20
民　　族：汉族
政治面貌：群众
职　　称：副高
学　　历：硕士研究生
所在单位：甘肃政法学院
通讯地址：甘肃省兰州市安宁西路 6 号
成　　就：主要从事宪法、人权法的教学和科研工作。

1053 许春清

性　　别：男
出生年月：1969-10-15
民　　族：汉族
政治面貌：民主党派
职　　称：副高
学　　历：博士研究生
所在单位：甘肃政法学院
通讯地址：甘肃省兰州市安宁西路 6 号
成　　就：主要从事法理学教学和科研工作。
简　　介：副教授，博士。

1054 闫汝乾

性　　别：男
出生年月：1967-08-13
民　　族：汉族
政治面貌：党员
职　　称：副高
学　　历：硕士研究生
所在单位：兰州城市学院
通讯地址：兰州市安宁区兰州城市学院审计处
成　　就：2005 年本人主持省社科基金科研项目《青少年思想道德教育的错位问题及对策研究》，已结项；2006 年主持省教育厅科研项目《专科生就业市场的现状调查及前景预测研究》，已完成；2008 年参与甘肃省哲学社会科学规划项目，已鉴定结项。论文《关于高校校园文化建设的几点思考》《高校思想政治工作要突出高、新、实》《青少年思想品德教育错位问题及对策研究》《关于高校院系领导体制问题的思考》等10多篇文章和调研报告分别发表在《甘肃高师学报》《社科纵横》《甘肃社会科学》《财经界》等刊物上，并分别被人大复印资料《高等教育》索引，被省委宣传部、省教育厅、省高等学校思想政治工作研究会评为优秀奖，被甘肃省内部审计师协会评为审计理论研讨三等奖。获得的荣誉主要有：1990年、1991年、1993年、1995年、1997年5次被省委宣传部、省教育厅、团省委评为甘肃省大学生社会实践优秀指导者；1994年4月被兰州市总工会、市教育局、团市委评为兰州市青年志愿者服务先进个人；2004年6月获省纪委、省直机关工委全省党内法规知识竞赛二等奖；2011年11月被省审计厅评为全省内部审计先进工作者。

简　　介：现任兰州城市学院审计处处长，甘肃省内部审计师协会理事。先后在兰州师专任后勤处伙食科管理员、校团委副书记、党委宣传部主任科员（期间：2001.12—2002.07省委抽调机关干部下基层帮助陇南武都县工作）、纪委副处级纪检监察员、教育系直属党支部副书记、兰州城市学院数学学院党总支书记、审计处处长等职。

1055　张俐

性　　别：女

出生年月：1960-07-10

民　　族：汉族

政治面貌：党员

职　　称：副高

学　　历：大学本科

所在单位：甘肃政法学院

通讯地址：甘肃省兰州市安宁西路6号

成　　就：曾历任《兰州晚报》新闻资源处理中心主任、经济部主任，《兰州日报》财经新闻中心主任等职务。在新闻采访、写作、编辑、报纸飞腾排版、活动策划等方面有着丰富的新闻实践经验。现为兰州市作家协会会员，出版过诗歌《放飞心灵》等作品集，报告文学《热能》被收编于新华出版社系列丛书《经纬风流》中。2007年7月正式调入甘肃政法学院工作，主讲《新闻采访学》《基础新闻写作》《深度报道》《新闻报道策划》《专题新闻报道》《媒校联合实践》《演讲与口才》等多门主干课程和通识课程，主持修定了新闻教学计划及相应的教学大纲；参与了新闻教学改革、创新等教学科研活动。出版了新闻学专著《新闻采写实务》。在新闻工作岗位上，写下了百万余字的新闻作品，其中数十篇新闻作品获得"中国晚报协会好新闻"一、二等奖，"甘肃省好新闻"一、二等奖。

简　　介：从事新闻工作23年，曾获得甘肃省优秀青年记者称号，主任记者职称。曾是兰州市政协第十届、第十一届、第十二届委员。2007年7月正式调入甘肃政法学院工作。

1056　草珺

性　　别：女

出生年月：1978-06-24

民　　族：汉族

政治面貌：党员

职　　称：副高

学　　历：博士研究生

所在单位：甘肃政法学院

通讯地址：甘肃省兰州市安宁西路6号

成　　就：在校讲授国际经济法、行政法与行政诉讼法、大学生思想道德修养与法律基础等课程，并常年为全校团校、党校学员授课。先后在省级以上刊物发表论文10余篇，主持、参与课题4项，主编及参编教材、专著6部。先后获得全国优秀共青团干部、第八届共青团精神文明建设"五个一工程"文化新人提名奖等奖励。

简　　介：法学博士。甘肃政法学院法学院党委书记，兼任甘肃省青年联合会常务委员。在校讲授国际经济法、行政法与行政诉讼法、大学生思想道德修养与法律基础等课程，并常年为全校团校、党校学员授课。

1057　巩海平

性　　别：男
出生年月：1969-09-19
民　　族：汉族
政治面貌：党员
职　　称：副高
学　　历：硕士研究生
所在单位：甘肃政法学院
通讯地址：甘肃省兰州市安宁西路6号
成　　就：在《兰州大学学报》《甘肃政法学院学报》《理论学刊》等期刊发表学术论文10余篇，参编法学教材一部。完成全球基金项目1项，中英CHARTS项目2项，其中《甘肃省艾滋病防治地方立法研究》获甘肃省第十二届社科三等奖；主持甘肃省社科规划项目1项，省教育厅研究生项目1项。2002年6月任校办副主任，2007年10月任经济管理学院党委书记，2010年12月任民商经济法学院党委书记，2011年11月任学科管理与研究生工作处处长。

简　　介：法学硕士生导师。中国环境与资源保护法学研究会会员，兼职律师。主要研究领域为环境与资源保护法学，承担环资法学教学任务。2002年6月任校办副主任，2007年10月任经济管理学院党委书记，2010年12月任民商经济法学院党委书记，2011年11月担任学科管理与研究生工作处处长。

1058　郝玉荣

性　　别：女
出生年月：1978-04-08
民　　族：汉族
政治面貌：党员
职　　称：副高
学　　历：硕士研究生
所在单位：兰州城市学院
通讯地址：甘肃省兰州市安宁区街坊路11号
成　　就：承担大学英语综合及听说课程的授课任务；参编教材2部；主持省厅级项目3项，参与国家级项目2项，省厅级项目3项，校级项目3项；在省级刊物上发表论文15篇；获2012"外研社杯"全国英语演讲大赛甘肃赛区指导教师二等奖、全国多媒体课件大赛优秀奖、"外教社杯"全国大学英语教学大赛甘肃赛区优胜奖，校级社科成果三等奖、多媒体课件大赛二等奖，优秀实习指导教师奖、《大学英语》网络课程主持人及精品课程主讲教师。

简　　介：西北师范大学课程与教学论专业博士在读，主要研究方向：英语教学论、翻译理论与实践。2002年7月进入兰州城市学院外国语学院工作，2013年调入培黎国际学院，主讲课程：综合英语、大学英语。主要社会兼职：甘肃省高等学校大学英语课程教学指导委员会秘书长。

1059　吴文昭

性　　别：男
出生年月：1966-08-06
民　　族：汉族
政治面貌：党员
职　　称：副高
学　　历：硕士研究生
所在单位：兰州城市学院

通讯地址：兰州市安宁区街坊路 11 号兰州城市学院招就处

成　　就：兰州理工大学计算机技术专业工程硕士，现为兰州城市学院招生就业处副处长，副教授，全球职业规划（GCDF）师，高级职业指导师。从事高等教育教学与管理工作 25 年，在国家核心期刊和省级刊物发表专业论文 10 余篇，专著二部，承担和完成多项科研项目，获甘肃省科技进步和教学成果奖。

1060 武晓红

性　　别：女

出生年月：1978-05-29

民　　族：汉族

政治面貌：党员

职　　称：副高

学　　历：硕士研究生

所在单位：甘肃政法学院

通讯地址：甘肃省兰州市安宁西路 6 号

成　　就：2007 年取得华东政法大学刑法学硕士学位，现为法学院党委委员、副院长、硕士生导师、副教授。

简　　介：2001 年甘肃政法学院法律系本科毕业留校。

1061 韩昌跃

性　　别：男

出生年月：1974-01-27

民　　族：汉族

政治面貌：党员

职　　称：副高

学　　历：硕士研究生

所在单位：甘肃政法学院

通讯地址：甘肃省兰州市安宁西路 6 号

成　　就：每学期的学生评教等次均为优秀，并被学生评为"十佳教师"；科研上主编、参编了四本著作，在《当代世界与社会主义》等国家、省级期刊上公开发表论文 20 多篇，主持省、市、校级课题 5 项；主要获得过安徽省优秀硕士学位论文奖，甘肃政法学院教师教学竞赛奖、甘肃省高等学校社会科学优秀成果奖等荣誉。2009 年 12 月晋升讲师，2012 年 9 月破格晋升副教授，现在中国人民大学攻读博士学位。

简　　介：2008 年 6 月硕士毕业于安徽师范大学，7 月来甘肃政法学院行政学院工作。工作期间，兢兢业业，勇于创新，教学上系统讲授过公共政治四门课程。

1062 范立华

性　　别：女

出生年月：1971-08-31

民　　族：汉族

政治面貌：党员

职　　称：副高

学　　历：硕士研究生

所在单位：甘肃政法学院

通讯地址：甘肃省兰州市安宁西路 6 号

成　　就：参与 1 项国家社科规划项目，1 项省社科规划项目，1 项校级教改项目；现在研 1 项兰州市科技局项目，1 项校级重点项目。获得学校教学优秀奖一等奖 1 次，二等奖两次，教学成果三等奖，并获得学校"三育人"和"优秀班主任"荣誉称号。指导学生获甘肃省第六届"挑战杯"课外学术论文大赛一等奖，本人获得"优秀指导教师"。

简　　介：行政学院副教授，硕士，主要从事政治学和马克思主义中国化的教学和研究。

1063 马永伟

性　　别：男

出生年月：1969-12-26

民　　族：汉族
政治面貌：党员
职　　称：副高
学　　历：硕士研究生
所在单位：甘肃政法学院
通讯地址：甘肃省兰州市安宁西路6号
成　　就：主要从事研究民事诉讼法及证据法学教学、研究工作。出版专著1部，参编教材4部。参与完成省哲学社会科学项目1项。在省级以上刊物发表论文20余篇。
简　　介：副教授，硕士生导师。

1064 田春苗

性　　别：女
出生年月：1976-08-07
民　　族：汉族
政治面貌：党员
职　　称：副高
学　　历：硕士研究生
所在单位：甘肃政法学院
通讯地址：甘肃省兰州市安宁西路6号
成　　就：主要研究方向为经济法学与税法学。编著农村税收理论与实务专著1部，主编经济法案例分析教材1部，参编经济法专业教材5部，发表教学与科研论文30余篇。主持完成甘肃省社科规划项目2项、甘肃省教育科学规划项目2项、甘肃省教育厅项目2项、甘肃省高等学校科研项目1项、兰州市社科规划项目1项以及学校科研项目5项并获得多项奖励。
简　　介：甘肃政法学院民商经济法学院副教授，硕士研究生导师，主要研究方向为经济法学与税法学。

1065 魏华

性　　别：女
出生年月：1978-04-21
民　　族：汉族
政治面貌：群众
职　　称：副高
学　　历：硕士研究生
所在单位：甘肃政法学院
通讯地址：甘肃省兰州市安宁西路6号
成　　就：从事大学英语教学工作11年，在省级刊物上发表文章14篇，参编《物流英语》等教材，主持并完成校级科研项目4项，参与并完成甘肃省教育厅教改项目1项，获校级优秀教学成果奖三等奖，教学竞赛二等奖，校级科研研讨会论文一等奖和三等奖。主要研究方向有，英语教学法，文学，科技与法律英语翻译研究。
简　　介：西北师范大学英语语言文学专业硕士研究生毕业。

1066 韩忠伟

性　　别：男
出生年月：1969-03-12
民　　族：汉族
政治面貌：党员
职　　称：副高
学　　历：硕士研究生
所在单位：甘肃政法学院
通讯地址：甘肃省兰州市安宁西路6号
成　　就：2004年至今共在省级刊物发表法学、社会学类论文10篇，主持完成2005年度甘肃省社科规划科研课题1项；作为第一作者与他人合作编著《中国立法原理论》专著1部；独自完成2005年度甘肃政法学院科研青年项目1项。
简　　介：1988年9月至1992年7月在西北政法学院行政法系学习，1992年7月获法学学士学位；1992年7月毕业分配至甘肃省检察院工作；1992年9月至1993年9月在兰州市七里河区检察院见习工作；1993年9

月至 2003 年 10 月在甘肃省检察院检察官培训中心工作；2001 年 3 月被甘肃省检察院任命为三级检察官；1999 年 9 月至 2002 年 7 月在西北政法学院研究生部学习；2002 年 4 月获法律硕士学位；2003 年 11 月调甘肃政法学院工作任法学专职教师至今。

1067 杨志新

性　　别：女
出生年月：1979-08-01
民　　族：回族
政治面貌：党员
职　　称：副高
学　　历：博士研究生
所在单位：兰州城市学院
通讯地址：兰州城市学院文学院
成　　就：论文《试论回族家庭伦理谚语的形成及意义》发表于《中国穆斯林》2012 年第 3 期（CSSCI）；《回族非物质文化遗产保护之迷思》发表于《回族研究》2012 年第 4 期（CSSCI）；《回族先贤传说讲述活动的表演分析——以宁夏韦州〈海太师〉传说为例》发表于《西北民族研究》2013 年第 1 期（CSSCI）。

1068 黄玉梅

性　　别：女
出生年月：1978-11-20
民　　族：汉族
政治面貌：党员
职　　称：副高
学　　历：硕士研究生
所在单位：甘肃政法学院
通讯地址：甘肃省兰州市安宁西路 6 号
成　　就：在《中国校外教育》等杂志发表学术论文 20 余篇；在武汉大学出版社等出版社出版著作 3 部；曾承担校科研青年项目六项；教改项目 2 项；兰州市社科项目 1 项；甘肃省"十二五"教育规划项目 1 项；参与甘肃省"十二五"教育规划项目 1 项；参与甘肃省高等学校科研项目 1 项；曾获"三育人"先进个人等多种荣誉称号。
简　　介：主要从事大学英语教学和研究工作。毕业于西北师范大学外国语学院。

1069 马建兵

性　　别：男
出生年月：1979-10-09
民　　族：汉族
政治面貌：党员
职　　称：副高
学　　历：博士研究生
所在单位：甘肃政法学院
通讯地址：甘肃省兰州市安宁西路 6 号
成　　就：曾在《法学》《甘肃社会科学》《甘肃政法学院学报》《国家检察官学院学报》《民商法评论》《中国商法年刊》《理论月刊》等期刊发表学术论文 10 余篇，主编、参编法学教材、教辅资料、论文集等共 4 部，出版专著 1 部。参与国家社科基金项目《我国商事法律体系的构建与完善——兼论〈商事通则〉的制定》的科研工作，主持国家社科基金项目《西部农村土地信托法律问题研究》（11XFX009）；主持其他省、厅（市）、校级科研项目 4 项。
简　　介：法学博士，副教授，硕士研究生导师，兼职律师，美国华盛顿大学（University of Washington）法学院访问学者（2013 年 9 月—2014 年 8 月）。主要研究领域为商法基础理论、公司企业法、金融法、农村发展法律问题。

1070 禄永鹏

性　　别：男

出生年月：1970-11-16
民　　族：汉族
政治面貌：党员
职　　称：副高
学　　历：硕士研究生
所在单位：甘肃政法学院
通讯地址：甘肃省兰州市安宁西路6号
成　　就：教学严谨，风趣生动，曾获得甘肃政法学院2012年度优秀教学奖一等奖，近年来，曾主编教材2部，参编专著3部，发表论文十余篇。
简　　介：兰州大学文学硕士，主要从事中国古代文学、现当代文学、民俗文化以及实用文体写作的教学和科研工作。

1071 李晓梅

性　　别：女
出生年月：1976-09-17
民　　族：汉族
政治面貌：党员
职　　称：副高
学　　历：硕士研究生
所在单位：兰州城市学院
通讯地址：甘肃省兰州市安宁区街坊11号兰州城市学院文学院
成　　就：参与各级各类课题9项，在各级各类学术期刊上发表学术论文15篇，获得各级各类奖项17项。
简　　介：副教授。主要研究方向：戏剧戏曲，开设《中国古代文学Ⅳ（明清近代文学）》《优雅精讲》《应用文写作》《职场实用写作》《大学语文》等课程，受到学生好评。

1072 卢永红

性　　别：男
出生年月：1966-02-28
民　　族：汉族
政治面貌：党员
职　　称：副高
学　　历：大学本科
所在单位：甘肃政法学院
通讯地址：甘肃省兰州市安宁西路6号
成　　就：主持、参加了4项省级和校级科研项目，发表了《从契约自由视角审视辩诉交易》等25篇学术论文以及《程序法论》等4部专著、教材。先后获得了甘肃政法学院教学改革一等奖、甘肃省社科类最高奖"兴陇奖"三等奖等14个奖项。
简　　介：1989年毕业于西北政法学院。任甘肃省法学会会员、甘肃省地方立法论证委员会理事、甘肃省公安厅聘任教师。2001年取得副教授资格，2004年被甘肃政法学院聘为教授、诉讼法学学科带头人。

1073 张举国

性　　别：男
出生年月：1977-11-24
民　　族：汉族
政治面貌：党员
职　　称：副高
学　　历：硕士研究生
所在单位：甘肃政法学院
通讯地址：甘肃省兰州市安宁西路6号
成　　就：在《求索》《社会科学家》《商业时代》等杂志发表了14篇论文；主编、参编教材专著4部；主持甘肃省教育规划课题1项。
简　　介：公共管理学院副院长。毕业于中国人民大学社会保障专业，获管理学硕士学位。主要讲授社会保障学、劳动与社会保障法和矫正社会工作等课程，从事社会保障和劳动与社会保障法的教学与研究工作。

1074 郜占川

性　　别：男
出生年月：1980-11-15
民　　族：汉族
政治面貌：党员
职　　称：副高
学　　历：博士研究生
所在单位：甘肃政法学院
通讯地址：甘肃省兰州市安宁西路6号
成　　就：主要从事刑事诉讼法学、证据法学研究。近年来围绕民意与刑事司法的关系开展了较系统的研究，研究成果在相关领域有一定影响。在《法学杂志》《检察日报》《甘肃社会科学》《贵州社会科学》等核心刊物发表论文20余篇，曾获甘肃省社科成果二等奖，甘肃省教学成果一、二等奖，并在指导本科生社会实践、学术作品竞赛中多次获省级奖励。
简　　介：甘肃政法学院副教授，四川大学诉讼法学（证据法方向）博士研究生。

1075 曹国宁

性　　别：女
出生年月：1974-01-29
民　　族：汉族
政治面貌：党员
职　　称：副高
学　　历：硕士研究生
所在单位：兰州城市学院城市经济与旅游文化学院
通讯地址：安宁区街坊路11号
成　　就：主持项目《中国古代的和亲研究》（省教育厅 2005.05—2008.07）；《甘肃城市近代化研究》（甘肃省城市发展研究院 2012—至今）；参与项目《兰州地区非物质遗产文化研究》（兰州市科技局 2009.12—2011.11）。论文《中国古代和亲的历史作用略论》（《甘肃高师学报学报》2005年第1期）；《解读和亲的政治智慧》（《甘肃高师学报》2008年第4期）；《试论满蒙联姻的特点及历史作用》（《陇东学院学报》2012年第2期）等。参编教材《中国近代史》（武汉大学出版社2011年12月）。
简　　介：现为城市经济与旅游文化学院副教授。主要讲授中国近现代史纲要、民族理论与民族政策等课程。主要研究方向为中国近现代史、西北少数民族史、民族理论与民族政策等，特别在中国近现代史、中国古代和亲史等研究领域取得了比较重要的学术成果。

1076 黄荣昌

性　　别：男
出生年月：1963-12-07
民　　族：汉族
政治面貌：党员
职　　称：副高
学　　历：硕士研究生
所在单位：甘肃政法学院
通讯地址：甘肃省兰州市安宁西路6号
成　　就：主讲《刑事诉讼法》《证据法》《刑事辩护》等课程。发表学术论文三十余篇，主编教材（专著）四部。
简　　介：1986年7月毕业于中国人民大学法律系，法学硕士学位。现任法学院刑事诉讼法教研室副教授，法律诊所项目负责人。兼任兰州市人民检察院咨询专家咨询委员会委员、兰州仲裁委员会委员。

1077 张永来

性　　别：男
出生年月：1970-11-09
民　　族：汉族
政治面貌：党员

职　　称：副高
学　　历：硕士研究生
所在单位：甘肃政法学院
通讯地址：甘肃省兰州市安宁西路 6 号
成　　就：主要从事经济法的教学与科研工作。

1078　罗桂保

性　　别：男
出生年月：1967-01-29
民　　族：汉族
政治面貌：党员
职　　称：副高
学　　历：硕士研究生
所在单位：兰州城市学院
通讯地址：兰州市安宁东路 180 号
成　　就：主要从事英美文学的教学与研究，侧重后现代主义文学理论与当代英美小说的研究。近年来，先后发表科研论文 10 余篇，主编教材 3 部，主持完成省、厅级科研项目 6 项。曾获社科研究成果校级一等奖、教学成果校级一等奖、教育实习优秀指导教师等多项校级奖励。指导 1 名学生获"外研社杯"全国英语演讲大赛三等奖。主讲的《美国文学》被评为校级精品课程。
简　　介：兰州城市学院外国语学院院长，副教授，英语语言文学专业硕士研究生学历，曾就读于兰州师专、西北师范大学等学校。2006 年 8 月至 2007 年 8 月在英国牛津大学做访问学者 1 年，从事英美后现代文学的学习与研究。现担任的社会兼职有：甘肃省高等学校大学英语课程教学指导委员会委员、甘肃省教育学会中小学外语教学专业委员会理事、甘肃省外国文学学会理事、甘肃省外语教学与研究学会理事、甘肃省翻译协会理事、甘肃省英语写作理事会理事。

1079　王晓红

性　　别：女
出生年月：1972-10-21
民　　族：汉族
政治面貌：党员
职　　称：副高
学　　历：硕士研究生
所在单位：甘肃政法学院
通讯地址：甘肃省兰州市安宁西路 6 号
成　　就：多年来一直从事商务英语、外贸英语、外贸英语函电与应用文写作、英美概况、高级英语视听说、综合英语等专业必修课和选修课的教学。近 3 年主持厅级科研项目和校级科研、教改项目 4 项，参与省级社科项目和教育厅教改项目 2 项。近 5 年发表论文 8 篇，主编和参编论著教材两部。2010 年获校级中青年优秀教师、2011 年校优秀班主任称号，2011 年获校级教学成果奖二等奖和校级教学竞赛三等奖，2013 年所辅导的学生获外研社杯英语演讲比赛甘肃省三等奖。
简　　介：西北师范大学英语教学论专业毕业，硕士研究生。研究方向为商务英语、商务文化及专门用途英语（ESP）研究。

1080　曹爱军

性　　别：男
出生年月：1977-12-20
民　　族：汉族
政治面貌：党员
职　　称：副高
学　　历：硕士研究生
所在单位：甘肃政法学院
通讯地址：甘肃省兰州市安宁西路 6 号
成　　就：公开发表学术论文 20 余篇；出版著作或教材 3 部；主持和参与科研项目 8 项，其中国家级 2 项；获甘肃省高校社会科学成果二等奖 2 次，三等奖 1 次。

简　　介：南开大学在读博士，企业管理专业硕士生导师。主要从事工商管理专业的教学与研究，研究方向为企业战略管理。

1081 米江霞

性　　别：女
出生年月：1968-08-21
民　　族：汉族
政治面貌：党员
职　　称：副高
学　　历：硕士研究生
所在单位：兰州城市学院
通讯地址：甘肃省兰州市安宁区街坊路11号
成　　就：2011—2012年清华大学马克思主义学院访问学者。主编《人学视阈下的现代思想政治教育研究》，参编《西北少数民族女性/性别研究》《科学发展观视野下的高校学生工作研究》《2011年卷：形势与政策》。在各类期刊发表学术论文20余篇。主持甘肃省社会科学"十二五"规划项目1项，参与各级课题5项。先后获兰州城市学院优秀实习指导教师，甘肃省大学生课外学术活动优秀指导教师，甘肃省高校思想政治课培训优秀学员，甘肃省大学生思想政治工作优秀论文二等奖，甘肃省教育学会征集论文二等奖。
简　　介：兰州城市学院社会管理学院副教授，清华大学马克思主义学院访问学者。主要从事哲学、伦理学和马克思主义思想政治教育研究。

1082 孙占宇

性　　别：男
出生年月：1971-07-05
民　　族：汉族
政治面貌：群众
职　　称：副高
学　　历：博士研究生
所在单位：兰州城市学院文学院
通讯地址：兰州市安宁区街坊路11号，兰州城市学院简牍研究所
成　　就：在《考古》等刊物发表论文20多篇，出版《天水放马滩秦简集释》（甘肃文化出版社2013年）等学术专著。2012年获甘肃省教育厅社科成果奖二等奖。

1083 雒季

性　　别：男
出生年月：1970-09-19
民　　族：汉族
政治面貌：党员
职　　称：副高
学　　历：博士研究生
所在单位：兰州城市学院
通讯地址：兰州城市学院社会管理学院
成　　就：主要从事于马克思主义原理、高校思想政治教育研究，先后承担《思想道德修养与法律基础》《马克思主义经典著作选读》等课程的教学工作，在《甘肃社会科学》等刊物上发表论文10余篇，参编教材一部、著作一部，获甘肃省高校社科成果奖两项，甘肃省第十三次哲学社会科学优秀成果奖1项。2006获年兰州城市学院第一届中青年教学科研双骨干奖；2009年获第七届"挑战杯"甘肃省大学生课外学术科技作品竞赛二等奖优秀指导教师；2010年获甘肃省思想政治理论课"精彩一课"奖；获甘肃省高校社科成果三等奖两项，2014年获第十四届全国多媒体课件大赛高教文科组二等奖；主持的《思想道德修养与法律基础》课程获甘肃省高校思想政治理论课精品课。
简　　介：1993年6月毕业于西北师范大学政治系，兰州城市学院思政课教学部副教授，

西北师范大学马克思主义学院思想政治教育专业在读博士。

1084 彭青

性　　别：女
出生年月：1965-12-22
民　　族：汉族
政治面貌：党员
职　　称：副高
学　　历：硕士研究生
所在单位：兰州交通大学
通讯地址：兰州交通大学文学与国际汉学院
成　　就：主要从事写作学、当代文学的研究。专著《新世纪文学视野中的三农》，获甘肃省第十三届哲学社会科学成果三等奖。主持并完成教育部人文社会科学项目1项。在《当代文坛》《文艺理论与批评》《当代戏剧》《扬子江评论》《写作》《芳草》《甘肃日报》等杂志发表《论新世纪底层文学的暴力叙事》《论底层文学的现实主义创作风格及人民性》《〈麦积悲歌〉中的人物与主题》《雅与俗的和谐统一》《新世纪报告文学对西部农民生存现状的"事实演绎"》《底层叙事的病症》《甘肃都市题材长篇小说创作的现状及思考》论文30余篇。
简　　介：兰州交通大学文学院副教授。中国写作协会会员、甘肃省文艺评论家协会会员。主要从事写作学、当代文学的研究。

1085 马亚伟

性　　别：男
出生年月：1978-02-08
民　　族：汉族
政治面貌：党员
职　　称：副高
学　　历：硕士研究生
所在单位：甘肃政法学院
通讯地址：甘肃省兰州市安宁西路6号
成　　就：现在大学英语教研室，承担大学英语授课任务。
简　　介：2002年本科毕业于甘肃工业大学外国语学院，获英语语言文学学士学位；2008年毕业于西北师范大学外国语学院，获英语教学法硕士学位。

1086 俞金香

性　　别：女
出生年月：1974-03-27
民　　族：汉族
政治面貌：党员
职　　称：副高
学　　历：博士研究生
所在单位：甘肃政法学院
通讯地址：甘肃省兰州市安宁西路6号
成　　就：主要从事经济法学、知识产权法教学、理论研究及实务工作，主持了国家社科基金、教育部项目、甘肃省哲学社会科学规划项目等研究课题。出版学术专著3部（合著），参编教材3部，在《人大复印》《西北师范大学学报》等学术期刊上发表科研论文20多篇。研究成果获得省级、厅级、校级奖励10余项。
简　　介：中国环境科学学会环境法分会理事，甘肃政法学院经济法学学术骨干。英国胡佛汉顿大学访问学者。主要从事经济法学、知识产权法教学、理论研究及实务工作。

1087 安杰

性　　别：女
出生年月：1970-06-06
民　　族：汉族
政治面貌：群众
职　　称：副高
学　　历：硕士研究生

所在单位：甘肃政法学院
通讯地址：甘肃省兰州市安宁西路6号
成　　就：本人自进院以来，一直担任大学英语的教学工作。累计带班70多个，教授学生人数5000余人；指导学生学年论文22篇，毕业论文38篇。前后共使用过版本与风格完全不同的三种教材：《大学英语》《新编大学英语》和《新视野大学英语》。共独立发表论文10余篇，其中1篇为国家级论文。参与出版著作1部。参与校级重点项目2项，均已结项。获各种校级奖励10余次。
简　　介：1992年7月毕业于北京林业大学外语系，获文学学士学位；2000年调入甘肃政法学院人文学院工作至今；2006年9月进入西北师范大学教育学院课程与教学论专业学习，顺利获得硕士学位；2009年取得副教授任职资格，同年被聘任为副教授。

1088 阮兴

性　　别：男
出生年月：1973-06-08
民　　族：汉族
政治面貌：群众
职　　称：副高
学　　历：博士研究生
所在单位：甘肃政法学院
通讯地址：甘肃省兰州市安宁西路6号
成　　就：主要从事中国法制史、中国近现代学术史的教学和科研工作。
简　　介：副教授，博士。

1089 李积霞

性　　别：女
出生年月：1971-03-28
民　　族：藏族
政治面貌：群众
职　　称：副高

学　　历：硕士研究生
所在单位：甘肃政法学院
通讯地址：甘肃省兰州市安宁西路6号
成　　就：主要从事行政法与行政诉讼法学教学和科研工作。

1090 张瑞萍

性　　别：女
出生年月：1979-10-13
民　　族：汉族
政治面貌：党员
职　　称：副高
学　　历：博士研究生
所在单位：甘肃政法学院
通讯地址：甘肃省兰州市安宁西路6号
成　　就：主持国家社会科学基金项目《西部地区经济发展与环境法治建设协调机制研究》（12CFX002）1项、省高校基本科研业务费项目1项、省高等学校科研项目1项、兰州市社科规划项目1项、校级科研项目5项。参与教育部人文社会科学研究项目2项、省哲社项目2项。在《兰州大学学报》《甘肃社会科学》《法学杂志》《甘肃政法学院学报》《经济问题探索》《中国青年研究》等核心期刊发表学术论文20余篇，参编法学著作、教材、教辅资料5部，已完成省级、市级研究报告4项。
简　　介：硕士研究生导师。主要从事经济法学、环境与资源保护法学、环境经济学的教学与研究工作。

1091 刘选

性　　别：男
出生年月：1965-04-01
民　　族：汉族
政治面貌：党员
职　　称：副高

学　　历：大学本科
所在单位：兰州财经大学
通讯地址：兰州财经大学
成　　就：论文《魏晋薄葬成因的考察》发表于《甘肃社会科学》1994年第1期，《探究全面建设现代小康社会面临的困难与出路》发表于《西部经济论坛》2004年第4期，《社会信用危机的理论考察》发表于《中外企业家》2008年第3期，《试论我国中小型中药制药企业的竞争战略选择》发表于《发展》2008年第5期，《社会信用体系建设的对策与建议》发表于《中外企业家》2008年第4期，《转变人口增长模式增强可持续发展能力》发表于《发展》2008年第6期，《基于服务科学学科的服务概念界定》发表于《甘肃科技》2008年第12期。

1092 吴婉霞

性　　别：女
出生年月：1972-11-05
民　　族：回族
政治面貌：党员
职　　称：副高
学　　历：硕士研究生
所在单位：甘肃政法学院
通讯地址：甘肃省兰州市安宁西路6号
成　　就：工作期间主讲过法律逻辑学、大学语文、应用写作、中国文学史等多门课程，多次获学校教学优秀奖和"三育人"先进个人。现主要从事中国古代文学的教学和研究工作，先后在《甘肃社会科学》《西北民族大学学报》《兰州交通大学学报》等国内学术刊物上发表论文近30篇，出版专著1部，主持或参与省级和校级课题8项，3次获学校优秀科研成果奖。
简　　介：现为甘肃政法学院人文学院副教授，文学教研室主任。中国古代文学学会理事、中国逻辑学会会员。

1093 崇兴甲

性　　别：男
出生年月：1976-02-10
民　　族：汉族
政治面貌：群众
职　　称：副高
学　　历：硕士研究生
所在单位：兰州城市学院
通讯地址：甘肃省兰州市安宁区街坊路11号
成　　就：发表省级论文8篇，参与省级项目5项，校级项目2项，主持校级教学研究项目1项，主持校级网络课程1项，合作出版专著1部，参编字数10万字。共获各种奖项8项，先后2次被评为兰州城市学院优秀毕业论文指导教师，1次评为优秀实习指导教师。
简　　介：2007年毕业于西北师范大学外国语学院，获硕士学位，现在兰州城市学院培黎国际学院任教。

1094 王月

性　　别：女
出生年月：1976-04-14
民　　族：汉族
政治面貌：党员
职　　称：副高
学　　历：硕士研究生
所在单位：甘肃政法学院
通讯地址：甘肃省兰州市安宁西路6号
成　　就：主要讲授商法学、公司法学、证券法学，是我校"法律诊所"主讲教师，著有专著《冲突与衡平——契约视角下股东不公平损害问题研究》一书，参编教材4部，发表论文20余篇。主持省教育规划课题1项。

获得甘肃省首届青年教师教学竞赛优秀奖，获得校级奖励多项。

简　　介：2003年进入甘肃政法学院商法教研室从事教学工作。

1095 白晓霞

性　　别：女

出生年月：1974-03-13

民　　族：藏族

政治面貌：党员

职　　称：副高

学　　历：博士研究生

所在单位：兰州城市学院文学院

通讯地址：兰州市安宁区街坊路11号兰州城市学院文学院

成　　就：科研方向为中国现当代文学、民俗学。在《文艺理论与批评》《当代文坛》《民族文学研究》《小说评论》《青海社会科学》《西北民族大学学报》《西藏文学》等刊物发表学术论文60余篇，其中CSSCI论文10余篇，被人大复印资料《现代、当代文学研究》全文转载1篇，摘编论点1篇。主持或参加国家级、省部级、地厅级项目多项。另有30余篇散文发表于《西藏文学》《甘肃日报》《丝绸之路》《兰州日报》等报刊杂志。学术兼职：陕西省关陇方言与民俗研究中心兼职研究员、兰州城市学院城市社会心理研究中心研究员、甘肃省文艺评论家协会理事、甘肃省民间文艺家协会理事、甘肃省民俗学会理事。获得过甘肃省高校社科成果奖、甘肃省少数民族文学奖、甘肃省黄河文学奖、甘肃民间文艺百合花奖-首届学术理论奖、《甘肃文艺》新锐论文奖、"纪念改革开放30年《我爱兰州》有奖征文"大赛奖等奖励、"挑战杯"甘肃省大学生课外学术科技作品竞赛优秀指导教师（七八九三届）、兰州城市学院学生"我最喜爱的老师"、兰州城市学院优秀教工党员、兰州城市学院文明职工等多项奖励。

1096 白奉源

性　　别：男

出生年月：1963-08-16

民　　族：汉族

政治面貌：党员

职　　称：副高

学　　历：大学本科

所在单位：兰州城市学院传媒学院党总支

通讯地址：兰州市安宁区街坊路11号

成　　就：曾发表论文10余篇，参编著作3部。获学校优秀思想政治工作者、优秀党务工作者6次，优秀共产党员2次，先进统战工作者1次，就业工作先进个人1次。1篇论文获甘肃省创先争优优秀论文。

1097 李蕾

性　　别：女

出生年月：1971-02-13

民　　族：汉族

政治面貌：党员

职　　称：副高

学　　历：硕士研究生

所在单位：甘肃政法学院经济管理学院

通讯地址：甘肃省兰州市安宁西路6号

成　　就：先后出版《企业文化设计与建设》《营销策划与创新》《绿色营销概论》等专著与教材3本；在省级、国家级刊物上发表经济类、管理类文章10余篇。

简　　介：兰州大学工商管理硕士，市场营销及营销管理研究方向。兼任甘肃省市场营销协会会员。从事市场营销、营销策划、广告学等课程的教学10多年。

1098 何文杰

性　　别：男

出生年月：1973-02-08

民　　族：汉族

政治面貌：群众

职　　称：副高

学　　历：硕士研究生

所在单位：甘肃政法学院

通讯地址：甘肃省兰州市安宁西路6号

成　　就：曾获甘肃省社会科学优秀成果三等奖3次、中国社会法学研究会2012年年会青年优秀论文三等奖、2006年度甘肃省高校社科成果一等奖奖励。在《兰州大学学报》《法学杂志》等期刊上发表论文20多篇，有些文章被人大报刊复印资料全文转载。主持教育部人文社科规划项目、甘肃财政厅项目、甘肃省教育厅科研项目各1项。

简　　介：甘肃政法学院经济法专业硕士研究生导师，甘肃合睿律师事务所兼职律师，并任兰州仲裁委员会仲裁员。长期从事劳动与社会保障法学、经济法学、法律诊所的教学科研工作。2008—2009年，在中国人大学法学院以访问学者的身份进行了访学交流。

1099 宋运娜

性　　别：女

出生年月：1964-12-05

民　　族：汉族

政治面貌：群众

职　　称：副高

学　　历：大学本科

所在单位：兰州城市学院

通讯地址：兰州市安宁区街坊路11号兰州城市学院文学院

成　　就：论文《由〈荡寇志〉反观小说的社会功用》在《甘肃高师学报》2010年6期发表收入中国近代文学学会第十四届年会论文集。《试评林则徐描写甘肃丝绸之路的诗作》在《丝绸之路》2009年第12期发表收入第十六届中国近代文学年会论文集。《由〈金瓶梅〉主要人物的结局领略四贪词之寓意》在《中国古代小说戏剧丛刊》第七辑发表。《由脂评解读林黛玉多心、小性儿的实质》在《甘肃高师学报》2012年1期发表。《由〈金瓶梅〉中寡妇再嫁领略晚明女性文化的民俗特点》在《丝绸之路》2012年12期发表。《由〈金瓶梅〉领略晚明女性生育民俗》在《甘肃高师学报》2013年4期发表。《敦煌"变文"与凉州宝卷探微》在《丝绸之路》2014年6期发表。参与课题：2011年兰州城市学院博士科研启动基金项目《甘肃民间小戏祭祀仪式研究》。2011年教育厅硕导项目《放马滩秦简〈日书〉简册复原》。获得奖励：2008、2009年校级教育实习优秀指导教师。2013年《中国古代文学Ⅳ》课件获课件大赛三等奖。2013年《美学》课件"第十三届全国多媒体课件大赛"中获高教文科组优秀奖。2014年《中国近代文学》课件获课件大赛二等奖。

简　　介：1986年毕业于西北师范大学中文系，文学学士。现任兰州城市学院文学院副教授，汉语言文学系专任教师，从事中国古代文学、中国近代文学教学及研究工作。研究方向：中国古代、近代小说、戏剧研究。兼任中国近代文学学会会员、甘肃省古代文学学会理事，甘肃省唐代文学研究会会员、中国古代小说戏剧研究所成员。

1100 马忠丽

性　　别：女

出生年月：1972-12-03

民　　族：汉族

政治面貌：党员

职　　称：副高

学　　历：硕士研究生

所在单位：兰州城市学院教育学院

通讯地址：安宁区街坊路11号

成　　就：曾被教育部授予"全国高校优秀辅导员""全国优秀教师"。荣获团省委"优秀共青团干部"等荣誉称号。积极参与甘肃省教育厅的课题和本学科的调查与研究，先后对"兰州市中小学校心理健康教育实施状况"进行了调查研究，获得了兰州城市学院社科成果奖。在"首届甘肃省大学生计算机应用能力竞赛"和第六、七届"挑战杯"甘肃省大学生课外学术科技作品竞赛活动中，本人所指导的学生获得了三等奖，本人被评为优秀指导教师。先后发表了《影响教学改革的因素及对策思考》《对高师公共教育学教材建设的几点意见》《城市老年人的心理健康问题及对策思考》《大众化时代影响大专生就业的因素及对策思考》等论文。

简　　介：研究方向为课程与教学论，现在兰州城市学院教育学院工作。

1101　牛君

性　　别：男

出生年月：1971-08-28

民　　族：汉族

政治面貌：党员

职　　称：副高

学　　历：博士研究生

所在单位：甘肃政法学院经济管理学院

通讯地址：甘肃省兰州市安宁西路6号

成　　就：近年来，先后参与和主持完成国家、省、厅级和校级科研项目多项。出版专著1部，参编教材1部。先后在《International Journal of Business and Social Science》、《科技进步与对策》《商业时代》、《International Journal of Networking and Virtual Organizations》、《对外经贸实务》《国际贸易问题》等国内外期刊上公开发表学术论文10余篇。

简　　介：经济学博士，技术经济及管理专业硕士生研究生导师，现任甘肃政法学院科研处副处长。主要从事技术经济、国际经济、区域经济等领域的教学与研究工作。

1102　李强

性　　别：男

出生年月：1970-04-27

民　　族：汉族

政治面貌：党员

职　　称：副高

学　　历：大学本科

所在单位：兰州城市学院

通讯地址：兰州市安宁区兰州城市学院外国语学院办公室

成　　就：先后参编《中小学信息技术教程》两部，在《甘肃高师学报》《甘肃科技》《科技纵横》等杂志发表论文5篇。

1103　李莹华

性　　别：女

出生年月：1972-12-01

民　　族：汉族

政治面貌：群众

职　　称：副高

学　　历：硕士研究生

所在单位：兰州城市学院

通讯地址：兰州市安宁区街坊路11号兰州城市学院

成　　就：近年来主持参与科研项目6项，其中主持完成省、市级科研项目各1项，作为重要参与人参与完成省市级科研项目4项。出版学术专著1部，获得甘肃省社科成果三等奖。在各类学术刊物上发表了10余篇学术论文。获得各类奖项共7项，其中甘肃社科三等奖1项，挑战杯优秀指导老师2项，全国大学生数学建模竞赛甘肃赛区特等奖（指导老师）1项，兰州城市学院高校社科成果奖2项，优秀毕业论文指导老师1项。

简　　介：现为城市经济与旅游文化学院副教授。主讲计量经济学、财政学等课程。主要研究方向为区域经济、财政政策。

1104　李静

性　　别：女

出生年月：1973-09-08

民　　族：汉族

政治面貌：党员

职　　称：副高

学　　历：硕士研究生

所在单位：甘肃政法学院

通讯地址：甘肃省兰州市安宁西路6号

成　　就：主要从事民商法、婚姻家庭法的教学与研究。担任讲授的课程主要有《民法学》《合同法》《婚姻家庭法》《民事案例分析》等。近年来在国家级、省级刊物上发表论文20余篇；在法律出版社、中国政法大学出版社、兰州大学出版社等出版专著、教材等6部；主持和参与了多项国家级、省部级及校级课题。

简　　介：现为甘肃政法学院民商经济法学院副教授，硕士生导师。

1105　祁亚平

性　　别：男

出生年月：1973-09-12

民　　族：汉族

政治面貌：党员

职　　称：副高

学　　历：硕士研究生

所在单位：甘肃政法学院

通讯地址：甘肃省兰州市安宁西路6号

成　　就：自2003年开始发表文章，主要论文有《测谎技术鉴定的使用界限》《诉讼漫谈》《沉默权：秩序与自由的平衡——评〈沉默权研究〉》《刑事庭审中的事实认定初探》《对辩诉交易的诉讼结构分析》《论检察官自由裁量权》《试论侦查程序价值取向及沉默权制度移植》等，专著3部。

简　　介：诉讼法学硕士，现任甘肃政法学院法学院副教授，硕士生导师。长期从事刑事诉讼法学、刑事证据法学教学工作，主要研究方向为刑事审判程序以及审判理论比较研究。

1106　高晓春

性　　别：男

出生年月：1970-02-28

民　　族：汉族

政治面貌：党员

职　　称：副高

学　　历：硕士研究生

所在单位：甘肃政法学院

通讯地址：甘肃省兰州市安宁西路6号

成　　就：出版专著《债权风险的法律防范》（合著：兰州大学出版社2004年）；主编教材《民法学》（兰州大学出版社2006年）、《民事案例分析》（中国政法大学出版社2011年）；参编教材《民法学》（科学出版社2009年）、《民法学》（法律出版社2014年）。在《甘肃社会科学》《甘肃政法学院学报》等刊物发表论文10余篇。主持完成多项省级、校级科研项目。

简　　介：甘肃政法学院民商经济法学院副教授，硕士研究生导师，从事民法学、知识产权法教学和研究工作。

1107　刘晓霞

性　　别：女

出生年月：1975-02-20
民　　族：汉族
政治面貌：群众
职　　称：副高
学　　历：硕士研究生
所在单位：兰州城市学院
通讯地址：兰州市安宁区安宁东路180号
成　　就：被评为兰州师专教育实习优秀指导教师（2004年）、兰州城市学院优秀实习组织工作者（2007年）、兰州城市学院教育实习优秀指导教师（2008年）、兰州城市学院优秀论文奖（2008年）、2008"CCTV杯"全国英语演讲大赛（甘肃赛区）二等奖（指导教师）。主讲的《美国文学》被评为2008年度兰州城市学院精品课程，兰州城市学院"教学科研双骨干"（2009年—2012年），主讲的《大学英语》被评为2011年度兰州城市学院精品课程，兰州城市学院优秀实习组织工作者（2011年）、兰州城市学院本科毕业生优秀论文指导教师（2012年）。
简　　介：1996年7月至今在兰州城市学院外国语学院工作，主要担任英语专业和大学英语教学工作、英语专业教育实习指导、毕业论文指导等工作。2006年6月至今，担任外国语学院副院长，主要负责英语专业教学管理工作、外籍教师管理和学院的科研管理工作。

1108 康玲芬

性　　别：女
出生年月：1968-10-19
民　　族：汉族
政治面貌：群众
职　　称：副高
学　　历：博士研究生
所在单位：兰州城市学院
通讯地址：甘肃省兰州市街坊路11号

成　　就：先后曾主持甘肃省软科学研究计划项目《"两型社会"理论及其在兰州市的实践及对策研究》、甘肃省社科规划项目《兰州市生态城市建设模式及对策研究》、甘肃省教育厅科研项目《不同土地利用方式对城市土壤中重金属积累及其化学形态分布的影响》和《镇原县旅游景区规划》；承担《中国生态城市建设发展报告（2012）》《中国生态城市建设发展报告（2013）》和《中国生态城市建设发展报告（2014）》部分章节的撰写，并担任副主编；发表论文10余篇。目前，主要从事"环境学概论""环境影响评价"等课程的教学以及相关科研工作。
简　　介：1987年9月至1991年6月，在兰州大学化学系学习，获理学学士学位；2000年7月至2003年8月，在西北师范大学化学化工学院进行同等学力在职申请硕士学位课程学习；2003年9月至2006年12月，在中国科学院寒区旱区环境与工程研究所攻读博士学位，获自然地理学博士学位；2007年9月至2008年1月，在西安外国语大学参加出国人员外语培训；2008年10月至2009年10月，在新西兰林肯大学访问学习。1991年7月至2003年8月，在甘肃省农业科学院测试中心工作；2007年1月至今，在兰州城市学院城市经济与旅游文化学院工作。

1109 崔岘

性　　别：男
出生年月：1946-06-05
民　　族：汉族
政治面貌：党员
职　　称：副高
学　　历：大学本科
所在单位：兰州外语职业学院
通讯地址：兰州外语职业学院

成　　就：发表学术论文 30 余篇，主编、参编教材和专著 5 部。获省级科技进步奖 2 项、省级教学成果一等奖 1 项、厅级教学成果奖 2 项、省级精品课 1 门。主持和参加完成教育部教学改革研究项目 2 项，参加完成国家重大科技项目 2 项。荣誉称号：获甘肃省高等学校教书育人先进个人、甘肃省高等学校民族班工作先进个人、甘肃省优秀教师、甘肃省高等学校教学名师、甘肃省优秀党务工作者等荣誉称号。获甘肃省园丁奖和中国畜牧兽医学会荣誉奖。

简　　介：硕士研究生导师。1970 年 7 月毕业于北京农业大学，1970 年 8 月参加工作；1970.8—2007.8，在甘肃农业大学工作；2007.9—2014.12 在兰州外语职业学院工作；在甘肃农业大学工作期间，历任助教、讲师、副教授、教授，曾任系主任、学院副院长、学院党总支书记、甘农大党委委员、学校本科教学督导委员会副主任、学校研究生教学督导委员会副主任、学校评建办副主任、学校学术委员会委员、学校学位评定委员会委员。曾任甘肃省畜牧兽医学会副理事长。在兰州外语职业学院工作期间，任学院董事会董事、常务副院长。

1110 叶竹梅

性　　别：女

出生年月：1971-10-30

民　　族：汉族

政治面貌：群众

职　　称：副高

学　　历：硕士研究生

所在单位：甘肃政法学院

通讯地址：甘肃省兰州市安宁西路 6 号

成　　就：主要从事国际法与国际私法的教学和科研工作。

1111 李金轲

性　　别：女

出生年月：1977-02-12

民　　族：汉族

政治面貌：群众

职　　称：副高

学　　历：博士研究生

所在单位：甘肃政法学院

通讯地址：甘肃省兰州市安宁西路 6 号

成　　就：主要从事中国边疆与周边民族问题研究。主持国家社科基金课题 1 项，主持完成教育部人文社会科学基金项目 1 项。在《中国边疆史地研究》《世界民族》《国际论坛》《南亚研究季刊》《新疆大学学报》《西藏研究》等刊物发表论文 10 余篇，其中《土尔扈特蒙古西迁后的经济状况及其对东归的影响》一文被《光明日报》之《新论集萃》栏目选介。获第十三次甘肃省哲学社会科学优秀成果奖三等奖。

简　　介：毕业于兰州大学，主要从事中国边疆与周边民族问题研究。

1112 张晓兰

性　　别：女

出生年月：1979-04-22

民　　族：汉族

政治面貌：群众

职　　称：副高

学　　历：博士研究生

所在单位：兰州交通大学

通讯地址：兰州交通大学文学与国际汉学院

成　　就：出版专著《清代经学与戏曲》（独著），上海古籍出版社；《中国古代戏曲论稿》（第一作者），中国社会科学出版社；《曲学初步》（合著），中国社会科学出版社；参编《中国戏曲理论批评简史》，中国社会科学出版社；《大学语文》（副主编），北京大学出版社。发表《刘师培戏曲观研究》《宋转踏与缠达关系考》等论文三十余篇；主持完成"清代经学与戏曲"国家社科规划项目1项；论文《论清代戏曲创作的三种模式：曲人之曲、才人之曲与学人之曲》获甘肃省哲学社会科学优秀成果三等奖。

简　　介：兰州交通大学文学与国际汉学院副教授。南京大学文学博士。2012至2013年赴美国哈佛大学东亚系访学。主要研究元明清文学和中国古典戏曲。

1113 朱玲

性　　别：女

出生年月：1974-07-15

民　　族：汉族

政治面貌：党员

职　　称：副高

学　　历：硕士研究生

所在单位：兰州城市学院

通讯地址：兰州城市学院 社会管理学院（校本部）

成　　就：全国第一届青年马克思主义培养工程学者；2014年陇原师德先进个人；兰州城市学院教学科研骨干；2012年甘肃省社科成果3等奖获得者。论文《对可持续发展的伦理思考》发表于《兰州大学学报》2000.3。论文《城市文化建设核心价值问题研究——"以人为本"价值观的确立》发表于《甘肃社会科学》2008.11。论文《论过度消费》发表于《天水师院学报》2006.8。论文《论思想政治理论课"言说模式"的转变》发表于《甘肃高师学报》2011.6。论文《社会主义和价值观逻辑体系》发表于《甘肃高师学报》2012.6。论文《论作为"中国梦"价值顶层的马克思主义信仰》发表于《甘肃社会科学》2014.4。教育部项目西部少数民族地区青年学生马克思主义信仰研究，教育部人文社科马克思主义专项（批准号：12JD710107）。省社科规划项目：雷锋精神和社会主义核心价值研究12113ML。团中央"青年马克思主义培养工程"重点项目：马克思主义信仰传播路径研究2013TZYQM020）。兰州城市学院优秀课堂奖获得者。

简　　介：兰州城市学院副教授，北京大学马克思主义理论与思想政治教育硕士，研究方向为马克思主义哲学伦理学、社会工作伦理。讲授课程有《伦理学》《中国社会思想史》《中国哲学》等。

1114 张平

性　　别：女

出生年月：1968-01-08

民　　族：汉族

政治面貌：群众

职　　称：副高

学　　历：硕士研究生

所在单位：甘肃政法学院

通讯地址：甘肃省兰州市安宁西路6号

成　　就：在《甘肃社会科学》《青海社会科学》《科技管理研究》等期刊发表论文14篇；参与国家社科基金项目1项，出版教材1部。

简　　介：兰州大学区域经济学专业，获经济学博士学位。主要讲授人事行为与社会环境、社会工作政策与法规、微观经济学、宏观经济学等课程，从事区域经济与社会发展的教学与研究工作。

1115 赵海燕

性　　别：女

出生年月：1968-01-29

民　　族：汉族

政治面貌：党员

职　　称：副高
学　　历：硕士研究生
所在单位：甘肃政法学院
通讯地址：甘肃省兰州市安宁西路 6 号
成　　就：在《电化教育研究》《兰州大学学报》《西北师范大学学报》等国家权威、核心及省级刊物上发表论文 25 篇，涉及环境法、金融法、税法等内容。完成两部著作《知识产权法》（北京大学出版社，合著）、《税法论》（兰州大学出版社，合著）。主编教材 1 部《银行法教程》，参编《经济法》《当代世界经济》教材各 1 部。主持甘肃省社科规划项目 1 项（《甘肃发展农业循环经济立法的研究》）。参与国家社科项目和甘肃省教育厅项目各 1 项。主持甘肃政法学院重点科研和教改项目共 4 项。其中《高校多媒体法学课堂教学改革的理论与实践》《实践性法学教学训练与考试方法改革研究》获得 2004 年、2013 年甘肃省教学成果三等奖。
简　　介：现为甘肃政法学院副教授。长期从事经济法、知识产权法的教学和研究工作。

1116 岳鹏

性　　别：女
出生年月：1979-07-16
民　　族：汉族
政治面貌：群众
职　　称：副高
学　　历：硕士研究生
所在单位：甘肃政法学院
通讯地址：甘肃省兰州市安宁西路 6 号
成　　就：发表学术论文 21 篇，其中国家级核心 CSSCI 论文 1 篇，专著 1 部，参编教材 1 部；主持完成校级青年科研项目 3 项；参加省级教改项目 1 项；先后获得省级教学优秀奖励 1 项；校级教学优秀奖励 5 项；发表优秀论文 4 篇。

简　　介：毕业于西北师范大学外国语学院英语语言文学专业；2005 年，在复旦大学外国语学院翻译学专业进修。

1117 刘琳

性　　别：女
出生年月：1972-08-12
民　　族：汉族
政治面貌：党员
职　　称：副高
学　　历：硕士研究生
所在单位：甘肃政法学院
通讯地址：甘肃省兰州市安宁西路 6 号
成　　就：主要从事民事诉讼法学、证据法学的教学与研究工作。

1118 刘晓林

性　　别：男
出生年月：1981-12-21
民　　族：汉族
政治面貌：党员
职　　称：副高
学　　历：博士研究生
所在单位：甘肃政法学院
通讯地址：甘肃省兰州市安宁西路 6 号
成　　就：吉林大学古籍研究所博士后研究人员。副教授、硕士研究生导师。
简　　介：法学学士（天津商学院，2005）、法学硕士、法学博士（吉林大学法律史 2008.法学理论 2011）。

1119 张彩霞

性　　别：女
出生年月：1968-01-24
民　　族：汉族
政治面貌：党员
职　　称：副高

学　　历：硕士研究生
所在单位：甘肃政法学院
通讯地址：甘肃省兰州市安宁西路6号
成　　就：1991年9月—2008年8月在甘肃省定西师专任教，曾发表《Gardner的二语学习动机理论及其对我国外语教学的启示》等10余篇文章，主编和参编"魔法英语系列丛书"《初中英语语法》《高中英语阅读》等3本教辅刊物，参编北京出版社《大学英语听力教程》（预备级）。2013年11月，申请甘肃省人力资源与社会保障厅"留学人员科技项目"，已被批准立项。
简　　介：甘肃政法学院人文学院副教授。2006年毕业于西北师范大学外国语学院，取得教育硕士学位；2003年—2008年担任定西师专英语系系主任；2004年6月—2005年7月，去澳大利亚维多利亚大学做访问学者；2008年9月，调入甘肃政法学院人文学院任教至今。

1120 包建强

性　　别：男
出生年月：1972-04-21
民　　族：汉族
政治面貌：群众
职　　称：副高
学　　历：博士研究生
所在单位：兰州城市学院
通讯地址：兰州市安宁区街坊路11号
成　　就：曾获南京大学"黄侃奖学金"、兰州城市学院"优秀实习指导教师"、兰州城市学院"毕业论文优秀指导教师"。所讲《中国古代文学》2012年被评为校级精品课程。主要担任元明清文学、近代文学、明清戏曲研究、古代戏曲小说研究等课程的教学。先后发表《陈继儒六言绝句初探》《宋诗不歌》《中国传统戏曲对话剧舞台艺术的影响》《〈元刊杂剧三十种〉的版本及其校勘》《明清传奇中古代中医的文化转向》《白马藏族"池哥昼"中"知玛"的丑角表演及文化渊源》等10多篇论文，参编南京大学2011年大型重点项目《现代戏剧剧目提要》，并参与"2011年陇原青年创新人才扶持计划项目""白马藏族傩舞习俗与非遗文化多样性研究"等课题的研究。
简　　介：1995年毕业于天水师专中文系，从事基础教育工作。1998年本科毕业于甘肃省教育学院，获学士学位。2005毕业于西北师范大学，获硕士学位。2010毕业于南京大学，获博士学位。自分配到兰州城市学院文学院以来，主要担任元明清文学、近代文学、明清戏曲研究、古代戏曲小说研究等课程的教学，同时兼任中国古代小说戏剧研究所的日常工作，负责《中国古代小说戏剧研究丛刊》的编辑工作。

1121 任丽花

性　　别：女
出生年月：1968-07-18
民　　族：汉族
政治面貌：党员
职　　称：副高
学　　历：大学本科
所在单位：兰州城市学院
通讯地址：兰州城市学院文学院
成　　就：曾获国家级优秀普通话水平测试员、省级教学成果奖、省级优秀测试工作者、校级中青年教学科研骨干、优秀课堂教学奖及多项教学成果奖。主讲的《优雅精讲》（人文通识核心课程）被评为校级精品课程；领导的文学院公共教学部被评为校级优秀教研室。主编大学人文通识教材《优雅蓝典》1部（北京大学出版社2014年2月出版），参编教材4部（其中1部为副主编），发表论文10余篇。主持省级科研项目两项，校级科研项目两项。参与国家社科基金项目1项（2012年，第二负责人），教育部西部和边疆地区规划基金项目1项（2012年，第二负责人）。甘肃省哲学社会科学规划项目2项，甘肃省教育科学"十一五"项目1项。

1122 郑庭海

性　　别：男
出生年月：1971-11-02
民　　族：汉族
政治面貌：党员
职　　称：副高
学　　历：硕士研究生
所在单位：兰州城市学院
通讯地址：甘肃省兰州市嘉峪关西路692号
成　　就：参编教材两部，《生物学》（复旦大学出版社）、《幼儿教师礼仪基础教程》（复旦大学出版社），在《开发研究》等省级以上刊物发表论文近10篇，目前正主持甘肃省城市发展研究院科研项目1项。
简　　介：1992.09-1996.06，西北师范大学生物系学习，生物学教育专业，获理学学士学位；2001.12-2005.01，西北师范大学教育科学学院学习，教育管理方向，获教育硕士学位。1996.07-2002.06，甘肃省幼儿师范学校教师、德育处干事兼校团委书记；2002.03-2004.02，甘肃省幼儿师范学校办公室副主任兼校团委书记；2004.03-2004.06，甘肃省幼儿师范学校办公室主任兼校团委书记；2004.07-2007.09，甘肃省幼儿师范学校教务处主任兼校党总支宣传委员；2007.10-2009.11，兰州城市学院培黎工程技术学院办公室主任；2009.12-至今，兰州城市学院培黎工程技术学院党总支副书记。学术、社会兼职：甘肃省教育学会幼儿教育专业委员会会员、第五届理事会理事。

1123 杨涛

性　　别：男
出生年月：1964-10-29
民　　族：汉族
政治面貌：群众
职　　称：副高
学　　历：大学本科
所在单位：甘肃政法学院
通讯地址：甘肃省兰州市安宁西路6号
成　　就：主要从事行政法学的教学和科研工作。

1124 石莉萍

性　　别：女
出生年月：1970-06-15
民　　族：汉族
政治面貌：群众
职　　称：副高
学　　历：大学本科
所在单位：兰州城市学院
通讯地址：兰州城市学院
成　　就：承担并完成2010年度甘肃省高等学校研究生导师项目：兰州城市民俗研究；甘肃省教育科学"十二五"规划2011年度"新课改背景下民俗文化进校园研究——以兰州市为例"课题；承担并完成2011年兰州城市学院本科教育教学研究项目：新课改背景下高校历史教学加强民俗文化教育——以兰州城市学院为例。

1125 杨红

性　　别：女
出生年月：1972-07-13
民　　族：汉族
政治面貌：党员
职　　称：副高
学　　历：硕士研究生

所在单位：甘肃政法学院
通讯地址：甘肃省兰州市安宁西路 6 号
成　　就：主要从事行政法与行政诉讼法学的教学和科研工作。

1126 陆双祖

性　　别：男
出生年月：1969-09-29
民　　族：汉族
政治面貌：党员
职　　称：副高
学　　历：博士研究生
所在单位：甘肃政法学院
通讯地址：甘肃省兰州市安宁西路 6 号
成　　就：主要从事外国文学史、西方文论、比较文学等课程的教学和研究工作；学术兴趣主要集中于中西方文论和比较诗学等领域，已出版学术著作 1 部，发表学术论文 20 多篇。
简　　介：兰州大学文学院博士。现任人文学院副院长，分管教学、科研工作。

1127 齐天励

性　　别：男
出生年月：1975-03-29
民　　族：汉族
政治面貌：群众
职　　称：副高
学　　历：博士研究生
所在单位：甘肃政法学院经济管理学院
通讯地址：甘肃省兰州市安宁西路 6 号
成　　就：主要从事对外贸易的教学、科研工作，主要研究方向为工程经济学与中俄贸易研究。主持项目：甘肃省人力资源和社会保障厅留学生支持项目"甘肃省发展循环经济与公路建设投资效益研究"（2011），甘肃省住房与城乡建设厅科技项目"陇东黄土高原地区农村道路基础建设模式研究"（2013）。
简　　介：经济学博士，副教授。兼任陕西省品牌文化研究会副会长、内蒙古品牌文化商会高级顾问专家、西部智能物流与品牌孵化总部基地专家团专家、中山健康产业基地国际推广部理事等职。（1994-2004）留学俄罗斯联邦汽车公路学院，于 2010 年 9 月回国到甘肃政法学院执教。

1128 张龙

性　　别：男
出生年月：1967-11-30
民　　族：汉族
政治面貌：党员
职　　称：副高
学　　历：硕士研究生
所在单位：兰州城市学院
通讯地址：兰州市安宁区安宁东路 180 号
成　　就：在省部级刊物发表《再论爱国主义教育》《中国社会转型期城市贫困分析》《加快构建兰州都市经济圈研究报告》等论文 8 篇。曾荣获学校"先进工会工作者""优秀党员""安宁区思政工作先进个人""教育厅优秀党务工作者"等荣誉称号。先后担任《政治经济学》《经济法》《思想品德》《毛泽东思想》《邓小平理论》《法律常识》等课程的教学工作。
简　　介：管理工程硕士。1985 年 9 月—1989 年 6 月就读于兰州大学经济系经济学专业，获经济学学士学位；2008 年 9 月—2010 年 10 月就读于西安理工大学人文与管理学院，获管理工程硕士学位。1989 年 6 月—2003 年 12 月在原培黎石油学校从事管理工作并兼职教师岗位，先后任学生科、党办科员，校办副主任、主任等职务；2002 年 12 月，获得高级讲师任职资格，2006 年 12 月转评副教授任职资格；2003 年 12 月—2011 年 3 月在兰州城市学院学校办公室工作，历任办公室科级秘书、副主任等职务；2011 年 3 月调至外国语学院，担任党总支副书记，主持学院党务工作、工会工作和学生管理工作至今。

1129　张艳菊

性　　别：女
出生年月：1971-09-09
民　　族：汉族
政治面貌：群众
职　　称：副高
学　　历：硕士研究生
所在单位：甘肃政法学院经济管理学院
通讯地址：甘肃省兰州市安宁西路 6 号
成　　就：主要从事工商管理专业的教学与研究工作，在国家级、省级学术期刊上公开发表相关学术论文 20 余篇，主持和参与省、市社科及学校科研项目 7 项，出版学术专著及教材 3 部。
简　　介：企业管理专业硕士生导师。

1130　张映文

性　　别：男
出生年月：1970-08-03
民　　族：汉族
政治面貌：党员
职　　称：副高
学　　历：硕士研究生
所在单位：甘肃政法学院
通讯地址：甘肃省兰州市安宁西路 6 号
成　　就：先后在《中国青年研究》《开发研究》等学术刊物发表了《论高校共青团组织在大学生思想政治教育工作中的定位》《对高校学生德育考核制改革的理论思考》等学术论文十余篇，参与了《高校学生事务管理中的法律问题研究》《大学共青城》等 3 部专著、教材的研究与编写，参与甘肃省社科成果项目 1 一项。先后荣获"甘肃省优秀共青团干部""甘肃省百名优秀青年""甘肃省新长征突击手""全国大学生社会实践工作先进个人"等国家级、省级荣誉称号；多次荣获甘肃政法学院"优秀思想政治工作者""优秀党务工作者""迎评工作先进个人"等荣誉称号。
简　　介：1995 年 6 月毕业于甘肃政法学院。长期以来从事思想政治理论课教学工作；历任校团委副书记、书记，行政学院党总支委员会书记、思想政治理论课教学部副主任，公安分院党委书记，实验管理中心主任。

1131　赵锋

性　　别：男
出生年月：1973-03
民　　族：汉族
政治面貌：民主党派
职　　称：副高
学　　历：博士研究生
所在单位：兰州财经大学
通讯地址：兰州市和平镇微乐大道 4 号
成　　就：在《中国农村经济》《人口经济》《兰州商学院学报》等刊物发表学术论文 20 余篇，主持和参与国家自然科学基金项目、教育部人文社科重大攻关课题项目、国家社科基金项目、甘肃省社科规划项目等省部级以上课题 7 项。主持完成《中国城乡居民茶叶消费行为调查》等横向课题 10 余项。出版专著 2 部。近 3 年获奖情况：2011 年获全国 R&D 资源清查工作先进个人，2012 年获第六次全国人口普查甘肃省先进个人，2013 年获民盟甘肃省委参政议政先进个人，2013 年获兰州商学院青年教师成才奖。
简　　介：中国民主同盟盟员。兰州商学院

经济学院副院长，副教授，经济学博士，人口资源环境经济学专业硕士研究生导师。1994年大学本科毕业于中南财经大学国民经济管理学、投资经济学专业，获经济学学士学位。2004年硕士研究生毕业于西北师范大学区域经济学专业，获理学硕士学位。2009年博士研究生毕业于中南财经政法大学区域经济学专业，获经济学博士学位。主要讲授课程：人口资源环境经济学、城市经济学、中国人口经济专题、产业经济活动分析、微观经济学、宏观经济学等课程。

1132 杨滨

性　　别：男
出生年月：1978-06-12
民　　族：汉族
政治面貌：党员
职　　称：副高
学　　历：博士研究生
所在单位：兰州城市学院
通讯地址：兰州城市学院
成　　就：自2001年参加工作至今，主讲《现代教育技术学》《信息学概论》《多媒体技术及应用》《数字视频及图像处理》《数字摄影技术》《微格教学》《信息检索与应用》《信息资源管理》等13门课程，曾获校级优秀课堂教学奖1次，获兰州城市学院首届教学公开课一等奖1次。先后在《中国电化教育》《电化教育研究》《现代教育技术》《甘肃教育》《高师学报》《教育技术导刊》《中小学电教》《中国校外教育》等杂志发表论文20余篇。主要从事信息技术与课程整合、数字视频与图像处理及教育技术理论与实践研究。
简　　介：现任兰州城市学院传媒学院媒体艺术系主任。兼任兰州影视制作行业协会会员、甘肃教育信息化学会教师教育专业委员会副理事长。

1133 李青

性　　别：女
出生年月：1963-10-27
民　　族：汉族
政治面貌：党员
职　　称：副高
学　　历：大学本科
所在单位：兰州城市学院
通讯地址：西北师范大学29#205室
成　　就：论文《市场经济条件下效率公平问题再认识》发表于《开发研究》2005第6期；《政治地理学与地缘政治学的发展》发表于人大复印资料《政治学》2005第9期；《基层人大在乡村社会治理中应开拓民间法的政治资源》发表于《人大研究》2006第11期；《论马克思主义哲学实践反思的思维方式》发表于《甘肃社会科学》2007第1期；《改革反思与新改革共识——"以人为本"的共享式改革观探要》发表于《开发研究》2007第2期。

1134 杨齐

性　　别：男
出生年月：1974-03-21
民　　族：汉族
政治面貌：党员
职　　称：副高
学　　历：博士研究生
所在单位：甘肃政法学院经济管理学院
通讯地址：甘肃省兰州市安宁西路6号
成　　就：主要从事工商管理专业的教学与科研工作，公开发表相关学术论文20余篇，出版著作或教材3部；主持和参与科研项目8项，其中国家级1项；获甘肃省高校社会科学成果二等奖1项，三等奖1项。

简　　介：武汉大学管理学博士，企业管理专业硕士生导师。

1135 李永霞

性　　别：女

出生年月：1973-06-14

民　　族：汉族

政治面貌：群众

职　　称：副高

学　　历：硕士研究生

所在单位：兰州城市学院

通讯地址：兰州城市学院外国语学院

成　　就：主持的教学研究课题《甘肃省高校大学英语自主学习中心效果调查研究》（甘肃省教育科学规划项目，主持，2013年）；真实语言数据驱动的英语教学实践研究（甘肃省教育厅2013年度甘肃高校大学英语教改项目，第二主持人，2013年）；大学英语词汇模块网络测试研究（兰州城市学院项目，主持人，2013年）；兰州城市学院双语教学策略研究（兰州城市学院项目，主持人，2010年）。第九届"挑战杯"甘肃省大学生课外学术科技作品竞赛优秀指导教师奖；兰州城市学院优秀论文指导教师，2012年9月；兰州城市学院优秀实习组织者，2013年6月；兰州城市学院教学成果一等奖：英语专业水平测试在英语专业教学中的效度与成果，2010年11月。主编的教材：《大学英语词汇模块学习教程》北京理工大学出版社，2012年7月；《新编大学英语听说教程》（1-2册）世界知识出版社，2004，2005。

简　　介：2005年6月毕业于兰州大学外国语学院英语语言文学专业，获得硕士学位；1997年7月至今工作于兰州城市学院外国语学院，现任外国语学院副院长；2008年9月—2009年10月在澳大利亚麦考瑞大学作访问学者；主要研究方向为英国文学和英语教学。

1136 薛小莹

性　　别：女

出生年月：1980-11-30

民　　族：汉族

政治面貌：群众

职　　称：副高

学　　历：硕士研究生

所在单位：甘肃政法学院

通讯地址：甘肃省兰州市安宁西路6号

成　　就：曾发表省级论文10多篇；编写出版教材1部；多次获得学校教学竞赛奖、教学成果奖及青年教师教学进步奖等奖项。

简　　介：主要从事大学英语教学工作，研究方向为语言学及外语教学。

1137 任文启

性　　别：男

出生年月：1981-10-17

民　　族：汉族

政治面貌：党员

职　　称：副高

学　　历：硕士研究生

所在单位：甘肃政法学院

通讯地址：甘肃省兰州市安宁西路6号

成　　就：在省级刊物上发表学术论文9篇；主持教改科研项目1项；主持教育部人文社科规划项目1项；获2007年社会实践优秀指导教师称号、2008年和2011年甘肃政法学院青年教师教学进步奖。

简　　介：社会工作师（中级），毕业于上海师范大学，获哲学博士学位。社会工作教研室主任。主要讲授社会科学研究方法、社区工作、矫正社会工作等课程，从事中西文化比较、社区工作，社区矫正方向的研究。

1138 王小兵

性　　别：女

出生年月：1978-11-20

民　　族：汉族

政治面貌：群众

职　　称：副高

学　　历：硕士研究生

所在单位：兰州城市学院外语学院

通讯地址：甘肃兰州安宁区兰州城市学院外国语学院

成　　就：教材和编著：《新编大学基础英语泛读教程》，世界知识出版社，1-2册，主要参编者。《英语翻译理论知识与教学实践新探》，吉林大学出版社。10.8万字，主编。发表论文17篇。第一届兰州城市学院优秀教学质量奖，2010年；第二届兰州城市学院教学科研骨干，2010年；优秀实习指导教师，2007年；优秀班主任，2010年；学术交流月优秀论文奖等。

简　　介：1997年9月—2001年7月，就读于西北师范大学外语学院；2001年7月—2004年7月，就职于兰州师范高等专科学校（现兰州城市学院）外语系；2004年9月—2007年7月，就读于西北师范大学外语学院攻读英语语言文学翻译方向硕士学位；2007年9月至今，就职于兰州城市学院外语学院。

1139 达代璐

性　　别：男

出生年月：1979-06-21

民　　族：汉族

政治面貌：党员

职　　称：副高

学　　历：大学本科

所在单位：兰州城市学院传媒学院

通讯地址：兰州城市学院传媒学院

成　　就：自参加工作以来，先后承担过《现代教育技术学》公共课、《信息检索与应用》《多媒体教学软件设计与开发》《新闻摄影》《摄影艺术与实践》《影视艺术鉴赏》《电视节目制作与编导》等10余门课程的教学任务，教学效果良好。在《甘肃高师学报》等学术期刊上发表了5篇学术论文。参与省级科研课题2项。获得各类奖项10多项。

简　　介：2002年6月毕业于西北师范大学教育技术学专业，获教育学学士学位，现为兰州城市学院传媒学院副教授。

1140 游明

性　　别：男

出生年月：1965-11-24

民　　族：汉族

政治面貌：党员

职　　称：副高

学　　历：硕士研究生

所在单位：甘肃政法学院

通讯地址：甘肃省兰州市安宁西路6号

成　　就：长期从事商法教学科研工作，在国家级、省级刊物发表论文近20篇。

简　　介：甘肃政法学院民商经济法学院副教授。

1141 杨建成

性　　别：男

出生年月：1976-08-11

民　　族：汉族

政治面貌：党员

职　　称：副高

学　　历：硕士研究生

所在单位：兰州城市学院

通讯地址：甘肃省兰州市街坊路11号

成　　就：在省级刊物发表论文10余篇；参与甘肃省哲学社会科学规划项目等省级研究项目6项；参与的教学及科研项目获甘肃省教学成果奖等省级奖励4项，兰州城市学院教学成果奖等院级奖励3项。

简　　介: 1995年考取西北师范大学中文系，1995年参加工作；2001年考取西北师范大学文学院硕士研究生，攻读语文课程与教学论；2004年至今在兰州城市学院工作；主要教授中学语文教育学等课程。

1142 李小苹

性　　别: 女
出生年月: 1974-10-01
民　　族: 汉族
政治面貌: 群众
职　　称: 副高
学　　历: 硕士研究生
所在单位: 甘肃政法学院
通讯地址: 甘肃省兰州市安宁西路6号
成　　就: 在《青海社会科学》等刊物上发表论文若干篇，参编《环境与资源保护法学》《法理学》等教材多部。主持2009年度国家社科基金项目《西北民族地区非物质文化遗产的法律保护研究》，参与2011年度国家社科基经项目《藏族习惯法与国家法的冲突与调适》、2012年度国家社科基金项目《西部生态脆弱区生态补偿政策演进与法律制度建设研究》，参与完成2010年度甘肃省科技厅项目《甘肃省特色农产品的发展、提升及保护问题研究》，主持完成若干项校级项目。
简　　介: 毕业于西北政法大学环境与资源法学专业，甘肃政法学院民商经济法学院副教授，硕士研究生指导教师，主要从事环境法学和法理学的教学与研究工作。

1143 王春永

性　　别: 男
出生年月: 1978-10-03
民　　族: 汉族
政治面貌: 党员
职　　称: 副高
学　　历: 硕士研究生
所在单位: 甘肃政法学院
通讯地址: 甘肃省兰州市安宁西路6号
成　　就: 主要研究方向为刑事诉讼法学、证据制度。
简　　介: 甘肃政法学院副教授。2001年毕业于甘肃政法学院并留校工作至今，2008年毕业于西北师范大学获法学硕士学位。主要研究方向为刑事诉讼法学、证据制度。

1144 王剑鸣

性　　别: 女
出生年月: 1974-01-14
民　　族: 汉族
政治面貌: 党员
职　　称: 副高
学　　历: 硕士研究生
所在单位: 甘肃政法学院
通讯地址: 甘肃省兰州市安宁西路6号
成　　就: 主要从事英语语言学及教学法的教学与研究工作，长期承担《大学英语》及英语专业课程《语言学导论》及《高级英语1》的教学工作。近年来在《高师学报》《陇东学院学报》等学术刊物上发表论文10余篇，参编专著及教材2部，获得甘肃政法学院教学成果奖三等奖2项。
简　　介: 1996年于西北师范大学外语系毕业，同年到甘肃政法学院参加工作至今。

1145 周军平

性　　别: 女
出生年月: 1968-01-06
民　　族: 汉族
政治面貌: 党员
职　　称: 副高
学　　历: 硕士研究生

所在单位：长青学院外语系
通讯地址：长青学院外语系
成　　就：发表论文十几篇；参与、主持项目8项；专著1部；获教学成果奖、青年教师成才奖等累计3次。

1146 李洁

性　　别：女
出生年月：1962-12-06
民　　族：汉族
政治面貌：党员
职　　称：副高
学　　历：硕士研究生
所在单位：甘肃政法学院
通讯地址：甘肃省兰州市安宁西路6号
成　　就：工作至今，曾承担过司法文书、大学语文、应用写作、中国传统文化概论等公共基础课的教学工作，自2002年起承担人文学院中文系的基础课"中国现代文学"的教学工作，并同时开出选修课"中国二十世纪散文研究"和"中国近代文学史"。发表论文十余篇，出版《汉语与写作》教材一部。
简　　介：1980年9月考入兰州大学中文系，学习汉语言文学；1984年7月毕业分配至甘肃政法学院任教至今；1984年7月至1992年12月任助教；1992年至2004年6月任讲师；2004年6月任副教授至今；先后曾担任汉语教研室副主任、主任、人文学院副院长、人文学院中文系主任。

1147 刘为民

性　　别：男
出生年月：1970-04-02
民　　族：汉族
政治面貌：党员
职　　称：副高
学　　历：硕士研究生
所在单位：甘肃政法学院
通讯地址：甘肃省兰州市安宁西路6号
成　　就：主要讲授以下课程：商法、票据法、公司法、证券法、企业法、知识产权法等，具有丰富的教学经验和学术研究能力。出版专著《商法导论》，兰州大学出版社，2002年版，副主编，个人完成9万余字；《商法学》，兰州大学出版社，2006年版，副主编，个人完成10万余字。在《甘肃社会科学》《甘肃政法学院学报》《知识产权》等刊物发表论文10余篇。主持完成多项省级、校级科研项目。
简　　介：1989—1993，就读于西北政法学院，获法学学士学位；2006—2009，于厦门大学法学院攻读法学硕士学位。1993.07至今，甘肃省兰州市甘肃政法学院任教。

1148 付春香

性　　别：女
出生年月：1976-02-05
民　　族：汉族
政治面貌：党员
职　　称：副高
学　　历：硕士研究生
所在单位：甘肃政法学院经济管理学院
通讯地址：甘肃省兰州市安宁西路6号
成　　就：先后在《科技进步与对策》《统计与决策》《税务与经济》等核心杂志发表论文20多篇，编写《区域营销理论与策略》等著作；主持国家自然科学基金项目1项、教育部人文社科基金项目1项、省级课题2项，主持校级科研课题5项，参与国家社科基金项目以及省部级课题研究4项，参与的研究课题曾获甘肃省第十届社科成果奖三等奖。获得甘肃政法学院优秀教学奖一等奖、青年教师进步奖、优秀班主任、三育人先进个人等称号。

简　　介：硕士生导师，人力资源管理专业博士生，长期从事人力资源管理的教学与科研工作，开设《人力资源管理与开发》《人力资源管理研究方法》等课程。

1149 罗艺

性　　别：男
出生年月：1980-12-17
民　　族：汉族
政治面貌：党员
职　　称：副高
学　　历：硕士研究生
所在单位：甘肃政法学院
通讯地址：甘肃省兰州市安宁西路6号
成　　就：省高校社科成果三等奖，副主编教材1部，参编1部，参编专著1部，发表论文30多篇。主持、参与国家社科、省社科、教育部、司法部、教育厅、科技厅、校级科研和教改项目多项。
简　　介：毕业院校：西北师范大学2006年9月，所学专业：法学理论法学硕士武汉大学环境与资源保护法学博士在读主要授课：《法理学》《宪法学》《国际法学》《法学概论》《模拟法庭》《中国法制史》《法理学概论》《模拟审判》。

1150 邓忠安

性　　别：男
出生年月：1962-07-08
民　　族：汉族
政治面貌：群众
职　　称：副高
学　　历：大学本科
所在单位：甘肃政法学院
通讯地址：甘肃省兰州市安宁西路6号
成　　就：主要从事民法学的教学与科研工作。

1151 孙翔

性　　别：女
出生年月：1974-02-21
民　　族：汉族
政治面貌：党员
职　　称：副高
学　　历：硕士研究生
所在单位：兰州城市学院
通讯地址：兰州城市学院社会管理学院
成　　就：主要从事于马克思主义原理、中国传统伦理思想研究，先后承担了《思想道德修养与法律基础》《马克思主义基本原理概论》《逻辑学》《公共关系学》等课程的教学工作，公开发表论文10余篇，参编出版教材一部，著作两部，参加省厅级以上课题4项，获甘肃省高等学校优秀社会科学成果奖2项；甘肃省第十三次哲学社会科学优秀成果三等奖1项，获第十四届全国多媒体课件大赛高教文科组二等奖、甘肃省高等学校思想政治理论课教学能手及"精彩一课"奖。
简　　介：1995年6月毕业于甘肃省庆阳师范学校，同年9月入西北师范大学政法系学习；2002年至2005年在西北师大攻读哲学硕士学位，并于2004年在中国人民大学哲学系访学；现为兰州城市学院社会管理学院副教授。

1152 范建刚

性　　别：男
出生年月：1977-04-08
民　　族：汉族
政治面貌：党员
职　　称：副高
学　　历：硕士研究生
所在单位：兰州城市学院文学院
通讯地址：兰州城市学院文学院

成　　就：主要从事文艺理论的教学和研究，在《兰州大学学报》《天水师范学院》学报等学术刊物发表论文 10 余篇，主持甘肃城市发展研究院项目 1 项（"兰州市'城市化进程中的空间变化与市民日常生活'间双向互动关系的考察"，2010-GSCFY-RW13），兰州城市学院教学改革项目 1 项（"应用型本科院校中文专业《文学概论》课程改革研究"，2012-JY-32），参与国家社科基金项目 2 项，教育部人文社科项目 2 项。

1153　何青洲

性　　别：男

出生年月：1979-12-12

民　　族：汉族

政治面貌：党员

职　　称：副高

学　　历：博士研究生

所在单位：甘肃政法学院

通讯地址：甘肃省兰州市安宁西路 6 号

成　　就：参加国家社会科学基金重点项目和教育部人文社会科学重点研究基地重大项目多项，在法学和政治学类核心期刊发表论文多篇，主讲课程为法理学、法律社会学等，研究专长为法理学、政治学法学理论、法律社会学等。

简　　介：西南政法大学法学博士。任"2011 计划"司法文明协同创新中心兰州基地专职研究人员、西南政法大学人权教育与研究中心研究人员。

1154　谢燕琳

性　　别：女

出生年月：1973-03-08

民　　族：汉族

政治面貌：党员

职　　称：副高

学　　历：硕士研究生

所在单位：甘肃政法学院

通讯地址：甘肃省兰州市安宁西路 6 号

成　　就：近年来，相继发表学术论文 12 篇、出版学术专著 1 部，完成甘肃政法学院校级重点科研项目 2 项、校级教改项目 1 项。在工作期间先后荣获甘肃政法学院"师德标兵"、优秀中青年教师、优秀班主任、"三育人"先进个人、青年教师教学进步奖、校级优秀教学奖一等奖、校级教学成果三等奖等荣誉和奖项。

简　　介：主要从事古代汉语教学和研究工作。本人极其热爱教育工作，对本职工作有着强烈的责任感和饱满的工作热情，在工作中能认真履行职责，在多年的教学工作中始终坚持"用真心对待学生，用知识塑造学生"的信条，坚持育人为本，以成为学生们的良师益友为自己的目标。

1155　杨永发

性　　别：男

出生年月：1965-10-24

民　　族：汉族

政治面貌：党员

职　　称：副高

学　　历：博士研究生

所在单位：兰州大学文学院

通讯地址：兰州市安宁区万新路 336 号

成　　就：主持国家社科项目"兰州地名训诂"；主编教材 1 部、副主编教材 1 部、论文集 2 部；发表论文 30 余篇；发表诗词 50 余首。

简　　介：语言文字学专业训诂学方向博士。甘肃省普通话水平测试员、中国训诂学会会员、甘肃诗词学会会员、甘肃楹联学会会员、兰州市书协会员、中国书画院兰州分院研究员、甘肃旭东书画院会员、甘肃省青年书法家协会理事。1987 年兰州师专中文系毕业；1989 年至 1991 年于甘肃教育学院进修汉语言文学教育本科；1998 年至 2001 年于西北师范大学文学院攻读硕士学位；2007 年至 2011 年在陕师大文学院攻读博士学位；1987 年参加工作，先后从事过小学、中学、中师、电大的教学工作。2004 年 9 月调入兰州城市学院至今。

1156 潘文霞

性　　别：女
出生年月：1978-12-29
民　　族：汉族
政治面貌：群众
职　　称：副高
学　　历：硕士研究生
所在单位：甘肃政法学院
通讯地址：甘肃省兰州市安宁西路 6 号
成　　就：在省内外重要期刊发表论文 20 余篇；参编专著 1 部；参与承担省社科规划项目 1 项；先后获得我校青年教师进步奖、教学成果奖等多种奖项。

1157 杜永奎

性　　别：男
出生年月：1975-10-15
民　　族：汉族
政治面貌：党员
职　　称：副高
学　　历：大学本科
所在单位：甘肃政法学院经济管理学院
通讯地址：甘肃省兰州市安宁西路 6 号
成　　就：近年来，先后参与和主持完成省、厅级和校级科研项目多项，在省内外学术刊物上公开发表论文 20 余篇。获甘肃省第十二届社会科学优秀成果三等奖 1 项，校级教学、科研奖励多项。出版专著、教材各 1 部。
简　　介：管理学硕士，会计学专业硕士研究生导师，注册税务师，现任甘肃政法学院经济管理学院副院长。主要从事财会理论和税收实务等方面的教学和研究工作。

1158 陆喜元

性　　别：男
出生年月：1974-10-17
民　　族：汉族
政治面貌：党员
职　　称：副高
学　　历：硕士研究生
所在单位：甘肃政法学院
通讯地址：甘肃省兰州市安宁西路 6 号
成　　就：现主要从事政治学和高校思想政治教育等学科及相关领域的教学和研究工作。在教学和科学研究活动中，坚持了"勤奋务实、合作创新"的教学和研究工作理念，形成了"突出人文、注重过程"的教学和研究工作思路，采取了基于现代教育规律和现代学生心理发展规律上的、运用现代信息技术的讲授式、问题探究式、训练与实践式等教学方法，采用了理论延伸法、观察体会法、实证研究法等科学研究方法。自 2007 年以来，参与完成了甘肃省社科基金项目 2 项，主持完成校重点资助科研项目 1 项，参与完成校教改项目 1 项，参与出版专著 4 部，发表学术论文 8 篇，参与建设省级精品课 2 门。
简　　介：甘肃政法学院行政学院副教授，兰州大学马克思主义学院 2013 级博士研究生。自 1998 年大学毕业以来，先后供职于会宁一中（1998-2004）和甘肃政法学院（2007 至今）。

1159 白建霞

性　　别：女

出生年月：1971-05-03
民　　族：汉族
政治面貌：党员
职　　称：副高
学　　历：硕士研究生
所在单位：甘肃政法学院
通讯地址：甘肃省兰州市安宁西路 6 号
成　　就：主要从事英语语言学及教学法的教学与研究工作，长期承担《大学英语》及英语专业课程《英语听力 I》及《高级英语 2》的教学工作。近年来在《长春理工大学学报》《兰州交通大学学报》等学术刊物上发表论文 10 余篇，参编专著及教材 2 部，获得甘肃政法学院教学成果奖三等奖 1 项。
简　　介：1993 年于西北师范大学外语系毕业，2003 年到甘肃政法学院参加工作至今。

1160 马英兰

性　　别：女
出生年月：1962-11-18
民　　族：汉族
政治面貌：党员
职　　称：副高
学　　历：大学本科
所在单位：甘肃政法学院
通讯地址：甘肃省兰州市安宁西路 6 号
成　　就：研究方向：英语教育与英语语言学，发表省级论文十几篇。曾多次荣获校级优秀教师，1989 年荣获兰州市优秀教师。2008 年荣获甘肃省政法学院教学竞赛二等奖，学术研讨会优秀论文二等奖，2011 年荣获甘肃政法学院学术研讨会优秀论文一等奖，2012 年荣获甘肃政法学院教学竞赛三等奖。
简　　介：1981 年 7 月参加工作，一直从事英语教学工作。2004 年 12 月从甘肃省国防科技工业学校合并到甘肃政法学院，从事大学英语教学工作，担任大学英语第一教研室主任。

1161 刘宁生

性　　别：男
出生年月：1962-08-18
民　　族：汉族
政治面貌：党员
职　　称：副高
学　　历：大学本科
所在单位：甘肃政法学院
通讯地址：甘肃省兰州市安宁西路 6 号
成　　就：主要从事刑法学教学和科研工作。

1162 高炜

性　　别：女
出生年月：1971-06-12
民　　族：汉族
政治面貌：群众
职　　称：副高
学　　历：硕士研究生
所在单位：甘肃政法学院
通讯地址：甘肃省兰州市安宁西路 6 号
成　　就：主要从事会计和财务管理专业的教学和科研工作。
简　　介：注册税务师协会会员、会计师。1995 年 6 月毕业于西北师范大学经济系会计学专业，获管理学学士学位，毕业后在金川公司工作；2000 年 12 月毕业于厦门大学会计系，获管理学（会计）硕士学位；2002 年任教于甘肃政法学院经济管理学院至今；主要从事会计和财务管理专业的教学和科研工作。

1163 王圣

性　　别：男

出生年月：1971-07-19
民　　族：汉族
政治面貌：党员
职　　称：副高
学　　历：博士研究生
所在单位：兰州财经大学商务传媒学院
通讯地址：兰州市和平镇薇乐大道4号兰州财经大学商务传媒学院
成　　就：现任兰州商学院商务传媒学院中文系系主任，主要从事美学、文艺学方面的研究，主持的"大学语文课程建设的探索与实践"获兰州商学院优秀科研成果三等奖（2007.05）；论文《自然的空灵—中国诗歌意境的生成与流变》获甘肃省高校社科成果奖一等奖；获第七届"挑战杯"甘肃省大学生课外学术科技作品竞赛优秀指导老师。
简　　介：1990.7—1999.8在通渭县第三铺中学任教；1996.8—1998.6在甘肃教育学院中文系读本科，并获文学学士学位；1999.8—2002.7在渭源县教师进修学校任教；2002.8—2005.6在西北师范大学文学院读研究生获文学硕士学位；2005.7—现在，在兰州商学院商务传媒学院任教。

1164 田庆锋

性　　别：男
出生年月：1977-08-01
民　　族：汉族
政治面貌：党员
职　　称：副高
学　　历：博士研究生
所在单位：甘肃政法学院
通讯地址：甘肃省兰州市安宁西路6号
成　　就：主要从事法律史学、宗教法学、法理学的教学和科研工作。

1165 马志丽

性　　别：女
出生年月：1974-05-07
民　　族：回族
政治面貌：群众
职　　称：副高
学　　历：博士研究生
所在单位：兰州城市学院
通讯地址：兰州城市学院社会管理学院
简　　介：主要从事于民族宗教学研究，先后在《中国宗教》《回族研究》《青海民族研究》《黑龙江民族丛刊》《西北民族大学学报》《中国穆斯林》《西北民族宗教论丛》《青海民族大学学报》等核心期刊上发表论文10多篇。主持的社科项目主要有2009年国家社科重点项目子课题《甘肃地区伊斯兰教在当前经济、社会发展中发挥作用的方法与途径以及需要着力解决的问题和对策思考》、2011年甘肃省教育厅硕士生导师项目《西北伊斯兰教的社会变迁和社会作用调查研究》、2012年兰州城市学院博士基金启动项目《西北伊斯兰教社会变迁与社会作用》。

1166 冯玉

性　　别：女
出生年月：1979-09-19
民　　族：汉族
政治面貌：党员
职　　称：副高
学　　历：硕士研究生
所在单位：兰州城市学院
通讯地址：甘肃省兰州市安宁区街坊路11号兰州城市学院文学院
成　　就：发表论文10数篇，主持和参与10项各级课题，其中主持的课题有"甘肃天水放马滩秦简虚词研究"（2014B-073甘肃省教育厅项目）等4项。获10多项省部级和校级奖励，主要有甘肃省第一届青年教师教学竞赛（文科）二等奖，2012年7月；甘肃省师德标兵，2012年9月；兰州城市学院第二届优秀教学质量奖，2012年6月。

简　　介：毕业于西北师范大学汉语言文字学专业，获硕士学位。同年7月参加工作至今，现为兰州城市学院文学院副教授，对外汉语系主任。主要从事"古代汉语""语言学概论"《论语》《老子》导读"、留学生汉语等课程的教学和相关研究。

1167 刘雪英

性　　别：女
出生年月：1973-11-15
民　　族：汉族
政治面貌：群众
职　　称：副高
学　　历：硕士研究生
所在单位：甘肃政法学院
通讯地址：甘肃省兰州市安宁西路6号
成　　就：发表论文10篇，著作1部；参与省级教改项目1项（已结项）；主持校级科研项目1项（已结项）；主持2012.7校级教改项目1项（已结项），2013参与高教社项目1项（已结项）；2008.11 CCTV杯全国英语演讲大赛甘肃赛区大赛三等奖；2009优秀教学成果奖三等奖；2011.7教学竞赛二等奖，2012.6.教学竞赛一等奖；2008年三育人先进。

简　　介：1992.9—1996.6就读于西北师范大学，英语语言文学与教育专业，大学学历，学士学位。2006.2—2007.8就读于墨尔本大学教育系TESOL专业，获硕士学位及学历。1996.6—2003.1在甘肃政法学院基础课部任职，担任大学英语的教学工作。

1168 常洁琨

性　　别：女
出生年月：1979-09-17
民　　族：汉族
政治面貌：党员
职　　称：副高
学　　历：博士研究生
所在单位：甘肃政法学院
通讯地址：甘肃省兰州市安宁西路6号
成　　就：主要从事刑事诉讼法学的教学工作，在搞好教学的同时，不断提高自己的科研能力。

简　　介：自1997年至2001年在甘肃政法学院读书；2001年毕业后留校在法学院工作；2005年在新疆财经大学攻读硕士，2007年回学校法学院工作；主要从事刑事诉讼法学的教学工作，在搞好教学的同时，不断提高自己的科研能力。2013年被评为副教授。2013年9月至今在兰州大学读取博士。

1169 张华

性　　别：女
出生年月：1976-02-14
民　　族：汉族
政治面貌：党员
职　　称：副高
学　　历：硕士研究生
所在单位：甘肃政法学院
通讯地址：甘肃省兰州市安宁西路6号
成　　就：发表学术论文十余篇，主持完成省级项目1项，在研省级项目2项，参加国家社科项目2项，副主编教材2部。

简　　介：2001年9月—2004年6月，就读于兰州大学，取得法学硕士学位。2004年6月至今，工作于甘肃政法学院，职称副教授，主讲课程：法理学。

1170 杨华

性　　别：女
出生年月：1965-02-01
民　　族：汉族
政治面貌：群众
职　　称：副高
学　　历：硕士研究生
所在单位：兰州财经大学
通讯地址：兰州财经大学
成　　就：一、项目类：农村基层组织运行与公益事业发展研究；甘肃省社科规划项目，2005年9月—2006年9月，雷兴长、张小虎、庞智强、杨华；新世纪、新阶段的理论创新——十六大报告对马克思主义经济学的发展，2003年度兰州商学院重点规划项目2003年6月—2007年11月，张存刚、赵俊、刘选、杨华。二、专著：甘肃省农村公共事业建设与管理研究。三、论文类：西部农民合作经济组织运行的现状及对策《西藏发展论坛》2006年4月；甘肃省农村公共道路发展的对策建议《社科纵横》2006年6月；甘肃农村基层组织运行与公益事业发展存在的问题及对策研究，《兰州商学院学报》2006年第4期，雷兴长、杨华。四、奖励类：《甘肃农村基层组织运行与公益事业发展研究》获兰州市第六次社会科学优秀成果奖三等奖；《甘肃省农村改革事业建设与管理研究》获甘肃省高校社科成果奖二等奖，甘肃省教育厅2008年7月。五、奖项：2007年9月10号获兰州商学院"教书育人奖"。

1171 杨永杰

性　　别：男
出生年月：1969-04-18
民　　族：汉族
政治面貌：党员
职　　称：副高
学　　历：大学本科
所在单位：甘肃政法学院经济管理学院
通讯地址：甘肃省兰州市安宁西路6号
成　　就：近年来，在《生产力研究》《中国林业》《兰州商学院学报》等专业杂志上发表论文20余篇，先后出版《管理学》《财务管理》教材2部，出版《炭市场研究》专著1部，参加省教育厅科研项目1项，主持完成甘肃政法学院科研项目3项。获甘肃政法学院科研三等奖2次。
简　　介：现为经济管理学院企业管理专业硕士生导师，研究方向为企业理论和企业管理。

1172 朱晓静

性　　别：女
出生年月：1980-02-24
民　　族：汉族
政治面貌：党员
职　　称：副高
学　　历：硕士研究生
所在单位：甘肃政法学院经济管理学院
通讯地址：甘肃省兰州市安宁西路6号
成　　就：近年来，在《江南大学学报》《南华大学学报》《四川理工学院学报》等期刊公开发表学术论文10余篇，主持校级项目3项，参与国家社科基金项目1项、省部级项目3项。
简　　介：法学硕士。主要从事统计学和社会统计学教学与研究工作。

1173 王广宇

性　　别：男
出生年月：1972-09-22
民　　族：汉族
政治面貌：群众
职　　称：副高

学　　历：硕士研究生
所在单位：甘肃政法学院
通讯地址：甘肃省兰州市安宁西路 6 号
成　　就：长期从事国际法学、国际私法、国际贸易、区域贸易的教学与研究工作，并发表相关专业论文 20 余篇，参编《国际私法》等教材及教辅资料多部，著有《WTO 框架下区域贸易安排的理论与实践研究》等。
简　　介：中国国际法学会会员、中国国际私法学会会员、甘肃经济法学会理事。1994 年任教于甘肃政法学院至今。

1174　武汉强

性　　别：男
出生年月：1974-01-22
民　　族：汉族
政治面貌：党员
职　　称：副高
学　　历：博士研究生
所在单位：兰州交通大学
通讯地址：兰州交通大学文学与国际汉学院
成　　就：主持并完成国家社会科学基金项目《敦煌民间应用文研究》1 项，参与国家社科基金项目 1 项、教育部人文社科基金项目 1 项；主持兰州交通大学校级重点教改项目 1 项。在《敦煌研究》《甘肃社会科学》《兰州交通大学学报》等刊物公开发表论文若干篇。现为兰州交通大学文学与国际汉学院副教授。
简　　介：文学博士，主要研究方向为中国古代文学、古典文献学、敦煌文学；主讲课程为中国古代文学、文献学、敦煌文学。甘肃省古代文学学会理事、甘肃省敦煌学会常务理事。

1175　高海燕

性　　别：女
出生年月：1979-11-21
民　　族：汉族
政治面貌：党员
职　　称：副高
学　　历：博士研究生
所在单位：兰州城市学院
通讯地址：兰州市安宁区街坊路 11 号
成　　就：自任教以来，承担教育技术学专业和播音与主持艺术专业多门课程的教学工作，2 门主讲课程被评为校级精品课程，获得兰州师专"课堂教学优秀奖"、兰州城市学院"第一届青年教师基本功大赛"一等奖、"甘肃省第一届青年教师教学竞赛"三等奖；先后被评为校级"优秀实习指导教师""优秀共产党员"和"兰州城市学院师德标兵"；2012 年被授予"甘肃省师德标兵""甘肃省教育系统创先争优优秀共产党员"荣誉称号。指导学生参加甘肃省"中华经典诵读"大赛，荣获省级一等奖、二等奖，全国三等奖、集体组优秀奖。在省级刊物发表论文 10 余篇，参编教材 10 余册，其中 3 篇分获中国教育技术协会和甘肃省教育技术协会学术交流论文一等奖、二等奖。主持、参研校级科研课题项目近 10 项，省级以上科研课题项目 6 项，多项参研课题荣获校级教学成果特等奖、一等奖和三等奖。
简　　介：毕业于西北师范大学，现为传媒学院播音艺术系教师。甘肃省高校教育技术协会副秘书长、甘肃省教育科学研究所兼职教研员、甘肃省教育信息化学会教师教育专业委员会理事、省级普通话测试员、中国电视艺术家协会主持人专业委员会执行委员。主要从事信息化教育理论研究与播音主持艺术专业教学实践研究。

1176　张彦丽

性　　别：女

出生年月：1965-05-11
民　　族：汉族
政治面貌：党员
职　　称：副高
学　　历：大学本科
所在单位：兰州城市学院文学院
通讯地址：兰州市安宁区街坊路11号
成　　就：一、主持4项课题研究：2010年甘肃省教育厅第二批科研项目 项目编号：1011B—08兰州鼓子的文学性与民俗研究；2010年度兰州市哲学社会科学办公室科研项目 项目编号：10—107；2011年度甘肃省哲学社会科学规划办项目兰州鼓子的村落文化与民俗生活研究；2011年度城市发展研究院课题兰州鼓子在现代市民文化中的传承与发展。二、参与的研究课题：2006年甘肃省教育厅科研项目，中西视野下的小城镇文化；2008年甘肃省教育厅科研项目20世纪敦煌题材文艺创作与传播；2011年甘肃省教育科学规划研究课题，甘肃省少数民族地区基础美术教育现状调查研究——以临夏为例等课题。曾获得兰州城市学院第一届优秀教学质量奖；兰州城市学院外国文学精品课程奖；兰州城市学院学术交流月优秀论文奖；兰州城市学院《外国文学》网络课程建设立项奖；高校社科成果奖三等奖；甘肃省第三届民间文艺百合花奖优秀奖。
简　　介：兰州城市学院文学院副教授、汉语言文学系专任教师，2005年武汉大学访问学者。从事外国文学、戏剧影视文学、大学语文课程的教学与研究工作。为兰州城市学院中国古代小说戏剧研究所成员、甘肃省美学协会会员、甘肃省影视协会会员、甘肃省戏剧协会会员、甘肃省曲艺协会会员、甘肃省民间文学协会会员、甘肃省文艺重点资助项目评审专家（2007、2008）。

1177 姚建银

性　　别：女
出生年月：1978-06-24
民　　族：汉族
政治面貌：党员
职　　称：副高
学　　历：大学本科
所在单位：甘肃政法学院经济管理学院
通讯地址：甘肃省兰州市安宁西路6号
成　　就：主要从事工商管理专业的教学与研究工作，在省级刊物公开发表学术论文10余篇，出版《现代物流管理》教材1部，先后主持完成甘肃省教育科学"十二五"规划课题、校级科研项目各1项。
简　　介：教育学硕士，现任经济管理学院副院长。主要从事工商管理专业的教学与研究工作。

1178 李晟赟

性　　别：女
出生年月：1973-08-03
民　　族：汉族
政治面貌：党员
职　　称：副高
学　　历：博士研究生
所在单位：甘肃政法学院
通讯地址：甘肃省兰州市安宁西路6号
成　　就：在《西北民族大学学报》《内蒙古师范大学学报》《21世纪》等学术刊物上发表论文10余篇，主持甘肃省哲学社会科学基金项目1项。
简　　介：毕业于中央民族大学社会学专业，获得法学博士学位。主要讲授社会学概论、社会调查方法、宗教学概论、西北少数民族宗教与文化等课程。从事民族社会学、民族社区建设、环境社会学等研究。

1179 马海音

性　　别：女
出生年月：1971-06-23
民　　族：汉族
政治面貌：党员
职　　称：副高
学　　历：硕士研究生
所在单位：甘肃政法学院
通讯地址：甘肃省兰州市安宁西路6号
成　　就：1994年至今在甘肃政法学院基础课部、人文学院任教。主要从事法律文学书、写作学以及唐宋文学的教学和研究工作；曾主编或参编教材3部；在《甘肃政法学院学报》《兰州交通大学学报》《甘肃社会科学》《历史学文摘》等学术刊物上发表学术论文30多篇。
简　　介：文学硕士，1994年至今在甘肃政法学院基础课部、人文学院任教。主要从事法律文学书、写作学以及唐宋文学的教学和研究工作。

1180 马彦峰

性　　别：男
出生年月：1976-05-17
民　　族：汉族
政治面貌：党员
职　　称：副高
学　　历：硕士研究生
所在单位：甘肃政法学院
通讯地址：甘肃省兰州市安宁西路6号
成　　就：发表论文10余篇，主编《汽车专业英语》《物流专业英语》，参编教材5本。主持中国外语教育基金项目1项；甘肃省"十二五"教育规划项目1项；甘肃省教育厅教改项目1项；参与省级教改项目2项；主持并完成甘肃政法学院科研项目、教改项目各5项。获甘肃政法学院科研成果二等奖；2012年获甘肃政法学院教学竞赛二等奖；2013年获甘肃政法学院科研成果三等奖。
简　　介：毕业于西北师范大学，大学英语第一教研室主任。

1181 马慧

性　　别：女
出生年月：1969-12-14
民　　族：汉族
政治面貌：党员
职　　称：副高
学　　历：硕士研究生
所在单位：甘肃政法学院
通讯地址：甘肃省兰州市安宁西路6号
成　　就：现任甘肃政法学院人文学院外语系英语专业研究室主任，长期担任英语专业阅读课程及大学英语教学工作。
简　　介：大学本科毕业，教育学硕士研究生，副教授。1988年8月考入西北师范大学外语系英语专业，1992年6月毕业；1992年8月分配到兰石中学（现六十六中）任教；1997年8月任中学一级教师；2002年8月调入甘肃政法学院人文学院并转为讲师；2006年8月任副教授。2009年7月取得西北师范大学外语学院教育学硕士学位，现任甘肃政法学院人文学院外语系英语专业研究室主任，长期担任英语专业阅读课程及大学英语教学工作。

1182 李珂

性　　别：女
出生年月：1971-09-01
民　　族：汉族
政治面貌：党员
职　　称：副高
学　　历：大学本科
所在单位：甘肃政法学院经济管理学院

通讯地址：甘肃省兰州市安宁西路 6 号

成　　就：主持、参加完成省部级及院级课题 10 余项，出版学术专著及教材 3 部；在《西北师大学报》《湖南大学学报》》《首都经济与贸易大学学报》《生产力研究》《商业时代》等国内学术刊物上公开发表相关学术论文 30 余篇。

简　　介：经济学硕士，技术经济及管理专业硕士生导师。主要从事制度经济学、循环经济学等领域的教学与研究。

1183　何恩光

性　　别：男

出生年月：1964-12-20

民　　族：汉族

政治面貌：党员

职　　称：副高

学　　历：硕士研究生

所在单位：甘肃政法学院

通讯地址：甘肃省兰州市安宁西路 6 号

成　　就：主要从事民法学、罗马法学的教学与科研工作。

1184　孙靖丽

性　　别：女

出生年月：1980-07-25

民　　族：汉族

政治面貌：群众

职　　称：副高

学　　历：硕士研究生

所在单位：甘肃政法学院

通讯地址：甘肃省兰州市安宁西路 6 号

成　　就：发表论文 10 余篇，参编专著 2 部共计完成 15 万字的撰写工作，先后获得校级优秀科研成果奖二等奖和三等奖。曾多次指导学生参加"CCTV 杯全国大学生英语演讲比赛""21 世纪杯全国大学生英语演讲比赛""陕甘青宁新五省大学生口译比赛"等多项赛事，并数次获得甘肃赛区总决赛及西部赛区总决赛优秀指导教师奖一等奖、二等奖和三等奖。2008 年获"优秀教学奖"一等奖，2010 年获"优秀中青年教师"称号，2011 年获"青年教师进步奖"，2012 年获"三育人先进个人"称号。2012 年 8 月至 2013 年 8 月，在加拿大阿尔伯塔大学（University of Alberta）交流访学一年。

简　　介：主要研究兴趣为美国文学和加拿大文学。担任英语专业系列主干课程的教学工作，主讲《综合英语》《高级英语》《美国文学》《语言能力实践》等课程。

1185　张黎

性　　别：女

出生年月：1977-06-29

民　　族：汉族

政治面貌：党员

职　　称：副高

学　　历：硕士研究生

所在单位：甘肃政法学院

通讯地址：甘肃省兰州市安宁西路 6 号

成　　就：主持完成校级科研、教学改革项目 5 项；公开发表学术论文 10 余篇，参编教材 1 部；参与教育部人文社科和省社科项目各 1 项；2005、2008 和 2010 年获校级"优秀教学奖"三等奖各 1 次；2011 年"教学竞赛"三等奖和"青年教师教学"进步奖。

简　　介：毕业于兰州大学文学院，主要从事现代汉语的教学与研究工作。承担讲授"现代汉语（语音文字词汇）""现代汉语（语法修辞）""语言学概论""方言调查""语言与文化专题"和"普通话专题"专业课程的教学任务。

1186 殷兴东

性　　别：男
出生年月：1971-04-22
民　　族：汉族
政治面貌：党员
职　　称：副高
学　　历：硕士研究生
所在单位：甘肃政法学院
通讯地址：甘肃省兰州市安宁西路6号
成　　就：发表学术论文10余篇，出版专著1部，参编教材7部。主持完成省级科研项目1项、参加完成国家级、省部级科研项目5项。2008年至今先后获得法学院多媒体教学竞赛一等奖、学校2011年度、2012年度教学竞赛一等奖、2010年度教学竞赛二等奖等和学校教学成果一等奖以及省高等教育教学成果三等奖。2012年被评为甘肃政法学院"三育人"先进个人。
简　　介：毕业于兰州大学法学院，获法学硕士学位。

1187 王茹

性　　别：女
出生年月：1980-05-11
民　　族：汉族
政治面貌：党员
职　　称：副高
学　　历：硕士研究生
所在单位：兰州职业技术学院
通讯地址：兰州市安宁区刘沙公路37号
成　　就：2009—2012年参加国家精品课程《西方经济学》《统计学导论》师资培训，获"高等学校骨干教师"资格；2013年7月，参加全国高职高专《市场营销》师资培训，获"双师素质"认证；2013年6月获得中级"经济师"任职资格。2011—2012年，主持院级精品课程《经济学基础》的申报、立项、建设及鉴定验收工作；2011—2013年，参与省级科研项目《甘肃省高职学校学生就业问题研究》的申报、立项、建设及鉴定验收工作；2003—2013年，在国家级、省级优秀期刊和学报上发表论文20余篇；2011—2012年，编著高职高专精品教材《经济学基础》，于2012年8月正式出版。2008年12月论文《关于高职经济类专业课考试改革的探索与实践》被省职业与成人教育协会评为三等奖；2013年12月在甘肃省教育厅举办的"反四风，正学风"主题征文活动中荣获三等奖；2011—2013年，获学院"教师多媒体课件大赛"三等奖和优秀奖；2003—2013年，多次获得学院"教学优秀奖""优秀班主任""优秀党员"等荣誉称号。
简　　介：2003年8月至今，本人在兰州职业技术学院从事财经教学和班主任工作。2009年获经济学硕士学位。专业特长：区域经济学、统计学。

1188 刘安兰

性　　别：女
出生年月：1970-11-14
民　　族：汉族
政治面貌：群众
职　　称：副高
学　　历：硕士研究生
所在单位：兰州职业技术学院
通讯地址：兰州安宁区刘沙公路37号
成　　就：入选由兰州市人事局建立的兰州市"151人才库"；主持全国教育技术研究"十一五"规划专项课题《中小学教师教育技术能力持续发展的研究》通过鉴定；被兰州市教育局评选为县级骨干教师；主持的课题通过兰州市教育科研"十五"规划课题鉴定并获得兰州市第六届基础教育科研优秀成果三等奖。自工作以来，一直担任教学任务，承担班主任工作，受到广大师生好评，多次被评为学校"优秀教师"和"优秀班主任"；撰写国家级论文1篇和6篇省级论文。指导学生参加市教育局举办的竞赛获得"优秀指导教师"。

简　　介：1988年—1992年在西北师范大学电化教育系电化教育专业学习获得本科学历及教育学学士学位。在西北师范大学教育技术与传播学院攻读同等学力申请硕士学位，于2005年12月获得教育学硕士学位，2007年1月评为高级讲师，一直教育教学工作，并担任多年的班主任工作。长期注重教师教育技术能力的培养和持续发展的研究以及教育技术在教学中的应用研究。

1189　曾涛

性　　别：女

出生年月：1965-04-18

民　　族：汉族

政治面貌：党员

职　　称：副高

学　　历：硕士研究生

所在单位：兰州职业技术学院

通讯地址：兰州安宁区桃林路114号

成　　就：利用非正式课程促进学生的身心健康发展》获2002年甘肃省优秀教育论文一等奖；主持甘肃省教育科学"十五"计划的重点科研课题《甘肃省中师升格后小学教师教育素质的培养》，该课题获得2007年兰州市基础教育科学研究二等奖；参与中／英甘肃基础教育项目《有效的参与式教学》《复式教学》教材的开发及教师培训工作；2012、2013、2014年被兰州大学西部基础教育研究中心聘为"国培计划——农村中西部骨干教师培训"项目的培训专家；主编的《小学语文复式教学指南》一书获得甘肃省第十三次哲学社会科学优秀成果三等奖。发表过数篇论文。因工作认真严谨，教学得到了学生的认可，曾先后多次获得校级优秀教师的光荣称号。

简　　介：硕士研究生，兰州职业技术学院。1987年毕业于西北师范大学教育系学校教育专业，获教育学学士学位。2004年获得教育硕士学位。

1190　张晨

性　　别：女

出生年月：1967-04-03

民　　族：汉族

政治面貌：群众

职　　称：副高

学　　历：硕士研究生

所在单位：兰州职业技术学院

通讯地址：西北师范大学家属楼40号楼

成　　就：论文《党的三代领导集体治国方略的演进与中国社会的现代化》荣获甘肃省教育学会、甘肃省教科所论文评比一等奖，并发表在《甘肃社会科学》；论文《思想政治课与计算机辅助教学》，参加了甘肃电化教育中心组织的论文比赛，获得了优秀奖；主持了兰州市教育科研"十五"规划课题《思想政治课在创新教育系统中的地位和作用》的工作，圆满地完成了任务，通过了鉴定，取得了结项证书；兰州市教育科研"十五"规划课题《思想政治课在创新教育系统中的地位和作用》在兰州市第六届基础教育科研优秀成果评选中获二等奖；和他人合作撰写了论文《略论演进中的西方经济发展理论》，发表在《生产力研究》等等。

简　　介：1990年毕业于西北师范大学政治系政治教育本科，2004年硕士研究生毕业，一直从事思政教学工作。

1191 张冰

性　　别：女
出生年月：1974-07-09
民　　族：汉族
政治面貌：党员
职　　称：副高
学　　历：硕士研究生
所在单位：兰州职业技术学院
通讯地址：兰州市安宁区刘沙公路37号
成　　就：主持完成甘肃省科技厅立项课题《甘肃农村劳务经济问题研究》、甘肃省教育厅立项课题《甘肃省高职学校学生就业问题研究》申报、立项、建设、结题、鉴定验收工作。主持课题在甘肃省职业与成人教育协会二十周年纪念大会上，被评为一等奖。作为副主编参编教材《会计电算化实验教程》一部。自2006年至今7次带队参加省级及全国会计信息化技能大赛，并连续多次获得团体一等奖，个人获得"优秀指导教师，参与院级精品课程《财务会计》建设与完善。在省级刊物上发表专业论文6篇。2009年以来多次担任甘肃省及兰州市中职学校会计技能竞赛评委。获得兰州市教育局系统"师德先进个人"称号，兰州职业技术学院骨干教师、多次获得学院优秀教研室主任、优秀班主任、优秀共产党员荣誉称号。
简　　介：1997年毕业于甘肃农业大学经济贸易专业，获得本科学历；2009年毕业于西北师范大学，获得管理学硕士学位；厦门大学国内访问学者、经济师、税务会计师。研究领域为会计实务、会计电算化理论与实务、高职教育等。

1192 陈晓风

性　　别：女
出生年月：1962-04-20
民　　族：汉族
政治面貌：群众
职　　称：副高
学　　历：大学本科
所在单位：兰州职业技术学院
通讯地址：甘肃省兰州市安宁区倚能黄河家园19栋102室
成　　就：发表论文共3篇，省级3篇。获奖两项。
简　　介：1982年7月毕业于西北师范大学音乐系，获文学学士学位；1982年7月至2009年在兰州师范学校任教；2009年至今在兰州职业技术学院任教；所授课程有：琴法、视唱练耳、声乐、音乐欣赏、乐理。

1193 唐晓霞

性　　别：女
出生年月：1976-08-16
民　　族：回族
政治面貌：党员
职　　称：副高
学　　历：硕士研究生
所在单位：兰州职业技术学院
通讯地址：兰州市刘沙公路37号
成　　就：现为初等教育系教师。在教学工作中严谨治学，为人师表，教学效果好，学生评价优秀。曾获得省级英语口语竞赛"优秀辅导教师一等奖""兰州市优秀教师""院教学优秀奖""院优秀教研室主任""院优秀共产党员"等荣誉称号。发表论文近20篇，其中数篇获奖，编写教材2部。甘肃省第12次党代会代表。2012年3月，当选为"甘肃省第12次党代会代表"。2010年6月被中共兰州市委、兰州市人民政府评为"兰州市优秀教师"。
简　　介：1999年6月毕业于西北民族学院英语语言文学专业，大学本科学历。2001年1月至2004年12月在西北师范大学攻读教育管理专业硕士，取得教育硕士学位。2012年9月-2013年3月，在英国阿伯丁大学做访问学者进行为期半年的研修。1999年工作至今一直在兰州职业学院从事教学、班主任及行政工作。

1194 宋玲霞

性　　别：女
出生年月：1974-01-11
民　　族：汉族
政治面貌：党员
职　　称：副高
学　　历：硕士研究生
所在单位：兰州职业技术学院
通讯地址：兰州职业技术学院汽车工程系安宁区流沙公路37号
成　　就：自1996年西北师大中文系毕业后，一直在兰州职业技术学院担任语文教学、汽车工程与交通运输系相关专业课程教学及班主任工作。2002年考入西北师范大学文学院语文教学研究生班学习，获得语文教育硕士学位。两次获学院学年度教学优秀奖；辅导学生参加"全国中小学寄语二十一世纪"征文活动获优秀指导奖；辅导学生参加第二届全国青少年"春蕾杯"征文比赛获优秀指导奖；辅导的《扬起理想的风帆》一文在中学生职业理想征文活动中获二等奖；撰写的《职业学校教育教学中应关注学生性格的重塑》一文入选甘肃省心理卫生协会第三届会员代表大会及学术研讨会特辑，并在大会上交流；长期班主任工作期间，所带班级多次荣获学院的各项荣誉，该同志也多次被评为先进班班主任。
简　　介：1996年西北师范大学中文系毕业至今一直在兰州职业技术学院从事语文教育教学工作、汽车工程与交通运输系相关专业课教学工作，其间还曾担任过校报主编、校团委副书记及班主任等职。

1195 陈剑

性　　别：男
出生年月：1977-09-22
民　　族：汉族
政治面貌：群众
职　　称：副高
学　　历：大学本科
所在单位：兰州职业技术学院
通讯地址：兰州市安宁西路261号
成　　就：2010年指导学生参加"第七届全国高职高专实用英语口语大赛"甘肃赛区复赛获省级一等奖；2010年主持完成甘肃省"十一五"教育科学规划课题《高职高专英语专业语言课堂教学模式改革研究》获甘肃省教育科学研究所"优秀"鉴定等级并结题；2013年主持完成2012年度甘肃省高校大学英语教学改革课题《高职大学英语教材体系中听说模块阶梯型构建研究》通过甘肃省教育厅鉴定结题；2013年主持建设的教学成果《高职高专英语专业语言课堂教学模式改革研究》获兰州职业技术学院教学成果一等奖；2010年发表论文《高职高专英语专业语言课堂教学模式改革初探》于《黑龙江生态工程职业学院学报》；2011年发表论文《网络信息技术与高职英语课程的整合》于《南昌教育学院学报》；2013年发表论文《高职大学英语听说教材构建中的学生因素》于《宿州教育学院学报》；2013年发表论文《阶梯构建大学英语教材听说模块实验研究》于《宜宾学院学报》；2014年发表论文《古代时期中国地名的英译研究》于《昆明学院学报》。
简　　介：兰州职业技术学院应用外语系副教授。甘肃省大学外语教学研究会理事，四川外语学院访问学者。2000年毕业于西北师范大学外国语学院英语教育专业；2004年毕业于北京师范大学教育与经济管理专业研究生课程班；2007年在四川外语学院英语学院进行访问学习。长期从事专业英语、大学英语方面的教学和研究工作。

1196 李世宏

性　　别：女
出生年月：1978-10-09
民　　族：汉族
政治面貌：党员
职　　称：副高
学　　历：大学本科
所在单位：兰州职业技术学院
通讯地址：兰州市安宁区刘沙公路37号
成　　就：本人连续多年辅导学生参加高职高专英语口语比赛，均获较好成绩。2009年参加院级精品课程的建设。多年辅导本校英语专业学生生毕业论文的撰写，获得较好成绩。本人多年研究高职院校英语的改革问题：2010年在《甘肃科技》中发表论文《浅谈高职英语中的词汇教学》，2011年在《甘肃科技》中发表论文《浅论高等职业院校英语教学模式改革》，在《佳木斯教育学院学报》中发表《高职院校中专业英语教学师资问题探究》《浅谈高职院校公共英语教学评价体系改革》，在《新课程》中发表《浅论高职院校专业英语课堂教学教学方法的改革》，在《长沙铁道学院学报》中发表《浅谈如何培养和激发职业院校学生英语学习的兴趣》等论文。2008年本人主持院级课题研究《我院专业英语教学改革》，主持省级教学科研项目1项，在省级学术刊物发表论文多篇，主持和参与校级精品课1门。
简　　介：兰州职业技术学院应用外语系副教授。2000年毕业于西北师范大学外国语学院英语教育专业；2004年毕业于北京师范大学教育与经济管理专业研究生课程班。长期从事高等职业英语方面的教学和研究工作。

1197 张鹏

性　　别：男
出生年月：1979-01-29
民　　族：汉族
政治面貌：党员
职　　称：副高
学　　历：硕士研究生
所在单位：兰州职业技术学院
通讯地址：兰州市安宁区刘沙公路37号
成　　就：本人独立承担院级公开课《财务报表解读与分析》"资产负债表解读与分析"一课的讲授工作，独立承担院级公开课《财务会计》"存货"一课的讲授工作，先后担任08A会计电算化1班、11A会计电算化3班的班主任工作，带领学生参加2011年甘肃省大中专学生志愿者暑期文化科技卫生"三下乡"社会实践活动，参与院级精品课程《财务会计》的申报和建设工作，参与"投资与理财"专业的申报工作，独立指导07A、08A会计电算化专业共26位学生的毕业论文的撰写和答辩，参与《税务会计》一书编写工作，参与《财务会计习题与解析》一书编写工作，获2011年甘肃省大中专学生志愿者暑期文化科技卫生"三下乡"社会实践活动先进个人、2008-2009学年、2010-2011学年度教学优秀奖，2009-2010学年优秀班主任、2009年"优秀党员"称号。
简　　介：2002年到兰州职业技术学院参加工作，2007年晋升讲师，2012年晋升为副教授。自2002年起在学院财务处从事学院预算和收入管理工作，承担经济管理系财经教学、专业申报、专业建设等相关工作。承担继续教育中心的自学考试本科班财经教学工作。

1198 汤永霞

性　　别：女
出生年月：1964-11-28
民　　族：汉族
政治面貌：群众
职　　称：副高
学　　历：大学本科
所在单位：兰州职业技术学院
通讯地址：兰州市安宁区刘沙公路37号
成　　就：在《甘肃教育》《甘肃社会科学》等省级以上刊物发表《走出困惑——关于五年制师范低段语文教材使用的尝试》《关于课堂教学中学生主体性的一点思考》《如何教出小教大专专业课的特色》《本能的呼唤和现实的忧虑——透过〈红蝗〉看莫言笔下的人类精神状态》等论文数篇并且论文曾获全国师范语文教研会论文评比二等奖；担任中国现当代文学、英美文学、阅读和写作、幼儿教师口语、京剧文化、美学杂谈、语言艺术、工业设计史以及影视评论等十几门课程教学并承担校级《中国现当代文学》（沈从文与边城）研究性观摩课；多次获校级优秀教师、优秀班主任荣誉称号，所带班级获优秀班集体、红旗团支部等荣誉称号；多次指导带领毕业班见习实习；带领指导学生参加甘肃省普通话、主持人大赛获优秀指导教师奖，学生获全国师范语文联合会作文大赛一等奖、全省普通话大赛一等奖；获国家级普通话测试员资格；担任安宁区教研中心研究课评委、西北师大高校教师资格评审委员会评委、甘肃省中小学教师资格证讲课评委；多次参加和组织本校、社会及大中专院校的普通话测试作。
简　　介：1989年毕业于西北师大，并在兰州师范学校工作。从事教学至今担任过中国现当代文学、英美文学、阅读和写作、幼儿教师口语、京剧文化、美学杂谈、语言艺术、工业设计史以及影视评论等十几门课程的教学，并承担校级《中国现当代文学》（沈从文与边城）研究性观摩课。

1199 周宁

性　　别：男
出生年月：1970-11-07
民　　族：汉族
政治面貌：民主党派
职　　称：副高
学　　历：大学本科
所在单位：兰州职业技术学院
通讯地址：兰州市安宁区流沙公里37号
成　　就：院级教学成果一等奖"基于工作室化教学模式下的《演播室电视节目制作》课程的建设与应用"的总体设计、全过程参与实施，第一完成人；常年担任《电视新闻实训》《电视专题实训》及《演播室电视节目制作》和毕业设计课程的教学和实践指导工作，参与建设并完成《演播室电视节目制作》院级精品课程；参编教材2部；发表教学、科研论文8篇；常年坚持培养年轻教师；带领教师团队于甘肃省内多家主要媒体建立了校企合作关系，带领教师团队积极参与地方经济建设，开展各项技术服务达30余项；加强校内外实训基地建设，构建立体化实训、实习平台，多方争取项目投入，建设了非线性编辑工作室，剧院，MIDI工作室，录音棚等一批校内实训基地，在甘肃省广播电视总台、兰州市广播电视总台等多家传媒企业建立长期合作办学，成立校外实训基地；负责制定教学团队的建设规划，实施教师校本培训工作，为团队教师教学水平和实践能力的提高创造了条件。目前团队中有12名教师具有"双证"资格。
简　　介：1996年毕业于西北示范大学电化教育系教育技术专业，获得教育学学士学位，同年进入兰州铁路局电视台从事电视节目采编工作，并于2002年获得记者资格；2007年3月进入兰州职业技术学院从事影视多媒体技术专业教学工作，担任先后担任教研室主任，系教学主任，于2009年获得副教授职称。

1200 杨永红

性　　别：女
出生年月：1968-07-19
民　　族：汉族
政治面貌：群众
职　　称：副高
学　　历：硕士研究生
所在单位：兰州职业技术学院
通讯地址：兰州市安宁区刘沙公路37号
成　　就：带领学生参加用友杯第五届全国大学生创业设计及沙盘模拟经营大赛获二等奖，2009年指导学生参加第七届挑战杯甘肃省大学生课外学术科技作品竞赛获三等奖，本人获优秀指导教师奖，2011年参加甘肃省第二次全国经济普查资料开发招标课题获结题证书，2012年08月获甘肃省高校科技进步三等奖。
简　　介：1987年09月至1991年06月在西北师范大学经济管理系学习；1991年07月至1999年09月在兰州市糖酒副食公司从事销售工作；1999年09月至2006年02月在兰州工贸集团西太华股份有限公司从事管理工作；2005年03月至2008年12月在兰州大学法学院学习，获得法律硕士学历；2006年03月至至今在兰州职业技术学院经济管理系担任经济管理方面的教学工作。

1201 于靓

性　　别：女
出生年月：1974-08-21
民　　族：汉族
政治面貌：党员
职　　称：副高
学　　历：大学本科
所在单位：兰州职业技术学院
通讯地址：兰州市安宁区刘沙公路37号基础教学部
成　　就：本人主要从事职业类教育教学工作，曾担任《高职语文》《小学语文教学法》《学前儿童语言教育》《普通话》等课程的教学任务，参与了中英项目教师培训工作和中英项目的培训教材的编写工作。完成了市级重点课题《关于小学第二学段学生错别字产生的原因及纠正对策研究》和省级规划课题《现代信息技术环境下的习作教学策略研究》。论文《语文课上我们该做什么—关于中师〈阅读和写作〉教学的思考》在全国师范语文教研联合会获一等奖，曾荣获市级教学新秀和优秀共产党员的称号。
简　　介：1997年毕业于西北师范大学中文系，2010年在西北师大获得了教育硕士的学位。1997在兰州师范工作，主要担任《阅读和写作》及《小学语文教学法》的教学任务。2009年在兰州职业技术学院担任《高职语文》《京剧文化》《学前儿童语言教育》《普通话》等课程的教学任务，参与了中英项目教师培训工作和中英项目的培训教材的编写工作。

1202 雒永峰

性　　别：男
出生年月：1971-01-02
民　　族：汉族
政治面貌：党员
职　　称：副高
学　　历：硕士研究生
所在单位：兰州职业技术学院
通讯地址：兰州职业技术学院经济管理系

成　　就：主要做兰州市旅游文化研究，曾设计制作商品品牌外包装等。

1203　曾文君

性　　别：女
出生年月：1969-08-22
民　　族：汉族
政治面貌：群众
职　　称：副高
学　　历：大学本科
所在单位：兰州职业技术学院
通讯地址：兰州职业技术学院基础教学部
成　　就：在《甘肃教育》等刊物上发表教育教学论文 6 篇；并参与编写《全解全析》2 本；制作的课件《奇妙的石头》荣获"中国教育技术协会小学协作研究会"一等奖。《探究式学习在小学信息技术教学中的应用研究》通过市级鉴定并荣获三等奖。2004 年获得国家级普通话测试员资格；2012 年获得国家心理咨询师三级。也 3 次获得"优秀班主任"称号。自 2000 年以来一直参与中英项目小学语文培训教学工作。自任职以来连续 7 年担任"语言艺术组"的指导工作，并被评为"第二课堂优秀教师"荣誉称号。自 1999 年来连续 8 年担任班主任工作。
简　　介：1991 年 7 月毕业于兰州师专到兰州师范参加工作；1992 年 8 月-1995 年 8 月就读于西北师大汉语言文学，2002 年 12 月获得西北师大教育硕士；2008 年兰州师范并入兰州职业技术学院。

1204　李开明

性　　别：男
出生年月：1974-06-10
民　　族：汉族
政治面貌：群众
职　　称：副高
学　　历：博士研究生
所在单位：兰州城市学院
通讯地址：兰州市街坊路 11 号
成　　就：在气候变化的生态效应、区域经济以及人口与社会保险方面进行相关研究，并发表研究论文 20 多篇。参加项目：基于冰川动力学模式的黑河流域冰川变化模拟预测研究，国家自然基金项目，项目编号：91025012.2. 中亚地区雪冰粉尘记录的时空变化研究，国家自然基金项目，41171057 等。
简　　介：2005—2008 年在西北师范大学取得硕士学位；2008—2011 年在中国科学院寒区旱区环境与工程研究所取得博士学位；现在兰州城市学院工作；主要研究方向为气候变化、区域经济。

1205　赵瑞雪

性　　别：女
出生年月：1971-11-15
民　　族：汉族
政治面貌：党员
职　　称：副高
学　　历：硕士研究生
所在单位：兰州城市学院
通讯地址：兰州城市学院社会管理学院
成　　就：近年来，由她主持的课题 3 项，其中省级课题 1 项。参与的国家级、省部级等课题 14 项，获得国家级、省部级等各种奖励 18 项。所获奖励主要包括：2011 年，荣获甘肃省第八届"挑战杯"大学生课外学术科技作品竞赛二等奖优秀指导老师。2012 年，荣获甘肃省《毛泽东思想和中国特色社会主义理论体系概论》课程精品课负责人。2012 年荣获兰州城市学院第二届优秀教学质量奖。2013 年荣获第十三届全国多媒体课件大赛高教文科组三等奖。2013 年荣获第十三届全国多媒体课件大赛高教文科组优秀奖。

2013年荣获甘肃省高校思想政治理论课"教学能手"称号。2013年荣获甘肃省第九届"挑战杯"大学生课外学术科技作品竞赛二等奖优秀指导老师。2014年荣获兰州城市学院第三届优秀教学质量奖。

简　　介：国家教育部、财政部"国培计划"专家库成员、"国培计划"甘肃省初中思想品德培训团队成员、甘肃省教科文卫工会"甘肃职工大讲堂"师资库成员、安宁区政府培训团队成员。现为兰州城市学院社会管理学院副教授，哲学硕士，主要研究方向为高校思想政治教育和中西方哲学思想。

1206 李崴

性　　别：女
出生年月：1979-06-11
民　　族：汉族
政治面貌：群众
职　　称：副高
学　　历：硕士研究生
所在单位：兰州职业技术学院
通讯地址：兰州职业技术学院数字传媒系
成　　就：曾获2009—2010学年度"教学优秀奖"、2011—2012学年度"教学优秀奖"、2010—2011学年度"优秀班主任"，2011.10辅导学生参加"第四届全国三维数字化创新设计大赛"获指导教师甘肃赛区二、三等奖，2011.10参加"第十一届全国多媒体课件大赛"获全国高职组三等奖。
简　　介：2002.07—至今在兰州职业技术学院从事艺术设计教学工作。

1207 王顺梅

性　　别：女
出生年月：1976-12-02
民　　族：汉族
政治面貌：民主党派
职　　称：副高
学　　历：大学本科
所在单位：兰州职业技术学院
通讯地址：兰州市安宁区刘沙公路37号
成　　就：《同伴关系对小学生学业成绩影响的研究》发表于《卫生职业教育》2009年第20期。《高职生家庭条件对其主观幸福感的影响分析》发表与《青海民族大学学报》2010年第4期。《谈主观幸福感》发表于《黑龙江生态工程职业学院学报》2009年第3期。《积极情绪在情感教学中的功能》发表于《和田师范专科学校学报》2010年第3期。《浅谈网络化环境对青少年社会化的影响》发表于《黑龙江生态工程职业学院学报》2010年第3期。《兰州地区高职大学生成就归因与学业倦怠关系研究》发表于《卫生职业教育》2012年第11期。《浅议苏曼殊小说的病态心理》发表于《林区教学》2014年第5期。
简　　介：1997年至2001年7月在西北师范大学教科院教育管理专业学习，2001年7月毕业获教育学学位；2001年9月进入兰州职业技术学院成为一名光荣的人民教师；2002年获得高校教师资格，并于同年底获得教师初级资格证书，在2006年获得讲师职称；于2006年3月至今在华东师范大学心理系攻读硕士学位；2011年获得副教授资格。

1208 李延军

性　　别：男
出生年月：1972-10-22
民　　族：汉族
政治面貌：党员
职　　称：副高
学　　历：大学本科
所在单位：兰州职业技术学院
通讯地址：兰州职业技术学院

成　　就：参与课题申报、立项工作，参与完成院内优秀科研成果评奖工作，科研处相关材料的撰写和编辑。从事科研服务工作期间，李延军同志还积极进行科研工作相关的理论研究。参与对兰州市民办职业院校的调研活动，实地调查了解了兰州市中、高等民办职业院校的目前现状，分析中、高等民办职业院校成功的经验、工作中存在的问题，并提出了相应的解决措施，形成了《兰州市中、高等民办职业院校办学情况调研报告》；参与院内"国粹砺人"专项课题的资料搜集、整理与撰写工作，撰写了开题报告、中期报告，发表了《传统文化与人文素质关系的研究》论文 1 篇；编辑《信息汇编》，使学院师生更全面、准确的了解有关科研方面的信息、制度、政策及最新的动态；为创新科研工作，做好科研服务，参与以面谈的形式分别对理工类专业教研室主任进行单个调研。

简　　介：1996 年 6 月毕业于西北师范大学，思想政治教育专业，1996 年 8 月参加工作，现兰州职业技术学院科技处从事行政工作，同为兰州职业技术学院"科技之家"成员。

1209 杨昕蔚

性　　别：女
出生年月：1978-12-11
民　　族：汉族
政治面貌：党员
职　　称：副高
学　　历：大学本科
所在单位：兰州职业技术学院
通讯地址：安宁区刘沙公路 37 号兰州职业技术学院经济管理系

成　　就：曾获兰州市教育局系统优秀共青团员，院、系优秀共产党员，学院优秀思想政治工作者、优秀教师等荣誉称号。独立撰写并公开发表《高职语文课程开发及评价要素的分析》《高职语文教师专业成长路径探析》《建构主义理论在高职语文教学中的应用——以古典文学作品赏析为例》《主妇的视角与生活哲学——透视六六的长篇小说创作特色》《儿女情长背后的英雄气短——三味稼轩婉约词作》等学术论文。

简　　介：省级普通话测试员。2001 年毕业于西北师范大学汉语言文学教育专业，文学学士。2004 年赴华东师范大学职成教研究所进修，2007 年获教育学硕士学位。2001 年 7 月在兰州职业技术学院正式参加工作，先后担任学院办公室干事、经济管理系团总支书记、经管外语系办公室主任，现任经济管理系副主任，分管教学、科研、二级督导工作。

1210 陈艳梅

性　　别：女
出生年月：1961-11-19
民　　族：汉族
政治面貌：党员
职　　称：副高
学　　历：大学本科
所在单位：兰州职业技术学院
通讯地址：兰州市安宁区桃林路 42 号

成　　就：撰写并发表《析长安眼中的缺月》《从〈阿Q正传〉看鲁迅的国民性批判思想》等 8 篇专业论文，其中 2 篇获省级教育优秀论文二等奖；参编九年义务教育《初中生字语手册》，编著义务教育《作文》等语文教学参考书。科研成果《师范语文阅读教学策略与学法研究》获甘肃省第六届基础教育科研优秀成果评选三等奖。被兰州市语言文字工作委员会聘为兰州市普通话水平培训测试站测试员。

简　　介：1992 年兰州师范高等专科学校中文系专科毕业；2000 年在西北师范大学现当代文学专业硕士研究生班学习，获国家教育部统一印制的硕士课程班结业证书；2004年完成中央广播电视大学汉语言文学专业本科段的学习，取得毕业证书；曾在兰州外语学校、兰州师范学校任教，现在兰州职业技术学院工作，副教授，普通话省级测试员。

1211 丁薇

性　　别：女
出生年月：1964-06-07
民　　族：汉族
政治面貌：党员
职　　称：副高
学　　历：硕士研究生
所在单位：兰州职业技术学院
通讯地址：甘肃省兰州市安宁区刘沙公路37号
成　　就：编写《大学生京剧教育读本》；辅导学生参加全省作文比赛获得二等奖；辅导学生参加全省"挑战杯"大赛获得三等奖；参与省教育厅审批的省级课题两项；领导校企合作"蓝海"定向班及"喜来登"酒店定向班的组建、科研、职业培养及蓝海学院的筹建；发表8篇论文。

1212 薛满红

性　　别：女
出生年月：1966-10-06
民　　族：汉族
政治面貌：群众
职　　称：副高
学　　历：大学本科
所在单位：兰州市外国语高中
通讯地址：兰州市外国语高中
成　　就：2011年在《甘肃教育》发表论文1篇；2011年兰州市高中历史会考合格率98.5%，超标；2012年高考文综成绩省级示范学校排名第五名，学校完成目标年级第二名；2013年初中历史毕业会考平均成绩兰州市第四名；高中历史会考合格率100%；2014年获得兰州市第29届青少年科技大赛优秀教师辅导奖，省级二等奖。
简　　介：1986—1989年在兰州师专学习；1989—1991年在兰州市红古区海石二校工作；1991—1992年在兰州市二十六中工作；1992—1994年在西北师大学习；1994—2004年在兰州市二十六中工作；2004年至今在兰州市外国语高中工作。

1213 王本强

性　　别：男
出生年月：1955-10-20
民　　族：汉族
政治面貌：党员
职　　称：副高
学　　历：大学本科
所在单位：兰州职业技术学院
通讯地址：兰州市安宁区刘沙公路37号
成　　就：长期从事体育教育教学工作和社会主义精神文明建设工作。先后获得兰州市优秀教师以及县区级精神文明建设先进个人多次。1989年获得"兰州市优秀教师"称号；1999年获得兰州市城关区区委区政府精神文明建设先进个人；2000年获得兰州市城关区区委区政府普法工作先进个人；2006年获得兰州市安宁区区委区政府精神文明建设先进个人；2009年被兰州市精神文明建设委员会聘为兰州市市民教育兼职教师。
简　　介：1977—1979兰州师范学校体育专业学习；1979—1996兰州职业技术学校从事体育教育教学工作；1985—1988西安体育学院体育教育专业学习；1996—1999北京体育师范学院体育教育专业学习；1996—2009兰州职业技术学院任教并从事精神文明建设；2009至今从事学院工会工作。

1214 王合义

性　　别：男
出生年月：1965-08-15
民　　族：汉族
政治面貌：群众
职　　称：副高
学　　历：大学本科
所在单位：兰州职业技术学院
通讯地址：兰州市安宁区刘沙公路39号
成　　就：长期担任大学中文相关课程教学任务，在省部级以上刊物上发表多篇论文。兼任就业科长，多年来负责学生就业。
简　　介：1985年9月至1989年6月在陕西师范大学中文系学习。特长古代汉语、古代文学等教学工作。

1215 康明福

性　　别：男
出生年月：1977-11-15
民　　族：汉族
政治面貌：党员
职　　称：副高
学　　历：大学本科
所在单位：兰州职业技术学院
通讯地址：兰州职业技术学院（安宁区刘沙公路37号）经济管理系
成　　就：致力于旅游管理、酒店管理、会展服务等现代餐旅服务类专业的教学，先后在核心刊物及省级刊物发表论文多篇，持有《导游资格证》《公共关系资格证》《旅游酒店双师证》等行业资格证，多次参加旅游、酒店类双师师资培训，先后主讲的课程有《导游基础》《酒店管理》等。
简　　介：经济管理系骨干教师、双师型教师。

1216 赵爱萍

性　　别：女
出生年月：1964-07-25
民　　族：满族
政治面貌：群众
职　　称：副高
学　　历：大学本科
所在单位：兰州职业技术学院
通讯地址：兰州市安宁区刘沙公路37号
成　　就：主要负责完成评估指标1.3对人才培养重视程度、1.4校园稳定和4.4实践教学条件等的数据统计、各类印证数据分析表格和《自评依据说明》，负责起草学院后勤管理长远规划，制定和完善《后勤工作人员管理办法》《财务管理办法》《财务制度》等规章制度。负责起草学期、年度后勤工作计划和总结；作为第二副主编，参与《学院财务制度汇编》的编辑工作。年均起草1万字以上，累计5万字以上。认真开展绿色校园建设、巩固和发展工作。本人撰写了：《浅谈事业单位财务管理改革》《高校管理制度的伦理缺失及对策探析》《高校后勤管理的社会化以及创新》《高校后勤社会化改革的途径》《高校财务管理的探析》等5篇论文，并获得2007年度优秀思想政治工作者、2007年优秀教育工作者、2009年优秀教育工作者。
简　　介：先在兰州职业技术学院财务处工作，担任财务处副处长，本人1985年8月参加工作，教龄10年，专业为后勤管理。

1217 邢自武

性　　别：男
出生年月：1968-03-07
民　　族：汉族
政治面貌：党员
职　　称：副高

学　　历：大学本科
所在单位：兰州职业技术学院
通讯地址：兰州职业技术学院
成　　就：1994年被省委、省政府授予"园丁奖"；1996年被评为教育局系统"优秀团干部"；1998年被评为"兰州市优秀青年"；2003年被评为教育局系统"优秀党员"；2004年被评为兰州市安全生产先进个人；工作期间多次被评为校级"优秀党员""优秀老师""优秀教育工作者"以及"先进班""文明班"班主任。
简　　介：1988年7月参加工作，在兰州职业技术学校电子科担任专业课教师，并先后担任多个班班主任工作；1994年11月，担任校团委书记；1995年4月，担任政教处副主任；1998年8月担任政教处主任；2001年6月，学校升格为学院；2002年8月，担任学院学生处副处长；2003年8月至今，担任学生处处长。

1218 张萍

性　　别：女
出生年月：1968-01-08
民　　族：汉族
政治面貌：群众
职　　称：副高
学　　历：硕士研究生
所在单位：兰州职业技术学院
通讯地址：兰州市安宁区刘沙公路37号
成　　就：1999年荣获兰州市第六届教学新秀称号；2000年荣获兰州市第二届现代教育技术课堂教学比赛一等奖；同年被评为市级教学骨干，2002年被评为省级教学骨干。2005年荣获兰州市教育局系统"十大杰出青年教师"称号；2007年被评为甘肃省高等学校优秀思想政治工作者。
简　　介：本人1988年西北师范大学行政管理专业专科毕业，1993年政治教育专业专升本，2005年获教育管理专业教育硕士。1988年在兰州职业技术学院工作至今。曾任思政课教师及教务处、文化教育处、基础部行政工作。2004年获得副高职称。2013年通过兰州市人社局中级茶艺师职业资格认证。

1219 沈坚

性　　别：男
出生年月：1966-01-17
民　　族：汉族
政治面貌：党员
职　　称：副高
学　　历：硕士研究生
所在单位：兰州职业技术学院
通讯地址：兰州市安宁区刘沙公路37号
成　　就：经济管理。

1220 仇俊峰

性　　别：男
出生年月：1956-05-05
民　　族：汉族
政治面貌：党员
职　　称：副高
学　　历：大学本科
所在单位：兰州职业技术学院
通讯地址：兰州市安宁区刘沙公路37号
成　　就：2000年被评为中学高级教师，2003年转为副教授，2008年出版教材1部，《网站组建与维护》为第一作者。本人在2006年被评为第六届"挑战杯"甘肃省大学生课外学术科技作品竞赛优秀指导教师。团体获三等奖。2009年被评为第七届"挑战杯"甘肃省大学生课外学术科技作品竞赛优秀指导教师。团体获二等奖。2000年在《职业技术教育》杂志上发表论文《中小学微机房的管理》。

简　　介：1979年参加工作，1987年评为中学一级教师，2000年被评为中学高级教师，2003年转为副教授。1979年—1988年在兰州四中工作，从事物理教学工作；1989-1997年在兰州市城关职校工作，从事物理教学及计算机教学工作；1997到今在兰州职业技术学院工作，从事计算机教学工作；先后担任信息工程系主任工作，现担任网管中心主任工作。2004—2007年为兰州市教师资格专家审查委员会学科组评委。

1221 李聪

性　　别：女
出生年月：1968-03-17
民　　族：汉族
政治面貌：群众
职　　称：副高
学　　历：大学本科
所在单位：兰州职业技术学院
通讯地址：兰州市安宁区十里店街257号
成　　就：在《现代经济信息》《管理观察》等期刊发表《酒店员工流失及其管理对策研究》《现代饭店餐饮管理思路与对策研究》等论文5篇；参与完成省科技厅《轨检车数据分析及预测综合应用系统研究》项目，获2012年甘肃省高校科技进步三等奖；参加国家职业技能鉴定，获餐厅服务员技师二级/技师职业资格证书；获学院2010年度优秀班主任。

简　　介：本人1992年毕业于西北师范大学经济系价格学专业；1992年至1999年在省住宅建设总公司房屋开发经营公司先后从事财务和房地产开发业务工作；1999年至2008年在兰州冶金设计研究院从事工程质量宣教和培训工作（其中2000年至2004年兼职经营管理回水湾海鲜酒店）；2008年至2009年在省物价研究所工作；2009年至今，在兰州职业技术学院从事酒店、旅游管理教学工作。

1222 张富国

性　　别：男
出生年月：1967-08-13
民　　族：汉族
政治面貌：党员
职　　称：副高
学　　历：硕士研究生
所在单位：兰州职业技术学院
通讯地址：兰州市安宁区桃林路金华苑小区
成　　就：多年来一直从事高职语文教学工作，先后担任我校的《京剧文化》《应用写作》《高职语文》等课程的教学工作。获奖情况：2000年荣获永登县高中教学质量先进个人奖；2001年9月被授予永登县"师德楷模"称号。

简　　介：1983年9月—1987年7月在永登师范学校学习；2000年6月自考兰州大学汉语言文学本科；2002年1月—2005年1月西北师范大学语文教育硕士。

1223 吴磊

性　　别：女
出生年月：1975-08-10
民　　族：汉族
政治面貌：群众
职　　称：副高
学　　历：大学本科
所在单位：兰州职业技术学院
通讯地址：兰州市安宁区刘沙公路37号
成　　就：在学院担任《声乐》《钢琴》《京剧欣赏》《歌曲解读与艺术实践》等课程的音乐教学工作，做到了认真备课、精心授课、专心总结，将自己所学知识传授给学生；在科研方面合著一部专著：2010 年 9 月在三辰影库音像出版社出版《中外名曲赏析》，本人排名第二。发表多篇论文：《洛阳师范学院学报》发表《高校合唱教学改革方向探索》《民族音乐》发表《高校声乐教学与民族音乐文化的融合》《长春理工大学学报》发表《"京剧欣赏"教学中的探索》等；在各种组织、演出工作中做到严谨、踏实、一丝不苟，出色的完成了学院交给的任务。

简　　介：1998 年 6 月毕业于兰州师范高等专科学校音乐专业，2002 年 6 月毕业于西北师范大学音乐专业，大学本科学历；自 1998 年 9 月参加工作至今在兰州职业技术学院从事音乐教学、班主任工作及学院合唱团的训练工作；2010 年 12 月取得副教授任职资格。

1224　李继军

性　　别：男

出生年月：1964-10-08

民　　族：汉族

政治面貌：党员

职　　称：副高

学　　历：大学本科

所在单位：兰州职业技术学院

通讯地址：兰州职业技术学院基础教学部

成　　就：1988 年毕业于西北师范大学中文系。2001 年获高级讲师任职资格，2012 年 12 转换为副教授。曾任兰州师范学校语文组组长，高级讲师。甘肃省小学语文协会会员，甘肃省普通话省级测试员。现为兰州职业技术学院中文副教授、基础教学部副主任。教授《外国文学》《高中语文》《写作》《美学基础》《文案解析》等课，现教授《大学语文》《普通话》。发表论文有：《唐传奇与魏晋南北朝小说之比较》《写作中的定势与思维突破》《敞开心扉走进文学的殿堂》。论文《小教大专写作教学的设想和实践》获全国语文教研会第十三届年会论文评比一等奖。曾发表诗作《老师》《秋叶》和《人生之旅》等。正在编写教材《基础写作教程》。计划编写教材《普通话学习和水平测试教程》。

简　　介：1981—1984 在兰州一中读书；1984—1988 在西北师范大学中文系读书；1988—1993 在兰州十四中任教；1993—2008 在兰州师范学校任教；2008 至今在兰州职业技术学院工作。

1225　李琦

性　　别：女

出生年月：1969-12-01

民　　族：汉族

政治面貌：党员

职　　称：副高

学　　历：大学本科

所在单位：兰州职业技术学院

通讯地址：兰州市安宁区刘沙公路 37 号

成　　就：主持完成甘肃省自然科学研究基金计划项目——《基于 Oracle 数据挖掘技术的人力资源管理系统的研究与实现》。作为第一副主编出版《新编青年学生入党培训教材》1 本，在省级刊物上发表论文 6 篇。多次获学院优秀共产党员、优秀思想政治工作者、优秀教育工作者、科研成果奖等荣誉称号。

简　　介：1990 年 6 月毕业于西北民族学院财会专业；2004 年 1 月毕业于甘肃省广播电视大学会计学专业，大学本科学历；1990 年 12 月参加工作，2010 年 12 月取得高教管理副研究员任职资格。

1226　王志亭

性　　别：男

出生年月：1965-07-21

民　　　族：汉族
政治面貌：群众
职　　　称：副高
学　　　历：大学本科
所在单位：兰州市第五十七中学
通讯地址：兰州市安宁区兰州第57中学
成　　　就：1993年全中小学期末统考中荣获"高二政治第二名"（张家川县教育局颁发）。1995年在教学工作中成绩显著，被评为"高考政治学科优胜教师"（张家川县委县人民政府颁发）。1995年被张家川县委县人民政府授予"教学能手"称号。1996年度高考中荣获"单科三等奖"（张家川县委县人民政府颁发）。1999年荣获"天水市优秀教师"（天水市教育委员会颁发）。2003年荣获兰州市中学优质课竞赛高中政治学科二等奖（兰州市教育科学研究所颁发），论文《增强中学政治课教学吸引力的几点尝试》教师专业发展获三等奖（2009年4月兰州市教育科学研究所颁发）。2009年获"兰州市中小学优秀班主任"（兰州市教育局颁发）。2011年被评为"兰州市中小学骨干教师"（兰州市教育局颁发）。
简　　　介：现为兰州市第五十七中教师，中学高级职称，政治教研组组长。1989年毕业于西北师范大学经济系，经济学学士学位，市级骨干教师。

1227　王岚

性　　　别：女
出生年月：1973-11-24
民　　　族：汉族
政治面貌：党员
职　　　称：副高
学　　　历：硕士研究生
所在单位：兰州市二十中
通讯地址：兰州市桃林路108号
成　　　就：1996年毕业以来一直从事中学思想政治课教学工作，成绩优异。注重教育教学科研，先后发表、获奖论文有10余篇，编写《2010、2012年甘肃省普通高中毕业会考考试纲要》与解读，撰写2012年甘肃省高中会考试卷、2013年兰州市中考试卷质量分析。屡次获得市、校级优秀教师、优秀班主任、优秀共产党员、师德先进个人等荣誉称号。现聘为西北师范大学硕士生导师，进入"兰州市151人才工程"。
简　　　介：1992—1996年就读于西北师范大学政法系政治教育专业；1996—2003年在504子弟中学担任高中政治课教学、校团委书记；2003年至今在兰州市第二十中学从事政治课教学，现担任政教处副主任2007—2010年西北师范大学攻读教育硕士，思想政治教育专业。

1228　薛守文

性　　　别：男
出生年月：1964-10-20
民　　　族：汉族
政治面貌：党员
职　　　称：副高
学　　　历：大学本科
所在单位：兰州职业技术学院
通讯地址：兰州市刘沙公路37号兰州职业技术学院
成　　　就：参编《兰州民俗风物》（甘肃人民出版社）；撰文《葵梦》《文化艺术出版社》；《甘肃日报》刊文《问计于民间需于民》等；《甘肃诗词》刊发古体诗多篇。
简　　　介：1980年—1982年在永登师范学校学习；1982—1985年永登县树屏乡中学任教；1985—1987年兰州教育学院学习；1984—1989年西北师范大学学习；1989—1999年永登一中任教；1999年—2001年永

登县政府工作；2002 年至今在兰州职业技术学院工作。

1229 苏立玢

性　　别：男
出生年月：1972-08-27
民　　族：回族
政治面貌：党员
职　　称：副高
学　　历：大学本科
所在单位：兰州职业技术学院
通讯地址：兰州市安宁区刘沙公路 37 号
成　　就：作为第二人参与省级课题 1 项，主编教材 1 部，参编专著 1 部，在省级刊物上发表论文 6 篇，在省级报刊上发表文章 2 篇。获全省教育系统创先争优活动先进基层党组织优秀共产党员、教育局系统优秀党务工作者、教育信息工作先进工作者、学院优秀科研成果优秀奖、学院教学优秀奖、学院优秀班主任等荣誉称号。
简　　介：1996 年 6 月毕业于西北师范大学思想政治教育专业，大学本科学历；1996 年 7 月分配至兰州职业技术学院工作，从事思政教学工作；2007 年 12 月取得副教授任职资格，2005 年至今担任兰州职业技术学院高校教师中级职务任职资格评审委员会委员。

1230 陈静媛

性　　别：女
出生年月：1979-05-28
民　　族：汉族
政治面貌：党员
职　　称：副高
学　　历：大学本科
所在单位：兰州职业技术学院
通讯地址：兰州市安宁区刘沙公路 37 号兰州职业技术学院
成　　就：获 2003—2004 年度、2005—2006 年度、2010—2011 年度优秀班主任、2007 年度学院科研成果优秀奖；获 2007 年度学院"优秀思想政治工作者"；获 2008—2009 学年度、2010—2011 学年度学院教学优秀奖；2011 年辅导学生参加全国感恩书信大赛，学生陈应文获甘肃赛区一等奖；获 2011"全国汽车职业院校课程设计大赛"汽车营销高职组二等奖；辅导 2 名学生参加 2012 年全国职业院校技能大赛汽车营销组比赛，获团体三等奖；获 2013"全国汽车职业院校课程设计大赛"汽车营销高职组二等奖；作为"甘肃省普通话省级测试员"，参加甘肃省语言文字工作委员会组织的普通话测试工作 60 余次，并参与学院学生普通话水平的培训指导工作。发表论文：《浅析〈老人与海〉中的虚无主义》（《现代语文》2011 年第 25 期）；《传统地域文化与语文教学》（《黑龙江生态工程职业学院学报》2012 年第 3 期）。
简　　介：兰州职业技术学院汽车工程与交通运输系教师。2002 年本科毕业于西北师范大学汉语言文学专业；西北师范大学 MPA 专业硕士研究生在读。

1231 陈小兰

性　　别：女
出生年月：1971-06-09
民　　族：汉族
政治面貌：群众
职　　称：副高
学　　历：大学本科
所在单位：兰州职业技术学院
通讯地址：兰州市安宁区刘沙公路 37 号
成　　就：教授《会计基本技能》《财务会计》《统计学原理》《基础会计》《财务管理》《会计综合模拟实训》《成本会计》等课程，

2010年12月通过经济学副教授职称的评审，教育教学过程中教书育人，兢兢业业。

简　　介：1992年7月毕业于西安统计学院统计学专业，毕业一直在兰州职业技术学院经济管理系会计电算化教研室从事会计专业的教育教学工作，2010年12月被评聘为经济学副教授职称。

1232 闫淑蓉

性　　别：女
出生年月：1973-09-12
民　　族：汉族
政治面貌：党员
职　　称：副高
学　　历：大学本科
所在单位：兰州五十三中
通讯地址：兰州五十三中

成　　就：1996—200年间，所带三届初中毕业班中考成绩在合格率、优秀率、平均成绩均名列年级前茅；2008年至今一直从事高中语文教学工作。历届高中毕业会考合格率均达到96%以上，高考平均成绩均达到97分以上。自1996年参加工作以来，一直担任班主任工作。李东铉等多名同学考取了中央美院等重点美院。论文《诗歌鉴赏教学的几点思考和尝试》《学生阅读能力提升》分别发表于《甘肃科技纵横》2008年第六期，2013年第11期上；《巧做"炼字题"》发表于《教师》2009年第九期上。2011年，研究课题《自读教学与语文能力的拓展》结题并获三等奖。1997-2002年连续四届获中华圣陶杯中学生作文大赛辅导优秀奖，2008年、2009年辅导多名同学在全国中学生语文能力竞赛中分获全国二、三等奖。

简　　介：1992年9月—1996年7月就读于西北师范大学汉语言文学专业；1996年8月至今于兰州五十三中从事教育教学工作。

1233 孙晓芸

性　　别：女
出生年月：1976-12-10
民　　族：汉族
政治面貌：党员
职　　称：副高
学　　历：硕士研究生
所在单位：兰州城市学院
通讯地址：兰州城市学院街坊路11号

成　　就：发表省级论文6篇，主持地厅级项目1项，参与地厅级项目2项，校级项目1项。获优秀班主任、优秀指导教师、CCTV演讲大赛甘肃赛区优秀指导教师等奖励。

简　　介：1999年毕业于西北师范大学，英语语言文学学士；2008年毕业于西北师范大学，英语语言文学硕士。

1234 黄雯

性　　别：女
出生年月：1965-03-16
民　　族：汉族
政治面貌：群众
职　　称：副高
学　　历：大学本科
所在单位：兰州职业技术学院
通讯地址：兰州市安宁区刘沙公路37号兰州职业技术学院数字传媒系

成　　就：获得校级优秀教师奖两次。2005年10月油画"花卉"在美国俄亥俄州参展，被收藏。兰州师范百年校庆参加手工展与体操表演的指导和编排工作。参加甘肃省第十届运动会开幕式"黄河颂"舞蹈编排和艺术指导。《简笔画》由兰州大学出版社出版。作品《静物》发表在甘肃教育，收编于园丁画廊中。共发表5篇国家级论文，分别获一等奖、优秀奖。

简　　介：1988 年至 1992 年就读于西北师范大学美术系。1992 年 10 月至 2008 年 12 月在兰州师范学校担任讲师。2008 年至今在兰州职业技术学院担任高级讲师。2009 年至今在兰州职业技术学院任教。所授课程有：绘画基础、美术基础、速写、透视、室内软装陈设设计、艺术品欣赏和软饰品欣赏、建筑风水学、构成、壁挂制作。

1235　刘永成

性　　别：男

出生年月：1968-01-27

民　　族：汉族

政治面貌：党员

职　　称：副高

学　　历：大学本科

所在单位：兰州市第四十九中学

通讯地址：安宁区万新路 42 号

成　　就：1999 年获甘肃省经济技术进修学院"优秀教师"称号；2011 年获兰州市骨干教师荣誉；2003 年论文在兰州市教育教学论文评选中获二等奖；2010 年获校级"教育特别贡献奖"。

简　　介：1992 年 7 月毕业于西北师范大学政法学院，现为兰州市第四十九中学政治老师。

1236　路群

性　　别：女

出生年月：1966-11-11

民　　族：汉族

政治面貌：党员

职　　称：副高

学　　历：大学本科

所在单位：兰州职业技术学院

通讯地址：兰州安宁区刘沙公路 37 兰州职业技术学院经外系

成　　就：优秀的高职和高中英语教师，很好发挥因材施教的作用。擅长英语语法教学、公共英语教学，已经熟练英语专业教学。发表了 5 篇英语教育教学方面的论文。参与 2 个省级课题的研究工作。1 次市优秀教师称号。1 次县优秀教师。所带班级被授予省级先进班集体。3 次院优秀党员。2 次院教学优秀奖。1 次院优秀教师。1 次院优秀班主任。5 年教研室主任。1 次院级精品课负责人。

1237　王平

性　　别：男

出生年月：1966-09-09

民　　族：汉族

政治面貌：群众

职　　称：副高

学　　历：大学本科

所在单位：兰州职业技术学院

通讯地址：兰州职业技术学院（安宁区刘沙公路 37 号）经济管理系

成　　就：2005 年评为兰州市教育局系统优秀班主任。2005 年，先后发表论文四篇："从《论语》看春秋战国社会伦理的变化"甘肃理论学刊第 6 期。"春秋战国百家争鸣局面在后世未曾出现的原因"，社科纵横第 6 期。"历史学科创新思维培养"甘肃教育第 12 期。"历史课堂运用现代媒体的优势"甘肃教育第 9 期。2009 年评为校级"师德先进个人"。

简　　介：1990—2008 年，在兰州师范学校任教；2008—至今，兰州职业技术学院任教。

1238　左玉萍

性　　别：女

出生年月：1971-02-12

民　　族：汉族

政治面貌：党员

职　　称：副高

学　　历：大学本科
所在单位：兰州职业技术学院
通讯地址：兰州职业技术学院
成　　就：2011年、2013年获得甘肃省教学成果教育厅级奖。

1239　李奕

性　　别：男
出生年月：1969-02-12
民　　族：汉族
政治面貌：党员
职　　称：副高
学　　历：大学本科
所在单位：兰州职业技术学院
通讯地址：兰州市安宁区刘沙公路37号
成　　就：发表省级论文5篇，参与校内教学课题1项，获得校内优秀教学奖、优秀班主任、优秀教育工作者等荣誉称号。
简　　介：1989.7—1992.7甘肃广播电视大学工业会计专业（专科）；2000.7—2003.7中央广播电视大学金融学专业（本科）；2000.7—2003.7北京师范大学教育经济管理研究生班课程获研究生同等学历资格证书；1993年获会计证，2005年获教师资格证。

1240　李玉芳

性　　别：女
出生年月：1969-12-21
民　　族：回族
政治面貌：群众
职　　称：副高
学　　历：硕士研究生
所在单位：兰州职业技术学院
通讯地址：甘肃省兰州市安宁区桃林路112号
成　　就：2007年9月，在《科技信息》杂志上发表《中英项目背景下教师评价现状的调查与研究》论文1篇；10月在《新课程改革论坛》杂志上发表《课堂管理——孩子的手该干什么》论文1篇；2008年1月在《甘肃科技》杂志上发表《教师评价——来自项目县教师的调查》论文1篇，2009年7月在《世界教育信息》杂志上发表《浅谈职业技术学院学生情绪管理教育》一文；8月在《世界教育信息》杂志上发表《人性假设与课堂管理——当前课堂管理存在的误区》一文。系列论文《教师评价——来自项目县教师的调查》获兰州市第八届科技成果二等奖。五次获得校级优秀教师、四次获得校级优秀班主任。国家三级心理咨询师。
简　　介：1991年毕业于西北师范大学教育系学前教育专业。

1241　李建华

性　　别：男
出生年月：1969-12-25
民　　族：汉族
政治面貌：党员
职　　称：副高
学　　历：大学本科
所在单位：兰州职业技术学院
通讯地址：安宁区银安路184号科教城26幢1单元202室
成　　就：本人工作以来一直在教育教学第一线从事教学工作和班主任工作。1996年参加了由全省中师中心数学组组织的《甘肃省中师数学同步作业》的编写工作。论文《怎样使学生爱上数学课》在《数学教学研究》2004年第1期发表；论文《创造性思维品质的自我培养》在《数学教学研究》2005年第1期发表；论文《关于高职数学改革的实践与思考》在《科技信息》学术版2005年第11期发表；论文《排列组合应用题错例评析》在《大学时代》2005年第11期发表；论文《赏析数学美》在《科学咨询·教育科研》2007年第18期发表；论文《高职院校教学中如何构建数学建模意识》在《甘肃科技》2007年第9期发表；论文《巧用"均值不等式"的几类方法》在《数学教学研究》2010年第8期发表。

简　　介：1990年7月毕业于兰州师专数学系；1996年8月至1999年8月在西北师范大学教育学院教育管理专业函授学习；2006年4月至2008年6月在陕西师范大学数学与应用数学专业在职学习；现任兰州职业技术学院基础教学部数学教研室专任教师。

1242　马惠琴

性　　别：女

出生年月：1965-11-06

民　　族：回族

政治面貌：群众

职　　称：副高

学　　历：大学本科

所在单位：兰州职业技术学院

通讯地址：安宁区刘沙公路37号

成　　就：多年来主要从事语言类学科的教学工作，教学经验丰富，并撰写了相关论文。

简　　介：1986年7月至2009年8月在兰州师范从事语文教学工作；2009年9月至今在兰州职业技术学院从事社交礼仪、教师口语、普通话等学科的教学工作；1998年3月参加由省语委组织的省级普通话水平测试员培训，获"省级普通话水品测试员"资格；2011年参加国家语委组织的国家级普通话水品测试员培训，获"国家级普通话水平测试员"资格。

1243　李永惠

性　　别：女

出生年月：1964-05-06

民　　族：汉族

政治面貌：党员

职　　称：副高

学　　历：大学本科

所在单位：甘肃省商业学校

通讯地址：兰州交大桃海小区

成　　就：建立和主持图书馆的图书检索系统。独立完成图书馆内藏书的分类、编目工作。独立完成馆内报刊的订购分发工作，并向广大师生开放。

简　　介：从1986年参加工作至今，一直在图书馆岗位。

1244　韩铮

性　　别：女

出生年月：1966-09-08

民　　族：汉族

政治面貌：党员

职　　称：副高

学　　历：大学本科

所在单位：甘肃省商业学校

通讯地址：甘肃省商业学校公共教研室

成　　就：1988年参加工作以来，被多次评为优秀教师，优秀班主任及优秀党员。在省级刊物发表数篇论文。在学校从事数学教学工作，每学期都超额完成教学任务。1996年评为讲师，2006年评为高级讲师。

简　　介：1988年毕业于天水师范学院；1988年7月至1993年7月在天水师院工作；1993年7月至今在甘肃省商业学校工作。

1245　李芳

性　　别：女

出生年月：1982-12-22

民　　族：汉族

政治面貌：党员

职　　称：副高

学　　　历：硕士研究生
所在单位：甘肃政法学院
通讯地址：甘肃省兰州市安宁西路6号
成　　　就：在《科学经济社会》《甘肃政法学院学报》《西部法学评论》等刊物发表论文5篇。
简　　　介：法学学士（哈尔滨师范大学、2005）、法学硕士、法学博士（吉林大学法律史2008、2011），副教授。

1246 黎兆跂

性　　　别：男
出生年月：1978-02-09
民　　　族：汉族
政治面貌：党员
职　　　称：副高
学　　　历：大学本科
所在单位：兰州职业技术学院
通讯地址：兰州市安宁区刘沙公路37号
成　　　就：在《卫生职业教育》《甘肃高师学报》《甘肃教育》《新西部》等省级刊物发表专业学术论文6篇。先后获得第八届挑战杯甘肃省大学生课外学术科技作品竞赛科技发明制作B类二等奖，第八届挑战杯甘肃省大学生课外学术科技作品竞赛哲学社会科学类三等奖，符合第七项条件。连续5年指导学生开展甘肃省大中专学生暑期"三下乡"社会实践活动，并获得2009年甘肃省大中专学生暑期"三下乡"优秀指导教师，2010年甘肃省大中专学生志愿者暑期文化科技卫生"三下乡"社会实践活动先进个人、兰州市优秀团干部、兰州市优秀团员、兰州市教育系统宣传工作先进个人等荣誉称号。
简　　　介：管理学士，副教授。2001年毕业于西北民族大学工商管理专业，2001年就职于兰州职业技术学院从事财经教学和班主任工作；2003年任团委副书记，2006年4月任团委书记，2009年7月兼任学生处副处长；2011年1月由共青团甘肃省委选派至天水市秦州区团委挂职副书记，2012年2月挂职期满，现负责学院共青团工作。

1247 谈志垫

性　　　别：男
出生年月：1973-10-01
民　　　族：汉族
政治面貌：群众
职　　　称：副高
学　　　历：大学本科
所在单位：西北师大附中
通讯地址：西北师大附中

1248 高亚斌

性　　　别：男
出生年月：1973-02
民　　　族：汉族
政治面貌：民主党派
职　　　称：副高
学　　　历：博士研究生
所在单位：兰州交通大学
通讯地址：安宁区安宁西路500号
成　　　就：迄今已在《文艺理论与批评》《民族文学研究》《暨南大学学报》《中央民族大学学报》《兰州大学学报》《北京理工大学学报》《大连理工大学学报》《北京科技大学学报》等刊上发表过学术论文。有散文、诗歌400多篇（首）见于《中国诗人》《中国诗歌》《鸭绿江》《诗林》等刊，入选"中国当红网络诗人"，曾两度获得日本"笹川良一优秀青年教育基金"奖学金，中国科普研究所特约研究员。

1249 陈宇红

性　　　别：女

出生年月：1966-01-01
民　　族：汉族
政治面貌：群众
职　　称：副高
学　　历：硕士研究生
所在单位：兰州交通大学
通讯地址：安宁区安宁西路500号
成　　就：近年来，在各类学术刊物上发表论文13篇；主持和参加甘肃省物价局、人社部、甘肃省经普办、省社科规划项目和兰州市科技局项目6项；参编教材4部；期间获甘肃省高校社科成果一等奖两次，二等奖一次。曾荣获兰州交通大学青年教师教学奖和优秀班主任。
简　　介：甘肃临洮人，硕士生导师。1989年毕业于西北师范大学价格学专业，获经济学学士；2008年毕业于西安理工大学管理科学与工程专业，获管理学硕士；1989年至2000年在甘肃省商务厅所属公司从事进出口贸易实践工作；2001年始在兰州交通大学从事国际经济与贸易方面的教学与相关科研工作。主要研究方向贸易经济理论与实务、国际投资等。

1250　南永吉

性　　别：男
出生年月：1964-07-07
民　　族：汉族
政治面貌：党员
职　　称：副高
学　　历：大学专科
所在单位：西北师大附中
通讯地址：西北师大附中

1251　苗占川

性　　别：男
出生年月：1955-02-16
民　　族：汉族
政治面貌：党员
职　　称：副高
学　　历：大学专科
所在单位：兰州市安宁区万里小学
通讯地址：兰州市安宁区万里小学
成　　就：曾荣获甘肃省级园丁、兰州市优秀教师、兰州市骨干教师、兰州市优秀教育工作者和安宁区优秀党务工作者称号。

1252　芦发东

性　　别：男
出生年月：1962-08-20
民　　族：汉族
政治面貌：党员
职　　称：副高
学　　历：大学本科
所在单位：兰州市安宁区沙井驿学校
通讯地址：兰州市安宁区沙井驿学校
成　　就：自1982年参加工作以来，工作兢兢业业，认真对待每一件事、每一节课，在教育战线30多年来，从普通教师到教导主任，到副校长，兢兢业业，任劳任怨。1996年被评为兰州市优秀教师，2002年被评为安宁区骨干教师。期间在省市发表论文多篇。

1253　金琴

性　　别：女
出生年月：1960-09-15
民　　族：汉族
政治面貌：群众
职　　称：副高
学　　历：大学本科
所在单位：兰州市第四十四中学
通讯地址：兰州市安宁区四十四中学（安宁教育局教研室）

成　　就：2004年、2010年被安宁区委区政府评为优秀教师。2009年被兰州市教育局评为兰州市教育科研工作先进个人。2004年在当代教育杂志上发表《痰培养学生良好吸光的途径》论文；2004年在西北师大学报上发表《个别教育方法初探》论文；2005年在甘肃教育和中国当代教育思想宝库上分别发表《对和谐师生关系的思考》论文；2009年在安宁区基础教育课程改革第五集上发表《素质教育背景下教师评价机制的转变》论文；200年在甘肃省教育厅教育革新上发表《学困生转化个案》论文；2010年在安宁区基础教育课程改革第六集上发表《将审美教育渗透到地理教学中》论文；2011年在甘肃省教育厅教育革新上发表《基于教育公平视角下的农民工子女教育研究》论文；2011年在安宁区基础教育课程改革第七集上发表《转变教研员角色以适应新课改要求》论文。2013年《师范生三笔字联系现状调查及分析》课题获兰州市教学规划"个人课题"优秀成果一等奖；《在小学德育教育中渗透中国传统文化的实践研究》的课题被确认为"十二五"市级课题，并担任主持人。

1254　姚立文

性　　别：男

出生年月：1974-07-07

民　　族：汉族

政治面貌：党员

职　　称：副高

学　　历：硕士研究生

所在单位：兰州职业技术学院

通讯地址：兰州市安宁区刘沙公路37号

成　　就：多次受到学院表彰奖励，特别是在担任《经济法》《财经法规与会计职业道德法》和《税法》课程教学期间，成绩突出，效果明显，受到师生的一致认可和好评，并于2011年、2012年连续两年获得学院教学优秀奖。并在此期间带领会计类专业学生参加甘肃省第二届、第三届高职高专会计技能大赛——财经法规与会计职业道德模块竞赛并获得集体一等奖，本人获得优秀教师指导奖。与此同时，先后参与教研室专业建设工作，完成院级课题《国粹砺人——京剧文化在大学生人文素质教育中的渗透及其研究》；独立辅导我院2006级、2007级、2008级、2009级、2010级、2011级学生的毕业论文的撰写及答辩工作；先后独立撰写并发表法学类专业论文7篇。2012年7月参与北京理工出版社《经济法实用教程》教材的编写工作并担任副主编；2012年8月参与大连理工出版社《新编经济法实用教程》教材的编写工作并担任副主编。

简　　介：2002年6月毕业于西北师范大学法学专业，同年7月就职于兰州职业技术学院至今。先后担任学院法学、会计、广告、电子商务等专业的法学教学工作及班主任工作。

1255　郝辉

性　　别：女

出生年月：1971-09-28

民　　族：汉族

政治面貌：群众

职　　称：副高

学　　历：大学本科

所在单位：安宁区十里店小学

通讯地址：安宁区十里店小学

成　　就：2010年12月被评为中学高级教师，2011年、2012年、2013年、2014年在安宁区十里店小学连带四届毕业班，学生毕业成绩在安宁区名列前茅，2010年被评为安宁区优秀教师，2012年获安宁区单科成绩优秀奖。

简　　介：1993 年至 2008 年在兰州汽车齿轮厂子弟中学任教；2008 年至 2010 年在安宁区沙井驿中学任教；2010 年 3 月至今在安宁区十里店小学任教；21 年来一直在教学一线担任中学、小学的英语教学工作。

1256　张继英

性　　别：女
出生年月：1971-06-01
民　　族：汉族
政治面貌：党员
职　　称：副高
学　　历：硕士研究生
所在单位：兰州交通大学
通讯地址：安宁区安宁西路 500 号
成　　就：近几年主要学术成果：完成论文 10 余篇，著作 3 部，获甘肃省第九次社会科学优秀成果奖一等奖、甘肃省第九次社会科学优秀成果奖三等奖、甘肃省第十次社会科学优秀成果奖三等奖、甘肃省高校社会科学成果奖一等奖。兰州交通大学教学竞赛一等奖、兰州交通大学教学优秀奖。参与课题三项。
简　　介：兰州商学院会计学本科毕业；西北师范大学人文地理硕士研究生毕业。副教授、硕士研究生导师，从事领域：会计学、财务管理学教学及区域经济相关研究工作，研究方向：财务管理理论与方法、区域经济与产业开发。

1257　荣之君

性　　别：男
出生年月：1963-12
民　　族：汉族
政治面貌：群众
职　　称：副高
学　　历：大学本科
所在单位：兰州交通大学
通讯地址：安宁区安宁西路 500 号
成　　就：发表文章 10 多篇，主持完成省级课题 3 项，出版教材 1 部，参编教材 3 部，获省级奖励 2 项。

1258　金祥弟

性　　别：男
出生年月：1959-01-01
民　　族：汉族
政治面貌：群众
职　　称：副高
学　　历：大学专科
所在单位：兰州第四十四中学
通讯地址：兰州第四十四中学
成　　就：2001 年获区级骨干。2002 年获市级骨干。1993 年获区级优秀教师。1995 年获区级先进教育工作者。2000 年区级优秀教师。

1259　刘秋芝

性　　别：女
出生年月：1976
民　　族：汉族
政治面貌：党员
职　　称：副高
学　　历：博士研究生
所在单位：兰州交通大学
通讯地址：安宁区安宁西路 500 号
成　　就：近几年在《西北民族研究》《回族研究》《中国文学研究》《西藏大学学报》和《西北民族大学学报》等各级学术期刊上发表学术论文《回族叙事诗〈马五哥和尕豆妹〉的口头程式特征探析》《非物质文化遗产保护中地方政府角色的有效扮演》《试论甘肃藏族采花节与香浪节的异同》《回族花儿研究综述及其混合语的特征分析》10

余篇。主持教育部课题"西北少数民族口头文学中的和谐文化观"1项（项目编号：2011056）、校级课题两项一项为"甘肃少数民族口头文学中的和谐文化观"（项目编号：2011056，另一项是与甘肃和政县文广局的合作项目"人类非物质文化遗产代表作——花儿传承基地建设"，作为参与人参与并完成国家社科项目两项，参与教材编写一部。论文《回族叙事诗〈马五哥和尕豆妹〉的口头程式特征探析》曾荣获甘肃省民间文艺家协会首届学术论文"百合花奖三等奖"。

简　　介：兰州交通大学文学与国际汉学院副教授，西北师范大学中国语言文学博士后流动站博士后，主要从事西北少数民族语言文学、民俗学的研究。

1260 窦爱芳

性　　别：女
出生年月：1965-09-11
民　　族：汉族
政治面貌：群众
职　　称：副高
学　　历：大学专科
所在单位：兰州市安宁区万里小学
通讯地址：兰州市安宁区万里小学
成　　就：安宁区优秀教师，万里小学优秀师。

1261 曹晓宏

性　　别：女
出生年月：1965-08-05
民　　族：汉族
政治面貌：群众
职　　称：副高
学　　历：大学本科
所在单位：兰州市第四十五中学
通讯地址：兰州市第四十五中学

简　　介：1988年至今，任教于兰州市第四十五中学。

1262 姚丽娟

性　　别：女
出生年月：19750101
民　　族：汉族
政治面貌：党员
职　　称：副高
学　　历：硕士研究生
所在单位：兰州交通大学
通讯地址：安宁区安宁西路500号
成　　就：主要从事马克思主义理论教学和研究工作，主讲《马克思主义基本原理概论》和《马克思主义哲学原理》。近五年来，主持完成省级课题3项，主持在研省级课题2项，出版专著1部。先后获得甘肃省社会科学优秀成果三等奖2项、甘肃省高校社会科学优秀成果三等奖2项、兰州交通大学教学优秀奖等多项奖励。

简　　介：现任兰州交通大学马克思主义学院副教授，马克思主义中国化研究专业硕士研究生导师。1999年在西北师范大学政法系思想政治教育专业本科毕业，获法学学士学位；2007年在西北师范大学政法学院马克思主义理论与思想政治教育专业硕士研究生毕业，获法学硕士学位；2012年10月破格晋升副教授。

1263 牛广海

性　　别：男
出生年月：1965-07-10
民　　族：汉族
政治面貌：党员
职　　称：副高
学　　历：大学本科
所在单位：兰州市第四十四中学

通讯地址：安宁西路 514 号
成　　就：初中语文教学
简　介：兰州市第四十四中学副校长，安宁区政府教育督导是责任督导。

1264 刘玉玲

性　　别：女
出生年月：2014-12-10
民　　族：汉族
政治面貌：党员
职　　称：副高
学　　历：硕士研究生
所在单位：兰州市第四十四中学
通讯地址：兰州市第四十四中学
成　　就：2002年安宁区新秀；2003年兰州市中学优质课竞赛二等奖；2007年兰州市教学设计案例《澳大利亚》二等奖；2007年"最近发展区"理论对地理教学的启示在《甘肃教育》发表；2008年全国"地球小博士"优秀指导教师一等奖；2010年获安宁区骨干教师；2011年《高中地理教学中培养学生自主学习能力的途径》获《地理教育》论文一等奖；2012年《我为学校发展献一策》获主题论文三等奖；2013年《初中地理课堂中有效教学策略实践活动设计》主题论文一等奖。

1265 王丽娟

性　　别：女
出生年月：1972-01-09
民　　族：汉族
政治面貌：党员
职　　称：副高
学　　历：大学本科
所在单位：兰州市安宁区十里店小学
通讯地址：兰州市安宁区十里店南街77号
成　　就：自1990年参加工作以来，已兢兢业业地在三尺讲台上奋斗了24年，现已成长为一名优秀的青年教师，得到了学生、家长与社会的高度赞誉。曾先后荣获"全国优秀教师""兰州市优秀教师""兰州市青年教学新秀""兰州市青年教学能手""兰州市骨干教师"等多项荣誉称号，2004年首批入选兰州市"151"人才工程。

1266 袁文英

性　　别：女
出生年月：1968-04-17
民　　族：汉族
政治面貌：群众
职　　称：副高
学　　历：硕士研究生
所在单位：兰州交通大学
通讯地址：安宁区安宁西路500号
简　介：1992年7月大学毕业于西北师范大学政治系政治教育专业；2005年研究生毕业于上海交通大学公共事务与国际关系学院马克思主义理论与思想政治教育专业；1992年8月参加工作，从事思想政治理论课教学工作；2000年8月在兰州交通大学经济管理学院经济教研室担任《马克思主义政治经济学》主讲教师，2006年9月在兰州交通大学马克思主义学院思想道德修养与法律基础教研室担任《思想道德修养与法律基础》和《大学生心理健康教育》主讲教师。2007年7月获得副教授高级职称。

1267 闫淑红

性　　别：女
出生年月：1967-11-14
民　　族：汉族
政治面貌：群众
职　　称：副高
学　　历：大学本科
所在单位：兰州市四十五中

通讯地址：兰州市四十五中
成　　就：曾发表《浅谈语文教师如何驾驭课堂教学》《谈阅读在语文教学中的作用》等文章，获安宁区教学新秀，安宁区优秀教师，县区级教学骨干。
简　　介：1989年从西北师大毕业分配至兰州市四十五中工作至今。

1268 张丽

性　　别：女
出生年月：1968-10
民　　族：汉族
政治面貌：群众
职　　称：副高
学　　历：硕士研究生
所在单位：兰州交通大学
通讯地址：安宁区安宁西路500号
成　　就：主要讲授"现代汉语""汉语听力""普通话""中国文化"等课程，已撰写并发表了论文《内隐学习理论对对外汉语教学的启示》《合作式教学模式在中国文化课中的运用》《姜夔与吴文英词之比较》《欲将离恨寄山河——宋代离乱时期女性文学探析》《惊起却回头，有恨无人省——从美狄亚、细侯"弑子惩夫"看女性自我意识的觉醒》等多篇论文；编写教材《大学生普通话应用教程》一部；承担国家社会科学基金项目"甘肃省东乡族东乡语生活状况考察"一项；教育部人文社会科学研究项目"甘肃省临夏回族自治州东乡族东乡语生存状况调查"一项。
简　　介：文学硕士。1991年毕业于西北师范大学中文系，现为兰州交通大学副教授，主要从事现代汉语、汉语国际教育教学工作。

1269 李庆

性　　别：男
出生年月：1970-10-02
民　　族：汉族
政治面貌：党员
职　　称：副高
学　　历：大学本科
所在单位：兰州市安宁区孔家崖第一小学
通讯地址：兰州市安宁区孔家崖街道刘家庄67号
成　　就：全国"双飞"航模比赛优秀辅导员；甘肃省骨干教师；中国大学生足球联赛甘肃赛区裁判金哨奖；中国大学生足球联赛甘肃赛区裁判体育道德风尚奖；甘肃省教育厅"城市优质资源进乡村"指导专家；兰州市第十、十一届"教学新秀"总评评委；兰州市第五届"教学能手"；兰州市第六届"教学新秀"；入选兰州市"151"人才工程库；兰州市业余训练优秀教练员；兰州市学校群众体育先进个人。发表（获奖）论文14篇，其中国家级4篇、省级7篇、市级3篇。
简　　介：大学（体育）本科学历，高级教师。1993.9—2008.8 兰州安宁区十里店小学教师；2008.8—2011.3 兰州安宁区河湾小学副校长；2011.3至今 兰州安宁区孔家崖第一小学校长。

1270 王瑛

性　　别：女
出生年月：1975-10-21
民　　族：汉族
政治面貌：群众
职　　称：副高
学　　历：大学本科
所在单位：兰州市第四十四中学
通讯地址：兰州市第四十四中学
成　　就：兰州市优秀教师、兰州市骨干教师、兰州市青年教学能手。

1271 李翠琴

性　　别：女
出生年月：1966-10-23
民　　族：汉族
政治面貌：党员
职　　称：副高
学　　历：大学本科
所在单位：兰州市安宁区培黎小学
通讯地址：兰州市安宁区邱家湾 21 号
成　　就：先后被评为甘肃省特级教师（2005）、甘肃省园丁奖获得者（2008）、甘肃省级骨干教师（2000年）。在北师大参加过教育部组织的国家级骨干教师培训（2001年—2002年）。曾荣获兰州市优秀教师（2004年）、兰州市"十大优秀女性"候选人（2008）、安宁区人大代表（2007）、安宁区党的十六大代表（2007）。在甘肃省教学论文评选活动中，论文获二等奖（1998年）；在教育部组织的骨干教师培训中研究成果获优秀论文奖（2002年）；在兰州市教学论文评选中论文获一等奖（2003年，2005年）；负责省级课题："三自"课题研究——语文自改、数学自学、综合课自能。市级课题：如何搞好教学设计等课题研究项目。兼任区教育局教研员，市教育局课堂教学指导小组成员，省教材编审室《成长教育》的审查委员。曾连续担任兰州市第八、九、十届教学新秀总评委，2010、2011、2014年省特级教师评委。
简　　介：于1986年7月参加工作，汉语言专业本科学历。中学高级教师，现任兰州市安宁区培黎小学校长。

1272 郭爱玲

性　　别：女
出生年月：1962-12-06
民　　族：汉族
政治面貌：群众
职　　称：副高
学　　历：大学本科
所在单位：甘肃省委党校工商管理教研部
通讯地址：甘肃省委党校 13 号楼 321
成　　就：长期从事组织行为学、心理学和人力资源管理教学和科研工作。近年来，出版专著和参与编著教材10余部，主持并完成甘肃省社科规划课题、软科学课题、委托课题3项，发表论文30余篇，其中4篇论文获奖。

1273 吴玉珍

性　　别：女
出生年月：1966
民　　族：汉族
政治面貌：群众
职　　称：副高
学　　历：硕士研究生
所在单位：兰州交通大学
通讯地址：安宁区安宁西路 500 号
成　　就：担任了现当代文学史（下）、当代女性作家作品研究、大学语文、应用写作、中国通史、中国历史文化十五讲等课程。在《兰州大学学报》《甘肃政法学院学报》《兰州交通大学学报》《社科纵横》等刊物上发表论文《自我解放的悲歌》《女性悲剧的自省与思索——方方笔下的女性形象解析》《女性生命欲望的抒写——论王安忆、铁凝笔下的女性》《女性生存的困境——看〈大浴女〉中人性的自我救赎》《战争·女性·性》《看严歌苓小说中的人性与情爱》等18篇，参编教材4部。
简　　介：兰州大学文学硕士，副教授。中国现当代文学学会会员、全国大学语文学会会员、甘肃省语言文字学会会员。现在兰州交通大学文学与国际汉学院中国现当代文学教研室任教，研究方向：中国现当代文学、女性文学。

1274 鲍军海

性　　别：男
出生年月：1966-06-06
民　　族：汉族
政治面貌：党员
职　　称：副高
学　　历：大学本科
所在单位：东方中学
通讯地址：安宁区安宁西路500号

1275 李春涛

性　　别：女
出生年月：1962-12-19
民　　族：汉族
政治面貌：党员
职　　称：副高
学　　历：大学本科
所在单位：西北师大附中
通讯地址：西北师大附中

1276 潘竟虎

性　　别：男
出生年月：1974-10-08
民　　族：汉族
政治面貌：民主党派
职　　称：副高
学　　历：博士研究生
所在单位：西北师范大学地理与环境科学学院
通讯地址：安宁区安宁西路500号
成　　就：长期从事空间经济分析、城市地理等方面的研究工作，主持国家级项目2项，省级项目3项，获得甘肃省社科成果一等奖1项，甘肃省科技进步三等奖1项，甘肃省高校科技进步奖一等奖1项，二等奖2项，甘肃省教学成果教育厅级奖1项。在SSCI、SCI期刊发表论文5篇，在CSSCI期刊发表论文30篇。主持或作为技术负责人参与完成了兰州市发展规模研究、兰州新区发展规划、甘肃省土地利用总体规划、甘肃省部分县市区（兰州、天水、兰州新区、民乐、甘州）土地利用规划、土地整治规划专题研究报告10余个。
简　　介：西北师范大学地理与环境科学学院地理信息学系主任，甘肃省遥感学会理事，中国地理信息产业协会教育与科普委员会委员，中国城市科学研究会中西部生态城市研究委员会委员。国家自然科学基金通讯评议人，International Journal of Environment and Resource 编委，Cities、International Journal of Environmental Research and Public Health、CATENA、地理研究、地理科学、自然资源学报、经济地理、资源科学、中国生态农业学报、生态学杂志、干旱区地理、干旱区研究、农业现代化研究、福建农林大学学报、福建师范大学学报、河北师范大学学报、兰州交通大学学报、西北师范大学学报等期刊审稿人。

1277 宋学峰

性　　别：男
出生年月：1967-10-20
民　　族：汉族
政治面貌：党员
职　　称：副高
学　　历：大学本科
所在单位：西北师大附中
通讯地址：西北师大附中

1278 孙亮

性　　别：男

出生年月：1972-12-26
民　　族：汉族
政治面貌：党员
职　　称：副高
学　　历：大学本科
所在单位：西北师大附中
通讯地址：西北师大附中

1279 陈丽华

性　　别：女
出生年月：1965-07-12
民　　族：汉族
政治面貌：群众
职　　称：副高
学　　历：大学本科
所在单位：兰州市四十五中学
通讯地址：兰州市四十五中
成　　就：1992年获得安宁区教学新秀
简　　介：1987-1990年在安宁区教师进修学校；1990至今在兰州市四十五中学任教。

1280 刘钊

性　　别：男
出生年月：1966-01-01
民　　族：汉族
政治面貌：党员
职　　称：副高
学　　历：硕士研究生
所在单位：兰州交通大学
通讯地址：安宁区安宁西路500号
简　　介：1988年7月至1993年3月任甘肃省审计厅科研培训中心《甘肃审计》责任编辑；1993年4月至1995年3月任甘肃省审计厅第二审计事务所审计二部主任；1995年4月至1998年3月任甘肃省审计厅第二审计事务所办公室主任（其间：1996年取得审计师职称）；1998年4月至2010年9月任甘肃省审计厅第二审计事务所所长（正处级）；其间：2005年取得高级审计师职称，2006年至2009年兰州交通大学交通运输学院物流管理专业学习获工程硕士。2010年9月至今供职于兰州交通大学MBA教育中心。

1281 唐翰存

性　　别：男
出生年月：1976-02
民　　族：汉族
政治面貌：群众
职　　称：副高
学　　历：硕士研究生
所在单位：兰州交通大学
通讯地址：安宁区安宁西路500号
成　　就：近年来，在《光明日报》《人民日报》《中国艺术报》《文艺报》《文艺理论与批评》《飞天》《甘肃日报》省内外刊物发表论文、文学评论50多篇。连续3次获得甘肃省文学类最高奖"黄河文学奖"。出版文学理论与批评专著《文学与天堂的距离》。2014年2月，被《甘肃日报》聘为特约撰稿人。2014年1月30日《甘肃日报》发表题为《唐翰存：坚持关怀、执著、热爱的立场》的评论员文章。
简　　介：2002年加入甘肃省作家协会。2003年参加工作。2008年8月参加中国鲁迅文学院第九届高研班（文学理论评论家班）。2011年10月任甘肃省当代文学研究会副秘书长。2013年7月参加中国文联第七届全国中青年文艺评论家高研班学员。2013年12月当选为甘肃省文艺评论家协会理事、副秘书长。2014年5月加入中国文艺评论家协会。现为兰州交通大学文学院副教授。

1282 徐占元

性　　别：男

出生年月：1979-08
民　　族：藏族
政治面貌：党员
职　　称：副高
学　　历：博士研究生
所在单位：兰州交通大学
通讯地址：安宁区安宁西路500号
成　　就：主持完成（2010-2013）教育部人文社会科学基金一般项目《西部民族地区加强党的政治整合能力研究》（10YJC810050）。主持甘肃省2014年度甘肃省社科规划项目《甘肃藏区加强党的政治整合能力建设与维护社会稳定研究》（14YB073）。参与国家社会科学项目2项，省部级项目3项。发表文章8篇。
简　　介：2008年获得马克思主义理论与思想政治教育专业硕士学位；2011年获得兰州大学马克思主义中国化研究专业法学博士学位；现为兰州交通大学马克思主义学院副教授，甘肃省委统战部民族政策宣讲团成员。

1283 丁晓军

性　　别：男
出生年月：1966-03
民　　族：汉族
政治面貌：群众
职　　称：副高
学　　历：硕士研究生
所在单位：兰州交通大学
通讯地址：安宁区安宁西路500号
成　　就：发表学术论文20余篇，主持完成省级课题4项，获得省级奖励3项，曾两度被评为兰州交通大学"我最喜爱的老师"。
简　　介：副教授，上海交通大学硕士。

1284 李旭强

性　　别：男
出生年月：1962-11-08
民　　族：汉族
政治面貌：党员
职　　称：副高
学　　历：大学本科
所在单位：西北师大附中
通讯地址：西北师大附中

1285 刘锋

性　　别：男
出生年月：1967-11-26
民　　族：汉族
政治面貌：群众
职　　称：副高
学　　历：大学本科
所在单位：东方中学
通讯地址：安宁区安宁西路500号

1286 崔承延

性　　别：男
出生年月：1959-02-21
民　　族：汉族
政治面貌：党员
职　　称：副高
学　　历：大学专科
所在单位：兰州市安宁区教师进修学校
通讯地址：兰州市安宁区教师进修学校
成　　就：多次被评为省、市、区级优秀教师。发表论文多篇。
简　　介：教龄36年。1978年3月参加工作，先后在安宁区多所小学任教任职，现为安宁区教师进修学校校长。

1287 吴爱敏

性　　别：女
出生年月：1960-04-06
民　　族：汉族

政治面貌：党员
职　　称：副高
学　　历：大学本科
所在单位：兰州市沙井驿建筑材料工业公司学校
通讯地址：兰州市安宁区十里店二小
成　　就：2007年被评为安宁区"优秀教师"；2009年发表论文：《语文教学如何进行思想教育》(《丝绸之路》2009年1月)；《教学古典诗词，提高学生修养》(《甘肃教育督导》2009年8月)。

1288 刘应龙

性　　别：男
出生年月：1966-05-03
民　　族：汉族
政治面貌：党员
职　　称：副高
学　　历：大学本科
所在单位：安宁区教育局
通讯地址：兰州市安宁区教育局
成　　就：论文《积土成山 赏木于林》《浅谈对联教学的素质教育功能》《论语文教学实践中的教师行为》等论文，分别发表于《甘肃教育》《对联》《教育革新》等杂志。甘肃省骨干教师，多次担任市区级教学新秀评委。

1289 宗霞

性　　别：女
出生年月：1968-10-23
民　　族：汉族
政治面貌：党员
职　　称：副高
学　　历：大学本科
所在单位：兰州市安宁区孔家崖第二小学
通讯地址：兰州市安宁区孔家崖第二小学
成　　就：2009年荣获兰州市"优秀班主任"，2010年9月被评为"甘肃省中小学优秀班主任"。2012年9月被评为安宁区"十佳班主任"。2001年和2011年两次被确定为兰州市市级骨干教师，2012年被确定为兰州市中小学市级学科带头人，参评公开课被评为"兰州市优秀公开课"，2011年获安宁区小学语文单科成绩优秀奖，2001年获安宁地区第七届青年新秀二等奖，还曾获安宁区小学现场说课一等奖、板书设计三等奖，并在教学论文和教学案例评选中多次获奖。论文《还学生习作自由 激发写作兴趣》在《中小学教育》上发表，论文《阅读教学与学生创造性思维的培养》在《甘肃教育督导》上发表，论文《在习作评改中静待兴趣"花"开》在《教育督导》发表。
简　　介：1984年9月—1988年6月 在兰州师范就读；1988年7月—2005年1月 在安宁区沙井驿学校从教；1996年4月—1998年6月 参加西北师范大学心理咨询与健康教育专业学习取得专科学历；2002年8月—2005年6月 参加西北师范大学教育管理专业学习取得本科学历；2005年2月至今 在安宁区孔家崖第二小学任教。

1290 贺林芝

性　　别：女
出生年月：1960-07-29
民　　族：汉族
政治面貌：群众
职　　称：副高
学　　历：大学专科
所在单位：兰州市第四十四中学
通讯地址：兰州市安宁东路484号
成　　就：从1979年从事英语教学工作至今36年。2009年在《甘肃教育督导》第10期发表论文《要提高英语教学的实效》，

2010年在《甘肃教育督导》第 10 期发表论文《分层次英语教学初探》。

简　　介：1979 年 12 月—1983 年 4 月在兰州市安宁区十里店小学从事英语教学工作；1983 年 5 月—2014 年 12 月在兰州市第四十四中学从事英语学工作。

1291 李晓岩

性　　别：男

出生年月：1968-06-04

民　　族：汉族

政治面貌：党员

职　　称：副高

学　　历：大学本科

所在单位：兰州市四十四中学

通讯地址：兰州市四十四中学

成　　就：甘肃职业与成人教育发表论文，兰州市教育科研"个人课题"优秀成果奖。

1292 雒渭

性　　别：男

出生年月：1973-04-19

民　　族：汉族

政治面貌：群众

职　　称：副高

学　　历：大学本科

所在单位：西北师大附中

通讯地址：西北师大附中

1293 何佳源

性　　别：女

出生年月：1959-05-21

民　　族：汉族

政治面貌：党员

职　　称：副高

学　　历：大学本科

所在单位：东方中学

通讯地址：安宁区安宁西路 500 号

1294 王忠禄

性　　别：男

出生年月：1969-03-02

民　　族：汉族

政治面貌：民主党派

职　　称：副高

学　　历：博士研究生

所在单位：兰州城市学院文学院

通讯地址：兰州城市学院文学院

成　　就：陇右文学、文化研究。

1295 杨泽琴

性　　别：女

出生年月：1977-09

民　　族：汉族

政治面貌：党员

职　　称：副高

学　　历：博士研究生

所在单位：兰州交通大学

通讯地址：安宁区安宁西路 500 号

成　　就：主要从事明清文学与文化的研究与教学工作。出版学术著作 2 部：《文化视域中的清代文学研究》（人民出版社，2013 年 6 月版，合著）；《清代三大女词人研究》（甘肃文化出版社，2010 年 8 月版，合著）。主持教育部青年基金项目"清初扬州诗群研究——以孙枝蔚及其交游圈为中心之考察"。参与了 2011 年度教育部人文社会科学研究青年基金项目"清代中期艺文幕府与文学生态研究"。完成省级项目 1 项。发表学术论文近 20 篇。

简　　介：1996 年 9 月—2000 年 6 月在西北师范大学中文系读本科，获学士学位；2000 年 10 月—2004 年 7 月在兰州市第十四中学任教；2004 年 9 月—2007 年 6 月在西北师范大学文学院攻读中国古代文学专业硕士，获硕士学位；2007年7月—2012年10月在兰州工业学院社科系任教；2009年9月—2012年6月在西北师范大学文学院读博士，获博士学位；2012年11月，经参加省直机关公开招聘考试而进入兰州交通大学文学与国际汉学院工作。现专业技术职称为副教授。

1296 王惠霞

性　　别：女
出生年月：1962-09-09
民　　族：汉族
政治面貌：党员
职　　称：副高
学　　历：大学本科
所在单位：兰州市第四十四中学
通讯地址：兰州市安宁西路514号
成　　就：自1982年7月参加工作以来，一直在教育工作岗位，前10年在小学，后20多年在中学（初中），兢兢业业完成教育教学工作。

1297 刘兴华

性　　别：女
出生年月：1968-11-02
民　　族：汉族
政治面貌：群众
职　　称：副高
学　　历：大学本科
所在单位：西北师大附中
通讯地址：西北师大附中

1298 李学斌

性　　别：男
出生年月：1962-06-20
民　　族：汉族
政治面貌：党员
职　　称：副高
学　　历：大学本科
所在单位：西北师大附中
通讯地址：西北师大附中

1299 范学宜

性　　别：女
出生年月：1966-03-15
民　　族：汉族
政治面貌：党员
职　　称：副高
学　　历：大学本科
所在单位：兰州市安宁区沙井驿学校，通讯地址：安宁东路484号
成　　就：在《甘肃教育督导》2009年第一期上发表论文1篇。
简　　介：1985年—1988年就读于兰州城市学院中文系；1988年—1994年在兰州碳素股份有限公司子弟中学任教；1994年—2007年在红古区招生办工作；2008年至今在安宁区沙井驿学校工作；2000年—2003年在西北师范大学中文系函授本科。

1300 鲁亚玲

性　　别：女
出生年月：1966-03-16
民　　族：汉族
政治面貌：群众
职　　称：副高
学　　历：大学专科
所在单位：西北师大附中
通讯地址：西北师大附中

1301 李树林

性　　别：男
出生年月：1963-06-22

民　　族：汉族
政治面貌：群众
职　　称：副高
学　　历：大学本科
所在单位：西北师大附中
通讯地址：西北师大附中

1302　张豫兰
性　　别：女
出生年月：1962-02-29
民　　族：汉族
政治面貌：群众
职　　称：副高
学　　历：大学本科
所在单位：东方中学
通讯地址：安宁区安宁西路500号

1303　石建军
性　　别：男
出生年月：1958-11-12
民　　族：汉族
政治面貌：党员
职　　称：副高
学　　历：大学专科
所在单位：兰州市安宁区沙井驿学校
通讯地址：安宁东路484号
成　　就：从1976年至今从事初中英语教学49年。在《甘肃教育督导》2010年第二期发表《初二学生英语学习分化的防治》《甘肃教育》2010年第9期发表《精诚所至，金石为开——谈英语教学与差生转化》。
简　　介：1976.02—1979.08在迭部县洛大学校从事英语教学工作；1979.09—1981.08在迭部县城关小学从事英语教学工作；1981.09—1994.03在甘南州合作二中从事英语教学工作；1994.04—2000.07在兰州市第四十四中学从事英语教学工作；2000.08—2014.12在兰州市沙井驿学校从事英语教学工作。

1304　魏庆蓉
性　　别：女
出生年月：1972-05-21
民　　族：汉族
政治面貌：群众
职　　称：副高
学　　历：大学本科
所在单位：西北师大附中
通讯地址：西北师大附中

1305　苏星鸿
性　　别：男
出生年月：1969-06-01
民　　族：汉族
政治面貌：党员
职　　称：副高
学　　历：博士研究生
所在单位：兰州交通大学
通讯地址：安宁区安宁西路500号
成　　就：近年来，在《高校理论战线》《西北师范大学学报（社科版）》《甘肃社会科学》《学术论坛》《电化教育研究》《北京行政学院学报》《上海行政学院学报》等学术期刊发表论文20余篇，其中CSSCI文章14篇，人大复印资料2篇。参编了《全球化对中国政治价值的挑战与对策研究》《现代思想政治教育前沿问题研究》《高校思想政治教育论》《网络境遇中当代中国马克思主义大众化传播问题研究》《传承与创新：中国特色社会主义理论体系教育研究》等专著和教材5部。主持国家社会科学基金项目1项，主持甘肃省社会科学项目1项，参与国家社会科学基金项目1项，参与甘肃省社会科学项目1项。

简　　介：法学博士，副教授，现任兰州交通大学马克思主义学院思想政治教育专业硕导。先后考入西北师范大学政法学院和兰州大学政治与行政学院学习，分别获法学硕士和法学博士学位。

1306 伏奋强

性　　别：男
出生年月：1962-10-12
民　　族：汉族
政治面貌：党员
职　　称：副高
学　　历：大学本科
所在单位：西北师大附中
通讯地址：西北师大附中

1307 辛万祥

性　　别：男
出生年月：1968-09-11
民　　族：汉族
政治面貌：群众
职　　称：副高
学　　历：大学本科
所在单位：西北师大附中
通讯地址：西北师大附中

1308 王宇

性　　别：男
出生年月：1955-12-16
民　　族：汉族
政治面貌：群众
职　　称：副高
学　　历：大学本科
所在单位：西北师大附中
通讯地址：西北师大附中

1309 孔金燕

性　　别：女
出生年月：1968-08-27
民　　族：汉族
政治面貌：群众
职　　称：副高
学　　历：大学本科
所在单位：安宁区孔家崖二小
通讯地址：兰州市安宁区安宁西路514号
成　　就：主持的市级课题《小学语文作业实效性研究》已顺利结题，个人课题《一年级拼音教学中学生自主学习能力的培养》结题并获兰州市个人课题评选一等奖，省级课题《课外阅读课内化主题阅读实践研究》正在进行中，多篇论文在省级以上刊物公开发表。
简　　介：兰州市安宁区孔家崖第二小学副校长。任安宁区教育局教研室主任，中学高级教师。曾荣获省级骨干教师、兰州市教书育人楷模、教学新秀、三八红旗手、甘肃省教科研先进个人。被省教科所聘为小学语文学科专家，多年从事小学语文的教学和研究，追求自然朴实高效的课堂教学，曾被"名师之路"聘为现场点评专家，多次担任甘肃省骨干教师培训主讲教师。

1310 梁西银

性　　别：男
出生年月：1971-05-30
民　　族：汉族
政治面貌：群众
职　　称：副高
学　　历：大学本科
所在单位：西北师范大学
通讯地址：安宁区安宁西路500号
成　　就：软件著作权4项。

1311 王应琴

性　　别：女
出生年月：1966-01-29
民　　族：汉族
政治面貌：群众
职　　称：副高
学　　历：大学本科
所在单位：东方中学
通讯地址：安宁区安宁西路500号

1312 窦爱芬

性　　别：女
出生年月：1965-09-25
民　　族：汉族
政治面貌：群众
职　　称：副高
学　　历：大学专科
所在单位：兰州市安宁区万里小学
通讯地址：安宁区万里小学
成　　就：自1988年7月至今一直在教学第一线工作。

1313 靳树林

性　　别：男
出生年月：1973-09-12
民　　族：汉族
政治面貌：党员
职　　称：副高
学　　历：大学本科
所在单位：西北师大附中
通讯地址：西北师大附中

1314 胡小苹

性　　别：女
出生年月：1963-11-20
民　　族：汉族
政治面貌：党员
职　　称：副高
学　　历：大学本科
所在单位：兰州市安宁区万里小学
通讯地址：兰州市安宁区万里小学
成　　就：荣誉：2004.7被评为航空工业万里总厂优秀共产党员；2006.2荣获航空工业万里总厂先进工作者、巾帼建功标兵；2009.9荣获安宁区优秀教师；2012.7被评为安宁区优秀共产党员；2013.1在参加省农村中小学骨干教师培训学习，被评为优秀学员。教学奖项：2009.9荣获兰州市第六届中小学课件比赛三等奖；2012.9在兰州市第九届中小学艺术节比赛中获美术作品类（摄影）优秀指导教师；2012.11"个人课题"《小学信息技术教学中游戏的设计与应用》通过鉴定，荣获市教育科研2011年度"个人课题"优秀成果三等奖；2013.5在参加"文明，让兰州更美丽"——兰州市在第一届中小学师生硬笔书法青少年数码作品展示活动中，被评为优秀辅导奖；2013.10教学设计《画一幅简单的画》在2013年甘肃省信息技术与课程整合论文与教学设计评选活动中荣获二等奖。论文：《提高小学信息技术教学的效果》在《教育艺术》2012年第1期发表；《童眼看世界——校本课程实践活动摄影实施方案》在《现代阅读》2013年第1期发表；《浅谈如何提高小学信息技术课堂的教学效果》在2012年市中小学教育教学论文评比中获二等奖。

1315 张守忠

性　　别：男
出生年月：1950-01-15
民　　族：汉族
政治面貌：党员
职　　称：副高
学　　历：大学本科

所在单位：东方中学
通讯地址：安宁区安宁西路 500 号

1316 安建永
性　　别：男
出生年月：1974-11-10
民　　族：汉族
政治面貌：群众
职　　称：副高
学　　历：大学本科
所在单位：西北师大附中
通讯地址：西北师大附中

1317 赵兰生
性　　别：男
出生年月：1966-06-06
民　　族：汉族
政治面貌：群众
职　　称：副高
学　　历：大学本科
所在单位：东方中学
通讯地址：安宁区安宁西路 500 号

1318 王勤
性　　别：女
出生年月：1970-10-18
民　　族：汉族
政治面貌：党员
职　　称：副高
学　　历：大学本科
所在单位：西北师大附中
通讯地址：西北师大附中

1319 郭超利
性　　别：男
出生年月：2014-11-26
民　　族：汉族
政治面貌：党员
职　　称：副高
学　　历：博士研究生
所在单位：兰州交通大学
通讯地址：安宁区安宁西路 500 号
简　　介：1989.9—1993.7 就读于陕西师范大学，国民经济管理专业，获经济学学士学位。2001.9—2004.7 就读于四川大学经济学院，政治经济学专业，获经济学硕士学位。2007.9—2011.6 就读于四川大学经济学院，研究方向为微观经济理论与应用，获经济学博士学位。1993.7—2001.1 西安万成磁电有限公司市场部。2004.7—至今 兰州交通大学经济管理学院任教，从事相关课程的本科生和研究生教学工作和科研。

1320 魏至孝
性　　别：男
出生年月：1957-06-03
民　　族：汉族
政治面貌：党员
职　　称：副高
学　　历：中专
所在单位：兰州市第四十四中学
通讯地址：兰州安宁西路 514
成　　就：自 2011 年 4 月在兰州市第四十四中学任校长以来，以爱生校园创建为契机，营造良好的育人氛围；以小班化教学为特色，开展有效的课堂活动；以加强管理为突破口，建立正常的运行机制；以养成教育为切入点，形成文明的校园秩序；以安全教育为关键点，打造健康的平安校园；以校外教育为结合点，构建和谐的伙伴关系。获得甘肃省特级教师、甘肃省园丁奖获得者、甘肃省骨干教师。

1321 王筱环

性　　别：女
出生年月：1963-07-07
民　　族：汉族
政治面貌：民主党派
职　　称：副高
学　　历：大学专科
所在单位：兰州汽车齿轮厂子弟学校
通讯地址：兰州市安宁区河湾小学
成　　就：2001年9月被评为安宁区优秀教师，2002年6月评为兰州市中学区级骨干教师，2007年被评为安宁区优秀教师。

1322 文亚光

性　　别：女
出生年月：1963-02-05
民　　族：汉族
政治面貌：党员
职　　称：副高
学　　历：博士研究生
所在单位：西北师大附中
通讯地址：西北师大附中

1323 许彩霞

性　　别：女
出生年月：1964-12-25
民　　族：汉族
政治面貌：民主党派
职　　称：副高
学　　历：大学本科
所在单位：西北师大附中
通讯地址：西北师大附中

1324 田小军

性　　别：男
出生年月：1966-05-26
民　　族：汉族
政治面貌：民主党派
职　　称：副高
学　　历：大学本科
所在单位：兰州市第四十四中学
通讯地址：兰州四十四中
简　　介：1999年8月，获兰州四十四中优秀教师；2000年6月，获评安宁区优质课。2002年12月获高级教师资格；2003年3月被聘兰州四十四中高级教师。

1325 杜鸿宝

性　　别：男
出生年月：1969-01-22
民　　族：汉族
政治面貌：党员
职　　称：副高
学　　历：大学本科
所在单位：西北师大附中
通讯地址：西北师大附中

1326 张学中

性　　别：男
出生年月：1968
民　　族：汉族
政治面貌：民主党派
职　　称：副高
学　　历：硕士研究生
所在单位：兰州交通大学
通讯地址：安宁区安宁西路500号
简　　介：中国农工民主党党员，甘肃省定西市人，兰州交通大学马克思主义学院副教授，主要从事马克思主义中国化研究。1988年考入西北师范大学政治系学习，1992年毕业，长期在教学一线从事思想政治理论教学工作。2008年考入西北师范大学政法学院马克思主义原理专业硕士研究生，2010年毕业，主要进行马克思主义中国化方向的教学和研究工作。

1327 黄友之
性　　别：男
出生年月：1970-01-18
民　　族：汉族
政治面貌：群众
职　　称：副高
学　　历：大学本科
所在单位：西北师大附中
通讯地址：西北师大附中

1328 陈川
性　　别：女
出生年月：1967-04-20
民　　族：汉族
政治面貌：群众
职　　称：副高
学　　历：大学本科
所在单位：西北师大附中
通讯地址：西北师大附中

1329 杨首中
性　　别：男
出生年月：1964-04-04
民　　族：汉族
政治面貌：党员
职　　称：副高
学　　历：大学本科
所在单位：西北师大附中
通讯地址：西北师大附中

1330 杜华伟
性　　别：男
出生年月：1975-12
民　　族：汉族
政治面貌：群众
职　　称：副高
学　　历：博士研究生
所在单位：兰州交通大学
通讯地址：安宁区安宁西路500号
成　　就：2003年至今供职于兰州交通大学，主要担任本科生《马克思主义基本原理概论》与硕士生的《伦理学专题研究》的讲授工作。同时，在全校范围内开设《伦理学与生活》人文通识课程。在教学工作中，不断探索新的教学方法，努力将"教书"和"育人"有机结合起来，教学效果显著。并且始终以科研促进教学，在《西北师大学报》《电化教育研究》和《甘肃社会科学》等期刊发表论文多篇。参与国家级与省级项目多项，主持校级项目两项。
简　　介：兰州交通大学马克思主义学院副教授，主要研究方向为伦理学、思想政治教育。

1331 赵超
性　　别：男
出生年月：1963-03-12
民　　族：汉族
政治面貌：党员
职　　称：副高
学　　历：大学本科
所在单位：东方中学
通讯地址：安宁区安宁西路500号

1332 宣融凛
性　　别：女
出生年月：1964-06-10
民　　族：汉族
政治面貌：群众
职　　称：副高
学　　历：大学本科
所在单位：兰州市四十四中学

通讯地址：兰州市第四十四中学
成　　就：安宁区优秀教师，论文多次在省级刊物发表。
简　　介：1982.09—1984.06 兰州高等师范专科学校化学系就读；2003.07—2005.07 西北师大化学系函授学习。

1333 陈宗英

性　　别：男
出生年月：1962-11-02
民　　族：汉族
政治面貌：党员
职　　称：副高
学　　历：大学本科
所在单位：西北师大附中
通讯地址：西北师大附中

1334 李胜有

性　　别：男
出生年月：1954-11-27
民　　族：汉族
政治面貌：党员
职　　称：副高
学　　历：大学专科
所在单位：西北师大附中
通讯地址：西北师大附中

1335 李芳

性　　别：女
出生年月：1973-05-12
民　　族：汉族
政治面貌：群众
职　　称：副高
学　　历：大学本科
所在单位：兰州市第四十四中学
通讯地址：兰州市第四十四中学
成　　就：曾被评为安宁区教学新秀、安宁区优秀班主任、兰州市教育局优秀教师、甘肃省教学能手、省级刊物多次发表论文。
简　　介：1990.9—1993.6 兰州高等师范专科学校政史系就读；2001.7—2003.7 西北师范大学历史系函授学习；1993.9—2004.8 兰州市安宁区安宁堡小学任教；2004.8 至今兰州市第四十四中学任教。

1336 张蕊萍

性　　别：女
出生年月：1965-05-19
民　　族：汉族
政治面貌：群众
职　　称：副高
学　　历：大学本科
所在单位：兰州四十四中学
通讯地址：兰州市四十四中学
成　　就：2001 年获兰州市中小学骨干教师；2002 年获甘肃省中小学省级骨干教师；1998 年获兰州市优秀教师；2005 年至 2009 年被聘兰州市教师资格专家评审委员会评委；1998 年获兰州市中小学英语高中优质课二等奖；2005 年获甘肃省第三届中小学"青年教学能手"；《英语书面表达之我见》论文获兰州市中小学外语教育科研二等奖；2000 年、2003 年分别被中国教育学会外语教学专业委员会、国家基础教育实验中心外语教育研究中心授予的高一、高二英语能力竞赛指导奖；1995 年、1999 年获安宁地区优秀教师称号；1996-1999 年连续获安宁地区中学青年教师优质课一等奖、安宁区教学新秀奖、安宁区英语公开课一等奖；1993-2007 年先后 8 次被四十四中学评为优秀班主任、优秀教师及园丁奖；1999 年-2011 年在《甘肃教育》发表论文 4 篇。

1337 孙双伟

性　　别：男
出生年月：1968-06-15
民　　族：汉族
政治面貌：党员
职　　称：副高
学　　历：大学本科
所在单位：东方中学
通讯地址：安宁区安宁西路 500 号

1338 王彦彦

性　　别：女
出生年月：1972-09-22
民　　族：汉族
政治面貌：群众
职　　称：副高
学　　历：博士研究生
所在单位：兰州交通大学
通讯地址：安宁区安宁西路 500 号
成　　就：2007 年起于兰州交通大学文学院任教，先后担任《中国现代文学史》《新移民文学跨文化研究》《中国现代小说流派》《西方文论》《当代台港文学作品选读》等专业基础课及选修课的教学工作。承担历届本科毕业论文指导工作。在科研方面，主持一项国家社科基金一般项目《文化建构与文化策略：美国华人／华族英文小说与华文小说比较》（08BZW076），于国内核心期刊上发表《20 世纪中国小说性爱叙事与国家意识》《〈断头台〉与〈狼图腾〉的叙事比较》《文化与空间——论融融的小说》等多篇论文。
简　　介：兰州交通大学文学院副教授，博士研究生毕业，获兰州大学文学博士学位，研究方向为中国现当代文学、文艺理论。中国当代文学学会、中国世界华文文学学会会员，2014 年 11 月当选为中国世界华文文学学会理事。

1339 徐英

性　　别：女
出生年月：1964-01-31
民　　族：汉族
政治面貌：群众
职　　称：副高
学　　历：大学本科
所在单位：兰州四十四中学
通讯地址：兰州四十四中学
成　　就：2002 年师大学报发表 2 篇论文，1985 年获兰州市优秀班主任称号。

1340 宏永锋

性　　别：男
出生年月：1966-11
民　　族：汉族
政治面貌：民主党派
职　　称：副高
学　　历：大学本科
所在单位：兰州城市学院信息中心
通讯地址：甘肃省兰州市安宁区街坊路 11 号 城市学院信息中心
成　　就：属双师型科研人员。中国武术六段，中国武术段位制考评员、指导员。作为"武术文化学科结构"创立者，于 2012 年 4 月，荣获"世界著名武术家"勋章，被载入《世界武术人物史·世界著名武术家大型画册·第三卷》。从事中国功夫、材料科学及信息技术领域的交叉学科研究，有主持大型项目（项目金额 1600 万元）的经验。作为国际武术大赛优秀运动员获得 16 枚奖牌，作为优秀教练员指导学生获国际和省级武术大赛 62 枚奖牌。在高校讲授《中国武术文化》公选课，近期主持或参与武术科研项目 3 项（2011-GSCFY-RW01.12066TY、2012-GSCFY-RW01），有 2 篇论文获国际武术高峰论坛金奖。作为太极拳、形意拳第六代传人，分别在 2012、2013 年国际武术竞赛中夺得形意拳冠军、太极拳冠军、太极散手冠军。

1341 陈鸿雁

性　　别：女
出生年月：1975-12
民　　族：汉族
政治面貌：党员
职　　称：副高
学　　历：硕士研究生
所在单位：兰州交通大学
通讯地址：安宁区安宁西路 500 号
成　　就：主持甘肃省社科项目 1 项、兰州交通大学青年基金 1 项，多次参与省级、国家级等课题研究。参编《中外文学名作选读（中卷）》（甘肃文化出版社，2009 年 10 月出版）《大学生心理健康与人生规划基础教程》（中国水利水电出版社，2011 年 8 月出版）《大学语文》（北京大学出版社，2014 年 7 月年出版），另发表学术论文近 20 篇。
简　　介：中国现当代文学硕士，现专业技术职称为副教授，主要从事散文研究。

1342 缑小峰

性　　别：男
出生年月：1971-08-22
民　　族：汉族
政治面貌：群众
职　　称：副高
学　　历：大学本科
所在单位：西北师大附中
通讯地址：西北师大附中

1343 蒋永鸿

性　　别：男
出生年月：1965-08-10
民　　族：汉族
政治面貌：党员
职　　称：副高
学　　历：大学本科
所在单位：西北师大附中
通讯地址：西北师大附中

1344 侯彦斌

性　　别：男
出生年月：1977-03-14
民　　族：汉族
政治面貌：党员
职　　称：副高
学　　历：硕士研究生
所在单位：兰州城市学院教育学院
通讯地址：兰州城市学院教育学院
成　　就：为本科生长期主讲《教育学》《社会科学基础》《教育科学研究方法》《教育哲学》等专业课。在《高等理科教育》《社会科学论坛》《甘肃高师学报》《民族高等教育研究》《教育科学论坛》《中国德育》等刊物上发表论文 21 篇，主持厅级及以上课题 2 项，参与厅级及以上课题 2 项。

1345 马奇志

性　　别：女
出生年月：1969-10-24
民　　族：汉族
政治面貌：群众
职　　称：副高
学　　历：大学本科
所在单位：兰州市第四十四中学
通讯地址：兰州市第四十四中学
成　　就：1997 年、2007 年、2009 年、2010 年获"校级优秀教师"，2003 年获"校级优秀班主任"，2002 年获安宁区中学青年教师教学新秀二等奖，2003 年获市教科所优质课竞赛三等奖，2007 年获市教育局教学设计案例三等奖，2008 年获市教科所优秀教学案例二等奖，2009 年获省教科所教育教学论文二等奖，2010 年获省教科所、省中小学心理健康指导中心教育论文一等奖，2010 年获市教育局课件比赛三等奖，2010 年获市教科所多媒体课件二等奖，2011 年 2 月获市文明办"兰州市首届优秀志愿者"，2011 年 5 月获省教科所、省中小学心理健康指导中心的"省级优秀示范课"，2011 年 6 月获市教育局的"兰州市优秀公开课"，2011 年 6 月获"兰州市市级骨干教师"等荣誉称号。

简　　介：1987.09—1991.06，就读于西北师范大学；1991.07 至今，任教于兰州市第四十四中学。

1346　李延福

性　　别：男

出生年月：1964-09-05

民　　族：汉族

政治面貌：群众

职　　称：副高

学　　历：大学本科

所在单位：兰州市第四十五中学

通讯地址：兰州市第四十五中学

成　　就：曾多次获得安宁区优秀教师称号，在省级刊物上发表文章。

简　　介：1988 年毕业于西北师范大学中文系，自 1988 年 7 月至今在兰州市第四十五中学工作。

1347　董沼

性　　别：男

出生年月：1966-11-29

民　　族：汉族

政治面貌：民主党派

职　　称：副高

学　　历：硕士研究生

所在单位：兰州城市学院

通讯地址：兰州城市学院城市经济与旅游文化学院

成　　就：主要从事中学语文教学、儿童文学研究，发表论文 30 余篇。

简　　介：1990 年毕业于西北师范大学汉语言文学专业；1990 年—1993 年在原兰州师专中文系任教；1993 年—2007 年在原甘肃省幼儿师范学校任教；2007 年至今在兰州城市学院任教。为甘肃省省级骨干教师、甘肃省省级普通话测试员、国家二级职业指导师。曾当选为第八届甘肃省青联委员。

1348　令润岗

性　　别：男

出生年月：1972-07-06

民　　族：汉族

政治面貌：党员

职　　称：副高

学　　历：大学本科

所在单位：西北师大附中

通讯地址：西北师大附中

1349　王俊洁

性　　别：女

出生年月：1971-05-06

民　　族：汉族

政治面貌：党员

职　　称：副高

学　　历：大学本科

所在单位：西北师大附中

通讯地址：西北师大附中

1350　黄婷

性　　别：女

出生年月：1969-12-23
民　　族：汉族
政治面貌：群众
职　　称：副高
学　　历：大学本科
所在单位：兰州市第四十四中学
通讯地址：兰州市第四十四中学
成　　就：曾荣获得兰州市教学新秀、市级优秀班主任、市级优秀教师、市级骨干教师称号。

1351 沈国忠
性　　别：男
出生年月：1965-09-28
民　　族：汉族
政治面貌：群众
职　　称：副高
学　　历：大学本科
所在单位：东方中学
通讯地址：安宁区安宁西路500号

1352 赵伟
性　　别：女
出生年月：1973-02
民　　族：汉族1
政治面貌：党员
职　　称：副高
学　　历：硕士研究生
所在单位：兰州交通大学
通讯地址：安宁区安宁西路500号
成　　就：2008年6月晋升副教授，先后担任过《马克思主义政治经济学原理》《邓小平理论概论》《经济法》《刑法学》《职业道德》等课程教学工作，现主要担任《思想道德修养与法律基础》《大学生心理健康教育》《女性文化学》三门课程教学工作。
简　　介：现为兰州交通大学马克思主义学院思想道德与法律教研室副教授。先后就读于西北师范大学政法学院思想政治教育专业，1995年获法学学士学位，2004年获得教育硕士学位。主要从事大学生思想政治教育和心理健康教育研究。

1353 汪弩憨
性　　别：男
出生年月：1973-02-08
民　　族：汉族
政治面貌：党员
职　　称：副高
学　　历：大学本科
所在单位：东方中学
通讯地址：安宁区安宁西路500号

1354 刘颐
性　　别：女
出生年月：1967-09-10
民　　族：汉族
政治面貌：民主党派
职　　称：副高
学　　历：大学本科
所在单位：西北师大附中
通讯地址：西北师大附中

1355 杨淑琴
性　　别：女
出生年月：1964-01-08
民　　族：汉族
政治面貌：群众
职　　称：副高
学　　历：大学本科
所在单位：西北师大附中
通讯地址：西北师大附中

1356 张晓娟

性　　别：女
出生年月：1965-07-07
民　　族：汉族
政治面貌：党员
职　　称：副高
学　　历：大学本科
所在单位：兰州市第四十四中学
通讯地址：兰州市安宁区教育局
成　　就：1993年撰写论文《中国社会主义建设常识教法初探》，发表于《铁路普教研究》（93年第2期）；1998年撰写论文《在新形势下如何深化中学思想政治课教学改革》，发表于《苏州铁道师院学报》（98年第6期）；1996年编写《初一政治单元测试精编》《初二政治单元测试精编》，由甘肃教育出版社出版；2000年编写的《高中政治考试要点》由哈尔滨出版社出版；2000-2003年连续编写《初三年级名校精讲精练》由甘肃教育出版社出版；2003-2005年连续三年编写《兰州市政治模拟试卷》由甘肃教育出版社出版；2002-2005年连续四年编写《甘肃省初三政治模拟试卷》由甘肃教育出版社出版。1993年被评为兰州铁路局优秀辅导员；1997年被评为兰州铁路局优秀教师；2000年被评为兰州铁路局优秀共产党员；2001年被评为兰州铁路局优秀教师；2001年被评为兰州市七里河骨干教师；2007年被评为兰州市教育系统优秀共产党员；2011年被评为"学校安全管理先进个人"；2013年在"我爱无烟环境，我要健康成长"兰州市中小学生控烟征文大赛中荣获优秀组织个人奖。
简　　介：1984—1988年在西北师大政治系政治教育专业读书；1988年9月—1990年12月在兰铁一中任教；1991年1月—2008年12月在兰铁五中任教；2009年1月至今在兰州市第四十四中学任教。

1357 陈明

性　　别：男
出生年月：1970-11-15
民　　族：汉族
政治面貌：群众
职　　称：副高
学　　历：大学本科
所在单位：东方中学
通讯地址：安宁区安宁西路500号

1358 刘猛

性　　别：男
出生年月：1973-01
民　　族：汉族
政治面貌：党员
职　　称：副高
学　　历：博士研究生
所在单位：兰州交通大学
通讯地址：安宁区安宁西路500号
成　　就：主要从事先秦两汉魏晋南北朝文学的研究与教学工作，同时讲授《大学语文》《〈论语〉导读》等课程。在大学学报上发表学术论文多篇，参编教材《中外文学名作选读》（甘肃文化出版社2009年出版）和《大学语文》（北京大学出版社2014年出版），另外在《敦煌》《散文诗》等刊物上也有作品发表。
简　　介：1993年9月考入华中师范大学中文系，1997年毕业，获学士学位。毕业后在武汉市江汉区大兴路中学执教，2001年9月考回母校，2004年毕业，获文学硕士学位。同年9月起在兰州交通大学经管学院工作，后转入文学与国际汉学院。2009年博士研究生毕业，获博士学位，现专业技术职称为副教授。

1359 荆孝民

性　　别：男
出生年月：1975-07-06
民　　族：汉族
政治面貌：党员
职　　称：副高
学　　历：大学本科
所在单位：西北师大附中
通讯地址：西北师大附中

1360 米文佐

性　　别：男
出生年月：1977-07-06
民　　族：汉族
政治面貌：党员
职　　称：副高
学　　历：硕士研究生
所在单位：兰州城市学院张芝书法院
通讯地址：甘肃省兰州市安宁区兰州城市学院张芝书法院
成　　就：主要成果：发表文学作品、新闻作品及论文多篇，取得国家级、省级、校级奖励30余项。参编《大学写作训练》（中国人民大学出版社出版2009.8）；副主编《大学生日常应用文写作教程》（世界知识出版社2010年9月）；副主编《大学写作》（世界知识出版社2012年9月）完成7万字；参编《写作》（中国人民大学出版社出版2013.8）完成8万余字。2012年主持教育部人文社科项目项目"西北民族地区学生汉字规范书写与书法教育研究"；2010年第三参与人参加国家社科项目"西部民族融合地区（兰州）地名训诂"；2010年主持并完成甘肃省高等学校研究生导师项目"新时期中国杂文发展现状与趋势研究"；2010年主持并完成甘肃城市发展研究院项目"甘肃影视旅游资源现状与开发研究"；2012年主持甘肃省教育科学"十二五"规划项目"甘肃省大中小学生汉字规范书写与写字课教学研究"；2012年主持完成兰州城市学院教学改革研究项目"多元化背景下的甘肃高校《写作》课教学改革研究"。

1361 潘一望

性　　别：女
出生年月：1971-01-13
民　　族：汉族
政治面貌：党员
职　　称：副高
学　　历：大学本科
所在单位：兰州市安宁区万里小学
通讯地址：兰州市安宁区万里小学
成　　就：被评为2000年安宁区优秀教师、2004年安宁区优秀教师、2009年兰州市未成年人思想道德建设工作先进工作者、2011年安宁区未成年人思想道德建设工作先进工作者。2011年荣获兰州市青少年校园足球活动"优秀校长"称号，2012年荣获兰州市青少年校园足球活动"优秀校长"称号。2012年荣获市校外教育先进工作者荣誉称号。获得2005年安宁区第八届教学新秀、2011年安宁区骨干教师、2011年兰州市骨干教师、2012年兰州市中小学市级学科带头人。2007年荣获全国"双有"主题教育活动先进个人。被评为2010年"兰州市优秀教育工作者"、2011年度全区先进工作者、2011年全市"五五"普法依法治理先进个人、2012年兰州市"争先创优优秀党员"、2012年兰州市"家庭教育先进个人"，2013年荣获兰州市金城名师。

1362 赵中甲

性　　别：男
出生年月：1963-11-18

民　　族：汉族
政治面貌：群众
职　　称：副高
学　　历：大学本科
所在单位：西北师大附中
通讯地址：西北师大附中

1363 梁元新
性　　别：男
出生年月：1963-09-19
民　　族：汉族
政治面貌：群众
职　　称：副高
学　　历：大学本科
所在单位：兰州市四十四中
通讯地址：兰州市四十四中
成　　就：2005被评为区级优秀教师。

1364 邹锦华
性　　别：男
出生年月：1965-09-09
民　　族：汉族
政治面貌：群众
职　　称：副高
学　　历：大学本科
所在单位：兰州市第四十五中学
通讯地址：兰州市第四十五中学
成　　就：1989年被评为兰州市优秀教育工作者。2007年被评为安宁区优秀教师。
简　　介：1988年7月参加工作于兰州市第四十五中学任教至今，西北师范大学中文系汉语言文学专业毕业，大学本科学历，中学高级教师。

1365 张天顺
性　　别：男
出生年月：1970-11-15

民　　族：汉族
政治面貌：民主党派
职　　称：副高
学　　历：大学本科
所在单位：西北师大附中
通讯地址：西北师大附中

1366 刘宏
性　　别：女
出生年月：1971-05-21
民　　族：汉族
政治面貌：党员
职　　称：副高
学　　历：大学专科
所在单位：兰州市第四十五中学
通讯地址：安宁区邱家湾27号
成　　就：2005年获安宁区教育质量优秀奖；2007年评为兰州市优秀教师；2008、2010年获安宁区单科成绩优秀奖；2009年评为安宁区骨干教师；2010年评为安宁区优秀教师；2007年"论金庸武侠小说创作中的传统文化情结"发表于西北成人教育学报；2010年"语文教师如何引导学生乐学"发表于《甘肃科技》教育与教学版。2007年获"走进阳光世界"主题征文辅导一等奖；2010年获中学生现场作文优秀辅导奖；2010年获中学生全国语文能力竞赛三等奖优秀指导奖。
简　　介：1991.08—1993.07就读于兰州大学中文系专科；2000.08—2003.07就读于西北师大中文系本科；1995.12—至今在兰州市第四十五中学工作。

1367 徐海珍
性　　别：女
出生年月：1973-09-11
民　　族：汉族
政治面貌：群众

职　　称：副高
学　　历：大学本科
所在单位：东方中学
通讯地址：安宁区安宁西路500号

1368 郭新戈

性　　别：男
出生年月：1970-11-03
民　　族：汉族
政治面貌：群众
职　　称：副高
学　　历：大学本科
所在单位：西北师大附中
通讯地址：西北师大附中

1369 于文萍

性　　别：女
出生年月：1965-11-09
民　　族：汉族
政治面貌：群众
职　　称：副高
学　　历：大学本科
所在单位：兰州市第四十四中学
通讯地址：兰州四十四中
成　　就：2003年获评优秀教师；2006年获聘兰州四十四中高级教师。

1370 高玉敏

性　　别：女
出生年月：1972-09
民　　族：汉族
政治面貌：群众
职　　称：副高
学　　历：硕士研究生
所在单位：兰州交通大学
通讯地址：安宁区安宁西路500号
成　　就：兰州大学法律硕士，发表学术论文10余篇，主持完成省级课题3项，参与课题6项，参编教材6部，获得省级奖4项。

1371 吴岩青

性　　别：女
出生年月：1970-12-03
民　　族：汉族
政治面貌：群众
职　　称：副高
学　　历：大学本科
所在单位：西北师大附中
通讯地址：西北师大附中

1372 成玉华

性　　别：女
出生年月：1962-07-28
民　　族：汉族
政治面貌：群众
职　　称：副高
学　　历：大学本科
所在单位：兰州市第四十五中学
通讯地址：兰州市第四十五中学家属楼4单元702室
成　　就：2004年获安宁区教学比赛二等奖。

1373 张述孟

性　　别：男
出生年月：1954-12-12
民　　族：汉族
政治面貌：党员
职　　称：副高
学　　历：大学本科
所在单位：西北师大附中
通讯地址：西北师大附中

1374 王文槐

性　　别：男

出生年月：1968-01-05
民　　族：汉族
政治面貌：党员
职　　称：副高
学　　历：大学本科
所在单位：西北师大附中
通讯地址：西北师大附中
成　　就：2000年9月荣获甘肃省委省政府"园丁奖"。

1375 陈碧金
性　　别：男
出生年月：1964-03
民　　族：汉族
政治面貌：党员
职　　称：副高
学　　历：大学本科
所在单位：兰州交通大学
通讯地址：安宁区安宁西路500号
简　　介：1984年7月毕业于兰州大学哲学系并被分配至兰州铁道学院任教至今，讲授《马克思主义基本原理概论》《管理心理学》《自然辩证法概论》三门课程，2004年5月被评为副教授。

1376 金奕
性　　别：男
出生年月：1971-11-04
民　　族：汉族
政治面貌：民主党派
职　　称：副高
学　　历：大学本科
所在单位：西北师大附中
通讯地址：西北师大附中

1377 王永礼
性　　别：男

出生年月：1955-01-22
民　　族：汉族
政治面貌：党员
职　　称：副高
学　　历：大学专科
所在单位：兰州市四十五中学
通讯地址：兰州市第四十五中学
成　　就：从事教育教学近四十年，1990年区委、区政府为表彰为优秀教育工作者，1995年、1996年、2000年区委、区政府为表彰为优秀教师，多次被学校、教育系统评为优秀教师。

1378 安永宏
性　　别：男
出生年月：1969-10-17
民　　族：汉族
政治面貌：党员
职　　称：副高
学　　历：大学本科
所在单位：兰州市第四十五中学
通讯地址：兰州市第四十五中学
成　　就：获1993兰州连城铝厂"优秀团员"、1994年兰州连城铝厂"优秀教师"、1998年永登县"优秀管理工作者"、1999年永登县教育质量管理"先进个人"、2002年兰飞中学"优秀教师"、2004年兰飞中学"优秀主任"、2005年兰飞总厂"优秀共产党员"、2008年甘肃省"优秀教师"（园丁奖）、2010年兰州市基础教育科研三等奖（与人合作）。

1379 巨月芬
性　　别：女
出生年月：1972-12-11
民　　族：汉族
政治面貌：党员

职　　称：副高
学　　历：大学本科
所在单位：西北师大附中
通讯地址：西北师大附中

1380　葛文梅

性　　别：女
出生年月：1972-01-06
民　　族：汉族
政治面貌：民主党派
职　　称：副高
学　　历：大学本科
所在单位：西北师大附中
通讯地址：西北师大附中

1381　刘钦

性　　别：男
出生年月：1969-05-01
民　　族：汉族
政治面貌：党员
职　　称：副高
学　　历：大学本科
所在单位：兰州交通大学
通讯地址：安宁区安宁西路 500 号
成　　就：曾获得甘肃省优秀珠算教师、兰州交通大学青年教师教学奖等荣誉。主编出版教材 1 部，参编教材 2 部。主持 3 项教改项目并获得兰州交通大学教学成果二等奖，获得甘肃省教育厅级教学成果奖 3 项，参与甘肃省精品课程——《财务管理精品课程建设》项目，获甘肃省第八、九次社科优秀成果二、一等奖各 1 次，获 2006 年度甘肃省高校社会科学优秀成果奖一等奖、甘肃省第十届社会科学优秀成果三等奖。在省部级刊物上公开发表学术论文 20 余篇。
简　　介：兰州交通大学经济管理学院副教授，硕士生导师，中共党员，大学本科学历。主要从事会计学、财务管理、信息管理方面的教学与研究工作。

1382　党崇武

性　　别：男
出生年月：1968-03-18
民　　族：汉族
政治面貌：党员
职　　称：副高
学　　历：大学本科
所在单位：西北师范大学法学院
通讯地址：安宁区安宁西路 500 号
成　　就：研究方向为刑法学、刑事司法制度，曾在《西北师大学报（社科版）》《甘肃社会科学》等刊物发表论文十余篇。

1383　李振旭

性　　别：男
出生年月：1970-09-16
民　　族：汉族
政治面貌：党员
职　　称：副高
学　　历：大学本科
所在单位：西北师大附中
通讯地址：西北师大附中

1384　王爱亚

性　　别：女
出生年月：1972-12-17
民　　族：汉族
政治面貌：党员
职　　称：副高
学　　历：大学本科
所在单位：兰州市安宁区沙井驿学校
通讯地址：兰州市安宁区沙井驿学校
成　　就：2007 年荣获 2005-2006 学年度教学工作中学语文单科成绩优秀奖；2007 年

被评为安宁区委区政府优秀教师光荣称号；2008年在安宁区教育局教学新秀课堂教学评选中荣获三等奖；2010年在安宁区教育局教学新秀评选中荣获课堂教学三等奖；2011年被评为安宁区区级骨干教师；2012年被评为安宁区十佳班主任；2013年被评为兰州市教育局优秀班主任。

1385 李杰

性　　别：男
出生年月：1970-07-05
民　　族：汉族
政治面貌：群众
职　　称：副高
学　　历：大学本科
所在单位：西北师大附中
通讯地址：西北师大附中

1386 孙红梅

性　　别：女
出生年月：1973-08-27
民　　族：汉族
政治面貌：民主党派
职　　称：副高
学　　历：大学本科
所在单位：西北师大附中
通讯地址：西北师大附中

1387 尹淑红

性　　别：女
出生年月：1970-07-12
民　　族：汉族
政治面貌：党员
职　　称：副高
学　　历：硕士研究生
所在单位：兰州交通大学
通讯地址：安宁区安宁西路500号
成　　就：在校期间，主要讲授中级财务会计、铁路运输企业会计、成本会计和银行会计等课程，主要进行财务会计、公司理财等方面的研究。2008年主持完成校级教改项目，获甘肃省教学成果教育厅级奖；2012年，主编出版《中级财务会计》教材。
简　　介：1988年9月至1992年7月在北京交通大学经济管理学院会计学专业进行大学本科学习，取得管理学学士学位；1992年7月分配至兰州交通大学财务处工作；1996年1月调至兰州交通大学经济管理学院工作，任职至今，历任讲师、副教授等职称，硕士研究生导师。2008年12月毕业于西安理工大学管理科学与工程专业，取得管理学硕士学位。

1388 王永斌

性　　别：男
出生年月：1971-08-05
民　　族：汉族
政治面貌：党员
职　　称：副高
学　　历：硕士研究生
所在单位：兰州交通大学
通讯地址：安宁区安宁西路500号
成　　就：出版专著《知识镜像与中国经验》1部，在《光明日报》等报刊发表学术论文近50篇，其中多篇被人大《复印报刊资料》等摘编或全文转载。主持并完成教育部人文社会科学研究项目、全国教育科学规划课题等研究课题，研究成果多次获甘肃省社会科学优秀成果奖、甘肃省高校社科成果奖。
简　　介：马克思主义学院副院长。

1389 杨晓玲

性　　别：女
出生年月：1971-04-14

民　　族：汉族
政治面貌：党员
职　　称：副高
学　　历：大学本科
所在单位：兰州市安宁区刘家堡小学
通讯地址：兰州市安宁区刘家堡小学
成　　就：2013年被评为陇原优秀乡村教师（甘肃省教育厅）。2007年获兰州市优秀教师（兰州市人民政府）。2010年获安宁区优秀教师（安宁区人民政府）。2012年获安宁区十佳教师（安宁区教育局）。2011年评为兰州市骨干教师；（兰州市教育局）。2012年评为兰州市学科带头人（兰州市教育局）。
简　　介：曾为刘家堡小学一级语文教师，党员，从教23年。

1390　孙云燕

性　　别：女
出生年月：1972-12-09
民　　族：汉族
政治面貌：党员
职　　称：副高
学　　历：硕士研究生
所在单位：兰州交通大学
通讯地址：安宁区安宁西路500号
简　　介：1990.9-1994.7就读于山西财经学院贸易经济专业，获经济学学士学位；1996.9-1999.6年就读于兰州大学经济法专业，获法学硕士学位。1994年7月至今在兰州交通大学（原兰州铁道学院）任教，主要讲授国际贸易学、国际金融学、国际商法、商务英语、财经英语、经管类外文文献选读等课程，主要研究领域为对外贸易政策、国际收支管理、企业社会责任等。

1391　王耀东

性　　别：男
出生年月：1970-04-09
民　　族：汉族
政治面貌：党员
职　　称：副高
学　　历：博士研究生
所在单位：兰州交通大学
通讯地址：安宁区安宁西路500号
成　　就：主持过和正在主持甘肃省社科基金规划项目、中国博士后基金项目、教育部人文社科基金项目和国家社科基金规划项目等项目，发表论文近20篇。2005年获得教育部颁发的"汉语作为外语教学能力资格证书（高级）"。
简　　介：兰州交通大学文学与国际汉学院副教授。先后就读于甘肃省陇西师范学校、甘肃教育学院、兰州大学、西北师范大学、北京语言大学，分别取得中专、大专、本科、硕士研究生、博士研究生等学历，现为中国传媒大学中国语言文学博士后流动站研究人员。

1392　郭旭

性　　别：女
出生年月：1966-04-13
民　　族：汉族
政治面貌：群众
职　　称：副高
学　　历：大学本科
所在单位：兰州市第四十四中学
通讯地址：兰州市第四十四中学
成　　就：1999年获郑州市二七区教文体委优秀班主任。2000年获第三届全国中小学生素质教育英语辅导奖。2001年获郑州市二七区教文体委英语活动观摩课三等奖。2003年获全国中小学生英语能力竞赛辅导奖。2001年获郑州市二七区教文体委优秀教育工作者。2013年获甘肃省心理协会年度优秀志愿者。

1393 王芝芬
性　　别：女
出生年月：1967-03-17
民　　族：汉族
政治面貌：群众
职　　称：副高
学　　历：大学本科
所在单位：兰州市第四十四中学
通讯地址：兰州市第四十四中学
成　　就：《甘肃教育》2008年发表论文1篇。

1394 黄永丰
性　　别：男
出生年月：1954-03-15
民　　族：汉族
政治面貌：党员
职　　称：副高
学　　历：大学专科
所在单位：西北师大附中
通讯地址：西北师大附中

1395 赵辉
性　　别：女
出生年月：1962-09-03
民　　族：汉族
政治面貌：党员
职　　称：副高
学　　历：大学本科
所在单位：兰州市第四十四中学
通讯地址：兰州市安宁区银安路474号
成　　就：1994年10月全国中小学呼唤明天的绿色考察报告 辅导奖（市级）；1998年7月全国中小学语文教学论文三等奖（省级）；2005年5月安宁地区新课程教学竞赛二等奖（区级）；2010年4月安宁区高中语文单科成绩进步奖（区级）。

1396 任静梅
性　　别：女
出生年月：1978-12-01
民　　族：汉族
政治面貌：党员
职　　称：副高
学　　历：硕士研究生
所在单位：兰州交通大学
通讯地址：安宁区安宁西路500号
成　　就：一贯认真对待教学工作，曾获兰州交通大学青年教师教学竞赛二等奖和青年教师教学奖，获省教育厅教学成果奖和校级教学成果一等奖各1项，参编教材两部。科研方面，主持兰州市科技局项目1项，校青年基金1项，发表论文10余篇。任静梅老师曾赴厦门大学进修，参与新加坡"淡马锡"项目在北大光华管理学院接受MBA师资培训，2014年入选甘肃省第二期高端会计人才培养班并赴北京国家会计学院学习。
简　　介：兰州交通大学经管学院副教授，硕士研究生，注册会计师，担任会计学和财务管理专业课程主讲教师，为MBA学员主讲《税收理论与实务》，主要研究方向为会计理论与实务、税收理论与实务。

1397 姚雪梅
性　　别：女
出生年月：1968-05-28
民　　族：汉族
政治面貌：群众
职　　称：副高
学　　历：大学本科
所在单位：兰州四十四中学
通讯地址：兰州四十四中学

成　　就：在省级刊物《甘肃教育》第2007年4月期发表论文1篇。

1398 周爱组

性　　别：男
出生年月：1971-01-20
民　　族：汉族
政治面貌：党员
职　　称：副高
学　　历：大学本科
所在单位：西北师大附中
通讯地址：西北师大附中

1399 左晓玲

性　　别：女
出生年月：1968-12-24
民　　族：汉族
政治面貌：党员
职　　称：副高
学　　历：大学本科
所在单位：兰州市安宁区崔家庄小学
通讯地址：兰州市安宁区崔家庄小学
成　　就：2002至2004年分别获得陇南师范高等专科学校授予的"优秀教师""优秀班主任""优秀中队辅导员""优秀党员"荣誉称号；2001年获得甘肃省教育厅授予的"省级骨干教师"荣誉称号；2005年获得甘肃省首届骨干教师献课一等奖；2013年承担兰州市"市级骨干"评委；2014年获得甘肃省教育厅和甘肃省体育局联合颁发的"'定向越野'科技体育优秀教练员、辅导员"荣誉称号；主持过1项省级规划课题；有10余篇论文发表并在全省范围内交流。
简　　介：1987年7月毕业于陇南成县师范，1987年7月至1991年6月，在陇南康县第二中学任教；1991年6月至2005年12月，在陇南师范附小任教（期间分别参加甘肃省教育学院、兰州大学主考的自学考试，取得专科和本科学历）；2005年12月至2008年9月，在兰州市长风小学任教；2008年9月至2013年8月，在兰州市安宁区十里店第二小学任教，担任副校长职务；2013年8月至今，在兰州市安宁区崔家庄小学任教，担任校长职务。

1400 刘国霞

性　　别：女
出生年月：1966-05-26
民　　族：汉族
政治面貌：党员
职　　称：副高
学　　历：大学本科
所在单位：兰州市安宁区十里店第二小学
通讯地址：兰州市安宁区十里店第二小学
成　　就：1994年—1999年任共青团甘肃省委委员。1996年被评为兰州市校外教育先进个人、安宁区"十佳团干"。2002年、2005年被评为安宁区优秀教育工作者。2006年、2013年被评为优秀党务工作者。2007年、2008年、2009年被评为全国双有主题教育活动先进个人。2008年被评为两区建设先进个人。2010年被评为"甘肃省园丁"优秀教师。2004年在《甘肃教育》发表论文一篇。
简　　介：1984年9月—1987年7月在兰州师范专科数学系上学；1987年7月—2003年7月在安宁区教育局工作；2003年7月—2011年4月在安宁区刘家堡小学工作；2011年4月—2013年7月在安宁区长风小学工作；2013年7月至今在安宁区十里店第二小学工作。

1401 王淑俊

性　　别：女
出生年月：1966-08

民　　族：汉族
政治面貌：群众
职　　称：副高
学　　历：大学本科
所在单位：兰州交通大学
通讯地址：安宁区安宁西路500号
成　　就：主要担任《大学语文》《应用写作》课程教学。2009年，主持了兰州交通大学继续教育教改课题《建立多媒体教学和面授相结合的成人教育模式探讨》；2011年，与冯佩昕老师合编出版了《实用文体写作教程》（甘肃人民出版社2011年）教材，担任第二主编。2011年参与了范爱荣老师主持的教改项目《中国古代文学教学中实施素质教育的研究与实践》；2012年参与了刘秋芝老师主持的兰州交通大学教改项目《〈大学语文〉教材编写及其课程教学法研究》。2014年，参与了编写郭令原老师主编的《大学语文》（北京大学出版社2014年）教材。
简　　介：1991年7月毕业于苏州铁道师范学院（现更名苏州科技学院）汉语言文学专业，文学学士。现供职于兰州交通大学文学与国际汉学院，副教授职称。

1402　王述华

性　　别：女
出生年月：1968-11-20
民　　族：汉族
政治面貌：群众
职　　称：副高
学　　历：大学本科
所在单位：西北师大附中
通讯地址：西北师大附中

1403　吴家伟

性　　别：男
出生年月：1966-09-03
民　　族：汉族
政治面貌：党员
职　　称：副高
学　　历：大学本科
所在单位：西北师大附中
通讯地址：西北师大附中

1404　任红红

性　　别：女
出生年月：1978
民　　族：汉族
政治面貌：民主党派
职　　称：副高
学　　历：博士研究生
所在单位：兰州交通大学
通讯地址：安宁区安宁西路500号
成　　就：近几年在《文艺理论与批评》《兰州大学学报》等各级学术刊物上发表论文10余篇。撰写专著《后现代主义小说的多元建构：〈法国中尉的女人〉的形式研究与文化批评》1部；主持并完成甘肃省社科规划课题"后现代主义小说的多元文化建构"1项；作为主要参与人参与并完成甘肃省教育厅社科规划课题1项；作为主要参与人参与在研国家社科课题2项；参与编写教材3部。主要讲授《外国文学》《比较文学》《西方文论》《西方现代主义文学》等课程。研究方向：文学人类学与中西方当代文学研究。
简　　介：民革会员。兰州交通大学文学与国际汉学院副教授，兰州大学文学院博士在读。甘肃省外国文学学会理事、中国外国文学教学研究会会员、中国比较文学教学研究会会员。

1405　王春兰

性　　别：女
出生年月：1967-10-08

民　　族：汉族
政治面貌：党员
职　　称：副高
学　　历：大学本科
所在单位：兰州市安宁区长风小学
通讯地址：兰州市安宁区长风小学
成　　就：曾被评为省特级教师、省骨干教师、省青年教学能手、省基本普及九年义务教育基本扫除青壮年文盲先进个人，兰州市首批金城名师、市级教师楷模、市级优秀教师、市级教学新秀、市级骨干教师、市级教科研工作先进个人、市级两基及迎国检工作先进个人，区级优秀教师、区级优秀工作者、区级优秀党员、区级教学新秀、区级模范职工、区级三八红旗手、优秀辅导员，校级优秀教师、优秀班主任等。
简　　介：高级教师职称。1987 年 7 月从兰州师范学校毕业后分配到安宁区十里店小学担任语文教师 24 年，曾任教导主任、副校长，2011 年 4 月调至刘家堡小学担任校长，2013 年 8 月调到长风小学担任校长。

1406 梁恒

性　　别：男
出生年月：1971-12-09
民　　族：汉族
政治面貌：党员
职　　称：副高
学　　历：硕士研究生
所在单位：兰州交通大学
通讯地址：安宁区安宁西路 500 号
成　　就：主讲课程有《马克思主义哲学原理》《邓小平理论概论》《法律基础与思想道德修养》《大学生职业生涯规划》《大学生就业指导》等课程；主要研究方向为思想政治教育、职业生涯规划；参与完成省部级科研项目 6 项，主编、参与完成《青少年社会工作》《思想政治工作 60 年回顾》《大学生职业生涯规划与就业创业指导》等 3 部著作、教材，获甘肃省高校社科成果三等奖，发表论文 20 余篇，指导学生参加全国管理大赛获得二等奖、第七届全国大学生"用友杯"沙盘模拟大赛获得甘肃省总决赛二等奖，被评为优秀指导教师；曾获得学校思想政治工作先进个人、优秀党务工作者、学生管理工作先进个人、优秀班主任等荣誉称号。
简　　介：GCDF 全球职业规划师；1995 年毕业于陕西师范大学政治经济学院，获法学学士学位，2004 年 6 月获兰州大学哲学硕士学位。

1407 张志恬

性　　别：男
出生年月：1971-05-11
民　　族：汉族
政治面貌：党员
职　　称：副高
学　　历：大学本科
所在单位：西北师大附中
通讯地址：西北师大附中

1408 周红英

性　　别：女
出生年月：1966-12-03
民　　族：汉族
政治面貌：群众
职　　称：副高
学　　历：大学本科
所在单位：西北师大附中
通讯地址：西北师大附中

1409 宋小红

性　　别：女
出生年月：1968-01-19

民　　族：汉族
政治面貌：群众
职　　称：副高
学　　历：大学本科
所在单位：西北师大附中
通讯地址：西北师大附中
成　　就：2007年被评为全国模范教师。2007年荣获全国教育系统巾帼建功标兵。2008年荣获全国"三八"红旗手。

1410 刘国材

性　　别：男
出生年月：1966-01-09
民　　族：汉族
政治面貌：党员
职　　称：副高
学　　历：大学本科
所在单位：西北师大附中
通讯地址：西北师大附中
成　　就：荣获兰州军区学生军训先进个人（2010.12）、"甘肃省新长征突击手"称号（1995.5）、优秀基层团委书记（1995.5）。

1411 王莉

性　　别：女
出生年月：1972-03-13
民　　族：汉族
政治面貌：党员
职　　称：副高
学　　历：大学本科
所在单位：兰州市安宁区崔家庄小学
通讯地址：兰州市安宁区崔家庄小学
成　　就：兰州市骨干教师；安宁区教学新秀；有多篇论文在省区级刊物上发表；课堂教学《画家和牧童》获兰州市优质课；多篇论文获国家级、省市级奖励；积极参与规划课题研究；个人课题通过鉴定并获三等奖。
简　　介：1987年—1991年在兰州师范中师班学习；2000年—2003年在西北师范大学教育管理专业函授学习；1991年—至今在兰州市安宁区崔家庄小学任教。

1412 段佩丽

性　　别：女
出生年月：1965-09-03
民　　族：汉族
政治面貌：群众
职　　称：副高
学　　历：大学本科
所在单位：兰州市第四十五中学
通讯地址：兰州市第四十五中学
成　　就：20多年从事教育工作，16年班主任，两次获得安宁区先进教师，曾获安宁区教学竞赛一等奖，安宁区合唱比赛三等奖，兰州市合唱比赛三等奖等。
简　　介：1988.9—1997.3在兰州市第十七中学任教。1997.4至今在兰州市第四十五中学任教。

1413 漆林伟

性　　别：男
出生年月：1970-10-22
民　　族：汉族
政治面貌：群众
职　　称：副高
学　　历：大学本科
所在单位：西北师大附中
通讯地址：西北师大附中

1414 伏钰

性　　别：男
出生年月：1970-10-22
民　　族：汉族
政治面貌：党员

职　　称：副高
学　　历：大学本科
所在单位：西北师大附中
通讯地址：西北师大附中

1415 王汝元

性　　别：男
出生年月：1965-04-12
民　　族：汉族
政治面貌：党员
职　　称：副高
学　　历：大学本科
所在单位：兰州市第四十五中学
通讯地址：兰州市第四十五中学
成　　就：1993、1994 年被皋兰县评为优秀共产党员，2003 年被皋兰县委县政府授予"优秀教育工作者"称号，2004 年被评为兰州市优秀教师，2005 年被兰州市委市政府授予"兰州市劳动模范"荣誉称号，同年被省委、省政府授予"甘肃省先进工作者"称号，2007 年被评为兰州市优秀思想政治工作者。
简　　介：1982 年—1984 年 兰州市专中文专业读书；1984 年—1987 年 皋兰县黑市中学任教；1987 年—1992 年 皋兰县第二中学任教；1992 年—1995 年 皋兰县第二中学教导主任；1995 年—1998 年 皋兰县第二中学校长；1998 年—2009 年 皋兰县第一中学校长 2009 年至今 兰州市第四十五中学校长。

1416 杨涵雄

性　　别：男
出生年月：1970-09-31
民　　族：汉族
政治面貌：党员
职　　称：副高
学　　历：大学本科
所在单位：西北师大附中
通讯地址：西北师大附中

1417 张惠福

性　　别：男
出生年月：1957-12-01
民　　族：汉族
政治面貌：党员
职　　称：副高
学　　历：大学专科
所在单位：兰州 25 中学
通讯地址：兰州 25 中学

1418 郭秀仪

性　　别：男
出生年月：1958-09-01
民　　族：汉族
政治面貌：党员
职　　称：副高
学　　历：大学专科
所在单位：兰州市第二十六中学
通讯地址：兰州市第二十六中学

1419 高彩萍

性　　别：女
出生年月：1968-12-01
民　　族：汉族
政治面貌：群众
职　　称：副高
学　　历：大学本科
所在单位：兰州市第二十六中学
通讯地址：兰州市第二十六中学

1420 马培成

性　　别：男
出生年月：1957-11-01
民　　族：汉族
政治面貌：群众

职　　称：副高
学　　历：大学专科
所在单位：兰州市第二十六中学
通讯地址：兰州市第二十六中学

1421 智晓燕
性　　别：女
出生年月：1986-05-01
民　　族：汉族
政治面貌：群众
职　　称：副高
学　　历：大学专科
所在单位：兰州市红古区住建局
通讯地址：兰州市红古区住建局

1422 王伟军
性　　别：男
出生年月：1963-09-01
民　　族：汉族
政治面貌：党员
职　　称：副高
学　　历：大学专科
所在单位：兰州市第二十六中学
通讯地址：兰州市第二十六中学

1423 张通信
性　　别：男
出生年月：1955-01-01
民　　族：汉族
政治面貌：党员
职　　称：副高
学　　历：大学本科
所在单位：兰州25中学
通讯地址：兰州25中学

1424 苏培琼
性　　别：男
出生年月：1973-02-01
民　　族：汉族
政治面貌：党员
职　　称：副高
学　　历：大学本科
所在单位：兰州市第二十六中学
通讯地址：兰州市第二十六中学

1425 杜贵君
性　　别：男
出生年月：1967-09-01
民　　族：汉族
政治面貌：党员
职　　称：副高
学　　历：大学本科
所在单位：兰州市第二十六中学
通讯地址：兰州市第二十六中学

1426 余永胜
性　　别：男
出生年月：1971-01-05
民　　族：汉族
政治面貌：民主党派
职　　称：副高
学　　历：大学本科
所在单位：七十一中
通讯地址：兰州市红古区
成　　就：《推动班主任工作健康发展》2014年3月发表于《时代教育》《拓展教学资源有效提高教学效果》获得中国移动校讯通杯论文大赛二等奖，《拓展乡土资源推动教学创新》2014年6月获得兰州市教学创新论文三等奖。
简　　介：1993年6月毕业于西安矿院社科系政教师资专业，先后在窑街矿务局二中，兰州七十一中从事政治课教学工作，至今已有21年教龄，其中兼任班主任工作19年。

1427 马炳文

性　　别：男
出生年月：1969-03-01
民　　族：汉族
政治面貌：党员
职　　称：副高
学　　历：大学本科
所在单位：兰州 25 中学
通讯地址：兰州 25 中学

1428 李生元

性　　别：男
出生年月：1956-04-01
民　　族：汉族
政治面貌：群众
职　　称：副高
学　　历：大学专科
所在单位：兰州市第二十六中学
通讯地址：兰州市第二十六中学

1429 陈冲

性　　别：男
出生年月：1980-12-16
民　　族：汉族
政治面貌：党员
职　　称：副高
学　　历：博士研究生
所在单位：兰州财经大学
通讯地址：兰州市和平镇微乐大道 4 号
成　　就：主要科研成果及获奖情况：在《统计研究》《经济理论与经济管理》《中央财经大学学报》《经济体制改革》等权威和核心期刊发表论文 20 余篇，其中甘职办认定国家级权威 6 篇，人大资料中心全文转载 1 篇。主持和参与国家社科项目、教育部人文社科项目、世界银行技术合作项目、国家民委民族事务项目等省部级以上课题数项。2013 年 3 月获甘肃省哲学社会科学优秀成果三等奖。
简　　介：2006 年本硕连读毕业于西北农林科技大学获管理学硕士学位；2012 年毕业于南开大学获经济学博士学位；副教授，硕士生导师。主要研究方向：产业分析、劳动经济、农业经济主讲课程：《微观经济学》《宏观经济学》《宏观经济学政策专题》。

1430 张克傧

性　　别：男
出生年月：1956-08-01
民　　族：汉族
政治面貌：党员
职　　称：副高
学　　历：大学本科
所在单位：榆中县马坡学区中心校
通讯地址：榆中县马坡学区中心校
成　　就：1993 年被评为马坡乡政府党委优秀教师。1995 年被评为榆中县教育委员、工会榆中县委员会三育人先进个人。被评为 1998 年榆中县人民政府榆中县委员会百名学科带头人、2000 年榆中县人民政府榆中县委员会十佳优秀园丁、2002 年榆中县人民政府榆中县委员会优秀教师、2002 年兰州市小学市级骨干教师、2001 年学区支部优秀党员、2008 年、2009 年、2012 年获校级优秀班主任。2013 年获得马坡学区优秀班主任荣誉称号。
简　　介：1977 年 11 月毕业于兰州师范；2003 年 12 月毕业于中共甘肃省委党校经济管理专业（本科）；1974 年在马坡小学任民办教师；1977 年 12 月在榆中县第四中学任教，并担任团委书记；1983 年 10 月在羊寨学校任教；1986 年 3 月在马坡中学任教，1990 年担任马坡中学校长；2000 年在河湾小学任教，并担任校长；2004 年 8 月至今在马坡小学任教。

1431 安文盛

性　　别：男
出生年月：1964-05-12
民　　族：汉族
政治面貌：群众
职　　称：副高
学　　历：大学本科
所在单位：榆中县职业教育中心
通讯地址：榆中县职业教育中心
简　　介：1986.7-至今任教于榆中师范。

1432 周杰贵

性　　别：男
出生年月：1969-10-07
民　　族：汉族
政治面貌：党员
职　　称：副高
学　　历：大学本科
所在单位：榆中县新营学区
通讯地址：榆中县新营学区
成　　就：县级优秀教师；县级高中单科成绩优秀奖。2007年和2013年先后两次获得榆中县普通高等学校招生语文教学成绩优秀奖，并与2010年9月获得榆中县优秀教师称号。在担任教学任务的同时积极撰写论文，先后有3篇论文在国家级、省级刊物上发表。
简　　介：1991年8月至1994年7月在榆中县龙泉学区武庄小学任教；1994年8月至1996年7月在兰州市教育学院进修学习；1996年8月至1997年7月在榆中县龙泉学区龙泉小学任教；1997年8月至2013年10月在榆中县第七中学任教；在榆中七中任教期间担任学校教导处主任；2013年10月至今在榆中县新营乡新营中学担任校长。

1433 丁书和

性　　别：男
出生年月：1962-10-01
民　　族：汉族
政治面貌：党员
职　　称：副高
学　　历：大学本科
所在单位：榆中一中
通讯地址：榆中一中
成　　就：获得1989年兰州市优秀教师、1993年兰州市教学新秀。
简　　介：1983.08—1998.07任教于榆中二中；1998.08至今任教于榆中一中。

1434 和生康

性　　别：女
出生年月：1969-05-12
民　　族：汉族
政治面貌：群众
职　　称：副高
学　　历：大学本科
所在单位：榆中六中
通讯地址：榆中六中
成　　就：2002年9月评为县级优秀教师；2008年9月评为县级优秀德育工作者；2013年9月评为县级优秀教师；2002年中考语文成绩第二名；2008年中考语文成绩三等奖；2013年中考语文成绩一等奖；2012年首届兰州市教师下水作文获二等奖；2013年首届兰州市教师下水作文获三等奖。
简　　介：于1992年6月参加工作；1994年6月至1996年8月在榆中县新营中学任教；1996年8月至现在在榆中六中任教。

1435 张莲香

性　　别：女
出生年月：1969-08-13
民　　族：汉族
政治面貌：党员

职　　称：副高
学　　历：大学本科
所在单位：东滩中学
通讯地址：东滩中学

1436 毛鸿鹄

性　　别：男
出生年月：1974-09-10
民　　族：汉族
政治面貌：党员
职　　称：副高
学　　历：大学本科
所在单位：榆中县马坡学区
通讯地址：榆中县马坡学区
成　　就：获得 2002 年榆中县优秀教师荣誉称号、2006 年马坡乡优秀党员荣誉称号、2008 年榆中县优秀教师荣誉称号；2009 年被评为榆中县骨干教师；2010 年获得甘肃省优秀教师园丁奖。其撰写的教育教学论文有 6 篇发表在国家级、省级刊物上。
简　　介：1996 年 7 月毕业于榆中师范，先后通过专科和本科进修，于 2008 年 12 月毕业于陕西师范大学历史专业。工作以来先后在阳凹小学、上庄中学、马坡中学任教，并担任阳凹小学校长、上庄中学校长、马坡中学校长等职务。2010 年调入马坡中学。

1437 蒲园园

性　　别：男
出生年月：1984-10-08
民　　族：汉族
政治面貌：党员
职　　称：副高
学　　历：大学本科
所在单位：中共榆中县委党校
通讯地址：榆中县文成路 199 号
成　　就：2005 年获得"麦积山"杯全国坐式排球锦标赛"优秀裁判员"；2008 年被天水市委市政府授予"见义勇为"三等功；2008 年获得甘肃省优秀学生干部；2008 年被选为奥运会火炬传递甘肃段护跑手；2008 年高校女生开展软式排球的可行性研究发表于《甘肃联合大学学报（自然科学版）》第 04 期；2010 年获得甘肃省第二届特奥运动会暨第八届残疾人运动会射击比赛"体育道德风尚奖"；2011 年在滋兰树惠 立德育人中收录浅谈新形势下高校学生管理工作面临的问题及对策一文；2013 年发展循环农业建设美丽榆中一文获得甘肃省委党校优秀教学成果三等奖；2014 年推进生态文明、建设美丽榆中甘肃省行政学院系统优秀教学成果比赛中获得二等奖；2014 年试论宗教与丝绸之路经济带建设"丝绸之路"经济带建设研讨会优秀论文评选中获得二等奖。
简　　介：2004 年—2008 年就读于天水师范学院；2009 年—2010 年在天水师范学院体育学院担任团委书记及专职辅导员；2010 年—2012 年在榆中县园子岔中学担任教师；2012 年—至今在中共榆中县委党校工作。

1438 赵宗盛

性　　别：男
出生年月：1958-09-01
民　　族：汉族
政治面貌：群众
职　　称：副高
学　　历：大学专科
所在单位：榆中县中连川学区
通讯地址：榆中县中连川学区
成　　就：2013 年获得县级优秀教师
简　　介：1977 年 3 月至 1991 年 8 月在中连川小学任民办教师；1991 年 9 月至 1993 年 7 月在榆中师范民教班进修；1993 年 8 月至 2011 年在博达希望小学任教；2011 年 9

月至2014年8月在中连川小学任。

1439 张建祖

性　　别：男
出生年月：1962-07-11
民　　族：汉族
政治面貌：党员
职　　称：副高
学　　历：大学专科
所在单位：榆中县文成小学
通讯地址：榆中县文成小学
成　　就：2011年兰州市优秀公开课；2011年6月兰州市骨干教师；2002年至2013年教学成绩等次奖；2001年至2013年发表省级论文5篇。
简　　介：1981年7月至1990年1月在连搭学区任教；1990年2月至今在文成小学任教。

1440 金国林

性　　别：男
出生年月：1962-07-12
民　　族：汉族
政治面貌：群众
职　　称：副高
学　　历：大学专科
所在单位：小康营学区
通讯地址：小康营学区
成　　就：县级骨干教师，榆中县委、县政府优秀教师。2000年获榆中县委、县政府优秀教师称号；2001年获榆中县骨干教师；2009年获小康营学区教师"三字一画"比赛三等奖；2005年在《文苑》发表论文《谏巧疏精 立足道明——读〈谏唐太宗十思疏〉》。
简　　介：1981年毕业于榆中师范后在榆中县第三中学任教；后又于2005年调入小康营学区任教至今。

1441 安谈鹏

性　　别：男
出生年月：1969-09-12
民　　族：汉族
政治面貌：党员
职　　称：副高
学　　历：大学本科
所在单位：榆中县马坡学区
通讯地址：榆中县马坡学区
成　　就：2001年获榆中县第七届中学青年教师教学新秀；2002年6月获兰州市县级骨干教师；2008年获教育局课堂教学大比武三等奖；2008年9月获榆中县优秀教育工作者荣誉称号；2010年获榆中县第六届教学能手。2011年6月获兰州市市级骨干教师。2009年1月县级教研课题《教师如何面对学困生》结题。2009年教学论文《集中、强化、大小结合》发表于《科技与教育》杂志；2009年10月教学论文《如何培养学生学习语文的兴趣》在《中国校外教育》杂志发表；2013年教学论文《浅谈语文课堂教学学习激趣》在《教育学》杂志发表；2013年教学论文《浅谈中国古诗教学》在《教育界》杂志发表。
简　　介：榆中县马坡学区教师。1969年9月出生于榆中县马坡乡羊下村；1989年7月毕业于榆中师范学校，分配到马坡学区任教至今；2007.10—2014.7担任马坡小学校长职务。

1442 陆建荣

性　　别：男
出生年月：1965-07-26
民　　族：汉族
政治面貌：党员
职　　称：副高
学　　历：大学本科

所在单位：榆中县金崖学区
通讯地址：榆中县金崖学区
成　　就：2003年获得榆中县金崖学区教学质量奖，2004年获得"榆中县优秀教育工作者"称号，2007年获兰州市优秀教师，2010年获"榆中县先进德育工作者"称号。
简　　介：1992年至1996年在榆中县凯坪中学任教并担任校长；1996年至今在金崖中学任教并担任校长。

1443 张小青

性　　别：女
出生年月：1963-09-21
民　　族：汉族
政治面貌：党员
职　　称：副高
学　　历：大学本科
所在单位：榆中七中
通讯地址：榆中七中
简　　介：1982年8月参加工作；期间在兰州教育学院离职进修；1987年调入本单位至今。

1444 陆向荣

性　　别：男
出生年月：1963-07-14
民　　族：汉族
政治面貌：群众
职　　称：副高
学　　历：大学本科
所在单位：榆中县金崖学区
通讯地址：榆中县金崖学区
成　　就：2008年9月榆中县优秀教师，2009年7月榆中县骨干教师。
简　　介：1983年8月至1999年7月榆中县陆家崖学校；1999年8月至现在榆中县金崖中学。

1445 马良彪

性　　别：男
出生年月：1963-09-23
民　　族：汉族
政治面貌：党员
职　　称：副高
学　　历：大学本科
所在单位：教育局
通讯地址：教育局
成　　就：2006年获得兰州市标准化学校建设先进个人称号。2010年被评为"中英甘肃九年义务教育项目"先进个人。
简　　介：1979.9—1981.6在兰州师范上学；1981.7—2002.7在榆中县新营学区任教（其中，1995年9月—2002年7月任新营中学校长）；2002年8月—2007年7月在榆中县小康营学区任教（其中，2003年8月—2007年7月任小康营中学校长）；2007年8月—现在，任榆中县教学研究室副主任。

1446 牟正祥

性　　别：男
出生年月：1962-06-12
民　　族：汉族
政治面貌：党员
职　　称：副高
学　　历：大学本科
所在单位：榆中六中
通讯地址：榆中六中
成　　就：甘肃省两基工作先进个人。

1447 张德翠

性　　别：女
出生年月：1968-04-23
民　　族：汉族
政治面貌：群众
职　　称：副高

学　　历：大学本科
所在单位：一悟小学
通讯地址：一悟小学
成　　就：1998年9月被评为榆中县"百名学科带头人"，2011年6月被评为兰州市骨干教师、2013年被评为省级骨干教师。2012年4月在本校教师技能大赛中获一等奖，2009年一悟小学教学竞赛中评为优质课教师，2010年被榆中县一悟小学评为校级优秀教师。
简　　介：1988年7月在榆中县贡井乡大坪小学任教；1989年8月在榆中县三角城小学任教；2000年8月在榆中县周前小学任教；2007年8月在榆中县一悟小学任教至今。2014年7月晋升为高级教师。

1448 吴凤喜

性　　别：男
出生年月：1967-05-22
民　　族：汉族
政治面貌：党员
职　　称：副高
学　　历：大学本科
所在单位：榆中县清水驿学区
通讯地址：榆中县清水驿学区
成　　就：兰州市骨干教师
简　　介：1988年7月至1989年7月在榆中县上庄学校任教；1989年至今在榆中县清水驿学区任教。

1449 金玉成

性　　别：男
出生年月：1964-04-12
民　　族：汉族
政治面貌：党员
职　　称：副高
学　　历：大学本科
所在单位：榆中县恩玲中学
通讯地址：榆中县恩玲中学
成　　就：榆中县优秀教师（1991、1994）、榆中县师德标兵（2006），榆中县教育局教学新秀（1996）、甘肃省园丁奖获得者（2014）、兰州市教学新秀（1996）、兰州市优秀党员（2001）、兰州市教育局优秀教师（2011）、兰州市联校校本培训优秀学员（2012）。
简　　介：1985年9月—1997年8月榆中县第三中学任教；1997年9月—现在，榆中县恩玲中学任教。

1450 宋应郁

性　　别：男
出生年月：1968-07-01
民　　族：汉族
政治面貌：党员
职　　称：副高
学　　历：大学本科
所在单位：榆中县高崖学区
通讯地址：榆中县高崖学区
成　　就：2010年评为镇先进教育工作者，2006年被评为县级优秀教育工作者，2012年被评为兰州市"两基"先进个人，2012年被评为省级"两基"先进个人。
简　　介：1989年8月参加工作，任高崖小学语文教师；1996年8月至2003年7月任高崖中心小学教导主任；2003年8月至2007年7月任关门口小学校长；2007年8月至今，任高崖学区支部书记、教学督导员。

1451 吴明礼

性　　别：男
出生年月：1969-09-14
民　　族：汉族
政治面貌：党员
职　　称：副高

学　　历：大学本科
所在单位：榆中县清水驿学区
通讯地址：榆中县清水驿学区
成　　就：榆中县优秀教育工作者；全国双有先进个人。
简　　介：1990年至2011年在榆中县夏官营中学任教；2011年3月至今在榆中县清水驿学区任教。

1452　魏博武

性　　别：男
出生年月：1961-04-10
民　　族：汉族
政治面貌：群众
职　　称：副高
学　　历：大学本科
所在单位：榆中县园子学区
通讯地址：榆中县园子学区
成　　就：2009年12月，获得2009年全国中学生语文能力竞赛指导奖，2010年12月、2011年12月分别获得第四届、第五届全国中学生语文能力竞赛指导奖。曾在甘肃《飞天》文学杂志发表诗歌两篇：《收割阳光》（外一首）。内蒙古《鹿鸣》文学杂志发表诗歌一首：《我祈祷，不为别的》。甘肃中学生导报上发表诗歌一首：《品味四集》。《世纪强音》诗集上发表诗歌一首：《未来》。《兰州教育》上发表诗一首：《乡村的黄昏》。榆中一中校刊《栖山雨》上发表诗一首：《祖母剪》。
简　　介：1981年7月榆中师范毕业分配到榆中县园子初级中学，担任语文教学工作至现今。2001年12月获得一级教师任职资格，2010年12月获得高级教师任职资格。

1453　张军选

性　　别：男
出生年月：1968-01-21
民　　族：汉族
政治面貌：群众
职　　称：副高
学　　历：大学本科
所在单位：榆中县城关学区
通讯地址：榆中县城关学区
成　　就：2006年9月获得榆中县优秀教育工作者。曾多次受校级、乡级、县级优秀教师、教育工作者奖励；2006年9月获得榆中县优秀教育工作者。
简　　介：1988年7月至今从事小学语文教学，且担任班主任工作。

1454　赵凯

性　　别：男
出生年月：1972-01
民　　族：汉族
政治面貌：党员
职　　称：副高
学　　历：大学本科
所在单位：榆中县职业教育中心
通讯地址：榆中县职业教育中心
成　　就：2011年曾获榆中县级骨干教师，2011年曾获兰州市"五五"普法先进个人，2006年曾获榆中县师德标兵，2008年曾获榆中县优秀教育工作者，2009年曾获学校扶贫助困先进个人，2013年曾获学校优秀党员。
简　　介：1993.7—1998.7皋兰县西岔中学；1998.9—2000.7榆中县第二中学；2000.9—现在榆中县职业教育中心。

1455　武鸿钧

性　　别：男
出生年月：1966-05-23
民　　族：汉族
政治面貌：群众

职　　称：副高

学　　历：大学本科

所在单位：小康营学区

通讯地址：小康营学区

简　　介：1985年8月参加工作。1985.08—1992.08在小康营乡上彭家营学校任教；1992.09—2004.08在小康营乡刘家营学校任教；2004.09至今在小康营中学任教。

1456 刘权

性　　别：男

出生年月：1970-02-06

民　　族：汉族

政治面貌：党员

职　　称：副高

学　　历：大学本科

所在单位：榆中县和平学区

通讯地址：榆中县和平学区

成　　就：2002年榆中县优秀教师；2010年兰州市优秀教师。

1457 赵春贵

性　　别：男

出生年月：1969-10-15

民　　族：汉族

政治面貌：党员

职　　称：副高

学　　历：大学本科

所在单位：榆中二中

通讯地址：榆中二中

成　　就：荣获兰州市教育局第八届基础教研成果奖。

简　　介：1990.07-1996.02在榆中县清水学区任教；1996.03至今在榆中县第二中学任教。

1458 汉玉国

性　　别：男

出生年月：1973-07-03

民　　族：汉族

政治面貌：党员

职　　称：副高

学　　历：大学本科

所在单位：小康营学区

通讯地址：小康营学区

成　　就：市级骨干教师，1993年7月榆中师范毕业后一直在榆中县小康营学区任教。1994年、2002年获榆中县"优秀教师"荣誉称号，1998年获"榆中县首批百名学科带头人"，2011年获"兰州市市级骨干教师"；撰写并发表国家级论文两篇，论文《如何培养低年级学生的写作能力》在兰州市教育科学研究所、甘肃省小学语文教学专业委员会组织的小学语文习作教学论文评选中获一等奖，教学课件《面积和周长的对比》获兰州市第六届课件比赛三等奖，2010年甘肃省小学数学优秀教学设计、教学案例评选活动中荣获二等奖，2011年主持的课题《新教材教学中的"双基"教学研究》经榆中县教育局评审小组评审，通过鉴定，2008-2009学年度被评为小康营乡"优秀教师"。

1459 金杰雄

性　　别：男

出生年月：1968-07-30

民　　族：汉族

政治面貌：党员

职　　称：副高

学　　历：大学本科

所在单位：榆中县金崖学区

通讯地址：榆中县金崖学区

成　　就：1994年获榆中县"优秀教师"，2002年获市级骨干教师，2000年获中考成绩优秀奖。

简　　介：1989 年 7 月至 2007 年 7 月在梁坪学区；2007 年 8 月至 2010 年 1 月在岳家巷初级中学；2010 年 2 月至现在在金崖中学。

1460　朱继千

性　　别：男

出生年月：1962-09-01

民　　族：汉族

政治面貌：党员

职　　称：副高

学　　历：大学专科

所在单位：青城中学

通讯地址：青城中学

成　　就：曾获 1994 年榆中县优秀教师、1994 年榆中县中学教学新秀、1998 年榆中县首批百名学科带头人、2004 年兰州市优秀教师。

简　　介：1982.06—1988.06 榆中县青城学区 三级教师；1988.08—1990.06 兰州教育学院进修；1990.06—1996.12 榆中青城中学二级教师；1996.12—2007.12 榆中县青城学区一级教师；2007.12 至今 榆中县青城学区高级教师。

1461　胡俊萍

性　　别：女

出生年月：1968-10-11

民　　族：汉族

政治面貌：群众

职　　称：副高

学　　历：大学本科

所在单位：小康营学区

通讯地址：小康营学区

成　　就：县级优秀教师。几年来克服家庭的重重困难，坚守岗位，默默耕耘。2003 年 9 月被评为县级优秀教师，2003 年 6 月小学六年级数学水平测试荣获一等奖，所带班级教学成绩连续几年名列前三名被评为校级优秀班主任。

简　　介：1994 年 8 月参加教育工作；1994 年至 2004 年 7 月在甘草店小学任教；2004 年 8 月至 2008 年 7 月小康营乡徐家峡小学任教；2006 年 8 月至 2008 年 7 月在小康营乡南北关小学任教；2008 年 8 月至今在小康营学校任教。

1462　郭玉鑫

性　　别：男

出生年月：1962-10-14

民　　族：汉族

政治面貌：群众

职　　称：副高

学　　历：大学专科

所在单位：榆中县来紫堡学区

通讯地址：榆中县来紫堡学区

成　　就：多次获得来紫堡乡，来紫堡学区和所在学校优秀教师、优秀班主任荣誉称号；1997 年荣获甘肃省园丁奖；先后两次获得兰州市骨干教师荣誉称号。三次县级优秀教师。1997 年 12 月晋升为一级教师，2005 年 12 月晋升为高级教师。

简　　介：1979 年 7 月毕业于来紫堡中学高中，1980 年 9 月参加工作，之后一直在来紫堡学区从事教学工作；1989.9—1992.7 在西北师大函授历史专业，取得专科文凭。

1463　何清元

性　　别：男

出生年月：1974-06-12

民　　族：汉族

政治面貌：党员

职　　称：副高

学　　历：大学本科

所在单位：小康营学区
通讯地址：小康营学区
成　　就：市级优秀教师，甘肃省中小学远程教育技术先进个人。
简　　介：1995年7月至1996年8月工作于榆中县阳凹小学；1996年9月至1997年7月工作于小水小学；1997年9月至1999年1月工作于榆中县银山中学；1999年9月至2007年7月工作于榆中县银山学区，并担任校长；2007年9月至2012年12月工作于榆中县新营学区，任校长；2012年12月至今工作于榆中县小康营学区。

1464 咬克选

性　　别：男
出生年月：1972-11-01
民　　族：汉族
政治面貌：群众
职　　称：副高
学　　历：大学本科
所在单位：榆中县职业教育中心
通讯地址：榆中县职业教育中心
成　　就：2010.9榆中县优秀班主任，2011.9兰州市优秀班主任。
简　　介：1993.7—1998.7工作于榆中县定远学区；1998.9—20050.7工作于榆中县第五中学；2005.9—现在工作于榆中县职业教育中心。

1465 魏存莲

性　　别：女
出生年月：1966-09-24
民　　族：汉族
政治面貌：群众
职　　称：副高
学　　历：大学本科
所在单位：小康营学区

通讯地址：小康营学区
成　　就：市级骨干教师。
简　　介：1987年7月在在哈岘中学任教；1992年9月在小康营中学任教至今；2011年获得兰州市骨干教师称号。

1466 白正国

性　　别：男
出生年月：1955-02-11
民　　族：汉族
政治面貌：群众
职　　称：副高
学　　历：大学专科
所在单位：榆中县马坡学区
通讯地址：榆中县马坡学区
成　　就：1987年获得县级优秀教师；1987年市级优秀教师；2002年获得县级骨干教师；1998年获窑沟小学校级"优秀教师"；2002年获窑沟小学校级"优秀教师"；2005年获马坡小学校级"优秀班主任"荣誉称号。2009年学术论文《教师如何面对"学困生"经验总结》发表于《教学理论与实践》教育刊物。
简　　介：1975年2月被马坡中学聘为民办教师；1991年9月入榆中师范学校学习，1993年8月毕业，分配到马坡学区任教至今；2000年在职参加西北师大小学教育函授自修学习，2002年6月毕业，取得大专学历。

1467 蒋宜奇

性　　别：男
出生年月：1974-10-08
民　　族：汉族
政治面貌：党员
职　　称：副高
学　　历：大学本科
所在单位：榆中县和平学区

通讯地址：榆中县和平学区

成　　就：2011年被评为"兰州市骨干教师"，2013年被县委县政府授予"榆中县优秀教育工作者称号"，2014年被评为"甘肃省骨干教师"。

简　　介：1996年7月毕业于榆中师范，同年8月参加工作，1996年8月—2000年7月通过自学考试取得汉语言文学专科学历；2004年—2006年在陕西师范院校大学函授取得汉语言文学本科学历；2006年12月取得小学高级教师任职资格，2014年4月晋升为中学高级教师职务。

1468 王育林

性　　别：男

出生年月：1969-10-29

民　　族：汉族

政治面貌：党员

职　　称：副高

学　　历：大学本科

所在单位：榆中五中

通讯地址：榆中五中

成　　就：2004年被评为"兰州市优秀教师"；2006年被评为"榆中县师德标兵"；2008年被榆中县教育局评为"优秀党员"；2008年在《当代教育创新》杂志上发表论文《浅谈对后进生的管理与教育》；2013年9月被评为"榆中县优秀教育工作者"。

简　　介：中学高级教师。1991年6月毕业于榆中师范；曾在上庄初级中学、甘草店学校任教；1997年7月在兰州教育学院进修汉语言文学专业；1997年8月至今在榆中五中担任高中语文教学；现担任榆中五中政教处主任。

1469 张应钧

性　　别：男

出生年月：1966-12-21

民　　族：汉族

政治面貌：党员

职　　称：副高

学　　历：大学本科

所在单位：榆中一中

通讯地址：榆中一中

成　　就：1996年被兰州市政府评为"兰州市优秀教师"，2002年被评为兰州市中学骨干教师。

简　　介：1990.7—1991.7兰山中学任教；1991.9—1994榆中二中任教；1994.8—现今榆中一中任教。

1470 张正翔

性　　别：男

出生年月：1969-12-10

民　　族：汉族

政治面貌：党员

职　　称：副高

学　　历：大学本科

所在单位：小康营学区

通讯地址：小康营学区

成　　就：市级优秀教师，县级优秀教师。

简　　介：1991年8月参加工作；1991年8月至1994年7云在上花学区任教；1994年8月至1995年7月在夏官营学区任教；1995年8月至2007年7月在三角城学区任教；2007年8月至2013年7月在银山学区任教；2013年8月至今在小康营学区任教。

1471 袁维江

性　　别：男

出生年月：1964-02-12

民　　族：汉族

政治面貌：群众

职　　称：副高

学　　历：大学专科
所在单位：榆中县和平学区
通讯地址：榆中县和平学区
成　　就：2013年和平学区评为优秀教师。因教学成绩显著多次受到上级教育部门的奖励。
简　　介：1976年1月参加工作，1996年8月转正，2006年1月毕业于兰州市教育学院汉语言文学教育专科；2013年7月评审获得中学高级教师职务；1996.08—1998.04榆中县邓家营小学从事小学语文教学工作；1998.05—2000.07榆中县菜籽山小学从事小学语文教学工作；2000.08—2002.07榆中县沈家河小学从事小学语文教学工作；2002.08—现在，榆中县祁家坡小学从事小学语文教学工作。

1472　周君琳

性　　别：男
出生年月：1966-12-26
民　　族：汉族
政治面貌：党员
职　　称：副高
学　　历：大学本科
所在单位：榆中县金崖学区
通讯地址：榆中县金崖学区
成　　就：2002年6月，被兰州市教育局确定为中小学县级骨干教师，2002年9月被县委县政府授予"教学质量优胜奖"。2008年论文《新时期德育问题浅析》被《甘肃教育督导》刊用。
简　　介：1987年8月在梁坪中学任教；1988年8月至1994年8月在邴家湾学校任教；1994年至今在金崖中学任教。

1473　张廷强

性　　别：男
出生年月：1957-01-21
民　　族：汉族
政治面貌：群众
职　　称：副高
学　　历：大学专科
所在单位：榆中县清水驿学区
通讯地址：榆中县清水驿学区
简　　介：1979年8月至1988年7月在榆中县果园小学任教；1988年8月至今在榆中县清水驿学区任教。

1474　张建军

性　　别：男
出生年月：1971-11-01
民　　族：汉族
政治面貌：党员
职　　称：副高
学　　历：大学本科
所在单位：榆中县来紫堡学区
通讯地址：榆中县来紫堡学区
成　　就：1995年荣获榆中县小学教学新秀；1999年获得榆中县第六届教学新秀；1998、2000、2006年三次获得榆中县优秀教师；先后多次获得甘草乡优秀教师；2001年3月被评定为兰州市小学骨干教师；2002年获得榆中县小学教师基本素质达标一等奖。
简　　介：1991年7月毕业于榆中师范，2002年8月取得西北师大函授本科学历；1991年8月—1993年3月在榆中县甘草三墩营小学任教；1993年4月—1994年8月年任教于甘草店镇中心小学；1994年8月—1997年8月在甘草店三墩营小学任教；1997年9月—2011年1月在甘草店东岭小学任教；2011年2月至今在榆中县来紫堡学区工作；2001年12月获得小学高级教师任职资格。2011年8月晋升为高级教师。

1475 张得强

性　　别：男
出生年月：1968-06-11
民　　族：汉族
政治面貌：群众
职　　称：副高
学　　历：大学本科
所在单位：小康营学区
通讯地址：小康营学区
成　　就：县级优秀教育工作者。
简　　介：1988年8月参加工作；在榆中七中任教；2002年在小康营中学任教至今；2008年、2013年榆中县优秀教育工作。

1476 蔡伟贞

性　　别：男
出生年月：1966-02-05
民　　族：汉族
政治面貌：群众
职　　称：副高
学　　历：大学本科
所在单位：榆中县恩玲中学
通讯地址：榆中县恩玲中学
成　　就：1996年6月被榆中县教育局评为榆中县第六届教学新秀。2001年5月被评为县级骨干教师。1996年6月被榆中县教育局评为榆中县第六届教学新秀。2001年5月被评为县级骨干教师。2006年8月《注意整体语篇教学培养学生实际运用语言的能力》，在《大学时代》学术教育第八期发表。2007年《中学英语阅读能力培养之我见》在《中学课程辅导》教学研究第12期上发表。曾多次获县优、校优等教育教学奖励。2011年6月再次被评为县级骨干教师。在教育教学改革中勇于探索，大胆创新，不断进取，积极参加再教育培训。
简　　介：1985年8月至1987年7月在榆中师范任教。1987年9月至1989年6月在甘肃教育学院外语系英语教育专业学习。1989年7月至1996年1月在榆中师范任教。1996年3月至1998年7月在榆中六中任教。1998年9月至今在恩玲中学任教。2000年6月毕业于西北师大英语专业自学考试，本科学历。从事教育教学工作29年，2007年12月被聘为中学高级教师。

1477 李延梅

性　　别：女
出生年月：1963-09-10
民　　族：汉族
政治面貌：群众
职　　称：副高
学　　历：大学专科
所在单位：榆中县来紫堡学区
通讯地址：榆中县来紫堡学区
简　　介：1980年3月参加工作，1995年7月毕业于榆中师范，2002年7月毕业于西北师范大学（函授），小学教育专业。自1980年3月参加工作至今一直在榆中县来紫堡农村小学从事教育教学工作。2001年12月取得一级教师资格，2014年7月取得高级教师资格，先后多次获得任教学校优秀班主任称号，两次获得榆中县来紫堡乡党委、乡政府授予的优秀教师称号。

1478 薛俊雄

性　　别：男
出生年月：1971-05-12
民　　族：汉族
政治面貌：党员
职　　称：副高
学　　历：大学本科
所在单位：榆中县职业教育中心
通讯地址：榆中县职业教育中心

成　　就：1998.09 榆中县优秀教师，1999.11 兰州市第六届教学新秀，2006.09 榆中县师德标兵，2008.09 榆中县优秀教师，2009.07 榆中县骨干教师，2013.09 榆中县优秀教育工作者。

简　　介：1992.07—1996.07 榆中县小康营中学；1996.09—2000.07 榆中县第二中学；2000.9—现在榆中县职业教育中心。

1479 王昌盛

性　　别：男

出生年月：1969-07-12

民　　族：汉族

政治面貌：群众

职　　称：副高

学　　历：大学本科

所在单位：榆中县职业教育中心

通讯地址：榆中县职业教育中心

成　　就：2008—2009 年，荣获校级优秀教师。

简　　介：1995 至现在，任教于榆中师范学校。

1480 张云慧

性　　别：男

出生年月：1958-11-09

民　　族：汉族

政治面貌：党员

职　　称：副高

学　　历：大学专科

所在单位：建亭小学

通讯地址：建亭小学

简　　介：1986.08—1988.06 在兰州教育学院进修；1992.12—1996.12 榆中县青城学区二级教师；1996.12—2003.12 榆中县青城学区 一级教师；2003.12 至今榆中县青城学区高级教师。

1481 岳玲

性　　别：女

出生年月：1967-11-03

民　　族：汉族

政治面貌：群众

职　　称：副高

学　　历：大学本科

所在单位：榆中九中

通讯地址：榆中九中

成　　就：荣获县级优秀教师、省级骨干教师。

简　　介：1989.07—199.07 在榆中定远镇歇家嘴小学任教；1991.08—1993.01 榆中定远镇初级中学任教；1993.03—1997.07 在榆中金崖镇岳家巷初中任教；1997.08—1999.07 在榆中恩玲中学任教；1999.08 至今在榆中九中任教。

1482 陆银本

性　　别：男

出生年月：1959-03-13

民　　族：汉族

政治面貌：群众

职　　称：副高

学　　历：大学专科

所在单位：榆中县金崖学区

通讯地址：榆中县金崖学区

成　　就：2002 年 6 月，被兰州市教育局确定为中小学县级骨干教师。

简　　介：1978 年 8 月至 1992 年 7 月在榆中县陆家崖学校任教并先后担任班主任、校长工作；1992 年 8 月至 2000 年 7 月在榆中县金崖中学任教并担任班主任、学校党支部书记；2000 年 8 月至 2010 年 5 月在榆中县金崖学区陆家崖学校、梁家湾学校任教并担任学校校长；2010 年 5 月至现在在榆中县金崖学区工作。

1483 狄生权

性　　别：男
出生年月：1969-12-02
民　　族：汉族
政治面貌：群众
职　　称：副高
学　　历：大学本科
所在单位：榆中县和平学区
通讯地址：榆中县和平学区
成　　就：1993年荣获榆中县"中学教学新秀"；1998年荣获榆中县"百名学科带头人"；2010年被评为榆中县优秀教育工作者。

1484 石英兰

性　　别：女
出生年月：1963-06-09
民　　族：汉族
政治面貌：党员
职　　称：副高
学　　历：大学本科
所在单位：一悟小学
通讯地址：一悟小学
成　　就：2010年论文《春雨润物细无声－班级管理之我见》在《甘肃教育》上发表；2010年论文《合理选择识字方法，扫清学生认读障碍》在《甘肃教育》上发表；2011年被兰州市教育局确定为兰州市中小学市级骨干教师；2011年工作表现突出，被榆中县一悟小学党支部评为优秀共产党员；2013年反思《低年级手工制作课教学反思》在榆中县2013年"论文、案例、反思"评选活动中，被评为一等奖。

1485 金兴荣

性　　别：男
出生年月：1970-06-23
民　　族：汉族
政治面貌：党员
职　　称：副高
学　　历：大学本科
所在单位：榆中四中
通讯地址：榆中四中
成　　就：1999年曾获榆中县教育局英语教学成绩优秀奖，2002年被评为榆中县优秀教师，2010年被评为榆中县优秀教育工作者。曾于2008年在科学时代杂志第22期发表论文《浅谈语文教学中多媒体对学生创新意识的开拓》；1999年曾获榆中县教育局英语教学成绩优秀奖，2002年被评为榆中县优秀教师，2010年被评为榆中县优秀教育工作者。2002年9月起担任榆中四中教导主任，2007年9月起被组织任命为榆中四中副校长。任副校长以来，多次参加科级干部培训和全国中小学校长远程培训。
简　　介：1987年毕业于榆中县红旗学校，当年考入原榆中师范；1991年7月师范毕业并被分配到榆中县上花学区任教；1995年9月调入榆中四中至今；2004年7月兰州市教育学汉语言文学专业专科毕业；2007年12月中央电视广播大学汉语言文学专业本科毕业。

1486 宋小红

性　　别：女
出生年月：1963-08-10
民　　族：汉族
政治面貌：群众
职　　称：副高
学　　历：大学专科
所在单位：甘草店学区
通讯地址：甘草店学区
成　　就：2002年6月获得"甘肃省中小学网上作文竞赛优秀辅导教师奖"。2001年9月获得"榆中县优秀教师称号"。2013年

12月获得"榆中县论文竞赛一等奖"。
简　　介：1980年10月参加工作；1980年10月—1990年7月在咸水岔小学任教；1990年8月—1992年7月在榆中师范学习；1997年7月—2001年7月在中央广播大学榆中分校学习；1992年8月至今在甘草小学任教。

1487 彭克安

性　　别：男
出生年月：1955-07-28
民　　族：汉族
政治面貌：群众
职　　称：副高
学　　历：大学本科
所在单位：榆中一中
通讯地址：榆中一中
简　　介：1976.01—1984.12任教于榆中县下彭家营学校；1985.01—1997.02任教于夏官营学校；1997.03至今任教于榆中一中。

1488 魏安虎

性　　别：男
出生年月：1972-04-12
民　　族：汉族
政治面貌：群众
职　　称：副高
学　　历：大学本科
所在单位：小康营学区
通讯地址：小康营学区
成　　就：市级骨干教师。

1489 王庆财

性　　别：男
出生年月：1974-05-01
民　　族：汉族
政治面貌：党员
职　　称：副高
学　　历：大学本科
所在单位：榆中县恩玲中学
通讯地址：榆中县恩玲中学
成　　就：榆中县优秀教师，兰州市骨干教师，兰州市优秀教师。2009年5月获得兰州市说课比赛三等奖，2009年10月获榆中县教师"三字一画比赛"二等奖，2010年10月，被聘任为榆中县第三届兼职教育督学，2011年6月获得兰州市骨干教师优秀公开课，并评为兰州市骨干教师，2013年9月被兰州市委、市政府授予"优秀教师"荣誉称号。多次获得学校教学新秀、优质课教师、优秀班主任、模范班主任、班主任新秀、师德标兵、优秀党员等称号。组织学生参加各类竞赛多次获得优秀组织奖。
简　　介：1994年8月—2000年8月榆中县上花学区任教；2000年8月至今，榆中县恩玲中学任教。

1490 王延洲

性　　别：男
出生年月：1962-08-24
民　　族：汉族
政治面貌：党员
职　　称：副高
学　　历：大学专科
所在单位：甘草店学区
通讯地址：甘草店学区
成　　就：2006年获"榆中县优秀教育工作者"称号。2014年被兰州市中小学教师高级教师评审委员会评为高级教师。
简　　介：1983年4月参加工作。1983年4月—1989年7月在锦绣小学任教。1990年8月—1990年7月在咸水岔小学任教。1990年8月—1992年7月在榆中师范学习。1992年8月—1994年7月在东岭小学任教。1994

年 8 月—1998 年 7 月在锦绣小学任教。1998年 8 月—2003 年 7 月在南阳小学任教。2000年 8 月—2002 年 7 月在兰州教育学院汉语言文学专业进修。2003 年 8 月—2008 年 7 月在锦绣小学任教。2008 年 8 月至今在甘草小学任教。

1491 白庆良
性　　别：男
出生年月：1977-08-04
民　　族：汉族
政治面貌：党员
职　　称：副高
学　　历：大学本科
所在单位：榆中县恩玲中学
通讯地址：榆中县恩玲中学
成　　就：榆中县第六届教学新秀，榆中县第六届教学新秀。多篇论文先后在《语文天地》《现代语文》《中学语文》《语文教学与研究》等省级刊物上发表，其参与的课题《课改背景下构建"理想课堂""和谐课堂"的实践研究》2011 年通过省教科所鉴定结题。2012 年主持的市级个人课题《高中作文评改创新研究》已结题并获得三等奖。
简　　介：1996 年 7 月榆中师范毕业后分配到贡井学区任教；1999 年 8 月调榆中四中任教；2002 年 8 月调入恩玲中学任教。

1492 梁文海
性　　别：男
出生年月：1963-03-01
民　　族：汉族
政治面貌：群众
职　　称：副高
学　　历：大学本科
所在单位：榆中县金崖学区
通讯地址：榆中县金崖学区
成　　就：1998 年被评为市级优秀教师；2000 年被评为小学高级教师；2001 年被评为县级骨干教师；2002 年被县文体局授予"优秀教练员"称号；2003 年至今在陆家崖学校任教并担任校长；2008 年被评为镇先进德育工作者；2009 年获得县教育局教学质量优秀奖；2011 年被评为市级骨干教师，并参评该次骨干教师的公开课，被评为"兰州市优秀公开课"；2014 年被评为高级教师。
简　　介：1981 年 9 月在榆中县梁家湾学校任教；1991 年 9 月在榆中师范脱产学习两年；1994 年 8 月在齐家坪学校任教并担任校长；1996 年 2 月被评为镇先进工作者；1997年 8 月在金崖中心学校任教并担任校长。

1493 汉维强
性　　别：男
出生年月：1973-12-12
民　　族：汉族
政治面貌：党员
职　　称：副高
学　　历：大学本科
所在单位：榆中县银山学区
通讯地址：榆中县银山学区
成　　就：1998 年荣获"兰州市标准化建设先进个人"；2006 年荣获"榆中县优秀教育工作者"；2010 年荣获"兰州市优秀教师"。
简　　介：1995 年 8 月—1997 年 7 月在榆中县上庄学区任教；1997 年 8 月—2013 年 7月在榆中县新营学区任教；2013 年 8 月—至今在榆中县银山学区任教；曾担任过语文、数学教学。

1494 高国宴
性　　别：男
出生年月：1971-11-15
民　　族：汉族

政治面貌：党员
职　　称：副高
学　　历：大学本科
所在单位：榆中县文成学校
通讯地址：榆中县文成学校
成　　就：甘肃省十二届党代表；甘肃省骨干教师；金城名师；市青年教学能手；兰州市教学新秀；兰州市中小学校本、联校培训优秀主讲教师；兰州市第十届教学新秀评委；榆中县优秀教师；榆中县教学新秀；榆中县学科带头人；榆中县优秀党员；榆中县兼职督学；榆中县优秀专业技术人才；榆中县小学语文中心教研组组长。先后在多种报刊、杂志及文学网站上发表中长篇小说、电影、电视剧本、散文、诗歌等300多篇(部)。
简　　介：1993年8月—1998年7月在榆中县银山学区从事教学工作，1998年8月—至今在榆中县文成小学从事教学工作。

1495　汪向东

性　　别：男
出生年月：1962-05-04
民　　族：汉族
政治面貌：党员
职　　称：副高
学　　历：大学本科
所在单位：榆中一中
通讯地址：榆中一中
成　　就：1999年、2001年、2002年、2006年被评为校级优秀教师。校级优秀班主任：2003年、2004年、2005年、2009年。高考成绩县第一名：2001年、2002年、2005年。优秀共产党员：2012年、2012年。竞赛奖：2003年兰州市优质课竞赛二等奖，2006年兰州市说课竞赛二等奖。
简　　介：1983年7月—1996年7月榆中县农职业中学任教。1996年8月至今榆中县第一中学任教。

1496　李得玉

性　　别：男
出生年月：1969-10-12
民　　族：汉族
政治面貌：党员
职　　称：副高
学　　历：大学本科
所在单位：榆中四中
通讯地址：榆中四中
成　　就：2003年本人获全县普通高考综合学科成绩三等奖，2004年再获全县高考文科三等奖，2006年获榆中县优秀教育工作者，2011年获兰州市中小学市级骨干教师，2013年9月获榆中县优秀教育工作者。
简　　介：1991年9月至1993年7月在西北师范大学地理系读书；2000年7月至2003年7月在西北师大地环学院函授地理科学；自1993年8月至今一直在榆中四中任教。

1497　张加波

性　　别：男
出生年月：1963-03-24
民　　族：汉族
政治面貌：群众
职　　称：副高
学　　历：大学专科
所在单位：榆中县来紫堡学区
通讯地址：榆中县来紫堡学区
成　　就：在任教期间多次被评为优秀班主任及优秀教师。发表过省级论文2篇。
简　　介：1981年7月参加工作；1981年7月至1985年7月在响水学校任教；1985年7月至1988年7月在骆驼巷学校任教；1988年7月至今在萃英学校任教。

1498 张义翠

性　　别：女

出生年月：1968-02-03

民　　族：汉族

政治面貌：群众

职　　称：副高

学　　历：大学本科

所在单位：榆中七中

通讯地址：榆中七中

成　　就：1992年6月参加工作。1994年本人被中连川初级中学评为"优秀班主任工作者"，1998年、2000年被榆中七中评为"骨干教师"和"学科带头人"，2003年被评为"榆中县优秀教师"，2007年被评为"兰州市优秀教师"，2011年被评为"兰州市骨干教师"。

1499 梁建新

性　　别：男

出生年月：1962-09-06

民　　族：汉族

政治面貌：党员

职　　称：副高

学　　历：大学专科

所在单位：榆中七中

通讯地址：榆中七中

成　　就：1985年被评为榆中县县级优秀教师；1998年被评为榆中县教学新秀。

简　　介：1982.08—1997.07 韦营学区任教；1997.08—现在榆中七中任教。

1500 寇志勇

性　　别：男

出生年月：1971-10-11

民　　族：汉族，

政治面貌：群众

职　　称：副高

学　　历：大学本科

所在单位：榆中县清水驿学区

通讯地址：榆中县清水驿学区

简　　介：1991年7月至今在榆中县清水驿学区任教。

1501 宋勇

性　　别：男

出生年月：1970-04-12

民　　族：汉族

政治面貌：党员

职　　称：副高

学　　历：大学本科

所在单位：榆中县职业教育中心

通讯地址：榆中县职业教育中心

成　　就：1998年获得榆中县优秀团干部荣誉称号。

简　　介：1986—1990在榆中师范学习。1990—1998在榆中三中工作；1998—2000在榆中二中工作；2000年至今在榆中师范工作；于1992年获得自学考试大专文凭，1999年获得西北师范大学函授本科文凭，在2010年12月23日获得西北师大教育硕士学位。中学高级教师。

1502 张金龙

性　　别：男

出生年月：1972-07-11

民　　族：汉族

政治面貌：群众

职　　称：副高

学　　历：大学本科

所在单位：榆中县职业教育中心

通讯地址：榆中县职业教育中心

成　　就：2010年9月，荣获榆中县优秀教师称号。

简　　介：1991.7—2004.7在榆中三中任教；2004.7—至今在榆中师范学校高中部任教。

1503 马正堂

性　　别：男
出生年月：1960-06-21
民　　族：汉族
政治面貌：群众
职　　称：副高
学　　历：大学本科
所在单位：榆中县和平学区
通讯地址：榆中县和平学区
成　　就：1994年9月获得"榆中县优秀教师"称号，2002年6月获得县级骨干教师称号。
简　　介：1978年10月参加工作；1981年8月毕业于兰州师范分配到榆中四中任教；2004年12月评审获得中学高级教师职务；2006年6月自考获得教育管理本科学历；1989年8月在定远初级中学任教；1997年8月调入和平中学任教至今。

1504 方世宏

性　　别：男
出生年月：1959-05-06
民　　族：汉族
政治面貌：党员
职　　称：副高
学　　历：大学专科
所在单位：定远学区
通讯地址：定远学区
成　　就：1989年获得榆中县优秀教师荣誉称号；1989年获兰州市优秀教育工作者荣誉称号；1994年获榆中县优秀教育工作者称号；2004年获榆中县优秀教育工作者荣誉称号；2004年全国少年儿童"双有"主题活动先进个人。
简　　介：1977年8月参加工作，担任民办教师，1980年至1981年在兰州师范学习，1986年进入兰州教育学院函授取得中文大专文凭。从任教起在来紫堡学区桑园子学校任教，于1983年担任校长职务至2000年担任来紫堡学区书记，2006年调至定远学区担任学区校长职务至今。工作期间多次获得县市级优秀教师和优秀教育工作者荣誉称号。

1505 张生珍

性　　别：男
出生年月：1956-08-21
民　　族：汉族
政治面貌：党员
职　　称：副高
学　　历：大学专科
所在单位：甘草店学区
通讯地址：甘草店学区
成　　就：1996年获得"榆中县优秀教师"称号。2008年获得"榆中县优秀德育工作者"称号。2011年获得"兰州市优秀班主任"称号。
简　　介：1975年3月参加工作。1975年3月—1987年7月在锦绣小学任教。1987年8月—1989年7月在甘草小学任教。1989年8月—1991年7月在榆中七中任教。1991年8月—1998年7月在三墩营小学任教。1998年8月—2010年7月在南阳小学任教。2010年8月至今在甘草小学任教。

1506 陈进林

性　　别：男
出生年月：1969-12-10
民　　族：汉族
政治面貌：党员
职　　称：副高
学　　历：大学本科
所在单位：榆中县和平学区
通讯地址：榆中县和平学区
成　　就：1995年获县级"教学新秀"，1993年获县级"优秀教师"；2011年市级骨干教师，2010年获"甘肃省优秀少先队辅导员"，2008年获"全国双有先进个人"。
简　　介：1990年毕业于兰州市榆中师范，1990年8月参加工作；2007年函授毕业于陕西师大汉语言专业；1990.8—1997.8和平小学任教；1997.9—2003.7在柳沟店小学任校长；2003.9—2007.7在祁家坡小学任校长；2007.9至今在柳沟店小学任校长。2013年5月获副高级教师。

1507 张绪军

性　　别：男
出生年月：1966-08-23
民　　族：汉族
政治面貌：党员
职　　称：副高
学　　历：大学本科
所在单位：榆中县和平学区
通讯地址：榆中县和平学区
成　　就：2011年获榆中县县级骨干教师。教学方法科学，教学效果好。期间多年担任班主任、教研组长等工作，多次获优秀班主任称号。
简　　介：1988年6月甘肃联合大学英语大专毕业，2004年8月兰州大学网络教育学院英语本科毕业；2000年12月获中学一级教师职称，2014年7月获中学高级教师职称；2011年获榆中县县级骨干教师。毕业以来，一直在榆中县和平中学从事中学英语教学工作。

1508 金永来

性　　别：男
出生年月：1969-10-25
民　　族：汉族
政治面貌：党员
职　　称：副高
学　　历：大学本科
所在单位：榆中县恩玲中学
通讯地址：榆中县恩玲中学
成　　就：榆中县优秀教师；榆中县骨干教师；榆中县教育系统优秀党员；榆中县课堂教学大比武一等奖；兰州市骨干教师。
简　　介：1992年6月至1995年7月，任教于银山初级中学；1995年8月至2005年7月，任教于榆中五中；2005年8月至今，任教于恩玲中学。

1509 胡承义

性　　别：男
出生年月：1965-01-21
民　　族：汉族
政治面貌：党员
职　　称：副高
学　　历：大学本科
所在单位：榆中县职业教育中心
通讯地址：榆中县职业教育中心
成　　就：2001年9月 兰州市优秀教师。
简　　介：1985年7月—现在 在榆中师范学校工作。

1510 陆有海

性　　别：男
出生年月：1956-03-07
民　　族：汉族
政治面貌：群众
职　　称：副高
学　　历：大学专科
所在单位：榆中县金崖学区
通讯地址：榆中县金崖学区
成　　就：1996年9月获榆中县人民政府优秀教师称号，2009年12月获榆中县教育局组织的六年级水平测试语文教学质量三等奖；1975年3月参加工作以来，先后在金崖学区岳家巷小学陆家崖学校任教，从事小学语文教学。任教40年来，工作勤奋、任劳任怨。多次获得优秀班主任、教学质量优秀奖。1996年9月获榆中县人民政府优秀教师称号，2009年12月获榆中县教育局组织的六年级水平测试语文教学质量三等奖。

1511 李建强

性　　别：男
出生年月：1968-09-11
民　　族：汉族
政治面貌：党员
职　　称：副高
学　　历：大学本科
所在单位：榆中县清水驿学区
通讯地址：榆中县清水驿学区
成　　就：双有先进个人。
简　　介：1988年7月至今在榆中县清水驿学区任教。

1512 刘海英

性　　别：女
出生年月：1965-11-03
民　　族：汉族
政治面貌：群众
职　　称：副高
学　　历：大学本科
所在单位：榆中一中
通讯地址：榆中一中
成　　就：校级优秀教师：1999年、2001年、2002年、2006年。校级优秀班主任：2003年、2004年、2005年、2009年。高考成绩县第一名：2001年、2002年、2005年。2011年兰州市市级课题一等奖。
简　　介：1985—1992榆中二中执教；1992—1998榆中六中；1998年至今榆中一中执教。

1513 蒋宜斌

性　　别：男
出生年月：1966-10-01
民　　族：汉族
政治面貌：群众
职　　称：副高
学　　历：大学本科
所在单位：榆中一中
通讯地址：榆中一中
成　　就：全国教育科研优秀教师，先后主持、参与四项全国教育科学"十五"、"十一五"规划教育部规划课题子课题的研究，其中获得一等奖3项，二等奖1项。出版《经济生活学案》等四本专著，在省市刊物上发表论文多篇。
简　　介：中学高级教师。1988年7月，在榆中县第五中学任教；1991年7月—1994年7月，在西北师大函授政治教育专业，取得本科学历；1998年8月至今，在榆中县第一中学任教；2004年8月，任榆中一中政教处副主任；2007年8月，任榆中一中教研室主任；2009年9月至今，任榆中一中课程处主任。

1514 马兆平

性　　别：男
出生年月：1962-12
民　　族：汉族
政治面貌：群众
职　　称：副高
学　　历：大学本科
所在单位：榆中县职业教育中心
通讯地址：榆中县职业教育中心
成　　就：曾获得榆中县"优秀教师"等称号，发表过省级、市级4篇学术论文。任榆中县政协委员一届，担任师范工会副主席至今。

简　　介：中国政法学院法学专业。1982年7月10日参加工作；1982年—1997年在榆中七中工作；1997年—2000年在榆中电大工作站工作；2000年—现在榆中师范任教。

1515 谈世忠

性　　别：男
出生年月：1956-02-01
民　　族：汉族
政治面貌：民主党派
职　　称：副高
学　　历：大学专科
所在单位：三角城学区
通讯地址：三角城学区
成　　就：1994年获榆中县优秀教师。
简　　介：1979.09—1984.03，榆中县双店子学校任教；1984.04—2011.09，榆中县三角城中学任教；2011.10至现在，榆中县周前学校任教。

后 记

在甘肃进行全面性的文化资源普查属于首次,将普查成果汇编成大型的文化资源名录在国内也属于前列。《甘肃省文化资源名录》是按照《甘肃省文化提升行动协调推进领导小组工作方案》和《甘肃省文化资源普查和分类分级评估工作实施方案》要求推出的重要成果。经过甘肃省文化资源普查和分类分级评估工作领导小组办公室组织40多名专家学者,在甘肃省文化资源普查平台数据库基础上,历时两年精心编排,终于完成书稿,这是参与全省文化资源普查的所有工作人员集体智慧的结晶。

甘肃省委原常委、省委宣传部原部长连辑,甘肃省委常委、省委组织部部长梁言顺,甘肃省委常委、省委宣传部部长陈青,先后领导和部署了本名录的编辑出版工作。省委宣传部原副部长、省社科院原院长范鹏研究员协调推进了本名录的编写。甘肃省社科院院长王福生研究员组织实施了本名录的策划设计、内容编排、审定并最终定稿。甘肃省社科院副院长马廷旭研究员负责了审稿、统稿和出版发行事宜。刘玉顺同志全程负责了书稿编排工作。

在《甘肃省文化资源名录》面世之际,感谢甘肃省文化提升行动协调推进领导小组各位领导的大力支持与关心,感谢参与普查工作的各市(州)县(区)、有关省直厅局的鼎力相助,感谢参与普查的专家学者和基层工作人员的辛勤付出,感谢中国书籍出版社为本名录的出版所做的努力,感谢所有关心关注本名录的人们。《甘肃省文化资源名录》是从盘清全省文化资源家底的角度入手,收录范围极其宽泛,有部分内容还存在缺项,有的资源没有资源简介,有的资源缺图片等等,给该书的出版留下了遗憾(该套丛书普查数据截至2012年12月31日)。同时,由于我们的水平有限,可能还有错讹疏漏之处,恳请读者随时批评指正,以便在将来进一步完善和修订。

甘肃省社会科学院

2017年7月

甘肃省文化资源名录
总书目

第 一 卷　　可移动文物Ⅰ（金银器、铜器）
第 二 卷　　可移动文物Ⅱ（铜器）
第 三 卷　　可移动文物Ⅲ（铜器、铁器）
第 四 卷　　可移动文物Ⅳ（陶泥器）
第 五 卷　　可移动文物Ⅴ（陶泥器）
第 六 卷　　可移动文物Ⅵ（陶泥器）
第 七 卷　　可移动文物Ⅶ（陶泥器）
第 八 卷　　可移动文物Ⅷ（陶泥器）
第 九 卷　　可移动文物Ⅸ（砖瓦、瓷器）
第 十 卷　　可移动文物Ⅹ（瓷器）
第十一卷　　可移动文物Ⅺ（宝、玉石器，石器、石刻）
第十二卷　　可移动文物Ⅻ（纺织品、皮革、漆木竹器、珐琅器、玻璃器、骨角牙器、文具乐器法器、绘画）
第十三卷　　可移动文物ⅩⅢ（书法、拓片、玺印、货币、雕塑、造像）
第十四卷　　可移动文物ⅩⅣ（文献图书、徽章、证件、票据、邮品、度量衡器、交通运输工具、武器装备、航天装备、古脊椎动物化石、人类化石、其他）
第十五卷　　不可移动文物Ⅰ（古墓葬、古遗址）
第十六卷　　不可移动文物Ⅱ（古建筑、石窟寺及石刻、其他）
第十七卷　　红色文化（故居、旧址、纪念地、纪念设施、烈士墓、其他）
第十八卷　　历史事件与人物Ⅰ（历史事件、历史人物）
第十九卷　　历史事件与人物Ⅱ（历史人物）
第二十卷　　历史文献Ⅰ（古籍）
第二十一卷　历史文献Ⅱ（古籍、志书、档案、其他）
第二十二卷　非物质文化遗产Ⅰ（民间文学、民间音乐、民间舞蹈、民间戏剧、曲艺）
第二十三卷　非物质文化遗产Ⅱ（民间杂技、游艺传统体育与竞技、民间美术、民间技艺）
第二十四卷　非物质文化遗产Ⅲ（民间技艺、民间医药、民间信仰、岁时节令、生产商贸习俗、消费习俗、民间知识、人生礼俗）
第二十五卷　建筑、自然景观文化（建筑文化、自然景观文化）

甘肃省文化资源名录
总书目

第二十六卷	文学艺术Ⅰ（文学、艺术）
第二十七卷	文学艺术Ⅱ（艺术）
第二十八卷	饮食文化（酒、茶、饮料、特色饮食、饮食器皿）
第二十九卷	节庆、赛事、文化之乡（节庆、赛事、文化之乡）
第 三 十 卷	地名文化Ⅰ（特色自然地理地名、市州、市县区、乡镇街道、村、社区）
第三十一卷	地名文化Ⅱ（村、社区）
第三十二卷	地名文化Ⅲ（村、社区）
第三十三卷	地名文化Ⅳ（村、社区）
第三十四卷	地名文化Ⅴ（村、社区）
第三十五卷	地名文化Ⅵ（村、社区）
第三十六卷	文化产业、传媒Ⅰ（新闻出版发行服务、广播电视电影服务、文化用品的生产、文化产品生产的辅助生产）
第三十七卷	文化产业、传媒Ⅱ（文化艺术服务、文化信息传输服务、文化休闲娱乐服务、工艺美术品的生产）
第三十八卷	文化产业、传媒Ⅲ（文化创意和艺术服务、文化专用设备的生产、传媒）
第三十九卷	社科研究Ⅰ（机构和团体、著作类、研究报告、学术活动、社科刊物、获奖成果）
第 四 十 卷	社科研究Ⅱ（论文）
第四十一卷	社科研究Ⅲ（论文）
第四十二卷	文化类高等教育、文化艺术机构团体Ⅰ（文化类高等教育、文化艺术机构、文艺团体、文艺表演团体、文艺场馆）
第四十三卷	文化类高等教育、文化艺术机构团体Ⅱ（群众文化艺术馆）
第四十四卷	文化人才Ⅰ（社科人才）
第四十五卷	文化人才Ⅱ（社科人才）
第四十六卷	文化人才Ⅲ（图书情报人才、档案人才、文博人才、新闻人才、出版人才、文艺人才）
第四十七卷	文化人才Ⅳ（体育人才、网络文化人才、动漫人才、民间文化人才）
第四十八卷	宗教文化、民族语言文字Ⅰ（教职人员、宗教经卷）
第四十九卷	宗教文化、民族语言文字Ⅱ（宗教活动场所）
第 五 十 卷	宗教文化、民族语言文字Ⅲ（宗教活动场所、民族语言文字）